Der Kampf der Ukraine ums Überleben

Bibliografische Information der Deutschen Nationalbibliothek: Die Deutsche Nationalbibliothek verzeichnet diese Publikation in der Deutschen Nationalbibliografie; detaillierte bibliografische Daten sind im Internet über dnb.dnb.de abrufbar.

Die automatisierte Analyse des Werkes, um daraus Informationen insbesondere über Muster, Trends und Korrelationen gemäß §44b UrhG („Text und Data Mining") zu gewinnen, ist untersagt.

Verlag: BoD · Books on Demand GmbH, Überseering 33, 22297 Hamburg, bod@bod.de
Druck: Libri Plureos GmbH, Friedensallee 273, 22763 Hamburg

ISBN 978-3-8482-2056-4

Bildnachweis
Einband: Street View in Bucha - 2022-04-04. Creative Commons. President.gov.ua

Matthias Plügge

Der Kampf der Ukraine ums Überleben
Teil I

Putins „Spezielle Militäroperation"

Überarbeitete Fassung

INHALT

Seite

Prolog Die Invasion 8
Eine „spezielle Militäroperation"

Kapitel 1 Wladimir Wladimirowitsch Putin 24
Vier Ansichten über eine Person

Kapitel 2 Das Ende der Sowjetunion und die Folgen 42
Europa nach dem Kalten Krieg

Kapitel 3 Wege in den Krieg 66
Fehleinschätzung der Pläne Putins

Kapitel 4 Das Versagen der Geheimdienste 88
Organisationen mit Problemen: Russischer FSB und ukrainischer SBU

Kapitel 5 Die Schlacht um Kiew 108
Invasion über die nördliche Achse

Kapitel 6 Erste Friedensverhandlungen 134
Unvereinbarkeit der Standpunkte

Kapitel 7 Der Albtraum von Butscha 148
Terror gegen die Einwohner

Kapitel 8 Loyalität und Verrat 168
Angriff über die südliche Achse

Kapitel 9 Das eigentliche Ziel: Der Donbass 191
Der Euromaidan als Vorwand

Kapitel 10 Der Donbass und die Schlacht um Bachmut 210
Sinnloses Sterben für ein bedeutungsloses Ziel

Kapitel 11 Prigoschins Wagner-Gruppe 230
Strafgefangene an die Front

Kapitel 12 Russlands Krieg oder Putins Krieg? 250
Geopolitische Hintergründe

Seite

Kapitel 13 Die Gegenoffensive im Süden   268
Ein Ablenkungsmanöver?

Kapitel 14 Die Gegenoffensive im Nordosten   281
Gelungener Befreiungsschlag

Kapitel 15 Zwei Präsidenten und ihre Siegespläne   295
Staatschefs als Oberbefehlshaber ihrer Armeen

Kapitel 16 Die Strategien der Generäle   309
Die Krise der klassischen militärischen Denkmuster

Kapitel 17 Der Spionagekrieg und die Rolle der CIA   333
Eine intensive Zusammenarbeit

Kapitel 18 Die ukrainische Sommeroffensive 2023   353
Gegen den Rat des Westens: Angriff auf drei Achsen

Kapitel 19 Krieg gegen die Zivilbevölkerung   375
Zermürbung als Taktik der Kriegsführung

Kapitel 20 Die Blockade der Republikaner   394
Vorrang für die Interessen der USA

Kapitel 21 Kursk: Ein riskantes Unterfangen   409
Faustpfand für Verhandlungen

Kapitel 22 Eine ungewisse Entwicklung   430
Präsident Trumps Plan zur Beendigung des Krieges

Nachtrag Wie denken die Ukrainer   450
Eine Analyse von Umfragen

Register   457

Bildnachweise   466

Prolog

Die Invasion oder: Eine „spezielle Militäroperation"

Pawel Filatjew, 33 Jahre alt, war ein russischer Unteroffizier in der 6. Luftsturmkompanie des 56. Luftsturmregiments der 7. Garde-Luftsturmdivision. Von der Krim aus beteiligte sich seine Einheit am 24. Februar 2022 an dem Angriff auf die Ukraine. In seinem im August 2022 im Internet und bald darauf als Buch erschienenen Bericht „ZOV. Der Verbotene Bericht. Ein russischer Fallschirmjäger packt aus" beschrieb er seine Erlebnisse während der Invasion.

Bericht eines russischen Soldaten

„Also, es ist Krieg: Unsere russische Armee schießt auf die ukrainische, und die schießt zurück, es explodieren Granaten und Raketen. Hast du je das Geräusch einer näher kommenden Granate gehört? Wenn nicht: Schade!

Es ist ein unvergessliches Gefühl, die Luft vibriert und pfeift, die Eingeweide drehen sich dir um, der Atem stockt. Dann hörst du, wenn du Glück hast, die Explosion und begreifst, heute ist dein Tag, natürlich nur, wenn die Detonationswelle dir nichts abgerissen hat und keine Splitter in deinem Körper stecken. Und wenn es anders läuft, nun ja, dann hast du eben einen schlechten Tag, hast diesmal Pech gehabt. Soldat zu sein hat eben so seine Tücken." (ZOV, S. 5)

„Wir fahren durch Armjansk, die Stadt ist in Aufruhr: Am Himmel fliegen Geschosse in Richtung Ukraine, eine riesige Kolonne fährt durch die Straßen, Militärpolizei und Verkehrspolizei sperren alles ab, damit uns keine Zivilisten in die Quere kommen. Durch einen Schlitz in der Abdeckplane unseres URAL-Lastwagens sehe ich fünfgeschossige Gebäude, in denen bereits Licht brennt und Menschen aus den Fenstern und von den Balkonen schauen. […]

Von der Ladefläche sehe ich nur, was hinter uns geschieht. Was, wenn meine Kompanie jetzt voll am Arsch ist? Was passiert da? Wo fahren wir hin? Ich will vorwärts, das Adrenalin steigt mir in den Kopf, ich bebe, dabei verstehe ich überhaupt nichts. Kampfjets fliegen einer nach dem anderen über unsere Köpfe, dann Hubschrauber, Geräusche von Explosionen, die Luft riecht nach Schießpulver. Dieser Anblick ist furchteinflößend und atemberaubend schön zugleich. Sonnenaufgang gegen sechs; strahlend hell wie im Frühling verbreitet die Sonne ihre Wärme nach der unbehaglichen klammen Nacht und dem Regen.

Und im selben Augenblick sind da Dutzende Hubschrauber und Flugzeuge; rechts über das Feld rasen Schützenpanzer, plötzlich tauchen knapp hundert weitere Panzer auf, schweres Militärgerät mit Fahnen der Luftlandetruppen und Russlandflaggen. […]

Der URAL-LKW rollt langsam an einem zerstörten Grenzposten zwischen der Krim und der Ukraine vorbei. Die Kolonne beschleunigt, kommt zum Stehen, beschleunigt wieder. Am Straßenrand stehen kaputte, rauchende oder zerschossenen Autos. Als wir die Grenze überqueren, bemerke ich, dass sich der Zug des Sturmbataillons aufgelöst hat. Ihre UAZ-Wagen stehen am Straßenrand, sie halten jetzt den Grenzposten. Ich sehe Blut, aber keine Leichen – vielleicht haben sie sie schon weggeräumt. [...]

Gleich hinter dem Grenzposten brennt eine zerschossenen Tankstelle. Unsere Aufklärer fahren voran. Jemand hat hier sein Leben gelassen. Immer häufiger passieren wir zurückgelassene oder zerstörte Fahrzeuge. [...]

Der große Strom aus Militärgerät verästelt sich und verliert sich immer mehr in den Feldern. Ukrainische Straßenschilder, Schriftzüge und Flaggen tauchen auf. Mich überkommt das Gefühl, dass ich, verdammt noch mal, gar nichts kapiere, dass alles um mich herum wirklicher ist als die Wirklichkeit und trotzdem wie ein Traum.

Plötzlich bleiben wir auf einer verlassenen Straße stehen, und es ertönt das Kommando: „Zum Gefecht!" Wir alle stürmen schnell, aber unbeholfen aus den Fahrzeugen und verteilen uns querbeet neben der Straße, um in Stellung zu gehen: Manche knien, andere liegen, manche bleiben stupide stehen, unsicher, ob sie sich wirklich in den Dreck werfen sollen. Zum Glück ist es falscher Alarm, sonst hätte uns ein gut vorbereiteter Feind eine ordentliche Abreibung verpasst."

Nach zwei Monaten an der Front wurde Filatjew verwundet. Im Lazarett schrieb er auf, was er gesehen und erlebt hatte: Verwüstung, Leichen, ratlose Befehlshaber und marodierende Truppen. Auf seinem Handy hielt er alles fest und veröffentlichte es im Internet. Daraufhin musste er fliehen: Er hatte gegen eine ganze Reihe russischer Gesetze verstoßen und lebt jetzt unter einem anderen Namen in Frankreich.

„Es ist schwer zu beschreiben, welche Gefühle hochkommen, wenn man aus einem Kampfgebiet evakuiert wird …

Zwei Monate Kälte, Dreck, Schweiß und die Allgegenwart des Todes. Schade, dass man keine Reporter zu uns an die Front lässt, ansonsten könnte das ganze Land seine Fallschirmjäger bewundern: unrasiert, schmutzig, abgemagert und wütend. Ich weiß nicht, was sie wütender macht, die sturen Ukrainer, die sich nicht entnazifizieren lassen wollen, oder die eigene unfähige Leitung, die ihre Soldaten nicht einmal bei Kampfhandlungen mit der nötigen Ausrüstung versorgt." (ZOV, S. 9, 19–22)

Am Donnerstagmorgen, dem 24. Februar 2022, begann in Europa eine neue Realität, von der kaum jemand geglaubt hatte, dass sie eintreten würde. Im frühen Morgengrauen hatte Russland mit Luftangriffen auf Kiew und weitere ukrainische Städte einen Krieg gegen den unabhängigen und souveränen Staat Ukraine begonnen. Gemessen an der Zahl der beteiligten Truppen und der Anzahl der Todesopfer wie auch der Flüchtlinge entwickelte sich dieser Krieg – laut Putin eine „spezielle Militäroperation" – schon bald zum größten und tödlichsten Konflikt, den Europa seit dem Ende des Zweiten Weltkrieges erlebt hatte.

Was im Jahr 2013 geschah

Um die Entwicklung zwischen Russland und der Ukraine besser zu verstehen, sollte man einen Blick in die Vergangenheit werfen, ins Jahr 2013. In jenem Jahr stimmte das ukrainische Parlament mit großer Mehrheit dem Abschluss eines Assoziierungsabkommens mit der Europäischen Union zu. Russland hingegen übte Druck auf die Ukraine aus, das Abkommen abzulehnen: Der Kreml-Berater Sergej Glasjew warnte im September 2013, dass Russland die Grenzen der Ukraine nicht mehr anerkennen würde, wenn die Ukraine das EU-Assoziierungsabkommen unterzeichnen würde. Im November verweigerte der ukrainische Präsident Wiktor Janukowitsch die Unterzeichnung des Abkommens und entschied sich stattdessen für eine engere Bindung an die von Russland geführte Eurasische Wirtschaftsunion. Diese Entscheidung löste eine Protestwelle aus, die als Euromaidan bekannt wurde und im Februar 2014 in der Maidan-Revolution gipfelte. Janukowitsch wurde vom Parlament entmachtet und floh nach Russland.

Annexion der Krim und Einmarsch in den Donbass

Am 20. Februar 2014 ließ Putin die Krim durch seine Spezialeinheiten, die keine Hoheitsabzeichen trugen, annektieren. Das war – acht Jahre vor dem Angriff vom Februar 2022 – der eigentliche Beginn des russisch-ukrainischen Krieges. Mit dieser Annexion brach Putin mehrere Verträge, die er mit der Ukraine geschlossen hatte. Die internationale Gemeinschaft ignorierte diese Tatsache weitgehend; nur ein paar Sanktionen wurden beschlossen. Zu diesem Zeitpunkt war der prorussische Präsident der Ukraine, Wiktor Janukowitsch, noch an der Macht.

Am 16. März 2014 kam es auf der Krim zu einer Pseudo-Volksabstimmung, wie es einst in der Sowjetunion üblich gewesen war. Diese Abstimmung fand statt, als die Halbinsel schon drei Wochen lang von russischen Truppen besetzt war, das heißt: Erst nach der militärischen Eroberung wurden die Einwohner in einer Scheinabstimmung unter dem Druck von Kalaschnikows aufgefordert, dem Gewaltakt zuzustimmen. Die Annexion war also nicht das Ergebnis eines politischen Prozesses auf der Krim, sondern das einer militärischen Operation.

Die Fortsetzung erfolgte dann nur einen Monat später im Donbass, einem von Kohle und Stahl geprägten Industriegebiet im Südosten der Ukraine, das an Russland grenzt. Hier initiierte und steuerte Russland gezielte Unruhen, bei denen sich Bürger aus der russischen Provinz Rostow als ukrainische prorussische Demonstranten ausgaben, die die Abtrennung des Gebietes von der Ukraine forderten. Wie auf der Krim gab es auch im Donbass keinen Zweifel, dass der Separationskrieg von Moskau angezettelt worden war.

Reguläre russische Einheiten spielten zunächst keine größere Rolle. Es waren irreguläre, von Moskau bezahlte Gruppen, eine Mischung aus ukrainischen und russischen paramilitärischen Abenteurern, die vom russischen Geheimdienst FSB geführt wurden. Der sogenannte Donbass-Krieg begann im April 2014, als bewaffnete, von Russland unterstützte Separatisten ukrainische Regierungsgebäude in den Oblasten Donezk und Luhansk in ihre Gewalt brachten und die Volksrepublik Donezk und die Volksrepublik Luhansk ausriefen. Russische Truppen waren direkt in diese Konflikte verwickelt. Im September 2014 und im Februar 2015 wurden Waffenstillstände vereinbart (Minsker Abkommen), doch sie scheiterten.

Die Annexion der Krim und der Krieg im Donbass lösten in Russland eine Welle des Nationalismus aus, mit dem Ruf nach der Annexion weiterer ukrainischer Gebiete. So sollte Noworossija, Neurussland, entstehen. Aufgrund dieser Bedrohung stimmte das ukrainische Parlament im Dezember 2014 für die Streichung der Neutralitätsklausel aus der Verfassung und für die Aufnahme der Ukraine in die NATO.

Vorbereitung des Angriffs

Ab März und April 2021 begann das russische Militär, in drei Bereitstellungsräumen nahe der ukrainischen Grenze massiv anzuwachsen, und ab Oktober 2021 gab es erhebliche Truppenbewegungen sowohl in Russland als auch in Weißrussland (Belarus). Ein Bereitstellungsraum lag im westlichen Russland, im Oblast Smolensk nahe der weißrussischen Grenze, und zwar in der Nähe der Ortschaft Jelnja. Kiew liegt ziemlich genau südlich dieser Region. Ein weiterer Bereitstellungsraum befand sich im südwestlichen Russland, im Oblast Woronesch, der an den ukrainischen Oblast Luhansk grenzt, und zwar in der Nähe der Ortschaft Boevo. Von dort sind es 250 bis 300 Kilometer bis Charkiw. Der dritte Bereitstellungsraum lag in Persianovka im Oblast Rostow, gegenüber der beiden Separatisten-Provinzen Donezk und Luhansk. Auf der Krim befand sich der Bereitstellungsraum in der Nähe der Ortschaft Nowooserne an der Westküste der Halbinsel.

Mitglieder der russischen Regierung hatten immer geleugnet, dass es Pläne für eine Invasion oder einen Angriff auf die Ukraine gebe, wobei die Dementis bis zum Tag vor der Invasion anhielten. Die Entscheidung, in die Ukraine einzumarschieren, wurde Berichten zufolge von Putin und seinem inneren Kreis, einer kleinen Gruppe von Kriegsfalken, „Silowiki" genannt, getroffen. Sowohl der Nationale Sicherheitsberater Nikolai Patruschew als auch Verteidigungsminister Sergei Schoigu gehörten zu dieser Gruppe.

Die Hauptangriffe der Infanterie und der Panzer wurden in vier Stoßrichtungen geführt: von Norden, aus Weißrussland, gab es eine Angriffsrichtung auf Kiew zu. Von der Krim aus erfolgte die südliche Angriffsrichtung auf Cherson, und eine südöstliche Vormarschrichtung nutzte den russisch kontrollierten Donbass. Eine östliche Vormarschrichtung zielte von Russland aus in Richtung Charkiw und Sumy. Russische Fahrzeuge wurden anschließend mit einem weißen Symbol, einem nicht kyrillischen Buchstaben gekennzeichnet, dem „Z". Es war vermutlich eine Maßnahme zur Verhinderung von Beschuss durch eigene Truppen. Insgesamt soll die russische Mannschaftsstärke rund 190.000 Soldaten betragen haben.

Putins TV-Ansprache

Um der Operation einen pseudolegalen Anstrich zu geben, griff Putin auf eine bekannte Verhaltensweise aus Sowjetzeiten zurück. Am 21. Februar 2022 erkannte er die Separatisten-Gebiete in der Ukraine, die sich inzwischen Donezker Volksrepublik (DVR) und Luhansker Volksrepublik (LPR) nannten, als unabhängige und souveräne Staaten an, und er nahm unverzüglich diplomatische Beziehungen zu ihnen auf. Die russische Staatsduma und der Föderationsrat (Unter- bzw. Oberhaus des russischen Parlaments) ratifizierten die Verträge umgehend. Wie geplant, ersuchten beide Separatisten-Gebiete, die DVR und die LPR, Moskau um militärischen Beistand gegen eine „ukrainische Aggression".

In den frühen Morgenstunden des 24. Februar, es war 3.00 Uhr Moskauer Ortszeit, strahlte der Kreml eine Fernsehansprache Putins aus, in der er der Ukraine praktisch den Krieg erklärte. In einer wütenden Rede beschimpfte er ausdrücklich die Vereinigten Staaten als ein „Imperium der Lügen", und deren Verbündete hätten seine „roten Linien und Sicherheitsforderungen" ignoriert.

Weiterhin prangerte Putin die Ukraine als faschistischen Staat an, der von einer Junta regiert werde, die die Menschen im Donbass auf „genozidale Weise" misshandele und töte. Der russische Staatschef betonte, dass er nicht mit dem ukrainischen Volk oder den ukrainischen Soldaten in Konflikt stehe, die ihre Waffen niederlegen und jederzeit frei nach Hause gehen könnten, sondern dass die „nationalistischen und faschistischen" Machthaber in Kiew zur Verantwortung gezogen würden. Die Ukraine müsse einen Prozess der Entnazifizierung durchlaufen, und er versicherte, er werde Nationalisten und „Nazis", die Russen und Russischsprachige angegriffen hätten, verhaften und anklagen lassen.

Putins Rede war im Voraus aufgezeichnet worden, und er hatte die wichtigsten Punkte an Journalisten weitergegeben, bevor gesendet wurde. *(Kremlin.ru, 22. Februar 2022)*

Die weitergehenden Ziele

Offiziell diente die russische „spezielle Militäroperation", wie Putin den Angriff auf die Ukraine nannte, der Unterstützung der Separatisten im Oblast Donezk und Luhansk. Diese „spezielle Militäroperation" hatte jedoch ein weitergehendes Ziel: Putin forderte, dass Kiew gemeinsam mit Washington und seinen Verbündeten die Krim als russisches Territorium anerkenne und die Ukraine für immer auf ihre Bestrebungen nach einer Mitgliedschaft in der NATO verzichten solle.

Eine künftige Ukraine dürfe keine bewaffneten Kräfte haben, die eine Bedrohung für Russland darstellen könnten, so Putin. „Russland hat nicht das Verlangen, die Ukraine zu besetzen", betonte er. Allerdings, so der Kremlchef, sei die Grenze zwischen den beiden Ländern keine wirkliche Trennlinie, denn irgendwann würden Ukrainer und Russen eine Einheit bilden. Er betonte auch, dass die russischen Soldaten die Ukrainer gut behandeln sollten, insbesondere die Truppen, die ihre Waffen niederlegen würden. Darüber hinaus versprach Putin, den verschiedenen ukrainischen Völkern (russ. narodi) das gleiche Recht auf volle Selbstbestimmung einzuräumen wie den Separatisten in Donezk und in Luhansk. Offensichtlich hatte Putin die Absicht, die Ukraine in eine Reihe von Kleinstaaten aufzuteilen und somit eine leicht zu kontrollierende Pufferzone zwischen Russland und der NATO zu schaffen, ohne eigenes Militär.

Putin beharrte darauf, dass die heutige Ukraine von Nazis regiert werde, die sich in ähnlicher Weise des Völkermordes schuldig gemacht hätten wie einst die deutschen Nazis – eine Anschuldigung, die praktisch von jedem außerhalb des Kremls zurückgewiesen wurde. Das Ziel einer „Entnazifizierung" der Ukraine beinhaltete natürlich auch das Recht, die ukrainische politische Elite ins Exil zu schicken, zu verhaften oder zu töten, um sicherzustellen, dass die Ukraine nie wieder als unabhängiger Staat auferstehen würde. Um diese Ziele Putins zu erreichen, sollten die russischen Streitkräfte in die Ukraine einmarschieren und das ukrainische Militär vernichten.

(https://jamestown.org/program/demilitarize-balkanize-de-nazify-russias-aggressive-war-against-ukraine-begins/)

Putins angebliches Ziel, die Ukraine zu entmilitarisieren und zu entnazifizieren, war nur ein Vorwand für einen Angriffskrieg, um den Nachbarstaat zu besetzen und zu vernichten. Er und die Kreml-Medien leugneten weiterhin, dass es sich bei der russischen Invasion um einen Krieg handelte, und bezeichnet sie stattdessen als „spezielle Militäroperation". Putins Botschaften zielten offensichtlich auf die russische Öffentlichkeit ab, die der Kreml nicht auf die Folgen eines Krieges gegen die Ukraine vorbereitet hatte. Russische Beamte und staatliche Medien verspotteten seit Monaten und noch am Tag vor der Invasion die westlichen Warnungen vor einer bevorstehenden russischen Invasion.

Trotz der wiederholten Warnungen aus den USA, dass Putin Hunderttausende von Soldaten in der Nähe seiner westlichen Grenzen für einen Angriff zusammengezogen habe, war eine groß angelegte Invasion für die meisten ukrainischen Bürger zu diesem Zeitpunkt unvorstellbar – allerdings auch für Westeuropäer.

Beginn der Invasion

Der russische Angriff begann am 24. Februar gegen 4.00 Uhr morgens Moskauer Ortszeit mit einem kurzen Luftangriff gegen die ukrainische Luftabwehr, Nachschubdepots und Flugplätze in der gesamten Ukraine. Doch Teile der ukrainischen Luftwaffe waren einsatzbereit, und auch die ukrainische Führung schien handlungsfähig zu sein. Nach Schätzungen des US-Verteidigungsministeriums umfassten die Angriffe über 100 Raketen, darunter eine Mischung aus ballistischen Kurz- und Mittelstreckenraketen, Marschflugkörpern und seegestützten Raketen. Schätzungsweise 75 russische Bomber waren an dem Angriff beteiligt.

Die ukrainischen Streitkräfte konnten die russischen Offensiven auf allen Vormarschachsen verlangsamen, mit Ausnahme der russischen Angriffsachse von der Halbinsel Krim aus. Diese ukrainischen Erfolge können vermutlich darauf zurückgeführt werden, dass es den Russen nicht gelungen war, die ukrainische Befehls- und Kontrollstruktur lahmzulegen.

Russische Streitkräfte rückten von Weißrussland aus auf beiden Seiten des Flusses Dnjepr auf das südlich gelegene Kiew vor und besetzten die Sperrzone um Tschernobyl (am Westufer). Doch am Ostufer des Dnjepr konnten die ukrainischen Streitkräfte den russischen Vormarsch bei Tschernihiw verlangsamen. Auch gelang es, den Militärflughafen Hostomel zu sichern, der nordwestlich von Kiew bei Butscha liegt, obwohl dort russische Luftlandetruppen abgesetzt worden waren. Da die russischen Streitkräfte es auch nicht schafften, den zivilen Flughafen Boryspil südöstlich von Kiew einzunehmen, hatten sie keine Möglichkeit, von dort über Nacht Luftlandetruppen an die Front im Westen von Kiew zu schicken.

In der Region Donezk und Luhansk konnten die russischen Truppen nach ihrem Überschreiten der Grenze nur wenig Territorium erobern. Anders sah es im Süden aus: Von der Krim aus drangen die russischen Streitkräfte rasch nach Norden vor und besetzten die Stadt Cherson (siehe Karte S. 14). Der bisherige Vormarsch der russischen Truppen am 1. Tag betrug etwa 60 Kilometer.

Die Drohung

Als Präsident Wladimir Putin am Morgen des 24. Februar 2022 bekannt gegeben hatte, dass er russische Truppen in die Ukraine befohlen habe, kam er auch der Androhung eines Atomkriegs nahe. Er erinnerte die Welt daran, dass Russland nach wie vor einer der mächtigsten Nuklearstaaten sei und über einen gewissen Vorteil bei mehreren hochmodernen Waffensystemen verfüge. Er drohte mit Konsequenzen, wie man sie in der Geschichte noch nie erlebt habe, für jeden, der versuche, sich einzumischen. Er fügte hinzu: „Es sollte keinen Zweifel daran geben, dass jeder potenzielle Aggressor mit einer Niederlage und unheilvollen Konsequenzen rechnen muss, sollte er unser Land direkt angreifen."

Die Situation am Beginn des russischen Einmarsches im Februar 2022. Die schraffierten Gebiete (Krim und Teile des Donbass bzw. die Bezirke Donezk und Luhansk) sind bereits besetzt.

Doch die Ergebnisse des ersten Kampftages waren aus russischer Sicht sicherlich nicht befriedigend, denn es war Russland nicht gelungen, die Ukrainer von der Sinnlosigkeit einer Gegenwehr zu überzeugen. Möglicherweise glaubten Putin und seine Generäle tatsächlich, dass die Ukrainer die Russen als Befreier begrüßen und die verteidigenden Soldaten ihre Waffen niederlegen würden. Nicht nur die politische und militärische Führung Russlands, sondern auch viele internationale Beobachter gingen davon aus, dass der Krieg innerhalb von Wochen, vielleicht sogar Tagen, beendet sein werde. Doch es sollte anders kommen.

In Russland war zwar eine Mehrheit mit der Invasion der Ukraine einverstanden – dennoch gingen Tausende auf die Straße, um dagegen zu protestieren. Sie trafen auf eine starke Polizeipräsenz. Mehrere hundert Demonstranten versammelten sich nahe dem von der Polizei abgesperrten Moskauer Puschkin-Platz. Einige skandierten „Nein zum Krieg!" und entrollten die ukrainische Flagge.

Reaktionen von ukrainischen Politikern

• Der Bürgermeister von Kiew, **Vitali Klitschko,** erinnerte sich, dass er seinen Wecker in der Nacht zuvor auf 3 Uhr morgens gestellt hatte. Er berichtete, dass ukrainische Beamte Informationen hatten, wonach die Invasion eine Stunde danach beginnen werde. „Ich erhielt einen Anruf aus den Streitkräften, von meinen Freunden", erinnerte er sich. „Die Invasion begann."

• Der ukrainische Innenminister **Denis Monastyrskyj** wurde durch das Klingeln seines Handys geweckt. Der Chef des ukrainischen Grenzschutzes teilte ihm mit, dass russische Truppen die Grenze im Nordosten des Landes überqueren und offenbar versuchen würden, Kiew zu erreichen. Monastyrskyj rief Präsident Wolodymyr Selenskyj an und sagte: „Es hat begonnen."

• **Oleksij Danilov,** Sekretär des Nationalen Sicherheits- und Verteidigungsrates der Ukraine, wusste ebenfalls, dass der Angriff kommen würde. „Ich verließ das Büro und ging nach Hause.Ich wusste, dass es bald losgehen würde", sagte er. „Wir konnten es niemandem sagen. Meine Frau war wütend auf mich, weil ich sie nicht gewarnt hatte, dass der Krieg bald beginnen würde."

• Es wurde erwartet, dass die Hauptoffensive aus dem Osten kommen würde, direkt über die russische Grenze zur Ukraine und in das industrielle Kernland der Region Donbass. Doch der Angriff war offenbar weniger zielgerichtet und laut **Oleksij Resnikow,** dem ukrainischen Verteidigungsminister, auch weniger gut von Russland geplant. „Uns war klar, dass dies eine Schlacht um den Donbass werden würde", sagte der Verteidigungsminister, „Aber sie haben überall angefangen, ohne sich entsprechend zu formieren."

Die Ukrainer kritisierten ihre Regierung, weil sie die Öffentlichkeit nicht vor der bevorstehenden Invasion gewarnt hatte. Resnikow erklärte, dies sei kein Versehen gewesen, sondern eine Verteidigungsstrategie. „Wir waren vorbereitet. Aber wir haben versucht, eine Panik auf unseren Straßen zu verhindern", sagte er. „Wenn die Ukrainer gewusst hätten, dass Hunderttausende russischer Truppen im Begriff waren, über die Grenzen zu strömen, hätten sie vielleicht versucht, selbst über die Grenzen zu fliehen, und das hätte ein Hindernis für unsere Streitkräfte darstellen können, sich schnell zu bewegen."

• **Wolodymyr Selenskyj,** Präsident der Ukraine: „Was mir in diesem Moment klar wurde, als ich mich anzog, war, dass Raketen über meine Kinder, über all unsere Kinder fliegen würden. Das bedeutete, dass es eine große Anzahl von Toten geben würde."

Der Präsident unternahm mit Mitgliedern seines Kabinetts im Zentrum der Hauptstadt einen demonstrativen Spaziergang – natürlich vor den laufenden Kameras der Medien. Auf den Straßen erklärte der Präsident, dass er an Ort und Stelle bleiben werde. Er forderte die ukrainischen Bürger auf, nicht zu fliehen, sondern ebenfalls zu bleiben und zu den Waffen zu greifen, um ihr Land zu verteidigen. Und sie taten es, zu Tausenden.

Die ukrainische Regierung verteilte Waffen an Zivilisten, doch kaum jemand wusste, wie man sie bedient. Überall entstanden eilig errichtete Barrikaden und Kontrollpunkte, die von nervösen Freiwilligen mit gezogenen Waffen besetzt wurden.

• **David Arachamja,** Berater von Selenskyj: „Um ehrlich zu sein, hatte ich nicht an das Invasionsszenario geglaubt. […] Andrij Jermak (Leiter des Präsidialamts) rief mich irgendwann nach 4 Uhr morgens an. Ich war um diese Zeit total verschlafen. Er sagte nur: ‚Es hat angefangen. Kommen Sie ins Büro.' Ich verstand gar nicht, was angefangen hatte. […] Wir hatten zuvor einen Reaktionsplan für diesen Fall ausgearbeitet. Der wurde also aktiviert, und dann wurden wir in diesen Bunker verlegt. Und so saß ich dort unten fest. Wahrscheinlich habe ich den Bunker einen Monat später zum ersten Mal verlassen."

Reaktionen des Auslands

• **Joe Biden,** US-Präsident: „Es war noch Nacht in Washington. […] Russische Flugzeuge waren in der Luft. […] Und die Welt war dabei, sich zu verändern. Ich erinnere mich lebhaft daran. […] Ich fragte Selenskyj: ‚Was gibt es, Mr. Präsident? Was kann ich für Sie tun? Wie kann ich Ihnen behilflich sein?' […] Er sagte, und ich zitiere: ‚Rufen Sie die Führer der Welt zusammen. Bitten Sie sie, die Ukraine zu unterstützen.' […] In dieser dunklen Nacht […] bereitete sich die Welt buchstäblich […] auf den Fall von Kiew vor … und vielleicht sogar auf das Ende der Ukraine."

• **Jake Sullivan,** Präsident Bidens Sicherheitsberater: „Normalerweise verbringt man in einer Krise wie dieser viele Stunden damit, zu versuchen, die Krise in den Griff zu bekommen […] und zu entscheiden, was man dagegen tun will. In diesem Fall war alles im Voraus erledigt worden. […] Wir hatten bereits eine Checkliste mit Maßnahmen entwickelt, die wir abarbeiten würden […], die ersten 24 Stunden, 48 Stunden, 72 Stunden, 96 Stunden."

• **Antony Blinken,** US-Außenminister: „Wir hatten an diesem Morgen im Oval Office ein langes Treffen mit dem Präsidenten bezüglich der Ukraine gehabt. […] Am Nachmittag gab es ein Treffen der nationalen Sicherheits-Direktoren zum Thema Iran. Es folgten Videokonferenzen mit hochrangigen nationalen Sicherheitsbeamten. […] Zu diesem Zeitpunkt waren wir ziemlich sicher, dass es (der russische Angriff) innerhalb weniger Stunden geschehen würde."

• **Linda Thomas-Greenfield,** US-Botschafterin bei den Vereinten Nationen: „Mitten in der Sitzung fingen plötzlich die Leute an, auf ihre Handys zu schauen und auf etwas zu zeigen. Ich erhielt eine Textnachricht vom ukrainischen Botschafter, der auf der anderen Seite des Raumes saß. Darin teilte er mir mit, dass der Angriff begonnen habe. Ich sah mich im Raum um und sah, dass alle auf ihre Handys starrten. Ich glaube, der russische Botschafter Wassili Nebensja erfuhr es erst, als ihm einer seiner Mitarbeiter die Telefonnachricht zeigte. Der Raum war wie betäubt. Ich verwende manchmal das Wort elektrisiert, aber das ist nicht richtig. Der Raum war fassungslos.

Wir haben den Rest des Abends daran gearbeitet, die UN-Resolution zur Verurteilung Russlands in die endgültige Form zu bringen. [...] Wir machten unsere ganze Arbeit über WhatsApp. [...] Ich habe den ganzen Abend WhatsApp-Nachrichten an verschiedene Mitglieder des Rates, an meine Mitarbeiter, nach Washington und an all die anderen geschickt, während wir damit begannen, dem Entwurf den letzten Schliff zu geben. Wir haben den Entwurf fertiggestellt und konnten 82 Länder dazu bringen, ihn mitzutragen [...], natürlich wissend, dass die Russen ihr Veto einlegen würden. Damit hatten wir kein Glück [...], aber wir wollten beweisen, dass sie isoliert waren."

• **Jens Stoltenberg,** Generalsekretär der NATO: „Wir erkannten, dass dies Europa verändern würde, dass dies einer der dunkelsten Tage in der modernen Geschichte Europas war und viel Leid und Tod verursachen würde. [...] Allein der schiere Umfang der Invasion machte deutlich, dass dies viel Leid, Tod und Schaden verursachen würde. Es war eine Wut, aber auch Traurigkeit – das sind die beiden Gefühle, die beschreiben, was an diesem Morgen in mir vorging."

• **Boris Johnson,** britischer Premierminister: „Die Gerüchte hatten sich in den letzten Tagen vor der Invasion verdichtet, und wir konnten förmlich hören, wie die russischen Einheiten in Stellung gingen. Wir konnten das hören. [...] Es war eine Mischung aus Unglauben, aber auch Fatalismus. Als ich das letzte Mal mit Putin gesprochen habe, hatte er einen ganz bestimmten Tonfall. [...] Er hatte sich bereits entschlossen."

Und später: „Was Selenskyj mir wirklich sagen wollte, ist, dass die Situation absolut entsetzlich sei. Panzer strömen aus verschiedenen Richtungen auf Kiew zu. Er spricht über die Art und Weise, wie die Ukrainer kämpfen. Die Tapferkeit, die sie zeigen. [...] Seine Botschaft lautet: ‚Gebt mir Hilfe, gebt mir die Ausrüstung jetzt.‘ Er hat ein Ziel. Seine Absicht ist, nicht nur zu sagen: ‚Oh mein Gott, ich werde angegriffen.‘ Sein Ziel ist es, zu sagen: ‚Johnson, wir brauchen jetzt militärische Hilfe. Hilf uns, sie zu bekommen.‘"

• **Mateus Moraviecki,** Premierminister Polens: „Ich erinnere mich sehr gut an einen Moment, als ich mit einem meiner Kollegen vom Europäischen Rat sprach, einem der anderen Premierminister, mit denen ich viele Male gesprochen habe. [...] Er war sehr skeptisch und glaubte nicht wirklich, dass Russland eine Invasion im großen Stil durchführen könne. Ich fragte ihn: ‚Glaubst du mir jetzt?‘ Er antwortete: ‚Ja, voll und ganz.‘ [...] Dieser Tag war also ein Wendepunkt in der Geschichte der Welt, in der Geschichte Europas, ganz sicher. Es gab also die Hoffnung auf ein Erwachen aus dem geopolitischen Dornröschenschlaf."

• **Bruno Kahl,** der Präsident des deutschen Nachrichtendienstes, befand sich gerade in Kiew. Als er am Vortag in die ukrainische Hauptstadt geflogen sei, habe er gewusst, dass ein Krieg drohe. Deshalb habe er sein Flugzeug sofort nach der Landung nach Deutschland zurückgeschickt, damit es nicht zerstört oder von den russischen Streitkräften beschlagnahmt werden könne. Kahl und eine Gruppe von BND-Mitarbeitern verließen Kiew nach der ersten Bombennacht und fuhren mit PKWs zur polnischen Grenze.

„Man hat die Not der Menschen mitbekommen, vor allem […] kurz vor der Grenze. Das war der emotional intensivste Teil, die letzten 20 Kilometer vor der Grenze, da hat man gemerkt, die Leute haben Angst, die wollen alle raus, und keiner fühlt sich mehr sicher. Und die Leute haben große materielle Nachteile in Kauf genommen. Sie haben ihre Autos einfach am Straßenrand stehen lassen und sind mit dem Nötigsten gelaufen. Das war sehr, sehr, sehr deprimierend."

• **Der Autor Matthias Plügge:** Mein Interesse an den Ereignissen vom 24. Februar 2022 war sehr groß, denn von 2004 bis 2011 habe ich in Kiew gelebt und als freier Journalist gearbeitet. Von daher habe ich eine besondere Beziehung zu der Stadt und dem Land.

Die „Orange Revolution", die im Herbst 2004 als friedliche Reaktion auf einen Wahlbetrug begann, führte im Dezember 2004 zu einer Wiederholung der Wahl, die der Kandidat des Kreml, Wiktor Janukowitsch, verlor. Sein Gegner, ein Befürworter der Westanbindung, war Wiktor Juschtschenko. Mittels einer Vergiftung mit Dioxin sollte er ausgeschaltet werden, doch die Behandlung in einem Wiener Krankenhaus rettete ihm das Leben.

Die erfolgreiche ukrainische Orange Revolution verstärkte in Russland die bereits bestehende Einkreisungsphobie. Im November 2013 begannen erneut Demonstrationen auf dem Maidan, die sich 2014 zu der Protestbewegung „Euromaidan" entwickelte. Die erneuten Proteste knüpften an die Tradition der Orange Revolution an und führten letztendlich im März 2014 zur Besetzung der Krim durch Russland.

Als ich die Nachrichten über den Einmarsch der russischen Truppen in die Ukraine hörte und auch die Berichte sah, fiel mir eine Geschichte aus dem alten Griechenland ein: Es war die Geschichte des Lyderkönigs Krösus und des Orakels von Delphi. Krösus wollte wissen, was passiere, wenn er den Fluss Halys überschreite, um das persische Reich des Kyros anzugreifen. Die Antwort des Orakels: Wenn Du den Fluss überschreitest, wirst Du ein großes Reich zerstören. Daraufhin überschritt Krösus den Fluss, erlitt mehrere Niederlagen und zerstörte sein eigenes Reich.

In meinen Gedanken setzte ich Krösus mit Putin gleich. Ich konnte mir nicht vorstellen, dass ein Autokrat, auch wenn es ein mächtiger russischer ist, ungestraft in Europa einen Krieg beginnen und führen kann. Ich konnte mir auch nicht vorstellen, wie uneinig das bisher in Fragen der Sicherheit so einige Europa war. Keiner wollte Putin wehtun. Doch die Vorstellung, dass Putin mitentscheiden würde, wann der Krieg beendet sei, erscheint absurd, obwohl es wohl einige Politiker in der EU gibt, die dieses anstreben. Es ist die Angst, was geschehen könnte, sollte Russland, ein Bundesstaat, nach Putins Ende auseinanderbrechen. Vielleicht könnte es einen noch radikaleren, noch unberechenbareren Führer im Kreml geben, und was dann? Doch diese Ungewissheit darf uns nicht hindern, der Ukraine die Waffen zu liefern, die sie braucht, um sich effektiv gegen Putin zu wehren und ihn letztendlich militärisch zu schlagen.

Die Idee der „Dreieinigen russischen Nation"

Es war der russische Präsident Wladimir Putin selbst, der den Angriff auf die Ukraine als eine Reaktion bezeichnete, die auf die Erweiterung der NATO auf Staaten der ehemaligen Sowjetunion erfolgt sei. Doch ein Essay aus dem Juli 2021 und Äußerungen kurz vor dem Angriff zeigen, dass der wahre Grund für die Invasion und die damit verbundene Rechtfertigung weniger in den Bemühungen der Ukraine um einen NATO-Beitritt lagen, sondern wohl eher in der Geschichte zu finden sind. Gemeint ist damit eine bestimmte Version der russischen Geschichte, was die Beziehung zwischen Russland und der Ukraine betrifft.

Mehr als einmal erklärte Putin, Russen und Ukrainer seien vermutlich Teil ein und desselben Volkes. In einem Essay mit dem Titel „Über die historische Einheit von Russen und Ukrainern" vom 12. Juli 2021 kam Putin zu folgendem Schluss: Russen und Ukrainer seien zusammen mit den Weißrussen ein Volk, das historisch „Dreieinige russische Nation" oder auch „panrussische Nation" genannt wird. Die panrussische Nation ist die Bezeichnung für ein Staatengebilde, dem die Teilnationen Großrussland, Kleinrussland bzw. Ukraine sowie Weißrussland angehören würden. Dieses Dogma wurde im russischen Zarenreich populär und von den imperialen Eliten vertreten. Als offizielle Staatsideologie bildete es schließlich die Grundlage des Russischen Reiches.

Das Modell dieser „Dreieinigen russischen Nation" gehörte zur persönlichen Identität vieler politischer, religiöser und militärischer Führer des Landes – bis die Russische Revolution die Vorherrschaft der „Dreieinigen russischen Nation" im russischen politischen Denken beendete. Als die bolschewistische Rote Armee die Weiße Garde besiegt hatte und deren Generäle ins Exil gingen, war es vorbei mit der Idee einer großen russischen Nation. Auch die emigrierenden Intellektuellen mussten ihre Vision eines einheitlichen und unteilbaren Russlands von da an im Ausland pflegen. Im Jahr 1922 bestand Lenin gegen den Widerstand Stalins auf der Schaffung eines Unionsstaates, in dem die Republiken getrennte Staatswesen mit gleichen Rechten wie Russland sein sollten.

Zu den Emigranten gehörten General Anton Denikin, dessen Memoiren Wladimir Putin stark beeindruckten, und der einflussreiche Philosoph Iwan Iljin, dessen Artikel „Was verheißt der Welt die Aufteilung Russlands" eine häufig zitierte Quelle in den Reden Putins und anderer russischer Politiker sind. Iljin vertrat die Ansicht, dass Russland eines Tages seine Länder wieder unter seine Vormundschaft stellen werde.

(Serhii Plokhy, The Russo-Ukrainian War, S. 102 f.)

Die Legitimität der heutigen Grenzen der Ukraine stellt Putin offen infrage. Ihm zufolge besetzt die heutige Ukraine historisch russisches Land und ist ein antirussisches Projekt, das seit dem 17. Jahrhundert von externen Kräften sowie während der Existenz der Sowjetunion durch administrative und politische Entscheidungen geschaffen wurde.

Solschenizyns Russland-Plan

Die Schlüsselfigur, die das imperiale Denken der Vergangenheit mit einem Plan für die Herausforderungen und Realitäten des postsowjetischen Russlands verband, war der Schriftsteller, Nobelpreisträger und politische Denker Alexander Solschenizyn. In einem Essay von 1990, „Rebuilding

Russia: Reflections and Tentative Proposals" forderte Solschenizyn die Abtrennung der Ostslawen von den nichtslawischen Republiken der Sowjetunion und die Bildung einer Russischen Union, bestehend aus Russland, der Ukraine, Weißrussland und Nordkasachstan.

Das von Solschenizyn rekonstruierte Russland sollte also vierteilig werden. Dieser Plan blieb jedoch Theorie, und einige Jahre später stellte Solschenizyn die Legitimität der ukrainischen Grenzen infrage. In seinem Essay „Russland im Zusammenbruch" (1998) plädierte er für die Annexion der Ost- und Südukraine und prangerte deren unmäßige Ausdehnung auf Gebiete an, die bis zu Lenins Zeiten nie zur Ukraine gehört hatten: die beiden Donezk-Provinzen und der gesamte südliche Gürtel Neurusslands – Melitopol, Cherson, Odessa und die Krim.

Putin teilte viele dieser Ideen. Er stimmte auch mit Solschenizyns Überzeugung überein, dass ein Teil der Ost- und Südukraine nicht zu den historischen Gebieten des Landes gehöre, sondern, wie er zu Präsident George Bush 2008 sagte, ein Geschenk der russischen Bolschewiken an die Ukraine gewesen sei. Wie Solschenizyn akzeptierte Putin die sowjetische Teilung der russischen Nation in Russen, Ukrainer und Weißrussen, betrachtete sie aber weiterhin als Mitglieder eines einzigen Volkes. Solschenizyns Vision von Russland diente als Brücke zwischen den alten imperialen Vorstellungen von russischer Sprache, Kultur und Identität und den Ansichten, die in russischen politischen Kreisen mit dem Einzug von Wladimir Putin in den Kreml populär zu werden begannen. *(Serhii Plokhy, The Russo-Ukrainian War, S. 103)*

Die Verantwortung der Sowjetunion

Während seiner Fernseh-Ansprache vom 21. Februar 2022, in der Putin die Anerkennung der Separatisten-Regionen Donezk und Luhansk, als unabhängige Staaten verkündete, sagte er auch, dass „die moderne Ukraine voll und ganz vom bolschewistischen, kommunistischen Russland 1917 geschaffen wurde, als Teil einer kommunistischen Beschwichtigung des Nationalismus ethnischer Minderheiten im ehemaligen Russischen Reich". Dabei machte er insbesondere Lenin für die Abtrennung der Ukraine von Russland verantwortlich sowie Stalin für das Versäumnis, die „abscheulichen und utopischen", von der Revolution inspirierten Fantasien aus der Verfassung der Sowjetunion zu streichen. Diese Fehler sowie die Dezentralisierung und Demokratisierung durch Gorbatschow in den späten 1980er-Jahren hätten letztlich zur Auflösung der Sowjetunion und zum Zusammenbruch des historischen Russlands geführt.
(https://www.euractiv.com/section/global-europe/news/putins-world-selected-quotes-from-a-disturbing-speech/)

Serhii Plokhy, Professor für ukrainische Geschichte an der Universität Harvard, erinnerte daran, dass es Lenin war, der im Jahr 1922 der Ukraine die formale Unabhängigkeit nahm, indem er sie in die Sowjetunion integrierte. „Natürlich hat Lenin die Ukraine nicht geschaffen. Er begann 1918 einen Krieg gegen einen unabhängigen ukrainischen Staat und ersetzte ihn durch einen Marionettenstaat namens Ukrainische Sozialistische Sowjetrepublik. Was Lenin tatsächlich schuf, war die Russische Föderation, ein Staat, der 1918 seine Verfassung erhielt und vier Jahre später der UdSSR beitrat. Im Jahr 1991 löste Boris Jelzin dieses von Lenin geschaffene Gebilde aus der Sowjetunion heraus

und trug damit zum Zusammenbruch der Union bei. Lenin war der Schöpfer des modernen Russlands und nicht der Ukraine."
(https://www.bbc.com/ukrainian/features-60480944)

Putins Interpretation der Geschichte ist mehr als eine Manipulation der Vergangenheit, um einen Vorwand für einen Akt der Aggression zu liefern. Sie ist die Konsequenz seines Geschichtsbildes, das ihn verleitet hat, ein Land anzugreifen, das er grundsätzlich falsch eingeschätzt hat. Der FSB, der russische Geheimdienst, hat Putin vermutlich mit Beschreibungen versorgt, die seinen Geschichtsfantasien entsprachen. Ein ausgedehntes Netz von Agenten war in der Ukraine rekrutiert worden, nicht nur um die ukrainische Regierung, das Militär und die Bevölkerung auszuspionieren, sondern auch um Massendemonstrationen zur Unterstützung der zur „Befreiung" gekommenen russischen Truppen zu organisieren. Putins Erwartung, dass seine „spezielle Militäroperation" innerhalb weniger Tage beendet sein würde, mit der obligatorischen Siegesparade auf dem Khreschatyk, der Flaniermeile von Kiew, mit Massen „befreiter" Ukrainer, die seinen Soldaten dankbar zujubeln, weil sie endlich mit ihren russischen Brüdern im historischen Schoß der einen russischen Nation wiedervereint sind – diese Erwartung, dieser Traum hat sich nicht erfüllt.

Das Gegenteil war der Fall: Die russische sogenannte Befreiungsarmee stieß auf unerwartet heftigen Widerstand, und statt mit Blumen wurden die Russen mit Javelin-Panzerabwehrraketen und Stinger-Luftabwehrraketen empfangen. Putins Truppen wurden zu Opfern der Propagandaanstrengungen ihrer Regierung. Mit der Behauptung, Russen und Ukrainer seien ein und dasselbe Volk, wurden die Soldaten nicht auf einen Krieg vorbereitet, in dem sich, mit wenigen Ausnahmen, die gesamte Bevölkerung der Ukraine gegen die Invasionsarmee stellte. Verwirrung und Desorientierung der russischen Soldaten waren die Folge.

Im Fokus: Wolodymyr Selenskyj

Zu denjenigen, die von der russischen Invasion am meisten überrascht waren, gehörte der ukrainische Präsident Wolodymyr Selenskyj. In den Wochen vor dem Einmarsch versuchte er, sich selbst und dem ukrainischen Volk zu versichern, dass kein Einmarsch stattfinden werde. „Es ist keine Angst in seinem Gesicht", berichtete der Sprecher des ukrainischen Parlaments, Ruslan Stefanschuk, der sich an die Begegnung mit Selenskyj an jenem Morgen erinnerte. „Es gibt nur die Frage: Wie kann das sein?" Der Schock saß tief bei Stefanschuk und anderen Spitzenpolitikern des Landes: „Wir spürten, dass die Weltordnung zusammenbricht", erinnerte sich Stefanschuk einige Wochen später.

Am Morgen des 24. Februar mussten Selenskyj und seine Frau Olena ihren Kindern sagen, dass die Bombardierung begonnen habe, und sie darauf vorbereiten, aus ihrem Haus zu fliehen. Die Tochter war 17 und der Sohn 9 Jahre alt – beide alt genug, um zu verstehen, dass sie in Gefahr waren. „Wir haben sie geweckt", sagte Selenskyj. „Es war laut, da drüben gab es Explosionen."

Eine am 26. und 27. Februar, dem dritten und vierten Tag des Krieges, durchgeführte Telefonumfrage ergab, dass 79 Prozent der Ukrainer an den Sieg glaubten und 90 Prozent der Männer sowie 70 Prozent der Frauen bereit waren, ihr Land zu verteidigen. Landesweit sprachen sich 86 Prozent

der Ukrainer für einen Beitritt zur Europäischen Union aus, und 76 Prozent befürworteten einen NATO-Beitritt. Selenskyjs Popularität stieg auf 93 Prozent.
(Serhii Plokhy, The Russo-Ukrainian War, S. 164)

Attentatspläne

Bald wurde klar, dass die Präsidentschaftskanzlei nicht der sicherste Ort für den Präsidenten war. Das Militär informierte Selenskyj, dass russische Kampftruppen mit dem Fallschirm über Kiew abgesprungen seien, um ihn und seine Familie zu töten oder gefangen zu nehmen. „Vor dieser Nacht hatten wir so etwas nur in Filmen gesehen", kommentierte Andrij Jermak, Leiter des Präsidialamts, die Warnungen des Militärs.

Es gab auch andere Quellen, die die Gefährdung des Präsidenten betrafen. Vom Kreml beauftragte Söldner der Wagner-Gruppe und tschetschenische Kadyrow-Anhänger sollen mehrere Versuche unternommen haben, Selenskyj zu ermorden. Darunter war auch eine Operation mit mehreren hundert Söldnern, die in Kiew eingedrungen waren, um den Präsidenten zu töten. Die ukrainische Regierung gab an, Beamte des russischen FSB, die diesen Krieg ablehnten, hätten die Pläne offenbart.

Bei Einbruch der Dunkelheit am ersten Abend kam es zu Schusswechsel rund um das Regierungsviertel. Während die ukrainischen Truppen die Russen in den Straßen zurückdrängten, versuchte die Präsidentengarde, das Gelände mit allem, was sie finden konnten, abzuriegeln. Ein Tor am Hintereingang wurde mit einem Haufen aus Polizeisperren und Sperrholzplatten blockiert. Die Wachen innerhalb des Geländes schalteten das Licht aus und brachten kugelsichere Westen und Sturmgewehre für Selenskyj und etwa ein Dutzend seiner Mitarbeiter. Nur wenige von ihnen wussten, wie man mit den Waffen umgeht. Einer davon war Oleksiy Arestovych, ein Veteran des ukrainischen Militärgeheimdienstes. „Es war ein absolutes Tollhaus", sagte er. „Automatikwaffen für alle." Russische Truppen hätten zwei Versuche unternommen, das Gelände zu stürmen, sagte er. Selenskyj berichtete später, dass zu diesem Zeitpunkt seine Frau Olena und seine beiden Kinder noch in Kiew waren.

Amerikanische und britische Streitkräfte boten an, den Präsidenten und sein Team zu evakuieren, vermutlich nach Ostpolen. Die Idee war, ihnen bei der Bildung einer Exilregierung zu helfen, die die Führung aus der Ferne übernehmen könnte. Keiner von Selenskyjs Beratern konnte sich erinnern, dass der Präsident diese Angebote ernsthaft in Erwägung gezogen hätte. In einem abhörsicheren Telefonat mit den Amerikanern antwortete er mit einem Spruch, der weltweit für Schlagzeilen sorgte: „Ich brauche Munition, keine Mitfahrgelegenheit."
(https://time.com/6171277/volodymyr-zelensky-interview-ukraine-war/)

Selenskyj war nicht nur Realist, sondern auch Medienprofi. Er sagte: „Die Menschen sehen diesen Krieg auf Instagram, in den sozialen Medien. Wenn sie es satt haben, scrollen sie weiter. Das liegt in der menschlichen Natur. Vor schrecklichen Bildern verschließen wir gern die Augen." Selenskyj spürte, dass die Aufmerksamkeit der Welt nachließ, und das beunruhigte ihn fast so sehr wie die russischen Bomben.

Quellen: Prolog

Bücher
- Filatjew, Pawel, ZOV, Der Verbotene Bericht, Ein russischer Fallschirmjäger packt aus, Hamburg 2022
- Plokhy, Serhii, Die Frontlinie, Warum die Ukraine zum Schauplatz eines neuen Ost-West-Konflikts wurde, Hamburg 2022
- Plokhy, Serhii, The Russo-Ukrainian War, New York 2023

Online-Publikationen
- https://jamestown.org/program/demilitarize-balkanize-de-nazify-russias-aggressive-war-against-ukraine-begins/
- https://www.cbsnews.com/news/ukraine-russia-war-news-look-back-at-1st-day-of-vladimir-putin-invasion/
- https://www.washingtonpost.com/world/interactive/2023/oral-history-russia-ukraine-war/
- https://www.nytimes.com/2014/02/04/opinion/dont-let-putin-grab-ukraine.html
- https://www.bbc.com/news/world-europe-31796226
- https://www.bbc.com/news/world-europe-56678665
- https://www.euractiv.com/section/global-europe/news/putins-world-selected-quotes-from-a-disturbing-speech/
- https://www.theguardian.com/world/2022/feb/21/putin-angry-spectacle-amounts-to-declaration-war-ukraine
- https://time.com/6171277/volodymyr-zelensky-interview-ukraine-war/

Kapitel 1

Wladimir Wladimirowitsch Putin

So manche politischen Führungspersönlichkeiten lassen noch während ihrer Amtszeit Publikationen veröffentlichen, die einen Versuch darstellen, der internationalen Öffentlichkeit ein Bild des Menschen hinter dem Politiker zu vermitteln, und oft auch, die eigene Politik zu erklären. Aus diesem Grund erschien im Jahr 2000 das Buch „First Person: An Astonishingly Frank Self-Portrait by Russia's President Vladimir Putin" (First Person: Ein erstaunlich freimütiges Selbstporträt des russischen Präsidenten Wladimir Putin). Der Text basiert auf sechs Interviews von insgesamt 24 Stunden, geführt von drei russischen Journalisten.

Besonders interessant war an diesen Gesprächen, dass Wladimir Putin zum ersten Mal Details aus seinem frühen Leben und seiner KGB-Karriere preisgab. Ein Ausschnitt:

> • Putin: *„In der Tat habe ich ein sehr einfaches Leben geführt. Alles ist ein offenes Buch.*
> *Ich habe die Schule abgeschlossen und war auf der Universität.*
> *Ich schloss die Universität ab und ging zum KGB.*
> *Ich beendete den KGB und ging zurück an die Universität.*
> *Nach der Universität habe ich für Sobtschak gearbeitet.*
> *Von Sobtschak ging ich nach Moskau und in die Generalabteilung.*
> *Dann in die Präsidialverwaltung.*
> *Von dort aus ging ich zum FSB.*
> *Dann wurde ich zum Premierminister ernannt.*
> *Jetzt bin ich amtierender Präsident. Das ist alles!"*
> • Frage: „Aber es gibt doch sicher noch mehr Details?"
> • Putin: *„Ja, die gibt es …"*
> *(First Person, S. 0)*

So lakonisch beginnt das Selbstporträt von Putin. Es folgen dann aber noch etwa 200 Seiten, in denen er sich durchaus ausführlicher gibt.

Und heute?

In den Jahren nach diesen Gesprächen gab es eine Reihe von Ereignissen, die viel veränderten. Und sicherlich hat sich auch Putin geändert und auf Entwicklungen, Geschehnisse und Bedrohungen reagiert, seien sie nun real oder vermutet. Um die Vielschichtigkeit der Person Wladimir Putin zu erfassen, wird in diesem Buch nicht nur eine Quelle, sondern es werden vier genutzt, wobei darauf geachtet wurde, den Tenor und die Quintessenz der genutzten Bücher nicht zu verändern oder gar zu verfälschen.

Masha Gessen:
„The Man Without a Face: The Unlikely Rise of Vladimir Putin"

Masha Gessen ist eine russische Journalistin, die vor Ort in Moskau für ihr 2013 erschienenes Buch „Der Mann ohne Gesicht: Der unglaubliche Aufstieg von Wladimir Putin" recherchierte und nun in New York lebt. Einige Kernsätze aus Gessens Buch lauten:

- Wladimir Putin war nie dazu bestimmt, Russland zu führen.
- Die meiste Zeit seines Lebens war er ein anonymer Bürokrat unter Tausenden in Russlands riesigem Spionagenetz.
- Selbst als er zum Präsidenten gewählt wurde, hatten die meisten russischen Politiker keine Ahnung, wer er war.
- Doch jetzt ist Putin nicht nur weithin bekannt, sondern auch gefürchtet, nicht nur in Russland, sondern auch weltweit. Während er anfangs einen unbestechlichen Eindruck machte, entwickelte sich Putin zu einem ruchlosen, gierigen Politiker, dessen eklatante Verstöße gegen die Demokratie und das Unterdrücken von Dissidenten die Welt schockierten.

Der junge Wladimir Putin war ein Kämpfer, der davon träumte, ein Spion zu sein.

Die Geschichte von Wladimir Wladimirowitsch Putin begann in den trostlosen Jahren nach dem Ende des Zweiten Weltkriegs. Leningrad, das heutige Sankt Petersburg, war eine zerbombte Stadt, die Menschen waren ebenso zerstört. In dieser trostlosen Umgebung nahmen Putins Aggressionen und seine gewalttätigen Tendenzen Gestalt an.

Die Familie Putin litt während des Krieges: Putins Vater hatte beschädigte, entstellte Beine, und zwei Kinder waren bereits gestorben. Zum Glück hatten sie noch eine eigene Wohnung, ein seltener Luxus in jenen Jahren. Im Jahr 1952 wurde Wladimir geboren.

Der 38-jährige Wladimir Putin (1990)

25

Die Wohnung der Familie Putin war ein 20-Quadratmeter-Zimmer mit einem Herd im Gemeinschaftsflur und einer behelfsmäßigen Toilette im Treppenhaus. Putin nannte dies sein Zuhause, bis er 25 Jahre alt war.

Als Junge war Putin leicht zu verärgern. Einen Großteil seiner Aggressionen kanalisierte er in der Kampfsportart Sambo, war aber dennoch häufig in Schlägereien verwickelt und wurde deshalb aus der kommunistischen Jugendorganisation, den Jungen Pionieren, ausgeschlossen.

Putins junges Leben war jedoch nicht nur hart. Trotz der beengten Wohnverhältnisse besaß die Familie ein Telefon, einen Fernseher und sogar ein Sommerhaus. Wie konnten sie sich diesen Luxus leisten?

Nachdem Putins Vater im Zweiten Weltkrieg als Soldat gedient hatte, unterhielt er Verbindungen zur damaligen Geheimpolizei, dem NKWD. Nach dem Krieg blieb er in der aktiven Reserve und behielt seinen Arbeitsplatz in der Fabrik – und als Gegenleistung dafür, dass er Informationen an die Geheimpolizei weitergab, erhielt er einen zusätzlichen Lohn.

Zu dieser Zeit begann auch Putin, sich für die Spionagearbeit zu interessieren. Als er 16 Jahre alt war, fragte er beim KGB, dem sowjetischen Geheimdienst, nach einer Beschäftigung. Man teilte ihm jedoch mit, dass er einen Hochschulabschluss oder Erfahrung in der Armee benötige, bevor er für den KGB arbeiten könne. Obwohl Wladimir kein hervorragender Schüler war, bewarb er sich an der Leningrader Universität und wurde angenommen.

Putin langweilte sich in seinem Job als KGB-Bürokrat; den Fall der Mauer erlebte er selbst mit.

Nach seinem Abschluss an der Leningrader Universität im Jahr 1975 wurde Putins Traum, für den Geheimdienst zu arbeiten, Wirklichkeit. Die meiste Zeit seiner Karriere beim KGB war er jedoch ein Bürokrat und kein Spion.

In den 1980er-Jahren arbeitete er in der DDR für den KGB; allerdings war er nicht in Berlin, sondern in Dresden stationiert. Seine Arbeit bestand darin, Zeitungsausschnitte zu sammeln und Berichte zu schreiben.

In Dresden waren Putin und seine Frau mit anderen russischen KGB-Offizieren befreundet. Möglicherweise deprimierte ihn seine Situation. Er nahm zu, weil er zu viel Bier trank. Seine bedeutendste berufliche Leistung war der Kauf eines Handbuchs der US-Armee, für das er einem Studenten 800 Deutsche Mark (Ost) zahlte.

Im Jahr 1989 signalisierten die Unruhen und Proteste in der DDR den Beginn des Zusammenbruchs des Ostblocks. Die DDR-Bürger in Dresden sahen einen Weg in die Freiheit, und als sich die Grenzen öffneten, stiegen sie in die Züge nach Prag und Warschau, um dort die Botschaften der Bundesrepublik zu erreichen.

Als die Berliner Mauer fiel, stürzte auch die Stasi, die riesige Geheimorganisation, die zur Kontrolle der DDR-Bürger geschaffen worden war. Demonstranten stürmten die Stasi-Zentralen in den Großstädten. Sie näherten sich auch dem Dresdner Büro des KGB, einer alten Villa in der Angelikastraße Nr. 4, wo Putin arbeitete. Später behauptete er, selbst mit den Demonstranten gesprochen zu haben, was wohl auch der Wahrheit entsprach. Da er sich der Bedrohung bewusst war, kehrte er in sein Büro zurück, verbrannte sensible Dokumente und bat um Hilfe. Er hoffte, dass die Armee anrücken würde, um das KGB-Gebäude zu verteidigen, aber sie kam nicht. Der Staat, dem Putin treu ergeben war, ließ ihn in der DDR schutzlos zurück. Wütend über die Ereignisse nach dem Zusammenbruch der DDR, kehrten Putin und seine Frau nach Leningrad zurück.

Als die Sowjetunion zerfiel, hielt Putin sich alle Optionen offen und wartete ab, wer als Sieger hervorgehen würde.

Nach der Rückkehr fand Putin ein Russland vor, das sich rasch und tiefgreifend veränderte. Es kam zur Krise, als der KGB in Zusammenarbeit mit Hardlinern in der Regierung einen Putschversuch gegen Michail Gorbatschow unternahm.

Gorbatschow hatte im Rahmen seines Reformprogramms „Glasnost" (Offenheit) inhaftierte Dissidenten freigelassen, die seit Stalin verfolgte harte Politik rückgängig gemacht und Russland den Zugang zu zuvor verbotenen Büchern und westlichem Rundfunk ermöglicht.

In einer Welle der Offenheit wurden 1989 viele prodemokratische Politiker ins Parlament gewählt. Zu ihnen gehörte der Juraprofessor Anatoli Sobtschak. Putin war zwar immer noch Mitglied des KGB, arbeitete aber an der Leningrader Universität und wurde Berater von Sobtschak, der dort einen Lehrstuhl innehatte.

Um die übergriffige Macht des KGB einzuschränken, hatte Gorbatschow ein „Komitee für Verfassungsrecht" gegründet. Dies hielt den KGB jedoch kaum davon ab, prodemokratische Politiker zu bespitzeln. Im August 1991 organisierte der KGB in Zusammenarbeit mit einer Gruppe von Politikern einen Putsch gegen Gorbatschow und stellte den Politiker in der Nähe des Schwarzen Meers unter Hausarrest. Putin überlegte nun, was er tun solle. Um sich für den Fall eines Scheiterns des Putsches zu schützen, versuchte er, sich vom KGB zu distanzieren, indem er behauptete, er habe vor dem Putsch seinen Rücktritt eingereicht – aber dieses Schreiben war beim KGB nicht auffindbar.

Durch die Zusammenarbeit mit Sobtschak, der nicht so demokratiefreundlich war, wie er anfangs behauptet hatte, blieb Putin politischen Kreisen verbunden. Während Demonstranten für den Schutz der prodemokratischen Politiker kämpften, fuhren Putin und Sobtschak damit fort, sich auf beiden Seiten des Putsches zu positionieren. Putin schickte angeblich ein weiteres Rücktrittsschreiben an den KGB, während Sobtschak öffentliche Reden hielt und die Demonstranten ermutigte, den Kampf fortzusetzen. Allerdings waren Sobtschaks Reden zuvor von den Putschisten genehmigt worden.

Während des eigentlichen Putschversuchs versteckten sich Putin und Sobtschak in einem Bunker unter einer Fabrik, bis es sicher war, herauszukommen; das heißt: zwei Tage später, nachdem der Putschversuch gescheitert war.

In den chaotischen 1990er-Jahren litten die einfachen Russen, während Putin & Co. ein Vermögen anhäuften.

Nach dem gescheiterten Putsch nutzten sowohl Putin als auch Sobtschak das politische und finanzielle Chaos in Russland, um sich zu bereichern.

Im Mai 1991 kam es in Russland zu einer Lebensmittelknappheit. Putin verhandelte mit einem deutschen Unternehmen über die Einfuhr von Fleisch; da Russland jedoch kein Geld hatte, stimmte

Putin im Gegenzug der Ausfuhr von Bodenschätzen im Wert von 92 Millionen Dollar zu. Offensichtlich waren die Verträge so schlampig abgefasst, dass in Wirklichkeit Rohstoffe im Wert von etwa einer Milliarde Dollar ins Ausland exportiert wurden. Und obwohl die von Putin ausgehandelten Verträge eigentlich rechtlich nichtig waren, profitierte er dennoch von Schmiergeldern in Höhe von rund 34 Millionen Dollar – ein Geschäft, für das man ihn hätte verhaften können, wenn Sobtschak ihn nicht geschützt hätte.

Im Jahr 1993 löste Präsident Boris Jelzin das russische Parlament auf, bevor eine neue Verfassung beschlossen war. Daraufhin überzeugte Sobtschak Jelzin, den Stadtrat von Sankt Petersburg ebenfalls aufzulösen. Ohne Kontrolle durch den Stadtrat verwaltete Sobtschak die Stadt ein Jahr lang als Bürgermeister und nutzte die Zeit, um seine Familie und seine Freunde mit komfortablen Wohnungen auszustatten, während die Infrastruktur der Stadt zusammenbrach und etwa 75 Prozent der Einwohner in Armut lebten. Um sein öffentliches Image aufzupolieren, versuchte er, die Presse zu bestechen, doch als er 1996 – mit Putin als Wahlkampfleiter – erneut für das Bürgermeisteramt kandidierte, verlor er. Bald darauf wurde er wegen Korruption verhaftet, doch er erkrankte und musste im Krankenhaus behandelt werden. Putin verhalf ihm dann zur Flucht nach Paris.

Nun zog Putin nach Moskau und wurde Stellvertreter des Präsidenten der Staatsvermögensverwaltung. In Moskau wendete sich sein Schicksal zum Besseren. Im Jahr 1998 wurde er Direktor des FSB, des KGB-Nachfolgers. Ein Jahr später sorgte er für die Einstellung des Korruptionsverfahrens gegen Sobtschak. Später gab Sobtschak ausführliche Presse-Interviews, und vieles von dem, was er berichtete, stand im Widerspruch zu Putins eigenen Erinnerungen an diese Zeit. Nach einem Treffen mit Putin im Jahr 2000 wurde Sobtschak offenbar nach Kaliningrad geschickt. Dort starb er. Die offizielle Todesursache war Herzinfarkt, obwohl Zeugen eine „leichte Vergiftung" vermuteten.

Präsident Jelzin sah in Putin eine loyale, tatkräftige und eifrige Führungspersönlichkeit und ernannte ihn zum nächsten Präsidentschaftskandidaten.

Nach dem Ende des Kommunismus wurden die Hoffnungen, die die russische Bevölkerung in Präsident Jelzin gesetzt hatten, schnell enttäuscht. Zwar verbesserte sich das Leben, da die Menschen ins Ausland reisen, mehr Produkte kaufen und eine freiere Presse genießen konnten, doch die wirtschaftliche Lage war düster, und die soziale Ungleichheit hatte sich enorm vergrößert. Bis 1998 hatte Russland seine Auslandsschulden nicht mehr bedienen können.

Zu dieser Zeit hatte Jelzin nur wenige politische Verbündete; vor allem fürchtete er, dass seine Gegner im Parlament, die Oppositionspartei „Vaterland-Russland", ihn, sobald er an der Macht wäre, strafrechtlich verfolgen würden. Um sich zu schützen, suchte Jelzin einen Nachfolger aus seinen eigenen Kreisen. Seine kleine politische Clique, die sich „die Familie" nannte, entschied, dass Putin der ideale Kandidat sei, da er als willfährig und sicher galt.

Ebenfalls maßgeblich an Putins Aufstieg beteiligt war Boris Beresowski. Der Oligarch hatte die Hyperinflation genutzt, um seine Beteiligung an der Automobilproduktion und -vermarktung zu finanzieren, und nutzte nun sein angehäuftes Vermögen, um in die Banken- und Ölindustrie zu investieren und einen Fernsehsender zu kaufen. Beresowski bewunderte Putins scheinbar bescheidene Lebensweise und seine Unbestechlichkeit. Als eine Art Königsmacher gelang es Beresowski, Jelzin davon zu überzeugen, Putin zum Premierminister zu machen. Jelzin sah in Putin eine loyale, tatkräftige und eifrige Führungspersönlichkeit, und dank Beresowski wurde er dann Chef der „Einheit", einer neuen politischen Partei ohne besondere Ideologie. Beresowski trug ebenfalls dazu bei, Putins positives Image zu prägen, und finanzierte deshalb eine Biografie über ihn.

Am letzten Tag des zwanzigsten Jahrhunderts gab Jelzin überraschend seinen Rücktritt bekannt und ernannte den politisch unerfahrenen Putin zum Präsidenten Russlands. Dass Putin auch in Russland bislang keinen Namen als Politiker hatte, wurde im Januar 2000 deutlich, als Teilnehmer des Weltwirtschaftsforums hochrangige russische Politiker fragten, wer genau Putin sei, und diese darauf keine Antwort geben konnten.

Die Bedrohung durch den tschetschenischen Terrorismus spielte Putin in die Hände und verschaffte ihm mehr Macht.

Eine Reihe terroristischer Bombenanschläge gab Putin Gelegenheit, sich zu profilieren, indem er mit rücksichtsloser Gewalt reagierte.

Im September 1999 starben Hunderte von Russen bei mehreren Bombenanschlägen auf Wohnhäuser. Die Schuld wurde Tschetschenen in die Schuhe geschoben, weil sie – auch mit Mitteln des Terrors – die Unabhängigkeit von Russland anstrebten. Doch eines Nachts beobachtete ein Busfahrer in Rjasan, einer südöstlich von Moskau gelegenen Großstadt, wie Säcke in den Keller eines Wohnhauses geladen wurden. Das Haus wurde evakuiert, und man stellte fest, dass die Säcke Bombenzubehör enthielten. Der Leiter des russischen Geheimdienstes FSB behauptete, der Vorfall sei Teil einer Übung gewesen. Man ging jedoch davon aus, dass der FSN für die Bombenanschläge verantwortlich war, um die Bevölkerung in Angst und Schrecken zu versetzen und einen Tschetschenienkrieg zu rechtfertigen. Es hieß, die Russen bräuchten nun einen starken Mann wie Putin; interessanterweise hatte dieser den FSB nur wenige Wochen vor den Vorfällen verlassen.

Die Tschetschenienkrise ging weiter: Im Jahr 2002 nahmen tschetschenische Nationalisten Hunderte von Menschen in einem Moskauer Theater als Geiseln. Nach drei Tagen ließen russische Spezialkräfte ein Gas in das Belüftungssystem ein, um die Belagerung zu beenden. Etwa 129 Geiseln starben, viele davon, weil die behandelnden Ärzte nicht darüber informiert waren, welche Art von Gas eingesetzt worden war. Unabhängig davon ist der Einsatz von Gas nach internationalem und russischem Recht illegal.

Im Jahr 2004 besetzten tschetschenische Rebellen eine Schule in Beslan in Nordossetien, das zur Russischen Föderation gehört. Bundestruppen stürmten das Gebäude drei Tage nach der Besetzung. Dabei kamen 334 Menschen ums Leben, darunter 186 Kinder.

Später enthüllte der einzige überlebende Geiselnehmer, dass die Bundestruppen Flammenwerfer, Granatwerfer und Panzer eingesetzt hatten, um die Angreifer zu überwältigen. Der Beschuss war so heftig, dass die Geiselnehmer versuchten, die Geiseln davor zu schützen. Nach der Belagerung erklärte Putin, dass Russland stärker werden müsse.

Die Gouverneure, das Unterhaus des Parlaments und die Bürgermeister wurden nun nicht mehr gewählt, sondern ernannt, und alle Gesetzesentwürfe mussten von einer speziellen, von Putin eingesetzten Abgeordnetenkammer überprüft werden.

Putins Klima der Angst brachte die Opposition zum Schweigen; dennoch versuchten Whistleblower, gegen ihn vorzugehen.

Putins Politik schuf ein Klima der Angst. Einige Unternehmer konnten Gewinne aus der Privatisierung ziehen, doch diejenigen, die mit Putin nicht einverstanden waren, wurden schnell ausgegrenzt und verloren ihr Vermögen oder ihre Freiheit. Einige verloren sogar ihr Leben.

Der Unternehmer Vladimir Gusinsky schuf ein Medienimperium und gründete den ersten unabhängigen Fernsehsender Russlands. Doch Gusinsky unterstützte Putins Wahlkampf nicht und strahlte eine Sendung aus, in der er die Verwicklung des Geheimdienstes in die Bombenanschläge von 1999 andeutete. An Putins zweitem Tag als Präsident drangen bewaffnete Männer in Gusinskys Büros ein und nahmen Dokumente mit. Gusinsky wurde wegen Betrugs verhaftet, konnte aber dann Russland verlassen. Später wurde ein Dokument bekannt, das enthüllte, dass Gusinsky sein Medienimperium gegen die Freiheit eingetauscht hatte.

Menschen, die mit Putin zusammenarbeiteten oder an seinem Aufstieg zur Macht beteiligt waren, wurden bald Zeugen seiner rücksichtslosen Seite, und einige kritisierten ihn offen. Putins alter Freund Beresowski prangerte sogar die antidemokratischen Reformen des Präsidenten an. Beresowski wurde wegen Betrugs angeklagt und beschloss daraufhin, im Ausland zu bleiben. Sein Besitz wurde ihm entweder entzogen oder zwangsweise zu niedrigen Preisen verkauft.

Weitere Ermittlungen zur Belagerung des Moskauer Theaters ergaben neue Details. Alexander Litwinenko, ein ehemaliger russischer Geheimdienstmitarbeiter in London, hatte erfahren, dass einer der Geiselnehmer, Khanpascha Terkibajew, das Theater vor dem tödlichen Ende der Belagerung sicher verlassen hatte. Litwinenko gab seine Informationen an den prodemokratischen Politiker Sergej Juschenkow und die Journalistin Anna Politkowskaja weiter. Juschenkow wurde zwei Wochen später erschossen. Doch Politkowskaja konnte Terkibajew interviewen, und dieser erklärte: Er arbeite für Moskau und den FSB, dessen ehemaliger Chef Putin war.

Allerdings war Terkibajew für seine Prahlerei und mangelnde Diskretion bekannt, und seine Enthüllungen konnten nicht bestätigt werden. Im Jahr 2003 starb er bei einem Autounfall. Politkowskaja wurde 2006 erschossen, und Litwinenko starb ebenfalls 2006 in London an einer Vergiftung, möglicherweise mit Polonium.

Die Freunde Putins haben es weit gebracht und kontrollieren den Großteil des russischen Reichtums. Feinde finden sich im Gefängnis wieder.

Als Putin in den 1990er-Jahren in die Politik eintrat, galt er als unbestechlich. Doch der erste Eindruck änderte sich drastisch. Er verfügt über ein geschätztes Vermögen von 40 Milliarden Dollar, darunter befindet sich ein Palast am Schwarzen Meer im Wert von einer Milliarde Dollar. Das Vermögen häufte er mit unterschiedlichen Methoden an, nicht nur durch zwielichtige Geschäfte. So geht beispielsweise ein Teil seines Reichtums auf Anteile zurück, die er von Spenden der Oligarchen zur Finanzierung medizinischer Ausrüstung von Krankenhäusern einbehalten hat.

Einmal wurde Putin bei einem bizarren Diebstahl beobachtet. Als er Robert Kraft traf, den Besitzer der American-Football-Mannschaft New England Patriots, bat er Kraft, dessen Super-Bowl-Diamantring anprobieren zu dürfen. Aber er gab ihn nie zurück.

Diejenigen, die Putin entlarven wollen, müssen vorsichtig sein, es sei denn, sie sind bereit, alles zu verlieren. Die Geschichte Michail Chodorkowskis ist ein gutes Beispiel dafür. Chodorkowski wurde durch Regierungskredite und seine anschließende Kontrolle von Yukos, einem russischen Ölkonzern, zum Oligarchen. Später gründete er die Open Russian Foundation, die Nichtregierungsorganisationen und soziale Projekte unterstützt.

Chodorkowski beauftragte sogar internationale Wirtschaftsprüfungsunternehmen, beispielsweise McKinsey & Company und Pricewaterhouse Coopers, mit der Bewertung seiner Unternehmen, und er sprach öffentlich und direkt mit Putin darüber, wie die Korruption Russland zerstöre.

Als Chodorkowski den Präsidenten der staatlichen Ölgesellschaft Rosneft zur Rechtmäßigkeit einer möglichen Fusion befragte, schaltete sich Putin ein und beschimpfte Chodorkowski. Kurz darauf wurde Chodorkowski unter dem Vorwurf der Steuerhinterziehung und des Betrugs verhaftet und nach einem Schauprozess in eine Strafkolonie eingewiesen. Amnesty International stufte ihn als politischen Gefangenen ein – keine Selbstverständlichkeit für einen Milliardär. Chodorkowskis Ölkonzern Yukos wurde dann versteigert. Wenig überraschend ging er an ein Unternehmen, das von einem Verbündeten Putins geleitet wurde.

Aktivisten oder Personen, die sich Putins Herrschaft widersetzten, wurden zum Schweigen gebracht oder aus dem Weg geräumt.

Es mag sein, dass Russland in den 1990er-Jahren ein quasidemokratisches Land war. Als Putin an die Macht kam, hat er diese demokratischen Fortschritte zunichte gemacht. Im März 2000 wurde er ohne Wahlkampf mit 53 Prozent der Stimmen zum Präsidenten gewählt. Im Parlament änderte er den Föderationsrat, die Vertreter der Staaten der Föderation, indem er die Mitglieder ernannte, anstatt sie wählen zu lassen. So konnte er sie auch jederzeit wieder absetzen. Und innerhalb eines Jahres wurden alle Fernsehsender der Russischen Föderation unter staatliche Kontrolle gestellt.

Bei den Präsidentschaftswahlen 2004 erhielt Putin 71 Prozent der Stimmen. Am Ende seiner zweiten und letzten Amtszeit im Jahr 2008 bestimmte er Dmitri Medwedew zum Präsidenten, während er selbst Premierminister wurde. Aufgrund des Präsidialsystems ist der Präsident eigentlich mächtiger als der Premierminister, doch in diesem Fall war es anders: Putin übte als Premierminister hinter den Kulissen mehr Macht aus als Medwedew als Präsident.

Im Jahr 2005 versuchte der Schachweltmeister Garri Kasparow, eine Kampagne gegen Putin zu starten. Doch plötzlich wurden die Veranstaltungsorte, an denen Kasparow sprechen wollte, aus unsinnigen Gründen geschlossen, und die Medien berichteten nicht mehr über seine Vorträge.

2011 schmiedete Putin eine eher linke und eine eher rechte Parteigruppierung zu einer neuen Partei zusammen, damit seine eigene zumindest dem Anschein nach eine Opposition hätte. Er wollte, dass Michail Prochorow, einer der reichsten Männer Russlands, den rechten Flügel des neuen Gebildes repräsentieren sollte. Doch als Prochorow sich weigerte, diese Rolle zu übernehmen, wurde er aus seiner eigenen Gruppierung ausgeschlossen.

Bei den Parlamentswahlen 2011 erhielt Putins Partei nur 49 Prozent der Stimmen, obwohl unabhängige Beobachter in 134 der 170 Moskauer Wahlbezirke Verstöße gegen das Wahlrecht feststellten. Im Jahr 2012 verbot das Parlament die Finanzierung von Nichtregierungsorganisationen aus dem Ausland und machte die Gesetze über Spionage und Hochverrat auf alle Bürger anwendbar. Im selben Jahr wurde die Mädchenband Pussy Riot für zwei Jahre inhaftiert, weil sie in einer Kathedrale ein Anti-Putin-Lied gespielt hatte.

Noch im Jahr 2022, dem Jahr des Einmarsches in die Ukraine, belegte Russland laut dem Korruptionsranking von Transparency International Platz 137 von 180 Staaten (je höher die Zahl, desto korrupter), denn nach wie vor unterdrückten und bedrohten Putin und seine Regierung Reformer, Aktivisten und jeden, der Putins politische Herrschaft in Frage stellte.

Die wenigen Menschen, die hinter Putins Maske blicken konnten, finden den Politiker narzisstisch und herzlos.

Die Pressefotos von Putin, wie er mit nacktem Oberkörper auf einem Pferd die Natur erobert, erregten viel Aufsehen. Für ihn ist es wichtig, immer stark und mächtig zu erscheinen. Andere Bilder zeigen Putin, wie er wilde Tiere, etwa sibirische Tiger oder Eisbären, erlegt, aber Umweltblogger oder Zeugen behaupten, dass diese Tiere zuvor aus einem Zoo geholt worden waren. Die Medien berichteten über Putin, dass er bei Tauchgängen im Schwarzen Meer antike griechische Gefäße entdeckt habe – ein weiterer PR-Schachzug des mächtigen Staatschefs.

Putin erklärte einmal gegenüber einem Freund, er sei Experte für menschliche Beziehungen. Eins ist jedoch klar: Es mangelt ihm an Empathie. Im Jahr 2000, einen Monat nach seinem Amtsantritt als Präsident, explodierten eigene Torpedos auf dem russischen Atom-U-Boot Kursk, das in der Barentssee manövrierte. Die Besatzung mit etwa 118 Mann an Bord saß fest. Norwegen und Großbritannien boten Hilfe an, doch Russland lehnte dies ab, vorgeblich aus Sicherheitsgründen. Fünf Tage nach dem Unglück änderte Russland seine Meinung und bat um Hilfe. Eine ganze Woche nach der Katastrophe gelang es einer norwegischen Besatzung, das U-Boot zu bergen. Es gab keine Überlebenden.

Als die Nachricht von der Katastrophe Putin erreichte, entschied er sich, noch ein paar Tage in seinem Haus am Schwarzen Meer zu bleiben. Erst als der Tod aller Besatzungsmitglieder bestätigt war, besuchte er die Stadt, in der das U-Boot stationiert war. Dabei schien er sich mehr Sorgen um den Verlust der Ausrüstung als um die Toten und ihre Familien zu machen.

Resümee der Autorin

Mascha Gessen erhebt schwere Vorwürfe gegen Putin, die sich nicht auf die Präsidialverwaltung, die Regierung oder das Parlament beziehen, sondern auf die direkten Befehle des Präsidenten, die dem Premierminister meist unbekannt sind. So erklärt Gessen den Rücktritt von Premierminister Kasjanow im Jahr 2004, noch vor Putins zweiter Amtszeit. Kasjanow erfuhr von Putin persönlich, dass der reichste Mann Russlands, Michail Chodorkowski, verhaftet und enteignet worden sei und seinen Ölkonzern Yukos verloren habe, weil er andere politische Parteien, insbesondere die Kommunistische Partei, finanziert habe – und nicht wegen Steuerhinterziehung, wie es offiziell hieß.

Der schwerwiegendste Vorwurf, den Mascha Gessen gegen den Präsidenten der Russischen Föderation erhebt, ist der des Terrorismus, eine Vermutung, die auch von anderen Autoren geteilt wird. Gessen ist der Meinung, dass die terroristischen Bombenanschläge auf verschiedene Gebäude in mehreren russischen Städten, die 1999 stattfanden, in Wahrheit vom FSB organisiert worden seien, mit direkter Beteiligung von Präsident Putin, und nicht von tschetschenischen Terroristen, wie es in der offiziellen Berichterstattung hieß. Diese Anschläge dienten als Anlass für die Wiederaufnahme des Krieges mit der Tschetschenischen Republik und hatten direkte Auswirkung auf Putins Wahl zum Präsidenten, insbesondere aufgrund seiner Rede nach den Anschlägen.

Eine weitere Obsession Putins nennt Masha Gessen seine „persönliche Vendetta" – was bedeutet, dass manche von denen, die sich gegen den Präsidenten auflehnten, unter mysteriösen Umständen zu Tode kamen. Von ihnen kennen wir nur wenige, nämlich diejenigen, die auch außerhalb Russlands als Regimegegner bekannt wurden, wie etwa Alexander Litwinenko, Anna Politkowskaja und Alexei Nawalny, der im Gulag verstarb. Und Jewgeni Prigoschin, Führer der Wagner-Gruppe, starb im August 2023 bei einem Flugzeugabsturz – nach dem Marsch seiner Söldner auf Moskau.

Wladimir Usolzew:
„Mein Kollege Putin: Als KGB-Agent in Dresden 1985–1990"

In seinem 2014 veröffentlichten Buch berichtet Putins Schreibtischnachbar Wladimir Usolzew von der gemeinsamen Spionagezeit. Die beiden saßen in der Dresdener Angelikastraße Nr. 4 im selben Zimmer. Usolzew war 37 Jahre alt und Major des KGB. In Sibirien geboren, hatte er Physik studiert, war vom Geheimdienst angeworben worden, diente in Krasnojarsk und Minsk und wurde dann in die DDR versetzt. Kein sonderlich aufregender Job, sagte er, doch im März 1985 wurde Gorbatschow Generalsekretär der Kommunistischen Partei, und die Wende begann.

Kapitel 2: „Kollegen in einem schönen Land"

„Wolodja, so wurde Putin in Dresden von den Kollegen genannt, hatte sich gut in unsere Gruppe eingelebt. Am besten verstand er sich mit seinem Altersgenossen Sergej. Zwischen uns gab es anfangs eine kleine Kuriosität. Wolodja kam nach einem dreijährigen Studium am Rotbanner-Institut (KGB-Hochschule) zu uns, wo er drei Jahre lang die deutsche Sprache erlernt hatte. Er beherrschte die Sprache nur leidlich und war erstaunt, wie ich am Telefon mit einem meiner Leute sprach. Der deutliche Unterschied in der Sprache hat ihn sehr beeindruckt.

Im Gegensatz zu anderen Anfängern erholte er sich schnell von diesem Schock und befasste sich ernsthaft mit der Sprache, indem er sich meinen Rat zu Herzen nahm, viel auf Deutsch zu lesen und nicht zu bequem zu sein, im Wörterbuch nachzuschlagen. Wolodja nahm bei einem seiner Leute Nachhilfeunterricht, und bald beherrschte er die Sprache im notwendigen Umfang, überholte seine Mitarbeiter sogar. Das Gerücht, wonach Wolodja in der Lage war, mehrere Dialekte zu sprechen, stimmte allerdings nicht.

Auch in die Arbeit fand sich Wolodja schnell hinein. Bereits nach ein paar Wochen begann für ihn der Alltag, so als ob er auf diesem Platz schon immer gearbeitet hätte.

Eine große Rolle in der Aufklärung spielten die Mitarbeiter, die Erfahrung aus der Spionageabwehr in unteren Organen mitbrachten. Sie fühlten sich sicherer und arbeiteten in der Regel effektiver. Wolodja durchlief auch die Schule der Gebietsorgane in der Verwaltung des KGB in Leningrad.

Er kam auch wegen der Heldenromantik zum KGB, aber in Dresden gab es in der provinziellen Aufklärungsarbeit keinerlei Romantik. Wolodja verstand das damals sehr gut. Er hatte zudem Glück, da er in einen Bereich kam, in dem die Arbeit noch einigermaßen interessant war und die Ergebnisse nicht blinder Zufall, sondern das Resultat mühseliger und schweißtreibender Arbeit waren.

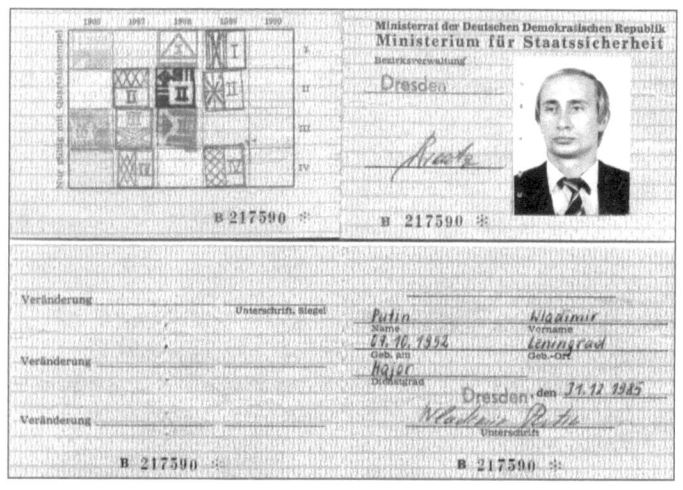

Er arbeitete und fand darin seine Befriedigung. Wenn ein operativer Mitarbeiter länger als fünf Jahre auf einem Gebiet tätig war, so hing ihm die Arbeit zum Halse heraus. Diese Erscheinung spiegelte konkret das Fehlen von größeren Erfolgserlebnissen wider. [...]

Wolodja befasste sich in diesem System mit der schwärzesten Arbeit. Er suchte talentierte und von der Richtigkeit der sozialistischen Ideale überzeugte junge Menschen. Er wusste sehr gut, dass

Putins Stasi-Ausweis von 1985, der in jedem Quartal überprüft und abgestempelt werden musste (links oben).

seine Arbeit bald darauf im Archiv landen würde, denn der Weg, der vor den Kandidaten illegaler Arbeit lag, war sehr schwer. Aber diese Arbeit war notwendig, und er erledigte sie vorbildlich, ohne sich Illusionen darüber zu machen, ob die von ihm ausgewählten Kandidaten den Weg tatsächlich bis zum Ende gehen würden.

Als Wolodja das erste Mal in Urlaub fuhr, traf ich mich mit den Residenten. Sie erwähnten begeistert die Zusammenarbeit mit dem neuen Führungsoffizier. Es imponierte ihnen, dass Wolodja ein lustiger Bursche war und sich streng auf die Arbeit konzentrierte. Besonnen stellte er die Aufgaben und hörte sich die Ratschläge an. Er sprach auch ein besseres Deutsch. [...]

Die Hauptaufgabe, die von der Verwaltung zu lösen war, war enorm. Sie bestand darin, die Anzeichen eines plötzlichen Raketenkernwaffenschlages des Gegners, d. h. der NATO, auf den wir ja vorbereitet waren, aufzuklären. Die Führung in Moskau war davon überzeugt, dass der Gegner, bevor er die Pershings startet, die amerikanischen grünen Barette (Special Forces) hinter unserer Grenze absetzen würde, damit diese unsere Stellungen besetzten. Deshalb sollten wir ein Auge auf die drei in der BRD befindlichen Standorte der grünen Barette werfen. Die Standorte befanden sich in Bad Tölz, in dem bayerischen Dorf Wildflecken und in Celle. In die Umgebung dieser Standorte einzudringen, war der Wunsch vieler Mitarbeiter, sowohl in Berlin als auch in den Bezirken. [...]

Formell war die dritte Verwaltung für die Beobachtung der grünen Barette zuständig, demzufolge auch die Mitarbeiter der dritten Verwaltung in den Bezirken. In Dresden war das vor allem die Aufgabe meiner Zimmerkollegen, Boris und später Wolodja. Wir konnten natürlich keine Beobachtung garantieren, aber wir taten alles dafür. Ich verrate ein kleines Geheimnis, wie wir diese Aufgabe erfüllen wollten. Wir durchsuchten die Anträge von Bürgern der BRD aus diesem Bereich, die ihre Verwandten aus Dresden zu Besuchen einluden. Das waren leider sehr wenige, und wir verstanden, dass dieser Versuch keine Ergebnisse bringen würde. Letztendlich gab Wolodja auch den Versuch auf, aus diesen Anträgen etwas zu erfahren."

Das Fazit von Wladimir Usolzew

Er war hartnäckig, ein „Natschalnik"-Typ (ein Chef-Typ, aber eher abwertend): Er führte seine Agenten straff und wollte Aktionen selbst dann weitertreiben, wenn sie aussichtslos geworden waren. Er war ein ausgemachter Konformist, der seine Energie hinter ausgesuchter Höflichkeit und Zuvorkommenheit versteckte. Das machte ihn stets zum Liebling der Vorgesetzten: in Dresden, bei der Zentrale in Karlshorst und wohl auch später bei seinem Ziehvater Boris Jelzin.

Steven Lee Myers:
„The New Tsar: The Rise and Reign of Vladimir Putin"

Steven Lee Myers, ein renommierter investigativer Journalist und Kenner Russlands und Chinas, war von 2002 bis 2009 Leiter des Moskauer Büros der New York Times. Sein Buch „Der neue Zar: Aufstieg und Herrschaft von Wladimir Putin" erschien in mehreren Sprachen.

Kapitel 12: „Putins Seele"

„Putin war der erste Staatschef der Welt, der das Weiße Haus anrief, noch bevor das Ausmaß des Anschlags vom 11. September 2001 klar war. Später rief er Premierminister Tony Blair in Großbritannien und Bundeskanzler Gerhard Schröder in Deutschland an und wiederholte, dass sich die Welt gegen den Terrorismus vereinen müsse. Im Gegensatz zu seinem vorsichtigen Schweigen nach der U-Boot-Katastrophe der Kursk und anderen wichtigen Ereignissen sprach Putin im Fernsehen den Opfern des ‚vorsätzlichen Aktes der Aggression', wie er es nannte, sein Beileid aus. ‚Das Ereignis, das sich heute in den Vereinigten Staaten ereignet hat, überschreitet die nationalen Grenzen. Es ist eine dreiste Herausforderung für die gesamte Menschheit, zumindest für die zivilisierte Menschheit', sagte er. Er machte deutlich, dass die Tragödie eine Gelegenheit sei, die internationalen Beziehungen neu zu gestalten, um ‚die Plage des 21. Jahrhunderts' zu bekämpfen. ‚Russland weiß aus erster Hand, was Terrorismus ist', sagte er. ‚Daher verstehen wir die Gefühle des amerikanischen Volkes so gut wie jeder andere. Ich wende mich im Namen Russlands an die Menschen in den Vereinigten Staaten und möchte sagen, dass wir bei Ihnen sind, dass wir Ihren Schmerz voll und ganz teilen und miterleben.' [...]

Als sich der US-amerikanische Präsident George W. Bush und Wladimir Putin im Juni des Jahres 2001 auf Schloss Brdo, einer Villa aus dem 16. Jahrhundert nahe der slowenischen Hauptstadt

Ljubljana, zum ersten Mal trafen, schienen beide Männer bestrebt zu sein, die zunehmenden Spannungen abzubauen. […]

Als die beiden nach einem zweistündigen Treffen vor die Presse traten, hatten sie nur wenige ihrer Differenzen ausgeräumt, insbesondere in der Frage des russischen Widerstands gegen die Raketenabwehr, die Bush weitaus aggressiver verfolgte als sein demokratischer Vorgänger (Clinton), aber sie strahlten eine persönliche Wärme aus, die angesichts der jüngsten Ereignisse bemerkenswert war. Bush nannte ihn ‚eine bemerkenswerte Führungspersönlichkeit', und im Gegensatz zu dem, was die Russen als Clintons Nörgelei ansahen, erwähnte er Tschetschenien oder die Redefreiheit in Russland nur am Rande. Auf die Frage, ob die Amerikaner Putin angesichts ihrer Meinungsverschiedenheiten bei einer Vielzahl von Themen vertrauen könnten, sagte Bush, er hätte ihn im November 2001 nicht auf seine Ranch in Texas eingeladen, wenn er nicht dieser Meinung wäre. ‚Ich habe dem Mann in die Augen gesehen', sagte Bush. ‚Ich empfand ihn als sehr direkt und vertrauenswürdig. Wir hatten ein gutes Gespräch. Ich konnte ein Gefühl für seine Seele bekommen: ein Mann, der sich seinem Land und den besten Interessen seines Landes zutiefst verpflichtet fühlt.'" […]

Im ersten Jahr seiner Amtszeit reiste Putin in 18 Länder, oft zusammen mit seiner Frau Ljudmila. Er vermittelte das Bild eines neuen Russlands, das sich in der Welt engagieren und einige der Überreste des Kalten Krieges beseitigen wollte. Nachdem er sich zunächst auf die Innenpolitik konzentriert hatte, erneuerte er die russische Außenpolitik in einer Weise, wie es Jelzin nie vermocht hatte, der von den Kommunisten und Nationalisten geschwächt worden war, die immer noch der Supermacht Sowjetunion nachtrauerten.

Was Putin anstrebte, war nichts weniger als eine Annäherung an den Westen – insbesondere an Europa, aber auch an den Hauptgegner USA, für dessen Bekämpfung er als Geheimdienstler ausgebildet worden war. Im Jahr 2001 schloss er sowjetische Militärposten in Übersee, darunter einen großen Abhörposten in Lourdes, Kuba, sowie einen Marine- und Geheimdienststützpunkt in Vietnam. Er stellte in Aussicht, dass das neue Russland seine Ressourcen stattdessen für den Aufbau seines Militärs einsetzen werde, um der dringendsten Bedrohung zu begegnen, nämlich der durch den islamistischen Terrorismus im Nordkaukasus.

Nach den Anschlägen vom 11. September schwächte Putin seinen Widerstand gegen die NATO-Erweiterung ab, in deren nächster Runde Litauen, Lettland und Estland Mitglied werden sollten. Die drei baltischen Republiken waren von der Sowjetunion annektiert worden, und in ihnen stellten noch immer Russen einen großen Teil der Bevölkerung. Als Präsidentschaftskandidat im März 2000 hatte Putin sogar angedeutet, dass Russland eines Tages der NATO beitreten könnte.
(http://news.bbc.co.uk/hi/english/static/audio_video/programmes/breakfast_with_frost/transcripts/putin5.mar.txt)

Als die Vereinigten Staaten im Oktober 2001 gegen die Taliban und al-Qaida in Afghanistan in den Krieg zogen, stellte Putin nicht nur russische Geheimdienstinformationen, sondern auch Geld und Waffen für die Nordallianz zur Verfügung, d. h. für die Afghanen, die nach der Machtübernahme durch die Taliban im Jahr 1996 Widerstand geleistet und zuvor gegen die sowjetische Invasion ge-kämpft hatten. Putin duldete auch die Einrichtung amerikanischer Militärstützpunkte in Usbekistan und Kirgisistan – die erste Stationierung amerikanischer Soldaten in einem Teil der ehemaligen Sowjetunion seit dem Zweiten Weltkrieg.

Putins Schritte stießen auf den Widerstand des russischen Militärs, einer geschlossenen Büro-kratie, die mehr als die meisten anderen Teile der Gesellschaft ihr sowjetisches Erbe weiterhin pfleg-te. Die Streitkräfte sind inzwischen stark geschrumpft – von 2,8 Millionen Mann am Ende der Sowjet-ära auf knapp 1 Million – und seit den 1990er-Jahren zutiefst korrupt. Doch es war gerade das Militär, das im Mittelpunkt von Putins Mission stand, die Nation wieder aufzubauen, denn er wusste, in welch traurigem Zustand sich die Armee befand. Obwohl es ihm wichtig war, eine neue Militär-doktrin einzuführen und das Militär in eine modernere, schlankere und disziplinierte Berufsarmee zu verwandeln, ging Putin bei der Durchsetzung seiner Vision für diese Institution vorsichtig vor.

Anmerkung des Autors

Die oben erwähnte russisch-amerikanische Antiterror-Allianz zerbrach nach dem Anschlag der tschetschenischen Separatisten auf die Schule in Beslan. Putin warf den USA vor, die Separatisten zu unterstützen, indem sie einem gemäßigten Tschetschenen Asyl gewährten und Russland auffor-derten, mit den Separatisten zu verhandeln. Eine Schlagzeile in der Prawda lautete: „Wie würden sich die Amerikaner fühlen, wenn Russland Osama bin Laden Zuflucht gewähren würde?"

Drei Tage nach dem Terroranschlag von Beslan hielt Putin im Kreml eine flammende Rede, in der er seine Empörung über den Westen in einer Sprache zum Ausdruck brachte, die er bis dahin nicht benutzt hatte: „Wir haben uns als schwach erwiesen. Und die Schwachen werden be-siegt." Und dann fügte er in unmissverständlicher Anspielung auf die USA hinzu: „Einige würden uns gerne ein saftiges Stück vom Kuchen wegnehmen. Andere helfen ihnen […] mit der Begründung, Russland sei immer noch eine der großen Atommächte der Welt und als solche immer noch eine Bedrohung für sie."

Die Ansicht, dass Beslan einen Wendepunkt darstelle, wird von vielen hochrangigen Beam-ten aus den Bush-Jahren geteilt. „Unsere Beziehungen zu Russland waren ruhig, sogar herzlich", schrieb Condoleezza Rice 2011 in ihren Memoiren „No Higher Honor". Rice, die Russisch spricht, war in Bushs erster Amtszeit Nationale Sicherheitsberaterin und danach Außenministerin. Sie wies darauf hin, dass Bush und Putin eine strategische Dialoggruppe und eine präsidiale Checkliste entwickelt hätten, um gemeinsam Probleme anzugehen.

Der genaue Grund für die Abkühlung des Verhältnisses scheint also der Öffentlichkeit bis heute nicht bekannt zu sein. Das Asyl für einen Tschetschenen kann es eigentlich nicht sein. War es doch der NATO-Beitritt der drei baltischen Staaten?

Im April 2004, wenige Tage nach dem Beitritt der baltischen Staaten, erklärte Putin während ei-ner gemeinsamen Pressekonferenz mit Bundeskanzler Gerhard Schröder: „Hinsichtlich der NATO-Erweiterung haben wir keine Sorgen mit Blick auf die Sicherheit der Russischen Föderation." Bei einem Besuch des NATO-Generalsekretärs sechs Tage später erklärte Putin, jedes Land habe das Recht, seine eigene Form der Sicherheit zu wählen.

Michel Eltchaninoff:
„Inside the Mind of Vladimir Putin“

Eltchaninoff ist ein französischer Philosoph und Herausgeber des „philosophie Magazin". In seinem Buch „In Putins Kopf" nähert er sich dem Phänomen Putin aus dem Blickwinkel des Psychologen.

„Von dem, was wir über ihn wissen, wissen wir nur das, was er bereit war zu erzählen, da er seine Biografie seit seiner Machtergreifung 1999 unter Verschluss hält. Er bevorzugt Geschichte, Literatur und vor allem Sport. Er ist kein Gelehrter und erinnert sich lieber an seine Jugend als Schläger und Spion als an sein Jurastudium an der Staatlichen Universität St. Petersburg. Er demonstriert so oft wie möglich, dass er die freie Natur und körperliche Aktivitäten einer Bibliothek vorzieht, und wenn er Philosophie erwähnt, dann meist, um sich über diejenigen lustig zu machen, die er für abstrakte Haarspalter hält, oder um seine eigene Ignoranz einzugestehen.

Die persönliche Philosophie des Menschen Putin hat – abgesehen von seiner Verbundenheit mit der sowjetischen Größe – ihren Ursprung weder in Paris noch in Berlin, sondern in Japan. Eines der Mittel, mit denen Putin nicht nur in Russland, sondern auch im Ausland Popularität erlangte, ist seine Teilnahme am Judosport. Als ehemaliger St. Petersburger Meister hat er Bilder von sich in weißer Judo-Uniform verbreitet, auf denen er kraftvoll, konzentriert und sehr beweglich aussieht.

Im Jahr 2000 erklärte er, ,Judo ist nicht nur ein Sport, sondern auch eine Philosophie'. Im Jahr 2013 wiederholte er diese Überzeugung: ,Judo vereint einzigartige Kampftechniken und eine originelle und tiefgründige Philosophie, die die besten menschlichen Eigenschaften kultiviert.'

In einem Interview mit japanischen Journalisten erklärte Putin, das Wort Judo bedeute ,Weg der Sanftmut'. […] Es ist eine Philosophie, die die Evolution der Revolution vorzieht. Diese Philosophie, so glaubt er, lehre uns, das zu nutzen, was wir haben, und auch zu schätzen, was wir haben. Das sind Stärken, die ausreichen, um den Gegner zu besiegen. Er betonte, dass die Grundlage des Judo der Respekt vor dem Gegner ist, wer auch immer er sei, Respekt vor dem Älteren, dem Meister, und eine Herangehensweise an Probleme, die nicht auf roher Gewalt beruhe, sondern auf Beherrschung, Taktik und natürlich Willensstärke.

Am Silvesterabend 1999 distanzierte Putin sich von der kommunistischen Vergangenheit: ,Ich bin gegen die Wiederherstellung einer offiziellen Staatsideologie in Russland in irgendeiner Form. In einem demokratischen Russland sollte es keine er zwungene bürgerliche Übereinstimmung geben.' Putin glaubte nie wirklich an den Kommunismus. Er zitiert Marx nur sehr selten in Reden oder Interviews, und selbst wenn, dann nur, um ihn zu verunglimpfen. Er betont oft, dass er nie an das Ideal einer klassenlosen Gesellschaft geglaubt habe. ,Ich war überzeugt, dass die Idee des Kommunismus nicht mehr als eine schöne Geschichte ist, sondern eher eine gefährliche, die in eine ideologische und wirtschaftliche Sackgasse führt.'

Vor allem ist Putin Realist. Er passte seinen Diskurs den Umständen an und weigerte sich, sich in ideologische Fesseln legen zu lassen. Doch in Wirklichkeit ist Putin von bestimmten philosophischen Ideen beeinflusst, und das zeigt sich auch in seinen Worten und Taten. Er ist das, was man einen ,fundamentalen Sowjet' nennen könnte.

Für Putin waren der KGB und später der Nachfolger FSB das Elitekorps des sowjetischen Vaterlandes. Während die kommunistischen Führer korrupt seien und ihr Handeln durch die Ideologie gefesselt sei, habe der Geheimdienst die Rückständigkeit des kommunistischen Blocks erkannt und fungiere als Speerspitze einer nationalen Wiedergeburt.

Putin hat vielleicht nicht die gleichen politischen Überzeugungen wie sein Vater oder auch sein Großvater, der als Stalins Koch diente, aber er stellte klar, dass er mit ihnen das Wichtigste teilt: den Patriotismus. In einem Gespräch über seine Familie betonte er: ‚Alle Mitglieder meiner Familie haben Russland geliebt und lieben es immer noch. Sie haben sich als Patrioten gegenüber meinem Vaterland erwiesen und mich genau in diesem Geist erzogen.‘

Ein weiterer grundlegender Wert der sowjetischen Gesellschaft, in den sich Putin vertiefen musste, war die Kultur des Militärischen. Alle – Männer, Frauen, Kinder – waren der Ideologie des Soldatentums unterworfen. Die Erziehung war militaristisch, und die Kinder waren verpflichtet, Kriegsliteratur zu lesen, um sich auf die Selbstaufopferung vorzubereiten. Der Dienst in der Armee mit seinen grausamen Demütigungen und brutalen Zeremonien war einer der wichtigsten Abschnitte im Leben eines Sowjetbürgers. Generell herrschte in allen Bereichen des Lebens eine

Erzogen im Geist des Patriotismus: Wladimir Putin im Jahr 1985 als 33-Jähriger mit seinen Eltern Wladimir und Marija.

martialische Stimmung mit Paraden, Helden- und Märtyrerkulten und kollektiver Disziplinierung. Wladimir Putin war ein Kind dieses alltäglichen Militarismus, auch wenn er selbst nie gekämpft hat.

Es war die UdSSR, die als erste den deutschen Vormarsch im Osten aufhielt, indem sie die feindlichen Truppen bei Stalingrad schlug und deren Rückzug nach Berlin erzwang. Stalin – obwohl er zuvor einen Pakt mit Hitler geschlossen hatte – wurde daraufhin in den Augen der Welt zum großen Sieger, was in den Augen der sowjetischen und später auch der russischen Führung dazu legitimiert, bestimmte Rechte einzufordern. Putin berief sich zu Beginn seiner dritten Amtszeit 2012 in seiner Verherrlichung der Armee auf den Sieg über den Nationalsozialismus, um Russland eine Art moralischer Überlegenheit auf der internationalen politischen Bühne zu verleihen. In seiner Rede zum Tag des Sieges 2012 verkündete er: ‚Wir haben ein immenses moralisches Recht: Wir müssen unsere Position grundlegend und dauerhaft verteidigen. Denn unser Land war dasjenige, das dem größten Teil der Nazi-Offensive ausgesetzt war.‘

Wie alle Bürger der UdSSR wurde Putin mit einem quasi-religiösen Respekt vor Büchern und den großen Namen der russischen Kultur erzogen. In der Sowjetunion, wie auch in der heutigen Russischen Föderation, nahm jeder Kultur und Philosophie ernst. Alle Studenten an der Universität mussten sich damit auseinandersetzen, unabhängig von ihrem Studienfach. Wladimir Putin lernte während seines Studiums in den 1970er-Jahren die Namen und Doktrinen großer russischer und ausländischer Denker kennen.

Von den historischen und aktuellen Denkern im Umfeld Putins ist Wladimir Jakunin derjenige, der sich am intensivsten mit der Erforschung der russischen Ideengeschichte beschäftigt. Der promovierte Politikwissenschaftler ist konservativ und vertritt vehement antiwestliche Ansichten. Er organisierte mit großem Aufwand Kongresse Intellektueller zum Thema ‚Dialog der Kulturen‘, ist sehr religiös und reist jedes Jahr zu Ostern nach Jerusalem, um eine Flamme des Heiligen Feuers mitzubringen, die angeblich auf wundersame Weise erschienen ist.

Ein weiterer Impulsgeber ist der bekannte Filmemacher Nikita Michalkow, der seit zwei Jahrzehnten versucht, nach dem Fall des Kommunismus die Wiedergeburt eines ‚weißen Russlands‘ zu erreichen. Es war vermutlich Michalkow, der Putin mit dem Philosophen Iwan Iljin bekannt machte, der die Gewalt der Besten gegen das Böse rechtfertigt.

Iwan Iljin, ein russischer Exil-Philosoph (1883–1954), gilt inzwischen als der große Ideengeber für Putins aggressive großrussische Identitätspolitik. Für die patriotische Entwicklung in Russland spielt Iljin eine große Rolle – und er hatte Hitler und Mussolini als Retter Europas gerühmt. Putin erwähnt ihn öfter in seinen Reden. Darüber hinaus soll Iljin die Anregung für die Annexion der vier ukrainischen Bezirke Donezk, Luhansk, Saporischschja und Cherson geliefert haben.

Michel Eltchaninoff legt dar, dass sich Putin durch diese Ideengeber beeinflussen ließ, indem er sich von einem Liberalen zu einem konservativen Hardliner und Imperialisten wandelte. Offenbar versucht Putin, die ehemalige UdSSR ohne Leninismus-Marxismus wiederherzustellen. Er ist sich bewusst, dass die Planwirtschaft gescheitert ist, aber an Patriotismus und Militärkultur hält er fest. Den Zusammenbruch der UdSSR versteht er als Urkatastrophe des 20. Jahrhunderts, wie er im Jahr 2005 erklärte. Alles, außer der kommunistischen Idee, sei zu rekonstruieren.

Während Putins erster Amtszeit von 2000 bis 2004 war Russland ein ganz und gar europäisches Land. Doch im Laufe von Putins konservativer Wende nach 2012 änderte sich dies. Er stellte die europäische Ausrichtung Russlands immer mehr in Frage und lehnte sie schließlich ab.“

Quellen: Wladimir Wladimirowitsch Putin

Bücher

- Eltchaninoff, Michel, Inside the Mind of Vladimir Putin, London 2018
- Gessen, Masha, The Man without a Face, The Unlikely Rise of Vladimir Putin, London 2012
- Myers, Steven Lee, The New Tsar, The Rise, and Reign of Vladimir Putin, New York 2016
- Putin, Vladimir, First Person, An Astonishingly Frank Self-Portrait by Russia's President, New York 2000
- Usolzew, Wladimir, Mein Kollege Putin, Als KGB-Agent in Dresden 1985–1990, Berlin 2014
- Wladimir Putin, Spiegel Biografie, Hamburg 2017

Online-Publikationen

- https://web.archive.org/web/20160304130141/http://articles.latimes.com/2000/mar/19/news/mn-10446/2
- https://web.archive.org/web/20190623173752/http://www.washingtonpost.com/wp-srv/inatl/longterm/russiagov/putin.htm
- http://news.bbc.co.uk/hi/english/static/audio_video/programmes/breakfast_with_frost/transcripts/putin5.mar.txt
- https://www.washingtonpost.com/opinions/2023/03/09/putin-bush-chechnya-ukraine-war/

Kapitel 2

Das Ende der Sowjetunion und die Folgen

Der Fall der Berliner Mauer am 9. November 1989 schwächte den Einfluss Moskaus auf Mittel-europa erheblich. Durch den sowjetischen Sieg über das nationalsozialistische Deutschland im Zweiten Weltkrieg hatte Moskau zwar noch immer noch Hunderttausende von Soldaten in der DDR stationiert, doch um Michail Gorbatschow, den letzten Generalsekretär der KPdSU, dazu zu bringen, auf diese bedeutende militärische Macht zu verzichten, machte US-Außenminister James A. Baker im Februar 1990 den folgenden Vorschlag: „Was wäre, wenn Sie Ihren Teil Deutschlands aufgeben und wir zusagen, dass sich die NATO nicht einen Zentimeter von ihrer derzeitigen Position nach Osten bewegen wird?"

Über dieses hypothetische Angebot brach sofort eine Kontroverse aus, zunächst hinter verschlossenen Türen und dann auch öffentlich. Es kam dann aber anders. Gor-batschow gab zwar seinen Teil Deutsch-lands auf, doch nach dem Zusammenbruch der Sowjetunion im Dezember 1991 über-dachte Washington seine Optionen. Die Ver-einigten Staaten erkannten, dass sie einen großen Vorteil hätten, wenn kein Zentimeter des ehemals sowjetischen Territoriums für die NATO tabu sei. Washington könnte das Bündnis anführen und es für eine große Zahl neuer Mitglieder öffnen.

In den 1990er-Jahren tat Washington dann genau dies. Am 12. März 1999 kam es zu einer Erweiterung der NATO, die über Mittel- und Osteuropa bis zur polnisch-russi-schen Grenze bei Kaliningrad führte. Polen, Tschechien und Ungarn traten der NATO bei. *(Sarotte, Not one Inch, S.1 f.)*

Auf dem Washingtoner Gipfel im April 1999 hatte sich das Bündnis auf eine „Politik der offenen Tür" festgelegt. Allen interessierten Staaten stand im Grundsatz die Möglichkeit eines Beitritts offen. Allerdings hatte sich die

Die Besetzung der Berliner Mauer, von der Bundesrepu-blik aus gesehen. Im Hintergrund das Brandenburger Tor.

42

Allianz für die Zeit bis 2002 eine Denkpause verschrieben: In dieser Zeit sollte die erste Erweiterungsrunde mit Mitgliedern des ehemaligen Warschauer Paktes ausgewertet werden. Auf Grundlage dieser Ergebnisse könnte dann über künftige Schritte einer Osterweiterung entschieden werden.

Die russische Regierung lehnte die Osterweiterung der NATO ab. Diese Grundhaltung, die aus heutiger Sicht relativ eindeutig scheint, stand jedoch erst am Ende eines längeren Prozesses der Positionsbestimmung fest, in dessen Verlauf erhebliche Kurswechsel und Widersprüche in der russischen Regierungspolitik zu beobachten waren.

Im August 1993 stimmte Präsident Jelzin während seines Besuchs in Polen dessen Beitritt zur NATO noch zu, doch einen Monat später revidierte er seine Position in einem Brief an die Regierungen der USA, Frankreichs, Großbritanniens und Deutschlands. Die Begründung: Die Osterweiterung der Allianz könne den Eindruck in der russischen Gesellschaft hervorrufen, man sei nun isoliert. Die Haltung der russischen Regierung scheint zu diesem Zeitpunkt noch nicht klar gewesen zu sein, denn ebenfalls im September versicherte Außenminister Kosyrew seinem ungarischen Amtskollegen, die Mitgliedschaft Ungarns in der NATO verstoße nicht gegen die Interessen der Russischen Föderation.

Trotz dieser widersprüchlichen Äußerungen blieb in Russland die grundsätzliche Ablehnung der NATO-Erweiterung bestehen. Diese Ablehnung ging wohl von der überwiegenden Mehrheit des russischen Establishments aus, die Druck auf Jelzin und seinen Außenminister Kosyrew ausübte. Als Urheber dieses Drucks wurden Hardliner im russischen Militär und Kommunisten in der Duma vermutet. Im Februar 1995 erklärte Jelzin, Russland beanspruche zwar kein Vetorecht bei der Bündniserweiterung, werde aber einer übereilten Ausdehnung der NATO nicht zustimmen.
(https://www.bits.de/public/researchreport/rr99-3-1.htm)

Am 27. Mai 1997 wurde die NATO-Russland-Grundakte unterzeichnet. Darin verpflichten sich beide Seiten, die Souveränität aller Staaten zu achten, und Russland erkannte an, dass es kein Vetorecht gegen die NATO-Mitgliedschaft anderer Länder habe.

Putins Anschuldigungen

Fast 30 Jahre nach dem Rücktritt von James A. Baker als Außenminister geht es in der aktuellen Konfrontation in der Ukraine nicht zuletzt um einen seit Langem schwelenden Streit darüber, ob und welche Zusagen Baker in den letzten Tagen des Kalten Krieges gegenüber Moskau gemacht habe und ob die Vereinigten Staaten diese Zusagen eingehalten hätten.

Präsident Wladimir Putin und hohe Regierungsbeamte behaupten, Baker habe eine NATO-Erweiterung nach Osteuropa ausgeschlossen, als er noch unter Präsident George H. W. Bush im Amt war. Das Versäumnis des Westens, sich an diese Vereinbarung zu halten, ist dieser Ansicht nach die eigentliche Ursache für die Krise, in die Europa gestürzt ist und die den Krieg in der Ukraine verursacht hat. Im Januar 2022 forderte Putin den Verzicht auf die NATO-Mitgliedschaft der Ukraine als Preis für das Fallenlassen möglicher Invasionspläne. Dieselbe Forderung tauchte auch im Angebot für Friedensgespräche im Juni 2024 erneut auf: keine NATO-Mitgliedschaft für die Ukraine.

Nach der bekannten Aktenlage kann jedoch nur vermutet werden, dass es sich hierbei um eine einseitige Darstellung der Ereignisse handelt, die jahrelang zur Rechtfertigung der russischen Aggression genutzt wurde. Zwar gab es in den Monaten nach dem Fall der Berliner Mauer tatsächlich Gespräche zwischen Baker und dem sowjetischen Staatschef Michail Gorbatschow über die Einschränkung der NATO-Zuständigkeit im Falle der Wiedervereinigung von Ost- und Westdeutschland. Doch keine Bestimmung die NATO betreffend wurde in den Zwei-plus-Vier-Vertrag aufgenommen, der 1990 zwischen den Siegermächten des Zweiten Weltkriegs USA, Russland, Großbritannien, Frankreich sowie der Bundesrepublik und der DDR geschlossen wurde. Dieser Vertrag besiegelte die deutsche Wiedervereinigung.

„Unterm Strich ist das ein untaugliches Argument", meinte Baker in einem Interview im Jahr 2014 – wenige Monate, nachdem Russland die Krim erobert und in der Ostukraine interveniert hatte. „Es stimmt, dass ich in der Anfangsphase der Verhandlungen gesagt habe, ‚was wäre, wenn'. Dann jedoch unterstützte Gorbatschow selbst eine Lösung, die die Grenze erweitert und die Deutsche Demokratische Republik oder Ostdeutschland in die NATO einschloss." Da die Russen diesen Vertrag unterzeichnet haben, fragte sich Baker: „Wie können die Russen sich auf etwas berufen, das ich einen Monat oder so zuvor gesagt habe? Das ergibt einfach keinen Sinn."
(https://www.nytimes.com/2022/01/09/us/politics/russia-ukraine-james-baker.html)

Während Putin die Vereinigten Staaten beschuldigte, eine Vereinbarung zu brechen, die nie getroffen wurde, verletzte Russland eine Vereinbarung, die es in Bezug auf die Ukraine getroffen hatte. Im Jahr 1994, nach dem Zerfall der Sowjetunion, unterzeichnete Russland zusammen mit den Vereinigten Staaten und Großbritannien ein Abkommen, das sogenannte Budapester Memorandum, in dem die neue und unabhängige Ukraine 1.900 Atomsprengköpfe an Russland übergab. Im Gegenzug verpflichteten sich die drei Unterzeichnerstaaten, „die Unabhängigkeit und Souveränität sowie die bestehenden Grenzen der Ukraine zu respektieren" und „auf die Androhung oder Anwendung von Gewalt" gegen das Land zu verzichten.

Russland akzeptierte die ukrainische Souveränität nicht. Es annektierte die Krim und unterstützte die Separatisten, die in der Ostukraine die Kiewer Regierung bekämpften. Und erst recht ignorierten sie diese Souveränität, als am 22. Februar 2022 russische Truppen in die Ukraine einmarschierten und seitdem gegen das Land Krieg führen.

Deutsche Wiedervereinigung

Der Streit geht zurück auf die letzten Jahre des Kalten Krieges, als Ost und West über den Rahmen dessen verhandelten, was Präsident George H. W. Bush eine neue Weltordnung nennen würde. Der Fall der Berliner Mauer am 9. November 1989 führte zu Verhandlungen über die Wiedervereinigung der beiden nach dem Zweiten Weltkrieg entstandenen deutschen Staaten. Die Bush-Regierung war entschlossen, ein vereintes Deutschland in der NATO zu verankern, während westliche Politiker versuchten, die Sicherheitsbedenken der Sowjets zu zerstreuen.

Als Anreiz für die Zustimmung zur deutschen Wiedervereinigung bot Baker laut einem freigegebenen Memorandum, in dem die Diskussion festgehalten ist, „unumstößliche Garantien, dass sich

Ein Streitpunkt, der bis heute eine Rolle spielt, ist die der NATO-Osterweiterung. Sagte US-Außen-minister Baker 1990 Gorbatschow zu, die NATO würde „nicht einen Zoll" nach Osten vorrücken?

die Zuständigkeit oder die Streitkräfte der NATO nicht nach Osten verlagern würden". „Es wird keine Ausweitung der NATO-Zuständigkeit für die NATO-Streitkräfte um einen Zoll (‚not one inch') nach Osten geben", sagte Baker zu Gorbatschow und kam während des Gesprächs dreimal auf diese berühmt gewordene Formel zurück.

In Washington war der Stab des Nationalen Sicherheitsrates nicht einverstanden, und es kam zu Diskussionen über verschiedenen Interpretationen des Begriffs „Zuständigkeit". Als Minister Baker im Mai nach Moskau zurückkehrte, bot er die sogenannten „neun Zusagen" an, darunter die Zusage, die Sowjetunion könne ihre Truppen für eine Übergangszeit in Ostdeutschland belassen und die NATO-Truppen würden nicht in dieses Gebiet vorrücken, bis die Russen es verlassen hätten. Dies war kein Versprechen, das Bündnis nicht nach Osten auszudehnen, aber Baker bestand gegenüber den Sowjets darauf, dass dies das Beste sei, was die USA anbieten könnten.

Gorbatschow stimmte schließlich zu. Der Vertrag über die Wiedervereinigung Deutschlands im Jahr 1990 schloss ausländische Truppen aus dem ehemaligen Ostdeutschland aus, doch deutsche Truppen, die der NATO unterstellt wären, konnten dort stationiert werden, sobald die sowjetischen Streitkräfte bis Ende 1994 abgezogen wären. Darüber hinaus wurde in dem Vertrag nichts über eine NATO-Erweiterung gesagt.

Condoleezza Rice, damals Beraterin von Präsident George H. W. Bush, erinnerte später daran, dass es ausschließlich um die Wiedervereinigung Deutschlands ging. Sie fügte hinzu: „Die Erweiterung der NATO war in den Jahren '90/'91 kein Thema." Auch Gorbatschow sagte im Jahr 2014 in einem Interview nach der russischen Intervention in der Ukraine: „Das Thema NATO-Erweiterung wurde überhaupt nicht diskutiert, und es wurde in jenen Jahren auch nicht angesprochen". „Es ging um die ausländischen Truppen in Ostdeutschland. Bakers Aussage, dass es keinen Zentimeter Verschiebung gebe werde, wurde in diesem Zusammenhang gemacht", sagte Gorbatschow. *(https://www.rbth.com/international/2014/10/16/mikhail_gorbachev_i_am_against_all_walls_ 40673.html)*

Ende der 1980er- und Anfang der 1990er-Jahre wuchs in der Ukraine und anderen Republiken der Sowjetunion die Zahl der Befürworter der Unabhängigkeit. Die Vereinigten Staaten verfolgten eine Politik der Nichteinmischung, und Präsident Georg H. W. Bush vertraute darauf, dass der sowjetische Präsident Michail Gorbatschow den Reformprozess steuern werde. Bush vermied es daher, die Nationalisten in den Republiken zu unterstützen, wie er später in seinen Memoiren, „A World Transformed" erklärte: Er wollte einen stabilen und vor allem friedlichen Wandel sehen. Seiner Ansicht nach war dafür ein politisch starker Gorbatschow notwendig. Wenn er bei der Umsetzung des Vertrages über die Union souveräner Staaten zögerte, könnte das den Zerfall der Union bedeuten. Bush befürchtete, dass die Sowjetunion im Falle ihres Zusammenbruchs zu einer Albtraumversion von Jugoslawien werden könnte: Zerfall in ethnische Gruppen, mit Atomwaffen im Spiel.

Bushs „Chicken-Kiev"-Rede

Am 1. August 1991, zum Abschluss eines dreitägigen Besuchs in der Sowjetunion, nutzte Präsident Bush einen eintägigen Aufenthalt in Kiew, um in einer Rede vor dem Parlament seine Ansichten über die Umgestaltung der Sowjetunion in einen lockeren Bund souveräner Staaten darzulegen.

„Freiheit ist nicht gleichbedeutend mit Unabhängigkeit. Die Amerikaner werden diejenigen nicht unterstützen, die Unabhängigkeit anstreben, um eine weit entfernte Tyrannei durch eine lokale Despotie zu ersetzen. Sie werden nicht diejenigen unterstützen, die einen selbstmörderischen Nationalismus fördern, der auf ethnischem Hass beruht", sagte Bush vor dem Parlament. *(https://www.washingtonpost.com/archive/politics/1991/08/02/bush-warns-ukraine-on-independence/ 51816b73-cb9e-40ba-bd56-c81d24a5b62b/)*

Bushs Rede wurde im ukrainischen Parlament mit stehendem Beifall bedacht, doch von ukrainischen Nationalisten wurde diese Position kritisiert. Ein nationalistischer Politiker, Stepan Pawluk, beklagte, dass „Bush nicht versteht, dass wir gegen einen totalitären Staat kämpfen". Er kommentierte, „dass Bush viel über Freiheit spricht, aber für uns ist es unmöglich, sich Freiheit ohne Unabhängigkeit vorzustellen". Auch die Konservativen in den USA hielten Bushs Haltung für verfehlt.

Das war drei Wochen vor der Unabhängigkeitserklärung der Ukraine und vier Monate vor dem Unabhängigkeitsreferendum im Dezember, bei dem über 92 Prozent der Ukrainer für den Austritt aus der Sowjetunion stimmten. Am 8. Februar 1992 schrieb die Zeitung The Economist, Bushs Rede sei das eklatanteste Beispiel dafür, dass andere Nationen die Unvermeidbarkeit der Unabhängigkeit der Ukraine nicht erkannten.

Bush kommentierte seine Rede noch einmal im Jahr 2004 und erklärte, er habe gemeint, die Ukrainer sollten nicht „etwas Dummes" tun, und wenn ihre Führer nicht klug handeln würden, wäre wohl ein hartes Durchgreifen aus Moskau erfolgt. Auch Condoleezza Rice äußerte Verständnis für die damalige Position Bushs. Im Jahr 2005 antwortete sie während einer Pressekonferenz auf eine Frage zu jener Rede, dass es im Nachhinein leicht zu erkennen sei, was an der Perspektive der Rede falsch war, aber dass damals, im Jahr 1991, mit einem friedlichen Zusammenbruch der atomar bewaffneten Sowjetunion nicht ohne Weiteres gerechnet werden konnte.

William Safire, konservativer Kolumnist der New York Times, nannte die Rede Bushs im Rückblick „Chicken Kiev speech". Er nutzte dabei den Namen des bekannten Gerichts Chicken Kiev (gefüllte Hühnerbrust) für ein Wortspiel: „chicken" bedeutet nämlich umgangssprachlich „feige". Also sei der Inhalt der Bush-Rede in Kiew feige gewesen. Damit protestierte Safire gegen die seiner Meinung nach „kolossale Fehleinschätzung" der Lage, die in den schwachen – „feigen" – Formulierungen zum Ausdruck gekommen sei.

(https://www.nytimes.com/2004/12/06/opinion/putins-chicken-kiev.html)

Referendum zur Unabhängigkeit

Präsident Bush war es also nicht gelungen, das ukrainische Parlament davon zu überzeugen, die Schwäche Moskaus nach dem Putsch im August 1991 nicht auszunutzen, um die Unabhängigkeit zu erreichen. Kiew rief im Dezember 1991 zu einer Doppelwahl auf, bei der die Ukrainer sowohl über ein Referendum zur Unabhängigkeit als auch über einen neuen Präsidenten abstimmen sollten. Mehr als 90 Prozent der Wahlberechtigten sprachen sich für die Unabhängigkeit aus, darunter auch 54 Prozent der Wähler auf der Krim, der überwiegend von Russen bewohnten Halbinsel mit dem wichtigen Schwarzmeerhafen Sewastopol. In der ostukrainischen Region Donbass lag die Zustimmung zur Unabhängigkeit bei über 80 Prozent.

Boris Jelzin, der zu diesem Zeitpunkt Gorbatschow als führende Persönlichkeit in Moskau abgelöst hatte, erkannte zu spät, wie sehr er den Wunsch der Ukraine, sich vom zusammenbrechenden Sowjetimperium zu lösen, unterschätzt hatte. Nach dem gescheiterten August-Putsch vom August 1991 hatte er noch versucht, die Ukraine in der Union zu halten, indem er Kiew sogar mit der Annexion der Krim und des Donbass gedroht hatte.

Jelzin sah sich nun zu einem drastischen Kurswechsel gezwungen. Er beschloss, sich eine Woche nach dem ukrainischen Unabhängigkeitsvotum mit den Präsidenten der Ukraine und Weißrusslands, Leonid Krawtschuk und Stanislau Schuschkewitsch, in einem weißrussischen Jagdhaus nahe der polnischen Grenze zu treffen. Da er sah, dass er die Ukraine nicht in der Union halten konnte, und er befürchtete, dass andere Republiken diesem Beispiel folgen würden, beschloss er, die Union der Sowjetrepubliken aufzulösen. Die drei Staatsoberhäupter kamen überein, das Ende der Sowjetunion zu erklären, wobei sie Gorbatschow erst nach einem Anruf bei Bush informierten. Gorbatschow trat am 25. Dezember als Präsident zurück.

Nuklearmacht Ukraine

Mit der Unabhängigkeit wurde die Ukraine praktisch zu einer Atommacht. Der neue Staat übernahm etwa 1.900 nukleare Sprengköpfe und 2.500 taktische Atomwaffen, die auf seinem Territorium lagerten. Allerdings hatte die Ukraine nur die physische und nicht die operative Kontrolle über diese Waffen. Die Befugnis, sie einzusetzen, lag nach wie vor in den Händen Moskaus. Aber das war angesichts der exzellenten Fähigkeiten der Ukraine und der großen Produktionskapazitäten, insbesondere für Raketen, auf lange Sicht nicht von Bedeutung. So waren etwa die sowjetischen ballistischen Raketen, die 1962 nach Kuba geliefert wurden, in der Ukraine hergestellt worden.

Geprägt durch die Nuklearkatastrophe von Tschernobyl schienen die Ukrainer zunächst geneigt zu sein, sich den Plänen der USA und Russlands zur Denuklearisierung anzuschließen. Doch der anhaltende Konflikt der Ukraine mit Russland, insbesondere was den Status der Krim betraf, führte zu einem Umdenken in Kiew. Im Mai 1992 gerieten Moskau und Kiew über das Schicksal der Schwarzmeerflotte der Sowjetunion aneinander, die in dem Krimhafen Sewastopol stationiert war. Der Streit über die Aufteilung der Flotte zwischen Russland und der Ukraine und über die Kontrolle des Hafens sollte sich über die folgenden fünf Jahre hinziehen. Mit dem Aufflammen der Spannungen begann das ukrainische Parlament, neue Forderungen zu stellen: Für den Verzicht auf die sowjetischen Raketen verlangte man eine finanzielle Entschädigung sowie die formelle Anerkennung der ukrainischen Grenzen und Sicherheitsgarantien.

Das Budapester Memorandum

Auf einem Gipfeltreffen der OSZE (vormals KSZE) im Dezember 1994 in Budapest beschlossen die Staats- und Regierungschefs der USA, Russlands und Großbritanniens, Kiew das sogenannte Budapester Memorandum anzubieten. Ziel des Memorandums war es, das Land zum Beitritt zum Atomwaffensperrvertrag zu bewegen, um den Abzug der Atomwaffen aus der Ukraine zu erreichen. Im Gegenzug würde die Ukraine die Zusicherung ihrer territorialen Integrität erhalten – keine Garantien, ein bedeutender Unterschied, der aber in der Welt nach dem Ende des Kalten Krieges nicht so wichtig zu sein schien.

Die Ukraine beschloss, das Memorandum zu unterzeichnen, obwohl es keine bindenden Garantien erhielt. Kiew tat dies, weil seine Position schwach war: Das Land stand am Rande des wirtschaftlichen Zusammenbruchs. Da sich die Vereinigten Staaten und Russland in dieser Frage einig waren, drohte der Ukraine die internationale Isolation, wenn sie nicht unterzeichnete. Das Abkommen bot die Chance, die Isolation zu vermeiden und die dringend benötigte finanzielle Unterstützung zu erhalten.

Das Budapester Memorandum schien ein bedeutender Moment des gemeinsamen Triumphs und der Einigkeit zwischen Washington und Moskau zu sein. Wie US-Präsident Bill Clinton seinem russischen Kollegen, Boris Jelzin, mitteilte, setzten sie sich gemeinsam für eine ehrenwerte Sache ein: „Wir haben die Chance seit der Entstehung des Nationalstaates, dass der gesamte europäische Kontinent in Frieden leben kann." Clinton betonte auch, dass die Ukraine der Dreh- und Angelpunkt dieser Bemühungen sei.

Kürzlich freigegebene Dokumente zeigen jedoch, dass der gemeinsame Triumph nicht das war, was er zu sein schien. Die Ukraine hatte die Vereinbarung zwar anerkannt, weil sie wenig dagegen unternehmen konnte, aber – wie ein ukrainischer Diplomat seinen US-Kollegen bereits kurz vor der Unterzeichnung mitteilte – sein Land machte sich keine Illusionen darüber, dass die Russen sich nicht an das von ihnen unterzeichnete Memorandum halten würden. Kiew wusste, dass die alte imperiale Machtzentrale in Moskau die Ukraine nicht so einfach davonkommen lassen würde. Statt-

Am 31. Dezember 1999 nahm Jelzin seinen Abschied und ernannte Putin zum Nachfolger im Präsidentenamt. Welche Machtspiele im Hintergrund dies herbeigeführt hatten, ist unbekannt.

dessen hoffte die ukrainische Regierung darauf, Vereinbarungen mit anderen Ländern abschließen zu können, die es Kiew ermöglichen würden, in internationalen Gremien um Hilfe zu bitten, wenn die Russen gegen das Budapester Memorandum verstoßen sollten.

Somit befand sich die Ukraine in einer zunehmend gefährlichen Situation: Einerseits lag sie an der Grenze eines verkleinerten russischen Imperiums, das von einem Comeback träumte, andererseits außerhalb der entstehenden westlichen Ordnung nach dem Kalten Krieg.

Nachdem die USA zur Entnuklearisierung der Ukraine beigetragen hatte, glaubte man dort, sich nicht mehr um das Land kümmern zu müssen, da man seine Unabhängigkeit für eine vollendete Tatsache hielt. In Wirklichkeit akzeptierte Moskau diese Unabhängigkeit nie wirklich, zum Teil auch deshalb, weil Russland die Ukraine nicht nur als wichtigen Bestandteil des alten Imperiums betrachtete, sondern auch als historisches und ethnisches Herz des modernen Russlands.

Das Budapester Memorandum konnte diese Diskrepanz nicht auf Dauer beiseite räumen. Hätte das Memorandum die von den Ukrainern geforderten Garantien für die territoriale Integrität ihres Landes anstelle von bloßen Zusicherungen geboten, wäre es für Russland wohl viel schwieriger gewesen, ukrainisches Territorium zu verletzen, einschließlich der Krim und des Donbass.

Machtwechsel in Moskau

Für Washington war es eine große Überraschung, als am 31. Dezember 1999 ein ehemaliger KGB-Agent, Wladimir Wladimirowitsch Putin, zum Präsidenten Russlands ernannt wurde. Im Zuge eines geheimen Deals verkündete Jelzin in der Silvesternacht überraschend im Fernsehen, dass er mit sofortiger Wirkung zurücktrete und Putin das Präsidentenamt übernehme.

Dadurch wurde es schwieriger für die Ukraine, ihre Unabhängigkeit zu behaupten. Im Gegensatz zu Jelzin unternahm Putin Anstrengungen, den russischen Einfluss im postsowjetischen Raum wieder geltend zu machen – zunächst mit politischen und wirtschaftlichen Mitteln, dann auch mit militärischer Gewalt. Putins Ziel bestand darin, die Sowjetunion ohne Kommunismus wieder auferstehen zu lassen. Westliche Politiker hielten jedoch an der Annahme fest, dass Putin eingesetzt worden sei, um den von Jelzin eingeschlagenen innen- und außenpolitischen Kurs fortzusetzen.

Der Fehler in dieser Annahme wurde nicht sofort deutlich, da Putin zunächst bereit schien, mit dem Westen zusammenzuarbeiten, vor allem nach den Anschlägen vom 11. September 2001. Putin sah diese Zusammenarbeit jedoch weniger als Ausdruck gemeinsamer Interessen, sondern vielmehr als einen Weg, der Moskau westliche Zugeständnisse einbringen sollte. Doch Washington weigerte sich, das zu tun, was der Kreml als Gegenleistung für seine Unterstützung der US-Invasion in Afghanistan erwartet hatte, nämlich Russland freie Hand im postsowjetischen Raum zu geben. Stattdessen hielten die Vereinigten Staaten an ihrer Unterstützung der Souveränität der ehemaligen sowjetischen Republiken fest und weigerten sich, Putins Anspruch anzuerkennen, dass Russland ein fortwährendes Recht auf die Vorherrschaft in seinem ehemaligen Imperium besitze.

Die Probleme verschärften sich noch, als die weitere Expansion der NATO und der EU nach Osteuropa dieser kurzlebigen Periode der scheinbaren Annäherung zwischen Putin und Bush ein Ende bereitete. Nachdem Ungarn, Polen und Tschechien bereits 1999 NATO-Mitglied geworden waren, nahm das Bündnis 2004 sieben weitere Staaten auf: Estland, Lettland, Litauen, Rumänien, Bulgarien, Slowenien und die Slowakei. Sie alle waren einst Teil der Sowjetunion gewesen. Putin, Führer eines Imperiums, das seinen eigenen Niedergang verleugnete, empfand dies als massiven Affront. Er hielt die alten sowjetischen Grenzen immer noch für unumstößlich.

Die Orange Revolution in Kiew

Die NATO-Osterweiterung ließ die Verwundbarkeit der Ukraine klar zutage treten. Als eine der wenigen funktionsfähigen Demokratien, die östlich der NATO- und EU-Grenzen verblieben waren, befand sich die Ukraine schlagartig in einer besonderen Form des Schwebezustands zwischen dem Osten und dem Westen. Die Lage spitzte sich dramatisch zu, als die Ukrainer während der sogenannten Orange Revolution ihrem Wunsch nach einem Beitritt zur EU Ausdruck verliehen. Nach einer Präsidentschaftswahl, deren Legitimität fraglich war, versammelten sich im November und Dezember 2004 große Menschenmengen auf dem Maidan-Platz im Zentrum von Kiew und forderten freie Neuwahlen – mit Erfolg. Aus diesen Wahlen ging der proeuropäische Kandidat Wiktor Juschtschenko als Sieger hervor.

Für Putin war die Orange Revolution eine doppelte Niederlage. Nicht nur, dass sein Kandidat Wiktor Janukowitsch verloren hatte, obwohl der russische Präsident persönlich in die Ukraine gereist war, um für ihn Wahlkampf zu machen, sondern die demokratischen Proteste in der Ukraine verstärkten auch die antirussische Stimmung in zwei anderen Staaten, in denen es zu Revolutionen gekommen war: in Georgien und Kirgisistan. Besonders empfindlich reagierte Putin auf Volksbewegungen, die große Straßendemonstrationen auslösen konnten.

Putin weigerte sich nicht nur zu akzeptieren, dass sich die Ukraine aus seinem Machtbereich verabschiedet hatte, sondern er betrachtete die Straßendemonstrationen auch als Protest gegen seine Autorität innerhalb Russlands. In seinen Augen waren alle Proteste eine direkte Bedrohung der Stabilität seines persönlichen Regimes.

Münchner Sicherheitskonferenz 2007

Als Putin am 9. Februar 2007 in München auf der Sicherheitskonferenz sprach, veränderte sich die Atmosphäre im Saal spürbar. Nachdem der Präsident zunächst höflich begrüßt worden war, reagierten die Zuhörer – selbst diejenigen, die Putins Kritik am Irak-Krieg teilten – äußerst besorgt. Es klang, als steuere Putin auf einen neuen Kalten Krieg zu.

Dabei hatten die USA und Europa mit einem gewissen Optimismus jahrelang daran gearbeitet, das aus den Trümmern der Sowjetunion auferstandene Russland in eine neue Ordnung zu integrieren. Alle europäischen Staaten, einschließlich Russlands, sowie die Vereinigten Staaten und Kanada unterzeichneten mehrere Abkommen, in denen sie sich auf zentrale Grundsätze einigten, darunter den Verzicht auf die Androhung oder Anwendung von Gewalt, den Verzicht auf jegliche gewaltsame Grenzveränderung und die Bekräftigung des Rechts aller Staaten, ihr politisches und wirtschaftliches System und ihre Sicherheitsallianzen selbst zu wählen.

Wladimir Putin wird 2007 als Teilnehmer der Münchner Sicherheitskonferenz begrüßt, wo er eine aufsehenerregende Rede hielt. Rechts Horst Teltschik, der Leiter der Sicherheitskonferenz.

Einen Hinweis auf Putins wahres Denken hatte es schon 2005 gegeben, als er den Zusammenbruch der Sowjetunion als die größte Tragödie des 20. Jahrhunderts bezeichnete. Auf der Sicherheitskonferenz in München schlug er dann unmissverständliche Töne an. In seiner Rede ließ er alle diplomatischen Floskeln beiseite und trug eine lange Liste von Beschwerden über die Vorherrschaft der USA in globalen Angelegenheiten vor; darunter waren viele Themen, die die Beziehungen zwischen Moskau und Washington während seiner bislang siebenjährigen Amtszeit belastet hatten.

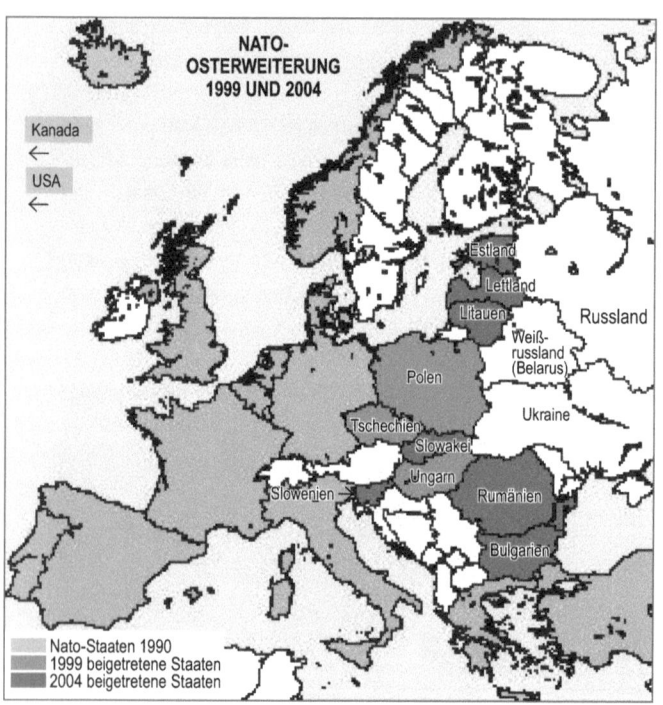

„Der Prozess der NATO-Erweiterung hat nichts mit der Modernisierung des Bündnisses zu tun", sagte Putin. „Wir haben das Recht zu fragen: ,Gegen wen ist diese Erweiterung gerichtet?'" Er fuhr fort, dass die Trümmer der Berliner Mauer als Souvenirs in Länder gebracht worden seien, die Offenheit und persönliche Freiheit preisen. Doch „jetzt wird versucht, neue Trennlinien und Regeln einzuführen, vielleicht virtuell, aber sie trennen unseren gemeinsamen Kontinent". Die Welt, so sagte er, sei jetzt unipolar: „Es gibt ein einziges Zentrum der Macht, ein Zentrum der Stärke, ein Entscheidungszentrum. Es ist die Welt eines einzigen Hausherren, eines Souver-

Die NATO-Staaten im Jahr 2004, als insgesamt zehn osteuropäische Staaten Mitglied geworden waren

äns. Und das ist am Ende nicht nur tödlich für alle, die sich innerhalb dieses Systems befinden, sondern auch für den Souverän selbst, weil es ihn von innen zerstört." Vor den Augen von Bundeskanzlerin Angela Merkel und des US-Verteidigungsministers Robert M. Gates warnte Putin: „Heute beobachten wir eine fast unbegrenzte Anwendung von Gewalt – militärischer Gewalt – in den internationalen Beziehungen, einer Gewalt, welche eine Sturmflut von Konflikte nin der Welt auslöst."

Bemerkenswert an dieser Rede war nicht Putins Verurteilung der Vereinigten Staaten wegen ihrer Heuchelei vor und nach der Invasion im Irak; dies entsprach dem allgemeinen europäischen und wohl auch amerikanischen Mainstream-Denken. Der eigentliche Offenbarungsmoment war seine Schlussfolgerung, dass die von den USA geführte liberale Ordnung, in ihrem Selbstverständnis die freie Welt, für Russland keinen Wert darstellt. Für all diejenigen, die sich intensiv um eine Einbindung Russlands in ein globales Stabilitätssystem nach dem Kalten Krieg bemüht hatten und 2007 noch glaubten, dies sei möglich, war Putins Rede ein Schock. Anderthalb Jahrzehnte später erfolgte die Invasion der Ukraine. Diese Entwicklung war seit der Rede von 2007 vorhersehbar.

Bukarest 2008 – der NATO-Gipfel

Nach der Münchner Sicherheitskonferenz vom Februar 2007 kam die Bush-Regierung zu dem Schluss, dass dies wohl der richtige Zeitpunkt sei, um eine weitere Ausweitung der NATO mit Georgien und der Ukraine ins Gespräch zu bringen. Auslöser war vermutlich eine Anfrage der ukrainischen Regierung bei der NATO nach einem „Membership Action Plan (MAP)", der besonders von der Bush-Regierung unterstützt wurde. Wie sich im Nachhinein herausstellte, war der Zeitpunkt äußerst ungünstig gewählt.

Ursprünglich wollte die US-Regierung den NATO-Gipfel 2008 im rumänischen Bukarest nutzen, um den Beginn der Beitrittsverfahren für die Ukraine und Georgien anzukündigen. Doch Putin, der ebenfalls nach Bukarest eingeladen worden war, bezeichnete die Mitgliedschaft der Ukraine und Georgiens in der Allianz als „direkte Bedrohung" für Russland. So kam es zu einer Intervention Angela Merkels und anderer europäischer Regierungen, und man fand eine Kompromisslösung: Beiden Ländern wurde die Zusage gemacht, dem Bündnis in der Zukunft beitreten zu können, ohne dass festgelegt wurde, wie oder wann dies erreicht werden könnte.

Diese halbherzige Geste spiegelte die damalige Spaltung des Westens wider. Auf der einen Seite stand die Regierung von Präsident George W. Bush, die nach dem ruinösen Irak-Krieg im Ausland zutiefst unpopulär war und beiden Ländern den Membership Action Plan für den NATO-Beitritt anbieten wollte. Auf der anderen Seite standen einige westeuropäische Regierungen, allen voran Deutschland mit Bundeskanzlerin Angela Merkel, die der Ansicht waren, dass weder die Ukraine noch Georgien für einen Beitritt zum Bündnis reif seien. Zudem sahen sie diesen Initiativen mit Argwohn entgegen, da sie den Kreml vor den Kopf stoßen würden, mit unkalkulierbaren Folgen.

Nach dem Massaker von Butscha im Frühjahr 2022 gab der amtierende ukrainische Präsident Wolodymyr Selenskyj der ehemaligen deutschen Kanzlerin Angela Merkel eine gewisse Mitschuld an den Ereignissen. Im Jahr 2023 wurde im Nachrichtenmagazin Spiegel eine Erklärung der Altkanzlerin veröffentlicht, in der es hieß, sie stehe zu ihren „Entscheidungen im Zusammenhang mit dem NATO-Gipfel 2008". Und sie legte noch nach: Die Ukraine sei in der NATO-Frage ein gespaltenes Land gewesen, und eine Aufnahme in die NATO hätte Wladimir Putin schon damals losschlagen lassen: „Ich wollte das nicht provozieren." Die Franzosen hätten sie damals unterstützt, wie auch Spanien, Italien, die Beneluxstaaten, Portugal und Norwegen. *(Der Spiegel 38/2023)*

15 Jahre später, auf einem NATO-Treffen im litauischen Vilnius, wurde der ukrainische Außenminister Dmytro Kuleba in der Washington Post so zitiert: „Wiederholen Sie nicht den Fehler, den Bundeskanzlerin Merkel 2008 in Bukarest gemacht hat, als sie sich jedem Fortschritt in Richtung einer NATO-Mitgliedschaft der Ukraine heftig widersetzte", und erklärte, dies habe Putin die Tür geöffnet, um seine neoimperialistische Aggression durchzuführen. „Der einzige Weg, die Tür für russische

Aggressionen gegen Europa zu schließen, ist die Aufnahme der Ukraine in die NATO."
(https://www.washingtonpost.com/world/2023/07/10/bucharest-2008-nato-summit-history-vilnius-putin-georgia-ukraine-membership/)

Einmarsch in Georgien

Kurze Zeit später beschloss Putin, in Georgien einzumarschieren – ein Signal, dessen volle Bedeutung der Westen zu diesem Zeitpunkt nicht erkannte. Die Invasion im August 2008 war kein einmaliger Vorgang, der durch georgischen Leichtsinn verursacht wurde; vielmehr zeigte sich hier das Ausmaß des russischen Traumas, das zum einen aus dem imperialen Zusammenbruch und zum anderen aus dem Unmut über die USA und ihre Politik in der Region resultierte. Die Mehrheit der Politiker in Kiew stimmte mit dem Westen darin überein, dass ein solches Schicksal die Ukraine nicht ereilen könne. Ein Krieg zwischen den beiden größten postsowjetischen Staaten sei in der Welt nach dem Ende des Kalten Krieges praktisch unmöglich, so die Meinung. Angesichts der historischen und kulturellen Bindungen zwischen den beiden slawischen Nationen konnten sich nur wenige Menschen in Kiew vorstellen, dass Russen und Ukrainer aufeinander schießen würden.

Der russisch-georgische Krieg wurde damals lediglich als Hindernis auf dem Weg zu einem Reset der amerikanisch-russischen Beziehungen unter dem neuen russischen Präsidenten Dmitri Medwedew betrachtet. Die Beziehungen verbesserten sich kurzzeitig tatsächlich und ermöglichten 2010 die Unterzeichnung eines neuen Vertrags über die Reduktion strategischer Waffen (New START, Strategic Arms Reduction Treaty) unter Präsident Barack Obama. Doch dieses neue Abkommen trug ebenso wie das Budapester Memorandum von 1994 wenig zur Sicherheit der Ukraine bei, obwohl es die Nichtverbreitung von Nuklearwaffen im Allgemeinen förderte.

Die Besetzung der Krim

Im Jahr 2014, also 20 Jahre nach der Unterzeichnung des Budapester Memorandums, kam es erneut zu Gewalt, als Kiew, dessen NATO-Ambitionen gescheitert waren, stattdessen versuchte, seine Beziehungen zur EU durch ein Handelsabkommen zu verbessern. Dieser erneute Versuch der Ukraine, ihre Unabhängigkeit zu behaupten, war wiederum gegen Russlands Interessen. Putin versuchte, seinen Einfluss im postsowjetischen Raum zu wahren, indem er den ukrainischen Präsidenten, den prorussischen Politiker Wiktor Janukowitsch, unter Druck setzte, die ausgehandelte Handelsassoziation nicht zu unterzeichnen. Janukowitsch verweigerte daraufhin seine Unterschrift. Es kam zu einer heftigen Reaktion der ukrainischen Bevölkerung, den sogenannten Maidan-Protesten Ende 2013 und Anfang 2014.

Als Reaktion auf diese Demonstrationen ließ Putin seinen imperialen Instinkten freien Lauf. Unter Verletzung des Budapester Memorandums übernahmen russische reguläre und paramilitärische Truppen, die „grünen Männchen", im März 2014 die Kontrolle über die Halbinsel Krim.

Offenbar versuchte Putin, den ehemals sowjetischen Raum in ein neues eurasisches Militär-, Politik- und Wirtschaftsbündnis einzubinden, um ein Gegengewicht zur EU und zu China zu schaffen. Zunächst führte Russland ab März 2014 auch noch einen hybriden Krieg in der ostukrainischen

Die „grünen Männchen" bei der hybriden Kriegsführung auf der Krim: Einheiten aus angeheuerten Söldnern besetzten die Halbinsel gemeinsam mit regulären russischen Truppen.

Region Donbass. Moskaus Ziel war es, eine Föderalisierung der Ukraine zu erzwingen, bei der jede ihrer Provinzen über außenpolitische Fragen selbst entscheiden sollte. Dies würde das Ende der prowestlichen Bestrebungen der Ukraine bedeuten.

Die Ukraine setzte sich mit allen Mitteln zur Wehr, einschließlich der Hilfe von Freiwilligen-bataillonen und ihrer eigenen Streitkräfte, die nach Jahren der Vernachlässigung wieder aufgebaut werden mussten. Daraufhin wechselte Russland von seinem hybriden Krieg ab Mai 2014 in ei-nen konventionellen Krieg, indem es reguläre Einheiten in die Kämpfe schickte. Die europäischen Staats- und Regierungschefs handelten im September 2014 und Februar 2015 zwar zwei Minsker Vereinbarungen aus, schufen damit aber nur einen Rahmen für einen Dialog. Die Kämpfe gingen weiter und forderten nahezu 13.000 Menschenleben. Millionen mussten fliehen, und rund vier Mil-lionen Menschen saßen in den von Russland militärisch besetzten, finanzierten und politisch un-terstützten Separatistenrepubliken fest. Diese Republiken, die wirtschaftlich kaum überlebensfähig waren, wurden international nicht anerkannt.

Andere und neue Ziele für Putin

Nachdem es Putin gelungen war, Territorium zu gewinnen und die Ukraine zu destabilisieren, fühlte er sich offenbar ermutigt, anderswo aktiv zu werden, etwa im Nahen Osten, in Afrika und Lateiname-rika. Auch verstärkte er seine Cyberkriegsführung, besonders in den Vereinigten Staaten, als er im Jahr 2016 soziale Medien und andere Online-Tools nutzte, um sich in die US-Präsidentschaftswahlen einzumischen. Es war der 25. Jahrestags des Zusammenbruch der Sowjetunion – in Putins Augen eine geopolitische Katastrophe.

Der russische Präsident beschloss, sich an der ehemaligen US-Außenministerin Hillary Clinton, der Präsidentschaftskandidatin der Demokraten, zu rächen. Seiner Ansicht nach waren viele der Proteste im postsowjetischen Raum vom US-Außenministerium gesteuert worden. Deshalb mischte er sich 2016 in die US-Wahl zugunsten ihres Gegners Donald Trump ein.

„Ukrainegate"

Doch auch die Ukraine spielte in der Frage der Beeinflussung der US-Wahl eine Rolle. In dieser Hinsicht tat sich besonders ein Amerikaner hervor: Paul Manafort, Politikmanger und Lobbyist. 2010 war der prorussissche Kandidat Wiktor Janukowitsch Präsident der Ukraine geworden, nicht zuletzt dank Manaforts Management seiner Wahlkampagne. Trumps Entscheidung, Manafort 2016 mit der Leitung seiner eigenen Präsidentschaftskampagne zu beauftragen, brachte ihn als Kandidaten sowie seine Berater in den Dunstkreis des „Ukrainegate".

Diese Affäre begann, als Dokumente, die illegale Zahlungen von Janukowitsch an Manafort belegten, der ukrainischen Presse zugespielt wurden. Manaforts Beziehung zu Janukowitsch wurde zum Gegenstand einer FBI-Untersuchung, was dazu führte, dass Trump ihn von der Leitung seiner Präsidentschaftskampagne abzog. 2018 wurde Manafort wegen Steuerhinterziehung und Betrugs zu 90 Monaten Haft verurteilt. Manaforts Machenschaften und die seiner prorussischen ukrainischen Verbündeten ließen bei Trump den Verdacht aufkommen, dass korrupte ukrainische Beamte darauf aus waren, ihn und seine Präsidentschaft zu unterminieren. Entgegen dem Konsens der US-Geheimdienste glaubte er nicht, dass Russland die Wahl beeinflusst habe, um ihn zu unterstützen, sondern dass die Ukraine die Wahl beeinflusst habe, um Hillary Clinton zu unterstützen.

Nach dem ukrainischen Wahlkampf, den Paul Manafort geleitet hatte und der zwischen 100 und 200 Millionen US-Dollar gekostet haben soll, konnte Wiktor Janukowitsch am 7. Februar 2014 die Stichwahl zum Amt des Präsidenten der Ukraine mit über 48 Prozent der Simmen für sich entscheiden und wurde am 25. Februar als 4. Präsident der Ukraine vereidigt. Durch diese Amtsübernahme erreichte die Korruption in der Ukraine eine neue Dimension. Janukowitschs 137 Hektar große Privatresidenz Meschyhirja, die ursprünglich dem Staat gehört hatte, umfasste ein Jagdrevier, einen Yachtanleger am aufgestauten Dnjepr, einen Zoo und nicht zuletzt ein palastähnliches, von einer finnischen Firma aus Holz gebautes und mit jedem erdenklichen Luxus ausgestattetes Wohnhaus. Etwa tausend Bedienstete kümmerten sich um das Anwesen, zu dem auch eine PKW-Flotte gehörte. Der Unterhalt des Anwesens soll etwa vier Millionen Euro pro Monat gekostet haben, so das Schweizer Fernsehen SFR DOK in einer Dokumentation vom 17. März 2016.

Mitte August 2013 änderte Russland seine Zollbestimmungen für Einfuhren aus der Ukraine, was dazu führte, dass der russische Zoll am 14. August 2013 alle Waren aus der Ukraine stoppte. Politiker und Medien betrachteten diesen Schritt als Beginn eines Handelskriegs gegen die Ukraine. So sollte die Ukraine gehindert werden, das Assoziierungsabkommen – ein Handelsabkommen – mit der EU zu unterzeichnen. Am 21. November 2013 suspendierte die ukrainische Regierung die

Unterzeichnung des Assoziierungsabkommens mit der EU. Wiktor Janukowitsch unterschrieb nicht: Der wirtschaftspolitische Druck von Putins Russland war zu groß.

Aufstand in Kiew 2013: Beginn des Euromaidan

Diese Nichtunterzeichnung durch Präsidenten Janukowitsch führte zu einem Aufstand, der – wie der Maidan-Protest 2004 – wiederum zunächst auf dem Maidan-Platz stattfand, dem „Platz der Unabhängigkeit". Alles begann vom Abend des 21. November 2013 an als friedlicher Protest. Etwa 1.500 Demonstranten, meist Studenten, fanden sich zusammen, und zwar nach einem Facebook-Post des Journalisten Mustafa Najem, der zu einer Kundgebung gegen die Regierung aufgerufen hatte. *(https://www.nytimes.com/2013/11/30/opinion/ukraines-battle-for-europe.html)*

Am 30. November 2013 wurden die Proteste von der Sonderpolizei Berkut gewaltsam aufgelöst. Am folgenden Tag schlossen sich mehr als eine halbe Million Kiewer den Demonstranten an, um die Gesellschaft angesichts des Autoritarismus, der das ganze Land lähmte, zu schützen, und im Laufe des Dezembers kam es zu weiteren Zusammenstößen. Die Regierung reagierte am 16. Januar 2014 mit Anti-Protest-Gesetzen und Polizeieinsätzen in der Hrushevskoho-Straße. Am 19. Januar versammelten sich 200.000 Demonstranten im Zentrum von Kiew, um gegen die neuen Anti-Protest-Gesetze, die sogenannten Diktaturgesetze, zu protestieren. Viele ignorierten das Vermummungsverbot und trugen Masken (auch Gasmasken) oder Motorradhelme. Sie versuchten, vom Maidan zum Parlamentsgebäude zu marschieren. Während der Protestmarsch von der Sonderpolizei Berkut blockiert wurde, kam es in der Hruschewskij-Straße zu heftigen Zusammenstößen. Die gewaltsamen Auseinandersetzungen, denen drei Demonstranten umkamen, dauerten drei Tage.

Am 18. Februar 2014 kam es im Zentrum von Kiew zum Höhepunkt des Bürgeraufstands.

Anfang Februar 2014 kam es zu einem Bombenanschlag auf das Gewerkschaftshaus und zur Bildung von Selbstverteidigungsteams durch Demonstranten. Die tödlichsten Zusammenstöße fanden am 18. und 20. Februar statt, als es zu den schwersten Ausschreitungen in der Ukraine seit der Wiedererlangung ihrer Unabhängigkeit kam. Tausende von Demonstranten stürmten auf das Parlament zu, angeführt von Aktivisten mit Schilden und Helmen, und wurden von der Berkut und Scharfschützen der Polizei beschossen. Fast 100 Menschen wurden getötet. *(https://www.economist.com/briefing/2014/02/20/europes-new-battlefield)*

Janukowitschs Flucht

Am 21. Februar 2014 unterschrieben Janukowitsch und die parlamentarische Opposition ein Abkommen, das eine Einheitsregierung, Verfassungsreformen und vorgezogene Wahlen vorsah. Die Polizei verließ am Nachmittag das Stadtzentrum von Kiew, und die Demonstranten übernahmen die Kontrolle. Janukowitsch floh noch am selben Abend aus der Stadt, zunächst nach Charkiw und dann nach Donezk. Am folgenden Tag, dem 22. Februar, stimmten von den an jenem Tag registrierten 334 Parlamentariern 328 für die Absetzung Janukowitschs. Dieser behauptete, diese Abstimmung sei nicht legal, und bat Russland um Hilfe. Die russische Propaganda bezeichnete die Ereignisse als einen Staatsstreich und gewährten ihm Asyl.

Eine Übergangsregierung unter Arsenij Jazenjuk unterzeichnete das EU-Assoziierungsabkommen und löste die Sonderpolizei Berkut auf. Die Präsidentschaftswahlen, die 2014 folgten, gewann Petro Poroschenko. Seine neue Regierung begann mit der Entlassung von Beamten, die mit dem gestürzten Janukowitsch-Regime in Verbindung standen.

Im Süden und Osten der Ukraine brachen nun prorussische Proteste aus. Russland besetzte und annektierte die Halbinsel Krim, während bewaffnete prorussische Separatisten Regierungsgebäude besetzten und die unabhängigen Volksrepubliken Donezk und Luhansk ausriefen, was zu dem Krieg im Donbass führte. Aufgrund der Annexion der Krim durch Russland und der Invasion im Donbass stimmte das ukrainische Parlament im Dezember 2014 dafür, die Neutralitätsklausel aus der Verfassung zu streichen und die Mitgliedschaft der Ukraine in der NATO anzustreben.

Noworossija – Neurussland

Die Annexion der Krim und der Krieg im Donbass lösten in Russland eine Welle des Nationalismus aus, mit dem Ruf nach der Annexion weiterer ukrainischer Gebiete für Novorossija – Neurussland. Gemeint sind damit Teile der Ostukraine, als deren Beschützer sich Putin ausgab. Nach seinem Geschichtsbild sind die Städte Charkiw, Luhansk, Donezk, Cherson, Mykolajiw und Odessa russländische Erbmasse.

Im Juli 2021 veröffentlichte Putin seinen Aufsatz „Über die historische Einheit von Russen und Ukrainern", in dem er die Ukraine als historisch russisches Land bezeichnete und behauptete, es gebe keine historische Grundlage für die „Idee eines ukrainischen Volkes als eine von den Russen getrennte Nation". Wenige Tage vor dem Einmarsch behauptete Putin, die Ukraine habe nie eine „echte Staatlichkeit" besessen, und die moderne Ukraine sei ein von den russischen Bolschewiken geschaffener Fehler. Der amerikanische Historiker Timothy Snyder bezeichnete Putins Ideen als imperialistisch. Andere Beobachter waren der Ansicht, dass die russische Führung ein verzerrtes Bild von der Ukraine wie auch der russischen Geschichte habe.

Putin bezeichnete in seinem Artikel das Gebiet der heutigen Ukraine als „südwestliche Teile des russländischen Imperiums" des 19. Jahrhunderts. Das Gebiet habe aus drei Teilen bestanden: Malorossija (Kleinrussland), der Krim und Noworossija (Neurussland). Malorussija ist eine historische, bis auf die byzantinische Zeit zurückgehende Bezeichnung für die Gebiete auf dem linken (östlichen) Ufer des Dnjepr. Novorossija ist ein Begriff mit einer wesentlich jüngeren Geschichte, der erst mit Katharina der Großen im 18. Jahrhundert auftauchte.

Katharina die Große und das „Wilde Feld"

Katharina II. oder die Große (1729–1796), wie sie auch genannt wurde, kam im Alter von 14 Jahren als Sophie von Anhalt-Zerbst an den Hof in St. Petersburg. Dort beförderte sie 1762 ihren Ehemann Peter III. per Staatsstreich aus dem Amt und ließ sich zur Zarin krönen. Mit ihrem Geliebten, Marschall Grigori Potjomkin (auch: Gregor Potemkin), machte sie aus Russland eine Großmacht.

In Eroberungszügen nahm Katharina Ende des 18. Jahrhunderts dem Osmanischen Reich weite Gebiete entlang der nördlichen Schwarzmeerküste ab. Diese Gebiete wurden auf mittelalterlichen Landkarten als „Wildes Feld" (übersetzt aus dem Polnischen, Litauischen oder Ukrainischen) bzw. „Loca deserta" (lateinisch für „verlassene Orte" oder „Einöde") bezeichnet. Diese Steppenlandschaft erstreckte sich in etwa über die südlichen Gebiete der heutigen Ukraine; nach manchen Interpretationen reichten sie sogar bis in den heutigen Süden Russlands, in den Oblast Rostow. Diese Gebiete der heutigen Südukraine waren schon lange vor der russischen Eroberung Ende des 18. Jahrhunderts besiedelt, wenn auch sehr dünn.

Auf diesem Territorium lebten nomadische und auch sesshafte Volksgruppen, von denen einige über staatliche Organisationsformen verfügten. Dazu gehörten das Reich der Chasaren, eines Turkvolks, das Khanat der Krim-Tataren als Nachfolger der mongolischen Goldenen Horde sowie nicht zuletzt das Osmanische Reich. Am Unterlauf des Dnjepr, der ins Schwarze Meer fließt, befand sich das Gebiet der Saporoger Kosaken mit ihrem weitgehend autonomen Staat, die sich mit wechselnden Allianzen zwischen dem Russischen und dem Osmanischen Reich zu behaupten versuchten.

Im Jahr 1775 beendete Potjomkin die Selbstständigkeit aller Kosaken-Gebiete. Auf Anweisung

Katharina die Große (1729–1796), geborene Prinzessin zu Anhalt-Zerbst

Das „Wilde Feld", die Steppenlandschaft, die Katharina die Große erschließen ließ

von Katharina der Großen sollte das Wilde Feld entwickelt werden, um den Mangel an landwirt-
schaftlichen Flächen in den zentralen Regionen auszugleichen und die aufstrebende Großmacht
wirtschaftlich und militärisch zu stärken. Die Herrscherin förderte zudem die Ansiedlung von ausländischen Kolonisten und tolerierte, dass das neue Territorium zu einem Anziehungspunkt für entflo-
hene Leibeigene wurde. Noworussija wurde zu einem multiethnischen Schmelztiegel. In den Dörfern und Städten lebten Russen, Ukrainer, Griechen, Deutsche, Engländer, Italiener, Armenier und
noch viele andere, darunter auch Abenteurer aller Art. Mit der Eingliederung der eroberten Gebiete
wurde Noworussija ab 1796 zu einer Verwaltungseinheit des Zarenreiches.
(https://www.dekoder.org/de/gnose/noworossija-historische-region-politische-kampfvokabel)

Nach der militärischen Katastrophe, die der Krimkrieg (1853–1856) für Russland bedeutete, führte
nun Zar Alexander II. eine Reihe von Reformen durch und schloss auch Noworussija stärker an
die Zentrale in St. Petersburg an. Mit der Auflösung des Generalgouvernements, des alten Ver-
waltungssystems des Zarenreiches, verschwand 1874 der Begriff Noworussija aus der offiziellen
politischen Sprache, und die regionale Verwaltung verlor den Rest ihrer Selbstständigkeit.

Eine neue Entwicklung setzte im 20. Jahrhundert ein. Nach der Oktoberrevolution und dem
Bürgerkrieg stärkten die neuen sowjetischen Machthaber mit einer gezielten Nationalitätenpolitik
die „Ukrainisierung" der neugegründeten Ukrainischen Sozialistischen Sowjetrepublik (SSR). Der
Gebrauch der Bezeichnung Noworussija und Malorossija für Gebiete in der neuen Ukrainischen
SSR waren verboten.

Iwan Iljins Theorien

Putin verwies in seinem Essay (siehe S. 19) sowie in mehreren Fernsehansprachen nur in Teilen auf den historischen Kontext, wenn er von Noworossija und Malorossija sprach. Dieser Artikel sollte eine historische Rechtfertigung für den geplanten Einmarsch in die Ukraine liefern, nämlich diese: Es müsse ein Fehler korrigiert werden, der in der Vergangenheit begangen worden sei.

Bei der von Putin verbreiteten Ansicht handelt es sich um eine historisch-politische Position, die bereits im 19. Jahrhundert entstanden war, und zwar als Reaktion auf den entstehenden ukrainischen Nationalismus. Die Kernthese bestand in der Propagierung des Begriffs der „Dreieinigen Nation", zu der Großrussen, Kleinrussen und Weißrussen gehörten. Eine Staatlichkeit sei nur im Verbund der drei Gruppen denkbar, und die Abspaltung auch nur einer dieser Gruppen bedrohe Russland als Ganzes.

Diese These wurde auch von dem russischen Philosophen Iwan Iljin (1883–1954) vertreten, der Russland als einen „jungfräulichen Körper" betrachtete. Wer zu diesem Körper gehöre, werde nicht von Individuen bestimmt; vielmehr bringe die russische Kultur „brüderliche Verbundenheit" dorthin, wo Russland herrsche. Die Idee einer eigenständigen und unabhängigen Ukraine war Iljin fremd, und so wundert es nicht, dass Putin den in den 1990er-Jahren wiederentdeckten Denker zu seinem Hausphilosophen machte und ihn oft zitierte.
(Timothy Snyder, The Road to Unfreedom, S. 23)

Die Graue Eminenz Wladislaw Surkow

Mehr als zwanzig Jahre lang war Wladislaw Surkow eine bekannte Größe im Kreml von Wladimir Putin. Surkow, der als die Graue Eminenz und wichtigster Ideologe des Kremls bezeichnet wurde, galt gemeinhin als Vordenker von Putins Ukraine-Politik, die Moskau in einen offenen Konflikt mit dem Westen stürzte. Ende Februar 2020 war er jedoch offenbar in Ungnade gefallen und wurde unerwartet von seinem Posten als persönlicher Berater des Präsidenten entlassen. Surkow neigte zu freimütigen, spontanen öffentlichen Äußerungen, die in deutlichem Gegensatz zu denen der meisten Mitglieder von Putins innerem Kreis standen. Sie boten seltene Einblicke in die Gedankenwelt der politischen Entscheidungsträger im Kreml.

Nur wenige Tage nach seiner Entlassung löste Surkow eine neue Kontroverse aus, indem er öffentlich die Existenz der ukrainischen Staatlichkeit infrage stellte. In einem Interview erklärte er, dass es keine Ukraine gebe. Es gebe ein „Ukrainisch-Sein". Das bedeute eine spezifische Störung des Geistes. Surkow fuhr fort, die Ukraine sei „ein Wirrwarr statt eines Staates. [...] Aber es gibt keine Nation. Es gibt nur eine Broschüre, ‚Die selbstgestylte Ukraine', aber es gibt keine Ukraine."

Bereits lange vor der Ukraine-Krise, auf einem NATO-Gipfel im April 2008 in Bukarest, hatte Wladimir Putin Berichten zufolge behauptet, dass die Ukraine kein Staat sei. Und in seiner Rede vom 18. März 2014 anlässlich der Annexion der Krim erklärte Putin, dass Russen und Ukrainer ein Volk seien. Kiew sei die Mutter der russischen Städte. „Die alte Rus ist unser gemeinsamer Ursprung, und wir können nicht ohne einander leben." Seither wiederholte Putin ähnliche Behauptungen bei vielen Gelegenheiten. So erklärte er beispielsweise im Februar 2020 in einem Interview erneut, dass Ukrainer und Russen ein und dasselbe Volk seien, und er deutete an, dass die ukrainische nationale Identität durch ausländische Einmischung entstanden sei.

Auch US-Präsident Donald Trump soll in einem Briefing im Herbst 2017 erklärt haben, dass die Ukraine „kein richtiges Land sei, sondern schon immer zu Russland gehört hat". Äußerungen wie diese von einigen der mächtigsten Staatsoberhäuptern der Welt verdeutlichen, dass die Geschichte des russisch-ukrainischen Konflikts für beide Seiten zu einem Thema von enormer Bedeutung geworden ist. Historische Argumente werden verwendet, um die Annexion der Krim durch Russland zu rechtfertigen und zu rationalisieren. Ganz allgemein sind konkurrierende Interpretationen der Geschichte – insbesondere der stalinistischen Periode – zu einem zentralen Bestandteil des Streits zwischen Russland und dem Westen geworden und ein Thema, das insbesondere für Putin von außerordentlicher Wichtigkeit ist.

Im Juli 2020 veröffentlichte das Department of International History der LSE (London School of Economy and Political Science) einen Artikel des Wissenschaftlers Björn Alexander Düben, in dem er die russische Version der ukrainisch-russischen Geschichte darlegt und diese als „verzerrte Interpretation der Vergangenheit" bezeichnet. Der Artikel heißt ‚There is no Ukraine: Fact-checking the Kremlin's Version of Ukrainian History'. Im Folgenden ein Ausschnitt in Übersetzung:

„Es gibt keine Ukraine": Prüfung der Kreml-Version der ukrainischen Geschichte

Neben der kulturellen Nähe rührt die sentimentale und spirituelle Anziehungskraft der Ukraine für viele Russen auch daher, dass die Kiewer Rus – ein mittelalterlicher Staat, der im 9. Jahrhundert entstand und sich um das heutige Kiew konzentrierte – als gemeinsames Heimatland der Vorfahren betrachtet wird, das den Grundstein für das moderne Russland und die Ukraine legte. Von ihrer Gründung bis zur Eroberung durch die Mongolen im 13. Jahrhundert war die Kiewer Rus jedoch ein zunehmend zersplitterter Bund von Fürstentümern. Ihre südwestlichen Gebiete, einschließlich Kiew, wurden im frühen 14. Jahrhundert von Polen und Litauen erobert. Etwa vierhundert Jahre lang wurden diese Gebiete, die den größten Teil der heutigen Ukraine umfassen, formell von Polen-Litauen regiert, was ihnen einen tiefen kulturellen Stempel aufdrückte. Während dieser vier Jahrhunderte entwickelten die orthodoxen Ostslawen in diesen Gebieten allmählich eine Identität, die sich von der der Ostslawen unterschied, die unter mongolischer und später moskowitischer Herrschaft verblieben.

Eine eigenständige ukrainische Sprache hatte sich bereits in den letzten Tagen der Kiewer Rus herausgebildet, ungeachtet der sachlich falschen Behauptung von Wladimir Putin, dass „die ersten sprachlichen Unterschiede zwischen Ukrainern und Russen erst im 16. Jahrhundert auftraten". Nach der Eingliederung der heutigen Ukraine in Polen-Litauen entwickelte sich die ukrainische Sprache relativ isoliert von der russischen Sprache. Zur gleichen Zeit kam es innerhalb der östlichen Orthodoxie zu religiösen Spaltungen. Von der Mitte des 15. bis zum Ende des 17. Jahrhunderts wurden die orthodoxen

Kirchen in Moskau und Kiew allmählich zu eigenständigen Einheiten und leiteten eine Trennung ein, die sich später in den Glaubensspaltungen erneut manifestierte.

Der größte Teil der heutigen Ukraine wurde vor dem 18. Jahrhundert zwar formell vom polnisch-litauischen Adel regiert, war jedoch überwiegend von orthodoxen Ostslawen bewohnt, die begannen, halbautonome Heere von Bauernkriegern zu bilden – die Kosaken. Die meisten von ihnen fühlten sich dem moskowitischen Russland kulturell verbunden, doch es gab kein besonderes Bestreben, Teil des moskowitischen Staates zu sein. Vom 16. bis zum 18. Jahrhundert begannen die Kosaken in der heutigen Ukraine, ihre eigenen De-facto-Staaten zu bilden, die Saporoger Sitch und später das sogenannte Kosaken-Hetmanat. Im Jahr 1648 gab es einen großen Aufstand gegen die polnischen Oberherren. Sechs Jahre später schloss das expandierende russische Zarenreich ein Bündnis mit den Saporoger Kosaken. Ungeachtet dieser vorübergehenden Hinwendung zu Moskau erkundeten die Kosaken auch andere Möglichkeiten: Im Vertrag von Hadiach mit Polen im Jahr 1658 standen sie kurz davor, ein vollwertiges Mitglied des polnisch-litauischen Reiches zu werden. Wäre dieser Vertrag erfolgreich umgesetzt worden, hätte er den Quasi-Staat der Kosaken wahrscheinlich auf absehbare Zeit fest an seine westlichen Nachbarn gebunden. Das Bündnis scheiterte jedoch, und die Kosaken blieben in ihrer Loyalität gespalten. Interne Meinungsverschiedenheiten darüber, ob sie sich auf die Seite Polens oder Russlands stellen sollten, führten im späten 17. Jahrhundert zu einer Reihe von Bürgerkriegen. Wie eine Vorwegnahme des heutigen Dilemmas der Ukraine wechselten die Kosaken mehr als einmal ihre Loyalität mit dem Ziel, ihre Selbstständigkeit zu bewahren.

[...]

Die politische Führung Russlands, einschließlich Wladimir Putin selbst, scheint dieser Überzeugung (die Ukraine ist kein Staat) anzuhängen, und allem Anschein nach hat sie auch ihre Politik gegenüber der Ukraine direkt beeinflusst. Doch so sehr diese Annahmen bei der russischen Bevölkerung und auch bei einigen ausländischen Politikern Anklang finden mögen, ein Blick in die ukrainische Geschichte zeigt, dass sie auf einer gefährlich verzerrten Interpretation der Vergangenheit beruhen. Letztlich hat sich der Kreml mit der Neuziehung der Grenzen und der Umschreibung der Geschichte wohl kaum selbst einen Gefallen getan. Durch seine Intervention in der Ukraine hat er die meisten Ukrainer in ihrer Abneigung gegen Russland bestärkt und damit viel dazu beigetragen, die empfundenen Unterschiede zwischen Ukrainern und Russen deutlicher als je zuvor aufzuzeigen.

Donbass: Erklärung der Unabhängigkeit

Der Begriff Noworussija gelangte erneut in den Diskurs, als Präsident Putin am 17. April 2014 in einem Interview erklärte, dass die Bezirke Charkiw, Luhansk, Donezk, Cherson, Mykolajiw und Odessa Teil des alten Gebietes Noworossija seien. Wobei Putin in einem Punkt irrte: Charkiw hatte nie zu Noworossija gehört. Die Stadt Donezk hieß ursprünglich Jusowka, zu Ehren von John Hughes, einem walisischen Industriellen, der 1869 die Kohleregion des Donbass erschloss. Die Stadt Luhansk wiederum war 1795 von dem britischen Industriellen Charles Gascoigne gegründet worden, der nach einem Erlass von Katharina der Großen dort einen Hochofen und eine Munitionsfabrik gebaut hatte. 1812 wurde Luhansk zur Stadt erhoben.

Im Mai 2014 proklamierten die selbsternannten Volksrepubliken Donezk und Luhansk die „Konföderation Noworussija" und verkündeten, die Kontrolle über die gesamte Südostukraine ausdehnen zu wollen. Doch die Konföderation verfügte über zu wenig Geschlossenheit und Durchsetzungsvermögen, sodass das Projekt innerhalb eines Jahres wieder aufgegeben wurde.

Putin unterschlug bei seiner Nennung der vermeintlich historischen Dreiteilung der Ukraine in die Gebiete Malorossija, Krim und Noworossija, dass es auch andere Bezeichnungen für das historische Gebiet der Ukraine gab: So unterschied man zu bestimmten Zeiten beispielsweise auch zwischen linksufriger Malorossija und rechtsufriger Ukrajina, und das Gebiet um Charkiw war eine eigenständige Region namens Sloboda-Ukraine, auf die Putin allerdings ebenfalls Anspruch erhebt.

Putins Nutzung des Begriffs Noworossija reduziert die komplexe historische Entwicklung auf wissenschaftlich unzulässige Weise, da er für seine Argumentation bestimmte Episoden aus der Geschichte auswählt und andere verschweigt. Diese verkürzte, mitunter auch verzerrte Sichtweise postuliert einen linearen Verlauf der Geschichte, den es nicht gab. Auf diese Weise soll die russische Aggression gegen die Ukraine als eine Korrektur eines historischen Irrtums erscheinen.

Quellen: Das Ende der Sowjetunion und die Folgen

Bücher

- O'Clery, Moscow, December 25, 1991: The Last Day of the Soviet Union, London 2012
- Plokhy, Serhii, The Last Empire: The Final Days of the Soviet Union, London 2014
- Sarotte, M. E., Not One Inch: America, Russia, and the Making of Post-Cold War Stalemate, London 2021
- Snyder, Timothy, The Road to Unfreedom: Russia, Europe, America, London 2018

Online-Publikationen

- https://www.nytimes.com/1991/12/26/world/end-of-the-soviet-union-text-of-gorbachev-s-farewell-address.html
- https://www.bits.de/public/researchreport/rr99-3-3.htm
- https://www.nytimes.com/2022/01/09/us/politics/russia-ukraine-james-baker.html
- https://www.rbth.com/international/2014/10/16/mikhail_gorbachev_i_am_against_all_walls_40673.html

- https://www.nytimes.com/2004/12/06/opinion/putins-chicken-kiev.html
- https://www.washingtonpost.com/archive/politics/1991/08/02/bush-warns-ukraine-on-independence/
  51816b73-cb9e-40ba-bd56-c81d24a5b62b/
- https://www.washingtontimes.com/news/2004/may/23/20040523-101623-2724r/
- https://www.spiegel.de/international/world/nato-expansion-defeat-france-and-germany-thwart-bush-s-
  plans-a-545078.html
- http://news.bbc.co.uk/2/hi/europe/7328276.stm
- https://www.nytimes.com/2007/02/11/world/europe/11munich.html
- https://www.politico.com/news/magazine/2022/02/18/putin-speech-wake-up-call-post-cold-war-order-
  liberal-2007-00009918
- https://www.washingtonpost.com/world/2023/07/10/bucharest-2008-nato-summit-history-vilnius-putin-
  georgia-ukraine-membership/
- https://www.spiegel.de/panorama/ukraine-wie-angela-merkel-2008-den-nato-beitritt-verhinderte-spiegel-
  rekonstruktion-a-f8c94810-17c8-4533-be5c-7fa08cdd23fc
- https://www.spiegel.de/politik/ausland/ukraine-praesident-Janukowytsch-erhaelt-mehr-macht-a-
  720717.html
- https://web.archive.org/web/20131127191253/http://de.ria.ru/post_soviet_space/20131125/267351996.
  html
- https://www.nytimes.com/2013/11/30/opinion/ukraines-battle-for-europe.html
- https://www.economist.com/briefing/2014/02/20/europes-new-battlefield
- https://www.nytimes.com/2015/01/04/world/europe/ukraine-leader-was-defeated-even-before-he-
  was-ousted.html
- https://www.dekoder.org/de/gnose/noworossija-historische-region-politische-kampfvokabel
- https://blogs.lse.ac.uk/lseih/2020/07/01/there-is-no-ukraine-fact-checking-the-kremlins-version-of-
  ukrainian-history/
- https://www.spiegel.de/politik/der-strippenzieher-a-653bf7c1-a5ef-46f6-89b7-cef85bd834db

Kapitel 3

Wege in den Krieg

Der Krieg Russlands gegen die Ukraine begann nicht 2022, sondern acht Jahre zuvor, im Jahr 2014, mit der von den Ukrainern „Revolution der Würde" genannten Demonstration, die von Moskau als „von den USA unterstützter Putsch auf dem Maidan" bezeichnet wurde. Dieses Ereignis führte letztlich zu der russischen Besetzung der Halbinsel Krim und zu Separatistenaufständen in den russisch geprägten Bezirken Donezk und Luhansk.

Die anfängliche Scheidung zwischen Russland und der Ukraine, die nach der Auflösung der Sowjetunion im Dezember 1991 vereinbart wurde, verlief noch unblutig. Bei einem Treffen in einem weißrussischen Jagdhaus in der Belowescher Heide beschlossen die Präsidenten Boris Jelzin für Russland, Leonid Krawtschuk für die Ukraine und Stanislau Schuschkewitsch für Weißrussland, die Sowjetunion aufzulösen und die territoriale Integrität des jeweils anderen zu respektieren. Als Nachfolgeorganisation wurde die Gemeinschaft Unabhängiger Staaten (GUS) gegründet, der weitere ehemalige Sowjetrepubliken später beitraten.

(Yaroslav Trofimov, Our Enemies Will Vanish, S. 15)

März 2021

Im März begannen die russischen Streitkräfte damit, Tausende von Soldaten sowie militärisches Gerät in der Nähe der russischen Grenze zur Ukraine und auf der Krim zu mobilisieren; dies stellte die größte Mobilisierung seit der Annexion der Krim im Jahr 2014 dar. Der Vorgang löste eine internationale Krise aus, da die Sorge vor einer möglichen Invasion zunahm. Satellitenbilder zeigten Bewegungen von Panzern, Raketen und schweren Waffen in Richtung der Grenze. Die Truppen wurden bis Juni 2021 teilweise wieder abgezogen, doch die Infrastruktur blieb bestehen.

Die Krise stand im Zusammenhang mit den Kämpfen im Donbass, die wiederum Teil des seit Februar 2014 andauernden russisch-ukrainischen Krieges waren. Abgehörte Telefongespräche von Sergej Glasjew, einem führenden Berater von Wladimir Putin, enthüllten die Einzelheiten des „Projekts Noworossija": Es sollte nicht nur die Krim, sondern auch die ukrainischen Regionen Donbass, Charkiw, Odessa und Saporischschja besetzt und danach eingegliedert werden. Der Plan sah vor, mithilfe prorussischer Agenten vor Ort Unruhen zu schüren, die in inszenierten Aufständen gipfeln sollten. Mit gefälschten Volksabstimmungen sollte der Beitritt zu Russland beschlossen werden, ähnlich wie es schon auf der Krim am 16. März 2014 geschehen war.

April 2021

Panzer: Anfang April 2021 wurden erhebliche Mengen an Waffen und Ausrüstungsgegenständen aus verschiedenen Regionen Russlands, einschließlich der fernöstlichen Teile Sibiriens, in Richtung der russisch-ukrainischen Grenze und auf die Krim transportiert. Inoffizielle russische Quellen, wie der bei der Social-Media-Plattform Telegram angesiedelte Military Observer, veröffentlichten ein Video, das den Flug russischer Kampfhubschrauber vom Typ KA-52 und Mi-28 zeigt. Die Originalquellen betonten, dass der Flug an der russisch-ukrainischen Grenze stattgefunden haben sollte.

Marine: Russland verlegte Schiffe ins Schwarze Meer, darunter mehrere Landungsboote. Die russische Nachrichtenagentur Interfax meldet am 8. April, dass die Schiffe und Besatzungen der Kaspischen Flottille Marineübungen in Zusammenarbeit mit der Schwarzmeerflotte durchführen würden. Am 10. April 2021 initiierte die Ukraine ein Treffen im Rahmen der OSZE. Der Grund war die Verstärkung der russischen Truppen in der Nähe der russisch-ukrainischen Grenze und der von Russland besetzten Krim. Die Initiative der Ukraine wurde von mehreren Ländern unterstützt, doch die russische Delegation erschien nicht und weigerte sich, Erklärungen abzugeben.

Übungen: Am 22. April 2021 kündigte der russische Verteidigungsminister Sergei Schoigu an, dass die Truppen der 58. und 41. Armee sowie die 7., 76. und 98. Garde-Luftlandedivision nach Inspektionen in den südlichen und westlichen Militärbezirken bis zum 1. Mai an ihre ständigen Stützpunkte zurückkehren würden. Die Ausrüstung am Militärstützpunkt Pogonowo (der sich 200 km von der ukrainischen Grenze entfernt befindet) solle für die alljährliche Militärübung mit Weißrussland, die für September 2021 geplant war, vor Ort bleiben.

Sergei Schoigu, von November 2012 bis Mai 2024 russischer Verteidigungsminister

Mai 2021

Hochrangige Beamte des US-Verteidigungsministeriums berichteten am 5. Mai 2021, dass Russland seit der letzten Aufstockung ihres Mlitärs nur einige tausend Soldaten abgezogen habe. Trotz des Abzugs mehrerer Einheiten blieben Fahrzeuge und Ausrüstung vor Ort, was darauf hinwies, dass es zu einer erneuten Verlegung kommen könnte. Die Beamten schätzten, dass Anfang Mai noch mehr als 80.000 russische Soldaten an der russisch-ukrainischen Grenze verblieben waren.

(https://www.nytimes.com/2021/05/05/us/politics/biden-putin-russia-ukraine.html)

Oktober 2021

Dmitri Medwedew, zu der Zeit stellvertretender Vorsitzender des russischen Sicherheitsrates, veröffentlichte in der Tageszeitung Kommersant einen Artikel, in dem er argumentierte, dass die Ukraine ein Vasall des Westens sei und es daher für Russland sinnlos sei, einen Dialog mit den ukrainischen Behörden zu führen, die er als „schwach", „ignorant" und „unzuverlässig" bezeichnete.

Medwedew kam zu dem Schluss, dass Russland in Bezug auf die Ukraine nichts unternehmen und abwarten solle, bis eine ukrainische Regierung an die Macht komme, die wirklich an einer Verbesserung der Beziehungen zu Russland interessiert sei. Er fügte hinzu, dass Russland wisse, wie man wartet. Der Kreml erklärte später seine Übereinstimmung mit Medwedews Artikel.

November 2021

Am 13. November 2021 gab der ukrainische Präsident Wolodymyr Selenskyj bekannt, dass Russland erneut 100.000 Soldaten in der Nähe der russisch-ukrainischen Grenze zusammengezogen habe – und damit mehr als die von den Amerikanern geschätzten rund 70.000. Am selben Tag bestritt Putin in einem Interview auf Russia-1 jede Möglichkeit einer russischen Invasion in der Ukraine und bezeichnete die Vorstellungen als „alarmistisch", während er zugleich die NATO beschuldigte, außerplanmäßige Marineübungen im Schwarzen Meer durchzuführen. Erneut forderte er von der NATO: keine Osterweiterung und Sicherheitsgarantien. Bundeskanzlerin Angela Merkel warnte Russland: Jede weitere Aggression gegen die Ukraine hätte einen hohen Preis.
(https://www.zeit.de/politik/ausland/2022-02/russland-ukraine-invasion-krieg-chronik)

Putins Ziel

Der russische Präsident Wladimir Putin marschierte im Jahr 2022 nicht in die Ukraine ein, weil er die NATO fürchtete. Er marschierte ein, weil er glaubte, dass die NATO schwach sei, dass seine Bemühungen, die Kontrolle über die Ukraine mit anderen Mitteln wiederzuerlangen, gescheitert waren und dass die Einsetzung einer prorussischen Regierung in Kiew sicher und einfach sein werde. Sein Ziel war nicht die Verteidigung Russlands gegen eine angebliche existierende Bedrohung, sondern vielmehr die Ausweitung der russischen Macht, die Auslöschung der ukrainischen Staatlichkeit und die Zerstörung der NATO: Ziele, die er immer noch verfolgte.
(https://www.degruyter.com/document/doi/10.1515/sirius-2024-1002/html?lang=de)

Oktober 2021: Meeting im Weißen Haus

Washington, es war ein sonniger Morgen. Führende amerikanische Geheimdienstler, Militärs und Diplomaten versammelten sich zu einem kurzfristig anberaumten Treffen mit Präsident Biden im Oval Office. Thema war eine aktuelle Geheimdienstanalyse, die aus neuen Satellitenbildern, abgefangenen Nachrichten und Berichten von Informanten zusammengestellt worden waren. Es waren die Kriegspläne des russischen Präsidenten Wladimir Putin für eine Invasion der Ukraine.

Seit Monaten hatten Beamte der Biden-Regierung beobachtet, wie Putin Zehntausende von Soldaten zusammenzog und Panzer und Raketen entlang der ukrainischen Grenzen aufstellte. Gegen Ende des Sommers hatte der Nationale Sicherheitsberater Jake Sullivan immer mehr Geheimdienstinformationen über Russland und die Ukraine bekommen. Er hatte das Treffen im Oval Office initiiert, um eine gesicherte Lagedarstellung zu erhalten.

Die Sitzung war eines von mehreren Treffen, die in diesem Herbst bereits zum Thema Ukraine stattgefunden hatte. Doch nun gewann das nachrichtendienstliche Bild, das präsentiert wurde, immer mehr an Schärfe und Bedrohlichkeit.

Biden und Vizepräsidentin Harris nahmen in Sesseln vor dem Kamin Platz, während Außenminister Antony Blinken, Verteidigungsminister Lloyd Austin und General Mark A. Milley, der Vorsitzende der Vereinigten Stabschefs, sich zu den Direktoren der nationalen Nachrichtendienste und der CIA auf Sofas um den Kaffeetisch gesellten.

Sie erklärten dem Präsidenten, dass die Erkenntnisse über Putins operative Pläne zusammen mit den laufenden Einsätzen entlang der Grenze zur Ukraine zeigten, dass nun alle Voraussetzungen für einen massiven Angriff gegeben seien. Nach Angaben von führenden Mitarbeitern waren die US-Geheimdienste in mehrere Bereiche der politischen Führung, des Spionageapparats und des Militärs Russlands eingedrungen.

Putins neue Kriegspläne waren weitaus radikaler, als es die Annexion der Krim und die Bildung der Separatistenbewegung in der Ostukraine gewesen waren. Die neuen Pläne sahen eine Besetzung und Übernahme des größten Teils der Ukraine vor.

Anhand von Karten, die vor dem Präsidentenschreibtisch aufgestellt waren, zeigte General Milley die Positionen der russischen Truppen.

Bereitstellungsräume, die den westlichen Geheimdiensten Ende 2021 bekannt waren

Das Problem: Die NATO-Bündnispartner

Putins Plan stellte letztendlich eine direkte Bedrohung für die Ostflanke der NATO dar oder konnte sogar die Sicherheitsarchitektur Europas nach dem Zweiten Weltkrieg zerstören.

Biden, der mit dem Versprechen angetreten war, das Land aus neuen Kriegen herauszuhalten, war überzeugt, dass die Vereinigten Staaten nicht allein handeln dürften. Doch die NATO-Mitglieder waren sich keineswegs einig, wie sie mit Moskau umgehen sollten, zumal die Glaubwürdigkeit der USA angeschlagen war: Nach der katastrophalen Besetzung des Irak, nach dem Chaos, das auf den Rückzug der USA aus Afghanistan gefolgt war, und nach vier Jahren, in denen Präsident Donald Trump versucht hatte, das Bündnis zu untergraben, war es zweifelhaft, ob Biden eine wirksame westliche Antwort auf einen Einmarsch Russlands gewährleisten könnte.

Als Generalstabschef Milley an jenem Oktobermorgen die beteiligten russischen Streitkräfte aufschlüsselte, wurden auch die Absichten Putins zusammengefasst. „Wir gehen davon aus, dass ein bedeutender strategischer Angriff auf die Ukraine aus mehreren Richtungen gleichzeitig erfolgen wird", erläuterte Milley dem Präsidenten.

Geheimdienstinformationen zufolge würden die Russen von Norden her angreifen, und zwar auf beiden Seiten des Dnjepr in Richtung Kiew. Eine Formation würde sich östlich der Hauptstadt durch die ukrainische Stadt Tschernihiw bewegen, während die anderen Verbände den Vorstoß im Westen von Kiew flankieren würden. Diese würden von Weißrussland aus durch eine natürliche Lücke zwischen der Sperrzone des stillgelegten Kernkraftwerks Tschernobyl und dem angrenzenden Sumpfgebiet nach Süden vorstoßen. Der Angriff würde im Winter erfolgen, sodass das Gelände auf dem harten Boden für Panzer leicht befahrbar wäre.

Die russischen Truppen sollten dann eine Zange um Kiew bilden und die Hauptstadt in drei bis vier Tagen einnehmen. Die Speznaz, die russischen Spezialeinheiten, sollten Präsident Wolodymyr Selenskyj ausfindig machen und absetzen, notfalls auch töten, und eine prorussische Marionettenregierung einsetzen.

Getrennt davon sollten russische Truppen von Osten her durch die Zentralukraine bis zum Dnjepr vorstoßen, während Truppen von der Krim aus die südöstliche Küste einnehmen würden. Diese Aktionen könnten mehrere Wochen dauern, so die russischen Pläne. Nachdem sie eine Pause eingelegt hätten, um sich neu zu formieren und aufzurüsten, würden sie nach Westen vorstoßen, auf eine Nord-Süd-Linie zu, die sich vom westlichen Weißrussland bis nach Moldawien erstreckte und im Westen einen ukrainischen Rumpfstaat zurücklassen würde – das Gebiet, das einst zum polnisch-litauischen Reich gehört hatte und nach Putins Ansicht von „Nazis" bewohnt war. *(https://www.washingtonpost.com/national-security/interactive/2022/ukraine-road-to-war/)*

Dezember 2021

US-Präsident Biden drohte in einem Videotelefonat mit Wladimir Putin mit erheblichen wirtschaftlichen Maßnahmen sowohl der Europäer als auch der USA. Putin zeigt sich unbeeindruckt von angedrohten Sanktionen und warnte erneut vor einer NATO-Osterweiterung.

Russland begann sein reguläres Wintermanöver im Süden des Landes. Das russische Verteidigungsministerium teilte mit, dass die Übung auch auf der annektierten Krim und in einer russischen

Region, die an den Donbass angrenzt, stattfinde werde. Die Ukraine bezifferte die Zahl der russischen Streitkräfte nahe der Grenze auf 115.000 Mann.

US-Geheimdienste meldeten Hinweise auf eine von Russland geplante Invasion der Ukraine. Auch die ukrainische Regierung äußerte Befürchtungen, Russland könnte Ende Januar einen Großangriff starten. Russland hingegen versicherte gegenüber der EU, die Ukraine nicht angreifen zu wollen. Russlands ständiger Vertreter bei der EU, Wladimir Tschischow, sagte der Zeitung Die Welt: „Ich kann versichern, dass keine russischen Truppen mit den Vorbereitungen für eine Invasion in die Ukraine beschäftigt sind."
(https://www.zeit.de/politik/ausland/2022-02/russland-ukraine-invasion-krieg-chronik)

Anfang Dezember 2021 kam eine von der britischen Militärzeitschrift Janes durchgeführte Analyse zu dem Schluss, dass größere Teile der russischen 41. Armee, deren Hauptquartier sich in Nowosibirsk befindet, und der 1. Garde-Panzerarmee, die in der Nähe von Moskau stationiert ist, nach Westen verlegt wurden, um die 20. und die 8. Armee zu verstärken. Berichten zufolge wurden weitere Streitkräfte auf die Krim verlegt, um die dort bereits stationierten russischen Marine- und Bodeneinheiten zu verstärken. US-Geheimdienstmitarbeiter warnten offen, dass Russland eine größere Militäroffensive in der Ukraine plane, die wohl im Januar 2022 stattfinden solle.
(https://www.politico.com/f/?id=0000017d-a0bd-dca7-a1fd-b1bd6cb10000)

Die USA hatten zahlreiche Details über die geheimen Angriffspläne des Kreml gesammelt, wie die Direktorin des Nationalen Geheimdienstes Avril Haines später erklärte. „Dazu gehörten nicht nur die Positionierung von Truppen und Waffen sowie die operative Strategie, sondern auch Feinheiten wie Putins ungewöhnliche und starke Erhöhung der Mittel für militärische Notfalloperationen und den Aufbau von Reservekräften, obwohl für andere dringende Aufgaben wie die Pandemiebekämpfung (Corona) zu wenig Mittel zur Verfügung standen." Dies sei keine bloße Einschüchterungsübung, wie es der groß angelegte russische Einsatz im April gewesen war, als Putins Streitkräfte die Grenzen der Ukraine bedrohten, aber nie angriffen.

Vielen im Weißen Haus fiel es schwer, sich das Ausmaß der Ambitionen des russischen Präsidenten vorzustellen. „Es sieht nicht so aus, als würde ein vernünftiges Land so etwas tun", sagte ein Teilnehmer des Meetings von Oktober 2021. Immerhin ging es um die geplante Besetzung des größten Teils eines Landes, das annähernd doppelt so groß ist wie Deutschland und etwa 37 Millionen Einwohner hat. Die ukrainische Bevölkerung war teilweise zutiefst antirussisch eingestellt, und es wurde ein Aufstand befürchtet, wenn Putin die Regierung in Kiew stürzen würde. Nichtsdestoweniger zeigten die Geheimdienstinformationen, dass immer mehr Truppen eintrafen. Einheiten, Lebensmittel und wichtige Versorgungsgüter wurden in russischen Lagern deponiert.
(https://www.washingtonpost.com/national-security/interactive/2022/ukraine-road-to-war/)

US-Präsident Biden drängte seine Berater: „Glauben sie wirklich, dass Putin dieses Mal zuschlagen wird?" Dies wurde von allen bekräftigt. Obwohl die US-Regierung in den folgenden Monaten öffentlich betonte, sie glaube nicht, dass Putin eine endgültige Entscheidung getroffen habe, konnte das

Team dem Präsidenten an jenem Herbsttag 2021 nur eine einzige Auskunft geben: Man wisse nicht, wann genau der russische Präsident den Befehl geben werde.

CIA-Direktor William J. Burns, der als US-Botschafter in Moskau tätig gewesen war und von allen Mitgliedern der Biden-Regierung die besten Kontakte zu Putin hatte, beschrieb den russischen Staatschef als auf die Ukraine fixiert. Die Kontrolle über dieses Land war ein Synonym für Putins Vorstellung von russischer Identität und Autorität. Die Präzision der Kriegsplanung, gepaart mit Putins Überzeugung, dass die Ukraine wieder in das Mutterland eingegliedert werden müsse, ließ Burns nicht daran zweifeln, dass Putin zu einer Invasion bereit war. „Ich glaubte, dass er es ernst meinte", sagte Burns Monate später, als er sich an das Meeting vom Oktober 2021 erinnerte. *(https://www.washingtonpost.com/national-security/interactive/2022/ukraine-road-to-war/)*

Rückblick

Nur wenige Monate vor dem Oktober-Meeting, im Juni 2021, waren Biden und Putin zu einem Gipfeltreffen in Genf zusammengekommen. Dabei stand nicht einmal die Ukrainefrage im Mittelpunkt, sondern unter anderem die Bedrohung durch die Russland angelasteten Cyberattacken. Zu diesem Zeitpunkt war die Ukraine zwar ein Problem, aber eines, das nach Ansicht des Weißen Hauses gelöst werden konnte. Als die Delegation des Weißen Hauses das Treffen in Genf verließ, so erinnerte sich ein ranghoher Berater Bidens später, „stiegen wir nicht in das Flugzeug und kamen nach Hause und dachten, die Welt stehe an der Schwelle zu einem großen Krieg in Europa".

Die Präsidenten Biden und Putin auf dem Genfer Gipfeltreffen im Juni 2021, bei dem es trotz der Vorzeichen russischer Truppenbewegungen Richtung Ukraine mehrheitlich um andere Themen ging.

Kurz darauf veröffentlichte Putin einen Essay „Über die historische Einheit zwischen Russen und Ukrainern". Dieser Aufsatz war von Missgunst und zweifelhaften Behauptungen geprägt. Russen und Ukrainer seien „ein Volk" – eine Idee, die in Putins Behauptungen über „Blutsbande" gipfelt –, und Moskau sei vom intriganten Westen seines eigenen Territoriums „beraubt" worden. „Ich bin überzeugt, dass eine echte Souveränität der Ukraine nur in Partnerschaft mit Russland möglich ist", schrieb Putin (siehe auch S. 19).

Dieser Text „erregte unsere Aufmerksamkeit in hohem Maße", sagte der Nationale Sicherheitsberater Jake Sullivan später. „Wir fingen an, uns zu fragen, was hier vor sich geht, was sein Ziel ist. Wie hart wird er vorgehen?" Im Spätsommer trugen die Analysten der Geheimdienste, die sich beruflich ständig mit Putin beschäftigten, die Informationen von der Grenze und aus Moskau zusammen. Sie waren zunehmend davon überzeugt, dass der russische Staatschef – selbst ein ehemaliger Geheimdienstoffizier – nicht mehr lange zögern werde. Die Ukraine hatte sich bereits zweimal erhoben, um eine demokratische Zukunft zu fordern: während der Orange Revolution 2004–2005 und der Maidan-Proteste 2013–2014, die der Annexion der Krim vorausgingen.

Die Analysten in Washington

Nach Ansicht der Analysten bewegte sich die Ukraine nun stetig in Richtung des westlichen politischen, wirtschaftlichen und kulturellen Einflussbereichs. Dieses Abdriften nährte Putins Unmut über Russlands Verlust des Imperiums. Die Analysten kamen zu dem Schluss, dass Putin, der bald 69 Jahre alt werden würde, den Eindruck haben musste, dass ihm die Zeit davonlief, um sein Vermächtnis als eine der großen Gestalten der russischen Geschichte zu zementieren – als derjenige, der Russlands Vormachtstellung auf dem eurasischen Kontinent wiederherstellte.

Die Analysten sagten, Putin habe damit gerechnet, dass jede westliche Reaktion auf einen Versuch Russlands, die Ukraine gewaltsam zurückzuerobern, zwar große Empörung hervorrufen, aber nur geringe Konsequenzen nach sich ziehen würde. Der russische Staatschef sei davon ausgegangen, dass die Regierung Biden durch den Rückzug der USA aus Afghanistan ausreichend gedemütigt sei und neue Kriege vermeiden wolle.

Die USA und Europa kämpften noch immer mit der Coronavirus-Pandemie. Bundeskanzlerin Merkel übergab die Macht an Olaf Scholz, der französische Präsident Macron kämpfte um seine Wiederwahl gegen eine erstarkte rechte Partei, und Großbritannien litt weiter unter dem Abschwung nach dem Brexit. Große Teile des Kontinents waren von russischem Erdöl und Erdgas abhängig, und Putin glaubte, damit einen Keil in die westliche Allianz treiben zu können. Er hatte Hunderte von Milliarden Dollar an Barreserven angesammelt, damit die russische Wirtschaft die erwartbaren Sanktionen des Westens überstehen würde, so wie sie es früher getan hatte.
(https://www.washingtonpost.com/national-security/interactive/2022/ukraine-road-to-war/)

US-Präsident Bidens Optionen

Der Präsident „hat im Wesentlichen zwei Möglichkeiten", so Sullivan. Erstens, um Putin abzuschrecken, müsse „jemand nach Moskau geschickt werden, der sich mit den Russen auf hoher Ebene zusammensetzt und ihnen sagt: ,Wenn ihr das tut, wird das Konsequenzen haben'."

Zweitens müssten die Verbündeten über die Erkenntnisse der amerikanischen Geheimdienste informiert und für eine einheitliche und strenge Haltung gewonnen werden, die aus der Androhung von Sanktionen, der Verstärkung und Ausweitung der NATO-Abwehr und der Unterstützung der Ukraine bestehen sollte

Probleme und mögliche Lösungen

Das größte Problem, das nicht so leicht gelöst werden konnte, lautete: Wie kann man die auf Regeln basierende internationale Ordnung gegen eine Atommacht durchsetzen, ohne in einen Dritten Weltkrieg zu geraten?

Folgende Handlungsstrategien wurden festgelegt:

1. Keinen Krieg der USA und der NATO gegen Russland führen.

2. Den militärischen Konflikt innerhalb der Grenzen der Ukraine austragen.

3. Die Einheit der NATO bewahren und stärken.

4. Die Ukraine zur Verteidigung befähigen und sie mit den Mitteln zum Kampf versorgen.

Die Lage Ende 2021

Bidens Berater waren sich sicher, dass sich die Ukraine zur Wehr setzen würde. Die Vereinigten Staaten, Großbritannien und andere NATO-Mitglieder hatten Jahre damit verbracht, das ukrainische Militär auszubilden und auszurüsten, das nun professioneller und besser organisiert war als vor Russlands Angriff auf die Krim und den Donbass sieben Jahre zuvor. Die Ausbildung hatte sich allerdings darauf konzentriert, wie man nach einer russischen Besetzung internen Widerstand leistet, und nicht darauf, wie man eine solche Besetzung von vornherein verhindert. Die von den westlichen Staaten gelieferten Waffen waren in erster Linie kleinkalibrig und defensiv, damit sie nicht als Provokation empfunden werden konnten.

Auch hatte die US-Regierung große Vorbehalte gegenüber dem jungen ukrainischen Präsidenten Wolodymyr Selenskyj, einem ehemaligen Fernsehkomiker, der, getragen von dem allgemeinen Wunsch nach einem grundlegenden Wandel, mit riesiger Unterstützung der Bevölkerung ins Amt gekommen war. Er hatte jedoch in der Öffentlichkeit an Ansehen verloren, weil er sein Versprechen, Frieden mit Russland zu schließen, nicht einlösen konnte. Der 44-jährige Selenskyj schien Putin nicht gewachsen zu sein.

Die russische Übermacht

Rechnerisch gesehen sah die Lage für die Ukraine nicht sehr günstig aus: Russland verfügte über mehr Truppen, mehr Panzer, mehr Artillerie, mehr Kampfjets und Raketen oder Marschflugkörper und hatte in früheren Konflikten bewiesen, dass es bereit war, seine Gegner ohne Rücksicht auf Verluste in der Zivilbevölkerung in die Knie zu zwingen.

Die Amerikaner kamen zu dem Schluss, dass die Ukraine vielleicht nicht so schnell fallen werde, wie die Russen es erwarteten, aber sie werde fallen.

Die Stunde der Diplomatie

William J. Burns, Direktor der CIA, wurde nach Moskau zu Gesprächen mit Putin entsandt, ausgerüstet mit einer schriftlichen Botschaft des US-Präsidenten. Am 2. November 2021 führte man Burns in das Kreml-Büro von Juri Uschakow, Putins außenpolitischem Berater und ehemaligem Botschafter in den USA. Von dort aus sprach Burns per Telefon mit Putin, der sich in seiner Ferienvilla in Sotschi am Schwarzen Meer befand, wohin er sich während einer weiteren Welle von Coronavirus-Infektionen zurückgezogen hatte.

CIA-Direktor William J. Burns, von 2005 bis 2008 US-Botschafter in Moskau

Der russische Präsident trug die üblichen Klagen über die NATO-Erweiterung, die Bedrohung der russischen Sicherheit und die unrechtmäßige Führung in der Ukraine vor. „Er war auch sehr ablehnend gegenüber Präsident Selenskyj", erinnerte sich Burns.

Verärgert über Putins Klagereden, die er schon aus seinen Jahren in Moskau kannte, übermittelte Burns seine eigene eindringliche Botschaft: „Die Vereinigten Staaten wissen, was ihr vorhabt, und wenn ihr in die Ukraine einmarschiert, werdet ihr einen hohen Preis zahlen." Burns sagte, er habe einen Brief von Biden dabei, in dem jener die Konsequenzen eines russischen Angriffs auf die Ukraine bekräftigt. In dem weiteren Gespräch war Putin dann aber „sehr sachlich", berichtete Burns. Putin stritt die Geheimdienstinformationen nicht ab, die auf eine russische Invasion in der Ukraine hinwiesen.

Der CIA-Direktor traf sich auch mit einem anderen Berater Putins, Nikolai Patruschew, einem ehemaligen KGB-Offizier aus Putins Heimatstadt St. Petersburg, der den russischen Sicherheitsrat leitete. Patruschew glaubte, Burns sei nach Moskau geflogen, um das nächste Treffen zwischen Putin und Biden vorzubereiten, und schien überrascht, dass der CIA-Chef mit einer Warnung bezüglich der Ukraine gekommen war. In seinen Gesprächen mit Burns gab Patruschew Putins Klagen über die Geschichte und die NATO fast gleichlautend wieder. Der CIA-Direktor fragte sich, ob sich Putins Berater einer internen Sprachregelung unterworfen hatten.

Burns kam zu dem Urteil, dass Putin noch keine Entscheidung für einen Krieg getroffen habe, dass sich aber seine Ansichten über die Ukraine verhärtet hätten, seine Risikobereitschaft gewachsen sei und er glaube, dass der günstigste Zeitpunkt für einen Angriff bald vorbei sei. „Meine Besorgnis ist größer geworden, nicht kleiner", meldete der CIA-Chef nach Washington.

Gespräche zwischen Blinken und Selenskyj

Während Burns mit Putin sprach, traf US-Außenminister Antony Blinken mit dem ukrainischen Präsidenten Wolodymyr Selenskyj am Rande eines internationalen Gipfels zum Klimawandel in Glasgow zusammen. Blinken erläuterte die nachrichtendienstliche Lage und beschrieb den russischen

Präsident Selenskyj 2020, als in der Ukraine noch niemand an eine ernsthafte militärische Bedrohung aus Russland glaubte.

Sturm, der auf die Ukraine zusteuerte. „Wir waren nur zu zweit, zwei Meter voneinander entfernt", erinnerte sich Blinken. Es war ein „schwieriges Gespräch". Blinken hatte sich bereits zuvor mit dem ukrainischen Präsidenten getroffen und glaubte, ihn gut genug zu kennen, um offen sprechen zu können. Es kam ihm etwas surreal vor, „jemandem zu sagen, dass man glaubt, sein Land werde überfallen". Er empfand Selenskyj als „ernst, bedächtig, fast stoisch" – eine Kombination aus Glauben und Skepsis. „Die Ukrainer hatten in der Vergangenheit schon einige russische Finten erlebt", und Selenskyj befürchtete einen wirtschaftlichen Zusammenbruch, wenn sein Land in Panik geriet.

Blinkens Darlegungen und Selenskyjs Skepsis gaben ein Muster vor, das sich in den folgenden Monaten des Jahres 2021 sowohl in privaten Kreisen in der Ukraine als auch in der Öffentlichkeit wiederholen sollte. Zwar konnten die Ukrainer es sich nicht leisten, die Informationen der USA zu ignorieren, doch aus ihrer Sicht waren die Informationen der US-Geheimdienste zu wenig abgesichert – mit anderen Worten: zu spekulativ.

Wie sich Selenskyj später erinnerte, hörte er zwar die Warnungen der USA, setzte ihnen aber entgegen, dass die Amerikaner der Ukraine nicht die Waffen anböten, die sein Land benötige, um sich zu verteidigen. „Sie können eine Million Mal sagen: Hört zu, es könnte eine Invasion geben. Ja, es könnte eine Invasion geben – werden Sie uns Flugzeuge geben?" fragte Selenskyj. „Gebt ihr uns Luftabwehr?" „Nun, ihr seid nicht Mitglied der NATO." „Oh, okay, worüber reden wir dann?"

Besuch in Washington

Als der ukrainische Außenminister Kuleba und Selenskyjs Präsidentialamtsleiter Jermak etwa zwei Wochen nach dem Treffen in Glasgow das Außenministerium in Washington besuchten, wurden sie von einem hochrangigen US-Beamten mit einer Tasse Kaffee und einem Lächeln begrüßt: „Jungs, hebt die Schützengräben aus!", begann der Beamte. „Als wir zurücklächelten", erinnerte sich Kuleba, sagte der Beamte, dass er es ernst meine. Gräben ausheben bedeute: Ihr werdet angegriffen; ein Großangriff, und ihr solltet darauf vorbereitet sein. „Wir fragten nach Details; es gab keine."

Während die Amerikaner wegen der Skepsis der Ukraine gegenüber den Erkenntnissen der US-Geheimdienste frustriert waren, irritierte es die Ukrainer nicht minder, dass die USA zunehmend öffentlich warnten, es stehe eine Invasion bevor. „Wir mussten ein Gleichgewicht finden zwischen einer realistischen Einschätzung der Risiken und der Vorbereitung des Landes auf das Schlimmste [...] und der Aufrechterhaltung des wirtschaftlichen und finanziellen Betriebs des Landes", sagte Kuleba. „Jeder Kommentar aus den Vereinigten Staaten über die Unvermeidbarkeit eines Krieges spiegelte sich sofort im Wechselkurs der ukrainischen Währung wider". Eine Reihe von US-Regierungsbeamten behaupteten, sie hätten die Regierung in Kiew schon früh und während der gesamten Vorbereitungsphase der russischen Invasion mit Informationen versorgt. Allerdings waren die US-Spionagebehörden in einer zwiespältigen Lage. Die offiziellen Richtlinien untersagten es ihnen nämlich, Informationen an die Ukraine weiterzugeben, die diese für Angriffe auf russische Truppenstandorte auf der Krim oder gegen die von Russland unterstützten Separatisten im Osten der Ukraine nutzen könnte.

Hinzu kam, dass der ukrainische Geheimdienstapparat von russischen „Maulwürfen" durchsetzt war, sodass die US-Beamten befürchteten, sensible Informationen könnten in Moskaus Hände gelangen. Doch nach Beginn des Krieges änderte die Regierung Biden ihre Politik und gab Informationen über russische Truppenbewegungen in der gesamten Ukraine weiter, mit der Begründung, das Land verteidige sich nun gegen eine Invasion.

US-Gespräche mit Alliierten in Brüssel

Bei einem Treffen am Rande des G20-Gipfels in Rom Ende Oktober 2021 hatte Biden bereits den engsten Verbündeten der USA – Großbritannien, Frankreich und Deutschland – einige der neuen Erkenntnisse und Schlussfolgerungen mitgeteilt. Mitte November informierte dann Avril Haines, Direktorin des Nationalen Geheimdienstes, den NATO-Rat, das wichtigste Entscheidungsgremium der 30 Mitglieder zählenden Allianz. Vor einem großen Auditorium beschränkte sie sich in ihren Ausführungen allerdings darauf, was nach Ansicht der Geheimdienste bewiesen war, und gab keine politischen Empfehlungen ab.

Eine Reihe von Mitgliedern warf Fragen auf und war skeptisch gegenüber der Vorstellung, „dass Präsident Putin sich ernsthaft auf eine groß angelegte Invasion vorbereitete", erinnerte sich Haines. Französische und deutsche Regierungsbeamte sahen nicht ein, warum Putin versuchen sollte, in ein so großes Land einzumarschieren und es mit 80.000 bis 90.000 Soldaten zu besetzen – dies war die geschätzte Zahl an der Grenze. Auf Satellitenbildern war außerdem zu sehen, dass sich die Truppen an der Grenze hin und her bewegten. Man vermutete, dass die Russen entweder eine Übung abhielten, wie der Kreml behauptete, oder aber diese nur vortäuschten, um eine geplante Invasion zu verbergen.

Zweifel in Paris und Berlin

Die meisten US-Beamten waren skeptisch und verstanden nicht, dass Selenskyj zu glauben schien, Russland werde niemals mit der Entschlossenheit angreifen, welche die Amerikaner voraussagten. Verstand denn die Ukraine die russischen Absichten nicht am besten? Nur die Briten und die baltischen Staaten teilten vorbehaltlos die Ansichten der Amerikaner. Auf der Sitzung des NATO-Rates erhob sich ein Beamter aus London und rief in Richtung von Avril Haines: „Sie hat Recht".

Doch in Paris und Berlin war die Erinnerung an die Behauptungen der USA über die Geheimdienstinformationen zum Irak noch lebendig. Der Schatten dieser manipulierten Analysen lag auf allen Diskussionen. Zudem hatte Washington nur wenige Monate zuvor die Widerstandsfähigkeit der afghanischen Regierung beim Abzug des US-Militärs ganz falsch eingeschätzt: Die Regierung war zusammengebrochen, sobald die Taliban in Kabul einmarschiert waren. „Der amerikanische Geheimdienst gilt nicht gerade als zuverlässige Quelle", sagte François Heisbourg, einer der führenden europäischen Sicherheitsexperten und langjähriger Berater der französischen Behörden. „Er wird als anfällig für politische Manipulation angesehen."

Die Europäer bildeten drei Meinungslager, an denen sich mehrere Monate lang wenig ändern sollte. Während Frankreich und Deutschland skeptisch waren gegenüber den Analysen der Amerikaner, meinten viele der neueren NATO-Mitglieder in Ost- und Südosteuropa, dass Putin möglicherweise angreifen werde, aber nur in begrenztem Umfang. Großbritannien und die baltischen Staaten wiederum – letztere stets in Furcht vor dem großen russischen Nachbarn – glaubten, dass eine Invasion großen Stils bevorstehe. Als die skeptischen NATO-Mitglieder weitere Informationen verlangten, lieferten die Amerikaner einige, aber keineswegs alle.

Macron und Merkel hatten seit Jahren Kontakte mit Putin und trauten ihm nicht zu, irrational zu handeln. Denn in ihren Augen wäre es irrational gewesen, einen solchen Krieg zu beginnen. In den Wochen nach dem Treffen mit Biden am Rande der Genfer G-20-Konferenz versuchten sie, ein Gipfeltreffen zwischen der EU und Russland zu organisieren, das jedoch von einigen Mitgliedern der EU abgelehnt wurde, weil sie darin ein Zugeständnis an Russlands aggressive Haltung sahen.

Monate später beharrten die Franzosen und die Deutschen trotz neuer US-Informationen darauf, dass es eine Chance zu einer diplomatischen Lösung geben müsse. Die Amerikaner und die Briten hingegen hatten kaum Hoffnung, dass Diplomatie etwas bewirken würde, waren aber bereit, die Tür offen zu halten – wenn die Befürworter eine Gegenleistung erbrächten. Jake Sullivan, Nationaler Sicherheitsberater der US-Regierung, erinnerte sich später: „Ein großer Teil unserer Bemühungen bestand darin, ihnen zu sagen: Seht her, wir nehmen den diplomatischen Weg ernst […], wenn ihr die Angriffspläne und die Sanktionen ernst nehmt."

In den folgenden Monaten bemühten sich die Amerikaner, den Westeuropäern und anderen zu zeigen, dass sie immer noch bereit waren, nach einer friedlichen Lösung zu suchen, auch wenn sie der Überzeugung waren, dass jegliche Verhandlungen mit den Russen eine Farce wären. Am 7. Dezember führten Putin und Biden ein Videogespräch. Putin behauptete, die Osterweiterung des westlichen Bündnisses sei ein wichtiger Faktor für seine Entscheidung gewesen, Truppen an die ukrainische Grenze zu schicken. Russland wolle lediglich seine eigenen Interessen und seine territoriale Integrität schützen, argumentierte er. Biden entgegnete, dass die Ukraine wahrscheinlich nicht in absehbarer Zeit der NATO beitreten werde und dass sich die Vereinigten Staaten und Russland über weitere Bedenken Russlands hinsichtlich der Stationierung von US-Waffensystemen in Europa einigen könnten. Theoretisch gebe es genügend Spielraum für Kompromisse.

Die Zerrissenheit der Ukraine

Der ukrainische Außenminister Dmytro Kuleba und andere in der Regierung glaubten, dass es zu einem Krieg kommen werde, wie der Minister später erklärte. Aber bis zum Vorabend der Invasion „konnte ich mir nicht vorstellen, dass wir mit einem Krieg von solchem Ausmaß konfrontiert werden würden. Das einzige Land auf der Welt, das uns hartnäckig und mit Überzeugung sagte, dass es

Raketenangriffe geben werde, waren die Vereinigten Staaten von Amerika. […] Alle anderen Länder teilten diese Analyse nicht und sagten stattdessen: Ja, ein Krieg ist möglich, aber es wird wohl eher ein lokal begrenzter Konflikt im Osten der Ukraine sein. „Versetzen Sie sich in unsere Lage", sagte Kuleba. „Auf der einen Seite sagen Ihnen die USA etwas völlig Unvorstellbares, und alle anderen heben nur die Augenbrauen und sagen, dass das ihrer Meinung nach nicht passieren wird."

In der Tat hielten nur die Briten und einige baltische Regierungsbeamte eine großräumige Invasion für wahrscheinlich. Aber Kuleba war mit seiner Skepsis nicht allein. Sein Präsident teilte sie, wie Selenskyjs militärische Berater und Fachleute im Regierungsapparat berichteten. „Wir haben alle Informationen, die wir von unseren westlichen Partnern erhielten, ernst genommen", erinnerte sich Andrij Jermak, Leiter des Präsidialamts. „Aber seien wir ehrlich: Stellen Sie sich vor, diese Panik, die so viele Leute geschürt haben, hätte stattgefunden. Panik schüren ist eine russische Methode. Was wäre mit der Wirtschaft passiert? Hätten wir maximal fünf Monate durchhalten können?"

Die Khreschatyk, die Flaniermeile im Zentrum von Kiew, gelegen im Stadtteil Shevchenkivskyj

Ein Test der Absichten

Anfang Januar reiste die stellvertretende amerikanische Außenministerin Wendy Sherman an der Spitze einer Delegation nach Genf und traf dort mit ihrem russischen Amtskollegen Sergej Rjabkow zusammen, den sie gut kannte. Rjabkow bekräftigte Moskaus Position zur Ukraine, die bereits Mitte Dezember in zwei Vertragsvorschlägen formell angeboten worden waren: Die NATO müsse ihre Expansion beenden und jegliche Aktivitäten in den Ländern einstellen, die dem Bündnis nach 1997 beigetreten seien, darunter Polen, Rumänien, Bulgarien und die baltischen Staaten.

Die US-Regierung lehnte diese Vorschläge ab und bot stattdessen Gespräche über vertrauensbildende Maßnahmen in einer Reihe von sicherheitsrelevanten Bereichen an. Besprochen werden sollten die Stationierung von Truppen und die Aufstellung von Waffen an der Ostflanke der NATO entlang der Grenze zu Russland. Das Angebot war an die Bedingung geknüpft, die militärische Bedrohung der Ukraine zu deeskalieren. Rjabkow erklärt gegenüber Sherman, dass Russland von der amerikanischen Haltung enttäuscht sei.

„Das Weiße Haus hatte Shermans Treffen mit Rjabkow als eine Chance gesehen zu testen, ob die Russen die Bedenken des Westens verstünden und ob es einen Weg nach vorn für irgendeine Art von Diplomatie gebe", sagte Emily Horne, Sprecherin des Nationalen Sicherheitsrates. „Ich denke, es wurde ziemlich schnell klar, dass die Russen Diplomatie nur formal betreiben, aber keine wirkliche Diplomatie. Sie taten es nicht einmal mit großer Ernsthaftigkeit." Ein hochrangiger britischer Regierungsvertreter, der an den Verhandlungen beteiligt war, fügte hinzu: „Alle westlichen Verbündeten wollten zum Ausdruck bringen, dass es einen alternativen Weg geben müsse, der den Dialog und die Achtung Russlands als Großmacht beinhaltet." Dann sagte er: „Was immer deutlicher wurde, war, dass Russland daran nicht interessiert war."

Zweigleisig

Während die Vereinigten Staaten einerseits den diplomatischen Weg verfolgten, brachten sie andererseits Teile ihrer NATO-Streitkräfte in Stellung, welche die Bereitschaft der USA demonstrierten, sich in diesen Konflikt einzumischen. Während Biden wiederholt erklärte, es werde keine US-Truppen in der Ukraine geben, erhöhte das Pentagon seine Waffenbestände in Polen und schickte ein Hubschrauberbataillon aus Griechenland dorthin. Die 173. Luftlandebrigade wurde in die baltischen Staaten verlegt. Einheiten wurden von Italien nach Ostrumänien entsandt, andere gingen nach Ungarn und Bulgarien. In den folgenden Monaten erhöhten die USA ihre Militärpräsenz in Europa von 74.000 auf 100.000 Soldaten. Die Zahl der Luft-Jagdgeschwader erhöhte sich auf zwölf, und die Zahl der Überwasserkampfschiffe in der Region stieg von fünf auf 26. Combat-Luftpatrouillen und Überwachungsmissionen flogen rund um die Uhr an der Ostflanke des Bündnisses, mit Sicht bis tief in die Ukraine hinein.

Die US-Regierung lieferte auch Waffen an die Ukraine. Im Dezember 2021 genehmigte Biden zusätzliche Waffen im Wert von 200 Millionen Dollar aus US-Beständen, obwohl die Regierung in Kiew, viele Mitglieder des US-Kongresses und einige in der US-Regierung selbst argumentierten, dies reiche nicht aus, wenn die USA wirklich an eine Invasion großen Stils glauben würden. Allerdings war jeder Schritt der USA darauf ausgerichtet, den Willen zu einer direkten Beteiligung an einer militärischen Auseinandersetzung zu leugnen. Die Sorge des Weißen Hauses, Russland zu provozieren, beeinflusste jede Entscheidung darüber, wie viel Unterstützung und welche Art von Waffen den Ukrainern zur Verteidigung zur Verfügung gestellt werden sollten.

Eine Gratwanderung

„Ich entschuldige mich nicht dafür, dass eines unserer Ziele darin besteht, einen direkten Konflikt mit Russland zu vermeiden", erklärte Sullivan. Und ein hochrangiger Regierungsbeamter sagte: „Die Russen haben ihre Pläne umgesetzt, unabhängig davon, was wir und die Verbündeten tun." Er fügte hinzu, dass die Regierung es „unglaublich" fand, wie einige im Nachhinein argumentierten, dass, „wenn wir den Ukrainern nur mehr Waffen gegeben hätten, das alles nicht passiert wäre". Die Feststellung, ob Russland eine Militärübung oder eine Waffenlieferung als Provokation oder Eskalation auffassen würde, sei „mehr Kunst als Wissenschaft. Es gibt keine klare und einfache Formel. […] Es gab und gibt immer eine Abwägung zwischen dem, was für eine wirksame Verteidigung erforderlich ist, und dem, was von Russland so aufgefasst wird, dass die Vereinigten Staaten im Wesentlichen die Tötung einer großen Zahl von Russen unterstützen."

Später, während des Krieges, sagte Dmytro Kuleba, Außenminister der Ukraine: „Kein anderes Land in der Welt hat seit dem 24. Februar mehr für die Ukraine getan, um die notwendigen Waffen bereitzustellen, als die Vereinigten Staaten. Kein anderes Land auf der Welt." Dennoch seien er und andere Regierungsbeamte immer der Meinung gewesen, dass die Strategie der „Nichtprovokation" die falsche gewesen sei. „Wohin hat sie uns geführt?", fragte Kuleba. „Ich denke, dieser Krieg – mit Tausenden von Toten und Verletzten, verlorenen Gebieten, Zerstörung eines Teils der Wirtschaft […] – gibt denen, die immer noch die Nichtprovokation Russlands befürworten, genug Antwort."

Informationsoffensive der USA

Ende 2021 versuchte die US-Regierung, die Welt von dem bevorstehenden Angriff zu überzeugen und die Russen zugleich abzuschrecken. Die eigene Zurückhaltung und die der Geheimdienste sollten aufgegeben und einige der sensibelsten Informationen öffentlich gemacht werden. In einem ersten Schritt beschloss das Weiße Haus, das Ausmaß der russischen Truppenaufstockungen an den Grenzen der Ukraine offenzulegen. Anfang Dezember veröffentlichte die Regierung Satellitenfotos sowie eine von US-Analysten erstellte Karte mit den russischen Stellungen und eine Geheimdienstanalyse der russischen Planungen. Die Analyse besagte, dass die Russen „umfangreiche Bewegungen" von 100 Bataillonen, sogenannten taktischen Gruppen, mit bis zu 175.000 Soldaten sowie Panzern, Artillerie und Ausrüstung planten.

Ende Januar beschuldigte die britische Regierung Russland öffentlich, die Einsetzung eines Marionettenregimes in Kiew zu planen. Diese Anschuldigung, die sich auf US-amerikanische und britische Geheimdienstinformationen stützte, wurde in einer höchst ungewöhnlichen Presseerklärung von Außenministerin Liz Truss am späten Abend in London bekannt gegeben – gerade noch rechtzeitig für die Zeitungen, die am Sonntagmorgen erscheinen würden.

Anfang Februar gab die Regierung Biden bekannt, dass man in Moskau erwäge, eine Operation „unter falscher Flagge" durchzuführen, bei der Angriffe auf das eigene russische Territorium so inszeniert werden sollten, als kämen sie aus der Ukraine. Derartige Propagandaaufnahmen wären spektakulär, sagten Beamte der US-Regierung, mit Szenen von Explosionen und Leichen sowie vorgeblich Trauernden. Durch die Veröffentlichung dieser von den Geheimdiensten aufgedeckten Pläne sollte Putin die Möglichkeit genommen werden, einen Vorwand für die Invasion zu konstruieren. „Ich habe zu oft beobachtet, wie Putin das Narrativ verfälscht hat", erklärte ein US-Beamter. Jetzt könne man sehen, „wie er Aktionen ,unter falscher Flagge' in der Ostukraine plante."

Im Großen und Ganzen funktionierte die Informationskampagne der USA. Die internationalen Medien konzentrierten sich nun auf die russischen Truppenbewegungen. Der Gedanke, dass Putin falsche Gründe für seine Invasion vorschieben werde, schien plausibel, vielleicht weil er schon 2014 rundheraus geleugnet hatte, dass sich seine Truppen auf der Krim befanden. In Anbetracht der Skepsis einiger Verbündeter gegenüber den Geheimdienstinformationen bestand die größte Wirkung der Offenlegung darin, das russische Verhalten zu beeinflussen und Putin die Möglichkeit zu nehmen, Fehlinformationen in Umlauf zu bringen, so US-Beamte.

Anschlag auf Selenskyj?

Am 12. Januar traf CIA-Direktor Burns in Kiew mit Selenskyj zusammen, um ihm seine Einschätzung der Lage mitzuteilen. Die nachrichtendienstlichen Erkenntnisse hatten sich dahingehend verdichtet, dass Russland beabsichtigte, einen Blitzangriff auf Kiew durchzuführen und die Regierung zu entmachten. Die Vereinigten Staaten hatten einen wichtigen Aspekt der Schlachtplanung entdeckt: Russland würde versuchen, seine Truppen zuerst auf dem Flughafen in Hostomel, einem Vorort der Hauptstadt, zu landen, wo die Start- und Landebahnen Platz für große russische Transporter mit Truppen und Waffen bieten würden. Der Angriff auf Kiew würde dort beginnen.

An einem Punkt des Gesprächs fragte Selenskyj, ob er oder seine Familie persönlich in Gefahr seien? Burns antwortete, Selenskyj müsse seine Sicherheit ernst nehmen. Die Risiken für den Präsidenten würden immer größer. Ukrainische Geheimdienstinformationen deuteten darauf hin, dass sich möglicherweise bereits einige russischen Attentäter in Kiew aufhielten, die darauf warteten, aktiviert zu werden.

Selenskyj: „Sie können mir nicht einfach sagen: ,Hören Sie, Sie sollten die Menschen jetzt vorbereiten und ihnen sagen, dass sie Geld beiseite legen und Vorräte heranschaffen müssen.'" Und er fügte hinzu: „Wenn wir das gesagt hätten – und das wollten einige Leute, deren Namen ich nicht nennen will –, dann hätte ich seit Oktober letzten Jahres sieben Milliarden Dollar pro Monat verloren, und in dem Moment, in dem die Russen angriffen, hätten sie uns in drei Tagen besiegt. […] Im Allgemeinen gab uns unser Gefühl recht: Wenn wir vor der Invasion Chaos unter den Menschen auslösen, werden die Russen uns verschlingen. Denn im Chaos fliehen die Menschen aus dem Land." Für Selenskyj war die Entscheidung, die Menschen im Land zu halten, wo sie für die Verteidigung ihrer Häuser kämpfen würden, der Schlüssel zur Abwehr einer Invasion.

US-Außenminister Blinken betonte mehrfach, wie wichtig es sei, dass Selenskyj und seine Regierung sicher und unversehrt blieben. Er wies auch Berichte zurück, in denen es geheißen hatte, dass die US-Regierung die Ukrainer zur Evakuierung der Hauptstadt gedrängt habe. „Was wir der Ukraine sagten, waren zwei Dinge", erinnerte sich Blinken später. „Wir werden Sie unterstützen,

Der Amtssitz des ukrainischen Präsidenten in Kiew. Bereits vor der russischen Invasion stellte sich die Frage, ob Selenskyjs Sicherheit gewährleistet werden könne.

was immer Sie tun wollen. Wir empfehlen Ihnen, zu prüfen, wie Sie die Kontinuität der Regierungsarbeit sicherstellen können, je nachdem, was passiert."' Das könnte bedeuten, sich in Kiew zu verschanzen, in die Westukraine überzusiedeln oder die Regierung ins Exil im benachbarten Polen zu verlegen. Selenskyj antwortete Blinken, er werde in Kiew bleiben.

Nicht nur die westlichen Geheimdienste waren der Meinung, dass Selenskyj sich auf eine große Invasion vorbereiten sollte. Einige ukrainische Geheimdienstmitarbeiter waren zwar immer noch skeptisch, ob Putin zuschlagen werde, bereiteten sich aber trotzdem auf das Schlimmste vor. Kyrylo Budanov, Chef des ukrainischen Militärgeheimdienstes, sagte, er habe die Archive seiner Organisation drei Monate vor dem Krieg aus dem Hauptquartier ausgelagert sowie Treibstoff- und Munitionsreserven angelegt.

Letzte Warnung

Am 19. Januar 2022 sagte US-Präsident Biden in einer Pressekonferenz, er glaube, dass Russland einmarschieren werde. Putin sei zu weit gegangen, um sich zurückzuziehen. „Er muss etwas tun", sagte er. Biden machte deutlich, dass der Westen auf einen Angriff Russlands antworten werde. „Unsere Verbündeten und Partner sind bereit, Russland und der russischen Wirtschaft hohe Kosten aufzubürden und erheblichen Schaden zuzufügen", sagte er und prophezeite, dass eine von Putin angeordnete Invasion eine Katastrophe für Russland sein werde. Es war eine der eindringlichsten Warnungen Bidens bis zu diesem Zeitpunkt.

Zu dieser Zeit war US-Außenminister Antony Blinken in Kiew und versprach, dass die USA die Ukraine im Falle eines russischen Angriffs unterstützen würden, wenn auch nicht mit eigenen Streitkräften. Hinter verschlossenen Türen hatten Regierungsbeamte jedoch schon seit mehreren

Wochen darüber diskutiert, wie sie auf einen hybriden Angriff reagieren könnten, also wenn Russland Cyberangriffe auf die Ukraine und einen militärischen Angriff auf den östlichen, an Russland angrenzenden Teil des Landes gleichzeitig durchführen würde.

Letztes Gespräch zwischen Blinken und Lawrow

Der 21. Januar 2022 war ein kalter, trostloser Tag in Genf. Böige Winde peitschten die Oberfläche des normalerweise ruhigen Genfer Sees. Als US-Außenminister Blinken und seine Berater ihrem russischen Amtskollegen Sergej Lawrow an einem Tisch im Ballsaal des Hotels „President Wilson" gegenübersaßen, tauschten sie zunächst Höflichkeiten aus und sprachen über Themen wie den Streit über die Aktivitäten ihrer Botschaften in der Hauptstadt des jeweiligen Gegenübers oder das Atomabkommen mit dem Iran, bevor sie sich der Ukraine zuwandten.

Blinken legte erneut die Position der USA dar. Wenn Putin berechtigte Sicherheitsbedenken habe, seien die Vereinigten Staaten und ihre Verbündeten bereit, darüber zu sprechen. Sobald jedoch eine Invasion in der Ukraine beginne, würden die westlichen Sanktionen schnell und unbarmherzig greifen, Russland isolieren und seine Wirtschaft lahmlegen. Die NATO würde der Ukraine massive militärische Unterstützung gewähren.

Blinken fand Lawrows Antworten schroff und unnachgiebig. Nach anderthalb Stunden von fruchtlosem Hin und Her schien es, als gebe es kaum noch etwas zu sagen. Doch als die Berater begannen, den Ballsaal zu verlassen, hielt Blinken sie zurück und

bat den russischen Minister, mit ihm unter vier Augen zu sprechen. Die beiden Männer begaben sich in einen angrenzenden Konferenzraum und schlossen die Tür.

Blinken fragte Lawrow ganz offen: „Sergej, sagen Sie mir, was Sie wirklich vorhaben? Geht es wirklich um die Sicherheitsbedenken, die Russland immer wieder thematisiert hat – um das Vordringen der NATO und eine vermeintliche militärische Bedrohung? Oder geht es um Putins fast religiöse Überzeugung, dass die Ukraine ein integraler Bestandteil von Mütterchen Russland sei und schon immer gewesen sei?" Ohne ihm eine Antwort zu geben, öffnete Lawrow die Tür und verließ den Raum und den Ballsaal.

Sergej Lawrows Lächeln täuscht: Im Gespräch mit Blinken zeigte er sich kompromisslos und an keiner Lösung interessiert.

Einen Tag zuvor, am 20. Januar 2022, war der britische Verteidigungsminister Ben Wallace in Moskau, um sich mit seinem russischen Amtskollegen Sergei Schoigu zu treffen, einem langjährigen Kreml-Vertrauten, der dazu beigetragen hatte, Putins Image als harter Kerl zu prägen. Wallace wollte sich noch einmal vergewissern, ob es bei Putins Forderungen in Bezug auf die NATO-Erweiterung und die Aktivitäten der NATO in Osteuropa nicht doch Verhandlungsspielraum gebe. Die Russen, sagte er danach, zeigten kein Interesse an einer Einigung.

Wallace warnte Schoigu, dass Russland bei einem Einmarsch in die Ukraine auf heftigen Widerstand stoßen werde. „Ich kenne die Ukrainer – ich war fünfmal in der Ukraine –, und sie werden kämpfen. Meine Mutter ist Ukrainerin", sagte Wallace, woraufhin Schoigu antwortete, er kenne die Menschen besser. „Es ist alles Teil desselben Landes." Wallace sprach daraufhin das Thema möglicher Sanktionen an, und Schoigu hielt ihm entgegen: „Wir können leiden wie niemand sonst." Darauf antwortete Wallace: „Ich will nicht, dass jemand leidet."

Schoigu trug die inzwischen wohlbekannte Liste von russischen Beschwerden vor und sagte, Russland könne die Hinwendung der Ukraine zum Westen nicht tolerieren. Als die Briten gehen wollten, sprach Schoigu Wallace direkt an und sagte: „Wir haben nicht vor, in die Ukraine einzumarschieren", erinnerte sich Wallace. „Das zeigt, wie sehr das alles eine Lüge war."

Hoffnung bei Frankreichs Präsident Macron

Die Franzosen suchten weiterhin nach einem Ausweg aus der Krise. Am 20. Februar rief Macron Putin an und bat ihn, einem Treffen mit US-Präsident Biden in Genf zuzustimmen. Das Gespräch vermittelte dem französischen Präsidenten den Eindruck, dass Putin endlich bereit sei, eine Lösung zu finden. „Es ist ein Vorschlag, den man in Betracht ziehen sollte", sagte Putin laut einer Aufzeichnung des Gesprächs, die Monate später in einer Dokumentation des französischen Fernsehens mit dem Titel „Ein Präsident, Europa und der Krieg" ausgestrahlt wurde.

Macron drängte den russischen Präsidenten: „Aber können wir heute, am Ende dieses Gesprächs, sagen, dass wir uns im Prinzip einig sind? Ich hätte gerne eine klare Antwort von Ihnen zu diesem Punkt. Ich verstehe Ihren Widerstand gegen die Festlegung eines Datums. Aber sind Sie bereit, vorwärts zu gehen und heute zu sagen: ‚Ich möchte ein Treffen mit den Amerikanern und dann mit den Europäern.' Oder nicht?"

Putin legte sich nicht fest und hatte offenbar dringendere Dinge zu tun. „Um ganz ehrlich zu sein, ich wollte Eishockey spielen, denn im Moment bin ich im Fitnessstudio. Aber bevor ich mit dem Training beginne, werde ich erst einmal meine Berater anrufen", sagte er ausweichend. „Je vous remercie, Monsieur le Président", schloss Putin auf Französisch. Man hörte ihn lachen, als er den Hörer auflegte. Präsident Macron und seine Berater dachten, sie hätten einen Durchbruch erzielt.

Doch bereits am folgenden Tag erkannte Putin in einer Fernsehansprache die zwei separatistischen ukrainischen Provinzen im Donbass, darunter auch von Kiew kontrollierte Gebiete, offiziell als unabhängige Staaten an. Dies war ein deutliches Zeichen dafür, dass Putin – ungeachtet seiner französischsprachigen Schmeicheleien – beabsichtigte, die Ukraine zu zerstückeln.

https://www.washingtonpost.com/national-security/interactive/2022/ukraine-road-to-war/?itid=sf_world_ukraine-russia_russia-gamble_p008_f001)

Warten auf den Angriff

Während Großbritannien und Frankreich letzte diplomatische Anstrengungen unternahmen, trafen sich die Staats- und Regierungschefs der Welt in München zu ihrer jährlichen Sicherheitskonferenz. Das Thema der 58. Konferenz vom 18. bis 20. Februar 2022: „Das Blatt wenden – Hilflosigkeit verlernen." Selenskyj nahm daran teil, was bei einigen US-Regierungsbeamten die Sorge auslöste, dass seine Anwesenheit in München Russland den perfekten Moment für einen Angriff bieten könnte. Andere fragten sich, ob der ukrainische Staatschef von einem russischen Angriff überzeugt war und die Gelegenheit nutzte, das Land zu verlassen, bevor die Bomben fielen.

In einer Rede erinnerte Selenskyj daran, dass sich sein Land bereits im Krieg mit Russland befinde und ukrainische Truppen seit 2014 gegen die Separatisten im Osten kämpften. „Um der Ukraine wirklich zu helfen, ist es nicht notwendig, ständig nur über den Zeitpunkt einer wahrscheinlichen Invasion zu sprechen", sagte Selenskyj. „Stattdessen sollten die Europäische Union und die NATO die Ukraine in ihre Organisationen aufnehmen."

Einige europäische Regierungsbeamte waren immer noch nicht davon überzeugt, dass es zu einem Angriff kommen werde. Einer sagte einem Reporter: „Wir selbst haben keine eindeutigen Beweise dafür, dass Putin sich entschieden hat, und wir haben nichts erfahren, was auf das Gegenteil schließen ließe." In Gesprächen am Rande der Konferenz waren Amerikaner und Briten zwar von einer bevorstehenden Invasion überzeugt, aber „das war einfach nicht die Stimmung im Saal".

Für den ukrainischen Außenminister Kuleba kam der Wendepunkt in den Tagen nach der Münchner Sicherheitskonferenz, als er erneut nach Washington reiste. „Das waren die Tage, an denen ich genauere Informationen erhielt", erinnerte er sich. Auf einem bestimmten Flughafen A in Russland, so sagte man ihm, befänden sich bereits fünf Transportflugzeuge – bereit, jederzeit Fallschirmjäger aufzunehmen und sie in Richtung eines bestimmten Flughafens B in der Ukraine zu fliegen. „Da sieht man die Abfolge der Ereignisse und die Logik dessen, was passiert", sagte er.
(https://www.washingtonpost.com/national-security/interactive/2022/ukraine-road-to-war/?itid=sf_world_ukraine-russia_russia-gamble_p008_f001)

24. Februar 2022, 04.50 Uhr Ortszeit Kiew

In einer Fernsehansprache kündigte Wladimir Putin an, er habe eine „spezielle Militäroperation" im Donbass beschlossen. Die Ukraine solle aber nicht besetzt werden. Eine halbe Stunde später waren Explosionen in der Nähe von Kiew und in anderen Regionen der Ukraine zu hören.

Zum Zeitpunkt dieser Fernsehansprache war es in Washington wegen der Zeitverschiebung noch der 23. Februar 2022 abends. Eine Eilmeldung erreichte das Weiße Haus: Die russischen Truppen waren auf dem Vormarsch, die Invasion hatte begonnen. Sofort kamen die wichtigsten Berater des US-Präsidenten zusammen – einige trafen sich im Sitzungssaal, andere waren zugeschaltet. Der Sicherheitsberater Bidens, Jake Sullivan, erhielt einen Anruf von Andrij Jermak, Selenskyjs Präsidialamtsleiter. Er bat seinen amerikanischen Kollegen, in der Leitung zu bleiben – er wolle Selenskyj ans Telefon holen, der direkt mit Präsident Biden sprechen möchte. Sullivan leitete den Anruf weiter zu Biden im „Treaty Room", einem als Arbeitszimmer genutzten Teil im zweiten Stock

des Weißen Hauses. Selenskyj bat Biden, sofort mit möglichst vielen führenden Politikern und Diplomaten der Welt Kontakt aufzunehmen. Er solle ihnen sagen, sie möchten sich öffentlich äußern, Putin anrufen und ihm sagen, er solle „das einstellen". Selenskyj forderte Biden zudem auf, „jetzt alle Informationen zu besorgen, die Sie bekommen können. Wir werden kämpfen, wir werden uns verteidigen, wir können standhalten, aber wir brauchen Ihre Hilfe."
(https://www.washingtonpost.com/national-security/interactive/2022/ukraine-road-to-war/?itid=sf_world_ukraine-russia_russia-gamble_p008_f001)

24. Februar 2022, 06.00 Uhr Ortszeit Kiew

Russische Truppen überschritten bei Charkiw die Grenze zur Ukraine. Der UN-Sicherheitsrat berief eine Dringlichkeitssitzung ein. Die NATO verurteilte den russischen Angriff auf die Ukraine.
(https://www.zeit.de/politik/ausland/2022-02/russland-ukraine-invasion-krieg-chronik)

Andrij Jermak, Leiter des Präsidialamts, Vertrauter und enger Berater von Präsident Selenskyj

Quellen: Wege in den Krieg

Bücher

- Sakwa, Richard, Frontline Ukraine, Crisis in the Borderlands, London 2016
- Trofimov, Yaroslav, Our Enemies Will Vanish, The Russian Invasion and Ukraine's War of Independence, New York 2024

Online-Publikationen

- https://www.washingtonpost.com/national-security/interactive/2022/ukraine-road-to-war/?itid=sf_world_ukraine-russia_russia-gamble_p008_f001
- https://en.wikipedia.org/wiki/Prelude_to_the_Russian_invasion_of_Ukraine
- https://www.zeit.de/politik/ausland/2022-02/russland-ukraine-invasion-krieg-chronik

Kapitel 4

Das Versagen der Geheimdienste

Um bei der Invasion der Ukraine am 24. Februar 2022 einen schnellen Sieg zu erringen, plante Russland den Einsatz von Söldnern, die in die ukrainische Hauptstadt Kiew eindringen sollten, um die ukrainische Führung zu eliminieren. Das wichtigste Ziel dabei war Präsident Selenskyj selbst. Laut dem ukrainischen Präsidentenberater Mykhailo Podolyak bestand Russlands Hauptabsicht darin, die Regierung des Landes zu beseitigen, zu versuchen, eine Marionettenregierung zu etablieren und Panik zu erzeugen.

In einigen ukrainischen Berichten hieß es zwar, die Söldnergruppe Wagner von Jewgeni Prigoschin sei an frühen Attentatsversuchen auf Selenskyj beteiligt gewesen, doch scheint dies ein Missverständnis zu sein, das auf Informationen ehemaliger „Wagnerotsy" beruhte, die von Redut, einer Konkurrenz-Organisation der Wagner-Söldner, abgeworben worden waren.
(Arutunyan, Anna, Galeotti, Mark, Downfall, S. 151)

Eine Recherche von Radio Free Europe/Radio Liberty (RFE/RL) brachte ans Licht, dass Redut vollständig vom russischen Militärgeheimdienst GU kontrolliert und verwaltet wird. Redut fungiert als Dachorganisation für Söldner, die die Rekrutierung und logistische Versorgung verschiedener Gruppen durchführt. Als Zusammenschluss mehrerer kleinerer Veteranengruppen des russischen Auslandsgeheimdienstes, der russischen Luftwaffe und von Einheiten des russischen Verteidigungsministeriums wurde Redut 2008 gegründet. Alle Mitglieder ihrer Söldnergruppen haben in militärischen oder friedenserhaltenden Missionen Kampferfahrung gesammelt.

Bereits vor der russischen Invasion am 24. Februar 2022 sollen nach Angaben der Londoner Times zwischen 2000 und 4000 Söldner von Weißrussland aus in die Ukraine eingesickert sein. Etwa 400 von ihnen wurden nach Kiew geschickt, die anderen in die Separatistenregionen Donezk und Luhansk. Die Todesliste für Kiew umfasste 23 Namen, darunter Präsident Selenskyj, Premierminister Denys Schmyhal und der Bürgermeister der Stadt, Vitali Klitschko.

Reduts schwere Verluste

Der stellvertretende Leiter der GU, General Wladimir Alexejew, ein gebürtiger Ukrainer, arbeitete darauf hin, dass Redut bei der Eroberung von Kiew eine führende Rolle spielen sollte. Alexejew selbst wollte den politischen Teil übernehmen und eine neue Regierungsmannschaft aus Anhängern von Janukowitsch bilden, dem abgesetzten prorussischen Präsidenten der Ukraine. Es stellte sich jedoch heraus, dass viele Pläne der GU den westlichen und ukrainischen Geheimdiensten bekannt waren. Bei der Kiewer Offensive verlor Redut bis zu 90 Prozent ihrer Söldner. Damit war die Gruppe praktisch ausgeschaltet, sodass Prigoschins Wagner-Gruppe die Söldnerszene dominieren konnte.

Putin wollte wohl sicher gehen und beauftragte am 3. Februar 2022 den tschetschenischen Präsidenten Ramsan Kadyrow und seine Nationalgarde, die Akhmat, mit der Liquidierung der ukrainischen Führung. Im tschetschenischen Grosny wurde eine Einsatzgruppe unter Daniil Martynow gebildet, die dann die Invasionstruppen in Richtung Kiew begleitete. Nach Angaben des ukrainischen Geheimdienstes von Anfang März 2022 seien die „Kadyrowzy" jedoch eliminiert worden, dank eines Hinweises eines Mitarbeiters des russischen Inlandsgeheimdienstes FSB, der die Invasion offenbar ablehnte. Putin hatte den FSB beauftragt, die Kadyrow-Operation zu überwachen.

Anfang März 2022 erklärte der Leiter des Nationalen Sicherheitsrates der Ukraine, Oleksij Danilow, dass Selenskyj innerhalb einer Woche drei Attentatsversuche überlebt habe. Danilow führte auch dies auf die Hilfe von Offizieren des FSB zurück, die den Krieg ablehnten und den ukrainischen Streitkräften Informationen über die geplanten Anschläge zweier Gruppen von Attentätern aus Tschetschenien übermittelt hatten.

(https://www.newsweek.com/volodymyr-zelensky-assassination-ukraine-russia-invasion-survive-war-1684801)

Der Geheimdienst FSB

Der FSB begann, Anweisungen an Informanten in Kiew zu senden: Packt eure Sachen und verlasst die Hauptstadt, wurden die Kreml-Kollaborateure angewiesen, aber lasst die Schlüssel zu euren Häusern oder Wohnungen zurück. Die Anweisungen stammten von hochrangigen Offizieren

Die Lubjanka in Moskau ist das Hauptquartier des russischen Inlandsgeheimdienstes FSB.

einer Einheit namens „Abteilung für operative Informationen". Diese Einheit hatte einen konkreten Auftrag: die Entmachtung der ukrainischen Regierung sicherzustellen und die Einsetzung eines pro-russischen Regimes zu überwachen. Die Botschaften an die Informanten waren ein Zeichen, dass man vom Gelingen überzeugt war. Nach Angaben ukrainischer und westlicher Sicherheitsbeamter waren die FSB-Agenten so sicher, dass sie bald die Macht in Kiew kontrollieren würden, dass sie die letzten Tage vor dem Krieg damit verbrachten, geheime Häuser oder Unterkünfte für den geplanten Zustrom an Personal zu organisieren.

Die Mitteilungen, die diese Vorbereitungen betrafen, waren Teil eines größeren Fundus an sensiblem Material, das von ukrainischen und anderen Sicherheitsdiensten beschafft worden war. Sie boten einen seltenen Einblick in die Aktivitäten des FSB – eines weit verzweigten Dienstes, der einen großen Teil der Verantwortung für den wohl gescheiterten russischen Kriegsplan trug. Darüber hinaus zeugten diese Informationen von der Selbstüberschätzung und dem Hochmut, die die Invasion begleitet hatten.

Der FSB, dessen Aufgabenbereich sowohl die innere Sicherheit Russlands als auch die Spionage in den ehemaligen Sowjetstaaten umfasst, hatte Jahrzehnte damit verbracht, die Ukraine auszuspionieren, zu versuchen, ihre Institutionen zu unterwandern, Beamte zu bestechen und jede Annäherung an den Westen zu verhindern. Kein Aspekt des Geheimdienstauftrags des FSB außerhalb Russlands war wichtiger als das Eindringen in alle Ebenen der ukrainischen Gesellschaft.

Dennoch gelang es dem russischen Geheimdienst nicht, die ukrainische Regierung handlungsunfähig zu machen, den Anschein einer prorussischen Bewegung zu schüren oder die Machtposition von Präsident Wolodymyr Selenskyj zu unterminieren. Wie ukrainische und westliche Beamte erklärten, verstanden die Analysten der russischen Agentur entweder nicht, wie entschieden die Ukraine reagieren würde – oder sie konnten oder wollten dem russischen Präsidenten Wladimir Putin diese ernüchternden Einschätzungen nicht unterbreiten.
(https://www.washingtonpost.com/world/interactive/2022/russia-fsb-intelligence-ukraine-war/?itid=sf_world_ukraine-russia_russia-gamble_p008_f001)

Das russische Agentennetz

Welche Absichten Russland bzw. Putin gegenüber der Ukraine hat, ist immer noch Gegenstand zahlreicher Spekulationen. Der französische Präsident Emmanuel Macron ist bei Weitem nicht der Einzige, der behauptet, dass es bei Russlands Verhalten nicht allein um die Ukraine geht, sondern dass die Ukraine ein Instrument ist, mit dem Russland die Bildung einer neuen Sicherheitsarchitektur in Europa vorantreiben will. Das Problem an solchen Theorien ist, dass sie suggerieren, Russland verfolge nur ein einziges Ziel. Doch das ist nicht der Fall.

Das russische Verteidigungsdenken konzentrierte sich seit dem Kosovo-Krieg auf die Herausforderung der sogenannten „farbigen Revolutionen", wie etwa die Rosenrevolution in Georgien 2003 oder die Orange Revolution in Kiew im Winter 2004. Bei der Zerschlagung Serbiens beobachtete Moskau, wie westliche Geheimdienste, diplomatische Vertretungen und militärische Kräfte zusammenarbeiteten und anschließend eine politische Opposition förderten, um Slobodan Milošević zu stürzen. Diese Form der Destabilisierung des Gegners und des Untergrabens seiner nationalen Souveränität prägte Russlands Ansicht, dass die westlichen Verlautbarungen über eine regelbasierte internationale Ordnung hohl und heuchlerisch seien. Putin glaubte auch, dass Hillary Clinton 2011 versucht hatte, eine solche Kampagne gegen Russland zu führen. Und für den russischen Staat war die ukrainische „Revolution of Dignity", die Revolution der Würde von 2014, ein weiterer Fall, in dem der Westen einen russischen Verbündeten unterwandert hatte. Mit dieser Einschätzung lag Russland allerdings falsch: Die Revolution der Würde überraschte auch die westlichen Regierungen. Doch Moskau hatte längst seine Schlüsse gezogen und nahm die Methoden des Westens, Moskau zu schaden, als Vorbild für eigene Operationen.

Der FSB, der maßgeblich an der Planung und Durchführung der Invasion teilhatte, war offenbar im Juli 2021 mit seinem 5. Dienst beauftragt worden, Pläne für die Besetzung der Ukraine zu erarbeiten. Diesem Zweck diente innerhalb des 5. Dienstes die 9. Direktion, die „Abteilung für operative Informationen". Deren anfänglichen Personalbestand von etwa zwei Dutzend Mitarbeitern stockte man auf über 200 auf. Diese Direktion wurde in Abteilungen für die einzelnen ukrainischen Oblaste sowie in thematische Abteilungen für das ukrainische Parlament und für kritische nationale Infrastrukturen der Ukraine aufgeteilt.

Der Aktionsbereich der 9. Direktion bestand in erster Linie in der Zuweisung von Aufgaben an die Führungsoffiziere der Agenten. Bei der Planung der Besetzung der Ukraine ging es nicht darum, ein Agentennetz aufzubauen oder ein bestehendes zu betreiben, sondern sich ein detailliertes Bild vom Zugang der russischen Geheimdienste in der Ukraine zu machen und dann festzulegen, wie die vorhandenen Agenten während der Invasion und der anschließenden Okkupation eingesetzt werden könnten. Dies erforderte persönliche Treffen der Führungsoffiziere mit den Agenten, und so began-

Das Emblem des FSB zeigt in der Mitte den hl. Georg, den Schutzpatron Russlands. Die Inschrift lautet sinngemäß: Föderaler Dienst zur Gefahrenabwehr.

nen die Informanten im Herbst des Jahres 2021, kurzfristig Urlaub vor allem in der Türkei, auf Zypern und in Ägypten zu machen, wo sie sich dann „zufällig" mit ihren Führungsoffizieren trafen.

Die bevorzugte Methode der russischen Geheimdienste bestand darin, den Einsatz von Agenten aus Russland so gering wie möglich zu halten und stattdessen Informanten vor Ort einzusetzen, die eigene Netzwerke betrieben. Diese Methode war bereits in sowjetischen Handlungsanweisungen der 1. Hauptdirektion des KGB empfohlen worden, des damaligen Auslandsgeheimdienstes, und ist bis heute die Praxis des Auslandsgeheimdienstes SVR, des 5. Dienstes des FSB sowie des Militärgeheimdienstes der Russischen Föderation, der jetzt GU heißt (in der Sowjetzeit GRU). Sind diese Informanten im Zielland politisch, wirtschaftlich oder bürokratisch einflussreich, können sie Landsleute als ihre persönlichen Mitarbeiter rekrutieren, die somit unwissentlich russische Interessen unterstützen. Dabei handelt es sich um eine Aktion „unter falscher Flagge", bei der ein Einheimischer glauben soll, dass er im Namen eines Beamten seines eigenen Landes als Agent tätig wird, obwohl die Aufträge letztlich in Moskau geplant wurden.

(https://static.rusi.org/202303-SR-Unconventional- Operations-Russo-Ukrainian-War-web-final.pdf.pdf)

Ein Putin-Vertrauter ohne Erfolg

Mit der Leitung der Kampagne gegen die Ukraine betraute Putin Dmitrij Kosak, den stellvertretenden Stabschef des Kremls. Kosak war ein langjähriger Verbündeter Putins, seit sie in der Petersburger Stadtverwaltung zusammengearbeitet hatten. Kosak hatte sich oft von den konkurrierenden Gruppen innerhalb des Kremls abgegrenzt und im Hintergrund gehalten, um Putin persönlich zuzuarbeiten. Im Verlauf der Ukraine-Kampagne zeichnete er für alle subversiven Anschläge verantwortlich, darunter beispielsweise Störungen der Infrastruktur. Als ehemaliger Offizier der Speznaz, der Elite-Einheit des Militärgeheimdienstes GU, war Kosak ein Praktiker der verdeckten Kriegsführung.

Die Ukraine war nicht das erste Land, in dem Kosak an der Spitze der russischen Geheimdiplomatie stand. Im Jahr 2002 hatte er versucht, eine Lösung für den Konflikt mit der Republik Moldau zu finden, die Russland das Recht gegeben hätte, Truppen im Land zu halten und sogar ein Veto bei verfassungsrechtlichen Angelegenheiten der Republik Moldau einzulegen. Doch er hatte nichts erreicht.

Auch diesmal erfüllte Kosak seine Aufgabe nicht in Putins Sinne, sodass der Präsident ihn wieder abberief, und zwar bereits vor der Invasion. Im späteren Verlauf

Dmitrij Kosak, Putins Vertrauter und zeitweise Beauftragter für die Ukraine

der Krise taucht Kosaks Name noch einmal auf: Während des russischen Angriffs hatte er versucht, mit einem Mitarbeiter aus der Präsidialverwaltung zu sprechen, um ihm seine Bedenken vorzutragen.

Russlands Cyberkrieg gegen die Ukraine

Bereits im Vorfeld des militärischen Angriffs führte Russland einen Cyberkrieg gegen die Ukraine und setzte diesen während der Invasion fort. Laut der ukrainischen Behörde für spezielle Kommunikation und Informationsschutz wurde die Ukraine im Jahr 2022 Ziel von 2194 Cyber-Angriffen, davon 1655 nach Beginn der russischen Invasion am 24. Februar 2022. Die Aktivitäten hatten aber schon 2015 begonnen. Am 23. Dezember 2015 wurde das Stromnetz in zwei westlichen Oblasten der Ukraine gehackt, was zu Stromausfällen von bis zu sechs Stunden für etwa 230.000 Verbraucher führte. Der Angriff wurde einer russischen Gruppe zugeschrieben, die unter dem Namen „Sandworm" (Sandwurm) bekannt ist. Es handelte sich dabei um den ersten öffentlich bekannt gewordenen Cyberangriff auf ein Stromnetz.

Gleichzeitig waren auch die Kunden von zwei anderen Energieversorgungsunternehmen, Chernivtsioblenergo (zuständig für die Oblaste Czernowitz in der West-Ukraine) und Kyivoblenergo (zuständig für die Oblast Kiew), von Cyberangriffen betroffen, allerdings in geringerem Umfang. Laut Vertretern eines der Unternehmen wurden die Angriffe von Computern mit IP-Adressen aus der Russischen Föderation durchgeführt. Am 17. Dezember 2016 ereignete sich kurz vor Mitternacht in Kiew ein Cyberangriff, der etwas mehr als eine Stunde andauerte. Der nationale Stromnetzbetreiber Ukrenergo gab an, dass durch den Angriff ein Fünftel des Stromverbrauchs der Stadt zu dieser Nachtzeit ausgefallen sei.

Eine durch Hackerangriffe verursachte Krise der Energieversorgung war eine der Methoden, mit denen Russland versuchte, die Glaubwürdigkeit der ukrainischen Regierung bei der Bevölkerung zu untergraben und eine innenpolitische Destabilisierung zu verursachen, die Russland nutzen konnte, die Ukraine zu übernehmen und Politiker an die Macht zu bringen, die bereit waren, mit Moskau zu kooperieren. Als die ukrainischen Behörden dies erkannt hatten, arbeiteten sie daran, Moskaus Hebel zur Destabilisierung ausfindig zu machen und ihnen entgegenzuwirken, bevor sie soziale Unruhen erzeugen konnten. Bald waren sie überzeugt, dass es ihnen gelungen sei, diesen ersten Vorstoß abzublocken und die Energieversorgung sicherzustellen, doch es ist auch möglich, dass Russland diesen Weg im Laufe der Invasion nicht mehr mit gleichbleibender Stringenz verfolgte.

Russische Agenten in ukrainischen Behörden

Eine weitere Methode, um die Übernahme der Ukraine vorzubereiten, war die Ausweitung der Unterwanderung ukrainischer Institutionen durch russische Geheimdienstmitarbeiter. Diese Ausweitung betraf den 5. Dienst des FSB, der von Generaloberst Sergej Beseda geleitet wurde. Die „Abteilung für operative Informationen" innerhalb des FSB, das 9. Direktorat, verfügte über Teams für fast alle Regionen, die ehemals Teil der Sowjetunion gewesen waren. Die meisten Teams bestanden aus 10 bis 20 Personen. Was und wen die russischen Teams ins Visier genommen hatten, konnte von den Spionageabwehr-Operationen der Ukrainer aufgedeckt werden, und die Ergebnisse waren alarmierend, denn sie zeigten, dass die Russen bereits an die Zeit nach der Übernahme der Ukraine dachten. Die durchgeführten Erhebungen betrafen nämlich eher die Haltung der Ukrainer gegenüber ihren Politikern als ihre Einstellung gegenüber Russland.

Dem entsprach, dass das weitergehende Eindringen Russlands in die ukrainischen Kommunalverwaltungen vor allem den Zweck verfolgte, detaillierte Karten des dort tätigen Personals zu erstellen. Damit sollten nach der Eroberung des Landes die regionalen Besatzungsverwaltungen unterstützt werden. Dazu gehörten auch Listen mit russlandfeindlichen Personen, die den Widerstand gegen die russischen Streitkräfte organisieren könnten.

Die Bedrohung verschärfte sich noch durch das weit verbreitete Eindringen russischer Agenten in die ukrainischen Regierungsinstitutionen. Diese Geheimdienstmitarbeiter, die sowohl dem FSB als auch dem SWR, der Auslandsaufklärung, angehörten, hatten ihre ukrainischen Informanten. Doch wenn diese enttarnt wurden, war man in der Ukraine nicht bereit, Landsleute einfach zu verhaften: Jede öffentliche Anklage hätte Methoden offengelegt, die für den Schutz des Staates wichtig waren. Außerdem konnten Informationen über korrupte Regierungsmitarbeiter die Ukrainer spalten und eine russische Machtübernahme erleichtern.

Die Schattenkrieger

Zu denjenigen, die für Ende Februar ihre Ankunft in Kiew planten, gehörte auch Igor Kovalenko, der später von der Ukraine als hochrangiger FSB-Offizier identifiziert wurde. Kovalenko war seit Jahren eine wichtige Kontaktperson für einige prominente ukrainische Politiker und Regierungsbeamte, die auf der Gehaltsliste des Kremls standen. Dazu gehörten auch Mitglieder der Oppositionspartei „Oppositionsplattform – Für das Leben" (OPZH), der größten prorussischen Partei in der Ukraine; ihr Vorsitzender Wiktor Medwedtchuk war ein enger Freund Putins.

Die von der Webseite „Peacemaker" veröffentlichten und von ukrainischen Sicherheitsbeamten bestätigten Details beschrieben Kovalenko als einen 47-jährigen Veteranen des Spionagedienstes, der in den Jahren zuvor für die Verwaltung der geheimen Verbindungen zum ukrainischen Parlament und der wichtigen prorussischen Partei OPZH verantwortlich gewesen war.

Ein Gespräch, das Kovalenko am 18. Februar mit einem ihm unterstellten FSB-Mitarbeiter führte, ließ vermuten, dass er ein Auge auf eine Wohnung in Kiews noblem Viertel Obolon mit Blick auf den Dnjepr geworfen hatte. Aus dem abgehörten Gespräch ging hervor, dass Kovalenko nach der

Obolon, ein nobler Stadtteil Kiews am Dnjepr. In dieser schönen Lage wollten russische Führungspersönlichkeiten nach der Eroberung der gesamten Ukraine wohnen.

Adresse der Wohnung und nach den Kontaktdaten eines FSB-Informanten fragte, der die Wohnung bewohnte. Die ukrainischen Behörden erklärten, der Bewohner sei daraufhin festgenommen und verhört worden. Der Informant habe in Selenskyjs Regierungsstab gearbeitet, doch sein Name wurde geheim gehalten. Er habe zugegeben, dass er Tage vor der Invasion Anweisungen des FSB erhalten habe, seine Sachen zu packen, seine Schlüssel abzugeben und die Hauptstadt zu verlassen, um seine Sicherheit während der Anfangsphase des Krieges zu gewährleisten.

Andere Informanten, die von den ukrainischen Behörden festgenommen worden waren, machten während der Verhöre ähnliche Aussagen, erklärte einer der Beamten. „Ihnen wurde gesagt: Wenn ihr zurückkommt, wird alles anders sein."

Die ukrainischen Behörden waren der Ansicht, dass sich Kovalenko im März nur wenige Kilometer von der Hauptstadt entfernt befunden haben könnte, um die russischen Streitkräfte außerhalb der Stadt zu begleiten. Doch als sich die russischen Streitkräfte zurückzuziehen begannen, hätte das FSB-Team, das mit dem Aufbau von Operationen in Kiew beauftragt war, seine Pläne aufgeben müssen. Inzwischen wurde die Obolon-Wohnung vom SBU, dem ukrainischen Sicherheitsdienst, überwacht. Doch weder Kovalenko noch ein anderer FSB-Offizier tauchte jemals dort auf.

Sergej Beseda und der 5. Dienst des FSB

Der 5. Dienst des FSB wurde von dem FSB-Offizier Sergej Beseda geleitet, der nach Angaben ukrainischer Beamter seine Laufbahn beim KGB in den späten 1970er-Jahren begonnen hatte und in Übersee, u. a. auf Kuba, eingesetzt worden war. Danach kehrte er nach Moskau zurück, um Operationen in der Ukraine, in Georgien und anderen ehemaligen Sowjetrepubliken zu leiten.

Als Ende 2013 in Kiew Proteste gegen die prorussische Regierung von Wiktor Janukowitsch ausbrachen, tauchte Beseda auf und drängte Janukowitsch, Gewalt anzuwenden, um den Aufstand niederzuschlagen. Mehr als 100 Menschen wurden getötet.

Als die Demonstranten siegten, floh Janukowitsch mit anderen Mitgliedern seiner Regierung nach Russland. Seither wurden sie verdächtigt, mit Besedas Abteilung zusammenzuarbeiten, um in der Ukraine wieder eine prorussische Regierung an die Macht zu bringen. Dieses Projekt schien in den zwei Jahren vor der Invasion von 2022 dringlicher zu werden. Im Jahr 2019 begann der FSB mit einem umfangreichen Ausbau seiner Ukraine-Einheit, dem 9. Direktorat. Diese Gruppe wuchs von etwa 30 Offizieren bis auf etwa 160 im Sommer 2023 an, wie ukrainische Beamte unter Berufung auf abgefangene Informationen mitteilten.

Um Mitarbeiter aus anderen Bereichen anzulocken, bot der FSB eine Reihe von Vergünstigungen und kostenlose Wohnungen in Gebäuden neben der FSB-Ausbildungsakademie am Michurinskij-Prospekt in Moskau an. Den neu berufenen Offizieren wurden Gebiete in der Ukraine zugewiesen, für die sie zuständig sein sollten, und sie wurden damit beauftragt, Listen von Kollaborateuren zu erstellen, mit denen sie zusammenarbeiten sollten, sowie von Gegnern, die es zu neutralisieren galt.

(https://static.rusi.org/special-report-202202-ukraine-web.pdf)

Korruption in der Ukraine

Im Juni 2022 gab der SBU einige Informationen über eine Organisation namens Derkach-Netzwerk frei. Der ukrainische Politiker Andriy Derkach soll vom russischen GRU mit dem Aufbau eines Netzwerks privater Sicherheitsfirmen beauftragt worden sein, die die russischen Streitkräfte unterstützen sollten, wenn sie bei ihrer Ankunft in ukrainischen Städten die Kontrolle übernahmen. Zu diesem Zweck soll Derkach vom GRU monatliche Zahlungen in Höhe von drei bis vier Millionen US-Dollar erhalten haben. Der SBU fand heraus, dass Andriy Derkach 2016 unter die Kontrolle des GRU gekommen war und von Admiral Igor Kostjukow, dem Chef des Dienstes, geleitet wurde. Um die Geheimhaltung der Ermittlungen zu wahren, veröffentlichte die ukrainische Spionageabwehr keine weiteren Informationen darüber, welche anderen Funktionen Derkach womöglich zusätzlich innehatte. Gleichzeitig schien klar, dass er direkt an der Rekrutierung hochrangiger ukrainischer Beamter für das russische Agentennetz beteiligt gewesen war, vor allem in den ukrainischen Geheimdiensten und im Parlament.

Oleg Kulinich und sein Netzwerk

Ein enger Freund von Derkach und ehemaliger Kollege beim Energiekonzern Ergatom war Generalmajor Oleg Kulinich, ein Mitarbeiter bei der Leitung des ukrainischen Sicherheitsdienstes SBU. Kulinich wurde im Juni 2022 von der Spionageabwehr festgenommen und zahlreicher Straftaten beschuldigt: Er soll Staatsgeheimnisse an die russischen Geheimdienste weitergegeben haben, in russischem Sinne Einfluss auf die Staatsführung der Ukraine genommen haben, Mitarbeiter für die russischen Geheimdienste rekrutiert haben und die Eroberung der Südukraine unterstützt haben, indem er Informationen unterdrückt habe, die sich auf die Vorbereitung der Krim-Invasion bezogen.

Die Hauptaufgabe der Gruppe um Kulinich hatte darin bestanden, das nationale Sicherheitssystem zu schwächen, insbesondere die Fähigkeit der Spionageabwehr, russische Agenten zu enttarnen. Zudem sollte sie die militärische und politische Führung der Ukraine über den wahren Stand der inneren und äußeren Bedrohungen in die Irre führen sowie Informationen über das Verteidigungssystem der Südukraine, den Standort militärischer Objekte und personenbezogene Daten von Mitarbeitern der ukrainischen Sicherheitsdienste und deren Familienangehörigen sammeln und an die russischen Sonderdienste weiterleiten. Den Ermittlungen zufolge stand Kulinich auch in Kontakt mit dem ehemaligen Sekretär des Nationalen Sicherheits- und Verteidigungsrates der Ukraine und ehemaligen stellvertretenden Ministerpräsidenten der Ukraine, Wolodymyr Siwkowitsch, einem seinerzeitigen KGB-Mitarbeiter, der unter US-Sanktionen steht, und der nach dem Aufstand von 2014 aus der Ukraine geflohen war und fortan in Moskau lebte.

Die Agenten in den ukrainischen Behörden waren Teil eines großen Unterstützungsapparats. Dieser Apparat hatte eine breite Palette an Aufgaben, von der Aufklärung bis hin zu einfachen Geld- und Materialtransporten oder der Einrichtung von Unterschlupfen. In einigen Fällen waren die Informanten ukrainische Bürger, die aus Loyalität gegenüber Russland handelten. In vielen Fällen handelte es sich jedoch um bezahlte Agenten, die der organisierten Kriminalität angehörten. Der ukrainische Grenzschutzdienst hatte bereits Jahre vor der Invasion enge Beziehungen zwischen Schmugglernetzwerken und russischen Offizieren an allen ukrainischen Grenzen festgestellt.

Neue Informationen

Als sich Russlands militärische Mobilisierung im Jahr 2021 beschleunigte, erhielten die ukrainischen Sicherheitsdienste von westlichen Spionagediensten eine Fülle an zusätzlichen Informationen. Am 12. Januar 2022 traf CIA-Direktor William J. Burns mit einem detaillierten Dossier über Russlands Pläne und einem Team von Mitarbeitern in Kiew ein, um Selenskyj und seinen engsten Kreis davon zu überzeugen, dass ein Krieg unmittelbar bevorstehe.

Nachdem das CIA-Team wieder abgereist war, trafen sich die ukrainischen Geheimdienstchefs mit Selenskyj, um die Ergebnisse des Treffens zu besprechen. Ihr Urteil fiel zwiespältig aus. „Wir gaben alle Informationen, die die Amerikaner uns geliefert hatten, unverändert weiter", sagte ein Teilnehmer. „Doch unsere Informationen besagten, dass die Russen keinen Krieg in einem solchen Ausmaß planten." Diese Einschätzung wurde neben die Warnungen der CIA gestellt, und so kam man zu keinem Ergebnis. Im Gegenteil: Die letzten Wochen vor der Invasion waren von einer Flut widersprüchlicher Geheimdienstberichte und verwirrender Signale europäischer Behörden geprägt.

Zehn Tage nach Burns' Besuch erklärte die britische Regierung, ihr lägen Informationen vor, dass die russische Regierung einen prorussischen Regierungschef in Kiew einsetzen wolle, während sie gleichzeitig überlegte, ob sie in die Ukraine einmarschieren und sie besetzen solle. Das britische Dossier nannte ein prorussisches ehemaliges Mitglied des ukrainischen Parlaments, Jewgenij Murajew, „als potenziellen Kandidaten", eine Behauptung, die Murajew in einer Antwort an die Nachrichtenagentur Associated Press als „lächerlich und albern" abtat. In der britischen Erklärung wurden auch ehemalige Mitglieder des Janukowitsch-Kabinetts aufgeführt, die wohl Verbindungen zum russischen Geheimdienst hatten und mit Offizieren in Kontakt standen, die „an der Planung eines Angriffs auf die Ukraine beteiligt waren".

(https://www.washingtonpost.com/world/interactive/2022/russia-fsb-intelligence-ukraine-war/?itid=sf_world_ukraine-russia_russia-gamble_p008_f001)

Etwa zur gleichen Zeit erhielten die ukrainischen Sicherheitsbehörden Hinweise darauf, dass FSB-Agenten mit russischen Luftlandetruppen kommunizierte. Eine solche direkte Interaktion zwischen dem FSB und Militäreinheiten sei so ungewöhnlich, dass sie als besorgniserregendes Zeichen für eine Einsatzplanung gewertet wurden, so die Sicherheitsbeamten.

Diese Besorgnis war begründet, wie sich kurz darauf zeigte. Russlands Luftlandetruppen sollten in den frühen Stunden der Invasion eine entscheidende Rolle bei der Einnahme des Flughafens in Hostomel am Stadtrand von Kiew spielen. Hostomel war ein wichtiger Knotenpunkt für den geplanten Angriff auf die Hauptstadt, und FSB-Offiziere waren dort beobachtet worden, bevor die Einnahme des Flughafens scheiterte.

Doch die Unsicherheit bei den Ukrainern blieb, denn andere spät eintreffende Geheimdienstinformationen schienen Zweifel daran aufkommen zu lassen, dass Russland überhaupt einen Kampf in vollem Umfang plante, geschweige denn auf einen solchen vorbereitet war.

Mitte Februar schickte der ukrainische Auslandsgeheimdienst SZRU Agenten nach Russland, um Informationen über militärische Einheiten zu beschaffen. Ein Team stieß auf ein Potemkinsches Dorf aus russischem Gerät, so die Sicherheitsbeamten, mit Dutzenden von geparkten Panzern, die von einem kleinen Sicherheitstrupp betreut wurden. Panzerfahrer oder Wartungsmannschaften waren nicht in der Nähe. An anderer Stelle stießen die ukrainischen Spione auf ein disziplinarisches Chaos: Reihen gestrandeter russischer Fahrzeuge an den Straßen, begleitet von Truppen, die Treibstoff und andere Vorräte gegen Alkohol eingetauscht hatten. „Viele Soldaten waren betrunken", sagte ein ukrainischer Beamter, nachdem er die Berichte der ukrainischen Spione ausgewertet hatte.

Solche Szenarien nährten Zweifel unter den Sicherheitsberatern von Selenskyj. Einige wollten nicht glauben, dass Gefahr im Verzuge sein könnte. Selbst Monate später waren viele immer noch verblüfft, dass Russland die Ukraine so schlecht vorbereitet tatsächlich angriff.

Auch die europäischen Dienste blieben skeptisch. Der französische Präsident Emmanuel Macron traf Putin am 7. Februar in Moskau und berichtete am folgenden Tag in Kiew, er habe eine persönliche Zusicherung von Putin erhalten, dass Russland die Situation nicht eskalieren lassen werde. Und der deutsche Spionagechef Bruno Kahl sagte Tage zuvor, Putins Entscheidung, ob er angreifen werde, sei „noch nicht gefallen". Wie falsch der deutsche Spionagechef damit lag, zeigte sich am Tag der Invasion: Er musste mit dem Auto von Kiew nach Polen evakuiert werden.

Viele ukrainische Sicherheitsbeamte kamen zu der Auffassung, dass Russlands militärische Aufrüstung vor allem ein psychologischer Trick war: Vermutlich würde Moskau Raketenangriffe, Luftlande-Operationen und Speznaz-Einsätze nutzen, um die ukrainische Regierung zu stürzen, die zu diesem Zeitpunkt nicht mehr allzu fest im Sattel saß. Denn die inzwischen eingetretene Energie-

Wladimir Putin versicherte Macron am 7. Februar 2022 zwar, es werde keinen Krieg geben, doch er hielt den französischen Präsidenten auf Distanz – ein Zeichen wachsender Entfremdung.

krise und der Druck auf die ukrainische Währung – beides durch russische Sabotage verursacht, wie ukrainische Regierungsbeamte meinten – hatten dazu geführt, dass Selenskyjs Zustimmungswerte auf etwa 26 Prozent gesunken waren.

„Wir haben nicht mit einer klassischen Invasion im Stil des Zweiten Weltkriegs mit Panzern, Artillerie und Infanterie gerechnet", sagte ein hoher ukrainischer Sicherheitsbeamter. Die Ukraine hatte sich in Bezug auf Russlands Absichten geirrt, sagte er, aber selbst Moskau habe wohl nicht mit einem großen Landkrieg gerechnet. „Sie haben erwartet, dass jemand das Tor öffnet", sagte der Beamte. „Auf großen Widerstand waren sie nicht gefasst."

In einem Interview mit der Washington Post sagte Selenskyj, dass Russland schon lange vor der Invasion „einen hybriden Krieg gegen unseren Staat" geführt habe, sowohl gegen die Energieversorgung als auch gegen die Staatsführung. „Sie wollten einen Machtwechsel", sagte er. „Ich hatte das Gefühl, dass sie uns auf eine Art sanfter Kapitulation vorbereiten wollten."
(https://www.washingtonpost.com/world/interactive/2022/russia-fsb-intelligence-ukraine-war/? itid=sf_world_ukraine-russia_russia-gamble_p008_f001)

Der Einfluss des Janukowitsch-Regimes auf Moskau

Obwohl in Moskau hochrangige russische Geheimdienstmitarbeiter empfahlen, die Invasion bis zum Sommer 2022 zu verschieben, weil die Voraussetzungen nicht erfüllt seien, setzte Putins Regierungsapparat die Vorbereitung auf die Invasion fort. Russlands Überzeugung, die Ukrainer und die ukrainische Politik zu verstehen, wurde möglicherweise durch die ehemaligen ukrainischen

Regierungsbeamten gestützt, die sich in Moskau im Exil aufhielten und ein klares Motiv hatten, den Kreml zum Einmarsch aufzufordern.

Nach Informationen des ukrainischen Sicherheitsdienstes SBU hatten die folgenden Vertreter des Janukowitsch-Regimes regelmäßig mit den russischen Geheimdiensten zusammengearbeitet:
- Ex-Verteidigungsminister Pawlo Lebedew;
- Ex-Chef des SBU Oleksandr Jakymenko;
- Ex-Innenminister Witali Sachartschenko;
- Ex-Chef der Präsidialverwaltung Andrij Kljujew.

In den Jahren, in denen diese Politiker in der ukrainischen Regierung tätig gewesen waren, hatten sie praktisch unbegrenzte Möglichkeiten, ihre eigenen Agenten in staatliche Stellen einzuschleusen, um die für sie interessanten Informationen zu erhalten. Moskaus Vorgehen deutete auf zweierlei hin: erstens, dass Russlands Agenten ihren Einfluss auf den ukrainischen Staat übertrieben dargestellt hatten; und zweitens, dass die russischen Dienste den Auftrag gehabt hatten, eine Besetzung der Ukraine zu planen, nicht aber, deren Durchführbarkeit zu beurteilen. Mit anderen Worten: Die Tatsache, dass die zweite Phase des russischen Plans – die Invasion – schon durchgeführt wurde, bevor die erste Phase – die militärische Einsatzfähigkeit – noch nicht gewährleistet war, spricht für eine falsche Beurteilung der Gesamtlage.

Bis kurz vor der Invasion bereiteten sich die russischen Agenten auf die Organisation einer internen Destabilisierung vor, aber die Strukturen, die sie zu diesem Zweck in der Ukraine schufen, waren schlecht geeignet für den Einsatz unter den Bedingungen eines langfristigen und groß angelegten militärischen Konflikts. Darüber hinaus hatten in der Zwischenzeit Verbrechen gegen die Zivilbevölkerung die Einstellung zu Russland nicht nur bei den einfachen Ukrainern, sondern auch bei den Vertretern der prorussischen Organisationen verändert.

Die Agentennetze konzentrierten sich auf einen Kern hochrangiger Beamter, deren Werdegänge miteinander verknüpft waren und die einander unterstützten. Doch trotz dieser Erfolge scheiterten die Pläne des FSB, und es ist wichtig zu wissen, warum. Viele hatten erwartet, dass der ukrainische Staat von innen heraus zerbrechen würde. Dies geschah nicht, und viele der russischen Netzwerke wurden zerschlagen, oder ihre wichtigsten Mitglieder wurden verhaftet.

Ein Blick auf die russischen Methoden zeigt die Schwächen ihres Vorgehens. Es ist wahrscheinlich, dass selbst hochrangige Agenten wenig über den Gesamtplan der Invasion wussten, da dieser nur einer kleinen Gruppe von Planern vorbehalten war. Sie konnten höchstens an den ihnen erteilten Aufträgen die allgemeine Stoßrichtung ersehen.

(https://static.rusi.org/202303-SR-Unconventional-Operations-Russo-Ukrainian-War-web-final.pdf.)

Selenskyj zum Thema Korruption

„Gibt es Verrat? Was soll ich sagen?", fragte Selenskyj. „Bei aller Liebe zur Ukraine sind wir nicht ohne Sünde." Die Zahl derer, die ihrem Land nicht treu sind, „ist im Laufe der Jahre gesunken", sagte er. Doch er räumte ein: „Als der Krieg begann, gab es Leute, die für Geld für die Russen arbeiteten, und einige, die die Ukraine von innen heraus immer hassten und auf die Rückkehr der Sowjetunion warteten." Mehrere hochrangige SBU-Offiziere wurden wegen Verrats angeklagt. Unter ihnen befand sich auch der ehemalige Leiter der Direktion im südukrainischen Cherson, der beschuldigt wurde, Untergebene angewiesen zu haben, ihre Posten zu verlassen, als russische Truppen in die Region eindrangen.

Die Unterwanderung des SBU durch russische Agenten

Der ukrainische Sicherheitsdienst SBU ist – wie sein russisches Gegenstück FSB – ein direkter Nachfahre des sowjetischen KGB. Er befindet sich im ehemaligen KGB-Hauptquartier in Kiew und ist organisiert wie sein sowjetischer Vorgänger. Er beschäftigt eine unbekannte Anzahl an Offizieren, die an der KGB-Akademie in Moskau oder nach der Auflösung der Sowjetunion bei deren FSB-Nachfolger ausgebildet worden sind.

Ukrainische Sicherheitsbeamte sagten, dass die Furcht vor Illoyalität eine Quelle ständiger Besorgnis sei. Ein Sicherheitsbeamter berichtete, dass er am zweiten Tag des Krieges zum Telefon gegriffen habe, um Anordnungen weiterzugeben. Doch dann habe er gezögert, weil er befürchtete, dass seine Anrufe unbeantwortet bleiben würden oder dass er erfahren müsste, dass hochrangige Mitarbeiter den Russen ihre Unterstützung zugesagt hätten. „In der Ukraine wurde angenommen, dass es im ukrainischen Regierungsapparat ein hohes Maß an Korruption und Ineffizienz und eine große Zahl an eingeschleusten russischen Agenten gab. Nach dem 24. Februar funktionierten sie nicht nur, sondern sie arbeiteten auch effizienter als je zuvor."

Die Ukraine versuchte wiederholt, ihre Reihen von russischen Agenten und Informanten zu säubern, und nach Angaben von US-Beamten wurde sogar ein CIA-Offizier als interner Berater für die Bekämpfung von FSB-Unterwanderungen angeworben. Doch bei schätzungsweise 27.000 Mitarbeitern – damit ist der ukrainische SBU mindestens fünfmal so groß wie der MI5, sein britisches Pendant – tat sich die Behörde schwer, das Problem zu bewältigen.

(https://www.washingtonpost.com/world/interactive/2022/russia-fsb-intelligence-ukraine-war/?itid=sf_world_ukraine-russia_russia-gamble_p008_f001)

Eine große psychologische Wirkung entfaltete die Verhaftung des SBU-Offiziers Oleg Kulinich. Kulinich war von Bakanow, dem SBU-Direktor und Jugendfreund von Selenskyj, in die Führungsränge des Dienstes befördert worden. Die Vorwürfe gegen Kulinich zeigten, wie weitreichend die russische Unterwanderung war (siehe S. 96). In der von den ukrainischen Behörden eingereichten Anklageschrift wurde der Beamte als Teil einer Zelle von Agenten beschrieben, die von Wolodymyr Siwkowitsch, ehemals stellvertretender Leiter des Sicherheitsrates, betrieben wurde.

Zwei Jahre vor dem Krieg hatte Wolodymyr Siwkowitsch Kulinich den Auftrag erteilt, interne SBU-Akten zu stehlen, die für die Geheimdienste der Russischen Föderation hätten von Interesse sein können, hieß es in der Anklageschrift. In der Nacht vor der Invasion hatte Kulinich laut der Anklageschrift Informationen blockiert, die besagten, dass die russischen Streitkräfte auf der Krim kurz vor einem Angriff stünden.

Zudem hätten sie gemeinsam, so hieß es in der Anklageschrift, dazu beigetragen, dass ein anderer mutmaßlicher russischer Spion die Kontrolle über die Abteilung für Spionageabwehr des SBU übernehmen konnte. Dieser Agent, Andriy Naumow, war im Juni 2022 in Serbien verhaftet worden und hatte Bargeld und Edelsteine im Wert von mehr als 700.000 Dollar bei sich.

Andrij Smirnow, stellvertretender Leiter des Präsidialamtes, erklärte, Selenskyjs Entscheidung, Bakanow nach der Verhaftung von Kulinich als SBU-Direktor abzusetzen, sei wegen dessen mangelndem Erfolg bei der Enttarnung von Russland-Sympathisanten in der Behörde getroffen worden. „Sechs Monate nach Beginn des Krieges", so Smirnow, „stoßen wir immer noch auf eine Menge solcher Leute." Insgesamt nahm die Ukraine nach Angaben des Innenministeriums mehr als 800 Personen fest, die in dem Verdacht standen, Russland durch Aufklärungs- oder Sabotageaktionen zu unterstützen.

Präsident Selenskyj ging entschlossen gegen Korruption innerhalb seiner Geheimdienste vor und nahm dabei keine Rücksicht auf persönliche Beziehungen.

Die Behörden gingen auch gegen mutmaßliche sogenannte Einflussagenten in Regierung, Parlament und Politik vor. Einer von diesen war Wiktor Medwedtschuk, Co-Vorsitzender der Oppositionspartei OPZH im ukrainischen Parlament. Medwedtschuk unterhielt enge Beziehungen zu Putin; der russische Präsident war sogar Patenonkel von Medwedtschuks jüngster Tochter. Ukrainische Beamte beschrieben den 68-jährigen Medwedtschuk als einen gewieften Politiker, der selbst Ambitionen auf ein hohes Amt hegte und wahrscheinlich als Marionette für jedes vom Kreml installierte Regime gedient hätte (siehe S. 104–105).

Das Vorgehen der ukrainischen Behörden gegen ranghohe Beamte und Politiker führte im SBU dazu, dass Mitarbeiter eine größere Widerstandsfähigkeit gegen Anwerbeversuche der Russen entwickelten. Bestechungen und Schmiergelder hatten nicht mehr die gleiche Wirkung wie zuvor. Hinzu kam, dass Selenskyj im Lande blieb und entschlossen durchgriff. Dabei nahm er – wie am Beispiel Bakunows zu erleben war – keine Rücksicht auf freundschaftliche Beziehungen. Vermutlich half ihm bei der Entscheidung, in Kiew zu bleiben, auch das Wissen um den massiven Bunkerkomplex unter dem Kiewer Regierungsviertel, der von sowjetischen Ingenieuren entworfen und so gebaut worden war, dass er einen Atomkrieg überstehen kann. Immerhin war der Präsident die am meisten gefährdete Person in der ganzen Ukraine.

Prorussische Regierungen im Wartestand

„Als der Angriff am 24. Februar begann, bestand die Aufgabe darin, Kiew einzunehmen", sagte ein ukrainischer Geheimdienstmitarbeiter. „Sie erwarteten, dass dies zu einem Dominoeffekt führen werde, der sich über das ganze Land ausbreiten sollte. Sie würden zuerst die Zentralregierung übernehmen und dann ihre Präsenz in den Regionen verstärken." Als Teil dieses Plans, so ukrainische Beamte, habe der FSB mindestens zwei prorussische Regierungen im Wartestand aufgestellt – nicht nur eine, wie die britische Regierung vermutete. Ukrainische Beamte sagten, es sei unklar, warum Russland zwei Gruppen mobilisiert habe.

Die zentrale Person der einen Gruppe war Janukowitsch, der sich bis dahin in Russland aufgehalten hatte. Am 7. März 2022 landete ein Flugzeug des ehemaligen ukrainischen Präsidenten im weißrussischen Minsk. Seine Ankunft wurde als Hinweis darauf gewertet, dass Russland Janukowitsch nach wie vor als legitimen ukrainischen Präsidenten betrachtete. Janukowitsch richtete daraufhin einen offenen Brief an Selenskyj, der von einer staatlichen russischen Nachrichtenagentur verbreitet wurde. Darin forderte er den ukrainischen Präsidenten auf, „das Blutvergießen zu beenden und um jeden Preis ein Friedensabkommen zu schließen". In der folgenden Woche sprach Janukowitschs Sicherheitschef dreimal mit einem hochrangigen Offizier der Ukraine-Einheit des FSB, wie aus Informationen hervorgeht, die der ukrainische Geheimdienst abgefangen hatte.

Fehleinschätzungen

Die Geheimdienste der Vereinigten Staaten hatten Putins Absichten früh erkannt, unterschätzten allerdings die Fähigkeit der Ukraine, dem Ansturm standzuhalten. Unter anderem deshalb zögerten die Vereinigten Staaten zunächst, schwere und hochentwickelte Waffen zu schicken. Die ukrainischen Dienste wiederum schienen die Anzeichen dafür, dass die russischen Streitkräfte schlecht auf eine groß angelegte Invasion vorbereitet waren, überschätzt zu haben, und hielten die Warnungen der USA für überzogen.

Die nachrichtendienstlichen Pannen Russlands hingegen schienen struktureller Natur zu sein, denn die Arbeit des FSB war in verschiedener Hinsicht beeinträchtigt: unzuverlässige Quellen, Hemmungen, dem Kreml unangenehme Wahrheiten zu unterbreiten, sowie eine Voreingenommenheit, die zu Putins verächtlicher Haltung gegenüber der heutigen Ukraine passte.

Vertrauliche Berichte einer russischen Denkfabrik mit engen Verbindungen zum FSB veranlassten Moskau dazu, die Kontrolle über seinen Nachbarn Ukraine wiederzuerlangen. Zu Beginn des Jahres 2021 hieß es darin, dass dies die einzige Möglichkeit sei, „Russland von der ewigen Bedrohung […] durch den Marionettenstaat zu befreien, der bereit ist, jeden Befehl der feindlichen Kräfte des Westens auszuführen". Der Direktor des Instituts, der Duma-Abgeordnete Konstantin Zatulin, betonte allerdings in einem Telefoninterview, dass er gegen den Einsatz militärischer Gewalt gegen die Ukraine sei. Für die „überzogenen Erwartungen" des Kremls in Bezug auf den möglichen Erfolg einer Invasion machte er die Übertreibungen und falschen Einschätzungen von Kreml-Verbündeten in der Ukraine verantwortlich.

Wiktor Medwedtschuk

Zu diesen Kreml-Verbündeten gehörte vor allem Wiktor Medwedtschuk, der in Sowjetzeiten inoffizieller Mitarbeiter des KGB gewesen sein soll. Nach der Unabhängigkeit wurde er Mitvorsitzender der OPZH, der wichtigsten prorussischen Partei der Ukraine. Als Geschäftsmann häufte er ein Vermögen an. Im Gegensatz zu anderen ukrainischen Persönlichkeiten stand Medwedtschuk nach Angaben von Beamten, die sich auf Abhörprotokolle beriefen, in direktem Kontakt zu Putin. Er war die prominenteste Stimme unter den Kreml-Verbündeten, die Moskau versicherten, Selenskyj sei schwach, und seine Regierung werde zusammenbrechen. Zudem werde das ukrainische Volk die russischen Streitkräfte willkommen heißen.

In den Jahren vor dem Ukraine-Krieg schien Medwedtschuk sein Geschäftsimperium zu nutzen, um die Grundlagen für einen russischen Vorstoß gegen Kiew zu schaffen. Die Fernsehsender des Oligarchen hetzten regelmäßig gegen Selenskyj und verbreiteten prorussische Propaganda, darunter auch Behauptungen, dass die Vereinigten Staaten Biolabors in der Ukraine hätten, um dem Land bei der Entwicklung biologischer Waffen zu helfen. Seine Unternehmen, zu denen auch eine Beteiligung an einer Ölraffinerie in Südrussland gehörte, dienten als Kanal für Geld, das an prorussische Kräfte floss und Komplotte zur Destabilisierung der Kiewer Regierung unterstützte.

Als seine Aktivitäten immer dreister wurden, nahmen die Vereinigten Staaten und die Ukraine sein Netzwerk ins Visier. Das US-Finanzministerium, das Medwedtschuk bereits zuvor mit Sanktionen belegt hatte, ging im Januar gegen wichtige Parteifreunde in der OPZH vor. Es beschuldigte sie der Zusammenarbeit mit dem russischen Geheimdienst bei dessen Bemühungen, „die ukrainische Regierung zu übernehmen und die kritische Infrastruktur der Ukraine mit einer Besatzungsmacht zu kontrollieren".

Einer dieser sanktionierten Mitarbeiter, Oleg Woloschyn, bestritt, dass er oder Medwedtschuk von Russlands Invasionsplänen gewusst hätten oder dass sie versucht hätten, die Regierung Selenskyj zu stürzen. In einem Telefoninterview gab Woloschyn Selenskyj die Schuld an dem Krieg und sagte, die Unterdrückung Medwedtschuks und seiner Anhänger habe Moskau ge-

Der ukrainische Oligarch Wiktor Medwedtschuk nutzte sein Geschäftsimperium, um politisch im Sinne Russlands Einfluss zu nehmen.

zwungen, seine Verbündeten in der Ukraine zu verteidigen. „Die Wahl war immer, freiwillig neutral zu werden oder mit Gewalt neutral zu werden", erklärte Woloschyn. „Ich sage nicht, dass das gut oder schlecht ist. Es ist einfach die Realität."

Der Krieg erfüllte Wiktor Medwedtschuks Prognosen nicht: Nicht Präsident Selenskyjs politisches Netzwerk brach zusammen, sondern sein eigenes. Etwa ein Dutzend hoher Parteifunktionäre der OPZH verließen das Land.

Die Regierung Selenskyj klagte Medwedtschuk im Mai 2021 des Hochverrats an und stellte ihn unter Hausarrest. Der Politiker bestritt jegliches Fehlverhalten und sagte, er werde dafür kämpfen, seinen Namen reinzuwaschen. In den ersten Tagen des Krieges konnte er fliehen, wurde aber im April wieder gefasst. Danach schlugen die ukrainischen Behörden vor, ihn im Rahmen eines Gefangenenaustauschs nach Moskau zu überstellen. Doch offiziellen Angaben zufolge zeigte der Kreml kein Interesse an einer Übernahme Medwedtschuks. Während der Oligarch vor dem Krieg bei Treffen mit dem russischen Staatschef in makellos geschneiderten Anzügen zu sehen war, zeigten spätere, von der Ukraine veröffentlichte Bilder Medwedtschuk in Gefängniskleidung und Handschellen.

Präsident Putin war mehr als verärgert über Medwedtschuk. „Für den Kreml war Medwedtschuk ein Verräter, weil er das ganze Geld genommen und keine Ergebnisse geliefert hatte", sagte Kostyantyn Batozsky, Berater eines ehemaligen Gouverneurs von Donezk, bevor die Region von prorussischen Separatisten übernommen wurde. Medwedtschuk „ist eine ausgespielte Karte; sie werden ihn nie wieder einsetzen", so Batozsky. „Er will jetzt nicht nach Russland, weil man ihm die unangenehmste Frage der Welt stellen wird: Wo ist das Geld hin?"

Der FSB – von Putin kaltgestellt?

Zwar hatten die Analytiker des FSB im Vorfeld der Invasion 2022 die Lage falsch eingeschätzt und dem russischen Präsidenten kaum Widerstand vorausgesagt. Dafür wurde der Leiter des zuständigen 5. Dienstes, Sergej Beseda (siehe S. 93 und 95), unter Hausarrest gesetzt, möglicherweise sogar verhaftet. Die Folgen für den FSB waren für die russischen Medien schwer zu erkennen, angesichts der von Putin verhängten Informationssperre. Allerdings wurden die Berichte, wonach Beseda degradiert oder sogar inhaftiert worden war, von amerikanischen und anderen Geheimdiensten skeptisch beurteilt. Ihnen lagen keine verlässlichen Informationen darüber vor, ob einer der russischen Spionagechefs tatsächlich zur Verantwortung gezogen worden war.

In anderen Berichten hieß es, Putin habe den FSB wegen seiner Versäumnisse ins Abseits gestellt und dem Militärgeheimdienst HUR mehr Verantwortung für die Ukraine übertragen. Ukrainische Beamte sahen das anders. „Ich teile diese Ansicht nicht", sagte ein Beamter. Der FSB „hat die ihm übertragene Aufgabe nicht bewältigt. Aber sie arbeiten weiter. Nicht mit dem gleichen Enthusiasmus. Aber sie machen weiter." Ukrainische Beamte zitierten Geheimdienstinformationen, die darauf hindeuteten, dass sich der FSB, ebenso wie das russische Militär, neu formiert hatte und sich auf geheimdienstliche Aufklärung im Süden und Osten der Ukraine konzentrierte – Gebiete, die von den russischen Truppen erobert worden waren.

„Wir können das jetzt in Mariupol, Melitopol, Cherson und anderen Städten beobachten, die von den russischen Streitkräften eingenommen worden sind", sagte ein ukrainischer Geheimdienstmitarbeiter. FSB-Beamte griffen dort ein, um eine Version des Plans umzusetzen, den der Geheimdienst ursprünglich für Kiew entwickelt hatte. „Das Ziel ist die politische Kontrolle, die wirtschaftliche Kontrolle und die Kontrolle über kriminelle Gruppen – alle Bereiche von Aktivitäten auf dem beschlagnahmten Gebiet", sagte der Geheimdienstmitarbeiter.

Das Beispiel Cherson

Das südukrainische Cherson, die erste Großstadt, die von der russischen Armee eingenommen worden war, bot einen erschreckenden Einblick in das Leben, das nach der Einnahme der ukrainischen Hauptstadt Kiew durch Russland gedroht hätte.

Der Bürgermeister der Stadt, Igor Kolychajew, wurde im April aus dem Amt gedrängt, nachdem er sich geweigert hatte, mit den russischen Besatzern zusammenzuarbeiten. Sein Aufenthaltsort sei unbekannt, sagte ein Mitarbeiter des Bürgermeisters. Für ihn wurde Oleksandr Kobets eingesetzt, ein ehemaliger KGB-Offizier, der auch für den SBU, den ukrainischen Sicherheitsdienst, gearbeitet hatte. Die Assistentin des ehemaligen Bürgermeisters, Galina Ljaschewskaja, berichtete, dass mindestens 300 Einwohner verschwunden seien, als Kolychajew aus dem Amt gedrängt wurde. Neuere Schätzungen gehen von doppelt so vielen aus. Viele weitere seien verhaftet worden, und etwa die Hälfte der 300.000 Einwohner der Stadt sei geflohen. „Der FSB hat keine Uniform, so dass man nie

Nachdem die russischen Truppen Cherson eingenommen hatten, versuchten sie, die Bevölkerung ruhig zu halten und einer – womöglich militanten – Gegenwehr vorzubeugen. Das Foto zeigt die Verteilung von Lebensmitteln und Hilfsgütern an die Bewohner von Cherson.

weiß, wer neben einem steht", sagte Ljaschewskaja. „Es ist ein Paradies für den FSB hier. [...] Sie können jeden dazu zwingen, das zu tun, was sie wollen."

Am 11. November 2022 wurde die Stadt unter dem Jubel der Bevölkerung von ukrainischen Truppen befreit. An einer Abstimmung, die den Anschluss an Russland legitimieren sollte, musste die Bevölkerung nun nicht mehr teilnehmen.

Quellen: Das Versagen der Geheimdienste

Bücher
- Arutunyan, Anna, Galeotti, Mark, Downfall: Prigozhin, Putin and the New Fight for the Future of Russia, London 2024
- Galeotti, Mark, Putin's Wars, From Chechnya to Ukraine, Oxford 2024

Online-Publikationen
- https://en.wikipedia.org/wiki/Assassination_attempts_on_Volodymyr_Zelenskyy
- https://www.rferl.org/a/redut-fake-russia-gru-pmc-ukraine/32708853.html
- https://www.newsweek.com/volodymyr-zelensky-assassination-ukraine-russia-invasion-survive-war-1684801
- https://www.washingtonpost.com/world/interactive/2022/russia-fsb-intelligence-ukraine-war/?itid=sf_world_ukraine-russia_russia-gamble_p008_f001
- https://static.rusi.org/special-report-202202-ukraine-web.pdf
- https://static.rusi.org/202303-SR-Unconventional-Operations-Russo-Ukrainian-War-web-final.pdf.pdf
- https://www.gov.uk/government/news/kremlin-plan-to-install-pro-russian-leadership-in-ukraine-exposed

Kapitel 5

Die Schlacht um Kiew

Sechs Tage bevor Wladimir Putin den Einmarsch in die Ukraine befahl, informierte sich eine kleine Gruppe westlicher Geheimdienstler über den russischen Militärplan. An einem ruhigen Tisch in einem Kettenrestaurant in London wurde dieser analysiert: ein Blitzkrieg zur Umzingelung von Kiew und anderen ukrainischen Großstädten, gefolgt von gezielten Tötungen durch den russischen Geheimdienst FSB, um ukrainische Führungspersönlichkeiten auszuschalten.

Die Geheimdienste westlicher Staaten waren sich im Hinblick auf die Absichten des Kremls sicher. Aber viele russische Soldaten, die im Begriff waren, den größten Krieg in Europa seit dem Ende des Zweiten Weltkriegs zu beginnen, hatten keine Ahnung, was auf sie zukommen würde. Gelangweilte Truppen, die sich offiziell auf einer Übung in Chojniki, Weißrussland, 50 km nördlich der Ukraine, befanden, verkauften in der Woche vor der Invasion ihren Dieselkraftstoff und vertrieben sich die Zeit mit Trinken.

(https://www.theguardian.com/world/2022/dec/28/the-battle-for-kyiv-revisited-the-litany-of-mistakes-that-cost-russia-a-quick-win)

24. Februar 2022, 4.15 Uhr: Kriegsbeginn

Innerhalb weniger Minuten starten die russische Raketen von ihren Abschussrampen. Sie schlagen in Stellungen der ukrainischen Luftabwehr und Radarbatterien ein, sie explodieren in Munitionsdepots, Stützpunkten und auf Flugplätzen.

Stunden zuvor haben ukrainische Wachposten an der Grenze zu Russland vermutlich noch über Präsident Biden gescherzt, der erneut vor einer russischen Invasion gewarnt hat. Jetzt werden sie das erste Ziel.

In dieser Nacht wird der ukrainische Innenminister Denis Monastyrskyj vom Klingeln seines Handys geweckt. In den vergangenen Tagen ist er jedesmal erleichtert gewesen, wenn der neue Tag ohne einen Einmarsch Russlands begonnen hat. Diesmal jedoch ist es noch mitten in der Nacht, als das Handy klingelt. Der Chef des Grenzschutzes ist am Telefon und teilt mit, dass seine Einheiten in drei Regionen im Nordosten des Landes gegen angreifende Russen kämpfen. Also ist dies nicht die auf den Osten des Landes begrenzte Invasion, die viele ukrainische Spitzenbeamte erwartet haben.

Monastyrskyj ruft Selenskyj an und teilt ihm mit, dass an verschiedenen Orten Angriffe stattfänden, also offenbar eine groß angelegte Invasion russischer Truppen begonnen habe, die sich auf Kiew zubewegten.

„In den ersten Minuten haben sie unserer Luftverteidigung und unseren Truppen im Großen und Ganzen schwere Schläge versetzt. Es gibt 20-Meter-Krater, wie sie wohl niemand bisher gesehen hat. Wie weit kann der Feind mit diesem enormen Waffenaufgebot wohl gehen?"

Kiew am Abend. Der Mond spiegelt sich im Dnjepr, auf einem Hügel thront die St.-Andreas-Kirche. Die Stadt, seit dem frühen Mittelalter ein wichtiger Handelsplatz, hat knapp drei Millionen Einwohner.

Ziel der russischen Truppen war es, Kiew einzunehmen, die jahrhundertealte Metropole mit den goldenen Kuppeln über dem Fluss Dnjepr. Die Stadt, von Oleg von Nowgorod im Mittelalter erobert und zur „Mutter der Rus-Städte" erklärt, hatte zeitweise eine gemeinsame Vergangenheit mit Russland gehabt – was Putin nutzte, um die ukrainische Souveränität zu untergraben. Putin bezeichnete Russen und Ukrainer als ein Volk, das durch sowjetische Fehlentscheidungen und westliche Einmischung getrennt wurde. Damit hatte er ein Argument für seinen Krieg, mit dem er die Geschichte neu schreiben wollte. Wenn es den Russen gelingen sollte, die Macht in der Hauptstadt der Ukraine an sich zu reißen oder zumindest die Regierung zur Flucht zu veranlassen, würde die Verteidigung des Landes schnell ins Wanken geraten, und Moskau könnte eine Marionettenregierung einsetzen. Das war jedenfalls der Plan des Kremls.

> *Als der Morgen über Kiew anbricht, beginnt Präsident Selenskyj zu telefonieren. Er spricht mit Präsident Biden, dem britischen Premierminister Boris Johnson und anderen führenden Politikern und bittet sie um Hilfe.*
>
> *Einige Stunden später setzt er sich an den Schreibtisch und lässt eine Ansprache an die Ukrainer aufnehmen. Millionen von Bürgern haben einen Angriff auf Kiew für unmöglich gehalten und werden nun von Explosionen geweckt. „Heute bitte ich Sie, jeden einzelnen von Ihnen, ruhig zu bleiben. Wenn es möglich ist, bleiben Sie bitte zu Hause", sagt Selenskyj. „Wir arbeiten und die Armee ist im Einsatz. Der ganze Sicherheits- und Verteidigungssektor der Ukraine arbeitet." Er verspricht, im Laufe des Tages regelmäßig*

in den Medien zu erscheinen und in Kontakt mit der Öffentlichkeit zu bleiben. Er versichert den Ukrainern, dass sie stark bleiben würden. „Wir sind zu allem bereit. Wir werden jeden besiegen", sagt er. „Hoch lebe Ukraine!"

Im Regierungskomplex im Kiewer Stadtzentrum schaut Andrij Jermak, Leiter des Präsidialamts und ständig an der Seite Selenskyjs, auf sein klingelndes Mobiltelefon. Er weiß, wer der Anrufer ist: Es ist der Kreml.

Jermak nimmt ab. Er hört die bekannte Stimme des stellvertretenden Stabschef des Kremls, Dmitrij Kosak, der zwar in der Ukraine geboren wurde, aber schon seit langer Zeit zu Putins innerem Kreis gehört (siehe S. 92). Kosak sagt, es sei an der Zeit, dass sich die Ukrainer ergäben. Jermak beschimpft ihn und legt auf.

Der ukrainische Verteidigungsminister Oleksij Resnikow war einer der Politiker, die nicht an einen Generalangriff geglaubt hatten. Am 22. Februar, also zwei Tage vor Kriegsbeginn, hatte Resnikow mit seinem Amtskollegen in Weißrussland, Viktor Khrenin, telefoniert, und jener hatte ihm versichert, dass die russischen Streitkräfte auf weißrussischem Territorium nicht einmarschieren würden. „Er gab sein Wort als Offizier", sagte Resnikow. „Und er war ein Lügner."

Zwei Tage später, nach dem Beginn der Invasion, telefonierten die beiden Männer erneut. Resnikow hörte eine nervöse Stimme. Der weißrussische Verteidigungsminister sagte, er überbringe eine Botschaft seines russischen Amtskollegen Sergei Schoigu, erinnerte sich Resnikow: Wenn die Ukraine eine Kapitulationserklärung unterzeichne, werde die Invasion beendet. Resnikow antwortete: „Ich bin bereit, die Kapitulation der russischen Seite zu akzeptieren."
(https://www.washingtonpost.com/national-security/interactive/2022/kyiv-battle-ukraine-survival/)

Der Beginn der „speziellen Militäroperation"

Die Invasion begann im Morgengrauen des 24. Februar im Gebiet Luhansk, um 3.40 Uhr ukrainischer Ortszeit. Russland startete einen Boden- und Luftangriff, dabei drangen russische Truppen von Norden, Osten und Süden in die Ukraine ein. Die Hauptangriffe von Infanterie und Panzern umfassten vier Fronten: eine nördliche Front, die von Weißrussland aus in Richtung Kiew verlief, eine südliche Front von der Krim aus, eine südöstliche Front vom russisch kontrollierten Donbass aus und eine östliche Front von Russland aus in Richtung Charkiw und Sumy. Russische Fahrzeuge waren mit einem weißen Symbol „Z", einem nicht kyrillischen Buchstaben, gekennzeichnet, was vermutlich eine Maßnahme zur Vermeidung von Beschuss durch eigene Truppen war.

Der ehemalige ukrainische Verteidigungsminister Andriy Zahorodniuk schrieb im Januar 2022, also kurz vor der Invasion, dass die russischen Streitkräfte im Falle einer Invasion wahrscheinlich die militärischen Infrastruktur des Landes zerstören würden und in der Lage wären, „tief in ukrainisches Territorium vorzudringen". Sie würden jedoch Schwierigkeiten haben, dieses zu sichern. Zahorodniuk begründete dies damit, dass die russischen Besatzungstruppen auf einen hoch motivierten Gegner träfen, der in einer vertrauten Umgebung kämpfe.
(https://www.atlanticcouncil.org/blogs/ukrainealert/how-to-make-a-russian-invasion-of-ukraine-prohibitively-expensive/)

Ukrainische Verteidigung

In Vorbereitung auf eine mögliche erneute russische Invasion kündigten die ukrainischen Bodentruppen im April 2021 eine Verstärkung der territorialen Verteidigung an, um die Grenzen und kritischen Einrichtungen des Landes zu schützen sowie Sabotage- und Aufklärungsgruppen in der Südukraine zu bekämpfen. Auch besuchte Selenskyj ukrainische Verteidigungsstellungen im Donbass.

Die ukrainischen territorialen Verteidigungskräfte, die nach der russischen Invasion der Krim 2014 gegründet worden waren, hatten weitere Bürger rekrutiert und sie in Guerilla-Taktiken und dem Gebrauch von Schusswaffen ausgebildet. Laut New York Times könnten solche Kampftaktiken eine Widerstandsbewegung unterstützen, sollte das russische Militär in der Lage sein, die ukrainische Armee zu überwältigen.

Die Vereinigten Staaten schätzten im Dezember 2021, dass Russland mit über 175.000 Soldaten in die Ukraine einmarschieren könne. Oleksij Resnikow, der ukrainische Verteidigungsminister, erklärte: „Wir haben 250.000 offizielle Mitglieder in unserer Armee. Dazu kommen 400.000 Veteranen und 200.000 Reservisten." Er sagte, dass 175.000 russische Soldaten nicht genug seien, um die Ukraine zu besetzen.

Waffenlieferungen aus dem Ausland

Angesichts der Aufstockung der russischen Truppen in den Grenzregionen auf mehr als 100.000 Soldaten begannen einige NATO-Mitgliedstaaten im Januar 2022 mit der Bereitstellung militärischer Hilfe. Die erste US-Ladung von rund 90 Tonnen traf am 22. Januar 2022 in der Ukraine ein. Die USA lieferten Panzerabwehrraketen des Typs Javelin, panzerabwehrende Artillerie, schwere Maschinengewehre, Handfeuerwaffen, Munition, sichere Funksysteme, medizinische Ausrüstung und

Die USA waren die Ersten und Entschlossensten, die der Ukraine Waffen und Ausrüstung lieferten.

Ersatzteile. Am 19. Januar hatte die Regierung Biden der Ukraine ein Hilfspaket in Höhe von 200 Millionen Dollar zukommen gelassen. Dies geschah zusätzlich zu früheren Hilfspaketen für die Ukraine, sodass die Verteidigungshilfe im Jahr 2021 insgesamt 650 Millionen Dollar betragen hatte. Am 28. Februar genehmigte die Regierung Biden die ersten Lieferungen von Luftabwehr-Raketen des Typs Stinger.

Zugleich erteilte die Regierung Biden anderen NATO-Staaten die Erlaubnis, Ausrüstung aus US-Produktion an die Ukraine zu liefern. Estland spendete Javelin-Panzerabwehrraketen, während Lettland und Litauen Stinger-Raketen und dazugehörige Ausrüstung bereitstellten. Auch andere NATO-Mitglieder leisteten der Ukraine Hilfe, wobei Großbritannien und Kanada bereits bestehende militärische Ausbildungsprogramme verstärkten. Die Briten schickten zusätzliche Militärausbilder und stellten leichte Panzerabwehrsysteme bereit, während die Kanadier Spezialkräfte zur Unterstützung der Ukraine entsandten. Am 17. Januar gab der britische Verteidigungsminister Ben Wallace bekannt, dass Großbritannien Kurzstrecken-Panzerabwehrraketen an die Ukraine geliefert habe. Am 20. Januar ergänzte der Fernsehsender Sky News, dass 2.000 Panzerabwehrraketen des Typs NLAW geliefert worden seien.

Am 31. Januar gab Polen seine Entscheidung bekannt, die Ukraine mit Waffen zu beliefern. Das Land beabsichtigte, erhebliche Mengen an leichter Munition, Artilleriegranaten, leichten Mörsersystemen, Aufklärungsdrohnen und in Polen hergestellten tragbaren Luftabwehrsystemen des Typs Piorun zu liefern. Auch die deutsche Regierung wurde um Unterstützung gebeten: 100.000 Stahlhelme und Schutzwesten sollten es sein. Die damals amtierende Verteidigungsministerin Christine Lambrecht schickte daraufhin lediglich 5.000 Stahlhelme, was heftig kritisiert wurde.

Die militärische Führung

Dass Putins primäres Ziel Kiew sein könnte, war für einen Großteil der ukrainischen politischen und militärischen Führung kaum vorstellbar. Denn der Häuserkampf birgt selbst für erfahrene Soldaten schwer kalkulierbare Risiken.

„Das Szenario, dass die russische Führung eine derart dreiste, groß angelegte Aggression beginnen würde, konnte ich mir nicht vorstellen", erinnerte sich General Oleksandr Syrskyj, der zuvor gegen die

General Syrskyj, Verteidiger Kiews

von Russland unterstützten Separatisten in der Ostukraine gekämpft hatte. Kurz vor der Invasion wurde der General, der noch in Moskau ausgebildet worden war, mit der Leitung der Kiewer Verteidigung beauftragt. „Wenn es zu Angriffen kommen sollte, so schien es mir, würden sie höchstwahrscheinlich im Osten beginnen, in der Nähe oder innerhalb der Grenzen der Regionen Donezk und Luhansk. Aber wir sind das Militär", so Syrskyj. „Deshalb habe ich ungeachtet dessen, was ich glaube oder nicht glaube, die geforderten Aktionen durchgeführt."

In Anbetracht der Aufstellung von Putins Streitkräften entlang der ukrainischen Grenzen war Syrskyj davon überzeugt, dass die Russen im Zuge eines Angriffs auf Kiew mit ihren Kolonnen auf zwei oder drei Hauptverkehrsstraßen in das Kiewer Regierungsviertel vorrücken würden. Der Schlachtplan des Kremls sah offenbar vor, dass Präsident Selenskyj und seine Minister Kiew in der Zwischenzeit verlassen hätten und die Stadt im folgenden Chaos nur von schwachen ukrainischen Kräften verteidigt würde.

Um die Stadt zu schützen, hatte Syrskyj zwei Verteidigungsringe angelegt, einen in den Vororten und einen in der Hauptstadt. Der äußere Ring sollte so weit wie möglich vom inneren Ring entfernt sein, damit die Russen bereits an den Zufahrten gestellt würden und das Stadtzentrum vor Beschuss geschützt wäre.

Darüber hinaus hatte Syrskyj die Stadt und die umliegenden Regionen in Sektoren eingeteilt und Generäle aus den militärischen Ausbildungszentren mit der Leitung der einzelnen Sektoren betraut. Damit schuf er eine klare Befehlskette, der alle ukrainischen Militäreinheiten und Sicherheitsdienste unterstellt waren. Die Offiziere vor Ort würden alle taktischen Entscheidungen selbstständig treffen, ohne das Hauptquartier konsultieren zu müssen.

Etwa eine Woche vor der Invasion hatte das ukrainische Militär alle Kommandoposten in Richtung der vermuteten Achsen eines russischen Vormarsches ins Feld verlegt. Syrskyj hatte auch den Befehl erteilt, die Flugzeuge der Armee, einschließlich Hubschrauber und Kampfjets, aus den großen Stützpunkten abzuziehen, um sie vor Luftangriffen zu schützen.

Zur Verteidigung der Hauptstadt stand, was Panzerkräfte betraf, nur eine einzige mechanisierte Einheit zur Verfügung, die 72. Brigade. Deshalb wies Syrskyj alle militärischen Ausbildungszentren an, spezielle Unterstützungsbataillone zu bilden, und ließ die normalerweise für die Ausbildung verwendeten Artilleriesysteme in das Hauptstadtgebiet bringen.

Einige dieser Artilleriesysteme kamen aus dem Ausbildungszentrum Diwychki südöstlich von Kiew, wo die Ukraine Jahre zuvor schwere Panzer aus der Sowjetzeit, die 2S7 Pions, wieder in Dienst gestellt hatte. Diese Artillerie-Giganten, von denen jeder 46 t wiegt und 203-mm-Haubitzen trägt, können Sprenggranaten mit einem Gewicht von über 100 kg mehr als 37 km weit schießen. Syrskyj befahl seinen Artilleristen, Verteidigungsstellungen außerhalb der Stadt im Nordosten und Nordwesten einzunehmen, wo ein russischer Angriff zu erwarten war. Vitali Klitschko, der Bürgermeister von Kiew, bezeichnete diesen Schritt als entscheidend, da Russland bereits in den ersten Stunden der Invasion die Stützpunkte angegriffen habe, auf denen diese Systeme normalerweise stationiert gewesen seien.

(https://www.washingtonpost.com/national-security/interactive/2022/kyiv-battle-ukraine-survival/)

Der Präsident

Gegen Mittag hatte sich Selenskyj von dem Schock erholt, und er verstand, was die neue Lage von ihm verlangen würde. Seine kurze Karriere als Staatsmann hatte ihn kaum auf diesen Moment vorbereitet, aber seine Erfahrungen als Schauspieler hatten einige Vorteile: Er war anpassungsfähig und darauf trainiert, unter den Augen eines großen Publikums nicht die Nerven zu verlieren.

Ihm wurde klar, dass sein Publikum nun die ganze Welt war. Und er wusste: Wenn er in Panik verfiele und die Hauptstadt den Russen übergäbe, würde die Schande ihn für den Rest seines Lebens verfolgen, und diese Demütigung fürchtete er. Allerdings wusste er auch, dass er bei der Verteidigung seines Landes gefangen genommen oder sogar getötet werden könnte. Später erinnerte er sich, dass er den ganzen Tag ein Zwiegespräch mit sich selbst geführt hatte. „Alle Augen sind auf dich gerichtet", machte er sich klar. „Du bist ein Symbol. Du musst so handeln, wie ein Staatsoberhaupt handeln muss."

Im Laufe des Tages konnten Selenskyjs Mitarbeiter sehen, wie sich sein Körper straffte. Sein Tonfall wurde härter, und er begann, vom Bunker oder von seinem Büro im vierten Stock aus einen Strom von Befehlen zu erteilen. Die meisten Entscheidungen entsprachen keinem vorliegenden Plan. Selenskyj hatte nichts, an dem er sich orientieren konnte, aber das schien ihn nicht zu irritieren. Er, der aus der Welt der Unterhaltung stammte, wäre nicht Präsident geworden, wenn er nicht ein Händchen für Außenwirkung gehabt hätte. Nun machte er von einer besonderen Fähigkeit Gebrauch: Ihm gelang es, Zuversicht auszustrahlen, selbst wenn er sie nicht hatte. Selenskyj wurde zu dem, was einer seiner Mitarbeiter als „Entscheidungsgenerator" bezeichnete.
(Simon Shuster, The Showman, S. 30 f.)

Der Antonov-Flughafen Hostomel

Während der russischen Aufmarschphase hatte die CIA die Ukrainer regelmäßig über die Angriffspläne des großen Nachbarn informiert. CIA-Direktor William J. Burns reiste im Januar 2022 in die Ukraine und informierte die ukrainische Führung darüber, dass Russland beabsichtige, den Flughafen Hostomel für eine Luftbrücke zu erobern, die es den russischen Streitkräften ermöglichen würde, schnell in Kiew einzumarschieren, um die Regierung zu übernehmen.

Der Flughafen Kiew-Hostomel, gleichzeitig ein Militärstützpunkt mit Garnison, wurde auch als Antonov-Flughafen bezeichnet, weil er das Werksgelände der staatlichen Fluggesellschaft Antonov umfasste. Er befand sich bei Hostomel, einer Stadt in der Kiewer Oblast, die etwa 20 Kilometer nordwestlich des Kiewer Stadtzentrums lag und vor dem Krieg etwa 17.500 Einwohner gehabt hatte. Der Flughafen verfügte über eine 3.500 m lange Start- und Landebahn, die auch für die größten Transportflugzeuge geeignet war. Dies und die Lage nahe Kiew dürfte wohl der Hauptgrund für den russischen Angriff gewesen sein. Zudem befanden sich mehrere Dutzend ein- und mehrstöckige Gebäude und zwei große Hangars auf dem Gelände. Das bebaute Gebiet, das sogenannte Quartier, war die Basis der 4. Schnellen Eingreifbrigade der ukrainischen Nationalgarde. Es befand sich südöstlich der Landebahn.

Die Errichtung von Verteidigungsanlagen durch die Soldaten der ukrainischen Nationalgarde war am 23. Februar, einen Tag vor dem russischen Einmarsch, abgeschlossen.

Angriff aus dem Norden

Der russische Operationsplan sah einen schnellen Luftangriff auf den Flughafen Hostomel vor, während gleichzeitig mechanisierte Kräfte von Weißrussland auf der westlichen Seite und von Russland auf der östlichen Seite des Flusses Dnjepr auf Kiew vorrücken sollten.

Die Russen begannen ihren Angriff am 24. Februar mit vorbereitenden Angriffen auf die Stadt und den Flugplatz. Zwei Kalibr-Marschflugkörper schlugen zwischen 6.00 Uhr und 7.00 Uhr morgens auf dem Flugplatz ein, erwiesen sich aber als wirkungslos. An diesem Morgen befanden sich nur etwa 200 Soldaten der 4. Schnellen Eingreifbrigade der ukrainischen Nationalgarde auf dem Gelände, um den Flughafen zu verteidigen. Die schnelle Eingreifbrigade war eine neue Einheit, die nach NATO-Standards organisiert war und über leichte Infanterie, Panzer, Artillerie und Überwachungsdrohnen verfügte. Da die Ukraine damit gerechnet hatte, dass Russland seinen Hauptangriff in der Donbass-Region beginnen werde, war ein Großteil der Brigade dorthin verlegt worden. Bei den rund 200 Soldaten, die zur Bewachung des Flugplatzes zurückgeblieben waren, handelte es sich größtenteils um neue Wehrpflichtige und rückwärtige Truppen und nicht um Kampfsoldaten. Die Verteidiger hatten lediglich Handfeuerwaffen und ältere tragbare sowjetische Flugabwehrraketen vom Typ Igla zur Verfügung.

Die ukrainische Luftabwehr war durch Störsender geschwächt worden, sodass die russischen Hubschrauber von Weißrussland aus gegen 09.30 Uhr in den ukrainischen Luftraum eindringen konnten. Sie flogen unentdeckt im Tiefflug den Fluss Dnjepr entlang, bis sie sich gegen 10.30 Uhr dem Nowa-Kachowka-Staudamm des Kiewer Wasserkraftwerks nördlich der Stadt näherten. Doch sie wurden entdeckt, und zwei der Führungshubschrauber wurden abgeschossen.

Gegen 11.00 Uhr erreichte der fliegende Konvoi Hostomel. Als der Flugplatz in Sichtweite der Piloten auftauchte, flogen die Kampfhubschrauber in Richtung Norden, um Ziele auf dem Flugplatz anzugreifen, während die Transporthubschrauber in Richtung Süden flogen, um zu landen und die Fallschirmjäger abzusetzen.

(https://warontherocks.com/2023/08/the-battle-of-hostomel-airport-a-key-moment-in-russias-defeat-in-kyiv/)

„Sie eröffneten das Feuer auf alles, was in Reichweite war, auf alle Gebäude, auf alle Menschen, die sie herumlaufen sahen, egal ob es sich um Soldaten oder Zivilisten handelte – es war ihnen egal. Sie schossen einfach auf alles, was sich bewegte", sagte ein Zugführer der Nationalgarde.

Als die ersten Hubschrauber die Landebahn erreichten, nahm Serhiy Falatyuk, ein 25-jähriger Nationalgardist, eine Igla-Boden-Luft-Rakete auf die Schulter, zielte durch das Visier und feuerte eine Rakete ab. Sie verfehlte ihr Ziel. Er lud nach, richtete sein Visier auf einen anderen russischen Hubschrauber, feuerte erneut und zerstörte den Hubschrauber. Falatyuk jubelte. Dieser kleine Sieg elektrisierte die ukrainischen Soldaten und stärkte den Mut der Wehrpflichtigen. „Es war tatsächlich möglich, sie abzuschießen", dachten alle. Die Moral der Kämpfer stieg. Unabhängig davon, ob sie Soldaten oder Wehrpflichtige waren, nun waren sie Kämpfer."

(https://www.washingtonpost.com/national-security/interactive/2022/kyiv-battle-ukraine-survival/)

Die russischen Luftlandetruppen stürmten aus den gelandeten Transporthubschraubern und verteilten sich auf einen angrenzenden kleinen Wald und einen Gebäudekomplex am Flughafen. Nun gerieten die ukrainischen Soldaten unter Dauerbeschuss. Sie waren waffen- und zahlenmäßig unterlegen, zudem ging Ihnen die Munition aus. Schließlich wurde ihnen der Rückzug befohlen, allerdings verlief dieser chaotisch. Nach dem Rückzug beschossen die Ukrainer den Flughafen mit schwerer Artillerie, die sie außerhalb des Flughafengeländes stationiert hatten. Sie zerstörten die Landebahn, um weitere Landungen zu verhindern.

Gegen 13.00 Uhr, etwa zwei Stunden nach Beginn der Schlacht, konnten die Russen den Flugplatz sichern, befanden sich aber in einer prekären Lage: Die Hubschrauber waren nach Weißrussland zurückgekehrt, und den Luftlandesoldaten fehlten schwere Waffen, wie Panzer und Artillerie. Die ersten russischen Verstärkungstruppen sollten auf dem Luftweg eintreffen. Diese Verstärkung sollte aus etwa 1.000 Soldaten mit schweren Waffen bestehen, die von dem Luftwaffenstützpunkt in Pskow, Russland, etwa zwei Flugstunden von Hostomel entfernt, eingeflogen werden sollten. Doch die Landebahn in Hostomel war nicht mehr nutzbar.

Die zweite Gruppe russischer Verstärkung waren die motorisierten und gepanzerten Kräfte, die von Weißrussland aus auf der Westseite des Dnjepr Richtung Kiew vorrückten. Nachdem sie am 24. Februar morgens um 4.00 Uhr die ukrainische Grenze überquert hatten, mussten sie nur noch 130 km auf der Straße zurücklegen, um Kiew zu erreichen. Der russische Plan beruhte wahrscheinlich darauf, dass entweder die Transportflugzeuge oder die mechanisierten Kräfte den Flughafen bis zum

Der Antonov-Flughafen nach der Zerstörung durch die Truppen der russischen Luftlandeoperation

späten Nachmittag erreichen würden, doch beides war nicht der Fall. Die mechanisierten Kräfte stießen beim Vorrücken auf eine unvorhergesehene Schwierigkeit im Raum Tschernobyl: eine von den Ukrainern gesprengte Brücke.
(https://warontherocks.com/2023/08/the-battle-of-hostomel-airport-a-key-moment-in-russias-defeat-in-kyiv/)

Zwischen Tschernobyl und Iwankiw

Als der 23-jährige Wladyslaw von der ukrainischen 80. Luftlandebrigade nach draußen ging, um seine erste Zigarette des Tages zu rauchen, sah er eine Reihe heller Lichter am Nachthimmel. Wladyslaws Einheit, die tief im Wald innerhalb der Sperrzone von Tschernobyl lagerte, war auf Patrouille, als die ersten russischen Fahrzeuge auf dem Weg nach Kiew eintrafen.

„Ich erinnere mich, wie ich die Lichter aus dem ganzen Wald auftauchen sah. Zuerst dachte ich, es seien Autoscheinwerfer. Aber dann wurde mir klar, dass es Grads waren, also selbstfahrende Raketenwerfer. Sie feuerten auf uns. Die ganze Erde bebte. Es gibt kein anderes Geräusch wie dieses. Es ist schon eine gewaltige Sache."

Wie für den Fall eines Angriffs geplant, sprengten Wladyslaw und seine Kameraden der 80. Luftlandebrigade die Brücke über den Prypjat bei Tschernobyl, um Iwankiw zu erreichen, die nächste größere Stadt auf dem Weg nach Kiew. Die Russen würden nun Zeit für Bau einer neuen Pontonbrücke brauchen, was Wladyslaw und seiner Einheit Gelegenheit gab, sich in den Bereich um Kiew zurückzuziehen.

Endlose Kolonne

Drei Tage nach dem Einmarsch der russischen Truppen in die Ukraine wurde eine 15,5 km lange Kolonne gepanzerter Fahrzeuge im Norden des Landes von einem Satelliten gesichtet und fotografiert. Am 28. Februar war der Konvoi auf eine Länge von nicht weniger als 56 km angewachsen; die Fahrzeuge wurden über Wochen hinweg aufgehalten. Schließlich zogen sie sich zurück und waren über Nacht verschwunden. Was war geschehen? Aus welchem Grund konnte eine so gewaltige Truppe Kiew nicht erreichen?

Nach Angaben der ukrainischen Streitkräfte hatte es sich um zehn einzelne russische taktische Bataillonseinheiten, eine Angriffsformation, gehandelt. Der Auftrag dieser zehn Einheiten: Von Weißrussland aus sollten sie in die Ukraine eindringen, Kiew erobern und die Regierung stürzen.

Ein russisches Dokument, das die BBC einsehen konnte, zeigt einen Zeitplan für dieses taktische Vorgehen. Nachdem das erste Bataillon am 24. Februar um 4.00 Uhr morgens die Grenze zur Ukraine überquert hatte, lautete der Befehl, direkt nach Kiew vorzustoßen und dort bis 14.55 Uhr einzutreffen. Mehrere Bataillone sollten nach Hostomel zum Flughafen vordringen, um die Truppen, die bereits dort waren, zu unterstützen. Die übrigen sollten direkt in das Zentrum der Hauptstadt Kiew einmarschieren.

Der Angriff stützte sich vor allem auf zwei Elemente – Geheimhaltung und Schnelligkeit. Doch Putins Geheimhaltung hatte ihren Preis. Sie wurde so strikt eingehalten, dass selbst die meisten seiner Offiziere ihre Befehle erst 24 Stunden vor der Invasion erhielten. Dadurch waren sie verwundbar. Zudem fehlte es ihnen an Lebensmitteln, Treibstoff und Kartenmaterial. Sie verfügten über keine geeigneten Kommunikationsmittel und hatten nicht genügend Munition. Selbst auf das Winterwetter mit Nieselregen und leichtem Schneefall waren sie schlecht vorbereitet.

Mit der falschen Bereifung fuhren die Russen direkt in den Schlamm. Zivilisten in der Nähe von Iwankiw berichteten, dass russische Soldaten ukrainische Bauern aufforderten, ihnen zu helfen, die Panzer aus dem Schlamm zu ziehen. Da die Fahrzeuge in dem unwegsamen Gelände nicht vorankamen, mussten sie auf befestigte Straßen ausweichen, sodass sich Tausende zu einer einzigen Kolonne zusammenschließen mussten.

Die russische Kolonne, die auf dem Weg nach Kiew war, geriet ins Stocken – bis zum Stillstand.

Da die Kommunikation zwischen den Bataillonen eingeschränkt war, kam die Invasionskolonne nach kurzer Zeit nicht mehr voran. Ein Militärexperte vor Ort kommentierte den taktischen Fehler der Russen so: „Man fährt niemals in einem langen Konvoi in Feindesland. Niemals."

Die britische Times meldete, dass die Kolonne am 1. März noch 25 km vom Kiewer Zentrum entfernt war und vor der Stadt ins Stocken kam. In einer Verlautbarung des britischen Verteidigungsministeriums vom 7. März 2022 hieß es: „Der Hauptteil der russischen Kolonne, die auf Kiew vorrückt, ist noch mehr als 30 km vom Stadtzentrum entfernt und wird durch ukrainischen Widerstand, mechanische Pannen und Staus aufgehalten." Satellitenfotos zeigen, dass die Kolonne aus russischen Truppen, gepanzerten Fahrzeugen, Versorgungslastwagen, Waffen und Artillerie bestand. Die Nachrichtenagentur Reuters schätzte ihre Länge auf 64 km.

Die Kolonne kam innerhalb weniger Tage zum kompletten Stillstand – die Offensive war gescheitert. Nach Angaben eines ukrainischen Kommandeurs war dies zum großen Teil auf eine Reihe von nächtlichen Hinterhalten zurückzuführen, die von einem Team aus 30 ukrainischen Spezialkräften und Drohnenpiloten auf Quads ausgeführt wurden. Diese Drohnenkrieger stammten aus der Luft-aufklärungseinheit Aerorozvidka, die acht Jahre zuvor als Zusammenschluss freiwilliger IT-Spezi-alisten und Hobbybastler entstanden war. Das Freiwilligen-Team hatte die Drohnen, deren Ein-satz sich zu einem wesentlichen Element des ukrainischen David-gegen-Goliath-Widerstands ent-wickeln sollten, selbst konstruiert.

Die Aerorozvidka

Der Kommandeur der Aerorozvidka, Oberstleutnant Jaroslaw Honchar, berichtete über einen der Hinterhalte in der Nähe von Iwankiw, der dazu beitrug, die riesige, schwerfällige russische Offensive zu stoppen. Seinen Angaben zufolge konnten sich die ukrainischen Kämpfer der russischen Kolonne in der Nacht nähern, indem sie auf ihren Quads durch den Wald auf beiden Seiten der Straße P56 fuhren, die von Tschernobyl nach Süden in Richtung Kiew führt.

Die ukrainischen Soldaten der Aerorozvidka waren mit Nachtsichtgeräten, Scharfschützen-gewehren, Fernzündungsminen und Drohnen ausgerüstet. Die Drohnen waren mit Wärmebildkame-ras ausgestattet und konnten sogar 1,5-kg-Bomben abwerfen. „Diese eine kleine Einheit zerstörte nachts zwei oder drei Fahrzeuge an der Spitze der Kolonne, und danach saß diese fest. Sie blieben noch zwei weitere Nächte dort und zerstörten viele Fahrzeuge", so Oberstleutnant Honchar. Bei einem ihrer Einsätze wurde auch Andrej Suchowezkij getötet, stellvertretender Kommandeur der 41. Armee des Zentralen Militärbezirks. Er fiel einem Scharfschützen-Angriff zum Opfer, als er sich an die Spitze der festgefahrenen Kolonne wagte.

Die Aerorozvidka war von jungen Akademikern gegründet worden, die 2014 am Maidan-Auf-stand teilgenommen und sich freiwillig gemeldet hatten, um ihre technischen Fähigkeiten im Wider-stand gegen die erste russische Invasion auf der Krim und im Donbass-Gebiet einzusetzen. Die Einheit war zwar 2019 vom damaligen Verteidigungsminister aufgelöst worden, doch im Oktober 2021 wurde sie angesichts der drohenden russischen Invasion wiederbelebt.

In einem im Dezember 2022 veröffentlichten Bericht wiesen die ukrainischen Geheimdienstquel-len darauf hin, dass die an der Invasion beteiligten russischen Militäreinheiten für lediglich drei Tage mit Lebensmitteln, Munition und Treibstoff versorgt waren – was zeigt, dass Russland die Situation ernsthaft unterschätzt haben könnte.

(https://www.theguardian.com/world/2022/mar/28/the-drone-operators-who-halted-the-russian-ar-moured-vehicles-heading-for-kyiv)

Satellitenbilder

Nach den Angaben von Maxar Technologies, einem US-amerikanischen Unternehmen, das Satel-liten zur Erdbeobachtung betreibt, zeigten Aufnahmen vom 10. März 2022, wie die Kolonne von Fahrzeugen, Panzern und Artillerie aufgelöst wurde. Die Bilder dokumentierten, dass Panzerein-heiten durch die Orte in der Nähe des Flughafens Hostomel nordwestlich von Kiew manövrierten.

Einige der Fahrzeuge seien in Wälder vorgedrungen, berichtete Maxar. Zudem hätten die Auf-nahmen gezeigt, dass Teile der Kolonne sich weiter nördlich neu positioniert hätten, wobei Artillerie-geschütze auf Lafetten in Schussposition gebracht worden seien.

Putins Appell an die ukrainischen Soldaten

Am 25. Februar, dem zweiten Tag der Invasion, veröffentlichte der Pressedienst des Kremls einen Appell Putins an das ukrainische Militär: „Ich wende mich noch einmal an die Soldaten der Streitkräfte der Ukraine. Lassen Sie nicht zu, dass die Neonazis und Banditen Ihre Kinder, Ihre Frauen und Alten als lebenden Schutzschild benutzen. Nehmen Sie die Macht in Ihre eigenen Hände. Es wird uns wahrscheinlich leichter fallen, uns mit Ihnen zu einigen als mit der Bande von Drogensüchtigen und Neonazis, die sich in Kiew eingenistet und das ganze ukrainische Volk als Geisel genommen hat."

Dieser Appell von höchster Stelle war nicht der einzige seiner Art. Russische Kommandeure schickten persönliche Botschaften mit vergleichbaren Inhalten an ihre ukrainischen Kollegen, und anonyme Briefe wurden an fast alle höheren Offiziere der ukrainischen Streitkräfte gerichtet. Späteren Berichten zufolge hatte der russische Geheimdienst an einem Militärputsch gegen die ukrainische Regierung gearbeitet, doch nachdem der russische Versuch einer schnellen Übernahme von Hostomel gescheitert war, sollen sich seine Teilnehmer geweigert haben zu handeln.

Putin erwartete von den Ukrainern, dass sie die russischen Streitkräfte, die sie von angeblichem Nazismus und Nationalismus befreien sollten, mit Blumen begrüßen würden. Stattdessen begegneten sie den Russen mit Javelins, Stingers und ukrainischen Panzerabwehrraketen. Die „Befreiungsarmee" sah sich mit hartem Widerstand konfrontiert und war verängstigt und desorientiert. Wenn Putin das Opfer seiner Wahnvorstellungen war, seien es historische oder andere, so wurden seine Truppen Opfer seiner Propaganda. Mit seiner Behauptung, Russen und Ukrainer seien ein und dasselbe Volk, bereitete Putin seine Soldaten nicht auf einen Krieg vor, in dem sich die gesamte Bevölkerung gegen die Invasionsarmee stellen und ihre eigenen Streitkräfte unterstützen würde.

Zur Überraschung Präsident Putins und seines Gefolges waren die Regierung und die Bevölkerung der Ukraine geeint, wie es 2014 nicht der Fall gewesen war, als Janukowitsch und seine Regierung stürzten. Präsident Selenskyj weigerte sich zu fliehen. Als die Amerikaner anboten, ihn aus Kiew auszufliegen, soll Selenskyj geantwortet haben: „Der Kampf ist hier; ich brauche Munition, keine Mitfahrgelegenheit."

(Serhii Plokhy, The Russo-Ukrainian War, S. 162 ff.)

Im Präsidentenbunker

In dem tief unter dem Kiewer Regierungsviertel gelegenen Bunker war die Luft noch abgestanden – seit Sowjetzeiten war niemand in der atombombensicheren Anlage gewesen. Aber nun, bei Kriegsbeginn, richtete Selenskyj hier sein Büro ein. Der Leiter des Nationalen Sicherheits- und Verteidigungsrates, Oleksij Danilow, legte dem Präsidenten die Lage dar: „Alle unsere Partner sagen uns, dass es sehr schwer für uns werden wird und dass wir so gut wie keine Chancen auf Erfolg haben", sagte Danilow. „Wir werden in den ersten Tagen nicht viel Unterstützung erhalten, denn sie werden sich ansehen, wie wir das Land verteidigen können", fuhr er fort. „Vielleicht wollen sie nicht, dass eine große Menge an Waffen in die Hände der Russen gelangt."

Danilow warnte Selenskyj auch persönlich. Es gab glaubwürdige Informationen, dass die Russen seine Ermordung oder Gefangennahme planten. Selenskyj müsse zumindest sicherstellen, dass jeder, der in seiner Nähe eine Waffe trage, eine ihm bekannte und loyale Person sei. Ob er evakuiert werden wolle, fügte Danilow hinzu, sei ihm selbst überlassen.

Um diese Entscheidung zu treffen, „müssen Sie tief in sich gehen", sagte Danilow zum Präsidenten, ohne eine Empfehlung abzugeben. „Es steht zu viel auf dem Spiel." Andere drängten Selenskyj, das Land zu verlassen. Laut Oleksiy Arestowitsch, einem militärischen Berater, riet die Präsidentengarde, dass er sich an einem sicheren Ort außerhalb der Hauptstadt aufhalten solle, um sich später möglicherweise in der Westukraine niederzulassen. „Ihr Büro ist ein Ziel", warnte die Präsidentengarde laut Arestowitsch, und er fügte seine eigene Empfehlung hinzu, Selenskyj solle Kiew verlassen. Die Stadt sei von Raketen und Saboteuren bedroht. Selbst der Bunker sei nicht sicher; die Ausgänge könnten verbarrikadiert und Gas freigesetzt werden.

Der Kreml nahm an, dass Selenskyj das Land verlassen werde. Acht Jahre zuvor war Wiktor Janukowitsch, der von Moskau unterstützte ukrainische Präsident, nach dem prowestlichen Aufstand in Kiew nach Russland geflohen. Der Präsident Afghanistans, Ashraf Ghani, war 2021 aus dem Land geflohen, als die Taliban Kabul umzingelten. Die russische Führung betrachtete Selenskyj, den 44-jährigen ehemaligen Schauspieler und Unterhaltungs-Profi, als ein Leichtgewicht, das im Angesicht der Panzer die Flucht ergreifen werde.

Arestowitsch war davon überzeugt, dass das ukrainische Militär nicht in der Lage sein werde, die Hauptstadt zu verteidigen, und teilte dies dem Präsidenten mit. Militärexperten waren derselben Meinung, so Arestowitsch: „Wir werden die Stadt nicht halten können."

Nach diesem Gespräch platzte es aus Selenskyj heraus: „Ich bleibe! Das ist das letzte Mal, dass ich so etwas höre." Selenskyj sagte zu Danilov, dem Chef des Nationalen Sicherheits- und Verteidigungsrates, er solle aufhören, ihn mit ständigen Warnungen über die Bedrohung seines Lebens zu belästigen, und fragte ihn, ob er noch etwas anderes zu sagen habe – etwas Wichtigeres. „Hören Sie, ich bin ein lebender Mensch. Ich will nicht sterben, wie jeder andere Mensch auch", sagte Selenskyj. „Aber ich weiß genau, wenn ich darüber nachdenke, bin ich schon tot."

In den ersten Stunden und Tagen des Krieges lebte Selenskyj in akuter Anspannung. Seine Hände waren ständig feucht, wie er es als Kind bei Prüfungen erlebt hatte, erklärte er. Und Verteidigungsminister Oleksij Resnikow werde schließlich einen Therapeuten aufsuchen müssen, weil er emotional und körperlich so erschöpft sei, fügte er noch an.

Selenskyj erreichten dringende Appelle von US-amerikanischen und europäischen Regierungsbeamten, dass die Kontinuität der Regierung gewahrt bleiben müsse, um ein Machtvakuum zu verhindern. Deshalb sei es außerordentlich wichtig, seine Sicherheit zu gewährleisten, so die Argumentation der Beamten. Mehrfach erhielt er das Angebot, ihm beim Verlassen der Hauptstadt zu helfen und ihn auszufliegen.

Selenskyj jedoch sah die Situation völlig anders – wenn er fliehe, würde er das Machtzentrum der Ukraine kampflos an die Russen abtreten, und das würde zum Zusammenbruch der Regierung führen. Wie würden sich die Soldaten an der Front fühlen, wenn der Präsident die Ukraine verlassen hätte? Selenskyj sagte, es gehe nicht darum, dass er sich an das Amt klammere. „Ich versuche nicht, mich an der Macht zu halten", erklärte er westlichen Vertretern. „Wenn das Blutvergießen aufhören sollte, wenn ich gehe, dann bin ich dafür. [...] Ich werde gehen, wann immer Sie es sagen, wenn es den Krieg beendet."

Allerdings vermutete Selenskyj, dass einige seiner ausländischen Gesprächspartner einfach nur wollten, dass seine Regierung vor Russland kapituliert, damit der Krieg so schnell wie möglich beendet wird. „Von allen, die mich anriefen, glaubte niemand, dass wir überleben würden. Nicht, weil sie nicht an die Ukraine glauben, sondern wegen der Dämonisierung des Führers der Russischen Föderation – seiner Macht, seiner Philosophie, der Art und Weise, wie er die Macht der russischen Armee anpreist. Und so denken sie, bei allem Respekt vor den Ukrainern: Sie werden es nicht schaffen, sie werden in zwei oder drei Tagen, vielleicht fünf, fertig sein, und dann ist alles zu Ende."

Von den ersten Stunden an konzentrierte Selenskyj sich vor allem darauf, die Unterstützung zu gewinnen, die die Ukraine zum Überleben brauchte: von den Ukrainern, die Widerstand leisten mussten, aber auch von ausländischen Regierungen, die Kiew Waffen schicken sollten, damit Russland einen immer höheren Preis zu zahlen hatte. Selenskyjs Engagement war eindrucksvoll. Wenn er mit dem Regierungschef eines Landes sprach, appellierte er manchmal auch an dessen Bevölkerung, indem er zu drastischen Formulierungen griff. So forderte er Bundeskanzler Olaf Scholz auf, „diese Mauer niederzureißen". Das war eine Anspielung auf die Aufforderung von Präsident Ronald Reagan, die Berliner Mauer zu beseitigen. Und er wies erneut darauf hin, dass Russland wieder einmal versuche, Europa zu spalten. Er sagte den deutschen Politikern, sie müssten tun, was sie könnten, „damit ihr euch nach diesem Krieg nicht schämen müsst".

Die offensichtliche Entschlossenheit der Bürger unterstrich, dass die Ukraine nicht gewaltsam von Europa entfernt werden könne, wie es der Kreml wolle, sagte Selenskyj. „Für die Russische Föderation waren wir wie ein Blinddarm, der entfernt werden musste. Sie haben das aber nicht verstanden: Sie halten uns für den Blinddarm, aber wir sind das Herz Europas", sagte Selenskyj. „Und wir haben dieses Herz zum Schlagen gebracht."

Die Regierungsmannschaft auf der Straße

In der Nacht des 25. Februars, als in der Kiewer Innenstadt Schüsse zu hören waren und Gerüchte kursierten, tschetschenische Kämpfer würden kommen, um den Präsidenten zu töten, verließ Selenskyj seinen Bunker und ging auf die Straße vor dem Präsidialamt, um vor laufender Kamera zu zeigen, dass er bleiben werde. Hinter ihm standen im gedämpften Licht der Straßenlaternen: der ukrainische Premierminister Denys Schmyhal; der Vorsitzende seiner Partei „Diener des Volkes"; sein Stabschef und Leiter des Präsidialamts Andrij Jermak; sowie ein weiterer Top-Berater. Der Premierminister hielt sein Mobiltelefon hoch, um Datum und Uhrzeit anzuzeigen. „Wir sind alle hier", sagte Selenskyj. „Unsere Truppen sind hier. Die Zivilgesellschaft ist hier. Und wir sind hier. Wir verteidigen die Unabhängigkeit unseres Landes. Und das werden wir auch weiterhin tun." *(https://www.washingtonpost.com/national-security/interactive/2022/kyiv-battle-ukraine-survival/)*

Während ukrainische Truppen im Nordwesten versuchten, die Russen vor Kiew aufzuhalten, mobilisierte Oberst Leonid Khoda, Kommandeur der 1. Panzerbrigade, seine Einheiten in Hontschariwske, südwestlich von Tschernihiw. Als am Morgen des 24. Februars die erste russische Rakete in seinem Stützpunkt einschlug, war Khoda bereits auf das Schlimmste vorbereitet. Er hatte Munition, Treibstoff und Lebensmittel in getarnte Sicherheitsbereiche gebracht und seine Truppen von der Basis ins Feld verlegt. Er hatte mit seinen Offizieren besprochen, wie er – im Fall einer Niederlage – im Untergrund eine Widerstandsbewegung bilden könnte. Er hatte sich auch darauf vorbereitet, seiner Frau ein letztes Mal Lebewohl zu sagen.

Stunden nach Beginn des Krieges sah es tatsächlich so aus, als ob das Schlimmste passieren würde. Russische Truppen, die auf fast 30.000 Mann anwachsen sollten, strömten aus drei Richtungen über die Grenze in Richtung der nordukrainischen Stadt Tschernihiw. Nach Angaben ukrainischer Offizieller war ihr Plan, die 280.000 Einwohner zählende Stadt einzunehmen und in drei Tagen auf der Ostseite des Dnjepr in Richtung Kiew vorzustoßen. Zusammen mit den Truppen, die in Hostomel gelandet waren und sich auf die westliche Seite der Hauptstadt zu bewegen würden, sollten sie Kiew in die Zange nehmen und anschließend die Stadt besetzen.

Khoda verließ den Stützpunkt und eilte nach Tschernihiw, um einen vorgeschobenen Gefechtsstand einzurichten. Seine Kompanien warteten an der Autobahn nördlich der Stadt und vernichteten die erste russische Kolonne, indem sie die Formation aus so kurzer Entfernung mit Artillerie beschossen, dass die Russen keine Zeit hatten zu reagieren. Eine zweite Kolonne der Russen konnte auf die gleiche Weise ausgeschaltet werden.

Der Angriff stoppte die vorrückenden russischen Einheiten und verschaffte den Ukrainern die nötige Zeit, um ihre Truppen zu sammeln und Verteidigungsanlagen um und in Kiew einzurichten. In den nächsten fünf Wo-

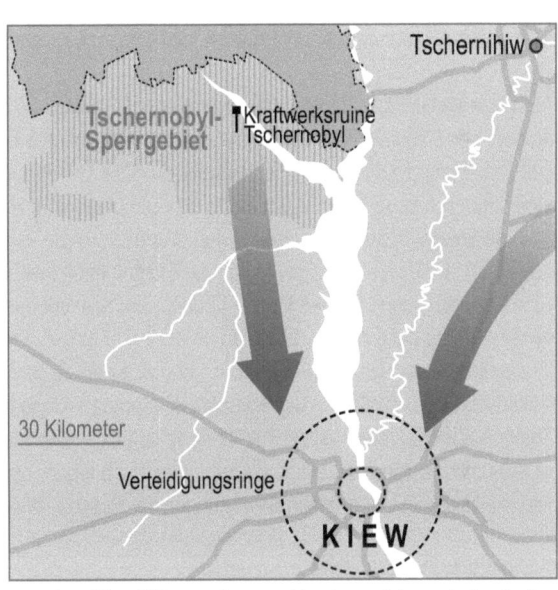

Der Angriff auf Kiew sollte von Norden erfolgen. Indes hatten die Ukrainer zwei Verteidigungsringe um die Stadt gelegt.

chen folgte ein Kampf der Außenseiter gegen die Russen, der entscheidend dazu beitrug, dass Moskau keinen Schnellangriff auf die ukrainische Hauptstadt durchführen konnte.

Die Ukrainer versuchten, die Masse der russischen Truppen in unwegsame Geländeabschnitte abzudrängen, vor allem auf schwer befahrbare Feldwege oder morastige Felder, die – wenn überhaupt passierbar – einen höheren Kraftstoffverbrauch erzwingen würden. Fahrzeuge, die auf Asphaltstraßen fuhren, wurden von schnell vorrückenden ukrainischen Truppen ins Visier genommen.

Brücken und Übergänge wurden vermint. „Wir haben sie gezwungen, bestimmte Routen zu neh-men, die wir dann gesprengt haben, um ihnen den Weg abzuschneiden", sagte Generalmajor Viktor Nikolyuk, oberster Befehlshaber der ukrainischen Streitkräfte im Norden des Landes.

Diese Strategie wurde im Pentagon mit Anerkennung aufgenommen. „Auf diesem Weg kamen etwa 30 Kampfgruppen an. Eine einzige ukrainische Brigade hielt sie auf. Ich weiß nicht, wer dieser Kommandeur war, aber er hat sie aufgehalten", sagte später US-General Mark A. Milley, Vorsit-zender der Vereinigten Stabschefs. „Sie (die Russen) konnten nicht von der Straße wegkommen. Die Nachwuchsoffiziere hatten keine Möglichkeiten mehr", sagte General Milley. General Viktor Nikolyuk, Chef des Operativen Armeekommandos Nord, fügte hinzu: „Es ist die alte sowjetische Art der Kriegführung, bei der die Kommandeure den Offizieren wenig Spielraum für eigene Ent-scheidungen ließen und versuchten, den Feind durch die Entsendung großer Truppenmassen zu überwältigen", es sei nach wie vor das Markenzeichen der Russen. „Das Problem ist, dass die Russen sehr selbstbewusst sind. Sie denken, dass die Ukraine klein sei. ‚Wir werden sie einfach überrumpeln'", fuhr er fort. „‚Wir rücken mit Panzern an, und das war's dann.'"

Auf ukrainischer Seite hatten die Kommandeure, die ab 2014 die Truppen im Osten des Landes führten, von den westlichen Partnern gelernt, wie man die Entscheidungsbefugnis in der Befehls-kette nach unten verlagert und sicherstellt, dass die Offiziere der unteren Ebenen wissen, was sie in einer aktuellen Lage tun müssen, ohne Unterstützung vom Hauptquartier.

Eine solche Initiative mussten die Offiziere im Raum Tschernihiw schon bald ergreifen. Denn wie schon im Westen von Kiew legten die Russen auch hier die ukrainischen Kommunikations- und Satellitennetze lahm, sodass Oberst Khoda, Kommandeur der 1. Panzerbrigade, und andere Offizie-re keine Verbindung zu den Soldaten an der Front hatten. Die ukrainischen Offiziere begaben sich zu den Stellungen ihrer Soldaten, um sich mit ihnen zu besprechen und Befehle zu erteilen. „Die militärische Kommunikation war komplett lahmgelegt", sagte Khoda und wies darauf hin, dass seine Truppen auf die einheimische Bevölkerung zurückgreifen mussten. „Wir mussten mit Informanten arbeiten. Ich werde nicht alle Karten auf den Tisch legen, aber wir kannten mit 95-prozentiger Ge-nauigkeit selbst die geringsten Bewegungen der Russen. Unsere Informanten waren die Leute hier."

Kampf um Tschernihiw

Der Wille der Ukrainer, gegen alle Widrigkeiten zu kämpfen, bewährte sich auf einem Hügel nordöst-lich von Tschernihiw, von dem aus man die Stadt und die Umgebung überblicken konnte. „Haltet diesen Bergkamm", befahl Khoda den Soldaten. „Sonst werden die Russen Tschernihiw besetzen." Tagelang verteidigten Khodas Soldaten die Anhöhe, obwohl die Russen sie mit Panzern, Mehr-fachraketenwerfern und schließlich hochexplosiven FAB-500-Bomben angriffen. Die Geschosse zerstörten einen Großteil des Bergrückens. Fast alle beteiligten Soldaten fielen. Später wurde ein behelfsmäßiges Grab mit einem Kreuz darauf gefunden. General Nikolyuk sagte: „Aber sie haben sich nicht ergeben."

„Man versteht, dass die Menschen bereit sind, das zu verteidigen, was ihnen gehört, und es gibt keinen Weg zurück", so General Nikolyuk. „Wenn man das sieht, versteht man, dass man ohnehin nicht das moralische Recht hat, anders zu handeln." Viele der Toten gehörten zu den Territorialen Verteidigungskräften der Ukraine – Freiwillige, die sich in den ersten Tagen des Krieges zu Tausenden gemeldet hatten. Obwohl die meisten von ihnen unerfahrene Kämpfer waren, übernahmen sie wichtige und riskante Aufgaben und stellten zahlreiche zusätzliche Kräfte zur Verfügung.

Tschernihiw liegt etwa 70 Kilometer von der Grenze zu Weißrussland entfernt oder, wie der Bürgermeister Wladyslaw Atroschenko Ende Februar erfahren musste, anderthalb Fahrstunden mit dem Panzer. Am 24. Februar, dem Morgen des russischen Einmarsches, kamen Hunderte Panzer – zusammen mit gepanzerten Mannschaftswagen und mobilen Raketenwerfern – über die Grenze. Am nächsten Tag war die Stadt umzingelt. „Einheiten der Streitkräfte der Russischen Föderation haben die Einkreisung der Stadt Tschernihiw abgeschlossen", verkündete ein russischer Militärsprecher. Die Belagerung hatte begonnen.

Ein russischer Konvoi auf dem Weg nach Kiew. Die Heeresleitung war überzeugt, dass die Übermacht an Menschen und Material die Invasion schnell zu einem erfolgreichen Ende bringen werde.

Mitte März begannen Bulldozer, Gräben auf einer Brache am Rande des Jalowschtschina-Friedhofs in Tschernihiw auszuheben. Zu diesem Zeitpunkt war Tschernihiw bereits seit mehr als zwei Wochen belagert, und die meisten Häuser waren ohne Strom, Heizung oder Wasser. Die Straßen und Brücken, die aus der Stadt hinausführten, waren bombardiert worden und nun Schauplatz heftiger Gefechte zwischen russischen und ukrainischen Truppen. Die Stadt wurde permanent mit Bomben und Raketen angegriffen. So wurde sie zur Todesfalle. Täglich kamen an die 50 Menschen ums Leben, beispielsweise, wenn ihre Häuser beschossen wurden oder wenn sie unterwegs waren, um etwas Essbares zu beschaffen.

Wo sollte man sie begraben? Der Jalowschtschina-Friedhof, am nördlichen Stadtrand gelegen, wurde ständig bombardiert, Fabriken und Werkstätten hatten kein Material, um Särge herzustellen. In der Leichenhalle stapelten sich die Toten. Schließlich wurde eine Lösung gefunden: In den Zeiten, in denen die Bombardierung nachließ, sammelten die Arbeiter der Stadt jeweils etwa ein Dutzend Leichname ein, legten sie in zusammengeschusterte Kisten und versenkten sie in einer Brache beim Jalowschtschina-Friedhof.

Oleksandr und Ludmila

Als die Arbeiter von Tschernihiw die Kisten mit den Leichen eingruben, stand ein Mann namens Oleksandr neben einem Erdhügel ganz in der Nähe. Dort hatte er seine Frau Ludmila begraben. Er erzählte den Männern, was passiert war. Vor Kurzem – es war noch März – war er zum orthodoxen Kloster der Stadt gegangen, um Wasser zu holen, weil der Klosterbrunnen eine der wenigen zuverlässigen Wasserstellen war. Inzwischen war Ludmila losgezogen, um Lebensmittel zu besorgen. Als Oleksandr nach Hause kam, war Ludmila nicht da. Sein Handy blieb stumm, und so machte sich Oleksandr auf den Weg zum Lebensmittelgeschäft, denn er wusste, dass Ludmila nachmittags gern auf einer Bank vor dem Laden saß und telefonierte. Die Stelle war einer der wenigen Orte in der Stadt, wo das Handynetz noch funktionierte.

Der Platz vor dem Laden war bombardiert worden: Trümmer und Granatsplitter bedeckten den Asphalt, Soldaten und Sanitäter liefen hin und her. Ein Offizier winkte Oleksandr zu sich und zückte sein Handy. „Er zeigte mir ein Foto", sagte Oleksandr. „Da lag sie, in ihrem Mantel, die Kapuze über dem Kopf. Sie hatte versucht, sich zu verstecken."

Oleksandr identifizierte Ludmila im Leichenschauhaus; einige Tage später wurde sie neben dem Massengrab beigesetzt. Später, als die Belagerung aufgehoben war, fragten die städtischen Beamten Oleksandr, ob er seine Frau anderswo bestatten wolle. „Aber was ändert das?", sagte Oleksandr zu den Arbeitern. „Dies ist ein wunderbarer Ort. Mitten in der Stadt, mit einem Birkenhain nahbei. Sie liebte Birken."

(https://www.newyorker.com/news/dispatch/the-siege-of-chernihiw)

Motivation

Tschernihiw wurde zunächst nur von der 1. Panzerbrigade verteidigt. Ihr Kommandeur Oberst Khoda sagte, Selenskyjs Entscheidung, in Kiew zu bleiben, habe die Truppen angespornt. „Stell dir vor, es ist Krieg und du erfährst, dass der Präsident weggelaufen ist … Das ist demoralisierend."

Die russische Luftwaffe beherrschte zunächst den Luftraum über Tschernihiw. Zudem hatten die Russen es aufgrund ihrer Übermacht bis dahin geschafft, über den Süden von Tschernihiw vorzustoßen und die Stadt fast einzukesseln. Erst Mitte März erhielten Oberst Khoda und seine Panzerbrigade von den USA und ihren europäischen Verbündeten tragbare Mistral- und Stinger-Flugabwehrraketen. Dadurch seien sie in die Lage versetzt worden, russische Flugzeuge abzuschießen, sagte Khoda. Unterstützung erhielt Khoda schließlich von der 58. motorisierten Infanteriebrigade, die sich dem Kampf um Tschernihiw anschloss.

Die Kämpfe erreichten ihren Höhepunkt in einem Dorf namens Lukaschiwka. Die Russen hatten dort ein ganzes Bataillon mit etwa 750 Soldaten zusammengezogen. Gepanzerte Fahrzeuge überschwemmten das Dorf: etwa 7 Panzer, 19 Schützenpanzer und 12 oder 13 gepanzerte Mannschaftstransporter, zusätzlich zu den Lastwagen, beschrieb Khoda die Lage. Munition wurde in einer alten orthodoxen Kirche gestapelt.

Die russische Entscheidung, dort Truppen zu sammeln, sollte sich als Fehler erweisen. Offene Felder und ein Netz aus Bächen hätten Lukaschiwka von den Dörfern getrennt, die von den Ukrainern gehalten worden seien, so Khoda, und hätten den russischen Standort ungeschützt gelassen. Die Ukrainer hätten zuschlagen müssen, sonst hätten sie riskiert, Tschernihiw zu verlieren. „In kleinen Gruppen zogen wir los und zerstörten ein oder zwei Panzer, einen Schützenpanzer, etwas Personal – und begannen, ihren Nachschub abzuschneiden", sagte General Nikolyuk. Die Artillerie sorgte dann dafür, dass ein Großteil der russischen Ausrüstung in Brand gesteckt wurde. In diesem Moment, sagte Khoda, habe er gewusst, dass die Russen besiegt würden. Sie hatten zu viele Menschen, Panzer und Kampffahrzeuge verloren, und sie hatten nicht mehr genügend Kräfte, um nach Tschernihiw vorzustoßen. Ihre Logistik war durch Gegenangriffe, Zeit und Entfernung überfordert.

Ein anderer Weg nach Kiew

Doch zu diesem Zeitpunkt hatten die Russen den östlichen Stadtrand von Kiew bereits auf einem anderen Weg erreicht. Mitte März, als die russischen Streitkräfte auf beiden Seiten von Kiew in Bedrängnis gerieten, versuchte Russland eine andere Strategie: Es schickte eine Panzerkolonne von der russischen Grenze 360 km westwärts durch das Zentrum der Ukraine. „Als sich die Kolonne der Hauptstadt näherte, beschossen die Ukrainer die Panzer aus dem Hinterhalt mit Artilleriefeuer, wobei 19 Fahrzeuge zerstört wurden und 48 sich zurückzogen", sagte ein Bataillonskommandeur der 72. Brigade. Drohnenfotos zeigten 20 russische Panzer, die im Morast neben der Autobahn umkehren mussten. In einem abgehörten Telefonat, das von der Ukraine veröffentlicht wurde, berichtete ein russischer Soldat von schweren Verlusten; auch der Kommandeur des Regiments war gefallen. *(https://www.washingtonpost.com/national-security/interactive/2022/kyiv-battle-ukraine-survival/)*

Nach diesem Debakel schafften es die Russen nicht, sich neu zu formieren, und starteten keinen größeren Angriff auf den östlichen Rand der Hauptstadt mehr. Im Laufe der Tage bemerkten die ukrainischen Offiziere, die den russischen Funkverkehr überwachten, dass sich die Stimmung unter den russischen Soldaten änderte. Aus Siegesgewissheit waren Panik und Enttäuschung geworden. Kiew wurde von den Ukrainern gehalten, während die russischen Probleme wuchsen. Russland kündigte Ende März an, dass sich seine Truppen wieder auf die Ostukraine konzentrieren würden. Innerhalb weniger Tage begannen sie, sich zurückzuziehen.

Die Schlacht von Moschtschun

Nachdem die russischen Bodentruppen am 25. Februar 2022 im Westen die Kontrolle über den Flughafen Hostomel übernommen hatten, begann die Hauptgruppe der russischen Streitkräfte eine massive Offensive auf Kiew, und zwar von Weißrussland aus durch die Sperrzone von Tschernobyl.

Im Zuge des Vormarsches, der besser als der 64-Kilometer-Konvoi bekannt ist (siehe S. 118), übernahmen die russischen Truppen die Kontrolle über Tschernobyl, Iwankiw, Dymer und Borodjanka, alles Ortschaften, die entlang der Straße auf der Strecke nach Kiew lagen.

Nach der Sprengung einer Brücke über den Irpin, die den russischen Truppen den direkten Weg nach Kiew verwehren sollte, musste die Bevölkerung über den Fluss geführt werden.

Um den russischen Vormarsch aufzuhalten, sprengten die ukrainischen Truppen die Brücken über den Irpin, einen Nebenfluss des Dnjepr. Die Kämpfe an mehreren Flussabschnitten hielten einige Tage lang an. Die dichten Wälder, noch mit Bunkeranlagen aus dem Zweiten Weltkrieg durchsetzt, und die kleinen Wasserwege entlang des Irpin boten den Ukrainern eine natürliche Landschaft, die sie ausnutzen konnten. Dennoch drangen dort am 5. März einige russische Spezialeinheiten in das Dorf Moschtschun ein und besetzten einen Teil. Inzwischen hatten russische Einheiten Pontons über den Irpin gebaut, und am Morgen des 6. März begannen russische Truppen in großer Anzahl, den Fluss Irpin zu überqueren. Dieser Fluss trennte Moschtschun von Hostomel, dessen Flugplatz sich inzwischen in russischer Hand befand, und die Russen hatten Mühe, Männer und Material über den Fluss zu bringen, denn die Pontonbrücken wurden von kleinen ukrainischen Einheiten mit Artillerie beschossen.

Die 72. Brigade

Zu diesem Zeitpunkt wurde die Verteidigung von Moschtschun von einer Kompanie der 72. Mechanisierten Brigade übernommen, geführt von Hauptmann Roman Kovalenko. Dieser war nur wenige Wochen zuvor in die Fußstapfen seines Zwillingsbruders Dmytro getreten und Kompaniechef in der 72. Brigade geworden. Jahrelang hatten die 36-jährigen Zwillinge in der östlichen Donbass-Region des Landes gekämpft. Jetzt kamen sie am Rande von Kiew zum Einsatz: Roman im Nordwesten, Dmytro im Nordosten.

Als die Russen in großer Zahl über den Fluss vorstießen, gingen Kovalenko und seine Soldaten zum Angriff über, feuerten mit Granatwerfern und schossen aus Schützenpanzern im Nahkampf. Doch als die Munition der Ukrainer zur Neige ging, befahl Kovalenko seinen Männern, sich in die Dorfmitte von Moschtschun zurückzuziehen. Dort kamen nun ukrainische Spezialeinheiten und andere Truppenteile an, von denen einige mit Javelin-Panzerabwehrraketen ausgerüstet waren, die von den USA geliefert worden waren. Die Russen griffen die Ukrainer kontinuierlich mit Grad-Raketenwerfern, Artilleriefeuer, Mörserbeschuss, Luftangriffen, Drohnen und Kampfhubschraubern an. Auch setzten die russischen Streitkräfte die ukrainischen Drohnen außer Gefecht und störten die elektronische Kommunikation.

Die Ukrainer hätten weiter gekämpft, so Kovalenko, und die Russen daran gehindert, das Gebiet zu überrennen. „Man ist so erschöpft, dass man nachts einfach ohnmächtig wird", sagte Kovalenko. „Der Beschuss ist einem egal, was auch immer fliegt, man muss einfach ein oder zwei Stunden schlafen. Es ist einem egal, ob es friert, schneit oder regnet, ob man von Schlamm umgeben ist. Man legt sich einfach hin." Kovalenko weiter: „Viele sind psychisch überfordert. „Es ist schwer, nicht zusammenzubrechen, und manchmal bin auch ich zusammengebrochen."

(https://www.washingtonpost.com/national-security/interactive/2022/kyiv-battle-ukraine-survival/)

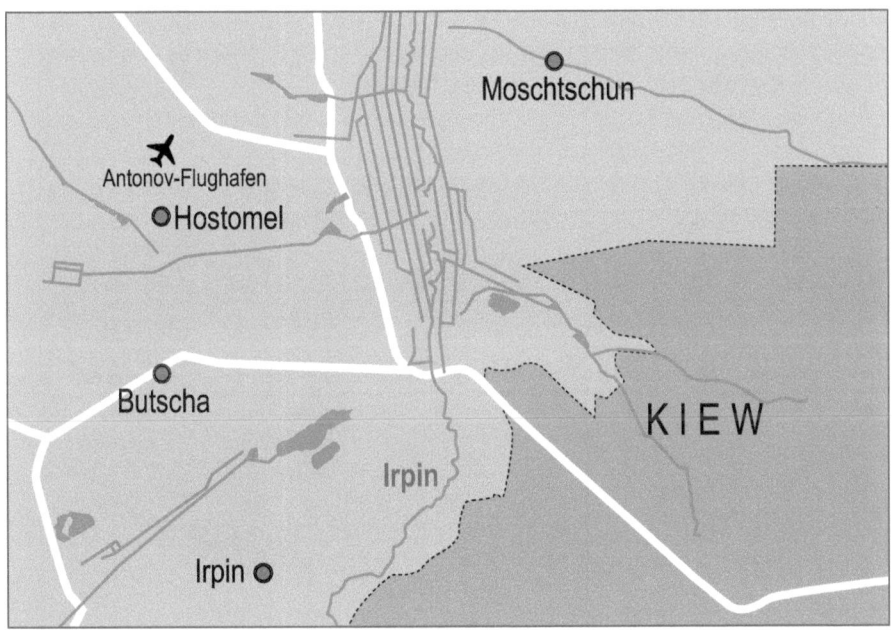

Die russischen Truppen, die über Moschtschun vorrückten, mussten den Irpin überqueren, einen rechten (westlichen) Nebenfluss des Dnjepr, um nach Hostomel, Irpin und Kiew zu gelangen.

Am 11. März begannen die Russen, das Dorf Moschtschun von allen Seiten anzugreifen, um die ukrainischen Stellungen zu überwinden. „An diesem Tag fühlte ich mich, als hätte man mir mindestens achtmal mit einem Hammer auf den Kopf geschlagen, weil alles direkt neben uns niederfiel", sagte Kovalenko. „Viele unserer Soldaten erlitten Gehirnerschütterungen. Viele wurden von Trümmern getroffen. Alles, was sie hatten – Flieger, Artillerie, Grads – schoss auf unsere Gräben, um uns da rauszuholen."

Die Ukrainer brachten Panzer und erfahrenere Kämpfer ins Dorf, um den Ansturm abzuwehren. Kovalenko wurde mit einer Kopfverletzung ins Krankenhaus gebracht. Tränen liefen ihm über das Gesicht, als er auf der Straße nach Kiew seinen Bruder anrief. „Wir haben sie zurückgehalten", sagte er. Er konnte nicht glauben, dass er noch am Leben war.

Unter dem Einfluss des schweren russischen Artilleriebeschusses zogen sich die ukrainischen Truppen in den folgenden Tagen allmählich an den Rand des Dorfes zurück. In der Folgezeit errichteten sie neue Verteidigungsposten im Wald bei Moschtschun. Doch etwas später landeten russische Fallschirmjäger auf der ukrainischen Seite des Flusses in der Nähe des Dorfes, so Oberst Oleksandr Vdovichenko, Kommandeur der 72. Brigade. Er teilte dem Oberbefehlshaber Walerij Saluschnyj mit, dass sich die ukrainischen Streitkräfte möglicherweise aus dem Dorf zurückziehen müssten, weil sie nicht die Kraft und die Mittel hätten, es zu halten. „Wir werden nach Kräften und Mitteln suchen", antwortete Saluschnyj.

Daraufhin änderte Vdovichenko seine Taktik. Er begann, die Truppen zu rotieren: Eine Einheit wurden nie länger als drei Tage lang eingesetzt. Auch konnte er über ein neues Bataillon als Verstärkung verfügen. „Wegen der Intensität des Beschusses und der Kälte war es (den Russen) unmöglich, länger zu bleiben", sagte Vdovichenko schließlich.

(https://www.washingtonpost.com/national-security/interactive/2022/kyiv-battle-ukraine-survival/)

Eine Kolonne ukrainischer Panzerhaubitzen auf dem Weg in den Einsatz

Was der Leichnam eines russischen Gefallenen verriet

Der russische Soldat lag tot in der Nähe des Dorfes Moschtschun. An seiner Uniform konnten die ukrainischen Truppen, die seinen Leichnam fanden, erkennen, dass er zu einer russischen Eliteeinheit gehört hatte. Der Soldat hatte einen Satz Karten bei sich, zerknittert und schmutzig, aber noch lesbar. Er hatte zur Einheit 07264 der 76. Garde-Luftangriffsdivision aus Pskow im Westen Russlands gehört. Hunderte ihrer Männer waren an dem ersten Angriff auf den Flughafen Hostomel beteiligt gewesen. Die Karten waren mit „geheim" beschriftet und trugen ein handschriftliches Datum, das angab, wann die befehlshabenden Offiziere sie an die Truppen weitergegeben hatten: 22. Februar 2022, zwei Tage vor Beginn der Invasion. „So viel Vorwarnung hatten sie", sagte Oleksij Danilov, Sekretär des Nationalen Sicherheits- und Verteidigungsrates der Ukraine. „Zwei Tage, bevor sie herkamen, um zu sterben."

Ein Offizier der ukrainischen Spezialeinheiten hatte Danilov die Karte überbracht. Was diesen am meisten erstaunte, war das eigentliche Datum der Karte: 1989. Das war zwei Jahre vor der Auflösung der Sowjetunion. Das russische Militär hatte es bei seinem Versuch, den Expansionsdrang von Wladimir Putin zu befriedigen, offenbar versäumt, seine Karten des Landes, in das es einmarschieren sollte, zu aktualisieren. Sie hatten einfach ins Archiv gegriffen und eine rote Linie gezeichnet, die entlang der alten Autobahnen von Weißrussland im Norden durch die Sperrzone von Tschernobyl bis hinunter ins Zentrum von Kiew führte.

So kamen die russischen Kommandos wie Reisende aus der Vergangenheit an und wussten nichts über die Veränderungen in der Ukraine, über die neuen Brücken und Autobahnen, über die Wälder, die gerodet worden waren, um Platz für neue Häuser zu schaffen, über die Schulen und Einkaufszentren, die in den Jahren seit der Unabhängigkeit der Ukraine gebaut worden waren. Nichts davon war auf dieser Karte eingezeichnet. „Kann man sich das vorstellen?", sagte Danilov. Ihre Karten, erklärte er, stammten aus einer anderen Zeit, genau wie ihre Strategie und ihre Mentalität. Der Fehler hat wahrscheinlich viele russische Soldaten das Leben gekostet. In der Schlacht um Kiew sprang eine Gruppe von Fallschirmjägern auf einer weitläufigen Lichtung ab, die auf ihren Karten als Waldgebiet eingezeichnet war. Folglich hatten die Fallschirmjäger bei der Landung keine Deckung und wurden von den Ukrainern mit Maschinengewehrfeuer und Artillerie beschossen. Russischen Truppen ging es genauso, als sie mit ihren Panzerkolonnen und Mannschaftstransportern in Richtung Kiew vorrückten.

(Simon Shuster, The Showman, S. 229 f.)

Der Rückzug der Russen

Einige Tage später konnten die Ukrainer die russischen Truppen bei Moschtschun auf zwei Seiten blockieren und sie so am Vormarsch hindern. Sie begannen, die Stellen, an denen sich die Russen sammelten, mit schwerer Artillerie zu beschießen, um die russischen Verluste zu steigern. Der Preis für Putin sollte so hoch wie möglich werden, denn eine neue Rekrutierungswelle wäre in Russland außerordentlich unbeliebt gewesen. Die Russen wichen mithilfe ihrer Pontons über den Fluss aus und konnten zwar Butscha (nahe Hostomel und Irpin) besetzen, aber es gab noch weitere Kampfgebiete in der Region, in denen die ukrainische Verteidigung den russischen Vormarsch stoppen konnte. Als die Verluste zu hoch wurden, zogen sich die Russen vollständig aus dem Raum um Kiew zurück. Nach offiziellen ukrainischen Angaben befanden sich ab dem 2. April 2022 keine russischen Truppen mehr im Oblast Kiew.

Moschtschun, ein Dorf nördlich von Kiew, wurde im März 2022 Schauplatz heftiger Kämpfe.

Quellen: Die Schlacht um Kiew

Bücher

- Galeotti, Mark, Putin's Wars, From Chechnya to Ukraine, Oxford 2024
- Plokhy, Serhii, The Russo-Ukrainian War, Oxford 2023
- Ramani, Samuel, Putin's War on Ukraine, Russia's Campaign for Global Counter-Revolution, London 2023
- Shuster, Simon, The Showman, Inside the Invasion That Shook the World and Made a Leader of Volodymyr Zelensky, New York 2024

Online-Publikationen

- https://en.wikipedia.org/wiki/Prelude_to_the_Russian_invasion_of_Ukraine
- https://bbcrussian.substack.com/p/ukraine-war-the-fight-for-hostomel-airfield
- https://www.washingtonpost.com/national-security/interactive/2022/kyiv-battle-ukraine-survival/
- https://www.atlanticcouncil.org/blogs/ukrainealert/how-to-make-a-russian-invasion-of-ukraine-prohibitively-expensive/
- https://www.bbc.com/news/world-europe-64664944
- https://www.newyorker.com/news/dispatch/the-siege-of-chernihiv
- https://www.theguardian.com/world/2022/mar/28/the-drone-operators-who-halted-the-russian-armoured-vehicles-heading-for-kyiv

Kapitel 6

Erste Friedensverhandlungen

Es gab mehrere Runden von Friedensgesprächen, um die russische Invasion in der Ukraine zu stoppen und den Russisch-Ukrainischen Krieg mit einem Waffenstillstand zu beenden. Das erste Treffen fand am 28. Februar 2022, vier Tage nach Beginn der Invasion, in Weißrussland statt. Es endete ohne Ergebnis, und die Delegationen kehrten zu Konsultationen in ihre Hauptstädte zurück. Eine zweite und eine dritte Gesprächsrunde fanden am 3. und 7. März 2022 an einem ungenannten Ort in der weißrussischen Region Gomel nahe der Grenze zur Ukraine statt. Eine vierte und eine fünfte Gesprächsrunde wurden am 10. bzw. 14. März in Antalya (Türkei) abgehalten.

Bei mehreren Treffen Ende März legten die Verhandlungsführer Russlands und der Ukraine das Istanbul-Kommuniqué „Key Provisions of the Treaty on Ukraine's Security Guarantees" (Die wichtigsten Bestimmungen des Vertrags über die Sicherheitsgarantien der Ukraine) vor, das den Rahmen für ein mögliches Abkommen bilden sollte. Das Abkommen hätte die Ukraine zu einem neutralen Staat erklärt, eine Obergrenze für ihr Militär festgelegt und Russland sowie westliche Länder, darunter die USA und Großbritannien, verpflichtet, der Ukraine beizustehen, falls das Land angegriffen würde. Die Gespräche hätten fast zu einer Einigung geführt, wobei beide Seiten weitreichende Zugeständnisse in Erwägung zogen, wurden aber im Mai 2022 abgebrochen. Die Russen stellten eine Reihe von Bedingungen und verlangten praktisch die Kapitulation der Ukraine.

Die „Entnazifizierung" der Ukraine

Kurz vor der Invasion hatte Russland einen internationalen Vertrag gefordert, der den Beitritt der Ukraine zur NATO verhindern sollte, aber auch den Rückzug der NATO-Truppen aus den derzeitigen Mitgliedsstaaten und die Wiederherstellung des Status Quo von 1997, also vor der NATO-Osterweiterung. Dies wurde von der NATO abgelehnt, da es gegen ihre „Politik der offenen Tür" und das Prinzip der Selbstbestimmung verstoßen würde. Die NATO bot an, die Kommunikation mit Russland zu verbessern und über die Raketenstationierung sowie Truppenmanöver zu sprechen, sofern Russland sein Militär von den ukrainischen Grenzen abziehe.

Zu Beginn der Invasion forderte Russland unter anderem die Anerkennung der Annexion der Krim durch Russland, die Anerkennung der Volksrepubliken Donezk und Luhansk als unabhängige Staaten sowie die „Entmilitarisierung" und „Entnazifizierung" der Ukraine, ohne jedoch die Bedeutung dieser Begriffe zu definieren. Die russische Propaganda behauptete, die ukrainische Regierung bestehe aus Neonazis, die einen „Völkermord im Donbass" verübten. In einem Leitartikel „Was Russland mit der Ukraine tun sollte", der in den russischen Staatsmedien erschien, wurde die „Entnazifizierung" als Auslöschung der ukrainischen nationalen Identität erklärt. Der Völkermordforscher Eugene Finkel kommentierte, das Dokument sei wohl ein Eingeständnis der Absicht, in der Ukraine einen Völkermord zu begehen. Es ist unklar, inwieweit der Leitartikel die offizielle Politik widerspiegelte, aber der ukrainisch-kanadische Diplomat Roman Waschuk meinte, dass das Erscheinen des Leitartikels zur gleichen Zeit wie das von russischen Truppen verübte Massaker von Butscha die Verhandlungen wohl erschwert habe.

Gegen die globale Vormachtstellung der USA

Im September 2022 berichtete die Nachrichtenagentur Reuters, dass Putins Gesandter für die Ukraine, Dmitrij Kosak (siehe S. 92), eine vorläufige Vereinbarung getroffen habe, die Russlands Forderung nach einer Beendigung der Partnerschaft der Ukraine mit der NATO erfüllte, doch wurde der Plan von Putin abgelehnt, der eine umfassende militärische Invasion vorzog. Nachdem Russland erklärt hatte, die ukrainischen Regionen Cherson und Saporischschja annektiert zu haben, machte Kreml-Sprecher Dmitri Peskow zur Bedingung, dass diese zusätzlichen Annexionen vor jedem Friedensplan anerkannt werden müssten. Im April 2023 sagte der russische Außenminister Sergej Lawrow, er wolle, dass sich jegliche Friedensverhandlungen auf die Schaffung einer „neuen Weltordnung" konzentrierten, um der globalen Hegemonie der USA entgegenzuwirken. Im Januar 2024, also zwei Jahre nach der Invasion, gab Putin erneut Erklärungen ab, die das Institute for the Study of War so interpretierte, dass Russlands maximale Ziele in der Ukraine unverändert blieben, was auf eine vollständige Kapitulation der Ukraine hinauslaufen müsse.

Zwei Monate vor der Invasion hatte der ukrainische Außenminister Dmytro Kuleba die Idee zurückgewiesen, dass eine Neutralitätserklärung der Ukraine eine russische Aggression verhindern würde. Er hatte darauf hingewiesen, dass die Ukraine 2014 bereits ein neutrales Land gewesen sei, als Russland die Krim besetzt habe und in den Donbass einmarschiert sei.

In den Verhandlungen im März und April 2022 war die Ukraine dann bereit, einen neutralen Status in Erwägung zu ziehen, d. h. sie würde keinem Militärbündnis beitreten und keine Streitkräfte anderer Nationen auf ihrem Territorium zulassen, wenn sie von ihren europäischen Verbündeten Sicherheitsgarantien erhalten würde. Doch als Reaktion auf die russischen Angriffe auf zivile Ziele im selben Jahr sagte Kuleba dann: „Angesichts solcher massiven Kriegsverbrechen kann es keine Neutralität geben. So zu tun, als sei man neutral, bedeutet, sich auf die Seite Russlands zu stellen."

Diplomatische Aktivitäten

In den frühen Morgenstunden des 24. Februars 2022 griff die russische Luftwaffe Ziele in der gesamten Ukraine an. Gleichzeitig drangen Moskaus Infanterie und Panzer aus dem Norden, Osten und Süden in das Land ein. Dies waren die ersten Tage und Wochen einer Invasion, die durchaus mit einer Niederlage und Unterwerfung der Ukraine durch Russland hätte enden können. Rückblickend erscheint es fast wie ein Wunder, dass es nicht dazu kam.

Was auf dem Schlachtfeld geschah, war in der Presse zu lesen. Was weniger bekannt ist, waren die gleichzeitigen und intensiven diplomatischen Aktivitäten zwischen Moskau, Kiew und einer Vielzahl anderer, die bereits wenige Wochen nach Kriegsbeginn zu einer Einigung hätten führen können. Ende März 2022 fanden mehrere Treffen in Weißrussland und der Türkei sowie Treffen per Videokonferenz statt, deren Ergebnis das sogenannte Istanbul-Kommuniqué war, in dem ein Rahmen für eine Einigung abgesteckt wurde. Die ukrainischen und russischen Unterhändler begannen daraufhin mit der Ausarbeitung eines Vertragstextes und erzielten erhebliche Fortschritte auf dem Weg zu einer Einigung. Doch im Mai wurden die Gespräche abgebrochen. Der Krieg wütete weiter. Was war geschehen? Wie nahe waren die Parteien der Beendigung des Krieges? Und warum haben sie sich nie auf ein Abkommen geeinigt?

Krieg und Verhandlungen

Wie in jedem anderen militärischen Konflikt bestimmt auch in diesem Krieg das Geschehen auf dem Schlachtfeld den Rahmen für die Diplomatie. Die beiden Parteien sind bestrebt, ihre jeweiligen Kriegsziele zu erreichen, und versuchen, einen günstigen „militärischen Ausstiegshorizont" für Verhandlungen zu schaffen. Russland will weiterhin den ukrainischen Staat durch Besetzung und Zerstörung zu vernichten. Die Ukraine ist bemüht, dies zu verhindern, indem sie für die Befreiung der besetzten Gebiete kämpft und sich gegen russische Luftangriffe verteidigt.

Bislang gab es mehrere Phasen dieses Krieges, die jeweils den Rahmen für die Aktivitäten auf diplomatischer Ebene bildeten. Phase 1 dauerte vom Beginn der Invasion im Februar 2022 bis zum Ende der ersten ukrainischen Gegenoffensive im Herbst 2022.

Der anfänglich zügige Vormarsch Russlands erweckte den Eindruck einer überwältigenden Überlegenheit. Doch angesichts des starken ukrainischen Widerstands waren die russischen Streitkräfte gezwungen, die Belagerung von Kiew Ende März und die Nordfront im April aufzugeben. Daraufhin konzentrierte Moskau seine Truppen im Osten und Süden der Ukraine. Während der ersten Gegenoffensive zwischen August und November 2022 konnte sich die Ukraine von diesem Druck befreien.

(https://www.swp-berlin.org/publications/products/comments/2023C53_UkraineWar_Diplomacy.pdf)

Unklarheiten

Um diese kritische Episode des Krieges zwischen Russland und der Ukraine besser analysieren zu können, wurden die zwischen beiden Seiten ausgetauschten Vertragsentwürfe untersucht. Samuel Charap und Sergey Radchenko, die beiden Autoren der Analyse, führten auch Interviews mit Teilnehmern an den Gesprächen sowie mit westlichen Regierungsbeamten, denen Anonymität zugesichert wurde. Zusätzlich wurde noch der zeitliche Ablauf der Ereignisse vom Beginn der Invasion bis Ende Mai, als die Gespräche scheiterten, genauer betrachtet und mit der Entwicklung auf dem Gefechtsfeld verglichen.

Einige Beobachter und Regierungsbeamte, aber vor allem auch der russische Präsident Putin behaupteten, dass ein Abkommen auf dem Tisch gelegen habe, das den Krieg hätte beenden können. Doch die Ukraine habe aufgrund des Drucks ihrer westlichen Unterstützer und ihrer eigenen Annahmen über eine militärische Schwäche Russlands davon Abstand genommen. Andere Insider hielten überhaupt nichts von diesen Gesprächen; sie behaupteten, dass die Parteien nur den Schein hätten wahren und Zeit für eine Neuausrichtung auf dem Schlachtfeld hätten gewinnen wollen oder dass die Vertragsentwürfe ohnehin unseriös gewesen seien.

Jede dieser Interpretationen enthält vermutlich ein Körnchen Wahrheit. Doch lassen solche einseitigen Darstellungen ein Argument außer Acht: Ist es denkbar, dass in einem ganz frühen Stadium von Moskaus Aggression Russen und Ukrainer beinahe ein Abkommen geschlossen hätten, das den Krieg beendet und der Ukraine multilaterale Sicherheitsgarantien gegeben hätte? Sicherheitsgarantien, die ihr auch den Weg zur dauerhaften Neutralität und später zur Mitgliedschaft in der EU geebnet hätten? Das Ganze erscheint unwahrscheinlich.

Eine endgültige Einigung war aus mehreren Gründen nicht möglich. Die westlichen Partner Kiews zögerten, sich auf Verhandlungen mit Russland einzulassen, vor allem, weil sie dadurch neue Verpflichtungen zur Gewährleistung der Sicherheit der Ukraine hätten eingehen müssen. Darüber hinaus hatte sich die öffentliche Stimmung in der Ukraine aufgrund der russischen Gräueltaten in Irpin und Butscha verhärtet. Und mit dem Scheitern der russischen Umzingelung von Kiew war die Zuversicht von Präsident Selenskyj gewachsen, dass er mit ausreichender westlicher Unterstützung den Krieg gewinnen könne.

Was wollten die Russen mit dem Einmarsch in die Ukraine erreichen? Am 24. Februar 2022 hielt Putin eine Rede, in der er den Einmarsch mit dem vagen Ziel der „Entnazifizierung" des Landes rechtfertigte. Die einfachste Interpretation des Begriffs Entnazifizierung war, dass Putin die Regierung in Kiew stürzen und dabei wohl Selenskyj gefangen nehmen oder töten lassen wollte. Die folgenreichste Interpretation ist, dass der Begriff das meint, was in Butscha während der Besatzungszeit geschah: ein Massaker an der zivilen Bevölkerung. (Mehr dazu in Kapitel 7.)

Lukaschenko als Vermittler

Doch schon kurz nach der Invasion begann Moskau, nach Gründen für einen Kompromiss zu suchen. Ein Krieg, von dem Putin erwartet hatte, dass er ein Kinderspiel sein werde, das nach drei Tagen beendet sein könne, erwies sich schnell als Illusion. Seine frühe Gesprächsbereitschaft deutet darauf hin, dass er die Idee eines Regimewechsels aufgegeben zu haben schien. Wie schon vor dem Krieg bekundete Selenskyj sein Interesse an einem Treffen mit Putin. Doch während der russische Präsident sich weigerte, persönlich mit Selenskyj zu sprechen, ernannte er ein Verhandlungsteam. Der weißrussische Präsident Alexander Lukaschenko übernahm die Rolle des Vermittlers.

Alexander Lukaschenko, Präsident von Weißrussland (Belarus) und Partner Putins

137

Erste Runde in Weißrussland: 28. Februar 2022

Die Gespräche begannen am 28. Februar in einem der komfortablen Landsitze Lukaschenkos in der Nähe des Dorfes Liaskavichy, etwa 50 km von der weißrussisch-ukrainischen Grenze entfernt, am Fluss Prypjat. Die ukrainische Delegation wurde von Dawyd Arachamija, dem Fraktionsvorsitzenden von Selenskyjs Partei Sluha narodu (Diener des Volkes), geleitet und umfasste Verteidigungsminister Oleksij Resnikow, Präsidentenberater Mykhailo Podolyak und andere hochrangige Beamte. Das Präsidialamt Selenskyjs erklärte, dass die Hauptziele darin bestünden, einen sofortigen Waffenstillstand und den Abzug der russischen Truppen aus der Ukraine zu fordern.

Die russische Delegation wurde von Wladimir Medinski geleitet, einem hochrangigen Berater des russischen Präsidenten, der zuvor als Kulturminister tätig gewesen war. Der Delegation gehörten unter anderem die stellvertretenden Minister für Verteidigung und Auswärtige Angelegenheiten an.

Bei dem ersten Treffen stellten die Russen eine Reihe kompromissloser Bedingungen und verlangten praktisch die Kapitulation der Ukraine. So kam es zu keinen Vereinbarungen.

Dawyd Arachamija, Leiter der ukrainischen Delegation

Zweite Runde: 3. März 2022

Beide Seiten erklärten sich bereit, humanitäre Korridore für die Evakuierung der Zivilbevölkerung zu öffnen. Russland forderte die Anerkennung der von Russland besetzten Halbinsel Krim durch die Ukraine, die Unabhängigkeit der von Separatisten kontrollierten Gebiete von Luhansk und Donezk sowie eine „Entmilitarisierung" und „Entnazifizierung". Der ukrainische Außenminister Dmytro Kuleba erklärte, sein Land sei zwar zur Wiederaufnahme der Gespräche bereit, kritisierte aber, dass sich die russischen Forderungen nicht geändert hätten.

Am 6. März wurde der ukrainische Regierungsbeamte Denys Kirejew tot aufgefunden. Man hatte ihn verdächtigt, für Russland zu arbeiten, und des Hochverrats beschuldigt. Nachdem er an der ersten Runde der Friedensgespräche teilgenommen hatte, kursierten Bilder von seinem Leichnam.

Vermittlungsversuch

Am 5. März 2022 flog der israelische Premierminister Naftali Bennett nach Moskau und konferierte drei Stunden lang mit Putin. Anschließend flog er nach Deutschland und traf sich mit Bundeskanzler Olaf Scholz. Zuvor hatte Bennett auch mit Selenskyj gesprochen, der ihn um Hilfe bei der Vermittlung für einen Waffenstillstand gebeten hatte. Bennett hatte sich auch mit den USA und Frankreich abgestimmt.

Die Chancen auf ein Waffenstillstandsabkommen standen nach Bennetts Ansicht 50:50. Doch die westlichen Staaten, die die Ukraine unterstützten, stoppten das Abkommen. Später äußerte Bennett Zweifel an der Zweckmäßigkeit eines solchen Abkommens.

Dritte Runde: 7. März 2022

Eine dritte Verhandlungsrunde begann am 7. März inmitten anhaltender Kämpfe und Bombardierungen. Dmitri Peskow, Putins Pressesprecher, wiederholte die Forderung Moskaus, die Ukraine solle ihre Verfassung ändern, um die Neutralität zu verankern. Zudem solle sie akzeptieren, dass die Krim russisches Territorium sei, und Donezk und Luhansk als unabhängige Staaten anerkennen. Peskow behauptete, Russland sei bereit, die Militäroperationen sofort einzustellen, wenn Kiew diesen Bedingungen zustimme.

Der ukrainische Unterhändler und Präsidentenberater Mykhailo Podolyak teilte per Twitter mit: Obwohl es noch zu keiner Einigung gekommen sei, habe es „einige kleine positive Veränderungen in Bezug auf die humanitären Korridore gegeben".

Sicherheitsgarantien?

In diesen Verhandlungen begannen die Ukrainer, sich auch auf die Frage zu konzentrieren, die für den Ausgang des Krieges von zentraler Bedeutung sein würde: Sicherheitsgarantien, die andere Staaten dazu verpflichten, die Ukraine zu verteidigen, falls Russland erneut angreifen sollte. Es ist nicht ganz klar, wann Kiew dieses Thema zum ersten Mal in Gesprächen mit den Russen oder westlichen Ländern ansprach.

Was der ukrainische Außenminister Kuleba im Sinn zu haben schien, war eine multilaterale Sicherheitsgarantie, bei der sich westliche Staaten zur Verteidigung der Ukraine verpflichten würden, unter der Bedingung, dass die Ukraine nicht mit einem der Garantiegeber bilateral verbündet sei.

Antalya-Diplomatie-Forum: 10. März 2022

Am 10. März sprach Außenminister Kuleba, der sich zu einem Treffen mit seinem russischen Amtskollegen Sergej Lawrow in Antalya (Türkei) aufhielt, von einer „systematischen, nachhaltigen Lösung" für die Ukraine und fügte hinzu, die Ukraine sei „bereit, über die Garantien zu sprechen, die sie von den NATO-Mitgliedstaaten und Russland zu erhalten hofft". Solche Abkommen gerieten nach dem Ende des Kalten Krieges weitgehend in Vergessenheit. Die NATO bietet zwar eine kollektive Verteidigung gegen einen gemeinsamen Feind, doch die Ukraine ist nicht Mitglied der NATO und sucht deshalb Beistandszusagen aus dem Westen als Schutz vor einem weiteren Angriff.

Die Ukraine hatte bereits eine bittere Erfahrung mit einer weniger eindeutigen Version dieser Art von Abkommen gemacht – einem multilateralen Sicherheitsversprechen, im Unterschied zu einer Garantie. Im Jahr 1994 hatte sie das sogenannte Budapester Memorandum unterzeichnet, war dem Vertrag über die Nichtverbreitung von Kernwaffen beigetreten und hatte sich bereit erklärt, das damals drittgrößte Atomwaffenarsenal der Welt aufzugeben. Im Gegenzug versprachen Russland, Großbritannien und die USA, die Ukraine nicht anzugreifen. Entgegen einer weit verbreiteten Fehleinschätzung verpflichteten sich die Unterzeichner des Abkommens im Falle eines Angriffs auf die Ukraine lediglich dazu, die Einberufung des UN-Sicherheitsrats zu beantragen, nicht aber zur Verteidigung des Landes.

Die russische Invasion in großem Stil und der Umstand, dass die Ukraine in einem existenziellen Krieg auf sich allein gestellt war, veranlasste Kiew, einen Weg zu finden, um die Aggression zu beenden und sicherzustellen, dass sie sich nicht wiederholen kann.

Vierte Runde: 14.–17. März 2022

Die Verhandlungsrunde begann am 14. März per Videokonferenz. Die Gespräche dauerten einige Stunden und endeten ohne einen Durchbruch. Beide Seiten wollten die Gespräche am 15. März wieder aufnehmen.

In einer Nachricht auf seinem Telegram-Kanal forderte Selenskyj „normale, wirksame Sicherheitsgarantien", die nicht „wie die von Budapest" sein sollten. In einem Interview mit ukrainischen Journalisten zwei Tage danach erklärte sein Berater Mykhailo Podolyak, was Kiew anstrebe, seien absolute Sicherheitsgarantien, die beinhalten würden, dass die Unterzeichner im Falle eines Angriffs auf die Ukraine nicht abseits blieben, wie es jetzt der Fall sei. Stattdessen müssten sie sich im Falle eines Krieges aktiv an der Verteidigung der Ukraine beteiligen.

Gedankenspiel

Wenn die USA und ihre Verbündeten nicht bereit waren, der Ukraine vor einem Krieg solche Garantien (z. B. in Form einer NATO-Mitgliedschaft) zu geben, warum sollten sie es dann tun, nachdem Russland seine Bereitschaft, die Ukraine anzugreifen, so anschaulich demonstriert hatte?

Die ukrainischen Verhandlungsführer entwickelten eine Antwort auf diese Frage, die ihre westlichen Kollegen jedoch letztlich nicht überzeugte. Kiew vertrat den Standpunkt, dass Russland entsprechend dem sich abzeichnenden Garantiekonzept ebenfalls ein Garant sein würde. Das bedeutete, dass Moskau im Wesentlichen damit einverstanden sein müsste, dass die anderen Garanten im Falle eines erneuten Angriffs zum militärischen Eingreifen verpflichtet wären. Präsident Putin müsste also hinnehmen, dass jede künftige Aggression gegen die Ukraine einen Krieg zwischen Russland und den NATO-Staaten bedeuten würde.

Neuer Unterhändler

Am 16. März 2022 berichtete die Financial Times, dass ein mit den Russen ausgehandelter 15-Punkte-Plan, der erstmals am 14. März erörtert worden war, von Selenskyj als realistisch für die Beendigung des Krieges bezeichnet wurde. Am Morgen dieses Tages war der ukrainische Präsidentenberater Mykhailo Podolyak, der bereits vorher an den Verhandlungen teilgenommen hatte, zum Chefunterhändler der ukrainischen Friedensdelegation ernannt worden.

Mykhailo Podolyak wies darauf hin, dass die Verhandlungen über den 15-Punkte-Plan den Rückzug der russischen Streitkräfte von ihren vorgeschobenen Stellungen in der Ukraine beinhalteten, ebenso wie internationale Garantien für militärische Unterstützung und ein Bündnis im Falle erneuter russischer Militäraktionen – wenn die Ukraine im Gegenzug keine weitere Anbindung an die NATO anstrebe.

Nach dem vierten Tag der Gespräche, am 17. März, erklärte Russland, dass keine Einigung erzielt worden sei. Im Anschluss an die Gespräche warnte der französische Außenminister Jean-Yves Le Drian, dass Russland nur „so tue, als ob es verhandeln wolle", was einer Strategie entspreche, die es bereits in anderen Fällen angewandt habe.

Kriegsverlauf
Den ganzen März über wurde an allen Fronten heftig gekämpft. Die Russen versuchten, Tschernihiw, Charkiw und Sumy einzunehmen, scheiterten aber, während alle drei Städte schwere Schäden erlitten. Mitte März war der Vormarsch der russischen Armee auf Kiew ins Stocken geraten, und sie musste große Verluste hinnehmen.

Verhandlungen in Istanbul: 29.–30. März 2022

Die beiden Delegationen setzten ihre Gespräche per Videokonferenz fort und vereinbarten ein erneutes persönliches Treffen für den 29. März in Istanbul. Im Vorfeld erklärte der türkische Präsident Recep Erdoğan, die Ukraine sei bereit, vier der sechs russischen Forderungen zuzustimmen. Er berichtete, die Ukraine werde auf die angestrebte NATO-Mitgliedschaft verzichten und Russisch zur zweiten Amtssprache der Ukraine machen. Laut Erdoğan sei die Ukraine aber nicht bereit, die russische Annexion der Krim oder von Teilen der Gebiete Luhansk und Donezk anzuerkennen. Die Ukraine werde vorschlagen, im Gegenzug für Sicherheitsgarantien im Sinne von Artikel 5 der NATO einen neutralen Status einzunehmen.

Das Istanbul-Kommuniqué
Der vorgesehene Vertrag hätte die Ukraine zu einem neutralen, nichtnuklearen Staat erklärt. Die Ukraine hätte auf jegliche Absicht verzichtet, Militärbündnissen beizutreten oder ausländische Militärstützpunkte oder Truppen auf ihrem Boden zuzulassen. In dem Kommuniqué wurden die ständigen Mitglieder des UN-Sicherheitsrats (einschließlich Russlands) sowie Kanada, Deutschland, Israel, Italien, Polen und die Türkei als mögliche Garanten genannt.

In dem Kommuniqué hieß es ferner, dass alle Garantenstaaten im Falle eines Angriffs auf die Ukraine und eines Hilfeersuchens verpflichtet wären, der Ukraine Hilfe zur Wiederherstellung ihrer Sicherheit zu leisten. Bemerkenswerterweise wurden diese Verpflichtungen präziser formuliert als in Artikel 5 der NATO. Dazu sollten nämlich gehören: Verhängung einer Flugverbotszone, Lieferung von Waffen oder direktes Eingreifen mit den eigenen Streitkräften des Garantiegebers.

EU-Mitgliedschaft

Obwohl die Ukraine in dem vorgeschlagenen Rahmen dauerhaft neutral wäre, würde der Weg Kiews zur EU-Mitgliedschaft offenbleiben, und die Bürgschaftsstaaten, darunter Russland, würden ausdrücklich „ihre Absicht bestätigen, die Mitgliedschaft der Ukraine in der Europäischen Union zu erleichtern". Das war schon außergewöhnlich: 2013 hatte Putin den ukrainischen Präsidenten

Wiktor Janukowitsch unter Druck gesetzt, damit er von einem Assoziierungsabkommen mit der EU abrückt. Nun erklärte sich Russland bereit, den Beitritt der Ukraine zur EU zu „erleichtern".

Das Interesse der Ukraine an diesen Sicherheitsgarantien lag klar auf der Hand, jedoch war es nicht ersichtlich, warum Russland dem zustimmen sollte. Nur wenige Wochen zuvor hatte Putin noch versucht, Kiew zu besetzen, die Regierung zu stürzen und ein Marionettenregime zu errichten. Wieso sollte er sich plötzlich dazu entschließen zu akzeptieren, dass die Ukraine, die Russland nun feindlicher denn je gegenüberstand, Mitglied der EU werden sollte und ihre Unabhängigkeit und Sicherheit unter anderem von den USA garantiert bekäme? Und doch legt das Kommuniqué nahe, dass Putin genau das zu akzeptieren bereit war.

Über die Gründe konnten nur Vermutungen angestellt werden. Da sich Moskaus Lage auf dem Schlachtfeld immer weiter verschlechterte – der Blitzkrieg war gescheitert, das war schon Mitte März klar –, wurde Putins Verhandlungsposition immer schwieriger. Vielleicht war der russische Präsident nun bereit, seine Verluste zu begrenzen, wenn er seine älteste Forderung durchsetzen konnte: Die Ukraine solle auf ihre NATO-Bestrebungen verzichten und niemals die Stationierung von NATO-Truppen auf ihrem Territorium verlangen.

Russischer Optimismus

Wladimir Medinski, Leiter der russischen Delegation, äußerte sich am 29. März, unmittelbar nach Abschluss der Gespräche, ausgesprochen optimistisch und erklärte, dass die Gespräche über die Neutralität der Ukraine in die praktische Vertragsphase eintreten würden und dass es trotz aller Schwierigkeiten möglich sei, dass Putin und Selenskyj ihn in absehbarer Zeit unterzeichnen würden.

Am folgenden Tag erklärte Medinski gegenüber Reportern: „Gestern hat die ukrainische Seite zum ersten Mal schriftlich ihre Bereitschaft bekundet, eine Reihe der wichtigsten Bedingungen für den Aufbau normaler und gutnachbarlicher Beziehungen zu Russland zu erfüllen." Er fuhr fort: „Sie übergaben uns die schriftlich fixierten Prinzipien einer möglichen zukünftigen Regelung." In jenen Tagen stellte Russland seine Bemühungen ein, Kiew zu erobern, und zog seine Truppen von

der gesamten Nordfront zurück. Alexander Fomin, stellvertretender russischer Verteidigungsminister, gab die Entscheidung zum Rückzug am 29. März in Istanbul bekannt und bezeichnete dies als einen Versuch, „wechselseitiges Vertrauen aufzubauen".

Delegationsleiter Medinski, zuvor Kultusminister, zeigt seinem Dienstherrn Putin eine Skulptur Michail Kalaschnikows.

In Wirklichkeit war der Rückzug erzwungen. Die Russen hatten ihre Fähigkeiten überschätzt und den ukrainischen Widerstand unterschätzt. Das Scheitern wurde nun als diplomatische Maßnahme bezeichnet, um die Friedensgespräche zu erleichtern.

Weitreichende Folgen

Der Rückzug der russischen Truppen hatte weitreichende Folgen. Er stärkte Selenskyjs Entschlossenheit, beseitigte eine unmittelbare Bedrohung für seine Regierung und zeigte, dass Putins Militärmaschinerie auf dem Schlachtfeld zurückgedrängt, wenn nicht gar besiegt werden konnte. Da die Verbindungswege nach Kiew nun frei waren, wurde eine umfangreiche westliche Militärhilfe für die Ukraine möglich. Zudem machte der Rückzug die Entdeckung der Gräueltaten möglich, die russische Streitkräfte in den Kiewer Vororten Butscha und Irpin begangen hatten, wo Zivilisten vergewaltigt, verstümmelt und ermordet worden waren.

Am 4. April besuchte Selenskyj die Stadt Butscha. Am folgenden Tag sprach er per Video vor dem UN-Sicherheitsrat und beschuldigte Russland, in der Stadt Kriegsverbrechen begangen zu haben. Er verglich die russischen Streitkräfte mit der Terrorgruppe Islamischer Staat und forderte den UN-Sicherheitsrat auf, das ständige Mitglied Russland auszuschließen.

(https://www.foreignaffairs.com/ukraine/talks-could-have-ended-war-ukraine)

Ein geplanter Gipfel

Bemerkenswerterweise arbeiteten beide Seiten jedoch weiterhin rund um die Uhr an einem Vertrag, den Putin und Selenskyj auf einem in nicht allzu ferner Zukunft stattfindenden Gipfel unterzeichnen sollten. Die Entwürfe enthielten mehrere Artikel, die auf Drängen Russlands in den Vertrag aufgenommen wurden, aber nicht Teil des Istanbul-Kommuniqués gewesen waren und sich auf Themen bezogen, die die Ukraine nicht diskutieren wollte. In diesen Artikeln wird die Ukraine aufgefordert, „Faschismus, Nazismus, Neonazismus und aggressiven Nationalismus" zu verbieten und zu diesem Zweck sechs ukrainische Gesetze (ganz oder teilweise) aufzuheben, die sich im Großen und Ganzen mit umstrittenen Aspekten der Geschichte der Sowjetunion befassten, insbesondere mit der Rolle ukrainischer Nationalisten während des Zweiten Weltkriegs. Verständlicherweise sträubte sich die Ukraine dagegen, ihre Politik in Bezug auf die historische Erinnerung von Russland bestimmen zu lassen, insbesondere im Zusammenhang mit einem Vertrag über Sicherheitsgarantien.

Auch über den Umfang und die Struktur des ukrainischen Militärs wurde intensiv verhandelt. Am 15. April lagen die beiden Seiten in dieser Frage noch weit auseinander. Die Ukrainer wollten eine Friedensarmee von 250.000 Mann, die Russen bestanden auf maximal 85.000 Mann, also deutlich weniger als das stehende Heer, das die Ukraine vor der Invasion 2022 gehabt hatte. Die Ukrainer wollten 800 Panzer, die Russen ließen nur 342 zu. Noch krasser war der Unterschied bei der Reichweite der Raketen: 280 km (ukrainischer Standpunkt) und nur 40 km (russischer Standpunkt).

Bei den Gesprächen war die Frage der Grenzen absichtlich ausgeklammert worden. Offensichtlich sollten Putin und Selenskyj diese Fragen auf dem geplanten Gipfel persönlich klären. Es ist leicht vorstellbar, dass Putin darauf bestanden hätte, alle Gebiete zu halten, die seine Streitkräfte bereits besetzt hatten. Fraglich bleibt, ob Selenskyj dem zugestimmt hätte.

Boris Johnson in Kiew

Bei einem Überraschungsbesuch in der Ukraine am 9. April erklärte der britische Premierminister Boris Johnson: „Putin ist ein Kriegsverbrecher, man soll Druck auf ihn ausüben, aber nicht mit ihm verhandeln", und dass der gesamte Westen nicht bereit sei, einen Deal mit Putin zu schließen. Drei Tage nach Johnsons Abreise aus Kiew erklärte Putin öffentlich, die Gespräche mit der Ukraine seien „in eine Sackgasse geraten".

Was war geschehen?

Die Reaktionen des Westens auf die Verhandlungen und besonders auf die Ergebnisse blieben verhalten, was die Aussichten auf einen diplomatischen Erfolg anging, der sich möglicherweise in Istanbul abgezeichnet hatte. Denn das Kommuniqué hatte die Frage des Territoriums und der Grenzen ausgeklammert, und die Parteien blieben in anderen entscheidenden Fragen zu weit auseinander. Die westlichen Regierungen zweifelten daran, dass die Verhandlungen Erfolge zeitigen könnten.

Ein ehemaliger US-Beamter, der mit der Ukraine-Politik befasst war, berichtete, dass die Ukrainer erst nach der Veröffentlichung des Kommuniqués mit Washington Rücksprache gehalten hätten, obwohl der darin beschriebene Vertrag neue rechtliche Verpflichtungen für die Vereinigten Staaten mit sich gebracht hätte – einschließlich der Verpflichtung, im Falle eines erneuten Angriffes auf die Ukraine gegen Russland Krieg zu führen. Allein diese Bedingung im Vertrag war für Washington unannehmbar und machte den Vertragsentwurf obsolet.

Statt sich also auf das Istanbul-Kommuniqué und den sich anschließenden Verhandlungsprozess einzulassen, stockten die westlichen Regierungen die Militärhilfe für die Ukraine auf und erhöhten den Druck auf Russland, unter anderem durch immer weitreichendere Wirtschaftssanktionen.

(https://www.foreignaffairs.com/ukraine/talks-could-have-ended-war-ukraine)

Als Boris Johnson am 9. April in der Ukraine eintraf, war er der erste ausländische Staatschef, der nach dem russischen Rückzug aus der Region Kiew in die Hauptstadt kam. Berichten zufolge sagte er zu Selenskyj, er glaube, dass „jedes Abkommen mit Putin ziemlich schmutzig sein würde". Jeder Deal „wäre ein Sieg für ihn: Wenn Sie ihm etwas geben, wird er es einfach behalten, zur Bank bringen und dann seinen nächsten Angriff vorbereiten."

Die Amerikaner waren in ihren öffentlichen Äußerungen nie so ablehnend gegenüber der Diplomatie, wie es Johnson gewesen war. Aber sie schienen Diplomatie nicht als zentralen Bestandteil ihrer Reaktion auf die russische Invasion zu betrachten. Außenminister Antony Blinken und Verteidigungsminister Lloyd Austin besuchten Kiew zwei Wochen nach Johnson, um eine stärkere militärische Unterstützung zu koordinieren. Blinken erklärte auf einer Pressekonferenz: „Die Strategie,

US-Verteigungsminister Lloyd J. Austin und Außenminister Antony Blinken am 25. April 2022 in Kiew. Friedensverhandlungen waren nicht das Thema; stattdessen sagten sie weitere Militärhilfe zu.

die wir verfolgen – massive Unterstützung für die Ukraine, massiver Druck auf Russland, Solidarität von mehr als 30 Ländern, die sich an diesen Bemühungen beteiligen –, zeigt echte Ergebnisse."

Die Behauptung, der Westen habe die Ukraine zum Ausstieg aus den Gesprächen mit Russland gezwungen, war jedoch unbegründet. Sie suggerierte, dass Kiew kein Mitspracherecht gehabt habe. Es wurde jedoch deutlich, dass die Unterstützungsangebote des Westens Selenskyjs Entschlossenheit stärkten, die Ukraine militärisch zu verteidigen. Zudem schien die fehlende westliche Überzeugung, dass eine diplomatische Lösung möglich sei, auch sein Interesse an der Diplomatie gedämpft zu haben. In seinen Gesprächen mit den westlichen Staats- und Regierungschefs räumte Selenskyj der Bemühung um einen Verhandlungsweg jedenfalls keine Priorität ein. Weder die Vereinigten Staaten noch ihre Verbündeten sahen sich durch ihn aufgefordert, sich auf diplomatischem Wege zu engagieren. In Anbetracht der großen öffentlichen Sympathie im Westen hätte ein solcher Vorstoß Selenskyjs die westliche Politik durchaus beeinflussen können. Andererseits nannte er die russischen Gräueltaten in Butscha und Irpin Völkermord, und ihm war sicherlich bewusst, dass dies die Diplomatie mit Moskau noch schwieriger machen werde.

Der Optimismus über mögliche Gewinne auf dem Schlachtfeld verringert meist das Interesse eines Kriegführenden, am Verhandlungstisch Kompromisse einzugehen. Tatsächlich hatte sich die Position der Ukraine Ende April verhärtet. Nun forderte sie einen russischen Rückzug aus dem Donbass als Vorbedingung für ein Abkommen.

Was Putin betrifft, so bleiben viele Fragen offen. Waren die ganzen Verhandlungen eine gut inszenierte Scharade, um von der militärischen Fehlplanung abzulenken? War Putin ernsthaft an einer Einigung interessiert? Wie reagierte er, als sich die ukrainische Position verhärtete? Von Putin gab es keine Antworten; stattdessen wiederholte er stets seine altbekannten Forderungen. Und er rekrutierte immer mehr Soldaten.

Die Politik des ehemaligen Spions Putin

„Historisch gesehen gibt es in Russland überhaupt kein Fachwissen über die Ukraine", sagte Alina Polyakova, Präsidentin des in Washington ansässigen Center for European Policy Analysis. „Wenn man nicht glaubt, dass ein Land ein echtes Land und ein Volk ein echtes Volk ist, warum sollte man dann Fachwissen in etwas investieren, von dem man glaubt, dass es nicht existiert?" Und laut Mark Galeotti, Honorarprofessor am University College London und Senior Associate Fellow am Royal United Services Institute: „Es ist klar, dass dies eine militärische Operation war, die von Spionen und nicht von Generälen geplant wurde. Aus rein militärischer Sicht ergibt es keinen Sinn."

Der russische Staatschef benutzt angeblich kein Smartphone und geht, soweit es bekannt ist, nur selten ins Internet. Er hatte Jahre damit verbracht, unabhängigen russischen Nachrichtenjournalismus zu unterdrücken und ein autoritäres Regierungssystem zu errichten, in dem es weder einen unabhängigen Diskurs noch ein konstruktives Feedback gibt. Er operierte nach Angaben amerikanischer und europäischer Experten in einer sogenannten Echokammer, umgeben von Beratern, die laut Galeotti wissen, „dass man schlechte Nachrichten nicht an den Tisch des Zaren bringt". Putins Isolation, so die Experten, sei durch das Coronavirus und seine eingeschränkten Kontakte noch verstärkt worden.

Putin betrachtet die unabhängige Ukraine seit Langem als unglückliche Folge des Zusammenbruchs der Sowjetunion. Laut dem Buch „All the Kremlin's Men" des russischen Journalisten Mikhail Zygar kontrollierte Putin jahrelang die Ukrainepolitik persönlich, weil er niemandem sonst traute. „Wir müssen uns um die Ukraine kümmern, sonst verlieren wir sie", hatte Putin seit den frühen 2000er-Jahren zu seinen Beratern gesagt. Zygar bezeichnete Putins Gruppe enger Berater als „Kollektiv Putin", weil sie ihre Aktivitäten auf seine Wünsche abstimmten. So konnte der Irrtum im Hinblick auf die Ukraine entstehen. „Dies war eine von Putin gelenkte Operation", erklärte ein US-Beamter, der auf Russland spezialisiert war und anonym bleiben wollte. Nach Angaben amerikanischer und europäischer Experten hatte Putin seine Pläne für eine Invasion der Ukraine so streng geheim gehalten, dass selbst die obersten Militärbefehlshaber und engsten Berater nicht wussten, dass eine Offensive geplant war.

Putin war Zeuge eines raschen Zusammenbruchs der ukrainischen Regierung geworden, als sich der ehemalige Präsident Wiktor Janukowitsch 2014 nach Russland absetzte. Laut Zygar hatte Putin Janukowitsch angeschrien, Kiew nicht zu verlassen, und ihn wegen seiner Flucht aus der Hauptstadt beschimpft. Diese Ereignisse könnten Putin zu der Auffassung verleitet haben, dass auch Selenskyj im Kriegsfall aus Kiew fliehen würde.

Putins falsche Vorstellung von der ukrainischen Schwäche war gepaart mit einer übertriebenen Vorstellung von der russischen Macht. Ende 2014 prahlte er gegenüber einem europäischen Spitzenbeamten damit, dass er Kiew „in zwei Wochen" einnehmen könne, wenn er wolle – ein Irrglaube, dem er offenbar so lange anhing, bis er es tatsächlich versuchte.

Quellen: Erste Friedensverhandlungen

Bücher

- Galeotti, Mark, Putin's Wars, From Chechnya to Ukraine, Oxford 2024
- Zygar, Mikhail, All The Kremlin's Men, New York 2017

Online-Publikationen

- https://en.wikipedia.org/wiki/Peace_negotiations_in_the_Russian_invasion_of_Ukraine
- https://www.reuters.com/world/asia-pacific/exclusive-war-began-putin-rejected-ukraine-peace-deal-recommended-by-his-aide-2022-09-14/
- https://www.swp-berlin.org/publications/products/comments/2023C53_UkraineWar_Diplomacy.pdf
- https://www.foreignaffairs.com/ukraine/talks-could-have-ended-war-ukraine
- https://bcfausa.org/uncategorized/institute-for-the-study-of-war-putin-calls-again-for-overthrow-of-ukrainian-government/
- https://www.washingtonpost.com/national-security/2022/04/11/putin-misjudged-ukraine-hubris-isolation/

Kapitel 7
Der Albtraum von Butscha

Vor dem Einmarsch der russischen Truppen war die Stadt Butscha am westlichen Rand von Kiew ein wohlhabender Ort, ordentlich und grün, dessen Immobilien bei jungen Paaren, die es in der Hauptstadt zu etwas gebracht hatten und mehr Platz und ein ungetrübtes Leben für ihre Kinder wollten, sehr gefragt waren. Selbst bei dichtem Verkehr dauerte die Fahrt in die Stadt weniger als eine Stunde. Die Schulen in Butscha waren gut, und es gab viele Möglichkeiten, sich an den Wochenenden oder in den Ferien zu entspannen, in den Parks zu wandern, Fahrrad zu fahren oder die Kinder in den Hochseilgarten namens „Crazy Squirrel" zu bringen.

Butscha war eine idyllisches Städtchen bei Kiew und ein beliebtes Erholungs- und Wohngebiet.

Als der Krieg im Februar 2022 ausbrach, schien Butscha so geschützt und abgelegen, dass viele Bewohner Kiews zeitweise dorthin zogen, wo es sicher zu sein schien. Die Warnungen, die über die Nachrichten verbreitet wurden, erwähnten nicht die detaillierten Vorhersagen, die Selenskyj von den Amerikanern übermittelt bekommen hatte – über die geplante Einschließung Kiews und über Panzerkolonnen, die aus Weißrussland kamen. Die Vorstellung, dass Butscha zum Schlachtfeld werden könnte, erschien den Menschen hier einfach absurd.
(Simon Shuster, The Showman, S. 143)

Butscha, Heimat von mehr als 35.000 Einwohnern, lag unmittelbar südlich von Hostomel und dem Antonov-Flughafen. Am 27. Februar 2022 wurde die Stadt überraschend zum Kriegsschauplatz.

Die Schlacht von Butscha

Es begann schon am 25. Februar: Aufgrund mangelnder Kommunikationsmöglichkeiten hatte sich ein Konvoi russischer OMON- und SOBRE-Einheiten, die eigentlich zur Polizei gehörten, von dem Invasionstrupp versehentlich getrennt und bewegte sich allein auf Kiew zu. Als der Konvoi durch Butscha fuhr, geriet er an einer Brücke über den Fluss Irpin in einen Hinterhalt, und die ungepanzerten und schlecht ausgerüsteten Einheiten wurden völlig vernichtet. Berichten zufolge überlebten von den 80 Soldaten des Konvois nur drei Verwundete.

Am 27. Februar rückten dann russische Bodentruppen in Butscha ein. Diese Streitkräfte setzten sich aus Fallschirmjägern und Reservisten der 36. Gemischten Armee mit Panzern und Schützenpanzern zusammen. Dazu gehörten auch OMON- und SOBRE-Einheiten der Nationalgarde. Die russische Artillerie hatte die Ortschaft zuvor beschossen und dabei Gebäude und Versorgungsleitungen beschädigt. Danach hatten einige Bewohner keinen Zugang zu Wasser, Gas und Strom.

Der Konvoi von gepanzerten Fahrzeugen und Lastwagen war aus Weißrussland nach Hostomel gekommen und fuhr auf dem Weg nach Kiew auf der Vokzalna-Straße, der Bahnhofstraße, in Richtung der Nachbarstadt Irpin. Von dort sollte es weiter nach Kiew gehen. Doch als die Russen die Bahngleise überquert hatten, waren sie zwischen den Häuserreihen eingekeilt, und ukrainische Bayraktar-Drohnen, die über der Stadt schwebten, feuerten Raketen auf das erste und das letzte Fahrzeug der Kolonne und verhinderten so deren Weiterfahrt. Ukrainische Soldaten und Mitglieder der Territorialen Verteidigung, die in einem Hinterhalt warteten, beschossen den stehenden Konvoi mit Panzerabwehrwaffen. Die überlebenden Russen flohen aus Butscha und ließen Dutzende von brennenden Fahrzeugen, Munition und die Leichname ihrer Kameraden zurück.

Der erste russische Vorstoß, um Kiew zu erreichen, endete in Butscha im Desaster.

Kurz nach der Schlacht nahm Bürgermeister Anatolij Fedoruk vor dem Hintergrund ausgebrannter russischer Panzerfahrzeuge eine Videoansprache an die Bürger auf, in der er versprach, dass alles, was durch die Schlacht zerstört worden war, wieder aufgebaut werde.

Vier Tage später, am 3. März, besetzten die Russen die Stadt endgültig, nachdem sie sich umgruppiert hatten. Bevor Bürgermeister Fedoruk Butscha verließ, kehrte er noch einmal nach Hause zurück, um einige persönliche Gegenstände zu holen, und fand dort einen russischen Offizier mit einem Sturmgewehr und einer Liste von Offiziellen aus Butscha vor, auf der natürlich auch sein Name stand. Fedoruk gab sich als Nachbar aus, der das Haus des Bürgermeisters hüten sollte, weil dieser den Ort angeblich verlassen hatte. Als der Offizier nach einem Reisepass fragte, sagte Fedoruk, er habe ihn zu Hause (also im Haus des Nachbarn) vergessen. Als die beiden in Richtung des Nachbarhauses gingen, erhielt der Russe einen Funkspruch und ließ Fedoruk allein weitergehen: Er solle mit dem Pass zurückkehren, was dieser aber natürlich nicht tat.
(Serhii Plokhy, The Russo-Ukrainian War, S. 168)

Als die Kämpfe auf dem Antonov-Flughafen von Hostomel, das im Norden an Butscha grenzt, ausbrachen, sagte Pfarrer Andrij Halavin die Gottesdienste in der Sankt-Andreas-Kirche nicht ab. Diese Kirche mit ihren in der Ukraine üblichen goldenen Kuppeln stand in der in der Nähe des Rathauses. „Mit ein bisschen Weitsicht und einem Blick auf die Karte hätte man ahnen müssen, dass Butscha in Schwierigkeiten kommt", sagte Pater Andrij. „Wir sind das Tor nach Kiew."

Einige tausend Einwohner von Butscha waren nach dem Angriff auf die Kolonne nicht geflohen, sondern im Ort geblieben, vor allem ältere Menschen, die in ihren Häusern Schutz suchten oder sich in den Kellern versteckten. Die Wasser- und Stromversorgung war unterbrochen, und in den meisten Nächten Anfang März lag die Temperatur noch unter dem Gefrierpunkt.

Das Massaker

Die erste Welle russischer Truppen schien disziplinierter, besser ausgebildet und weniger grausam zu sein als die nachfolgenden Truppen. Einige der Bewohner erinnerten sich sogar daran, dass die ersten Truppen älteren Menschen in Butscha Essen brachten. „Die ersten, die kamen, waren viel weniger grausam", sagte Pater Andrij. „Die späteren Truppen durchsuchten die Leute und zwangen sie, sich auszuziehen." Männer wurden nackt ausgezogen und nach Tattoos durchsucht, die die Russen mit Militärdienst oder Neonazi-Sympathien in Verbindung zu bringen schienen. Selbst ein Dreizack, das Staatssymbol der Ukraine, konnte von den Vernehmungssoldaten als Zeichen des Extremismus gewertet werden. „Sie gingen in die Häuser, holten die Leute heraus, beschlagnahmten ihre Telefone und sahen sich an, welche Nummern sie angerufen hatten, welche Fotos sie gemacht hatten und so weiter. Sie befürchteten, dass unsere Leute Informationen an das Militär weitergeben würden." Das taten einige von ihnen tatsächlich. Noch Anfang März versteckten sich ukrainische Soldaten in den Kellern von Butscha und koordinierten Angriffe aus dem Hinterhalt.

Als sich die Kämpfe intensivierten, erlitten die Russen schwere Verluste, und sie begannen, die Stadt zu terrorisieren, Zivilisten zu foltern und wahllos zu töten. Die Menschen wurden erschossen, wenn sie Lebensmittel oder Brennholz beschaffen wollten, und ihre Leichen wurden einfach auf der

Die Sankt-Andreas-Kirche in Butscha mit zahllosen provisorischen Gräbern der Kriegsopfer.

Straße liegen gelassen. Viele andere wurden in Vernehmungsräume gebracht, gefoltert und hinge-richtet. Die russischen Truppen eröffneten von ihren Kontrollposten in der Stadt aus das Feuer auf jeden, der sich näherte: „Männer, Frauen, Kinder. Es war ihnen egal", sagte Pater Andrij.

Provisorische Bestattung

In der zweiten Woche der Invasion wurden der Anblick und der Geruch des Todes unerträglich, und ein Mitglied des Stadtrats fragte Pater Andrij, ob sie ein Massenbegräbnis auf dem Kirchhof durch-führen könnten. Der Pfarrer stimmte zu. Das Leichenschauhaus war nur wenige hundert Meter von der Sankt-Andreas-Kirche entfernt.

Am Morgen des 10. März fuhr bei strahlend blauem Himmel ein gelber Bagger an der Kirche vor und hob auf dem Kirchhof einen langen, tiefen Graben aus. Dann kam ein Lastwagen aus dem Lei-chenschauhaus mit 33 Leichnamen, die in schwarze Säcke verpackt waren. Eine Handvoll Männer schleppte die Leichname zum Graben und legte sie nebeneinander hinein. Am Grab wurde nicht gebetet, und als die Männer mit der Arbeit fertig waren, wurde nur ein einfaches Grabzeichen auf den Boden gelegt. „Man muss das verstehen", sagte Pater Andrij, „wir konnten in diesem Augen-blick nicht an Bestattungsriten denken, wir konnten nur daran denken, am Leben zu bleiben."
(Simon Shuster, The Showman, S. 144 f.)

Human Rights Watch

Die Menschenrechtsorganisation Human Rights Watch legte eine Dokumentation mit den Einzelheiten einer Reihe von Menschenrechtsverletzungen und Morden in Butscha vor, aus der hier einige Beispiele zitiert werden.

> *Kurz nach der Besetzung der Stadt gingen die russischen Streitkräfte von Tür zu Tür und durchsuchten Wohnhäuser mit der Behauptung, sie würden „Nazis jagen". An mehreren Orten suchten sie nach Waffen, verhörten die Bewohner und nahmen einige Männer fest, die angeblich Befehle nicht befolgten, oder ohne Angabe von Gründen. Familienangehörige der Festgenommenen berichteten, dass ihnen nicht mitgeteilt wurde, wohin ihre männlichen Verwandten gebracht wurden, und dass sie auch später keine Informationen über ihren Verbleib erhalten konnten. Die Leichname einiger Vermisster wurden nach dem Rückzug der Russen auf Straßen, in Höfen oder in Kellern gefunden, manche mit Anzeichen von Folter. Die ukrainischen Behörden für Minenräumung erklärten, sie hätten bei mindestens zwei Leichen aktivierte Sprengfallen gefunden.*
>
> *Am 4. März trieben russische Streitkräfte in Butscha fünf Männer zusammen und richteten einen von ihnen hin. Ein Zeuge berichtete Human Rights Watch, dass die Soldaten die Männer zwangen, am Straßenrand hinzuknien, ihnen ihre T-Shirts über den Kopf zogen und einem der Männer in den Hinterkopf schossen. „Er fiel um", sagte der Zeuge, „und die Frauen in der Nähe schrien auf". Die anderen vier Männer knieten*

Zahllose Häuser in Butscha wurden zerstört, viele Menschen verletzt oder getötet.

weiter da. Der Kommandant sagte zu den Umstehenden: „Macht euch keine Sorgen. Ihr seid alle normal – das hier war Dreck. Wir sind hier, um euch vom Dreck zu befreien."

Viele Bewohner erklärten, die russischen Streitkräfte hätten wahllos auf Zivilisten geschossen, die sich ins Freie wagten. Wasyl Juschenkow, 32, wurde in den Hals geschossen, als er auf der Veranda seiner Wohnung eine Zigarette rauchen wollte. Eine Krankenschwester sagte, sie habe zehn Menschen mit schweren Verletzungen behandelt, darunter auch ein Mädchen, das zusammen mit einem Mann vor den russischen Streitkräften weglaufen wollte und angeschossen wurde. Der Mann wurde getötet, dem Mädchen musste der Arm amputiert werden.

Ein Mann namens Volodymyr berichtete, dass zwei Soldaten Oleh aus dem Hof geführt hätten. Volodymyr sagte, er habe sie angefleht, Oleh zurückzubringen, damit er helfen könne. Ein Soldat ging vor das Tor, um nach Oleh zu sehen, kehrte dann zurück und sagte: „Oleh wird nicht wiederkommen." Einige Minuten später, so Volodymyr, fanden sie Olehs Leiche auf dem Gehweg. Iryna, Olehs Frau, berichtete: „Ich sah, dass er mit dem Gesicht nach unten lag und dass Blut aus seinem linken Ohr floss. Die rechte Gesichtshälfte fehlte, und aus der Wunde traten Hirngewebe und Blut aus." Sie sagte, dass eine Gruppe von Soldaten nicht mehr als fünf Meter entfernt dastand und „das Geschehen beobachtete, als ob sie es für ein Theaterstück hielten". Die Soldaten forderten Iryna und Volodymyr dann auf wegzugehen, da sie sonst erschossen würden.

Am 4. April wurden fünf Leichen im Keller eines Feriencamps in der Vokzalna-Straße gefunden, das einigen russischen Truppen in Butscha als Stützpunkt gedient hatte. Bei den Leichen handelte es sich um Männer in Zivilkleidung, die offenbar durch Schüsse getötet worden waren. An der Wand des Raumes waren drei deutliche Blutflecken zu sehen. Die Hände von vier der Männer waren mit Kabelbindern hinter dem Rücken gefesselt. Dem fünften Mann schien zweimal in die Brust geschossen worden zu sein, die mit getrocknetem Blut bedeckt war. Die Umstände ihrer Festnahme, einschließlich der Frage, wie sie in den Keller gelangt waren, blieben unklar.

Die Männer des Bestattungsinstituts von Butscha

Sergiy Kaplychnyi, Leiter des städtischen Bestattungsinstituts von Butscha, sagte, er habe die Stadt wegen der immer gefährlicheren Lage am 14. März verlassen. Als er am 1. April zurückkehrte, fand er an zahlreichen Stellen Leichen mit schweren Verletzungen, die darauf schließen ließen, dass die Menschen wahrscheinlich hingerichtet worden waren.

„In dem Haus Jablunska-Straße 144 sah ich acht erschossene Menschen, sechs von ihnen mit gefesselten Händen", sagte er. „Und die neunte Leiche war ein junger Mann, den wir auf der Treppe zum ersten Stock fanden. Zuerst habe ich keine Wunden gesehen. Aber als ich seinen Mantel öffnete, sah ich eine Schusswunde in seinem Herzen."

Weiter unten in der Jablunska-Straße, so Kaplychnyi, bargen die Mitarbeiter des Bestattungsunternehmens etwa zwanzig weitere Leichen, von denen mindestens zehn

Manche Leichname der Einwohner von Butscha wurden in Hinterhöfen gefunden.

an den Händen gefesselt waren. „Im Allgemeinen wurden die meisten Menschen aus nächster Nähe erschossen, meist in den Kopf, aber nicht alle", sagte er.

Ein weiterer Mitarbeiter des Bestattungsunternehmens, Sergiy Matiuk, erklärte, dass er persönlich seit Ende Februar etwa 200 Leichen in den Straßen von Butscha geborgen habe. „Fast alle wurden durch Schüsse aus kurzer Entfernung getötet, entweder in den Kopf oder in ein Auge", fügte er hinzu. „Einige lagen auf dem Bürgersteig, andere in Autos, und einige von ihnen waren auch Frauen."

Matiuk ergänzte, er sei zwischen dem 4. und 6. März auf die ersten Leichen mit gefesselten Händen gestoßen. „Während der Besetzung habe ich insgesamt etwa 50 Leichen mit gefesselten Händen gesehen", allesamt Männer, sagte er. „Die Leichen wiesen Spuren von Folter auf. Ihre Hände und Beine waren durchschossen."
(https://www.hrw.org/news/2022/04/21/ukraine-russian-forces-trail-death-bucha)

Die Nachrichtenagentur AP

Associated Press recherchierte ebenfalls vor Ort und veröffentlichte eine eigene Dokumentation, „War Crimes Watch: A devastating walk through Bucha's horror" (Zeugnisse von Kriegsverbrechen: Ein verstörender Gang durch den Horror von Butscha).

Im Keller des verlassenen gelben Hauses am Ende der Straße in der Nähe der Bahngleise liegt eine Leiche. Der Mann ist jung, blass, ein getrocknetes Rinnsal Blut neben seinem Mund, erschossen und in der Dunkelheit zurückgelassen, und niemand weiß, warum die Russen ihn dorthin gebracht haben, in ein Haus, das ihm nicht gehörte.

Neben der Kellertreppe liegt ein Haufen Spielzeug. Wäscheklammern aus Plastik baumeln an einer leeren Leine unter einem kalten, grauen Himmel. Sie sind alles, was *von der Normalität an diesem geschwärzten Ende der Straße in Butscha übriggeblieben ist, wo verkohlte Panzerteile liegen, zivile Autos zertrümmert sind und sich Munitionskisten neben leeren russischen Militärrationen und Schnapsflaschen stapeln.*

Der Mann im Keller ist fast eine Nebensächlichkeit, eine weitere Leiche in einer Stadt, in der es zwar viele Tote gibt, aber keine befriedigenden Erklärungen dafür.

Ein Anwohner, Mykola Babak, zeigt auf einen Mann in einem Innenhof. Drei Männer liegen dort. Einem fehlt ein Auge. Auf einem alten Teppich neben einer Leiche hat jemand eine Handvoll gelber Blumen abgelegt.

Ein Hund trottet verstört an einer Schubkarre vorbei, die um die Ecke steht. In der Schubkarre liegt die Leiche eines anderen Hundes. Auch er ist erschossen worden.

Bei einem Gang durch Butscha traf ein Reporter von AP auf zwei Dutzend Zeugen der russischen Besetzung. Fast alle sagten, sie hätten eine Leiche gesehen, manchmal auch mehrere. Zivilisten wurden getötet, meist Männer, manchmal wahllos. Viele, auch ältere Menschen, sagten, sie seien selbst bedroht worden. Überlebende, Ermittler und die Welt hätten gerne eine Antwort auf die Frage nach dem Warum. Verbrannte Leichen, Leichname mit gefesselten Händen, neben Fahrrädern und zerstörten Autos verstreut liegende Tote: Warum wurden Zivilisten so hingemetzelt?
Der AP-Reporter berichtete, was er erfuhr.

Manchmal, so sagen sie, haben die Russen selbst erklärt, warum sie getötet haben. In einem Hinterhof in Butscha gibt es drei Gräber, die von Nachbarn ausgehoben wurden, die zu viel Angst hatten, sie woanders hinzubringen. Einer der Toten wurde am 4. März mit einem Gewehrkolben erschlagen. Am 15. März wurde ein Freund des Toten von Russen angesprochen, die seine Papiere verlangten. Die seien zu Hause, sagte er. Auf dem Weg dorthin kamen sie an dem Grab vorbei. Er wies sie darauf hin. Im nächsten Moment, so die Zeugin Iryna Kolysnik, erschossen ihn die Soldaten. „Er hat zu viel geredet", sagte einer und fügte ein Schimpfwort hinzu.

Am Ende brach jeder Rest von Disziplin zusammen. „Sie wurden von normalen Soldaten zu viel, viel Schlimmerem", sagt Roman Skytenko, 24, der in der Nähe seines Hauses vier Leichname von Zivilisten auf der Straße sah.

Granaten wurden in Keller geschleudert, Tote in Brunnen geworfen. Ein alter Mann in einem Pflegeheim wurde tot in seinem Bett aufgefunden, offenbar aufgrund von Vernachlässigung, während eine jüngere Person, wohl ein Pfleger, erschossen draußen lag. Frauen über 70 wurden aufgefordert, ihr Haus nicht zu verlassen, da sie sonst getötet würden. „Wenn Sie hinausgehen, werde ich den Befehl befolgen, und Sie wissen, wie der Befehl lautet: das Haus anzünden", erinnert sich Tetyana Petrovskaya an einen Soldaten, der ihr das sagte.

In einer stillen Wohngegend steht eine Haustür offen. Eine ältere Frau in einem Pelzmantel liegt mit dem Gesicht nach unten im Eingang. Ein Hund, einer von vielen, die durch die Straßen streunen, steht neben ihr und kläfft. Drinnen, auf dem abgenutzten

Holzboden, liegt unter dem Küchentisch zusammengekauert eine weitere ältere Frau. Niemand scheint zu wissen, wie sie gestorben sind. Sie liegen dort seit dem 5. März, sagt ein Nachbar, Sergiy. „Der Schock ist zu groß, um das zu beschreiben." Er glaubt, dass ein russischer Scharfschütze sie erschossen hat.

Um die Ecke, in einer leeren Straße, schaut eine Frau mit Strickmütze von ihrem Tor aus zu. Bei einem dumpfen Knall aus der Ferne duckt sie sich vor Schreck und fasst sich an den Kopf. Dann seufzt sie.

(https://apnews.com/article/russia-ukraine-europe-war-crimes-7791e247ce7087dddf 64a2bbdcc5b888)

New York Times

Zeugenaussagen und Videos, die der New York Times vorliegen, zeigen, wie russische Fallschirmjäger am 4. März in dem Kiewer Vorort Butscha mindestens acht ukrainische Männer hinrichteten.

Es ist das letzte Mal, dass die Männer lebend gesehen werden: Auf zwei Videos sind russische Fallschirmjäger zu sehen, die die Männer mit vorgehaltener Waffe eine Straße in Butscha, einem Vorort von Kiew, entlangführen. Einige der ukrainischen Gefangenen gehen zusammengekrümmt und klammern sich am Gürtel ihrer Vordermänner fest. Andere halten die Hände über dem Kopf. „Geh nach rechts, Arschloch", befiehlt einer der russischen Soldaten.

Die Videos, die am 4. März von einer Überwachungskamera und einem Zeugen in einem Haus in der Nähe gefilmt wurden und die die New York Times erhalten hat, sind der deutliche Beweis dafür, dass sich die Männer wenige Minuten vor ihrer Hinrichtung im Gewahrsam der russischen Truppen befanden.

„Die Gefangenen liegen dort am Zaun", kommentiert die Person, die vom Haus aus eines der Videos aufgenommen hat. Er zählt: „Eins, zwei, drei, ganz sicher, vier, fünf, sechs ..." Insgesamt werden neun Männer festgehalten. Sie werden auf den Boden gezwungen, darunter einer mit einem hellblauen Kapuzenpulli. Das Video endet.

Acht weitere Zeugen berichteten der New York Times, was dann geschah. Soldaten brachten die Männer hinter das Bürogebäude Jablunska-Straße 144, das die Russen als Stützpunkt nutzten. Es fielen Schüsse. Die Gefangenen kehrten nicht zurück.

Ein Drohnenvideo, das einen Tag später, am 5. März, aufgenommen wurde und das der New York Times ebenfalls vorliegt, bestätigt die Berichte der Augenzeugen. Es zeigt die Leichen, die im Innenhof hinter dem Bürogebäude auf dem Boden liegen, während zwei russische Soldaten neben ihnen Wache stehen. Unter den Leichen war ein heller blauer Fleck zu sehen – der Gefangene im hellblauen Sweatshirt.

Ein Foto der hingerichteten Männer, die mit gefesselten Händen in einem Hof liegen, gehörte zu einer Reihe von Bildern, die Anfang April nach dem Rückzug der russischen Streitkräfte aus Butscha weltweit Aufmerksamkeit erregten. Russische Spitzenpolitiker bestritten wiederholt, dass in

Butscha ein Fehlverhalten vorlag, und bezeichneten die Bilder als „Provokation und Fälschung". Doch abgesehen von den drei Videos lieferte eine Untersuchung der New York Times neue Beweise, dass russische Fallschirmjäger die im Innenhof fotografierten Männer zusammengetrieben und hingerichtet hatten. Um herauszufinden, was mit diesen Männern geschehen war, hat die Zeitung wochenlang in Butscha Überlebende, weitere Zeugen, Gerichtsmediziner und Polizei- wie auch Militärbeamte befragt.

Sie waren Ehemänner und Väter, Lebensmittelhändler und Fabrikarbeiter, die vor dem Krieg ein normales ziviles Leben geführt hatten. Fast alle von ihnen wohnten nur ein paar Minuten entfernt von dem Innenhof, in dem ihre Leichen später liegen sollten.

Etwa 300 Meter von diesem Stützpunkt entfernt, in der Jablunska-Straße 31, hatten Ivan Skyba, ein 43-jähriger Bauunternehmer, und fünf weitere Kämpfer einen behelfsmäßigen Kontrollpunkt besetzt, als die Russen zurückkehrten. Sie hatten eine Granate, kugelsichere Westen und ein Gewehr bei sich, so Skyba gegenüber der Times.

Später kamen zwei weitere Kämpfer hinzu, Andriy Dvornikov und Denys Rudenko, der Mann mit dem blauen Sweatshirt im Video. Während sich die Männer versteckten, schrieben sie SMS und riefen ihre Angehörigen an. Rudenko teilte einem Freund mit, dass sie in der Falle saßen. „Ruf nicht an. Ich werde später anrufen", schrieb er.

Die Männer versteckten sich dort über Nacht. Am Morgen des 4. März wurde ihnen klar, dass eine Flucht unmöglich war. „Wir sind umzingelt", schrieb Rudenko an seinen Freund. „Im Moment verstecken wir uns."

Etwa eine Stunde später fanden russische Soldaten die Männer bei Durchsuchungen. Sie trieben sie, einschließlich des Hausbesitzers, mit vorgehaltener Waffe aus dem Haus, berichtete Skyba. Die Soldaten untersuchten die Männer nach Tätowierungen, die auf eine Zugehörigkeit zum Militär hinweisen könnten, und zwangen einige von ihnen, ihre Winterjacken und Schuhe auszuziehen. Dann brachten sie sie zu Fuß zum russischen Stützpunkt in der Jablunska-Straße 144. Was dann geschah, wurde den Reportern der New York Times von Ivan Skyba und sieben weiteren Zeugen geschildert, die von den russischen Soldaten ebenfalls aus benachbarten Häusern geholt worden waren und in einer separaten Gruppe in einiger Entfernung von den gefangenen Kämpfern festgehalten wurden.

Die Zeugen berichteten, sie hätten die Gefangenen auf dem Parkplatz vor dem russischen Stützpunkt mit über den Kopf gezogenen Hemden gesehen. Yura Razhik, 57, der nahe dem Bürogebäude wohnte, sagte, einige seien gefesselt gewesen. Die russischen Soldaten zwangen die Männer, sich hinzuknien, und erschossen fast sofort einen von ihnen, Vitaliy Karpenko, 28, so Skyba. Yura Razhik sagte, er habe die Exekution ebenfalls gesehen.

Die russischen Soldaten diskutierten darüber, was sie mit den verbleibenden Männern tun sollten. „Beseitigt sie, aber nicht hier, damit ihre Leichen nicht herumliegen", sagte einer von ihnen laut Skyba.

Razhik und andere Zeugen, die hinter dem Bürogebäude festgehalten wurden, sahen, wie die Soldaten die Gefangenen außer Sichtweite führten. Dann ertönten Schüsse.

„Ich wurde angeschossen und fiel zu Boden. Die Kugel traf mich in die Seite", erklärte Ivan Skyba. „Ich bin hingefallen und habe mich totgestellt. Ich habe mich nicht bewegt und nicht geatmet." Es war kalt und man konnte den Atem der Leute sehen. Er wartete etwa 15 Minuten, bis er die Stimmen der Soldaten nicht mehr hörte. Dann rannte er los. (https://apnews.com/article/russia-ukraine-europe-war-crimes-7791e247ce7087dddf 64a2bbdcc5b888)

Am 1. April 2022 rückten die ukrainischen Streitkräfte in Butscha und anderen Vorstädten von Kiew ein. Am folgenden Tag gab der Bürgermeister von Butscha, Anatolij Fedoruk, bekannt, dass die russischen Besatzer bis zu 300 seiner Mitbürger und Mitbürgerinnen getötet hätten. Die Bilder der getöteten Zivilisten wurden in den sozialen Medien verbreitet und lösten Empörung über die Barbarei der russischen Streitkräfte aus, die US-Präsident Biden als Völkermord bezeichnete. Im Mai, einen Monat nach dem Ende der Besatzung, wurde die Zahl der Toten auf 1.000 geschätzt, von denen mehr als 650 von russischen Soldaten aus nächster Nähe erschossen worden waren; die übrigen waren Opfer des Beschusses von beiden Seiten.

Am 22. Dezember 2022 veröffentlichte die New York Times die Ergebnisse ihrer Untersuchung. Die Untersuchung hatte erbracht, dass es sich bei den Tätern des Massakers in der Jablunska-Straße um russische Fallschirmjäger des 234. Luftangriffsregiments, Teil der 76. Garde-Luftangriffsdivision, gehandelt hatte. Die Einheit stand unter der Führung von Oberstleutnant Artyom Gorodilow.

Am 18. April, wenige Tage nachdem Präsident Biden die russischen Truppen des Völkermordes beschuldigt hatte, verlieh Wladimir Putin einer der Einheiten, die zur Zeit der Massaker in Butscha stationiert gewesen waren, den Ehrentitel „Gardebrigade".

Die Nachricht aus Butscha beendete die russisch-ukrainischen Verhandlungen, deren letzte Runde am 29. März in Istanbul zu Ende gegangen war. Kiew hatte offenbar erkannt, dass die beste Chance der Ukraine, unabhängig zu bleiben und ihre territoriale Integrität wiederzuerlangen, das Schlachtfeld und nicht der Verhandlungstisch war.
(Serhii Plokhy, The Russo-Ukrainian War, S. 171 f.)

Der Präsident in Butscha

Einige Tage nach dem Rückzug der Russen besuchte Präsident Selenskyj Butscha. Was er sah, zeigte ihm – wie er es ausdrückte –, dass der Teufel real sei: „Er ist hier auf dieser Erde", sagte er. Zu den Programmpunkten in Butscha gehörten ein Gang zur gesprengten Brücke, die in die Stadt führte, ein Besuch in einer überfüllten Lebensmittelausgabe und Gespräche mit Einheimischen in ihren Höfen; er wollte hören, was sie erlebt hatten.

Seine Leibwächter trugen auf der Reise die volle Kampfmontur und fuhren in gepanzerten Fahrzeugen. Der Präsident stimmte zu, eine kugelsichere Weste anzulegen, lehnte es jedoch ab, einen

Präsident Wolodymyr Selenskyj besuchte Butscha nach der Belagerung durch russische Streit-kräfte. Links Anatolij Fedoruk, Bürgermeister von Butscha, rechts Außenminister Dmytro Kuleba.

Helm aufzusetzen. Als Medienprofi wusste er, dass an diesem Tag die ganze Welt zuschauen werde. Am Morgen informierten Selenskyjs Adjutanten die mitgereisten Reporter darüber, wohin der Präsident unterwegs sein werde, und in Butscha warteten bereits Reporter mit ihren Kameras auf ihn – in der Straße, in der sich einige der Gräueltaten ereignet hatten. „Es ist sehr wichtig für uns, dass die Presse hier ist", sagte Selenskyj vor den Kameras. „Wir wollen wirklich, dass Sie der Welt zeigen, was hier passiert ist, was die russischen Streitkräfte getan haben."

Der ukrainische Verteidigungsminister Oleksij Resnikow stellte nach seinem Besuch in Butscha fest, dass diese Stadt unter den befreiten Städten nicht die einzige war, in der die russischen Truppen derartige Massaker verübt hatten. „Die Verbrechen [...] fanden überall in der Ukraine statt, die Plünderungen, die Morde, die Vergewaltigungen." Butscha sei zum Symbol geworden, das „die Welt erschütterte, und jeder sah die Bilder", so Resnikow.

Einen Tag nach seinem Besuch stellte Selenskyj Butscha ins Zentrum seiner Rede vor dem UN-Sicherheitsrat. Die Rede wurde aus seinem Bunker in Kiew auf eine Leinwand im Saal des Sicherheitsrats übertragen. Er widmete die Rede den Zivilisten, „denen in den Hinterkopf oder ins Auge geschossen wurde, nachdem sie gefoltert worden waren, die auf der Straße erschossen wurden, die in einen Brunnen geworfen wurden, damit sie nach ihrem Leiden sterben, die in Wohnungen, Häusern, durch Granaten in die Luft gesprengt wurden, die in ihren Autos mitten auf der Straße von Panzern zerquetscht wurden, nur so zum Spaß, deren Gliedmaßen abgetrennt und deren Kehlen durchgeschnitten wurden, die vergewaltigt und vor den Augen ihrer Kinder getötet wurden."

Ein von einem Panzer zerquetschtes ukrainisches Auto

Selenskyj warnte in seiner Rede, Russland werde versuchen, die Schuld für all diese Verbrechen abzuschieben und alternative Theorien für die Geschehnisse in Butscha zu erfinden, und er sollte Recht behalten: Putin bezeichnete Butscha später als Fälschung, während seine Propagandakanäle behaupteten, einige der auf den Straßen gefundenen Leichen seien Menschen gewesen, die sich totgestellt hätten. Selenskyj sagte: „Wir haben es mit einem Staat zu tun, der sein Vetorecht im UN-Sicherheitsrat in ein Recht zum Töten umwandelt." Wenn sich das nicht ändere, so Selenskyj weiter, könne sich die UNO auch einfach auflösen.

Ukrainische Ermittlungen zu den Gräueltaten

Die Ukraine leitete nach den Morden in Butscha eine Untersuchung ein, die Beweise für russische Gräueltaten erbrachte. Bürgermeister Anatolij Fedoruk berichtete am 7. März 2022: „Wir können nicht einmal die Leichen einsammeln, weil der Beschuss mit schweren Waffen weder Tag noch Nacht aufhört. Hunde reißen die Toten auf den Straßen der Stadt auseinander. Es ist ein Albtraum." Dies deutet darauf hin, dass Russland bereits kurz nach der Ankunft seiner Truppen in Butscha mit dem Massaker begonnen hatte.

Satellitenbilder bestätigten Fedoruks Aussage, wonach vom 9. bis 11. März elf „dunkle Objekte", die menschlichen Körpern ähneln, in der Jablunska-Straße zu sehen waren. Vom 20. bis 21. März wurden auf Satellitenbildern drei Leichen in derselben Straße in der Nähe von Fahrrädern entdeckt. Diese Leichen wurden nach dem Rückzug Russlands aus Butscha tatsächlich an diesen Stellen entdeckt. Satellitenbilder zeigten auch die Existenz eines 14 Meter langen Grabens auf dem Gelände einer Kirche in Butscha, der am 10. März in ein Massengrab umgewandelt wurde.

Der ukrainische Geheimdienst wies nach, dass die Einheit 51460 der russischen Selbstständigen 64. Garde-Mot-Schützenbrigade, die der 35. Armee des Militärbezirks Ost angegliedert ist, für das Massaker von Butscha verantwortlich war, und veröffentlichte Listen der russischen Soldaten, die die Morde begangen hatten. Augenzeugenberichten zufolge gab es in Butscha bei den russischen Besatzungstruppen eine Veränderung: Junge Soldaten wurden von Mitgliedern der Kadyrowzy- und Wagner-Gruppen abgelöst, was darauf schließen ließ, dass russische Paramilitärs die Taten dieser Brigade fortsetzen sollten. Der ukrainische Oberst Ihor Yuschenko sagte aus, dass die Kadyrowzy (tschetschenische Soldaten, vom tschetschenischen Präsidenten Kadyrow ausgewählt) am 27. Februar im Zentrum von Butscha zwei Fußgänger durch 30 Schüsse aus einem Auto getötet hätten. Außerdem wurden sie beschuldigt, schwerverletzte russische Soldaten getötet zu haben. Auch das 104. Garde-Luftregiment und das 234. Garde-Luftangriffsregiment der russischen Truppen wurden mit Gräueltaten in Verbindung gebracht, da Dokumente dieser Einheiten an Orten entdeckt wurden, wo ukrainische Männer hingerichtet worden waren.

Internationale Untersuchungen

Bei der Verfolgung russischer Gräueltaten erhielt die Ukraine Unterstützung aus dem Westen und vom Internationalen Strafgerichtshof (IStGH). Der deutsche Bundesnachrichtendienst zeichnete Gespräche von russischen Soldaten auf, die unter anderem den Satz enthielten: „Erst verhört man Soldaten, dann erschießt man sie." Der BND stellte auch Satellitenbilder zur Verfügung, die die russische Beteiligung an Butscha belegten. Das BND-Material lieferte offenbar auch Hinweise darauf, dass Mitglieder der russischen Söldnereinheit Wagner-Gruppe eine führende Rolle bei den Gräueltaten gespielt hatten. Die Gruppe hatte offenbar ähnliche Taten bereits in Syrien verübt.

Am 10. April entsandte Frankreich als erstes NATO-Land ein forensisches Team zur Untersuchung von Kriegsverbrechen. Das Team wurde in Lwiw, dem ehemaligen Lemberg, stationiert und umfasste Experten für Ballistik, DNA-Entschlüsselung, Sprengstoffe und Fingerabdrücke. Am 3. April bereits hatte der ukrainische Außenminister Kuleba den Internationalen Strafgerichtshof aufgefordert, eine Mission in die befreiten Regionen Kiews zu schicken und mit den ukrainischen Strafverfolgungsbehörden zusammenzuarbeiten, um Beweise für russische Kriegsverbrechen zu sammeln. Der Chefankläger des IStGH, Karim Khan, besuchte Butscha und bezeichnete die Ukraine als Tatort. Er erklärte, es gebe überzeugende Anhaltspunkte dafür, dass Russland Kriegsverbrechen begangen habe.

(Samuel Ramani, Putin's War On Ukraine, S. 160 f.)

Russische Desinformation

Das russische Verteidigungsministerium bezeichnete das Massaker von Butscha als eine Provokation und behauptete, Beweise für Tötungen seien erst vier Tage nach dem Abzug der russischen Truppen aufgetaucht, als ukrainische Streitkräfte und der ukrainische Geheimdienst SBU vor Ort waren. Eine Erklärung von Bürgermeister Fedoruk vom 31. März, wonach die russischen Truppen Butscha verlassen hätten, sollte diese Behauptung belegen.

Laut der Agentur TASS vom 4. April 2022 betonte Außenminister Lawrow, dass sich die russischen Truppen am 30. März vollständig aus der Stadt zurückgezogen hätten. „Am 31. März sagte der Bürgermeister von Butscha feierlich, dass er alles in Ordnung gebracht habe. Und zwei Tage später sahen wir dieselbe Inszenierung auf den Straßen, die sie jetzt für antirussische Zwecke zu nutzen versuchen", fügte er hinzu. Er bezeichnete die Lage in Butscha als fingierte Aktion, die die

Ukraine und der Westen über die sozialen Medien verbreitet hätten. Dabei ignorierte er allerdings Fedoruks Berichte über Tötungen Wochen zuvor.

Das russische Außenministerium nahm an, die Ukraine habe das Butscha-Material veröffentlicht, um einen Vorwand für den Abbruch der diplomatischen Beziehungen mit Russland zu schaffen. Eine etwas merkwürdige Begründung, da die diplomatischen Beziehungen seit dem 24. Februar, dem Beginn der russischen Invasion, ausgesetzt waren.

Dmitri Polyanskij, der die Russische Föderation bei den Vereinten Nationen vertrat, schloss sich dieser Ansicht an und erklärte: „Die ukrainischen Neonazis sind der alten Goebbelsschen Schule der Provokation treu geblieben und versuchen, die Schuld auf Russland zu schieben." Am 4. April beantragte Russland eine Sitzung des UN-Sicherheitsrates zu Butscha. Die Versuche Großbritanniens, die Sitzung zu blockieren, um Zeit zu gewinnen, Beweise gegen Russland zusammenzutragen, wurden in Moskau mit Spott quittiert. Polyanskij stellte die britische Obstruktion der Bereitschaft Russlands gegenüber, an allen die Ukraine betreffenden Sitzungen teilzunehmen. Während die russische Version der Ereignisse in Butscha bei westlichen Sicherheitsratsmitgliedern nur wenige Anhänger hatte, zweifelten nichtwestliche Mitglieder wie China, Indien und die Vereinigten Arabischen Emirate die ukrainische Darstellung an und gaben Russland nicht explizit die Schuld.

Die russischen Medien

Die Medienvertreter des Kremls stimmten in den Chor der Desinformationen über Butscha ein. Wladimir Solowjow, ein russischer Fernseh- und Radiomoderator, der als führender Exponent der russischen Staatspropaganda gilt, erklärte, dass die russischen Truppen die Einwohner Butschas lediglich mit Lebensmitteln versorgt hätten und dass es bis zum Abzug der Russen keine Berichte über Gräueltaten gegeben habe. Am 5. April beschuldigte Solowjow Großbritannien, das Massaker von

Putin mit Wladimir Solowjow, dem führenden Medien-Propagandisten

Butscha inszeniert zu haben. In dem Fernsehkanal Rossija 1 spekulierte er, dass Großbritannien Russland der Kriegsverbrechen beschuldigt habe, um sich für die Tötung britischer Ausbilder in der Ukraine durch Russland zu rächen. Andere Medien konzentrierten sich darauf, eine Inszenierung mit gestellten Leichen zu erfinden. Perwy kanal (Channel One) behauptete, dass die Leichen in Butscha

keine „charakteristischen Leichenflecken und kein geronnenes Blut in den Wunden" aufwiesen. Die russische Nachrichtenagentur RIA Novosti behauptete auch, dass die „sogenannten Leichen" ihre Arme und Beine bewegten, um nicht unter die Räder der Militärfahrzeuge zu geraten.
(Samuel Ramani, Putin's War On Ukraine, S. 166 f.)

Aussagen eines russischen Deserteurs

Nikita Chibrin war ein ehemaliger Soldat aus der russischen Stadt Jakutsk. Er gab an, in der Selbstständigen 64. Garde-Mot-Schützenbrigade gedient zu haben, der berüchtigten russischen Militäreinheit, die beschuldigt wurde, während ihrer Offensive in Butscha, Borodianka und anderen Städten und Dörfern nördlich von Kiew Kriegsverbrechen begangen zu haben. Chibrin berichtete, dass er im März während des Einsatzes nordwestlich von Kiew gesehen habe, wie seine Kameraden weggelaufen seien, nachdem sie mutmaßlich zwei ukrainische Frauen vergewaltigt hätten, und von ranghöheren Mitgliedern der Einheit verfolgt worden seien.

> *„Ich sah sie weglaufen, dann erfuhr ich, dass sie Vergewaltiger gewesen sein sollten. Sie hatten eine Mutter und ihre Tochter vergewaltigt", sagte er. Ihre Vorgesetzten, so Chibrin, zuckten mit den Schultern, als sie von den Vergewaltigungen erfuhren. Die mutmaßlichen Vergewaltiger seien geschlagen worden, sagte Chibrin, aber nie vollständig für ihre Verbrechen bestraft worden. „Sie wurden nie ins Gefängnis gesteckt. Sie wurden einfach gefeuert. Einfach so: ‚Geh!' Sie wurden einfach aus dem Krieg entlassen. Das war's."*

Im September desertierte Chibrin und floh über Weißrussland nach Europa. Truppen aus Chibrins Brigade wurden im April vom ukrainischen Verteidigungsministerium als Kriegsverbrecher bezeichnet, da nach dem Abzug der russischen Streitkräfte aus der Region Kiew (Butscha) Massengräber mit getöteten Zivilisten und weitere Leichen in den Straßen entdeckt worden waren.

Chibrins Militärdokumente, die CNN einsehen konnte, zeigten, dass sein Kommandeur Azatbek Omurbekov war, der Offizier, der die Selbstständige 64. Garde-Mot-Schützenbrigade befehligte. Omurbekov, der „Schlächter von Butscha", steht unter Sanktionen der Europäischen Union und Großbritanniens. Er darf nicht in europäische Länder einreisen, und Vermögenswerte, die er möglicherweise in diesen Ländern besitzt, wurden eingefroren. Die USA stellten darüber hinaus alle Mitglieder der Brigade unter Sanktionen.

Der Kreml stritt jegliche Beteiligung an den Morden ab und wiederholte gleichzeitig die Behauptung, dass die Bilder von zivilen Leichen gefälscht seien. Putins Entscheidung, der Einheit einen militärischen Ehrentitel zu verleihen und sie für ihr „Heldentum" und ihre „mutigen Taten" zu loben, rief weltweit Empörung hervor.

Chibrin erklärte, er habe nichts von dem angeblichen Heldentum gesehen, dafür aber viele Verbrechen. Mit CNN sprach er über einige der Verbrechen, die er miterlebt und von denen er Berichte gehört hatte. Er bekräftigte, er sei bereit, vor einem internationalen Strafgerichtshof gegen seine Einheit auszusagen. Er selbst habe keine Verbrechen begangen.

Er sagte auch aus, dass die Einheit den „direkten Befehl zum Töten" aller Personen hatte, die Informationen über die Positionen der Einheit weitergaben, gleichgültig, ob es sich dabei um Militärangehörige oder Zivilisten handelte. Weiter berichtete er: „Wenn jemand ein Telefon hatte, durften wir ihn erschießen." Chibrin sagte, es gebe kaum Zweifel, dass einige Männer in der Selbstständigen 64. Garde-Mot-Schützenbrigade ohne weiteres unbewaffnete Zivilisten töten könnten. „Es gibt Verrückte, die es genießen, einen Menschen zu töten. Solche Verrückten sind dabeigewesen."

Was die Befehlshaber der Einheit betraf, so behauptete er, dass sie von den mutmaßlichen Vergewaltigungen und Tötungen sowie von den Plünderungen gewusst hätten, sich aber kaum dafür interessiert hätten, diese zu ahnden. „Sie reagierten nach dem Motto: ‚Was soll's. Es ist passiert. Na und?' Eigentlich gab es keine Reaktionen", sagte Chibrin. „Die Disziplin ging den Bach runter, es gab keine Disziplin."

(https://edition.cnn.com/2022/12/13/europe/russian-defector-war-crimes-intl-cmd/index.html)

Der Bahnhof von Kramatorsk

Am 8. April 2022 schlugen russische Raketen im Bahnhof der ostukrainischen Stadt Kramatorsk ein, etwa 100 km nördlich von Donezk gelegen. Bei dem Einschlag wurden 63 Zivilisten, darunter 9 Kinder, getötet und 150, darunter 34 Kinder, verletzt. Die russischen Behörden bestritten die Verantwortung und machten die Ukraine für den Angriff verantwortlich.

Nach Angaben der ukrainischen Regierung befanden sich mehr als 1000 Zivilisten, vor allem Frauen und Kinder, in dem Bahnhof und auf dem Vorplatz. Sie warteten auf ihre Evakuierung aus dieser Region nahe dem Donbass, die unter schwerem russischen Beschuss stand. Um 10.24 Uhr und 10.25 Uhr Ortszeit veröffentlichten Medien, die der Volksrepublik Donezk nahestanden, Videos, auf denen zu sehen war, wie zwei Raketen von Schachtar aus abgefeuert wurden, einer von den Separatisten kontrollierten Stadt. Um 10.30 Uhr schlugen die Raketen im Bahnhof von Kramatorsk ein, und um ca. 10.45 Uhr wurden die ersten Berichte in ukrainischen Medien veröffentlicht.

Die russischen Desinformationen über den Anschlag waren von ähnlichen Widersprüchen geprägt wie die über Butscha. Zunächst hatten russische Staatsmedien und prorussische Telegram-Kanäle behauptet, die russischen Luftangriffe auf ein militärisches Ziel in Kramatorsk seien erfolgreich gewesen. Nachdem jedoch klar geworden war, dass die Raketen Zivilisten getötet hatten, wurden frühere Berichte gelöscht. Die russische Regierung leugnete die Verantwortung für den Angriff, und das russische Verteidigungsministerium bezeichnete ihn als ukrainische Täuschung. Das russische Verteidigungsministerium behauptete, die Raketen seien von ukrainischen Streitkräften aus der Stadt Dobropillia, etwa 45 km südwestlich von Kramatorsk, abgeschossen worden. Die Ukraine habe diesen Angriff durchgeführt, „um den Massenexodus von Einwohnern aus der Stadt zu unterbrechen und sie als menschliche Schutzschilde zu nutzen".

Nach dem Angriff wurden in Kramatorsk Teile von Totschka-U-Raketen gefunden – Kurzstreckenraketen, die sowohl von der russischen als auch von der ukrainischen Armee eingesetzt werden. Das russische Verteidigungsministerium erklärte, dass seine Streitkräfte keine Totschka-U-Raketen mehr verwenden würden; allerdings hatten Ermittler des Open-Source-Projekts Hajun in Weißruss-

Der Bahnhof von Kramatorsk nach dem Angriff. Die Stadt liegt nicht weit vom Donbass entfernt.

land Videos veröffentlicht, die russische Lastwagen mit aufmontierten Totschka-U-Raketen zeigten, wie sie am 5. März und am 30. März 2022 von Weißrussland in die Ukraine fuhren und mit V gekennzeichnet waren. Zudem stellte das US-Institute for the Study of War fest, dass die russische 8. Gardearmee, die im Donbass-Gebiet aktiv ist, mit Totschka-U-Raketen ausgerüstet ist.

Justin Bronk, ein Analyst des britischen Royal United Services Institute, erklärte, Russland wolle die ukrainische Verkehrsinfrastruktur beschädigen, um den ukrainischen Streitkräften die Bewegung im Donbass zu erschweren. Er vermutet auch, dass Russland den Raketentyp Totschka-U gewählt hatte, weil er ebenfalls von der ukrainischen Armee verwendet wird, um so „das Wasser zu trüben". *(https://apnews.com/article/russia-ukraine-europe-ap-top-news-migration-united-nations-ee2fa37b-b0ace7b4714c084998765f65)*

Präsident Selenskyjs Reaktion auf Kramatorsk

Die Nachricht von dem Angriff erreichte Selenskyj kurz vor 11 Uhr morgens, als er sich gerade auf ein Treffen mit EU-Kommissionspräsidentin Ursula von der Leyen vorbereitete. Er wusste, dass dieses Treffen ein entscheidender Moment für sein Land und seine Präsidentschaft sein werde. Zu Beginn der Invasion hatte Selenskyj einen Antrag auf Mitgliedschaft in der Europäischen Union gestellt, und die Staats- und Regierungschefs waren nun aus Brüssel angereist, um über die Beitrittsaussichten zu sprechen. Von der Leyen konnte auch die Zusage eines neuen Hilfspakets überbringen: eine Milliarde Euro für militärische Unterstützung und eine weitere Milliarde zur Ankurbelung der ukrainischen Wirtschaft.

Doch als die ersten Bilder aus Kramatorsk auf Selenskyjs Handy erschienen, fiel es ihm schwer, sich zu konzentrieren, wie er später berichtete. Die Auswirkungen der Explosion machten ihm Angst:

die Blutlachen auf dem Bürgersteig, die abgetrennten Gliedmaßen zwischen Koffern und Kuschel-
tieren. Auf einem der Fotos, die ihm an diesem Morgen zugesandt wurden, sah Selenskyj eine Frau,
die von der Explosion enthauptet worden war. „Sie trug dieses leuchtende, unvergessliche Kleid."
Seine Assistenten planten, die Fotos noch am selben Tag in den sozialen Medien zu veröffentlichen,
doch der Präsident verbot dies. „Das können wir nicht tun", sagte er. „Was ist, wenn die Kinder das
sehen?" Am Nachmittag kämpfte er immer noch damit, die Bilder zu verdrängen, als die Mitarbeiter
des Präsidenten die Europäer hereinbaten.

Nachdem von der Leyen und die anderen Europäer den Präsidentenpalast verlassen hatten,
setzte sich Selenskyj mit einem Reporter aus Deutschland in einen Besprechungsraum. Die erste
Frage bezog sich auf die schrecklichen Bilder aus Kramatorsk, die an diesem Abend die Nachrichten in aller Welt beherrschten; der Reporter fragte Selenskyj auf Englisch: „Haben Sie geweint, als
Sie diese Bilder sahen?"

Der Präsident lächelte müde und starrte einen Moment lang ins Leere. „Ich weine nicht mehr",
sagte er. „Ich habe schon lange nicht mehr geweint." Die ersten Tage der Invasion hatten ihn oft
den Tränen nahegebracht, und er hatte versucht, sich nicht an den Anblick des Todes zu gewöhnen.
Aber mit der Zeit, so gab er zu, wurde sein Fell immer dicker. „Man gewöhnt sich daran", sagte er.

„Spüren Sie Hass?", fuhr der Reporter fort. „Ja, ich fühle Hass. Ich fühle Hass auf das Militär. Auf
die russischen Truppen, das tue ich. Das ist kein Geheimnis. Man spürt es, wenn man diese Bilder
sieht, oder wenn man auf den Platz fährt, wenn man an den Ort einer Explosion fährt und sieht,
was übriggeblieben ist. Sie sehen die Menschen. Sie sehen die toten Kinder. Man sieht Fotos von
Kindern ohne Gliedmaßen, und man ist entsetzt. Als Vater denke ich an meine eigenen Kinder und
daran, wie das dann sein muss."

Doch selbst dann, nach seinem Besuch in Butscha vier Tage zuvor und den Bildern, die er an
jenem Morgen aus Kramatorsk gesehen hatte, erlaubte sich Selenskyj nicht, persönlichen Hass auf
Putin zu äußern. Auf die nächste Frage des Reporters, was Putin wolle, antwortete er sogar, dass
sich der russische Staatschef möglicherweise nicht voll und ganz des Leids bewusst sei, das seine
Invasion verursacht habe. „Ich bin mir nicht sicher, ob er weiß, was passiert", sagte Selenskyj. „Ich
bin mir aber sicher, dass er in einer anderen Welt der Informationen lebt. Er hat nicht alle Informationen. Er gibt den Befehl zum Vormarsch, ja zur Besetzung dieser oder jener Stadt. Aber auf welche
Weise? Wie viele Menschen sterben dabei?"

(Simon Shuster, The Showman, S. 157 ff.)

Quellen: Der Albtraum von Butscha

Bücher
- Plokhy, Serhii, The Russo-Ukrainian War, Oxford 2024
- Ramani, Samuel, Putin's War on Ukraine, Russian Campaign for Global Counter-Revolution, London 2023
- Shuster, Simon, The Showman, New York 2024
- Trofimov, Yaroslav, Our Enemies Will Vanish, The Russian Invasion and Ukraine's War of Independence, New York, 2024

Online-Publikationen
- https://www.nytimes.com/2022/05/19/world/europe/russia-bucha-ukraine-executions.html?pgtype=Article&action=click&module=RelatedLinks
- https://apnews.com/article/russia-ukraine-europe-war-crimes-7791e247ce7087dddf64a2bbdcc5b888
- https://www.hrw.org/news/2022/04/21/ukraine-russian-forces-trail-death-bucha
- https://www.nytimes.com/interactive/2022/04/11/world/europe/bucha-terror.html
- https://www.spiegel.de/international/germany/possible-evidence-of-russian-atrocities-german-intelligence-intercepts-radio-traffic-discussing-the-murder-of-civilians-in-bucha-a-0a191c96-634f-4d07-8c5c-c4a772315b0d
- https://tass.com/world/1432013
- https://edition.cnn.com/2022/12/13/europe/russian-defector-war-crimes-intl-cmd/index.html https://apnews.com/article/rhtmussia-ukraine-europe-ap-top-news-migration-united-nations-ee2fa37bb0ace7b4714c084998765f65)
- https://www.newsweek.com/putin-ally-says-theres-100-percent-chance-future-russia-ukrainewars-1861639
- https://www.reuters.com/article/us-ukraine-crisis-putin-people-idUSKBN0GT14720140829/
- https://www.washingtonpost.com/world/2022/02/24/putin-denazify-ukraine/

Kapitel 8

Loyalität und Verrat

Am 24. Februar 2022, dem ersten Tag der russischen Invasion, begannen das Flaggschiff der russischen Schwarzmeerflotte, der Lenkwaffenkreuzer Moskwa, und das Patrouillenboot Wassili Bykow einen Angriff auf die ukrainische Schlangeninsel im Schwarzen Meer. Die winzige Insel ist dem Donaudelta vorgelagert, und es gibt dort nur ein einziges Dorf, das von weniger als 30 Menschen bewohnt wird. Zum Zeitpunkt des Angriffs war dort zusätzlich ein Kontingent von 13 ukrainischen Grenzsoldaten stationiert. Die Moskwa forderte die Soldaten auf, sich zu ergeben, was von den Verteidigern abgelehnt wurde.

Die Schlangeninsel

Der Mitschnitt des Funkgesprächs wurde von der ukrainischen Online-Zeitung Ukrainska Pravda veröffentlicht. Das Gespräch, das auf Russisch geführt wurde, lautete in der Übersetzung:

> **Russisches Kriegsschiff:** „Schlangeninsel, ich, russisches Kriegsschiff, wiederhole das Angebot: Legen Sie die Waffen nieder und ergeben Sie sich, oder Sie werden beschossen. Haben Sie mich verstanden? Haben Sie verstanden?"
> **Ukrainer 1 an Ukrainer 2:** „Das war's dann wohl. Oder wollen wir sie zur Hölle jagen?"
> **Ukrainer 2 an Ukrainer 1:** „Auch gut."
> **Ukrainer 1:** „Russisches Kriegsschiff, ihr könnt uns am Arsch lecken."

Bei „Ukrainer 1" handelt es sich vermutlich um Roman Hrybov, einen Angehörigen des ukrainischen Grenzschutzes. In der Folge wurde die Schlangeninsel von den russischen Seestreitkräften eingenommen, und die Ukraine hatte zunächst geglaubt und berichtet, dass alle 13 Soldaten, die die Insel verteidigten, bei dem russischen Angriff getötet worden seien. Doch dies war ein Irrtum: Am 30. März 2022 wurden die Grenzsoldaten im Rahmen eines Gefangenenaustausches freigelassen und anschließend von der Regierung geehrt.

Am 15. April 2022 erregte ein ungewöhnliches Ereignis die Aufmerksamkeit der Presse: Auf dem Khreschatyk, der Kiewer Flaniermeile (siehe Abb. S. 79), hatte sich eine Menschenschlange gebildet, und das trotz der Gefahr eines Luftangriffs oder eines Raketenbeschusses. Es fiel auf, dass die Schlange viel länger war als beim letzten Mal, als die Leute für das neueste iPhone anstanden. Die Schlange folgte dem Khreschatyk in Richtung Dnjepr, bog dann ein auf den Maidan-Platz und nahm ein Ende am Eingang zum Hauptpostamt. Die Erklärung: Die Leute wollten eine Briefmarke kaufen, eine Marke im Nennwert von 23 Hrywnja, umgerechnet 50 Cent. Um diese Briefmarke zu erhalten, musste man sich vor dem Postamt anstellen.

Die Briefmarke hat ein ungewöhnliches Design: Sie zeigt einen Soldaten mit dem Rücken zum Betrachter, ein Gewehr in der linken Hand und eine ausgestreckte rechte Hand. Der Soldat steht auf einem gelben Strand, vor ihm die blaue See und ein Kriegsschiff – Blau-Gelb sind die Nationalfarben der Ukraine. Es war aber nicht die Farbgebung der Briefmarke, die das Interesse der Käufer erweckt hatte. Es war der ausgestreckte Mittelfinger der rechten Hand, der „Stinkefinger". Jeder in der Schlange wusste: Die Briefmarke zeigt den russischen Kreuzer Moskwa vor der Schlangeninsel, und jeder kannte auch die Antwort des Grenzsoldaten: „Russisches Kriegsschiff, ihr könnt uns am Arsch lecken." Jeder Kiewer wollte diese Briefmarke besitzen. Die Moskwa-Episode, die gesprochenen Worte und nun die Briefmarke waren Symbole des Trotzes angesichts einer gewaltigen Übermacht.

Die Übernahme der Schlangeninsel durch die Russen war Teil ihrer Vorbereitungen für eine amphibische Landung auf dem ukrainischen Festland. Ziel war es, den nördlich des Donaudeltas gelegenen Schwarzmeerhafen Odessa zu erobern und die anrückenden Bodentruppen dabei zu unterstützen.

Die Schlangeninsel-Briefmarke, Symbol des Widerstandes

Der Hintergrund

Nach der Maidan-Revolution im Jahr 2014 hatte Russland die Halbinsel Krim annektiert. Russische Truppen hielten die neu ausgerufene Republik Krim, die international nie anerkannt wurde, in den folgenden acht Jahren besetzt. Die russische Militärpräsenz auf der Halbinsel wurde im Zuge der militärischen Aufrüstung für die geplante Invasion der Ukraine erheblich verstärkt: Ende Januar und Anfang Februar 2022 waren weitere 10.000 Soldaten dort stationiert worden. Am Vorabend der Invasion schätzte man die Zahl der russischen Soldaten auf der Krim auf 90.000 Mann.

Die ukrainischen Pläne sahen vor, dass das Kommando Süd unter Generalmajor Andrij Sokolow zwei Brigaden mit je 3.000 bis 5.000 Mann und ein Bataillon mit 500 Mann direkt an der Grenze zur Krim stationieren sollte. Im Falle eines Angriffs konnte die Formation durch zwei Brigaden der Territorialverteidigung verstärkt werden, die 110. und die 124.

Doch in Wirklichkeit bestanden die ukrainischen Streitkräfte im Süden hauptsächlich aus der 59. Motorisierten Infanteriebrigade und dem 137. Marinebataillon der 35. Marineinfanteriebrigade. Die geplante zweite Brigade wurde nie aufgestellt, und die Brigaden der Territorialverteidigung mussten erst noch personell aufgerüstet werden. Die Einheiten waren aufgrund von Verlusten durch die Kämpfe im Donbass sowie durch Ausbildungseinsätze nur zu 50 bis 60 Prozent einsatzbereit. Daher bestand die ukrainische Streitmacht zu Beginn der Invasion aus 1.300 Mann der 59. Brigade, die in einem 30 km von Cherson entfernten Lager in der Halbwüste Oleschky-Sande, südlich des Dnjepr, stationiert waren. Hinzu kamen etwa 300 Marinesoldaten des 137. Bataillons, die vor der Krim an den Zugängen der Halbinsel zum ukrainischen Festland positioniert worden waren.

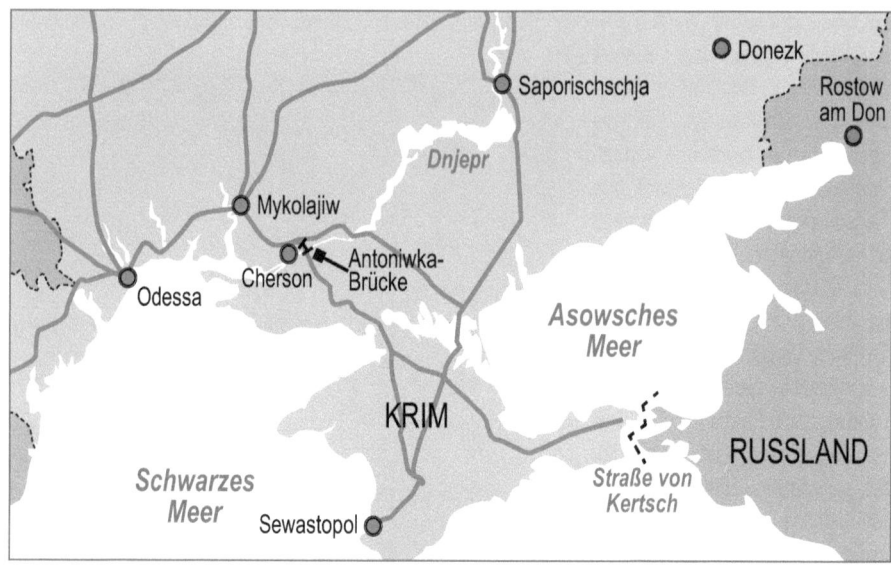

Im Süden erlebte die Ukraine ihre erste Niederlage, als die russischen Truppen von der Krim aus vorstießen, die Antoniwka-Brücke besetzten und Cherson eroberten.

Ab 4.00 Uhr morgens beobachtete das ukrainische Militär mehr als 30 russische Militärflugzeuge, die von der Krim aus gestartet waren. Sie überflogen das Schwarze und das Asowsche Meer und griffen gegen 5.00 Uhr ukrainische militärische Ziele an, darunter fast alle militärischen Einrichtungen in den Gebieten Cherson und Saporischschja. Oberst Wadym Rymarenko, Kommandeur des 137. Marine-Bataillons, berichtete, dass die russischen Streitkräfte außerdem von der Krim aus das Feuer auf die Stellungen des Bataillons an der Grenze eröffnet hätten.

An der folgenden Invasion nahmen nach Angaben des russischen Generals Wiktor Sokolow bis zu 20.000 russische Soldaten in 25 Bataillonsgruppen teil, darunter das gesamte 22. Armeekorps, mindestens eine Division der 58. Kombinierten Armee und etwa die Hälfte der 7. Luftangriffsdivision.

Die erste Niederlage

Bereits am ersten Tag des russischen Angriffs erlitt die Ukraine eine schwere Niederlage, allerdings nicht im Norden, von wo aus Kiew erreicht werden sollte, sondern im Süden des Landes am Nowa-Kachowka-Staudamm, wo der Dnjepr aufgestaut wird. Der Staudamm wurde spät am Morgen des

24. Februar 2022 von russischen Truppen besetzt, die auf den Hauptstraßen mit Panzern, Schützenpanzern und Lastwagen mit einem aufgemalten „Z" ohne Schwierigkeiten oder Widerstand vorgerückt waren. Wo die ukrainischen Truppen waren, wusste niemand, und die Männer der Territorialverteidigung, etwa 80 Mann, hatten keine Waffen. Die Russen waren gegen 11.00 Uhr in dem Ort Tavriysk angekommen und hatten dort ihre Flagge gehisst.

Bei Tavriysk handelt es sich um einen Vorort von Nowa Kachowka, wo sich die Verwaltung des Nord-Krim-Kanals befand. Der Kanal war gebaut worden, um Wasser vom Dnjepr auf die Krim zu bringen. Doch nach der Besetzung der Krim durch Russland hatte die Ukraine die Wasserlieferungen eingestellt. Als Mykola Risak, der Bürgermeister von Tavriysk, zur Kanalverwaltung fuhr und das Gebäude betreten wollte, wurde er von einem Panzer daran gehindert. Daraufhin rief er die Verwaltung in Cherson an.

„Ich berichtete ihnen, was hier los ist, aber sie glaubten mir nicht. Ich habe aber eine Frage: Wie konnten russische Panzer, Schützenpanzer und Raketenwerfer innerhalb von vier Stunden von Armjansk (Grenzort auf der Krim) bis nach Tavriysk kommen? Wo sind unsere erste und zweite Verteidigungslinie?", fragte der Bürgermeister einen inzwischen anwesenden ukrainischen Reporter. Das waren genau die Fragen, welche die meisten Bewohner der beiden Ortschaften hatten. Doch schnelle Antworten gab es nicht, weder aus Cherson noch aus Kiew.

Die Zugänge zu der Halbinsel Krim, die wichtigen Straßen und Brücken, waren von den Ukrainern lange vor dem Angriff vermint oder zur Sprengung vorbereitet worden. Aber keine der Brücken, über die die russischen Truppen vordrangen, war auch tatsächlich gesprengt worden. Die Landminen auf den Straßen funktionierten nicht. Es wurden viele Gründe dafür aufgezählt: Die Ukrainer, die die Sprengungen durchführen sollten, seien bei dem russischen Angriff erschossen worden; oder russische Kommandos hätten die Sprengsysteme deaktiviert; oder jemand auf ukrainischer Seite habe die Lage der Minen verraten oder den Befehl zur Aktivierung des Systems nicht befolgt.

Die Antoniwka-Brücke

Es gab zahlreiche Brücken in der Region über den Nord-Krim-Kanal, aber die wichtigste Brücke in der gesamten Region war die Antoniwka-Brücke über den Dnjepr. Die Brücke verband das linke Ufer mit dem rechten und der Stadt Cherson, dem regionalen Zentrum, einer Großstadt mit rund 300.000 Einwohnern. Von Cherson aus wollten die Russen über Mykolajiw nach Odessa vorstoßen.

Geschwindigkeit war für den Erfolg entscheidend. Die Taktik bestand darin, große Städte einzukesseln und dann weiterzuziehen. Es war geplant, Mykolajiw in zwei Tagen und Odessa in drei Tagen einzunehmen, so der ukrainische Generalmajor Dmytro Marchenko, der die Verteidigung von Mykolajiw zu organisieren hatte. Um dies umzusetzen, brauchten die Russen die Antoniwka-Brücke über den Dnjepr, denn die nächste Dnjepr-Überquerung war der Nowa-Kachowka-Staudamm etwa 60 km Luftlinie weiter nördlich.

Die ukrainischen Truppen hatten die Gefechte an der Grenze zur Krim erwartet, doch aufgrund des schnellen Vormarsches auf den Autobahnen der Ukraine bedrohten die russischen Truppen die Ukrainer nun von Norden.

Es war 04.30 Uhr, als Leutnant Palchenko durch den russischen Angriff nördlich der Krim geweckt wurde. Der Offizier war erst 23 Jahre alt, galt aber schon als Veteran der Antiterror-Operationen im Donbass, wie die Ukrainer ihre Einsätze dort bezeichneten. Auf Befehl des Bataillonskommandeurs führte Palchenko seine Panzerkompanie zunächst nach Nowa Kachowka, um mögliche russische Angriffe zu blockieren. Dann erhielt er den Befehl, die Antoniwka-Brücke zu sichern, um einen Rückzug nach Cherson zu ermöglichen. Als eine Panzerkompanie die Brücke abends erreichte, mussten sie feststellen, dass russische Fallschirmjäger diese bereits besetzt hatten. Palchenko gab den Feuerbefehl, zwei russische Fahrzeuge wurden getroffen. Er konnte die Brücke zunächst sichern. In der nächsten Stunde beobachtete er die sich zurückziehenden ukrainischen Einheiten, die sich am rechten Dnjepr-Ufer sammelten und neu formierten.

Die Antoniwka-Brücke bei Cherson ist von großer strategischer Bedeutung.

Gegen Mitternacht erfolgte ein russischer Luftangriff auf Palchenkos Panzerkompanie und die anderen Bataillonseinheiten, die nachgekommen waren. Dann rückte russische Infanterie vor. Das war der Beginn eines dreitägigen Gefechts um die Brücke. Palchenko und seine Panzereinheit versuchten, die Russen aufzuhalten. „Mein Panzer hatte ein paar Treffer abbekommen, und das System war ausgefallen. Wir mussten also alles von Hand machen, so wie bei den T-34-Panzern im Zweiten Weltkrieg." Die russischen Kräfte erwiesen sich als überlegen, sodass sich die Panzer und Leutnant Palchenko von der Brücke zurückziehen mussten. Aber sie blieben in Schussweite, denn die Panzer deckten die ukrainischen Fallschirmjäger, die verhindern sollten, dass russische Truppen die Brücke überquerten.

Doch dann fielen russische Einheiten, die im Norden den Dnjepr über den Nowa-Kachowka-Staudamm überquert hatten, den Ukrainern in den Rücken. Diesen gelang es bei ihrem Rückzug nicht, die Brücke zu sprengen. Sie wurde nun von den Russen kontrolliert, ebenso wie Cherson selbst und der Flugplatz.

Pawel Filatjew, russischer Fallschirmjäger, Bericht vom 1. März

Eine halbe Stunde später erreichten wir den Hafen von Cherson. Es war dunkel. Die Einheiten vor uns hatten den Hafen bereits besetzt. Die Soldaten suchten einen Platz zum Schlafen und um sich zu waschen. Auf dem Gelände befanden sich ein Kontrollpunkt, ein Bürogebäude und ein Bau, der einem Schlafsaal mit Nebenräumen, Umkleiden und Duschen ähnelte. [...] Ich beschloss, das Gelände zu erkunden.

Haben Sie jemals Bilder von der Plünderung Roms durch die Barbaren gesehen? So kann man das, was um mich herum geschah, am besten beschreiben. Alle sahen abgenutzt und verwildert aus, und wir alle begannen, die Gebäude auf der Suche nach Nahrung, Wasser, einer Dusche und einem Platz für die Nacht zu durchkämmen; einige nahmen Computer mit und alle brauchbaren Dinge, die sie finden konnten. Ich war da keine Ausnahme: Ich fand eine Mütze im Wrack eines Lastwagens und nahm sie mit. Meine Sturmhaube ist zu dünn, und mir ist kalt. Aber das Plündern von Bürotechnik ist mir trotz Not und Chaos zuwider. [...]

Ich streife durch das Gebäude und komme in einen Raum mit lauter TV-Geräten. Dort sind schon mehrere Leute, die Nachrichten schauen. Sie haben in dem Raum auch Sekt gefunden. Ich nehme ein paar Schluck direkt aus der Flasche und setze mich dazu. Es läuft ein ukrainischer Sender. Ich verstehe nur, dass russische Truppen aus allen Richtungen angreifen. Odessa, Charkiw, Kiew werden belagert. Bilder von zerstörten Häusern und verletzten Frauen und Kindern. Mir tun die Toten und Verwundeten leid, erst recht die Zivilisten. [...]

Ich gehe wieder nach draußen, dort sehe ich den Bataillonskommandeur und begrüße ihn, wie es nach unseren militärischen Regeln üblich ist. Er schüttelt mir die Hand, und ich schnorre mir eine Zigarette von ihm, eine Marlboro Red. Während ich rauche, frage ich ihn, wie alles gelaufen sei. Er sagt mir, dass alles in Ordnung sei und es bald vorbei sei. In dieser Stimmung und mit der Hoffnung, dass alles bald vorbei sein werde, kehrte ich in die Büros der Mörsereinheit zurück, um mich schlafen zu legen. [...]

Auch wenn es mir sonst nicht an Dreistigkeit mangelt, streite ich mich nicht um die Dusche. Ich denke, wir werden Cherson eine Weile halten, ich komme schon noch zum Duschen. Es ist schon fast Mitternacht. Zum ersten Mal seit einer Woche ziehe ich meine kugelsichere Weste und die Thermounterwäsche aus, lege meine Habseligkeiten zusammen mit den Waffen auf den großen, zwei Meter langen Tisch und strecke mich daneben aus. Mich überkommt ein Glücksgefühl. Der schmerzende Körper hat lange nach Erholung verlangt.

(Pawel Filatjew, ZOV, Der verbotene Bericht, S. 136 ff.)

Korruption, Verrat und Sabotage

Wie konnten die Russen von der Krim bis nach Nowa Kachowka und zur Antoniwka-Brücke gelangen? Diese Frage bewegte viele Ukrainer. Bald tauchten Gerüchte auf, dass die Minenfelder noch vor der Invasion deaktiviert worden seien. Der ukrainische Generalstab kritisierte diese Gerüchte; die Öffentlichkeit möge doch die Untersuchungsergebnisse abwarten, und die Russen seien einfach in der Überzahl gewesen. Doch der ukrainische Inlandsgeheimdienst SBU hatte bereits eine Spur: Kurze Zeit später wurde der Kommandeur des Anti-Terror-Zentrums in Cherson, Oberstleutnant Sadokhin, wegen Hochverrats verhaftet. Offenbar hatte er den Russen Karten mit der Lage der Minenfelder übermittelt. Anschließend leitete er noch den Luftangriff auf das SBU-Büro, nachdem er es mit seinen Leuten verlassen hatte.

Selenskyj degradierte Sadokhins Vorgesetzten, General Serhii Kryworuschko, den Leiter der Abteilung Cherson des SBU. Kryworuschko und seine Männer hatten Cherson vermutlich bereits am ersten Tag des Krieges verlassen. Es hatte den Anschein, als hätte diese SBU-Abteilung Staatsgeheimnisse an den Feind weitergegeben. Der Leiter des SBU, Selenskyjs Jugendfreund Ivan Bakanov, verlor dadurch das Vertrauen des Präsidenten. Doch die Probleme waren nicht nur auf Cherson begrenzt. Bereits vor der Invasion war Oleksandr Yakushev, stellvertretender Leiter des SBU und zuständig für innere Sicherheit, enttarnt worden und aus dem Land geflohen.

Probleme in Bezug auf die Loyalität der Leiter des Inlandsgeheimdienstes waren nicht neu. Einige Abteilungen des Dienstes, die die Korruption bekämpfen sollten, waren selbst in Korruptionsfälle verwickelt. Die Beamten stellten ein leichtes Ziel für die Anwerbung durch ihre russischen Gegenspieler dar. Manche ukrainischen Politiker versuchten, den SBU für ihre persönlichen Interessen zu nutzen. Diese Erfahrung, oft mit persönlichen Enttäuschungen verbunden, musste Selenskyj mehrfach machen.

Hintergrund

Seit dem Zusammenbruch der Sowjetunion im Jahr 1991 erlebte die Ukraine als unabhängiger Staat in hohem Maße Verrat, Korruption und Betrug. Von Anfang an fanden russische Politiker, die den Bruch der Ukraine mit Moskau zutiefst missbilligten, in der Ukraine willige Helfer bei ihren Bemühungen, den jungen Staat zu unterwandern und dessen Sicherheitsinstitutionen zu infiltrieren.

Eine beträchtliche Anzahl von Verrätern stammte aus dem Umfeld des ehemaligen ukrainischen Präsidenten Wiktor Janukowitsch, der während der Maidan-Revolution 2013/14 gestürzt und nach Russland geflohen war. Mehrere ehemalige Parlamentsabgeordnete aus Janukowitschs Partei der Regionen fielen durch anti-ukrainische Kommentare auf. So sind zum Beispiel Oleh Tsarjow – einst ein hochrangiger ukrainischer Politiker – und Ihor Markov häufig zu Gast in den meistgesehenen russischen Prime-Time-Sendungen. Tsarjow, der seit der russischen Annexion auf der Krim lebt, befürwortet die Eroberung und Eingliederung der Ukraine in die Russische Föderation. Markow, der seit 2016 in Italien in Haft ist, war vor allem für seine schmeichelhaften Beurteilungen Putins bekannt gewesen. Markow hatte Putin eine „epochale Bedeutung für die Wiedergeburt des russischen Reiches in seinen früheren historischen Grenzen" zugeschrieben.

Die für die Ukraine verhängnisvollsten Verräter sind diejenigen, die Kiews Sicherheitsdienste infiltrieren. Von diesen Spionen, die bisher enttarnt wurden, sind Andrij Kljujew, Janukowitschs ehemaliger Chef der Präsidialverwaltung, und Wolodymyr Siwkowitsch, ehemaliger stellvertretender Leiter des ukrainischen Nationalen Sicherheitsrats, die prominentesten. Beide setzten sich 2014 nach Russland ab.

Ihr Netzwerk soll große Erfolge bei der Platzierung von Agenten in den ukrainischen Sicherheitsdiensten erzielt haben. Manche trugen in der Anfangsphase der russischen Invasion 2022 zur Sabotage der ukrainischen Verteidigung bei. Es gelang, mehrere dieser Agenten zu identifizieren und zu verhaften. Darunter waren auch einige, die Kiew falsche Informationen über russische Bewegungen gegeben und Geheimdienstinformationen an Moskau übermittelt haben sollen. Vermutlich wurde es Russland auf diese Weise ermöglicht, große Teile der Südukraine schnell einzunehmen.

Die ukrainischen Verräter spielten eine wichtige Rolle bei der Unterwanderung staatlicher Strukturen, der Unterstützung Russlands bei der Verwaltung der besetzten Gebiete und dem Dienst in russischen und von Russland kontrollierten Militäreinheiten. Eine weitere wichtige Aufgabe der Agenten bestand darin, die russische Bevölkerung und den Westen davon zu überzeugen, dass die Ukrainer von Nazis beherrscht würden und sich danach sehnten, mit ihren russischen Brüdern in einem Einheitsstaat vereinigt zu werden.
(https://foreignpolicy.com/2023/09/04/ukraine-treason-traitors-collaborators-russia-war-espionage-occupation-security/)

Das Beispiel Cherson

Einige Monate vor der Invasion hatte der russische Geheimdienst FSB ein Team aus Politikern und Geheimdienstlern zusammengestellt, das zusammen mit dem russischen Militär in die Südukraine eindringen und anschließend die örtlichen Behörden und Sicherheitskräfte verwalten sollte. Zudem war geplant, dass Janukowitsch nach Kiew zurückkehrt. Für die Verwaltung der Regionen Cherson und Saporischschja waren der ehemalige Bildungsminister Dmytro Tabachnyk und der ehemalige Leiter des SBU, Oleksandr Jakymenko, vorgesehen, berichtete ein SBU-Mitarbeiter in Kiew gegenüber der ukrainischen Online-Plattform Babel, der um seiner Sicherheit willen anonym bleiben wollte.

In der Region Cherson habe der FSB mehrere Schlüsselbereiche festgelegt, so die anonyme Quelle. Der Verwaltungsblock sollte dem Mitarbeiter Oleksandr Kobets anvertraut werden. Kobets stammte aus Kiew und hatte zu Sowjetzeiten beim KGB und später beim Kiewer SBU gedient. Im März 2022 verließ Kobets die Ukraine in Richtung Europa und kam von dort nach Russland. Am 25. April ernannten ihn die Russen zum Bürgermeister der besetzten Stadt Cherson.

Der weitere russische Vormarsch

Den Russen war es zwar gelungen, Cherson zu besetzen, doch ihre weitere Offensive in Richtung Saporischschja, einem Industriezentrum im Norden, am Dnjepr gelegen, kam schon in den Anfängen Mitte März zum Stillstand. Den Russen gelang es ebenfalls nicht, Mykolajiw, ein Schiffsbauzentrum rund 70 km nordwestlich von Cherson, einzunehmen. Doch ohne Mykolajiw konnten die Russen nicht nach Odessa am Schwarzen Meer vorstoßen, die größte ukrainische Hafenstadt.

Der Versuch der Russen, Mykolajiw einzunehmen, begann am 26. Februar, doch sie scheiterten an dem ukrainischen General Dmytro Marchenko, der bereits von 2014 bis 2015 den Flugplatz von Donezk verteidigt hatte. Mithilfe der Artillerie und der Unterstützung der einheimischen Bevölkerung gelang es Marchenko, die Stadt zu halten. Die Bewohner informierten die Soldaten über jede Bewegung der russischen Truppen. Die Russen verstärkten zwar ihren Angriff, brachten mehr Truppen heran und drangen auch in die Stadt ein, doch dabei wurden ihre Einheiten getrennt und zerfielen in kleine Gruppen, die den Kontakt zu ihren Kommandeuren verloren und vernichtet wurden.

Die russischen Truppen versuchten nun, weiter nördlich über Wosnessensk und das Kernkraftwerk Süd nach Odessa vorzustoßen, doch sie scheiterten auch da. Die ukrainische Armee hatte ihre Lektion aus der Besetzung von Cherson gelernt. Dort hatten sie die Antoniwka-Brücke nicht gesprengt – nun zerstörten sie die Brücken über den Südlichen Bug und kleinere Seitenarme. So konnte General Marchenko den Vormarsch der Russen vereiteln und die russischen Truppen zum Rückzug zwingen. Die Straße nach Odessa war für die Russen gesperrt.

Das logistische Zentrum der Russen für den Angriff auf Cherson und Odessa war der Flugplatz von Cherson in dem Vorort Tschornobajiwka. Die russischen Truppen hatten den Flugplatz besetzt und begannen von hier aus den Angriff auf Cherson. Inzwischen hatten sie Panzer, Hubschrauber und schwere Ausrüstung, die sie für den Angriff auf Mykolajiw brauchten, auf dem Flugfeld geparkt, dicht an dicht.

Doch die ukrainische Artillerie war nicht weit weg. In der Nacht vom 7. März begann der ukrainische Beschuss, und er war erfolgreich. Hubschrauber, Artillerie und Panzer wurden zerstört. Die Angriffe auf den Flugplatz wurden mit steigendem Erfolg fortgesetzt. Die russische Armee verlor hier nicht nur zwei Generäle, sondern auch viele Offiziere und Soldaten. Die Ukrainer sollen Bayraktar-Kampfdrohnen und auch HIMARS-Mehrfachraketenwerfer eingesetzt haben. Die Russen antworteten mit einer verstärkten Bombardierung von Mykolajiw. Etwa Mitte April 2022 stellten die Russen ihre Versuche ein, nach Odessa vorzustoßen. Ihr neuer Plan bestand nun in einer amphibischen Landung an der Küste bei der Stadt.

Der Flugplatz von Cherson vor der Einnahme durch die russische Armee

Die russische Schwarzmeerflotte erhielt den Befehl, Odessa vom Meer aus zu beschießen. Am 21. März erschienen zwei russische Kriegsschiffe vor der Hafeneinfahrt und eröffneten das Feuer, bevor sie durch ukrainische Artillerie vertrieben werden konnten. In den folgenden Tagen folgten Raketenangriffe von der Flotte aus. Die Ukrainer konnten wenig tun, um die Stadt zu schützen: Seeminen hatten sie schon verlegt, und ihre landgestützten Raketen konnten die Schiffe der russischen Flotte nicht erreichen. Der Grund war das russische Flaggschiff Moskwa, das bereits vor der Schlangeninsel aufgetaucht war (siehe S. 168 f.) und mit seinen Abwehrraketen einen Schutzschirm über die Flotte spannte. Auch bei einer Landungsoperation in Odessa sollte die Moskwa eine Schlüsselrolle übernehmen. Deshalb lag den Ukrainern viel daran, den Kreuzer auszuschalten. Sie hatten zwar keine Marine, doch in der Nacht des 13. April 2022 wurde das Luftabwehrsystem der Moskwa mithilfe einer Drohne abgelenkt, sodass zwei landgestützte Neptun-Raketen den Kreuzer treffen konnten. Beide Raketen trafen das Schiff auf Höhe der Waffenkammer. Die geladenen Raketen und Torpedos explodierten, und das Schiff sank schließlich.

Offiziell hieße es aus dem russischen Verteidigungsministerium, dass eine Kombination von Faktoren für den Untergang der Moskwa verantwortlich gewesen sei: eine Explosion an Bord und ein Sturm auf dem Schwarzen Meer. Durch den Verlust der Moskwa änderte sich die Situation im Schwarzen Meer. Die russische Schwarzmeerflotte war ihres Luftabwehrschirms beraubt und konnte nun von Antischiffsraketen getroffen werden. Deshalb suchte sie im Hafen von Sewastopol an der Südküste der Krim Schutz unter den landgestützten Luftabwehrraketen.

Angriff auf Mariupol

Mariupol am Asowschen Meer (siehe Karte S. 170) war eine strategisch wichtige Stadt und somit auch ein Ziel für die russischen Truppen. Mit 440.000 Einwohnern war sie die größte Stadt im ukrainisch kontrollierten Teil der Region Donezk und beherbergte eine große Zahl an Russisch sprechenden Bewohnern. Mariupol war außerdem ein wichtiger Industriestandort, mit Sitz der Eisen- und Stahlwerke Iljitsch sowie Asow-Stahl. Für Russland bedeutete die Einnahme von Mariupol, dass es einen Landweg zur Krim hätte. Mit der Besetzung der Stadt würde Russland die vollständige Kontrolle über das Asowsche Meer erlangen.

Im Jahr 2014, nach dem Euromaidan, wurde Mariupol von prorussischen Protesten quasi überrollt. Anfang Mai entwickelte sich daraus der Krieg im Donbass. Während der Unruhen übernahmen Milizionäre der von Russland unterstützten Donezker Volksrepublik (DVR) die Kontrolle über die Stadt. Sie zwangen die ukrainischen Truppen während der ersten Schlacht um Mariupol zum Rückzug, doch nur einen Monat später eroberten die ukrainischen Streitkräfte die Stadt wieder zurück.

Das gelang mithilfe zweier neu aufgestellter Freiwilligen-Bataillone des ukrainischen Innenministeriums. Das erste Bataillon, Dnipro-1, bestand aus Freiwilligen der Region Dnipropetrowsk. Das zweite, Asow, bestand aus ehemaligen Aktivisten der Euromaidan, darunter war auch eine Gruppe von radikalen Nationalisten, die von Bataillonskommandeur Andriy Biletsky angeführt wurden. Im Februar 2015 – Asow gehörte nun als Brigade zur Nationalgarde der Ukraine – konnte Asow weitere fünf Siedlungen im Umkreis von Mariupol von den Separatisten befreien. Zu diesem Zeitpunkt hatten Biletsky und eine Reihe anderer nationalistischer Offiziere die Einheit schon wieder verlassen. Die Zusammensetzung der Brigade veränderte sich in den folgenden Jahren, da die Beziehungen zu dem sogenannten Rechten Flügel gelöst wurden. Trotzdem blieb die Brigade das primäre Ziel der russischen Propaganda-Angriffe, die die Maidan-Revolution wie auch die ukrainische Regierung als Faschisten bezeichneten – immer mit dem Hinweis auf die Asow-Brigade.

Die Bedeutung des Schwarzen Meeres

Der russische Feldzug in der Südukraine war auch untrennbar mit dem Ziel verbunden, die alte Hegemonie über das Schwarze Meer wiederherzustellen. Die zentrale Bedeutung des Schwarzen Meeres für die russische Militärkampagne in der Ukraine zeigte sich in den Bemühungen vor dem Krieg, die Einsatzbereitschaft der Schwarzmeerflotte zu verbessern. Im Dezember 2021 entsandte das russische Verteidigungsministerium vier Schiffe ins Schwarze Meer: ein Minensuchboot, ein Versorgungsschiff, das U-Boot Krasnodar, und einen Rettungsschlepper.

Am 26. Januar 2022 hatten mindestens 20 russische Schiffe mit einer Marineübung im Schwarzen Meer begonnen, und am 8. Februar meldete der russische Verteidigungsminister, dass sechs große Landungsschiffe zu der Übung ins Schwarze Meer unterwegs seien. Russland begründete diese Maßnahmen mit der Eindämmung der Bedrohung durch die NATO und versuchte gleichzeitig, mögliche Bedenken über eine bevorstehende Invasion in der Ukraine zu zerstreuen, um Unterstützungsmaßnahmen der NATO vorzubeugen.

Bei Marineübungen vom 12. bis 19. Februar sperrte Russland das Asowsche und das Schwarze Meer teilweise, ebenso wie die Straße von Kertsch, die beide Meere verbindet. Dies spiegelte das Bestreben Russlands wider, die 6. Flotte der USA daran zu hindern, bei der geplanten Invasion der Ukraine militärische Hilfe zu leisten. Hinzu kam die Besorgnis über eine Verstärkung der US-Militärpräsenz in Rumänien. Russland beugte vor, indem es am 24. Februar die Schlangeninsel annektierte, die sich vor der Küste Rumäniens befindet, aber zur Ukraine gehört (siehe S. 168 f. und Landkarte S. 170). Im Falle eines amphibischen Angriffs auf Odessa hätte die Insel als Operationsbasis für Raketen dienen können.

Trotz der allgemeinen, eher rhetorischen Äußerungen war Russland nicht in der Lage, eine amphibische Landungsoperation in Odessa durchzuführen. Es gab Gerüchte, dass Russland beabsichtige, mit Schnellbooten in Odessa zu landen, aber die ukrainische Artillerie beschoss bereits russische Schiffe, als es noch keine Neptun- und Harpoon-Schiffsabwehrraketen gab. Auch soll das unbeständige Wetter zu dieser winterlichen Jahreszeit mögliche russische Offensivoperationen in Odessa erschwert haben, ebenso wie interne Unstimmigkeiten, da die russischen Truppen sich scheuten, einen verminten Strand zu betreten und sich dem Artilleriefeuer auszusetzen.

(Samuel Ramani, Putin's War on Ukraine, S. 137 ff.)

Die Belagerung Mariupols

Die Russen stießen über den Donbass auf Mariupol vor, kombiniert mit amphibischer Landung und Artilleriebeschuss durch die Schwarzmeerflotte. Belagerung ist eine alte Taktik der Kriegführung; in diesem Konflikt des 21. Jahrhunderts wurde sie zu einem gängigen Mittel des russischen Militärs, wie auch Cherson und Charkiw zeigten.

Der Ablauf der Ereignisse in Mariupol

2. März 2022

Die russischen Truppen seien an allen Seiten mehrere Kilometer vom Stadtzentrum entfernt, erklärt der stellvertretende Bürgermeister Serhiy Orlov. Nach 15 Stunden ununterbrochenem Beschuss stehe Mariupol „kurz vor einer humanitären Katastrophe".

Durch die Angriffe auf die Infrastruktur seien Teile der Stadt von der Wasser- und Stromversorgung getrennt worden, und es herrsche Lebensmittelknappheit. Satellitenfotos zeigen die Trümmer von Häusern und Gebäuden der Zivilbevölkerung. Ein dicht besiedeltes Wohnviertel sei „fast völlig zerstört" worden, sagt der stellvertretende Bürgermeister. In den folgenden Tagen und Wochen wird die russische Armee Mariupol immer enger einkreisen.

9. März 2022

Eine Geburtsklinik wird bei einem Luftangriff getroffen. Den Berichten zufolge sterben dabei drei Menschen, darunter ein Kind. Eine Frau, die nach dem Angriff auf einer Krankentrage fotografiert wird, stirbt zusammen mit ihrem Baby. Mindestens 16 weitere Personen, Personal wie auch Patienten, werden nach Angaben der Behörden verletzt.

Präsident Wolodymyr Selenskyj bezeichnet den Angriff als Kriegsverbrechen: „Was für ein Land ist Russland, das Angst vor Krankenhäusern und Entbindungsstationen hat und sie zerstört?"

Die russische Botschaft in Großbritannien twittert eine Verschwörungstheorie, wonach die Folgen des Anschlags inszeniert worden seien und es sich bei der Frau auf der Krankentrage um eine Schauspielerin gehandelt habe.

14. März 2022

Mitte März liegt die Zahl der zivilen Toten in Mariupol nach Angaben der Stadtverwaltung bei über 2.100. Schwerer russischer Beschuss hat eine Massenevakuierung verhindert.

Am 14. März wird mit Russland ein humanitärer Korridor vereinbart, und einem Konvoi von mehr als 160 Privatfahrzeugen gelingt es, Mariupol zu verlassen.

15. März

Bis zum Nachmittag des 15. März sind es 2.000 Autos, die die Stadt verlassen können. Andere haben es nicht geschafft. Es wird berichtet, dass in der Stadt improvisierte Gräber ausgehoben werden. Der stellvertretende Bürgermeister Serhiy Orlov ist nicht in der Lage, die Zahl der auf diese Weise begrabenen Toten zu beziffern. Er sagt jedoch, dass es allein an einem Ort 67 Leichen gebe. „Wir können die Opfer nicht in privaten Gräbern auf den Friedhöfen bestatten, da diese außerhalb der Stadt liegen und die Umgebung von russischen Truppen kontrolliert wird", so Orlov. „Einige Tote können wir nicht identifizieren, aber andere haben noch Ausweise bei sich."

16. März 2022

Tagelang dient das Theater von Mariupol als Schutzraum für Zivilisten, die vor den Luftangriffen Schutz suchen. Dann kommt es zu einem Luftangriff, bei dem nach offiziellen Angaben 300 Menschen getötet werden – in der Frühphase der Invasion der größte bekannte Verlust an Menschenleben bei einem einzigen russischen Angriff.

Der stattliche Bau aus der Sowjetzeit an einem Platz im Stadtzentrum ist eindeutig als ziviler Schutzraum gekennzeichnet. Mitarbeiter des Bürgermeisters geben an, dass sich etwa 600 Menschen darin befinden, als es getroffen wird. Zum Zeitpunkt des Angriffs steht das Wort „Kinder" in großen Buchstaben auf dem Boden des Theaterplatzes.

Der Schriftzug „Kinder" auf dem Platz vor dem zerbombten Theater von Mariupol

Russland bestreitet, dass es an dem Angriff auf das Theater beteiligt ist. International wird das jedoch weitgehend anders gesehen, und das Vorgehen Moskaus wird verurteilt. Der russische Generaloberst Mikhail Misinzew wird von der britischen Regierung wegen seiner Rolle bei der Bombardierung der Stadt als „Schlächter von Mariupol" bezeichnet.

18. März 2022

Russland erklärt, seine Streitkräfte seien in das Zentrum von Mariupol vorgedrungen. Bürgermeister Vadym Boichenko bestätigt, die Kämpfe in der Stadt seien „sehr aktiv". Die Russen verlangen die Kapitulation, was mehrere ukrainische Regierungsvertreter, darunter auch Präsident Selenskyj, ablehnen.

19. März 2022

Russland soll Hunderte von Zivilisten aus Mariupol zwangsumgesiedelt haben.

24. März 2022

Die Behörden von Mariupol aktualisieren die Zahl der Umgesiedelten auf 15.000.

27. März 2022

In den Teilen von Mariupol, die nun unter russischer Kontrolle stehen, haben die Zivilisten manchen Berichten zufolge keinen Zugang zu Lebensmitteln, Wasser und Medikamenten und damit kaum eine andere Wahl, als in die von Russland kontrollierten Gebiete oder nach Russland selbst zu gehen.

Russland bringt etwa 5.000 Menschen in ein provisorisches Lager nach Bezimenne, östlich von Mariupol. Das Lager ist auf Satellitenbildern gut zu erkennen (siehe Abb. S. 390). Einige ukrainische Beamte bezeichnen das Vorgehen Russlands als „Deportationen", die Lager als „Filtrationslager", in denen die dort festgehaltenen Menschen verhört und registriert werden – ein Verstoß gegen die Menschenrechte. Die russische Regierung hingegen spricht von „Evakuierung".

28. März 2022

Die Mitarbeiter von Bürgermeister Boichenko, der Mariupol inzwischen aus Sicherheitsgründen verlassen hat, schätzen, dass seit Beginn der Belagerung fast 5.000 Menschen in der Stadt getötet worden sind. Außerdem seien 90 Prozent der Gebäude beschädigt und 40 Prozent völlig zerstört. Die Zahl der Menschen, die noch eingeschlossen sind, wird auf 170.000 geschätzt.

29. März 2022

Französische Regierungsbeamte geben bekannt, dass Wladimir Putin sich während eines einstündigen Telefongesprächs mit Frankreichs Präsident Emmanuel Macron bereit erklärt habe, Pläne zur Evakuierung von Zivilisten aus der Stadt zu prüfen. Der Kreml erklärt seinerseits, der russische Staatschef habe darauf bestanden, dass der Beschuss der Stadt erst dann eingestellt werde, wenn sich die Ukraine ergebe.

31. März 2022

Die Versuche, eine Waffenruhe in der Stadt zu erreichen, um Evakuierungen zu ermöglichen, scheitern am gegenseitigen Vorwurf mangelnder Verlässlichkeit. Die Ukraine behauptet, die russischen Truppen hätten die vorgesehenen Evakuierungsrouten weiterhin

Zerstörte Häuser und Autos in Mariupol, Mitropolitskaya-Straße 108

beschossen. Außerdem wirft die Ukraine Russland vor, einen Buskonvoi auf seinem Weg zur Evakuierung von Mariupol blockiert zu haben.

13. April 2022
Das russische Verteidigungsministerium teilt mit, dass sich 1.026 Soldaten der 36. Marinebrigade der Ukraine, darunter 162 Offiziere, in Mariupol ergeben hätten. Zwei Tage später erklärt das Bürgermeisterbüro, dass von den ursprünglich 440.000 Einwohnern noch schätzungsweise 120.000 Menschen in der Stadt seien.

18. April 2022
Nachdem die russischen Streitkräfte Mariupol besetzt haben, wird das Hüttenwerk Asow-Stahl – ein riesiges, zehn Quadratkilometer großes metallurgisches Kombinat im Süden der Stadt, direkt am Asowschen Meer gelegen – zum letzten Zentrum des ukrainischen Widerstands.
(https://www.bbc.com/news/world-europe-61179093

Am 18. April wurde geschätzt, dass 95 Prozent der Stadt bei den Kämpfen zerstört worden waren. Es sollen noch 500 bis 800 ukrainische Soldaten in der Stadt verblieben sein. Diese Soldaten ignorierten ein russisches Ultimatum zur Kapitulation und entschieden sich, bis zum Ende zu kämpfen. Russland drohte denjenigen, die weiterkämpften, mit Vernichtung.

Die letzten westlichen Journalisten in Mariupol
Der Ukrainer Mstyslaw Tschernow war zur Zeit des Kampfes um Mariupol Reporter für die US-Nachrichtenagentur Associated Press. Seine Berichte über die Belagerung von Mariupol, die er zusammen mit dem Fotografen Evgeniy Maloletka und der Korrespondentin Lori Hinnant dokumentierte, fanden weltweit Beachtung. Die folgenden Texte sind Ausschnitte und Zusammenfassungen der Texte Mstyslaw Tschernows.

Bericht aus Mariupol
Die Russen waren auf der Jagd nach uns. Sie hatten eine Liste mit Namen, darunter auch unseren, und sie kamen immer näher.

Wir waren die einzigen internationalen Journalisten, die sich noch in der ukrainischen Stadt Mariupol aufhielten, und wir hatten die Belagerung der Stadt durch russische Truppen mehr als zwei Wochen lang dokumentiert. Wir berichteten aus dem Krankenhaus, als die Bewaffneten begannen, durch die Gänge zu schleichen. Die Chirurgen gaben uns weiße Kittel, die wir zur Tarnung tragen sollten.

Plötzlich, im Morgengrauen, stürmte ein Dutzend Soldaten herein: „Wo sind die Journalisten, verdammt noch mal?"

Ich suchte ihre blauen Armbinden – sie hatten welche –, es waren Ukrainer, oder? Ich überlegte, wie wahrscheinlich es war, dass es sich um verkleidete Russen handelte, und trat vor, um mich zu identifizieren. „Wir sind hier, um Sie herauszuholen", sagten sie. Die Wände des Operationssaals bebten unter dem Artillerie- und Maschinengewehrfeuer von draußen, und es schien mir sicherer zu sein, drinnen zu bleiben. Aber die ukrainischen Soldaten hatten den Befehl, uns mitzunehmen.

Etwa ein Viertel der 430.000 Einwohner von Mariupol verließ die Stadt in den ersten Tagen, solange sie noch konnten. Aber nur wenige glaubten an einen Krieg, und als die meisten ihren Irrtum erkannten, war es zu spät.

Eine Bombe nach der anderen, damit unterbrachen die Russen die Strom- und Wasserversorgung und die Nahrungsmittellieferungen und kappten schließlich, was besonders gravierend war, die Mobilfunk-, Radio- und Fernsehmasten. Die wenigen Journalisten, die sich noch in Mariupol befanden, konnten die Stadt verlassen, bevor die letzten Verbindungen unterbrochen wurden und eine vollständige Blockade einsetzte.

Das Fehlen von Informationen bei einer Blockade verfolgt zwei Ziele. Das erste ist Chaos. Die Menschen wissen nicht, was vor sich geht, und geraten in Panik. Zuerst konnte ich nicht verstehen, warum Mariupol so schnell zusammenbrach. Jetzt weiß ich, dass es an der mangelnden Kommunikation lag. Straffreiheit ist das zweite Ziel. Ohne Informationen aus der Stadt, ohne Bilder von zerstörten Gebäuden und sterbenden Kindern konnten die russischen Streitkräfte tun und lassen, was sie wollten. Wenn wir Journalisten nicht gewesen wären, gäbe es nichts. [...]

Der Beschuss traf das Krankenhaus und die umliegenden Häuser. Die Fenster unseres Vans gingen zu Bruch, eine Seite des Fahrzeugs und ein Reifen wurden durchlöchert. Manchmal liefen wir hinaus, um ein brennendes Haus zu filmen, und rannten inmitten der Explosionen zurück.

Es gab noch einen Ort in der Stadt, an dem wir eine stabile Verbindung hatten: vor einem geplünderten Lebensmittelladen in der Budivel'nykiv-Straße. Einmal am Tag fuhren wir dorthin und hockten uns unter die Treppe, um Fotos und Videos in die Welt zu senden. Die Treppe hätte uns nicht viel Schutz geboten, aber es fühlte sich sicherer an, als im Freien zu sein. [...]

Mehrere Tage lang war ein Satellitentelefon die einzige Verbindung, die wir zur Außenwelt hatten. Und der einzige Ort, an dem dieses Telefon funktionierte, lag im Freien, direkt neben einem Granatenkrater. Ich setzte mich hin, machte mich klein und versuchte, die Verbindung herzustellen. Alle fragten mich, wann der Krieg zu Ende sein werde. Ich hatte keine Antwort.

Jeden Tag gab es ein Gerücht, dass die ukrainische Armee kommen werde, um die Belagerung zu durchbrechen. Aber es kam niemand. [...]

Zu diesem Zeitpunkt war ich bereits Zeuge von Todesfällen im Krankenhaus, von Toten auf den Straßen und von Dutzenden von Leichen, die in ein Massengrab gelegt wurden.

Ich hatte so viel Tod gesehen, dass ich fast nicht mehr wahrnahm, was ich filmte. Wir sahen, wie Rauch aus einer Entbindungsklinik aufstieg. Als wir ankamen, waren die Rettungskräfte noch dabei, blutüberströmte schwangere Frauen aus den Trümmern zu bergen. Unsere Batterien waren fast leer, und wir hatten keine Verbindung, um die Bilder zu senden. Es waren nur noch wenige Minuten bis zur Ausgangssperre. Ein Polizist hörte zufällig, wie wir darüber sprachen, wie wir die Nachricht von der Bombardierung des Krankenhauses verbreiten könnten.

„Das wird den Verlauf des Krieges verändern", sagte er. Er brachte uns zu einer Stromquelle und einem Internetanschluss. Wir hatten so viele tote Menschen und tote Kinder aufgenommen, eine endlose Reihe. Ich verstand nicht, warum er glaubte, dass noch mehr Tote etwas ändern könnten.

Ich hatte mich geirrt. [...] Wir kehrten in einen leeren Hotelkeller mit einem Aquarium zurück, das nun mit toten Goldfischen gefüllt war. In unserer Abgeschiedenheit wussten wir nichts von einer wachsenden russischen Desinformationskampagne, die unsere Arbeit diskreditieren sollte.

Die russische Botschaft in London veröffentlichte zwei Tweets, in denen sie die AP-Fotos als Fälschung bezeichnete und behauptete, eine schwangere Frau sei eine Schauspielerin. Der Botschafter hielt bei einer Sitzung des UN-Sicherheitsrats die Fotos hoch und wiederholte Lügen über den Angriff auf die Entbindungsklinik. [...]

Am 11. März fragte unser Redakteur, ob wir die Frauen finden könnten, die den Luftangriff auf die Entbindungsklinik überlebt hatten, um ihre Existenz zu beweisen. Mir wurde klar, dass die Aufnahmen stark genug gewesen sein mussten, um eine Reaktion der russischen Regierung zu provozieren.

Wir fanden sie in einem anderen Krankenhaus in Frontnähe, einige mit Babys, andere in den Wehen. Wir erfuhren auch, dass eine Frau ihr Baby und dann ihr eigenes Leben verloren hatte. Wir stiegen in den 7. Stock, um das Video über die schwache Internetverbindung zu senden. Von dort aus beobachtete ich, wie ein Panzer nach dem anderen an das Krankenhausgelände heranrollte, jeder mit dem Buchstaben Z gekennzeichnet, der zum russischen Emblem für den Krieg geworden war.

Wir waren umzingelt: Dutzende von Ärzten, Hunderte von Patienten und wir.
(https://apnews.com/article/russia-ukraine-europe-edf7240a9d990e7e3e32f82 ca351dede)

Kampf um die Stahlhütte Asow-Stahl in Mariupol

Das Stahlwerk Azovstal, deutsch Asow-Stahl, ist ein metallurgisches Kombinat am Ufer des Asowschen Meeres, ein Industriegigant, der sich über eine Fläche von zehn Quadratkilometern erstreckt. Mehr als 11.000 Beschäftigte fanden in Friedenszeiten hier Arbeit.

Wer die Hafen- und Industriestadt Mariupol kontrolliert, beherrscht das gesamte Asowsche Meer.

Am Morgen des 24. Februar 2022 berief der Generaldirektor von Asow-Stahl seinen Vorstand ein. Der Direktor Enver Tskitischwili beschloss, die Hochöfen abzuschalten und den Betrieb zum ersten Mal seit dem Zweiten Weltkrieg einzustellen. Dann traf der Vorstand eine Entscheidung, die den Kampf um die Ostukraine beeinflussen sollte. Unter dem Stahlwerk befanden sich 36 Luftschutzbunker, die teilweise mehr als sechs Meter unter der Erde lagen. Darin wurden genügend Lebensmittel eingelagert, um die gesamte Belegschaft mehrere Wochen lang zu ernähren. In dem Glauben, dass die Kämpfe nicht lange andauern würden, betrachteten Enver Tskitischwili und die anderen Führungskräfte das Werk als zeitweiliger Zufluchtsort und forderten die Mitarbeiter auf, sich mit ihren Familien dort in Sicherheit zu bringen.

„Das Militär hat uns nichts gesagt, und wir sind auch nie davon ausgegangen, dass wir einbezogen würden", sagte Tskitischwili später in einem Interview. „Wir haben nur für die Belegschaft geplant, und auch nur als Zuflucht vor Angriffen. Wir haben uns nicht als Kriegsteilnehmer betrachtet." Doch es suchten zahlreiche weitere Bewohner von Mariupol Schutz bei Asow-Stahl, und in den folgenden 80 Tagen sollte das Werk zum Dreh- und Angelpunkt des Krieges in der Ostukraine werden.

Was wie eine Episode des Krieges begann – Zivilisten und Soldaten, die sich in einem Industriekomplex verbarrikadiert hatten –, wurde zu einer Dauerbelagerung, bei der rund 3.000 ukrainische Kämpfer einer weitaus größeren russischen Streitmacht die Stirn boten.

Das metallurgische Kombinat Asow-Stahl wurde 2022 zum Schauplatz des Kriegsgeschehens.

Am 22. Juli 2022 berichtete die New York Times in einer Reportage über die Belagerung des Stahlwerks. Hier folgt eine Auswahl bzw. Zusammenfassung der Texte.

Was im Asow-Werk geschah

Hauptmann Swjatoslaw Palamar, stellvertretender Kommandeur der Asow-Brigade im Stahlwerk, berichtete Ende April in einem Telefoninterview von Asow-Stahl aus: „Wir haben gegen Russen gekämpft, die um ein Vielfaches stärker sind als wir, und wir haben sie aufgehalten und sie nicht weiter auf ukrainisches Gebiet vordringen lassen. Aber gleichzeitig ist die Situation schwierig, ja kritisch."

Letztendlich wurde Asow-Stahl zu einer Falle. Die Anwesenheit von Zivilisten begrenzte die Möglichkeiten der Soldaten, sich zu verteidigen. Und die Anwesenheit der Soldaten bedeutete, dass die Zivilisten eine Belagerung über sich ergehen lassen mussten und Lebensmittel und sauberes Wasser knapp wurden.

Natalya Babeush, die als Hochdruckkesselwartin in der Anlage gearbeitet hatte, bevor sie in einem der Bunker Zuflucht suchte, beschrieb den Hunger, der so schlimm war, dass Kinder anfingen, Bilder von Pizza und Kuchen zu malen. Als freiwillige Köchin ging sie jeden Tag nach oben, um auf einem behelfsmäßigen Herd aus Ziegelsteinen und Metallgittern dünne Suppe zu kochen und Mehlpfannkuchen zu braten, während über dem Bunker Bomben abgeworfen wurden. Zweimal wurde Natalyas Küche von russischen Raketen getroffen.

„Du hörst einen Kampfflieger, schnappst dir deine Bratpfanne, rennst in ein Versteck und zählst, wie viele Bomben der Flieger abgeworfen hat", sagte sie. „Wenn er über deinem Kopf fliegt und rundherum Explosionen zu hören sind, begreifst du, dass dein Leben einfach nichts mehr wert ist." [...]

Natalya Babeush richtete sich in einem Bunker unter der Schienen- und Trägerwerkstatt ein, in der ihr Mann arbeitete, und bastelte ein Bett aus Brettern, einer Plastikplane und Tüchern. „In dieser ersten Nacht schlief ich zum ersten Mal seit Langem", sagte sie. „Ehrlich gesagt, ich dachte, ich sei in Sicherheit."

Fast niemand glaubte, dass die Ukraine eine Chance habe. Doch in vielen Städten brachte das ukrainische Militär die Invasion zum Stillstand, vereitelte die Pläne des Kremls, die Hauptstadt Kiew einzunehmen, und hielt den russischen Vormarsch entlang der Schwarzmeerküste der Ukraine in Richtung Odessa auf.

Bei Mariupol war das anders. Russische Truppen stürmten aus zwei Richtungen auf die Stadt zu, schlossen sie ein und drängten die ukrainischen Soldaten in den ersten Wochen zum Meer und Richtung Asow-Stahl zurück. Ukrainische Soldaten aus verschiedenen Einheiten trafen in der Industrieanlage zusammen, und Hauptmann Palamar und andere Offiziere richteten eine Kommandozentrale ein.

„Wir zogen uns immer weiter zurück, in Richtung des Fabrikgeländes, weil dies der einzige Ort war, der uns noch blieb", sagte Hauptmann Palamar.

In der Stadt verschwand der Schnee aus den Höfen, als die Menschen ihn für Trinkwasser sammelten. Die Bewohner kochten im Freien auf Holzöfen und versteckten sich in Kellern, wenn russische Bomber über sie hinwegflogen. „Nach einem Volltreffer bleibt nichts mehr übrig", sagte Elina Tsybulchenko, die mit ihrer Familie und zwei Hunden zu Fuß zu Asow-Stahl floh. „Alles im Haus verbrennt und explodiert in kleine Stücke, die in alle Richtungen fliegen und sich auflösen, als wäre da nie etwas gewesen, keine Menschen, keine Möbel, keine Geräte, keine Wände, keine Wasserleitungen. Es verschwindet einfach alles."

Asow-Stahl wurde zu einem Ort des Schreckens. Zivilisten und Soldaten hatten zu wenig Lebensmittel, Waffen und Medikamente, um Dutzende verwundeter Soldaten zu behandeln. Sie starben selbst an kleineren Wunden. Es gab keinen Weg hinaus. [...]

Am 21. März navigierten zwei Mi-8-Hubschrauber durch die Ladekräne des Hafens von Mariupol und landeten auf dem Gelände von Asow-Stahl. Flint, ein Nachrichtenoffizier, sprang zusammen mit einem Team der Spezialeinheit aus dem Hubschrauber und begann in aller Eile mit dem Abladen von grünen Kisten mit Waffen und Munition.

Verwundete Soldaten, in Decken und Schlafsäcke gewickelt, wurden in die Hubschrauber gehievt, deren Rotoren sich unaufhörlich drehten. Einigen Soldaten fehlte ein Arm oder ein Bein. An jenem Tag hoben Flint und seine Kameraden mit acht oder neun verwundeten Kämpfern ab. Diejenigen, die bei Bewusstsein waren, zeigten ihren Rettern Handy-Videos von ihren Kämpfen.

Der Einsatz am Boden dauerte nur 20 Minuten. „Es war ein Glücksgefühl, und wir waren zufrieden, dass wir diese Leute befreien konnten", sagte Flint. In den folgenden zwei Wochen konnten sie sieben Mal mit Hubschraubern auf dem Gelände von Asow-Stahl landen und 85 schwer verwundete Soldaten retten.

Ende April bekamen Natalya Babeush und die anderen Erwachsenen in ihrem Bunker nur noch eine einzige Mahlzeit am Tag, meist einen Brei aus Dosenfleisch mit Wasser. Die 14 Kinder bekamen, wenn sie Glück hatten, zwei Mahlzeiten am Tag, angefangen mit einem Frühstück aus Pfannkuchen, für die Natalya einen Teig aus Haferflocken, Mehl und Wasser anrührte. Sie erinnerte sich, dass sie eines Morgens aufwachte und feststellte, dass ein Kind eine Pizza auf das Lager gemalt hatte. „Sie waren am Verhungern und bekamen keine Vitamine", sagte sie. „Eine Frau war so schwach, dass sie ständig stolperte, das Gleichgewicht verlor und fast ohnmächtig wurde."

Am 26. April flog der Generalsekretär der Vereinten Nationen, António Guterres, mit dem Vorschlag nach Moskau, einen humanitären Korridor für die Zivilisten bei Asow-Stahl zu öffnen. Einem Bericht der UNO über das Treffen zufolge stimmte Putin dem Vorschlag „im Prinzip" zu.

Vier Tage später, kurz vor Sonnenuntergang, kletterten Anna Krylova und ihre Tochter aus dem Bunker. Sie wurden mit einem Bus aus dem Fabrikkomplex gefahren und von Vertretern der Vereinten Nationen und des Roten Kreuzes in Empfang genommen. „Oben war der Himmel so blau, so blau. Wunderschön. Es war ruhig", sagte Anna Krylova. „Und die zerstörte Fabrik, es war wie eine Apokalypse."

Für die Soldaten bei Asow-Stahl gab es keine Ruhepause. Noch bevor die letzten Zivilisten das Gebiet verlassen hatten, wurde der Beschuss wieder aufgenommen und etwa zwei Wochen lang fortgesetzt, da die russischen Streitkräfte einen letzten Vorstoß unternahmen. Nun trafen die ukrainischen Befehlshaber in Kiew eine schwierige Entscheidung. Um das Leben der verbliebenen Kämpfer zu schützen, befahlen sie den Verteidigern von Asow-Stahl, sich zu ergeben.

Etwa 2.500 Soldaten wurden in ein Gefangenenlager in der russisch kontrollierten Region Donezk gebracht. Sie wurden verhört, in enge Zellen gesperrt und erhielten gerade so viel zu essen, dass sie nicht verhungerten. Jeden Morgen um 6 Uhr wurden sie von der russischen Nationalhymne geweckt, die aus einem Lautsprecher ertönte.
(https://www.nytimes.com/2022/07/24/world/europe/ukraine-war-mariupol-azovstal.html)

Nachtrag zur Tragödie von Mariupol

Am 29. Juli 2022 wurden bei einer Explosion im Gefängnis von Oleniwka, etwa 20 km südwestlich von Donezk gelegen, 53 ukrainische Kriegsgefangene aus Mariupol getötet und 75 verwundet. Sowohl die ukrainischen als auch die russischen Behörden beschuldigten einander des Angriffs auf das Gefängnis. Es gab nie eine unabhängige Untersuchung des Vorfalls.

Am 21. September 2022 wurden 215 ukrainische Kriegsgefangene aus Mariupol im Rahmen eines Gefangenenaustauschs freigelassen. Gemäß der Vereinbarung sollten der ukrainische Kommandeur Denys Prokopenko sowie vier weitere hochrangige ukrainische Offiziere der Asow-Brigade, die während der Belagerung von Asow-Stahl die Verteidiger befehligt hatten, bis zum Ende des Krieges in der Türkei bleiben. Allerdings entließ man sie im Juli 2023 in die Freiheit, und unter Jubel der Bevölkerung wurden sie in Lwiw empfangen.

Selenskyjs Familie während des Krieges

Selenskyjs Frau Olena Selenska und die beiden Kinder blieben die ersten zwei Monate nach der Invasion untergetaucht; bis Anfang April waren sie gezwungen, mehrfach umzuziehen. Allmählich lockerten die Sicherheitsbeamten die Regeln so weit, dass sie der Familie den Zugang zum Internet erlaubten, vor allem zu den sozialen Medien. So war es ihnen möglich, den Krieg über die Bildschirme zu verfolgen, so wie die meisten Ukrainer auch. Selenskyjs Frau erinnerte sich: „Wir lebten alle in diesem Zustand, von Nachricht zu Nachricht."

Irgendwann stieß Olena auf einen Beitrag, der sich rasch in den sozialen Medien verbreitete. Im Internet waren mehrere Seiten aus dem Tagebuch eines achtjährigen Jungen namens Jegor veröffentlicht worden, in denen er schilderte, was er und seine Familie während der russischen Belagerung von Mariupol durchgemacht hatten. Auf der ersten Seite schrieb der Junge in Großbuchstaben KRIEG und begann dann seine Geschichte: „Ich schlief gut, wachte auf und lächelte." Doch in den nächsten Zeilen heißt es, dass sein Großvater gestorben sei und andere Familienmitglieder verletzt worden seien. „Ich habe eine Wunde im Rücken", schrieb Jegor in der Schreibschrift eines Zweitklässlers. „Die Haut ist abgerissen. Meine Schwester hat eine Wunde am Kopf. Aus Mamas Arm wurde ein Stück Fleisch herausgerissen, und sie hat ein Loch im Bein." Das Tagebuch berichtete auch von der neuen Freundin des Jungen, einer fröhlichen Nachbarin namens Vika „mit guten Eltern", und von den Fahrten, die seine Großmutter unternahm, um Trinkwasser heranzuschaffen.

Aber die Zeile, die Olena am meisten beeindruckte, stand am Ende: „Meine Großmutter ist gestorben. Ebenso wie meine beiden Hunde und meine geliebte Stadt Mariupol." Der Autor dieser Worte war nur ein Jahr jünger als Olenas Sohn Kyrylo, und er hatte sein Tagebuch mit denselben Bildern versehen, die ihr Sohn zu zeichnen begonnen hatte: brennende Gebäude, Figuren mit Gewehren, Panzer und blutende Menschen am Boden.

(Simon Shuster, The Showman, S. 100 f.)

Quellen: Loyalität und Verrat

Bücher

- Filatjew, Pawel, ZOV, Der verbotene Bericht, Ein russischer Fallschirmjäger packt aus, Hamburg 2022
- Plokhy, Serhii, The Russo-Ukrainian War, Oxford 2024
- Ramani, Samuel, Putin's War on Ukraine, Russia's Campaign for Global Counter-Revolution, London 2024
- Shuster, Simon, The Showman, New York 2024

Online-Publikationen

- https://en.wikipedia.org/wiki/Southern_Ukraine_campaign
- https://www.maritime-executive.com/article/russian-navy-captures-ukraine-s-outpost-on-snake-island
- https://www.bbc.com/news/world-europe-64718740
- https://foreignpolicy.com/2023/09/04/ukraine-treason-traitors-collaborators-russia-war-espionage-occupation-security/
- https://babel.ua/en/texts/98223-oleksandr-yakymenko-head-of-the-sbu-during-yanukovych-s-time-created-a-local-fsb-in-kherson-set-up-a-torture-chamber-and-robbed-businessmen-this-is-how-this-system-worked
- https://www.bbc.com/news/world-europe-61179093
- https://www.pravda.com.ua/eng/news/2023/09/18/7420330/
- https://www.bbc.com/news/world-europe-61135901
- https://www.nytimes.com/2022/07/24/world/europe/ukraine-war-mariupol-azovstal.html

Kapitel 9

Das eigentliche Ziel: Der Donbass

Die östlichen Oblaste der Ukraine – Charkiw, Luhansk und Donezk – waren ab Beginn der russischen Invasion im Februar 2022 Schauplatz eines Krieges. Dort befindet sich das Donezbecken, der Donbass, ein Bergbau- und Industriegebiet mit den Oblasten Luhansk und Donezk in der Ukraine sowie der Region Rostow in Russland (siehe Landkarte S. 170). Die Auseinandersetzungen zwischen Russland und der Ukraine begannen schon vor dem April 2014, als die Halbinsel Krim von Russland besetzt wurde. Dem war im November 2013 der Euromaidan vorausgegangen, die Proteste der Bevölkerung gegen die Politik von Präsident Janukowitsch. Bei diesen Protesten handelte es sich nach Auffassung Putins um einen amerikanisch finanzierten Putsch.

Wiktor Janukowitsch

Wiktor Janukowitsch, ukrainischer Präsident bis Februar 2014, wurde von Putin laut Berichten aus dem Kreml als provinzieller Schläger betrachtet. Offiziellen Angaben zufolge war Janukowitsch erstmals 1967 wegen Beteiligung an einem Raubüberfall zu drei Jahren Gefängnis verurteilt worden. Er hatte seine Strafe in einer Strafkolonie in der Region der Stadt Krementschuk verbüßt, wurde aber nach sieben Monaten wegen guter Führung freigelassen. Beim zweiten Mal wurde er 1970 wegen Körperverletzung zu zwei Jahren Haft verurteilt. Diese Inhaftierungen erwiesen sich aber keineswegs als Hindernis, dass er später Gouverneur der Region Donezk wurde. Der Kosmonaut Georgy Beregovoy war für ihn eingetreten und hatte erreicht, dass Janukowitschs Strafregister gelöscht wurde.

Putin kannte das Strafregister und erpresste Janukowitsch damit. Auch die russischen Medien machten sich in gewisser Weise über Janukowitsch und seine ungeschickte Reaktion auf die Proteste des Euromaidan lustig.

Die russische Opposition gegen den Euromaidan lässt sich mit der Absicht erklären, die außenpolitische Unabhängigkeit der Ukraine zu untergraben. Russland sah im Machterhalt Janukowitschs ein geeignetes Instrument zur Unterdrückung der ukrainischen Souveränität, da

Wiktor Janukowitsch, bis 2014 ukrainischer Präsident

Janukowitsch auf russischen Druck hin die ukrainischen EU-Bestrebungen aufgegeben hatte. Im September 2013 erklärte der Putin-Berater Sergej Glasjew in einem vielsagenden Vorgriff auf künftige militärische Interventionen Russlands, dass Russland den Status der Ukraine als Staat nicht mehr garantieren könne und möglicherweise intervenieren werde, wenn sich prorussische Regionen des Landes direkt an Moskau wenden würden.

Janukowitsch hatte sich zunächst dem russischen Druck entzogen und unterstützte die Entscheidung des staatlichen ukrainischen Energieunternehmens Naftogaz, die Gasbezüge aus Russland zugunsten von Handelsabkommen mit Ungarn und der Slowakei auszusetzen, die seit 2004 der EU angehörten. Doch dann sagte Janukowitsch die Gespräche über ein EU-Assoziierungsabkommen im Vorfeld des Gipfels der Östlichen Partnerschaft am 28. und 29. November 2013 in Vilnius ab. In Kiew war klar, dass diese Kehrtwende auf den Druck Russlands zurückzuführen war. Russland drohte außerdem, die wirtschaftlichen Beziehungen zur Ostukraine abzubrechen, was Janukowitschs Unterstützungsbasis zerstört hätte, und soll ihn mit neuen Enthüllungen über seine Inhaftierung zu Sowjetzeiten wegen Raubes und Körperverletzung erpresst haben.

Der Euromaidan

Russland stand auch deshalb hinter Janukowitsch, weil man in Moskau die vermutete Unterstützung des Westens für den Euromaidan und dessen antirussische Agenda mit Argwohn wahrnahm. Der Kreml befürchtete zudem, dass Janukowitschs möglicher Nachfolger Petro Poroschenko die antirussische Politik von Janukowitschs Vorgänger, dem durch ein Giftattentat gezeichneten Wiktor Juschtschenko, wieder aufnehmen würde. Der Milliardär Petro Poroschenko hatte die Euromaidan-Proteste finanziert und über seinen Fernsehsender Kanal 5 unterstützt. Bereits im Jahr 2009 hatte er den NATO-Beitritt der Ukraine befürwortet, wie auch die Ambitionen in Bezug auf die EU. Poroschenkos Schokoladen- und Pralinenproduktion wurde von den auf den Euromaidan folgenden russischen Wirtschaftssanktionen gegen die Ukraine besonders getroffen.

Von Beginn der Massenproteste in Kiew an betrachtete Russland die Euromaidan-Revolution mit äußerstem Misstrauen. Am 2. Dezember 2013 erklärte Putin, dass „die Ereignisse in der Ukraine nicht mehr einer Revolution, sondern einem Pogrom ähneln", und behauptete, die Demonstranten unterstützten die Hinwendung zu Europa, um Janukowitsch im Vorfeld der Präsidentschaftswahlen 2015 zu schwächen. Dies spiegelte die Rhetorik des ukrainischen Premierministers Mykola Asarow wider, der die Demonstranten als „Nazis und Kriminelle" bezeichnet hatte.

Die russische Feindseligkeit gegen den Euromaidan förderte Putins Bemühungen, die Russen hinter seiner Agenda zu vereinen. Die gewaltlosen Proteste, die im Volksmund als „Farbenrevolutionen" bezeichnet wurden, hatten bereits drei autokratische Regime in postsowjetischen Republiken gestürzt: die georgische Rosenrevolution (2003), die ukrainische Orange Revolution (2004) und die kirgisische Tulpenrevolution (2005). Doch obwohl die Welle der Farbenrevolutionen im postsowjetischen Raum nach der gescheiterten Jeans-Revolution 2006 in Weißrussland abebbte, fühlte sich Putin dennoch in seiner Vision einer Sowjetunion ohne Kommunismus bedroht.

Aufgrund der Popularität von Putins Agenda unterstützten russische Oppositionelle den Euromaidan nur zögerlich. Der prominente Oppositionspolitiker Alexei Nawalny beschränkte seine Unter-

Polizei schützt den Sitz des Präsidenten, der während des Euromaidan noch Janukowitsch war.

stützung für den Euromaidan auf Anti-Janukowitsch-Proteste und die Verbreitung von Slogans. Eine seltene Ausnahme bildete der Putin-Kritiker Boris Nemzow, der die europäische Integration der Ukraine offen befürwortete und an den Euromaidan-Protesten in Kiew teilnahm.

In ihrer Parteinahme gegen den Euromaidan waren die russischen Staatsmedien erfinderisch, wie das folgende Beispiel zeigt. Am 8. Dezember 2013 stürzte ein Gruppe von Jugendlichen eine Lenin-Statue mit einem Stahlseil vom Sockel. Der Ort des Geschehens lag etwa zwei Kilometer vom Maidan entfernt, am anderen Ende des Khreschatyk, des Flanierboulevards in Kiew. Diesen Vorfall nutzte der russische Staatssender Kanal 1 als Beleg für die Behauptung, dass sich nur einige hundert Menschen an den Protesten beteiligt hätten und dass die Demonstrationen bereits wieder im Abklingen begriffen seien.

Eine militärische Antwort: Annexion der Krim

Obwohl die Befürworter einer militärischen Reaktion auf den Euromaidan zunächst ignoriert wurden, ging Putin nach dem Sturz Janukowitschs doch voll und ganz auf ihre Forderungen ein. Der erste Schauplatz der militärischen Vergeltungsmaßnahmen Russlands gegen den Euromaidan war die Krim. Am 27. Februar 2014 übernahmen russische Spezialeinheiten und lokale Milizen die Kontrolle über den Obersten Rat der Krim. Nachdem auf der Krim ein prorussisches Regime installiert worden war, unternahm das russische Militär Schritte zur Annexion der Halbinsel. Auf den kampflosen Sieg Russlands folgten am 11. März 2014 die Unabhängigkeitserklärungen der Krim und Sewastopols und am 16. März ein Referendum über die Eingliederung beider Regionen in die Russische Föderation.

Die Annexion der Krim wurde in Russland enthusiastisch begrüßt, stieß aber international auf breite Verurteilung und löste Strafmaßnahmen des Westens aus. Obwohl die Halbinsel nur 168 Jahre zu Russland gehört hatte, wurde ihre Annexion von der Überzeugung getragen, dass die Übergabe der Region an die Ukraine durch Chruschtschow im Jahr 1954 ein historischer Fehler war. Putins Rede vom 18. März, in der er erklärte, dass die Krim in den Herzen und Köpfen der Menschen immer ein Bestandteil Russlands gewesen sei, wurde auf dem Roten Platz mit donnerndem Applaus und „Russland, Russland"-Sprechchören begrüßt.

Die internationale Reaktion auf die Annexion der Krim war wesentlich kritischer. US-Präsident Barack Obama verurteilte die Annexion der Krim als illegale Handlung. Rund 100 Mitglieder der UN-Vollversammlung stimmten dem zu. Obama verkündete Sanktionen gegen diejenigen russischen Bürger, die an der Übernahme der Krim beteiligt gewesen waren. Der Gegensatz zwischen der Unterstützung im eigenen Land und der internationalen Verurteilung des russischen Vorgehens blieb jedoch bestehen, da Moskau an seinem aggressiven Kurs gegenüber der Ukraine festhielt.

Diese Eskalation der russischen Aggression gegenüber der Ukraine lässt sich folgendermaßen erklären: Russland wurde ermutigt durch die damalige Schwäche des ukrainischen Militärs und die nur begrenzte Entschlossenheit des Westens, gegen Moskaus Verletzungen des Völkerrechts vorzugehen. Außerdem waren die Olympischen Winterspiele im russischen Sotschi im Februar 2014, die der Krim-Annexion unmittelbar vorausgegangen waren, gerade vorüber, und die Aufmerksamkeit der Welt hatte sich verlagert.

Die Volksrepubliken

Russland hatte zwar keine Militärstützpunkte in den südöstlichen Regionen der Ukraine, aber es hatte innerhalb der Ukraine ein Agentennetz aufgebaut, insbesondere in der ukrainischen Justiz und Polizei. Außerdem gab es eine unbekannte Anzahl von ukrainischen Politikern, die prorussisch eingestellt waren.

Über Nacht tauchten in Städten der Ost- und Südukraine russische Flaggen auf. Die organisierten und oft bewaffneten prorussischen Demonstranten versuchten, Regierungsgebäude zu stürmen und stießen dabei mit rivalisierenden proukrainischen Demonstranten zusammen. In Charkiw, einer überwiegend russischsprachigen Metropole mit 1,5 Millionen Einwohnern, kam es im März zu einem Feuergefecht, als russische und prorussische Aktivisten das Hauptquartier einer proukrainischen Organisation stürmten. Der Terror griff auch auf die Straßen über. Prorussische Angreifer schlugen einen ukrainischen Schriftsteller im Stadtzentrum mit Knüppeln zusammen.

Selbst als in Charkiw Blut vergossen wurde, blieben viele Menschen in der Ost- und Südukraine ruhig und leugneten die Folgen der politischen Konfrontation, die sich auf ihren Straßen abspielte. Die russische Übernahme der Krim war unblutig verlaufen, und die russische Herrschaft bedeutete in den Augen vieler – vor allem der Rentner und teilweise auch der Ordnungskräfte – keinen Krieg, sondern höhere Gehälter, großzügige Renten und politische Stabilität nach Jahren des Aufruhrs.

In jenem Monat, dem April 2014, nahmen prorussische Aktivisten den Sitz der Regionalregierung und andere Verwaltungsgebäude in Charkiw, Donezk und Luhansk ein, hissten russische Flaggen und riefen drei „Volksrepubliken" aus. Ähnliche Pläne in anderen ukrainischen Städten wurden von organisierten proukrainischen Gruppen vereitelt. In Odessa endete diese Konfrontation in einer Tragödie, nachdem sich prorussische Demonstranten, von denen einige bewaffnet waren, im regionalen Gewerkschaftshaus verbarrikadiert hatten. Am 2. Mai 2014 geriet das Gebäude in Brand, nachdem sich beide Seiten Gefechte mit Feuerbomben geliefert hatten. Insgesamt starben 48 Menschen, die meisten von ihnen in der brennenden Gewerkschaftszentrale.

In Charkiw war die russische Übernahme der Regionalregierung nur eine Nacht erfolgreich. Eine aus der Zentralukraine eingeflogene ukrainische Sonderpolizeieinheit stürmte im Morgengrauen das Gebäude, und die 63 Gründungsmitglieder der Charkiwer Volksrepublik wurden festgenommen. In Donezk und Luhansk verliefen die Dinge anders. Die von prorussischen Kräften besetzten Gebäude der Kiewer Regierung in diesen Volksrepubliken verwandelten sich schnell in Festungen, in die Waffen und Sprengstoff gebracht wurden und in die Männer strömten, um sie gegen die Kiewer Zentralregierung bei einem Angriff zu verteidigen.

(Yaroslav Trofimov, Our Enemies Will Vanish, S.16 f.)

Prorussische Demonstration im März 2014 in Donezk, vor den gewaltsamen Auseinandersetzungen

Die Besetzung von Slowjansk

Am 12. April 2014 eroberte eine fünfzigköpfige Einheit bewaffneter prorussischer Aktivisten das Verwaltungsgebäude, die Polizeistation und das Gebäude des ukrainischen Sicherheitsdienstes SBU von Slowjansk und errichtete mithilfe bewaffneter Aktivisten aus der Stadt Straßensperren. Bei der Einheit handelte es sich um „Freiwillige" der russischen Streitkräfte unter dem Kommando des russischen GRU-Obersts Igor Strelkow (im Zivilleben hieß er Igor Girkin). Die Einheit war von der kurz zuvor eroberten Krim entsandt worden; die Männer trugen keine militärischen Abzeichen. Nach Angaben des ukrainischen Innenministeriums feuerten die Bewaffneten auf das Verwaltungsgebäude von Slowjansk.

Bei der Durchsuchung der Waffenkammer der Polizei erbeuteten die Kämpfer mindestens 400 Handfeuerwaffen und 20 automatische Waffen. „Das Ziel der Übernahme waren die Waffen", heißt es in einer Erklärung der ukrainischen Polizei. „Sie geben diese Waffen an die Teilnehmer der Proteste in Slowjansk weiter." Nach der Übernahme der Stadt durch die Militanten erschien die Bürgermeisterin von Slowjansk, Nelya Shtepa, kurz in einer besetzten Polizeistation und brachte ihre Unterstützung für die Militanten zum Ausdruck. Andere Bewohner versammelten sich vor dem Gebäude und bekundeten ebenfalls ihre Unterstützung. Sie verlangten von ukrainischen Journalisten, die über die Situation berichteten, „nach Kiew zurückzugehen". Bürgermeisterin Nelya Shtepa wurde später von den Aufständischen verhaftet und durch den „Bürgermeister des Volkes" Wjatscheslaw Ponomarjow ersetzt.

Igor Girkin alias Igor Strelkow, russischer Unterstützer der Separatisten im Donbass

Igor Girkin (Igor Strelkow)

„Ich bin derjenige, der den Krieg ausgelöst hat", sagte Igor Strelkow im Herbst 2014 der konservativen russischen Zeitschrift Zavtra (Morgen). Strelkow hatte seinen Nachnamen Girkin durch den Kriegsnamen Strelkow (Schütze) ersetzt.

Zurückhaltung beider Seiten

„Wenn unsere Einheit die Grenze nicht überquert hätte, wäre alles im Sande verlaufen – wie in Charkiw, wie in Odessa", wurde Strelkow zitiert. „Es hätte mehrere Dutzend Tote, Verbrannte und Verhaftete gegeben. Und das wäre das Ende der Sache gewesen. Aber das Schwungrad des Krieges, das sich bis zum heutigen Tag dreht, wurde von unserer Einheit gedreht. Wir haben alle Karten auf dem Tisch gemischt", sagte er. Strelkow erklärte gegenüber Zavtra, dass die ukrainischen Separatisten

und die Regierungstruppen zu Beginn des Konflikts gezögert hätten, in den Kampf zu ziehen. „Am Anfang wollte niemand kämpfen", wurde er zitiert. „In den ersten zwei Wochen versuchten beide Seiten, einander zu überzeugen, sich zu engagieren." Der größte Widerstand gegen die Rebellen sei von den ultranationalistischen Kämpfern der Ukraine wie dem Rechten Sektor ausgegangen.

Strelkow behauptete, Kiew sei ermutigt worden, nachdem es gesehen habe, dass Russland sich nicht offen in der Ostukraine einmische, wie es dies auf der Krim getan habe, und auch keine Streitkräfte in großem Umfang entsende. Das Ausbleiben einer groß angelegten Unterstützung durch Russland sei eine gewaltige Enttäuschung für die Separatisten gewesen, denn es habe ihnen an Personal und Waffen gefehlt, um die Regierungstruppen zu bekämpfen.

Enttäuscht von Russland

„Ursprünglich ging ich davon aus, dass sich das Szenario der Krim wiederholen wird: Russland wird einmarschieren", sagte Strelkow gegenüber Zavtra. „Das war das beste Szenario. Und die Bevölkerung wollte das. Niemand hatte die Absicht, für die Republiken Luhansk und Donezk zu kämpfen. Am Anfang waren alle für Russland." Nachdem Donezk und Luhansk im Mai Referenden über ihre Unabhängigkeit von der Ukraine abgehalten hatten, appellierten die Separatistenführer an Moskau, die Gebiete als russische Regionen anzuerkennen. Doch Moskau antwortete mit vagen Erklärungen, in denen es zum Dialog zwischen den Rebellen und Kiew aufrief. Strelkow: Die Separatistengruppen hätten nicht vorgehabt, einen funktionierenden Staat zu gründen, sondern hofften darauf, in Russland eingegliedert zu werden. Strelkow sah den Grund darin, dass Moskau eine Landverbindung zur Krim brauchte, die es im März annektiert hatte. (https://www.themoscowtimes.com/2014/11/21/russias-igor-strelkov-i-am-responsible-for-war-in-eastern-ukraine-a41598)

Laut den Quellen von Meduza, einer in Riga ansässigen unabhängigen Nachrichten-Website, war Strelkow gezwungen, den Donbass zu verlassen, unter anderem wegen einer Fehde mit dem Präsidentenberater Wladislaw Surkow. Surkow, der ehemalige Leiter von Putins innenpolitischem Team, wurde 2013 zu Putins persönlichem Berater, besonders in Fragen der Ukraine. Nachdem Russland 2014 die Krim annektiert und einen Krieg in der Ostukraine provoziert hatte, begann Surkow, die Volksrepubliken im Donbass zu überwachen. Der Kreml war der Ansicht, dass die Volksrepubliken Donezk und Luhansk zu Zentren des russischen Einflusses in der Ukraine werden sollten, und Surkow wurde mit diesem Projekt betraut. In den Augen des Kremls war er jedoch erfolglos, und Putin entließ ihn im Jahr 2020.

Die Antwort der Regierung in Kiew

Am 13. April 2024 kündigte die ukrainische Regierung eine Anti-Terror-Operation in Slowjansk an. Den Separatisten wurde ein Ultimatum gestellt, innerhalb von 48 Stunden die Waffen abzugeben

Die Stadt Slowjansk vor dem Krieg (siehe auch Landkarte S. 201)

und sich den Behörden zu stellen. Die Separatisten ließen das Ultimatum verstreichen, und noch am selben Tag wurden Bodentruppen der ukrainischen Armee alarmiert und in Marsch gesetzt.

Die Polizei begann zunächst mit der Räumung eines Straßenkontrollpunkts, der in der Hand der Separatisten war. Eine Gruppe von Separatisten verließ ihr Fahrzeug und eröffnete das Feuer auf die ukrainische Polizei, wobei zwei Mitarbeiter des Geheimdienstes getötet und mehrere ukrainische Polizisten verletzt wurden. Ein Separatist wurde bei dem Schusswechsel ebenfalls getötet, während die übrigen in die umliegenden Wälder flohen. Das Auto, in dem die Bewaffneten unterwegs waren, konnte der privaten Sicherheitsfirma Yavir zugeordnet werden. Bei einem anderen Schusswechsel in der Stadt wurden zwei Menschen von einem Angreifer in Zivil erschossen und ein weiterer verletzt. Am folgenden Tag wurde berichtet, dass Slowjansk nun unter prorussischer Kontrolle stehe und Regierungsgebäude und andere Gebiete von den Kämpfern eingenommen worden seien.

Inzwischen war die Schwäche der ukrainischen regulären Armee offenkundig. Als Reaktion darauf hatten sich viele ukrainische Zivilisten organisiert, um ihren kaputten und dysfunktionalen Staat zu schützen. Es hatten sich auch Milizen gebildet, die häufig von politischen Parteien oder Oligarchen finanziert wurden, von denen einige eine rechtsextreme politische Vergangenheit hatten. Andere waren auch mit den Fanclubs von Fußballvereinen verbunden. Neben regulären militärisch geführten Bataillonen entstand auch ein mächtiges Netz von Freiwilligengruppen, die sich wohl eher auf Aktivisten stützten, die sich in revolutionären Lagern auf dem Kiewer Maidan zusammengeschlossen hatten.

Der Krieg im Donbass

Der Krieg, der sich in den folgenden Monaten im Donbass ausbreitete, wurde blutiger, als man voraussehen konnte. Nach fast dreimonatigen Kämpfen gelang es den ukrainischen Streitkräften, Slowjansk zurückzuerobern. Zu diesem Zeitpunkt waren Tausende bewaffneter Freiwilliger, darunter russische Geheimdienstmitarbeiter und Militärs, aus Russland nach Donezk und Luhansk geströmt. Plötzlich verfügten die selbsternannten Volksrepubliken über Panzer- und Artillerieverbände.

Als die ukrainische Luftwaffe im Juni versuchte, Truppen und Nachschub zu einer Garnison auf dem Flughafen von Luhansk zu transportieren, schossen russische Verbündete das Flugzeug ab, eine IL-76-Transportmaschine, wobei 46 Menschen ums Leben kamen. Einen Monat später schoss ein russischer Buk-Raketenwerfer ein malaysisches Verkehrsflugzeug vom Typ Boeing 777 ab, das fälschlicherweise für einen weiteren ukrainischen Nachschubflug gehalten wurde, was 298 Menschen das Leben kostete, die meisten von ihnen niederländische Staatsbürger. Igor Girkin war zu jenem Zeitpunkt Verteidigungsminister der Volksrepublik und wurde von einem niederländischen Gericht in Abwesenheit zu lebenslanger Haft verurteilt.

Der „heilige Krieg" der Russen

Vom Beginn des bewaffneten Konflikts in der Ostukraine an stritt der Kreml jede direkte Beteiligung ab, einschließlich der Entsendung russischer Truppen. Aber es gab russische Kämpfer vor Ort, die stolz darauf waren, ihre Anwesenheit deutlich zu machen – und ihre Vorstellungen von einem „heiligen Krieg" zu verwirklichen.

Tim Whewell, BBC News, am 18. Dezember 2014 in Donezk

Selbst wenn die goldenen Kuppeln der orthodoxen Kirchen in der Morgensonne erglänzen, sieht die ukrainische Stadt Donezk, Hochburg der prorussischen Rebellen, nicht gerade aus wie Jerusalem. Busse rollen durch den schmutzigen Schnee, vorbei an den rauchenden Schornsteinen und Abraumhalden der Kohleminen am Stadtrand.

Doch durch den Rauch und den Dreck hindurch sieht Pavel Rasta eine heilige Stadt. Er kämpft um sie, mit der Kalaschnikow in der Hand, so wie die Kreuzritter vor Jahrhunderten um das Herz der Christenheit kämpften. Pavel hat noch nie in seinem Leben eine Waffe in der Hand gehalten, aber er sieht sich selbst als moderne Version des mittelalterlichen Ritters, der den Idealen von christlicher Reinheit und der Verteidigung der Wehrlosen verpflichtet ist. Und die Wehrlosen sind für ihn die überwiegend russischsprachigen Bürger der Ostukraine, die seiner Meinung nach von einer skrupellosen ukrainischen Regierung angegriffen werden, die sie kulturell oder sogar physisch auslöschen wolle. [...]

Pavel ist Buchhalter – zuletzt arbeitete er in einem Bestattungsinstitut – und kommt aus der südrussischen Stadt Rostow am Don. Der hoohgewachsene, gebildet wirkende Mann Ende dreißig mit modisch gestutztem Bart ist nur einer von Hunderten, vielleicht sogar Tausenden russischer Freiwilliger, die in der Ukraine kämpfen. [...]

„Warum sage ich, dass Donezk Jerusalem ist? Weil das, was hier passiert, ein heiliger Krieg des russischen Volkes für seine eigene Zukunft, für seine eigenen Ideale, für seine Kinder und sein großes Land ist, das vor 25 Jahren in Stücke geteilt wurde", erklärt er. Wir sitzen auf seinem schmalen, quietschenden Bett in einer Kaserne in Donezk, und unser Gespräch wird regelmäßig vom Dröhnen der Granaten und dem Knallen der Schüsse unterbrochen. Wie die anderen Russen hier sagt er, dass er einen Großteil seiner Ausrüstung selbst bezahlt und seine Reise im Wesentlichen selbst organisiert

habe. Ein Teil der Ausrüstung und der Lebensmittel stammt aus Spenden, die über russi-
sche nationalistische Organisationen zu den Kämpfern geleitet werden, während die
Waffen – in dieser Einheit vor allem Gewehre – aus den Beständen der Rebellen stam-
men, einst von ukrainischen Streitkräften erbeutet oder von Russland geliefert. [...]

Sie sind ein bunt gemischter Haufen: Einige sind pensionierte Berufssoldaten, durch
Russlands Kriege gegen die tschetschenischen Rebellen abgehärtet, andere sind ehe-
malige Polizisten – und möglicherweise Geheimdienstler –, die nach ihrer Dienstzeit in
die Wirtschaft gegangen sind, wieder andere sind junge Leute, die noch nie in der Ar-
mee gedient haben. Und ihre kulturelle Prägung kann unterschiedlicher nicht sein. Das
Bild der Kreuzritter passt denn auch gar nicht zum Emblem der Brigade, in der sie die-
nen: einem Totenkopf mit dem Motto „Viel Feind, viel Ehr".
(https://www.bbc.com/news/magazine-30518054)

Viele Bewohner des Donbass hatten sich ihre Zukunft wohl anders vorgestellt. Statt höherer Gehälter und wirtschaftlicher Erfolge brachte die russische Intervention dem Donbass nur Verwüstung.
Russische Männer mit Gewehren übernahmen die Macht, und Gebäude wurden von Banden besetzt. Bald konnten selbst die Oligarchen, die einst Janukowitsch unterstützt hatten und Russland
zugeneigt waren, nicht mehr bleiben. Moskau brauchte sie nicht mehr. Als Arbeitsplätze und Dienstleistungen verschwanden und die Kämpfe weitergingen, floh von den rund vier Millionen Menschen
im russisch kontrollierten Teil des Donbass mehr als die Hälfte in andere Teile der Ukraine, nach
Russland oder in den Westen. Diejenigen, die blieben, waren meist zu arm, zu alt oder zu krank,
um weiterzuziehen.
(Yaroslav Trofimov, Our Enemies Will Vanish, S. 18)

Die Minsker Vereinbarungen

Die Minsker Vereinbarungen waren eine Reihe internationaler Abkommen, die den Krieg im Donbass zwischen den bewaffneten Separatistengruppen und den Streitkräften der Ukraine beenden
sollten. Dabei spielten auch die regulären russischen Streitkräfte eine wichtige Rolle. Nach einer
Niederlage der Ukraine bei Ilowaisk Ende August 2014 zwang Russland die Ukraine zur Unterzeichnung des ersten Minsker Protokolls, auch Minsk I genannt. Es war unter Vermittlung der Staats- und
Regierungschefs von Frankreich und Deutschland von der sogenannten trilateralen Kontaktgruppe
für die Ukraine ausgearbeitet worden. Diese Gruppe bestand aus der Ukraine, Russland und der
OSZE. Nach ausführlichen Gesprächen in Minsk, der Hauptstadt von Weißrussland, wurde das
Abkommen am 5. September 2014 von Vertretern der trilateralen Kontaktgruppe und – ohne Anerkennung ihres Status – von den damaligen Führern der selbsternannten Volksrepubliken Donezk
(DVR) und Luhansk (LPR) unterzeichnet. Diese Vereinbarung folgte auf mehrere frühere Versuche,
einen Waffenstillstand in der Region zu erreichen.

Die Vereinbarung führte jedoch nicht zur Einstellung der Kämpfe. Anfang Januar 2015 verstärkte
Russland seine Truppenteile des regulären Militärs, und nach dem russischen Sieg am internationalen Flughafen von Donezk – einem Bruch des Waffenstillstands – wiederholte Russland sein

bekanntes Vorgehen vom August 2014: Es marschierte mit frischen Truppen ein und griff die Ukraine erneut an, dieses Mal an einer Ausbuchtung der Front bei der Kleinstadt Debalzewe. Die Stadt bildete einen wichtigen Eisenbahn- und Straßenknotenpunkt und lag zwischen den Gebieten der Volksrepublik Donezk und der Volksrepublik Luhansk als ein 25 km langer Korridor, der unter ukrainischer Kontrolle stand.

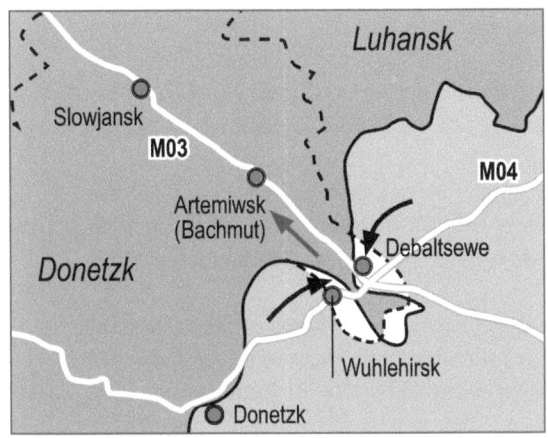

Am 18. Februar 2015 eroberten russische Truppen (schwarze Pfeile) den Korridor bei Debalzewe. Die Ukrainer (grauer Pfeil) zogen sich in Richtung Slowjansk zurück.

Die Schlacht von Debalzewe

Separatisten und russische Streitkräfte begannen am 16. und 17. Januar 2015 einen gemeinsamen Versuch, die ukrainischen Truppen aus Debalzewe zu drängen, und lösten damit die Schlacht aus.

Debalzewe, gelegen innerhalb der instabilen Frontlinie der Ukraine, befand sich schon bald im Belagerungszustand. Die Separatisten, die von Russland ausgerüstet, ausgebildet und oft wohl auch geschickt worden waren, umzingelten die Stadt und versuchten, den Eisenbahnknotenpunkt einzunehmen. Dieser war so wichtig, weil er die Regionen Donezk und Luhansk mit der übrigen Ukraine verband. Tausende von ukrainischen Soldaten hatten den Ort befestigt, doch dies hielt die russische Artillerie nicht davon ab, Debalzewe vier Wochen lang täglich zu beschießen.

Die Straßen der Stadt waren inzwischen mit riesigen Kratern übersät, in denen sich die Grad-Raketen in die Erde gebohrt und Schrapnells verteilt hatten. Wasser und Strom gab es nicht mehr, und die Geschäfte des Ortes waren schon lange geschlossen. Die Besitzer hatten ihre Sachen gepackt und die Stadt verlassen. Dächer wurden durch den Dauerbeschuss weggesprengt, Fenster durch Granatsplitter zertrümmert. Ein Armeesprecher erklärte, dass bei dem Beschuss der Stadt am Wochenende zwei Erwachsene und ein fünfjähriger Junge getötet und zehn weitere Zivilisten verletzt worden seien. Über die Zahl der getöteten oder verwundeten Soldaten könne er sich aber nicht äußern. Die ukrainischen Streitkräfte versuchten, das Feuer der Separatisten zu erwidern und in die Richtungen zu schießen, aus denen sie beschossen wurden.

Der Rückzug der ukrainischen Soldaten aus Debalzewe

Die Kämpfe hielten bis zum 18. Februar 2015 an. Dann mussten sich die ukrainischen Truppen aus Debalzewe nach Artemiwsk zurückziehen, das heutige Bachmut. Zu diesem Zeitpunkt war Petro Poroschenko Präsident der Ukraine. Wenn es eine einzige gute Nachricht für ihn gab, dann die, dass die Soldaten, die der Gefangenschaft entgehen konnten, den Rebellen kein weiteres Druckmittel in Form von Gefangennahmen in die Hand gaben. Doch dieser „Erfolg" wurde teuer erkauft.

Bericht der New York Times vom 19. Februar 2015 aus Bachmut

Ukrainische Soldaten sind in den frühen Morgenstunden des Mittwochs gezwungen, sich den Weg aus der belagerten Stadt Debalzewe freizukämpfen, was Zweifel an dem seit Tagen geltenden Waffenstillstand aufkommen lässt.

Der Angriff der Rebellen, der bereits wenige Stunden nach der Unterzeichnung des Abkommens Minsk II begonnen hat, verstärkt sich am Dienstag mit Angriffen von Panzern und gut ausgerüsteter Infanterie, die den größten Teil der Stadt schnell unter die Kontrolle der Separatisten bringen.

Der Rückzugsbefehl wird bis zur letzten Minute geheim gehalten, und die Soldaten werden angewiesen, sich innerhalb von zehn Minuten bereit zu machen und sich zu den Truppentransportern zu begeben, so berichtet Albert, 22, ein Sanitäter, der den Rückzug überlebt hat.

Ohne dass es die Soldaten es wissen, sind die Vorbereitungen bereits seit Tagen im Gange, da die militärische Führung nach einem anderen Fluchtweg als der Hauptstraße aus der Stadt sucht, weil diese vermint ist und von den Rebellen kontrolliert wird. Nachdem sie Krankenwagen über Felder und Nebenstraßen geschickt haben, ohne dass sie aufgefallen sind, haben sie eine Route gefunden.

Die Transporter reihen sich gegen 1.00 Uhr nachts am Stadtrand auf, so Albert, während Panzer und Kettenfahrzeuge sich zu beiden Seiten des Konvois aufstellen, um die Soldaten zu schützen. Die Lkw-Kolonne mit mehr als 2.000 Mann an Bord, so erklären ukrainische Verantwortliche später, hat alle Scheinwerfer ausgeschaltet, damit sie nicht so leicht zu erkennen ist. Trotz dieser Vorsichtsmaßnahmen wird die Kolonne kurze Zeit später angegriffen, so Albert, und getroffene Transporter bleiben in der Dunkelheit stehen oder stoßen mit anderen zusammen.

Im Morgengrauen ist die Kolonne in der Ebene sichtbar und wird von allen Seiten beschossen. „Sie schießen mit Panzern, Panzerfäusten und Gewehren, sogar mit Raketen wird auf die sich auflösende Kolonne gefeuert", berichtet Albert. Tote und verwundete Soldaten werden auf den schneebedeckten Feldern zurückgelassen; es sind zu viele, um sie zu transportieren, nachdem die Lastwagen getroffen worden sind. Albert sagt, er sei dann etwa sieben Kilometer zu Fuß gegangen. Viele der Soldaten, die überlebt haben, sind zu Fuß weiter geflohen. Aber auch einige Lastwagen haben den ganzen Weg geschafft, meint er.

Laut Oleksandr, einem Gefreiten der Armee, sei der Befehl gekommen, nur das mitzunehmen, was für den Kampf auf dem Weg nach draußen nützlich sei, und alles andere, weitere Waffen und Munition, sollte zurückgelassen werden.

Es ist unklar geblieben, wie viele ukrainische Truppen in der Stadt Debalzewe stationiert gewesen sind. Präsident Poroschenkos Behauptung, dass von den etwas mehr

als 2.000 Soldaten in der Truppentransporter-Kolonne etwa 80 Prozent fliehen konnten,
deutet auf eine Gesamttruppenstärke von weniger als 3.000 Mann hin.
https://www.nytimes.com/2015/02/19/world/europe/ukraine-conflict-debaltseve.html

Die Missachtung des Waffenstillstands durch die von Russland unterstützten Separatisten stellte die Zukunft des Minsker Abkommens und das Ansehen von zweien seiner wichtigsten Förderer, Bundeskanzlerin Angela Merkel und Präsident François Hollande, infrage. Ihnen war es nicht gelungen, Präsident Putin davon abzuhalten, seine Ziele unter Missachtung bestehender Vereinbarungen zu verfolgen und zu erreichen.

Das im Februar 2015 unterzeichnete Minsk-II-Abkommen beendete letztendlich die Kämpfe im Donbass; beide Seiten zogen ihre schwere Artillerie zurück und stellten ihre Angriffe ein. Der Rest der Vereinbarung, eine umfassende politische Lösung, wurde nie umgesetzt.

Präsident Obama

Eine Zeitlang gaben sich alle mit diesem Schwebezustand zufrieden. Der in Moskau hoch angesehene US-Präsident Barack Obama hatte kurz nach der russischen Invasion in Georgien 2008 einen Neustart im Verhältnis zu Putin angestrebt und sah keinen Grund, sich über milde Sanktionen hinaus zu engagieren. Er weigerte sich, Kiew Waffen zu liefern, und das Minsk-II-Abkommen nahm ihm jeglichen Druck, der Ukraine bei ihrer Selbstverteidigung zu helfen. Die Ukraine, so erklärte Obama 2016 in einem Interview mit The Atlantic, „wird der militärischen Dominanz Russlands schutzlos ausgeliefert sein, egal was wir tun".

Präsident Barack Obama war um ein gutes Verhältnis zu Putin bemüht – auch auf Kosten der Ukraine.

Stattdessen konzentrierte sich Obama auf die Zusammenarbeit mit Moskau, um seine außenpolitische Priorität, das Atomabkommen mit dem Iran, zu erreichen. „Die Wahrheit ist, dass Putin bei all unseren Treffen sehr höflich und offen ist. Unsere Treffen sind sehr geschäftsmäßig. Er lässt mich nie zwei Stunden warten, wie er es mit einigen anderen Leuten tut. [...] Er ist ständig daran interessiert, als unser Partner gesehen zu werden und mit uns zusammenzuarbeiten, denn er ist nicht dumm. Er versteht, dass Russlands Position in der Welt insgesamt erheblich geschwächt ist", so Barack Obama.

(https://www.theatlantic.com/press-releases/archive/2016/03/the-obama-doctrine-the-atlantics-exclusive-report-on-presidents-hardest-foreign-policy-decisions/473151/)

Angela Merkel über das Minsker Abkommen

Die Bundeskanzlerin wies 2021, in den letzten Monaten ihrer Amtszeit, darauf hin, dass es ihr mehr oder weniger unmöglich sei, das Verhalten von Wladimir Putin zu beeinflussen, da bekannt sei, dass sie nicht für eine fünfte Amtszeit kandidieren werde. Im Vorfeld der russischen Invasion 2022 zeigte sie sich eher abwehrend, vielleicht auch etwas trotzig in Bezug auf ihren mangelnden Einfluss, den Kurs der Entscheidungen zu ändern. In einem Interview mit dem Nachrichtenmagazin Spiegel sagte sie allerdings nachdrücklich, das Minsker Abkommen habe dazu beigetragen, Kiew Zeit zu verschaffen, um sich besser gegen das russische Militär zu wappnen.

Für die Ukraine war der eingefrorene Konflikt im Donbass eine offene Wunde, die die Integration in den Westen verhinderte und die wirtschaftliche Entwicklung hemmte. Doch Kiew hatte, wie Merkel sagte, auch wertvolle Zeit gewonnen, um seine Institutionen wieder aufzubauen und Putins „Neurussland"-Ambitionen zu behindern.

Mit einer gewissen Verspätung erklärte Putin im Dezember 2022, Russland fühle sich durch das Scheitern der Minsker Vereinbarungen verraten. Deutschland und Frankreich – die 2014 und 2015 in Minsk Waffenstillstandsvereinbarungen zwischen der Ukraine und den von Russland unterstützten Separatisten in der Ostukraine vermittelt hatten – hätten Russland hintergangen und würden die Ukraine nun mit Waffen vollpumpen.

Russland und das Minsker Abkommen

Aus welchen Gründen unterbrach Russland mit der Unterzeichnung von Minsk II sein neo-imperialistisches und antiwestliches Vorgehen in der Ukraine? Es lassen sich drei Faktoren benennen, die dies erklären könnten:

- Erstens hielt Russland eine militärische Lösung im Donbass weder für leicht erreichbar noch für optimal. Der Mangel an lokaler Unterstützung hinderte Russland daran, in der Ukraine einen hybriden Krieg zu führen.
- Zweitens glaubte der Kreml, dass ein Waffenstillstand im Donbass, der Russlands territoriale Gewinne festschrieb und der Ukraine erhebliche Zugeständnisse abverlangte, in Russland eine breite Zustimmung finden werde.
- Drittens wollte Russland sich so darstellen, als sei es an einem Frieden im Donbass interessiert, um die Schuld für Verletzungen des Waffenstillstands auf die Ukraine und den Westen schieben zu können und damit einen Vorwand für einen künftigen Expansionskrieg zu schaffen.

Zu diesem Zweck gab sich Russland als Unterstützer der Vereinbarungen von Minsk II aus. Aufgrund des nicht erklärten Krieges im Donbass behauptete Putins Sprecher Dmitri Peskow, Russland sei „keine Partei dieses Konflikts", und bestand darauf, dass es die Rolle eines „Garanten" bei der Umsetzung von Minsk II spiele.

(Samuel Ramani, Putin's War On Ukraine, S. 59–62)

Obwohl es Russland war, das Minsk II am häufigsten verletzte, schuf es um das Abkommen herum eine alternative Realität, die die Ukraine für die anhaltenden Feindseligkeiten im Donbass verantwortlich machte. Das vorherrschende Argument oder die Behauptung in Moskau war, dass die Ukraine die vollständige Kontrolle über den Donbass mit Gewalt zurückerobern wolle und dass Deutschland und Frankreich Russland mit Sanktionen belegt hätten, anstatt die Ukraine zu drängen, ihren Verpflichtungen aus Minsk II nachzukommen.

Die Nachwehen

Der ukrainische Präsident Poroschenko konzentrierte sich nun darauf, das ukrainische Militär zu verstärken. Briten, Amerikaner und Kanadier begannen mit der Ausbildung ukrainischer Soldaten und Offiziere gemäß dem NATO-Standard. Freiwilligen-Verbände wurden in die nationalen Einheiten integriert, und die Ukrainer konnten ohne Visum nach Europa reisen. Das russische Fernsehen konnte in der Ukraine offiziell nicht mehr empfangen werden.

Zu diesem Zeitpunkt schwelte der Konflikt im Donbass nur noch unterschwellig, mit gelegentlichen Gewaltausbrüchen, und die meisten Ukrainer sorgten sich mehr um die steigenden Preise und die ausufernde Korruption. Aber 2019 war Wahljahr; der Präsident und Schokoladenfabrikant Poroschenko kämpfte mit dem Slogan „Armee, Sprache, Glaube" um die Wiederwahl.

Wolodymyr Selenskyj, ein Komödiant und Schauspieler mit Jurastudium, der durch seine Rolle als Präsident in der Fernsehserie „Diener des Volkes" bekannt geworden war, trat als kompromissloser Außenseiter an, der Frieden mit Russland schaffen wollte. „Ich will Ihnen sagen, wie die Ukraine meiner Träume aussieht: Es ist eine Ukraine, in der die einzigen Schüsse nur noch bei Feuerwerk, zum Geburtstag und zur Hochzeit fallen", so begann sein Wahlprogramm. Und er versprach auch, keinen Zentimeter des von Russland besetzten Landes aufzugeben sowie die Mitgliedschaft in der NATO anzustreben.

Absolute Mehrheit für Selenskyj

Im Jahr 2019, nach einem in der Geschichte der unabhängigen Ukraine beispiellosen Wahlerfolg, wollte der neue prowestliche Präsident Wolodymyr Selenskyj mit einer Parlamentsmehrheit das Land aus der Krise führen. Der 41-Jährige und seine Partei „Diener des Volkes", die eine Mitgliedschaft sowohl in der EU als auch in der NATO anstrebte, verdankten diesen Erfolg nicht zuletzt den überraschend zahlreichen Direktmandaten.

Selenskyjs Partei teilte mit, dass er mit mehr als 240 der 424 Abgeordneten ohne Koalitionspartner regieren könne. Er gewann 24 der insgesamt 25 ukrainischen Regionen, nur Lwiw (Lemberg) stimmte für Poroschenko. Die Oppositionsparteien, die für engere Beziehungen zu Russland waren, gewannen nur 49 Sitze; diese Stimmen kamen aus dem Donbass.

Trotz des russischen Widerstandes hielt Selenskyj an dem Plan eines NATO-Beitritts der Ukraine fest. Zudem lehnte er die Verfassungsänderungen ab, auf denen Moskau bestand und die Teil des Minsk-II-Abkommens waren, da Moskaus Vertretern im Donbass andernfalls ein Veto-Recht zugestanden hätte.

Ein Foto aus dem Jahr 2019: Der neu gewählte Präsident Selenskyj in Begleitung seiner Unterstützer

Im Juli 2021 ersetzte Selenskyj den Oberkommandierenden der Streitkräfte, Ruslan Chomtschak, durch Walerij Saluschnyj, einen 48-jährigen General, der nicht in der Sowjetunion oder im postsowjetischen Russland ausgebildet worden war. Er war ein Veteran des Krieges im Donbass.

In demselben Monat veröffentlichte Putin seine Abhandlung „Über die historische Einheit von Russen und Ukrainern", in der er zu dem Schluss kommt, dass die Ukraine ein künstliches Gebilde sei, das nur in einer Partnerschaft mit Russland souverän sein kann (siehe auch S. 19). Wochen später beklagte er den angeblichen Genozid an Russisch sprechenden Bewohnern des Donbass und befahl einen Truppenaufmarsch entlang der Grenze zur Ukraine.

(Yaroslav Trofimov, Our Enemies Will Vanish, S. 20)

Ein kurzer Blick in die Zukunft

Im November 2021 reiste der CIA-Chef William Burns nach Moskau und kehrte mit der festen Überzeugung zurück nach Washington, dass eine russische Invasion unausweichlich sei. „Wissen Sie denn nicht, dass die Ukraine kein richtiger Staat ist?" Putin hatte das bereits 2008 zu Burns gesagt, als dieser noch Botschafter in Moskau war.

Diese Überzeugung, die den Kern von Putins Weltanschauung ausmachte, führte nun zu dem Vorhaben, die ukrainische Staatlichkeit zu beseitigen. Bei ihrem Treffen erklärte Putin dem CIA-Chef Burns, die Ukraine sei zu schwach und gespalten, um Widerstand zu leisten, und die Europäer seien zu risikoscheu, um einzugreifen. Was Bidens Amerika anging, so war Putin offenbar überzeugt, dass es nach der Übernahme Afghanistans durch die Taliban nicht bereit sei, die Ukraine wirksam zu unterstützen.

M. Kimmage und M. Kofman in Foreign Affairs, 22. November 2021

Das Szenario eines größeren Krieges ist durchaus denkbar. Sollte es eintreten, wird Putins Entscheidung, einen schwelenden Konflikt auszuweiten, nicht impulsiv getroffen sein. Das Erbe der Ukraine-Krise von 2014 begünstigt eher eine Eskalation als das Einfrieren des Konflikts in einem unruhigen Frieden.

Was hat sich im letzten Jahr geändert? Erstens hat die russische Strategie in der Ukraine nicht zu einer politischen Lösung geführt, die Moskau akzeptieren kann. Nach einem Wahlkampf 2018, der eine gewisse Offenheit für den Dialog suggerierte, hat im vorigen Jahr die harte Abkehr des ukrainischen Präsidenten Wolodymyr Selenskyj von der Suche nach einem Kompromiss mit Russland jede Hoffnung zunichte gemacht, dass Moskau seine Ziele durch diplomatisches Engagement erreichen kann. Moskau sieht keinen Ausweg aus den westlichen Sanktionen, und die Gespräche zwischen Russland, der Ukraine, Deutschland und Frankreich zur Lösung des Konflikts in der Ostukraine verlaufen im Sande. [...].

Selenskyjs Regierung scheint schwach zu sein und sucht zunehmend nach innenpolitischer Unterstützung. Selenskyj hat nicht viel getan, um die Korruption einzudämmen oder die Ukraine von ihrer langen Tradition oligarchischer Herrschaft zu lösen. Russische Regierungsbeamte haben deutlich gemacht, dass sie keinen Sinn darin sehen, mit Selenskyj zu verhandeln, und haben das Jahr damit verbracht, seine Regierung aktiv zu delegitimieren. Wenn Moskau nicht einmal mehr den Anschein eines diplomatischen Engagements zu erwecken versucht, deutet dies darauf hin, dass der Einsatz von Gewalt immer wahrscheinlicher wird.

(https://www.foreignaffairs.com/articles/ukraine/2021-11-22/russia-wont-let-ukraine-go-without-fight)

Ein Blick zurück

In den Jahren von 1974 bis 1982 war Helmut Schmidt Bundeskanzler. In seinem Buch „Menschen und Mächte" von 1987 finden sich Erinnerungen und Bewertungen seiner politischen und persönlichen Erfahrungen mit den Weltmächten Sowjetunion und USA sowie dem aufstrebenden China. In diesem Zusammenhang ist seine Einschätzung der Sowjetunion von besonderem Interesse. Die Sowjetunion gibt es zwar nicht mehr, doch das Selbstverständnis und der Blick auf die Welt der damaligen Zeit prägten auch den jungen Wladimir Putin, der den Zusammenbruch des Sowjetreiches als Tragödie erlebte.

Helmut Schmidt über Russland

Es hat wenig Sinn, die Politik der Russen – oder Sowjets – immer wieder mit heutigen französischen, englischen oder amerikanischen Maßstäben zu messen; wir werden sie damit kaum beeinflussen. Noch weniger wird man sie mit moralischen Vorwürfen und Beschuldigungen beeinflussen; im Gegenteil: Dies kann in Moskau zu einem verbissenen Rückzug auf den russischen Messianismus führen. [...]

Heute ist Russland nicht nur – wie es der geniale französische Denker Tocqueville schon um 1830 vorausgesehen hat – zusammen mit den Vereinigten Staaten von Amerika eine der beiden nach dem Zweiten Weltkrieg übriggebliebenen Weltmächte, sondern die einzig übriggebliebene expansionistische Weltmacht. [...]

Expansion und Intervention der Sowjets vollziehen sich im Allgemeinen eher auf stille Weise. Die direkte militärische Operation mit der eigenen Armee war selten; im Wesentlichen hat sie sich auf die DDR (1953), auf Ungarn (1956), auf die ČSSR (1968) und auf Afghanistan (1979) beschränkt, also hauptsächlich auf Länder des Warschauer Paktes. [...]

Die Führer der Sowjetunion leiden an einem russischen Sicherheitskomplex, der sich erstmals schon nach der Niederlage im Krimkrieg 1856 bemerkbar machte. „Die Grenze Russlands ist nur dann sicher, wenn auf beiden Seiten der Grenzen russische Soldaten stehen", so soll einmal ein zaristischer Minister gesagt haben. Stalins Politik,

Helmut Schmidt, Bundeskanzler von 1974 bis 1982

einen Kranz vorgelagerter Satellitenstaaten zu schaffen, hatte ein amerikanisches Allianzsystem zur Folge, das John Foster Dulles in Europa wie im Mittleren und Fernen Osten als einen westlichen Cordon sanitaire aufbaute. Dies wiederum war in Moskau als bedrohliche Einkreisung empfunden worden. [...]

Das Streben nach gleichem global-strategischem Rang und nach gleicher Sicherheit wie die andere Weltmacht war nicht nur verteidigungspolitischer Natur. Es war zugleich die Kompensation für den Minderwertigkeitskomplex der Sowjetunion angesichts der offenkundigen Unfähigkeit, wirtschaftlich mit den westlichen Industriegesellschaften gleichzuziehen.

(Helmut Schmidt, Menschen und Mächte, S. 42 ff.)

Quellen: Das eigentliche Ziel: Der Donbass

Bücher

- Arel, Dominique, Driscoll, Jesse, Ukraine's Unnamed War, Cambridge 2023
- Plokhy, Serhii, The Russo-Ukrainian War, Oxford 2024
- Ramani, Samuel, Putin's War on Ukraine, Russia's Campaign for Global Counter-Revolution, London 2024
- Schmidt, Helmut, Menschen und Mächte, München 2011
- Trofimov, Yaroslav, Our Enemies Will Vanish, The Russian Invasion and Ukraine's War of Independence, New York 2024

Online-Publikationen

- https://www.washingtonpost.com/world/ukraine-launches-anti-terrorist-campaign-against-pro-russian-gunmen/2014/04/13/0966a5f2-c2dc-11e3-b195-dd0c1174052c_story.html
- https://meduza.io/en/feature/2024/05/08/the-making-of-a-myth
- https://meduza.io/en/feature/2023/07/22/i-pulled-the-trigger-on-the-war
- https://www.themoscowtimes.com/2014/11/21/russias-igor-strelkov-i-am-responsible-for-war-in-eastern-ukraine-a41598
- https://www.bbc.com/news/magazine-30518054
- https://archive.kyivpost.com/article/content/war-against-ukraine/kremlin-backed-separatists-rain-death-down-on-debaltseve-377923.html
- https://www.nytimes.com/2015/02/19/world/europe/ukraine-conflict-debaltseve.html
- https://www.theatlantic.com/press-releases/archive/2016/03/the-obama-doctrine-the-atlantics-exclusive-report-on-presidents-hardest-foreign-policy-decisions/473151/
- https://www.theguardian.com/world/2022/nov/25/angela-merkel-says-she-lost-influence-over-putin-as-a-lame-duck-leader
- https://www.spiegel.de/panorama/ein-jahr-mit-ex-kanzlerin-angela-merkel-das-gefuehl-war-ganz-klar-machtpolitisch-bist-du-durch-a-d9799382-909e-49c7-9255-a8aec106ce9c
- https://www.reuters.com/world/putin-russia-may-have-make-ukraine-deal-one-day-partners-cheated-past-2022-12-09/
- https://www.atlanticcouncil.org/blogs/ukrainealert/russia-not-ukraine-is-serial-violator-of-ceasefire-agreement/
- https://www.sueddeutsche.de/politik/wahlen-ukraine-prowestlicher-selenskyj-gewinnt-absolute-mehrheit-dpa.urn-newsml-dpa-com-20090101-190722-99-152109

Kapitel 10
Der Donbass und die Schlacht um Bachmut

Der Kampf um den Donbass wurde nach einigen Monaten zu einem Kampf um Bachmut, eine Stadt mit über 70.000 Einwohnern, gelegen zwischen Donezk, Luhansk und Slowjansk. Die geplante Einnahme der Stadt sollte die russischen Offensiven erleichtern, um ukrainische Truppen im Osten einzukreisen und insbesondere das nördlich von Bachmut gelegene befestigte Slowjansk aus mehreren Richtungen angreifen und einnehmen zu können. In der Anfangsphase des Krieges war Bachmut für die russische Armee kein vorrangiges Ziel gewesen; die Militärführung wollte lediglich die Verwaltungsgrenzen des Gebiets Donezk sichern, indem sie wichtige ukrainische Hochburgen wie Slowjansk und Kramatorsk direkt einzunehmen gedachten. Doch die Befreiung des größten Teils der Oblast Charkiw durch die Ukraine im September 2022 beendete die unmittelbare russische Bedrohung von Slowjansk und auch von Kramatorsk, worauf Bachmut zum wichtigsten politischen und somit zum operativen Ziel des Kremls wurde.

Kiew – Lagebesprechung beim Präsidenten
Am 19. April 2022, dem 55. Tag der russischen Invasion, betrat Präsident Selenskyj den Lageraum im 2. Stock des Regierungsgebäudes, direkt neben dem Büro des Generalstabschefs. Der fensterlose Raum, ausgestattet mit grauem Teppich und Einbauleuchten, war sein bevorzugter Platz geworden, um zu arbeiten und sich mit seinem Team zu beraten. Hier gab es keine Ölgemälde und Kronleuchter wie in seinem Präsidentenbüro eine Etage höher. Doch in diesem Raum prangte an der Wand hinter Selenskyjs Platz immerhin der ukrainische Dreizack. Monitore füllten die gegenüberliegende Wand aus, und eine Kamera war auf den Präsidenten gerichtet.

Gegen 9.00 Uhr erschienen die ukrainischen Top-Generäle und Geheimdienstchefs. Am Abend zuvor hatte Selenskyj den Beginn einer neuen Phase des Krieges angekündigt. „Russische Truppen haben mit der Schlacht um den Donbass begonnen", hatte er in seiner abendlichen Ansprache an die Ukrainer erklärt. „Ein großer Teil der russischen Armee konzentriert sich nun auf diese Offensive." Er wollte von seinen Generälen wissen, wie die Lage an der Ostfront sei, wo die ukrainischen Truppen sich hätten zurückziehen müssen und wo es Fortschritte gegeben habe.

Die russische Taktik im Osten der Ukraine entsprach in keiner Weise dem versuchten Blitzangriff auf Kiew. In diesem Fall war es das Ziel der Russen, die ukrainischen Streitkräfte in einem riesigen Kessel einzuschließen, der sich über Hunderte von Kilometern im Donbass erstrecken sollte. Vom südlichen Mariupol am Asowschen Meer aus sollten die russischen Einheiten nach Norden vorstoßen, nachdem der letzte Widerstand in Mariupol ausgeschaltet wäre. Auf der Nordseite des Kessels, in der Region Charkiw, sollten die ukrainischen Nachschublinien unterbrochen und die Verteidiger durch die russische Artillerie zur Kapitulation gezwungen werden.

Während dieses Gesprächs zwischen den Generälen und dem Präsidenten fanden schwere Kämpfe bei der Stadt Isjum in der Region Charkiw statt. Die Ukrainer hatten mit einer Gegenoffensive begonnen und bereits einige Dörfer befreit. Sie hofften, die russische Einkreisung zu verhindern oder zumindest zu verzögern.

„Was braucht ihr, was fehlt?" Selenskyj befragte die Offiziere und forderte sie auf, Listen mit genauen Angaben über die benötigten Waffen und das Kaliber der Munition zu erstellen. Selenskyj gebe keine taktischen Ratschläge, erklärte Verteidigungsminister Oleksij Resnikow, der bei den Gesprächen anwesend war. „Er sagt nicht, wie sie kämpfen sollen, denn er ist Zivilist", so der Verteidigungsminister, „er gibt seinen Gesprächspartnern das Gefühl der Freiheit und der Unterstützung". Ausgerüstet mit den Notizen aus den Gesprächen verbrachte Selenskyj Teile des Tages damit, die Wünsche seiner Kommandeure zu erfüllen. „Er telefoniert mit Präsidenten, spricht mit Premierministern verschiedener Länder und versucht, die Wünsche seiner Soldaten zu erfüllen. ‚Was wir brauchen, kann ich es borgen? Ich will es nur borgen. Wir geben es auch wieder zurück'", schilderte Resnikow ein solches Gespräch. „Es gibt keine Faktoren, die ihn zurückhalten, keine Protokolle, keine Regeln, keine Höflichkeit. Er konzentriert sich nur darauf, die gewünschten Resultate zu erzielen."

(Simon Shuster, The Showman, S. 234 f.)

Die Schlacht am Sjwerskij Donez

Der Sjwerskij Donez ist der viertlängste Fluss in der Ukraine und der längste in der Ostukraine. Er galt lange Zeit als strategische Verteidigungslinie für die ukrainische Armee. Wer die Kontrolle über den Fluss hatte, verfügte über die Möglichkeit, militärische Ausrüstung frei nach Norden und Süden entlang des Flusslaufs zu manövrieren und die Wasserversorgung der Landwirtschaft sowie der umliegenden Ortschaften zu sichern, vor allem von Sjewjerodonezk und Lyssytschansk – den einzigen Städten im Oblast Luhansk, die unter ukrainischer Kontrolle waren.

Während der Schlacht im Donbass rückten die russischen Streitkräfte in Richtung der Stadt Lyman vor, die etwa 20 km nördlich von Slowjansk liegt. Dies war Teil eines umfassenderen Versuchs, mehr als 40.000 ukrainische Soldaten einzukesseln. Der Sjwerskij Donez war das größte natürliche Hindernis, das sich der russischen Offensive entgegenstellte. Bei den Versuchen, den Fluss an verschiedenen Stellen zu überqueren, wurden Ponton-Brücken eingesetzt, um den Transport von Truppen und Ausrüstung über den Fluss zu ermöglichen – was in Teilen auch gelang.

Kloster Swjatohirsk

Während der russischen Invasion bot das Kloster zivilen Flüchtlingen Unterkunft. Am 12. März 2022 wurde es während eines russischen Luftangriffs auf die nahegelegene Brücke über den Sjwerskij Donez beschädigt, zu einem Zeitpunkt, als sich etwa 520 Flüchtlinge im Kloster befanden. Die

Das malerische Kloster Swjatohirsk wurde während des Krieges im Donbass schwer beschädigt.

Druckwelle der Explosion beschädigte Fenster und Türen der Klostergebäude, und mehrere Menschen wurden durch die Glasscherben der zerbrochenen Fenster verletzt. Am 4. Mai erlitten sieben Menschen bei wiederholtem Beschuss Verletzungen, und später im Mai zerstörte erneuter Beschuss zahlreiche Mönchsklausen.

Versuche der Flussüberquerung

Mitte April, nach der Einnahme von Kreminna, einige Dutzend Kilometer nördlich von Bachmut, stießen die russischen Truppen in die Wälder am Nordufer des Sjwerskij Donez vor und brachten eine Streitmacht von weit über hundert Panzern, Schützenpanzern und Haubitzen mit Flussschiffen und Pontonbrücken in das Gebiet. In einer zweiten Welle bereitete sich ein noch größeres Kontingent darauf vor, eine Bresche in die ukrainische Verteidigung zu schlagen.

Das Dorf Bilohoriwka liegt am Südufer des Sjwerskij Donez, der sich hier durch dichte Wälder schlängelt und an dessen Ufern sich ein Kreidesteinbruch, einige Campingplätze und Fischerhütten befinden. In diesem ländlichen Gebiet gibt es nur wenige Straßen und keine Brücken über den Fluss. Am 4. Mai begannen russische Kampfflugzeuge und Artillerie einen massiven Beschuss von Bilohoriwka und anderen ukrainischen Dörfern südlich des Flusses. Die Russen hatten es eilig, denn Putin sollte bei einer Militärparade am 9. Mai, dem jährlichen Gedenken an den sowjetischen Sieg über Nazi-Deutschland und bedeutendsten Feiertag im modernen Russland, eine wichtige Rede halten. Nach dem Rückzug aus dem Raum Kiew und der Nordukraine brauchte der Präsident einen klaren Sieg. Wenn es den russischen Streitkräften gelänge, den Donez zu überqueren, nach Süden vorzudringen und den ukrainischen Nachschub abzuschneiden, würden bis zu 10.000 ukrainische

Soldaten in den Gebieten um Sjewjerodonezk und Lyssytschansk eingekesselt, und die gesamte Region Luhansk würde unter russische Herrschaft fallen.

Am frühen Morgen des 5. Mai versuchte die russische Armee, nach Artilleriebeschuss den Fluss bei der Ortschaft Dronivka zu überqueren, wurde aber von ukrainischen Truppen und Panzern aufgehalten. Zwei ukrainische Panzer der 30. Mechanisierten Brigade griffen mindestens vier russische Schützenpanzer und zwei Infanterietrupps aus einer Entfernung von 1.200 Metern an und stoppten damit den Vormarsch.

Die Washington Post berichtete am 7. Mai, dass „Informationen über den Standort und die Bewegungen der russischen Streitkräfte in Echtzeit in die Ukraine gelangen" und diese Informationen „Satellitenbilder und Berichte aus sensiblen US-Quellen umfassen". Dies bedeutete wahrscheinlich, dass eine High-Tech-Spionageüberwachung russischer Kommandoposten im Gange war. „Die Informationen sind sehr gut. Sie sagen uns, wo die Russen sind, sodass wir sie angreifen können", sagte ein ukrainischer Regierungsbeamter gegenüber der Washington Post.

Bericht eines ukrainischen Soldaten

Am 6. Mai war Maxim, so sein Kriegsname, als Pionier zur technischen Aufklärung an den Fluss geschickt worden, nachdem Geheimdienstberichte aufgetaucht waren, wonach sich russische Truppen auf der anderen Seite versammelten. „Ich erkundete das Gebiet und fand eine Stelle, an der die Russen versuchen könnten, eine Pontonbrücke zu errichten, um auf die andere Seite zu gelangen", berichtete Maxim. Mithilfe eines Entfernungsmessers schätzte er die Breite des Flusses auf 80 Meter, sodass acht Plattformen von je zehn Metern Länge erforderlich wären, um ihn zu überspannen.

„Bei der Strömung des Flusses wusste ich, dass sie Motorboote brauchen würden, um eine solche Brücke zu bauen. Mindestens zwei Stunden würden sie dafür benötigen", sagte er und gab die Information an seine Kommandeure weiter. „Außerdem habe ich den Kameraden von der Einheit, die diesen Teil des Flusses beobachteten, gesagt, dass sie auf das Geräusch von Motorbooten achten sollten. Die Sicht in diesem Gebiet war schlecht, weil die Russen Felder und Wälder in Brand gesetzt und zahlreiche Rauchgranaten geworfen hatten. Außerdem war es wegen des Flusses neblig."
(www.telegraph.co.uk/world-news/2022/05/12/ukrainian-forces-swept-away-entire-russian-battalion-failed/)

Am 8. Mai unternahmen die Russen den ersten von neun Versuchen, Pontonbrücken bei Bilohoriwka und anderen Orten in der Nähe zu bauen, indem sie Boote einsetzten, um die Teile an Ort und Stelle zu halten. Die ukrainischen Kräfte wiederum waren begrenzt: Da die Russen überall an der Frontlinie im Donbass gleichzeitig angriffen, hatten die Ukrainer keine Verstärkung zur Verfügung.

Den Russen gelang es, über die Pontonbrücke etwa 20 Panzer in ein Waldgebiet am Südufer des Flusses zu bringen. Als die Panzer und die unterstützende Infanterie eine Fläche von zweieinhalb Quadratkilometern auf der ukrainischen Seite kontrollierten, schlugen die Ukrainer zurück. Mit

Panzerabwehrraketen wurde der Durchbruch gestoppt. Dabei hatten die Ukrainer allerdings Mühe, ihre Ziele im Unterholz zu finden. Auch die Pontons mussten zerstört werden, und zwar schnell. Ein Major, dessen Kriegsname Oleg lautete, kletterte unter Beschuss auf die bergähnliche Halde der Kreideminen und begann, die ukrainische Artillerie einzuweisen. Unter Einsatz russischer Haubitzen, welche die Ukrainer im März in Nikolajew erobert hatten, zertrümmerten die Ukrainer die Pontons, schalteten die russische Militärkolonne auf der Nordseite aus und schnitten den Brückenkopf von Nachschublieferungen ab.

Am folgenden Tag bauten die Russen neue Pontons und versuchten, an derselben Stelle erneut über den Fluss zu setzen, aber auch an anderen Stellen. Was sie nicht wussten: Die Ukrainer hatten neues Material erhalten, amerikanische M777-Haubitzen, die eine größere Treffergenauigkeit aufwiesen als die sowjetischen. Fast 90 dieser Geschütze waren in der Woche zuvor in der Ukraine angekommen, gerade noch rechtzeitig, denn die Munition für die russischen Haubitzen war knapp geworden. Am Sjwerskij Donez kam es erneut zu einem Schlagabtausch, der für die Russen wieder nicht gut ausging.

Reporter der New York Times am Sjwerskij Donez

Ukrainische Soldaten, die in der Schlacht gekämpft haben, nennen die Ausbuchtung im Fluss „das Ohr"; dort fanden die heftigsten Kämpfe statt. Das ukrainische Militär führt Reporter der New York Times zu dem schnell fließenden, aufgewühlten und vom Frühlingsregen angeschwollenen Gewässer, das in weiten Teilen der Donbass-Region die Frontlinie bildet.

Das Sonnenlicht dringt durch das Laub eines dichten, ruhigen Waldes in der Flussaue. Mücken schwirren. An manchen Stellen ist der Geruch verwesender Leichen kaum zu ertragen. „Hier liegen die ersten russischen Leichen", sagt der Gefreite Sichkar, als er um eine Kurve des Feldwegs biegt, der sich etwa eine eineinhalb Kilometer durch den Wald bis zum Flussufer schlängelt. Allein an dieser Stelle liegen 15 verbrannte gepanzerte Mannschaftstransporter verstreut herum.

„Die Russen wollten einen kleinen Sieg", sagt Oberst Dmytro, der ukrainische Offizier, der den Gegenangriff auf die Pontonbrücke geleitet hat, im Interview. „Sie haben es in Kiew versucht, sie haben es in Charkiw versucht, und sie haben verloren. Sie haben versucht, wenigstens etwas zu gewinnen."

Der Fluss Donez, der sich durch die Ostukraine schlängelt, bildet eine natürliche Barriere für Russlands Vormarsch. Es gibt nur wenige geeignete Stellen für Pontonübergänge, so der Oberst.

Er wird am 8. Mai zu einem der Übergänge beordert, nachdem die Russen Pontons gebaut und Soldaten in den Wald am Ufer verlegt haben. Die ukrainische Infanterie rückt am nächsten Tag in das Gebiet vor, wird aber zurückgeschlagen und erleidet Verluste, wie der Oberst sagt. Daraufhin errichten die Ukrainer eine Verteidigungslinie, um die Russen beim Überqueren ihrer Pontonbrücke einzukesseln, und lassen die Artillerie auf das Gebiet schießen. Sie beginnen auch damit, die Brücke zu zerstören, indem sie schwimmende Minen so platzieren, dass sie von der Strömung zu den russischen Pontons getragen werden. Dies erweist sich als effektive Taktik. Die ukrainischen Streitkräfte sprengen vier Brücken an der Übergangsstelle.

Die Russen legen in aller Eile neue Pontons an und schicken gepanzerte Fahrzeuge hinüber, so der Oberst, aber es gelingt ihnen nicht, die ukrainische Verteidigungslinie zu durchbrechen. Dutzende von gepanzerten Fahrzeugen und Infanteriesoldaten sitzen in der Falle und werden von der ukrainischen Artillerie beschossen. Die Ukrainer treffen auch die russischen Truppen, die an den Brücken am Nordufer arbeiten. Auch sollen die neuen M777-Haubitzen zum Einsatz gekommen sein, so der Oberst.

(https://www.nytimes.com/2022/05/25/world/europe/russia-ukraine-donbas.html)

Amerikanische M777-Haubitzen wurden am Sjwerskij Donez eingesetzt, der die Frontlinie bildete.

Nach Angaben des US-amerikanischen Institute for the Study of War (ISW) wurden von den 550 russischen Soldaten, die an der gescheiterten Flussüberquerung bei Bilohoriwka beteiligt gewesen waren, 485 getötet oder verwundet. Andere Quellen gingen von einer deutlich höheren Zahl aus, nämlich von bis zu 1.500 gefallenen russischen Soldaten.

Insgesamt wurden vier Pontonbrücken gebaut und drei Brückenköpfe errichtet: eine bei Dronivka, zwei bei Bilohoriwka und eine weitere bei Serebrjanka. Die gesamte Schlacht dauerte vom 5. Mai bis zum 13. Mai, acht Tage, in denen die ukrainische Armee alle Pontonbrücken und Brückenköpfe zerstörte. Insgesamt wurden dabei Berichten zufolge zwei russische Bataillone zerstört und aufgerieben. Somit hatte der russische Präsident Putin wohl keine Erfolgsnachricht für die Feiern zum 9. Mai erhalten.

Putin und der 9. Mai 2022

Am 9. Mai 2022 feierte Russland den 77. Jahrestag des sowjetischen Sieges über Nazi-Deutschland mit der üblichen Siegesparade auf dem Roten Platz. Allerdings verhinderte das schlechte Wetter den Überflug der Luftwaffe. Da Russland in jüngerer Zeit nur wenige Erfolge verzeichnen konnte, hatte die Parade zum Tag des Sieges eine eher trotzige Anmutung. Den russischen Angriff auf die Ukraine bezeichnete Putin in seiner Rede als Defensiv-Maßnahme und erklärte: „Die NATO-Länder wollten nicht auf uns hören. Sie hatten andere Pläne, und wir haben es gesehen. Sie planten eine Invasion in unsere historischen Gebiete, einschließlich der Krim. Russland hat der Aggression im Voraus eine Abfuhr erteilt. Das war eine frühzeitige und richtige Entscheidung."

Die Gedenkfeier in Moskau am 9. Mai 2022 anlässlich des 77. Jahrestages des Sieges über das „Dritte Reich" im Zweiten Weltkrieg

Die ungewöhnlich geringe Anzahl der an der Parade teilnehmenden Waffengattungen und die Absage des geplanten Überfluges trugen ebenfalls zu einer eher gedämpften Atmosphäre bei. Die Propagandamaschinerie Putins versuchte, die wenig überzeugende Gedenkfeier in ein positives Licht zu rücken. Wladimir Solowjow, der russische Propagandist par excellence (siehe S. 162), lobte den „nicht enden wollenden Strom" von Menschen, die an der Parade teilnahmen, und bezeichnete sie als ein umfassendes Mandat für Putin, den „Nazi-Abschaum" in der Ukraine zu vernichten. Dennoch spiegelte Putins Weigerung, in seiner Ansprache militärische Spitzenleistungen zu erwähnen, die Ungewissheit wider, die Russlands Krieg bis dahin begleitet hatte.

Nach dem unrühmlichen Rückzug aus der Region Kiew hatte sich das russische Militär bemüht, neue strategische Ziele in der Ukraine zu formulieren. Und unter Bloggern in der russischen Militärszene herrschte große Uneinigkeit darüber, ob die Übernahme des Regimes in Kiew ein erstrebenswertes Ziel sei oder ob es ganz aufgegeben werden solle.
(Samuel Ramani, Putin's War on Ukraine, S. 151 f.)

Die russischen Ziele

Bereits am 19. April 2022 war die zweite Phase der „speziellen Militäroperation" von Außenminister Lawrow angekündigt und am 22. April 2022 vom Verteidigungsministerium erläutert worden. Laut dem Befehlshaber des Zentralen Militärdistrikts, Rustam Minnekajew, sei das Ziel der zweiten Phase des Einmarsches, den Donbass und die Südukraine vollständig einzunehmen und dadurch einen Landkorridor zum industriell geprägten Transnistrien zu schaffen, einer von Russland abhängigen Republik, die international nicht anerkannt wird.

Mitte April 2022 hatten westliche Verteidigungs- und Geheimdienstbeamte gegenüber der Financial Times erklärt, dass es sich bei Russlands nächsten Hauptzielen um die Städte Slowjansk und Kramatorsk handele, die den Schlüssel zu der Kontrolle über die Donbass-Region darstellten. Die russischen Militäreinheiten sollten aus drei Richtungen auf Slowjansk und Kramatorsk vorrücken, und zwar von Isjum aus nach Süden, von Sjewjerodonezk aus nach Westen und von der Stadt Donezk aus nach Norden.

Die Einnahme von Sjewjerodonezk

Nach der Eroberung von Mariupol am Asowschen Meer lag der Schwerpunkt der russischen Offensive in der Region Luhansk. Sjewjerodonezk, die zweitgrößte Stadt des Gebietes mit mehr als 100.000 Einwohnern, wurde alsbald zum Schlachtfeld. Nach dem Rückzug aus der Region Kiew setzte die russische militärische Leitung die 4. Garde-Panzerdivision für den Bodenangriff auf Sjewjerodonezk ein. Doch die Bodenoperationen brachten keinen Erfolg, was zu verstärkten Luftangriffen führte, die bereits am 18. April begannen und eine fast vollständige Evakuierung der Bevölkerung aus der Stadt zur Folge hatten.

Der ursprüngliche russische Plan sah die Einkesselung der Stadt vor. Doch der Erfolg im Norden an der Isjum-Front blieb aus. Am 21. Mai war Sjewjerodonezk nur teilweise eingekreist, und über die Donez-Brücken zur Schwesterstadt Lyssytschansk am anderen Ufer konnte noch immer Nachschub für die belagerte Stadt gebracht werden.

Die russischen Propagandisten bezeichneten die Schlacht um Sjewjerodonezk als entscheidend für den Kampf um den Donbass, was die umfangreichen Ressourcen erkläre, die für die Eroberung der Stadt aufgewandt werden müssten. Laut dem US-amerikanischen Institute for the Study of War (ISW) war es fraglich, ob die Eroberung des Rajons (Bezirks) Luhansk, verbunden mit den enormen Aufwendungen an militärischen Ressourcen, weitere wirtschaftliche oder militärische Vorteile mit sich bringen würde. Da eine Einkesselung der Stadt nicht möglich war, blieb den Russen nur noch der verlustreiche Straßenkampf, um Sjewjerodonezk einzunehmen. Am 1. Juni 2022 erklärte der Gouverneur des Rajons im Exil, Serhij Hajdaj, dass etwa 70 Prozent der Stadt von den Russen besetzt seien und es auch keine Routen für die Einfuhr von Hilfsmitteln mehr gebe. Die ukrainischen Truppen würden sich auf vorbereitete und befestigte Stellungen zurückziehen. Doch es kam anders: Die ukrainischen Streitkräfte übernahmen die Initiative und hatten bereits am 6. Juni die Hälfte der Stadt wieder befreit.

Putin befahl daraufhin General Alexander Dwornikow, der für seine Zeit in Syrien – von September 2015 bis Juni 2016 – den Beinahmen „Schlächter von Syrien" erhalten hatte, Sjewjerodonezk bis zum 10. Juni einzunehmen. Um Putins Forderungen nachzukommen, beorderte Dwornikow alle drei Angriffsbataillone an die Front und ließ die Artillerie jedes Haus beschießen. Am 15. Juni lehnten die Ukrainer das Ultimatum, sich zu ergeben, noch ab, doch am 24. Juni mussten sie sich über den Fluss nach Lyssytschansk zurückziehen.

Die Einnahme der total zerschossenen Stadt Sjewjerodonezk war zwar nach Mariupol der größte Sieg für die Russen. Doch es handelte sich wieder um einen Pyrrhussieg, weil man schwere eigene Verluste zu verzeichnen hatte und die Moral der Truppe zerstört war.

Zwei abgelöste Generäle

General Dwornikows bevorzugte Taktik waren sogenannte Gruppen von integrierten Kräften gewesen. Solche Gruppen bestanden aus kleinen Einheiten mit Special Forces, militärischen Beratern, Söldnern und Gruppen von Separatisten. Darüber hinaus verließ sich Dwornikow stark auf die schlecht ausgebildeten Truppen der Luhansker Separatisten. Dadurch sollten die russischen Verluste minimiert werden, so der General. Doch sein exzessiver Alkoholkonsum und die Neigung, mitten in der Nacht ohne Unterstützung der Aufklärung schwerwiegende Entscheidungen zu treffen, hatten seine Reputation unterminiert. Am 25. Juni entließ Putin General Dwornikow aus seinem Amt als Oberbefehlshaber der Invasionstruppen.

Nach dem Fall von Sjewjerodonezk war das letzte Ziel der russischen Armee die Schwesterstadt Lyssytschansk am anderen Ufer des Sjwerskij Donez. Dwornikows Nachfolger war Generaloberst Gennady Schidko, ebenfalls ein Veteran aus Syrien. Schidko hatte nicht die Absicht, die russische Gefechtsfeldtaktik zu ändern, und nach heftigem Artilleriebeschuss zogen sich die ukrainischen Truppen am 3. Juli zurück. Schidko wurde nach nur einem Monat auf dem Posten degradiert.

Ein ukrainischer Angriff mit HIMARS-Raketen am 14. August 2022 auf ein Lager von Wagner-Söldnern in Poposna war die einzige größere Gegenangriff im Gebiet Luhansk.
(Samuel Ramani, Putin's War on Ukraine, S. 189 ff.)

Der Angriff auf Charkiw

Das ukrainische Militär begann erst im Juli 2021, nach der Ernennung von Walerij Saluschnyj zum Oberbefehlshaber, mit der Vorbereitung der Verteidigung Charkiws im Falle einer russischen Invasion. Die Ukrainer rechneten mit einem Angriff aus dem Südosten, aus Richtung Kupjansk, und waren nicht auf eine umfassende Invasion mit Ziel Charkiw vorbereitet.

Die ukrainischen Militärstützpunkte in der Nähe von Charkiw gehörten zu den Zielen, die in den frühen Morgenstunden des 24. Februar 2022 von den russischen Streitkräften bombardiert wurden. Die Garnison der 92. Mechanisierten Brigade in Tschuhujiw wurde nach Angaben ihres Kommandeurs Pawlo Fedosenko um 4.00 Uhr bombardiert. Allerdings waren die meisten Fahrzeuge und Ausrüstungsgegenstände der 92. Brigade bereits vor dem Zeitpunkt der Angriffe an gesicherte Plätze außerhalb der Garnison gebracht worden.

Rund 20.000 russische Soldaten, die in Belgorod zusammengezogen worden waren, überquerten am 24. Februar 2022 die Grenze und rückten auf Charkiw vor, doch die ukrainische 92. Brigade konnte den Vormarsch verzögern. Ein Teil der russischen Truppen löste sich von der Hauptkampfrichtung und stieß nach Süden in Richtung Isjum vor. Die übrigen russischen Truppen begannen, Charkiw von Norden und Osten her einzukesseln. Es gelang ihnen jedoch nicht, in Charkiw einzudringen. Nach Angaben der Online-Zeitung Ukrainska Pravda hatten die Russen geplant, die Stadt innerhalb von zwei Tagen einzunehmen; ein in Gefangenschaft geratener russischer Offizier sagte später aus, dass die Stadt innerhalb von drei Tagen hätte fallen sollen.

Bis Ende März versuchten die russischen Truppen vergeblich, die Stadt einzunehmen, trotz heftigem Artillerie- und Raketenbeschuss. Einen stets verlustreichen Häuserkampf wollten sie vermeiden. Am 1. April stellte das US-amerikanische Institute for the Study of War (ISW) fest, dass die russische Führung den Plan, Charkiw einzunehmen, aufgegeben habe. Man versuchte stattdes-

Ein Trümmerhaufen russischer Raketenteile in Charkiw

sen, die ukrainischen mechanisierten Einheiten zu blockieren, welche die Truppen im Donbass verstärken oder an anderer Stelle Gegenangriffe beginnen könnten. Dennoch beschoss die russische Artillerie Charkiw weiterhin massiv.

In der zweiten Märzwoche wurde klar, dass Putins ursprünglicher Kriegsplan gescheitert war. Da die russischen Streitkräfte nicht vorrücken konnten, ließen sie ihren Zorn an der ukrainischen Zivilbevölkerung aus – und an der zivilen Infrastruktur, die sie zuvor verschont hatten. Charkiw wurde von der russischen Kriegsmaschinerie schwer getroffen, aber es war nicht klar, wie stark.

Yaroslav Trofimov, Chef-Korrespondent des Wall Street Journals, ein gebürtiger Ukrainer, der in New York studiert hatte, verbrachte den größten Teil des Jahres 2022 in der Ukraine und berichtete von dort. Anfang März 2022 fuhr er von Kiew nach Charkiw, um in Erfahrung zu bringen, wie stark die Stadt vom russischen Angriff betroffen war. In seinem Buch „Our Enemies will Vanish" (Unsere Feinde werden verschwinden) berichtet er über seine Erlebnisse in der zerstörten Stadt.

Ein „richtig schmutziger Krieg" in Charkiw

Nichts hätte mich auf die Sumska-Straße vorbereiten können. Die Stadt war ausgeweidet worden. Die eleganten Fin-de-Siècle-Gebäude mit ihren Jugendstil- und neoklassizistischen Fassaden – die Gebäude, in denen wir im Januar eingekauft, gegessen und gefeiert hatten – waren allesamt entkernt, ihre Fenster und Dächer zerstört. Wasser war aus geplatzten Rohren geströmt und zu riesigen Eiszapfen geworden. Sie klirrten unheimlich im Wind über uns und fielen alle paar Minuten herunter. Enthauptete Schaufensterpuppen hingen aus den Fenstern.

Es hatte keine Plünderungen gegeben. Die Designer-Boutiquen stellten ihre Waren immer noch aus, auch wenn die Vorderwände fehlten. In einer Bar, die wir besucht hatten, gab es noch eine Reihe von Spirituosen, aber die Decke war eingestürzt. Sogar Zigaretten waren durch zerbrochenes Glas zu sehen, und das in einer Stadt, in der Zigaretten zu einer begehrten Ware geworden waren, weil die Lastwagenfahrer zu viel Angst hatten, ihre Lieferungen auszufahren.

Eine Straße in Charkiw nach dem Artilleriebeschuss durch die russischen Belagerer

Das Stadtzentrum war leer, bis auf ein halbes Dutzend Männer, die systematisch den Schutt von der Straße entfernten. Sie waren Charkiwer Taxi- und Uber-Fahrer. „Es gibt nicht mehr viel Arbeit, und jemand muss die Stadt aufräumen und die Moral heben. Wir können es tun, also tun wir es", sagte einer von ihnen.

Eine ältere Frau überquerte vorsichtig die Straße. Sie war sichtlich verwirrt und fragte nach der nächsten Filiale der PrivatBank, einer ukrainischen Bank. Ihre Kontokarte sei vom Geldautomaten geschluckt worden, sagte sie. „Haben Sie die PrivatBank gesehen? Haben Sie? Ich muss die Karte für meine Rente zurückbekommen", wiederholte sie. Aber die Filiale war verschwunden, man sah nur noch ein verbogenes Metallknäuel unter den Resten des grünen Logos der Bank. Aber irgendwie funktionierte der Sicherheitsalarm der Bank immer noch und schrillte leise durch die Trümmer. Ein Nike-Werbeplakat in der Nähe verkündete: „Wir haben für alles vorgesorgt."

Während ein Großteil des Stadtzentrums von Charkiw bereits vor mehr als einer Woche in Schutt und Asche gelegt worden war, brannte das Nikolsky-Einkaufszentrum um die Ecke, in dem wir vor dem Krieg unsere Zelte und andere Survival-Ausrüstung gekauft hatten, immer noch lichterloh. In der vorigen Nacht war eine russische Rakete in das Dach des Gebäudes eingeschlagen.

Bürgermeister Terechow hat mir einen Termin in der U-Bahn-Station auf dem Charkiwer Verfassungsplatz in der Nähe seines zerbombten Rathauses gegeben. Er war leicht auszumachen, umringt von Wählern, die auf dem Bahnsteig und in den stehenden Zügen ihr Lager aufgeschlagen hatten. Die Station verfügte über Heizung, Steckdosen und sanitäre Anlagen. „Unsere Hauptaufgabe besteht jetzt darin, das Leben unserer Leute zu retten, und deshalb rufe ich alle auf, sich in diese Schutzräume zu begeben", begann Terechow. Ich fragte ihn, ob die Charkiwer befürchteten, dass die russischen Truppen, die noch immer vor der Stadt standen, diese in den kommenden Wochen einnehmen könnten.

„Das wird nicht passieren", antwortete er entrüstet. „Niemand will die Russen hier haben, wir haben sie nicht eingeladen. In Charkiw haben wir die Russen – und ich übertreibe nicht – als unsere Brüder betrachtet. Jeder Vierte hier kommt entweder aus Russland oder hat dort Familie. Aber nicht einmal in unseren schlimmsten Albträumen haben wir uns vorstellen können, dass sie unsere Wohngebiete bombardieren und unsere Infrastruktur zerstören würden. Unser Volk steht unter Schock. Die Einstellung hat sich völlig gewandelt. Die Haltung zu Russland ist jetzt sehr negativ. Es wird wahrscheinlich mehrere Generationen dauern, bis sich das wieder ändert."

Terechow sprach die ganze Zeit Russisch. Nachdem er geendet hat, sehe ich mir die improvisierte Bibliothek – einen Tisch voller gebrauchter Bücher – in der U-Bahn-Station an. Die Bücher sind ebenfalls größtenteils auf Russisch, mit Klassikern wie Bulgakow, Tschechow und Tolstoi, neben Übersetzungen von Harry Potter. Die Wand daneben war mit Zeichnungen von Kindern geschmückt, die hier geschlafen hatten. „Putin go home, I love Ukraine", stand auf einer. Auf einer anderen, von einem Siebenjährigen namens

Illarion angefertigt, war ein Pudel in den ukrainischen Nationalfarben Blau und Gelb abgebildet. „Wir alle wollen Frieden", hieß es auf dem Bild.

Der einzige in der Ostukraine verbliebene Kinderneurochirurg, Oleksandr Duchowskyj, war erschöpft. Am 11. März, dem Tag, an dem ich ihn in einem Krankenhaus in Charkiw sah, sollte er eigentlich an einem Kongress in Bogotá, Kolumbien, teilnehmen. Wie die meisten Mitarbeiter hatte er das Krankenhaus seit Kriegsbeginn nicht mehr verlassen, um das Leben von Kindern und Erwachsenen zu retten, die von der russischen Kriegsmaschinerie verstümmelt worden waren. Während er mir das Elend in den Stationen des Krankenhauses zeigte, sprach er wehmütig von Urlauben in der Karibik.

„Es ist ein Krieg, und zwar ein wirklich schmutziger Krieg." Duchowskyj seufzte. „Die Russen haben begriffen, dass sie auf dem Schlachtfeld nicht gewinnen können, dass die Nation geeint und stark gegen sie ist, dass niemand sie hier haben will, und so haben sie beschlossen, stattdessen friedliche Zivilisten zu treffen. Diese Leute sind nicht wirklich menschlich."

Duchowskyj erzählte, dass er bereits 1994, als er zu einem Kongress nach Moskau gereist war, erkannt habe, dass Russland ein Feind sei. Bei einem Abendessen mit russischen Chirurgen war er fassungslos, als er hörte, wie Leute, die er für Kollegen und Freunde gehalten hatte, die ukrainische Sprache verspotteten und behaupteten, die Ukraine sei eine künstliche Nation, die nicht existieren solle. „Da habe ich verstanden, dass wir keine Brüder sind und es auch nie sein werden", sagte er. „Wir haben einen anderen Hintergrund."

(Yaroslav Trofimov, Our Enemies Will Vanish, S. 117, 119 f., 122)

Die Wagner-Gruppe

Putin schickte nicht nur reguläre russische Truppen in den Krieg gegen die Ukraine, sondern griff auch auf die sogenannte Wagner-Gruppe zurück, die private Söldnerarmee von Putins Vertrautem und Gefolgsmann Jewgeni Prigoschin. Die Wagner-Gruppe wurde vor allem im Donbass aktiv, wo sie die Verteidigungsanlagen von Bachmut angriff und kleine Gruppen von Kämpfern in die Stadt schickte. Dabei erlitten sie so starke Verluste, dass konventionelle Militäreinheiten sich aufgelöst hätten, nicht jedoch die Truppen von Prigoschin.

Yaroslav Trofimov über Jewgeni Prigoschin und seine Söldner

Prigoschin hatte große Pläne, seine Privatarmee zur wichtigsten Kampftruppe Russlands zu machen: Ein Sieg in Bachmut könnte ihn zu einem Schlüsselakteur der russischen Innenpolitik machen, zu einem nationalen Retter, vielleicht sogar zu Putins Nachfolger. Zwischen Mai und Anfang Juli 2022 hatte Wagner in der Region Luhansk mit der sogenannten Poposna-Offensive sein Können unter Beweis gestellt und sich dabei auf seinen sehr erfahrenen Söldnerkader verlassen können. Jedoch musste er aufgrund der hohen Verluste auf ein anderes Geschäftsmodell umschwenken. Er entdeckte eine außergewöhnliche Möglichkeit im riesigen russischen Strafvollzugssystem, mit dem er bestens vertraut war. Hunderttausende von Mördern, Räubern, Vergewaltigern und anderen Gewaltverbrechern vegetierten in russischen Lagern dahin, viele von ihnen zu jahrzehnte- oder lebenslangen Haftstrafen verurteilt. Dass Prigoschin zu Sowjetzeiten wegen Raubes und Diebstahls inhaftiert gewesen war, befähigte ihn wie keinen anderen, dieses Reservoir anzuzapfen. Im Zuge einer Vereinbarung, die er im Sommer 2022 mit Putin traf, wurden Gefangene, die bereit waren, sich Wagner in der Ukraine anzuschließen, begnadigt. Wenn sie die Einsätze sechs Monate lang überlebten, durften sie in ihre Heimat zurückkehren.

Einer der ersten von Wagner rekrutierten Häftlinge, Konstantin Tulinow, verurteilt wegen Raubes und Drogenhandels, wurde am 14. Juli 2022, nur wenige Tage nach seiner Ankunft im Kriegsgebiet, im Donbass getötet. Die Lebenserwartung von Menschen wie ihm wurde in Tagen gemessen. Das spielte aber keine Rolle. Zehntausende weiterer russischer Sträflinge strömten an die Front. Weniger als einen Monat später veröffentlichte die Wagner-Gruppe ein Video von einer Rekrutierungsrede Prigoschins an Häftlinge, wahrscheinlich in der Republik Marij El an der Wolga. „Die einzigen, die euch hier rausholen können, sind Allah und Gott, und selbst dann nur in einer Holzkiste", sagte er zu den versammelten Häftlingen. „Ich kann euch hier lebend rausbringen, aber ich kann euch nicht immer lebend zurückbringen." Prigoschin ergänzte, dass die Männer, die versuchen würden zu desertieren oder sich zu ergeben, auf der Stelle hingerichtet würden – eine bemerkenswerte Drohung, wenn man bedenkt, dass es in Russland nicht einmal die Todesstrafe gab. „Dieser Krieg ist ein Treuekrieg, nicht vergleichbar mit dem Tschetschenienkrieg", sagte er. „Mein Munitionsverbrauch ist etwa zweieinhalbmal so hoch wie in Stalingrad."

Bachmut, das zu Sowjetzeiten Artemiwsk hieß, war früher eine der angenehmeren Städte im Donbass. Im Januar, noch vor Kriegsbeginn, hatte ich die riesige Kellerei unter der Erde besucht, in der in einem Labyrinth ehemaliger Gipsgruben Sekt nach der Champagner-Methode hergestellt wurde, für die Bachmut berühmt war.

Jetzt sah ich die Auswirkungen von Prigoschins Munitionsverbrauch, als wir am 8. August 2022 nach Bachmut fuhren. Von der nördlich von uns gelegenen Stadt Soledar und den östlichen Vororten von Bachmut stiegen schwarze Rauchschwaden auf. Die Überreste russischer Raketen und Granaten, die neun Tage zuvor in der Gegend eingeschlagen waren, lagen am Rande einer Wiese vor der Gemeinde aufgeschichtet. Abgesehen von ein paar dunklen Lebensmittelläden mit dürftigem Angebot waren alle Geschäfte und Büros mit Brettern vernagelt; Wasser und Strom gab es schon lange nicht mehr. Die Stadt, in der vor dem Krieg 72.000 Menschen gelebt hatten, war dabei, vom Erdboden zu verschwinden, wie es bereits anderen Städten im Donbass ergangen war, etwa Poposna, Mariupol und Sjewjerodonezk.
(Yaroslav Trofimov, Our Enemies Will Vanish, S. 255–258)

Bachmut: Die Wagner-Offensive

Der Kreml brauchte dringend einen Sieg auf dem Schlachtfeld. Putins Entscheidung, am 21. September eine Teilmobilisierung auszurufen, soll erheblichen Unmut ausgelöst haben. Vermutlich erlaubte er Prigoschin aus diesem Grund, die Wagner-Offensive in Bachmut einzuleiten. Prigoschin selbst versuchte, Bachmut frühzeitig einzunehmen, um Putin davon zu überzeugen, Offiziere in der russischen Militärführung, die Wagner nahestanden, zu befördern. Die Wagner-Truppen begannen, ihre Offensiven nordöstlich, südlich und südöstlich von Bachmut zu intensivieren, nachdem der Wagner nahestehende Armeegeneral Sergei Surowikin am 8. Oktober zum Kommandeur des Gebiets ernannt worden war. Prigoschin erklärte später, er und Surowikin hätten kurz nach dessen Ernennung mit der Operation „Fleischwolf von Bachmut" begonnen, um die ukrainischen Kräfte in Bachmut festzusetzen.

Bei der Einnahme von Bachmut konzentrierten sich die Wagner-Söldner darauf, die ukrainischen Streitkräfte in der Stadt einzukesseln, indem sie einen großen Teil ihrer schätzungsweise 40.000 rekrutierten Gefangenen als Stoßtrupps für die Angriffe einsetzten. Mindestens 22.000 Häftlinge waren allein zwischen Oktober und November 2022 aus russischen Gefängnissen verschwunden – wahrscheinlich als Ergebnis der Rekrutierung von Gefangenen durch Wagner.

Der verstärkte Angriff Russlands auf Bachmut hatte zu schweren Verlusten geführt, da die russischen Reservisten unter schwerem ukrainischem Artilleriebeschuss Grabensysteme ausheben und

In Friedenszeiten hatte Bachmut mehr als 70.000 Einwohner. Im Verlaufe der Schlacht flohen die meisten oder kamen um, sodass nur ein paar Hundert Bewohner übrig blieben.

auch Frontalangriffe auf befestigte ukrainische Stellungen durchführen mussten. Doch die jüngste taktische Neuausrichtung Russlands, bei der die Kämpfer der Wagner-Gruppe bei Frontalangriffen als Stoßtrupps fungierten und mangelhaft ausgebildete Soldaten die Verteidigungsstellen zu sichern hatten, war wenig erfolgversprechend. Hinzu kamen Ausrüstungsmängel.

Prigoschin räumte ein, dass seine Soldaten in Bachmut mehrere Wochen gebraucht hätten, um die Häuser unter ihre Kontrolle zu bringen, und er behauptete, die Ukraine habe in Bachmut 500 Verteidigungslinien errichtet. Um den Preis der Offensive zu verdeutlichen, den die Wagner-Gruppe zahlen musste, veröffentlichte Prigoschin im Januar 2023 ein Video, auf dem die Leichen von Söldnern in einem Keller zu sehen sind, mit der grimmigen Botschaft: „Ihr Kampf ist beendet, sie werden nächste Woche nach Hause gehen."

Die Bedeutung Bachmuts

Die Eroberung der ausgedehnten Salzminen und Gipshöhlen in den Außenbezirken Bachmuts waren wohl der Grund für die Konzentration Russlands auf diese Stadt. Dies entspricht den Bemühungen Russlands, sich Erzlagerstätten in Afrika südlich der Sahara zu sichern. Sollte die Wagner-Gruppe die Minen unter Bachmut beschlagnahmen, würde sie wahrscheinlich den Grund vorschieben, dass die Ukraine dort Munition lagerte. Das Bestreben Prigoschins, sich dieser Bodenschätze zu bemächtigen und sie zur Finanzierung der Operationen der Wagner-Gruppe zu verwenden, wurde durch Erkenntnisse der US-Geheimdienste bestätigt. Prigoschin gab diese wirtschaftlichen Beweggründe jedoch nicht öffentlich zu. Er betrachtete aber das Netz der unterirdischen „Städte" Bachmuts, in denen Menschen, Panzer und Schützenpanzer in einer Tiefe von 80 bis 100 Metern untergebracht waren, als großen strategischen Wert. Er behauptete, dass die Bedeutung dieses unterirdischen Systems seit dem Ersten Weltkrieg bekannt sei, was darauf hindeutete, dass die Wagner-Gruppe ein besetztes Bachmut in ein Waffendepot umwandeln könnte.

Anfang Januar 2023 verbot das russische Verteidigungsministerium den Wagner-Truppen die Rekrutierung von Gefangenen und begann, im Vorfeld der geplanten Offensivoperation im Gebiet Luhansk Personal und militärische Ausrüstung zu sparen. Ukrainische Geheimdienstleute berichteten, dass die russischen Streitkräfte ihren Einsatz von 60.000 Artilleriegranaten pro Tag auf 19.000 bis 20.000 reduzierten, was eine Verlangsamung der Offensive bedeutete. Prigoschin wiederum war bei der Bereitstellung von Munition und Nachschub auf das russische Verteidigungsministerium angewiesen. Der Rückgang der Munitionslieferungen schien darauf hinzudeuten, dass das russische Verteidigungsministerium mehr Munition benötigte, um eine weitere Offensivoperation im Kriegsgebiet zu starten – und dass die Bemühungen von Wagner gegen Bachmut nicht mehr zu den Hauptaufgaben gehörten.

Der Vormarsch der Wagner-Truppen verlangsamte sich, und die ukrainischen Streitkräfte konnten die russischen Streitkräfte aus einigen östlichen Außenbezirken von Bachmut zurückdrängen. Die Wagner-Kräfte hatten mit schweren Verlusten und Munitionsmangel zu kämpfen. Ein russisches Oppositionsmedium schätzte, dass die Zahl der Todesopfer der Wagner-Gruppe im Dezember um das Fünffache gestiegen war, und US-Experten stellten fest, dass im Dezember täglich mindestens 1.000 Wagner-Söldner gefallen waren.

Präsident Selenskyj übereicht einem Bachmut-Kämpfer ein Ehrenzeichen.

Bericht: Frontbesuch Selenskyjs am 20. Dezember 2022

Der ukrainische Präsident Wolodymyr Selenskyj hat Bachmut, die umkämpfte Stadt im Osten des Landes, die seit mehreren Monaten unerbittlichen russischen Angriffen ausgesetzt ist, überraschend besucht. Selenskyjs Büro teilt am Dienstag mit, er habe während seines Aufenthaltes in der Frontstadt mit Militärangehörigen gesprochen und ukrainischen Soldaten Ehrenzeichen überreicht.

Bachmut ist während der russischen Offensive bisher in ukrainischer Hand geblieben und hat damit Moskaus Ziel vereitelt, die gesamte Region Donezk und den gesamten Donbass zu erobern, von dem Teile seit 2014 von russischen Stellvertretern kontrolliert werden. Präsident Selenskyj erklärte zu Beginn dieses Monats, dass Russlands Versuche, die Stadt zu erobern – deren Vorkriegsbevölkerung von 70.000 bis 80.000 Menschen inzwischen auf knapp 10.000 geschrumpft ist –, sie in Ruinen verwandelt hätten. „Die Besatzer haben Bachmut zerstört, eine weitere Stadt im Donbass, welche die russische Armee in eine verbrannte Ruine verwandelt hat."

Der Besuch Selenskyjs findet zu einem Zeitpunkt statt, da Wladimir Putin die Lage in den von Russland kontrollierten Teilen der Ukraine als „äußerst schwierig" bezeichnet. In einer Rede vor dem russischen Geheimdienst (FSB) fordert Putin die Mitarbeiter auf, ihre Arbeit deutlich zu verbessern. In dieser Rede räumt er ein, dass die von ihm Ende Februar begonnene Invasion nicht nach Plan verlaufe. „Die Lage in den Volksrepubliken Donezk und Luhansk sowie in den Regionen Cherson und Saporischschja ist äußerst schwierig", sagt Putin. Damit bezieht er sich auf die vier teilweise besetzten ukrainischen Regionen, die Moskau im September 2023 annektieren will.

(https://www.aljazeera.com/news/2022/12/20/ukraines-zelenskyy-visits-frontline-city-of-bakhmut)

Bericht von J. Beale (BBC) über den Häuserkampf in Bachmut

Vom Bunker aus befiehlt die 77. ukrainische Brigade einen weiteren Artillerieangriff auf ein Haus. Sekunden später steigt eine Rauchfahne aus den Trümmern auf. Zwei Männer tauchen aus dem Rauch auf und stolpern eine Straße entlang. Einer scheint verletzt zu sein. Ich frage, ob es sich um Wagner-Soldaten handelt – die russische paramilitärische Truppe, die den Angriff geleitet hat. „Ja", antwortet Miroslav, einer der ukrainischen Soldaten, die den Bildschirm beobachten. „Sie kämpfen recht gut, aber sie kümmern sich nicht wirklich um ihre Leute", sagt er. Er fügt hinzu, dass sie anscheinend nicht viel Artillerieunterstützung haben und nur in der Hoffnung vorrücken, dass sie „mehr Glück haben als beim letzten Mal". Sein Kamerad Mykola wirft ein: „Sie laufen einfach auf uns zu, sie müssen auf Droge sein."

Wenn man sich das Ruinenfeld ansieht, ist es schwer zu verstehen, warum beide Seiten so viele Menschenleben für diese Stadt geopfert haben. Mykola räumt ein, dass die Verteidigung die Ukraine sehr viel gekostet hat. Er sagt, viele ihrer Soldaten hätten ihr Leben gelassen, und es sei schwer, in den dicht bebauten Straßen zu kämpfen. Er sagt, sie seien durch Truppen mit weniger Erfahrung ersetzt worden, fügt aber hinzu: „Sie werden die gleichen Kämpfer sein wie jene, die vor ihnen gekämpft haben."

Im Süden der Stadt hat die 28. ukrainische Brigade dazu beigetragen, die Einschließung von Bachmut zu verhindern. Die Wagner-Kämpfer, denen sie zuvor gegenüberstanden, wurden bereits durch Fallschirmjäger der russischen Luftlandetruppen ersetzt. Aber sie sind immer noch in tägliche Schusswechsel verwickelt.

Während einer Kampfpause führt uns Yevgen, ein 29-jähriger Soldat, zu seiner Verteidigungsstellung in einem kleinen Wald. Der Frühlingsanfang hat ihnen einige Blätter als Deckung beschert, aber der ständige Beschuss hat viele Bäume gefällt. Als wir von einem Graben aus über freiliegendes, von Granatlöchern übersätes Gelände laufen, eröffnen die Russen das Feuer mit ihren Mörsern. „Das war verdammt knapp", sagt Yevgen, als wir eine Deckung erreichen. Als wir zu einer anderen Stellung laufen, sagt er: „Jetzt werden wir zurückfeuern." Minuten später feuern seine Männer eine Salve aus Handfeuerwaffen und Panzerfäusten ab. Es gibt keine Verwundeten. Aber Stunden nach unserer Abreise wird einer ihrer Soldaten schwer verletzt.

(https://www.bbc.com/news/world-europe-65533192)

Anfang November 2022 waren die Kämpfe um Bachmut weitgehend zu einem Grabenkrieg geworden, bei dem keine der beiden Seiten nennenswerte Durchbrüche erzielen konnte und täglich Hunderte von Opfern inmitten von heftigem Beschuss zu beklagen waren. Allerdings ermöglichte es der Einsatz russischer regulärer Streitkräfte in den Außenbereichen von Bachmut den Wagner-Truppen, sich auf die Stadt selbst zu konzentrieren und die Initiative bei den Kämpfen in der Stadt zu behalten.

In der Zwischenzeit gingen der schwere Beschuss und die Kämpfe in den Außenbezirken Bachmuts weiter, da die russischen Truppen unablässig versuchten, verschanzte ukrainische Stellungen in den Außenbezirken der Stadt zu durchbrechen. Berichten zufolge griffen Wagner-Kämpfer Stellungen im Umkreis von Bachmut an, die sich entlang der nordöstlichen und südwestlichen Flanken von Bachmut befanden, während die Ukrainer weiterhin das südliche Opytne hielten und damit den russischen Vormarsch von Süden her abblockten.

Der Fall Bachmuts

Im März konnten die Ukrainer durch strategische Rückzüge die russischen Bemühungen, Bachmut zu umzingeln, untergraben. Da die Wagner-Söldner sich auf den Versuch konzentrierten, die ukrainischen Streitkräfte in der Stadt festzusetzen, waren sie nun gezwungen, sich verlustreich durch die Stadt zu kämpfen. Dennoch war es wohl der größte Erfolg der Wagner-Gruppe, als Prigoschin am 20. Mai 2023 die Einnahme von Bachmut erklärte (siehe auch S. 231). Die ukrainischen Truppen hingegen bestanden trotz allem darauf, dass die Kämpfe innerhalb der Stadt noch weitergingen und sie in den Außenbezirken unvermindert Gegenangriffe durchführten.

Nach Einschätzung des US-amerikanischen Institute for the Study of War (ISW) war die Verteidigung von Bachmut eine strategisch sinnvolle Entscheidung, da die Ukrainer von der Erschöpfung der Wagner-Truppen profitieren würden, wenn sie versuchten, die Kontrolle über die beiden Versorgungsrouten westlich von Bachmut zu behalten. Das ISW war auch der Ansicht, dass die Stadt zwar für die ukrainischen Streitkräfte strategisch nicht von Bedeutung war, doch durch ihre Verteidigung an Bedeutung gewann, weil die russischen Streitkräfte beschlossen, Wagner-Truppen, russische Luftlandetruppen (VDV) und andere Truppenteile in den Kampf einzubeziehen. Der Vorsitzende des US-Generalstabs, General Mark Milley, berichtete am 29. März, dass die Wagner-Gruppe über etwa 6.000 Berufssoldaten sowie 20.000 bis 30.000 Rekruten und ehemalige Häftlinge im Gebiet von Bachmut verfügte. Trotz hoher ukrainischer Verluste erschöpfte die Verteidigung der Stadt die russischen Kräfte und fügte ihnen ebenfalls erhebliche Verluste zu. US-Präsident Joe Biden erklärte am 21. Mai, dass die russischen Streitkräfte bei den Kämpfen um Bachmut 100.000 Soldaten verloren hätten. Dennoch hatten sie Bachmut eingenommen.

Allerdings war der Donbass nach dieser wohl blutigsten Schlacht in der Region noch nicht gänzlich unter russischer Kontrolle.

Am 9. Mai 2023, kurz vor dem Fall Bachmuts, wurde die Verkündigungskirche getroffen und vollständig zerstört.

Quellen: Der Donbass und die Schlacht um Bachmut

Bücher
- Plokhy, Serhii, The Russo-Ukrainian War, Oxford 2024
- Ramani, Samuel, Putin's War on Ukraine, Russia's Campaign for Global Counter-Revolution, London 2024
- Trofimov, Yaroslav, Our Enemies Will Vanish, The Russian Invasion and Ukraine's War of Independence, New York 2024

Online-Publikationen
- https://www.theguardian.com/world/2022/apr/04/izyum-ukraine-shelling-russian-soldiers
- https://archive.ph/20220510120507/https://www.wsj.com/articles/nearly-encircled-ukraines-last-stronghold-in-luhansk-resists-russian-onslaught-11652182875
- https://web.archive.org/web/20220605172005/https://www.independent.co.uk/news/world/europe/russia-putin-soldiers-siverskyi-donets-b2077244.html
- https://web.archive.org/web/20220615123749/https://www.telegraph.co.uk/world-news/2022/05/12/ukrainian-forces-swept-away-entire-russian-battalion-failed/
- https://web.archive.org/web/20220516030015/https://www.nytimes.com/2022/05/15/world/europe/pro-russian-war-bloggers-kremlin.html
- https://www.understandingwar.org/backgrounder/russian-offensive-campaign-assessment-may-14
- https://www.reuters.com/world/europe/ukraine-forces-ordered-withdraw-key-battleground-city-2022-06-25/
- https://www.understandingwar.org/backgrounder/kremlin%E2%80%99s-pyrrhic-victory-bakhmut-retrospective-battle-bakhmut
- https://www.aljazeera.com/news/2022/12/20/ukraines-zelenskyy-visits-frontline-city-of-bakhmut
- https://www.theguardian.com/world/2023/jan/06/putin-ally-fighting-to-control-salt-and-gypsum-mines-near-ukraine-city-of-bakhmut-says-us
- https://www.bbc.com/news/world-europe-65533192

Kapitel 11

Prigoschins Wagner-Gruppe

Am 20. Mai 2023 stand Jewgeni Prigoschin, Leiter der Wagner-Gruppe, in Bachmut in der Ost-Ukraine und nahm ein Video auf. Die Stadt, in der einst mehr als 70.000 Menschen lebten, war nach monatelangem Beschuss nahezu verlassen. Ganze Häuserblocks lagen in Trümmern, dazwischen verkohlte Stahlskelette, Rauch hing über den schwelenden Überresten. Prigoschin trug einen Kampfanzug und schwenkte eine russische Flagge. „Heute, um zwölf Uhr mittags, wurde Bachmut vollständig eingenommen", erklärte er. Hinter ihm standen bewaffnete Kämpfer, die Fahnen mit dem Wagner-Abzeichen hielten, auf dem ihr Motto stand: „Blut, Ehre, Heimat, Mut."

Nach dem Fall Bachmuts präsentiert Jewgeni Prigoschin die russische Flagge. Den Erfolg schreibt er seinen Söldnertruppen zu. Im Hintergrund ist der zerstörte Hauptbahnhof der Stadt zu sehen.

Mehr als jeder andere Befehlshaber in Russland hatte Prigoschin den Krieg in der Ukraine genutzt, um sein eigenes Profil zu schärfen. Nach der Invasion entwickelte er seine Wagner-Gruppe von einem Söldnertrupp ehemaliger Berufssoldaten zur bedeutendsten Kampftruppe des Landes – eine Privatarmee mit Zehntausenden von Sturmsoldaten, die meisten von ihnen aus russischen Gefängnissen rekrutiert. Prigoschin, der in einer rauen, oft obszönen Ausdrucksweise sprach, präsentierte sich als rücksichtslos, effizient, praktisch und kompromisslos. Er verkörperte die sogenannte „Kriegspartei"; das waren diejenigen in Russland, die der Meinung waren, dass ihr Land bei der offiziell als „spezielle Militäroperation" bezeichneten Aktion zu maßvoll vorging. „Hört auf, euch zu verkriechen, holt unsere ganzen Jungs aus dem Ausland zurück und reißt euch den Arsch auf", sagte Prigoschin in dem Monat, in dem Bachmut fiel. „Dann werden wir auch Ergebnisse sehen."

Der russische Verteidigungsminister Sergei Schoigu war vom Temperament her das Gegenteil von Prigoschin: ein geschickter Steuermann der Kremlpolitik, sachlich und nach außen hin frei von starken Emotionen. Mehr als ein Jahrzehnt lang hatte er seine Nähe zu Wladimir Putin genutzt, um seine Position zu sichern. Die beiden machten oft gemeinsam Urlaub, jagten und angelten in den sibirischen Wäldern.

Einer Quelle aus dem russischen Verteidigungssektor zufolge bestand Schoigu bei einem Meeting im Frühjahr 2022 darauf, dass das Verteidigungsministerium die Wagner-Truppen immer mit allem versorgte, was sie brauchten, ungeachtet seiner persönlichen Abneigung gegenüber Prigoschin. „Als Minister habe ich immer zwischen dem Leiter dieser Organisation und ihren Kämpfern unterschieden", sagte Schoigu. Die Botschaft, so die Insider-Information: „Wir lieben sie nicht besonders, aber wir müssen zugestehen, dass sie effektiv sind."

Putin ließ während seiner gesamten Regierungszeit zu, dass verschiedene Gruppen miteinander rivalisierten. In einem solchen System konnten keine Einzelperson und keine Gruppe so viel Unabhängigkeit erlangen, dass Putins Macht infrage gestellt würde. Und so schien Putin eine Zeitlang Prigoschins Konkurrenzkampf mit dem Verteidigungsministerium zu begrüßen. „Zunächst sah Putin in Prigoschin ein nützliches Instrument, um Druck auf das Militär auszuüben", so ein westlicher Geheimdienstmitarbeiter. „Prigoschin sagte zu Putin: ‚Wir schlagen uns nicht so gut – wir erleiden hohe Verluste.' So wies er auf Probleme hin."

Lebenslauf: Jewgeni Prigoschin

Prigoschin wurde am 1. Juni 1961 im heutigen St. Petersburg als einziges Kind der Familie geboren. Seine Mutter war Krankenschwester, sein Vater Bergbauingenieur. Der Vater starb, als Jewgeni neun Jahre alt war.

Jewgeni Prigoschin, Organisator und Leiter der Wagner-Gruppe

Als Jugendlicher schloss er sich einer Bande von Kleinganoven an, auf deren Konto Wohnungseinbrüche und Raubüberfälle gingen. Im Jahr 1980 überfiel die Bande eine Frau in einer dunklen Leningrader Straße und raubte ihr die Ohrringe und die Schuhe. Prigoschin wurde zu 13 Jahren Gefängnis verurteilt, weil er die Frau gewürgt hatte. Von den 13 Jahren verbrachte er neun in einem Hochsicherheitslager. Seine Entlassung fiel mit dem Zusammenbruch der Sowjetunion zusammen. Als Nächstes stellte er Hotdogs her. Er und einige Mitarbeiter rührten den Senf in der Küche an, während die Mutter die Einnahmen zählte – umgerechnet bis zu tausend Dollar im Monat, eine große Summe für die Russen in jener Zeit.

Prigoschin stieg schnell auf, z. B. zum Mitinhaber und Geschäftsführer von Konkord, der ersten Schnellrestaurantkette der Stadt. Als Nächstes wurde er Betreiber von Edelrestaurants. Sein erstes war das Staraya Tamozhnya (Alte Bräuche), in dem erlesene Gerichte wie Jakobsmuscheln mit Selleriemousse und Sahnesauce serviert wurden. Es folgte das New Island, ein Bootsrestaurant auf einem St. Petersburger Fluss, das zum angesagtesten Lokal der Stadt wurde. Dies war der Beginn von Prigoschins Lebensmittelimperium.

Im Sommer 2001, zu Beginn seiner Präsidentschaft, bemühte sich Putin um ein gutes Verhältnis zum Westen. So empfing er den französischen Präsidenten Jacques Chirac. Er führte ihn in Prigoschins New Island, wo es u. a. Rinderfilet mit schwarzen Trüffeln, Kaviar auf Eis und Lebkuchen mit Pflaumen gab. Nach Prigoschins eigener Aussage war dies der entscheidende Moment seiner Karriere. Er bediente Putin und Chirac persönlich, und Putin „sah, dass ich mir nicht zu schade war, zu dienen, denn es waren meine Gäste", erklärte er.

In dieser Zeit begannen die vielfältigen wirtschaftlichen Aktivitäten Prigoschins. Sein Catering-Unternehmen Konkord begann 2008 mit der kulinarischen Versorgung von Kreml-Veranstaltungen. Die Konkord angeschlossenen Unternehmen wurden zu Hauptlieferanten von Mahlzeiten für öffentliche Schulen Moskaus. Doch die größten Aufträge kamen vom Verteidigungsministerium, das Prigoschins Unternehmen allein im Jahr 2012 Aufträge im Wert von drei Milliarden Dollar für die Soldatenverpflegung in Kasernen überall im Land erteilte.

Prigoschin und seine Familie zogen nun in ein weitläufiges Anwesen in St. Petersburg mit einem Hallenbad und einem Hubschrauberlandeplatz. Sie besaßen einen Privatjet und eine Yacht. „Ein typischer Krimineller", sagte ein einflussreicher russischer Geschäftsmann über Prigoschin.

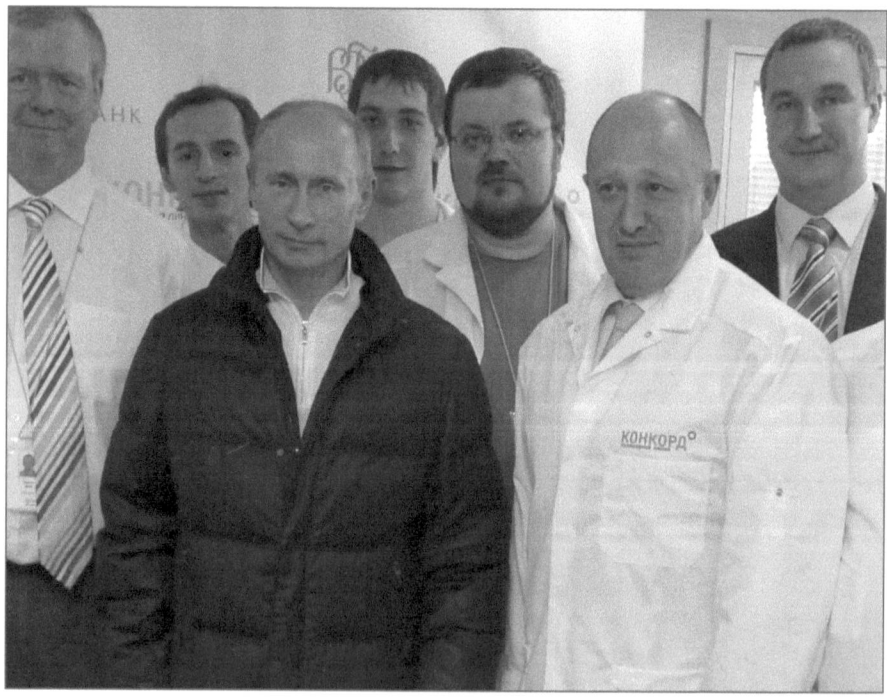

Jewgeni Prigoschin, Oligarch mit kriminellem Hintergrund und weitreichendem Firmengeflecht, führt Putin durch sein Catering-Unternehmen Konkord, das u. a. das Essen für die Streitkräfte lieferte.

Tusovka – gemeinsame Interessen

Prigoschin kannte die ungeschriebenen Gesetze des Spiels, Ponyatiya genannt (Ehren-kodex), und vor allem wusste er, wann er den Mund zu halten hatte. Dies hatte er in den Straßen Leningrads und im Gefängnis gelernt. Diskretion war der Schlüssel, wenn er seine Privilegien nutzen wollte. Der Umgang mit Persönlichkeiten wie Zolotov, dem Per-sonenschützer von Sobtschak, dem Bürgermeister von St. Petersburg, oder Yakov-lev, dem Flugzeugkonstrukteur, oder sogar Putin – insbesondere Putin – hatte Vorteile, aber diese Vorteile zahlten sich nur aus, solange er diesen Persönlichkeiten nicht zu nahe kam oder zu viel von ihnen erfuhr.

Seine Restaurants Staraya Tamozhnya und New Island, die eine Mischung aus Ele-ganz und Diskretion boten, wurden zu Dreh- und Angelpunkten einer neuen Elite. Die Leute, die sich dort trafen, bildeten eine Tusovka – das war der Begriff für eine enge Clique Gleichgesinnter – aus Politikern, Sicherheitsbeamten und Freunden, die später den Kern von Wladimir Putins Regierung bilden sollten.

Natürlich gibt es keine Unterlagen über solche Treffen im Staraya Tamozhnya oder im New Island. Doch zweifellos entstand Ende der 1990er- und Anfang der 2000er-Jahre in St. Petersburg aus persönlichen Beziehungen der Hof eines neuen Zaren. Diese Personen verkehrten miteinander, wickelten gemeinsam legale und illegale Geschäfte ab und speisten in denselben vertrauenswürdigen Lokalen Prigoschins.

(Arutunyan, Anna, Galeotti, Mark, Downfall, S. 47–51)

Dmitry Utkin

Der Name Wagner stammt vom Kampfnamen des ersten Kommandeurs der Gruppe, Dmitry Ut-kin, einem Oberstleutnant des militärischen Geheimdienstes GRU, der ein Fan des Komponisten Richard Wagner war. Für Utkin ging die Bewunderung für Wagner über den „Ring"-Zyklus oder „Parsifal" hinaus: Wagner war Hitlers Lieblingskomponist gewesen, und Utkin war dafür bekannt, dass er faschistische Sympathien hegte. Ein ehemaliger Wagner-Kämpfer berichtete, dass Utkin Untergebene mit „Heil!" begrüßt und auf dem Übungsgelände eine Feldmütze der Wehrmacht ge-tragen haben soll. Das Dossier Center, eine von dem im Exil lebenden Oligarchen Michail Chodor-kowski finanzierte investigative Einrichtung, veröffentlichte interne Wagner-Dokumente, aus denen hervorging, dass Utkin gelegentlich mit zwei Blitzen unterzeichnete – den SS-Zeichen.

Oberst Dmitry Utkin, geboren am 11. Juni 1970, war ein Berufsoffizier, der in beiden Tschetschenien-kriegen eingesetzt worden war. Anfang der 2000er-Jahre, als die militärische Phase des zweiten Krieges dem Ende zuging, wurde er nach Pechory versetzt, einer Stadt nahe der estnischen Gren-ze. Dort diente er in den folgenden zehn Jahren als Kommandeur der zweiten Speznaz-Brigade der GRU (Hauptverwaltung des Generalstabes der Streitkräfte), wo hauptsächlich Verwaltungsarbeit anfiel. Seiner früheren Frau zufolge fiel es ihm schwer, sich an das zivile Leben zu gewöhnen, und er sehnte sich danach, wieder auf dem Schlachtfeld zu sein.

Wann Utkin aus der Armee ausschied, ist nicht ganz klar, aber Berichten zufolge arbeitete er mindestens ab 2013 für eine private Sicherheitsfirma (Private Military Company, PMC) mit Sitz in

Hongkong namens Slavonic Corps. Diese Firma suchte im Mai 2013 online ehemalige Speznaz-Mitarbeiter mit der erforderlichen militärischen Ausbildung für drei- bis sechsmonatige Aufträge im Ausland. Der einzige bekannte Einsatz des privaten Militärunternehmens fand Ende 2013 in Syrien statt. Dieser endete damit, dass die Söldner ein Gefecht mit islamistischen Kämpfern verloren und sich anschließend mit ihren syrischen Auftraggebern über die Schuldfrage zerstritten.

Der Name Utkin tauchte in der Kommandostruktur des Slavonic Corps nicht auf. Die für die syrische Operation verantwortliche Person scheint laut Zeugenaussagen ein Vadim Gusev gewesen zu sein, stellvertretender Leiter einer ebenfalls in Hongkong registrierten, aber in St. Petersburg ansässigen privaten Militärfirma, der Moran Security Group. Die Syrien-Mission endete in einem Debakel.

„Ausgelagerte Ressourcen"

Die russischen Geheimdienste hatten schon immer alle Arten von sogenannten ausgelagerten Ressourcen genutzt. Diese reichten von Kriminellen aller Schattierungen bis hin zu Mördern, die gezwungen oder angeheuert wurden, um Gelder zu beschaffen oder Attentate auszuführen. Der Mann, der 2019 den georgischen antirussischen Kämpfer Selimchan Changoschwili mitten in Berlin erschoss, entpuppte sich beispielsweise als Auftragskiller des russischen Geheimdienstes FSB. Was die militärische Macht nicht vermochte, konnte ein Terrorist oder eine Gruppe von Söldnern oft leichter und effektiver erreichen.

Zu Beginn des neuen Jahrtausends erwog der Kreml im Rahmen der Modernisierung der russischen Streitkräfte den Einsatz von privaten Militärfirmen. Für die USA waren im Irak bereits Zehntausende von Sicherheitskräften im Einsatz, die unter dem Kommando von Privatfirmen wie Blackwater standen. „Der Gedanke war, dass Russland ebenfalls eine solche Struktur braucht, um an Orten zu operieren, an denen die offizielle Beteiligung der russischen Streitkräfte aus politischen Gründen nicht praktikabel ist", so ein ehemaliges Mitglied von Wagner.

Bereits 2013 hatte Moskau mit dem Einsatz von Söldnern in Syrien experimentiert. Im Oktober jenes Jahres befanden sich dort 267 russische Söldner, die in zwei Kompanien aufgeteilt waren, um syrische Ölraffinerien zu bewachen. Der Einsatz endete im Desaster. Die versprochene hochmoderne Ausrüstung wurde nicht geliefert, und am Ende kamen nicht die erwarteten T-72-Panzer, sondern Busse mit außen angebrachten Metallplatten. Auf dem Weg zu den Ölraffinerien in Deir ez-Zor wurde der Konvoi sogar von einem syrischen Hubschrauber getroffen, der im Tiefflug über dem Konvoi abstürzte. Nach ihrer Ankunft bei den Ölraffinerien wurden sie statt zur Bewachung zur Verstärkung der syrischen Armeegarnison abkommandiert und von einer viel größeren Truppe islamistischer Rebellen angegriffen. Sie konnten sich in Sicherheit bringen, wurden aber bei ihrer Rückkehr in Russland verhaftet, da es nach russischem Recht illegal war, als Söldner zu kämpfen. Obwohl die Regierung hinter der Operation stand, wollte sie mit dem Misserfolg nichts zu tun haben.

Bei der Wagner-Gruppe war vieles anders: Sie war eindeutig als kommerzielles Unternehmen konzipiert, das in Argentinien registriert war, offenbar um die russischen Gesetze zu umgehen. Und sie wurde Teil der Konkord-Gruppe, die sich im Besitz von Jewgeni Prigoschin befand.
(Mark Galeotti, Putin's Wars, S. 316 f.)

Der Beginn der Wagner-Gruppe

Anfang 2014 waren viele der Personen, die für das Slavonic Corps tätig gewesen waren, plötzlich wieder gefragt. Russland brauchte eine schnelle – und abstreitbare – militärische Präsenz auf der Krim. Das Konzept einer privaten Schattenarmee, die qualifizierte Soldaten mit Kampferfahrung beschäftigte, schien dafür die perfekte Lösung zu sein. Im März 2014 waren die Söldner bereits in der Ukraine. Nach dem erfolgreichen Ersteinsatz auf der Krim und im Donbass erhielt die Einheit 2015 eine ständige Ausbildungsbasis in einer geheimen Einrichtung des militärischen Geheimdienstes GRU im Dorf Molkyno in der Nähe des internationalen Flughafens der Großstadt Krasnodar. Diese liegt zwischen dem Schwarzen und dem Kaspischen Meer auf der Höhe der Krim. Offiziell wurde die Anlage als Kinderferiendorf bezeichnet. Die Truppe hieß inzwischen Wagner-Gruppe.
(https://www.bellingcat.com/news/uk-and-europe/2020/08/14/pmc-structure-exposed/)

Öffentlich tauchten die Söldner der Wagner-Gruppe erstmals im Februar 2014 auf der Krim auf, als Russland die Halbinsel annektierte. Dort operierten sie zusammen mit regulären russischen Armeeeinheiten, entwaffneten die ukrainische Armee und übernahmen die Kontrolle über militärische Einrichtungen. Die Annexion der Krim verlief fast unblutig, und die Söldner wurden damals, ebenso wie die regulären russischen Soldaten, aufgrund ihres Verhaltens als „höfliche Leute" bezeichnet. Sie blieben unter sich, trugen ungeladene Waffen und mischten sich nicht in das zivile Leben ein. Eine Bezeichnung für sie war „grüne Männchen", denn sie waren maskiert, trugen grüne Uniformen ohne Hoheitszeichen, und ihre Herkunft war zunächst unbekannt (siehe auch S. 55).

Die „grünen Männchen" auf der Krim: Wagner-Söldner ohne Hoheitsabzeichen

Nach der Besetzung der Krim wurden die rund 300 Söldner 2014 im Donbass eingesetzt, wo der Konflikt zwischen der ukrainischen Regierung und prorussischen Kräften eskaliert war. Mit Unterstützung der Söldner gelang es den prorussischen Kräften, lokale Regierungseinrichtungen zu blockieren, Munitionslager zu besetzen und die Kontrolle in den Städten zu übernehmen. Es wurde berichtet, dass russische und serbische Söldner im Sommer 2014 am Kampf um den internationalen Flughafen von Luhansk beteiligt gewesen seien; es sei aber unbekannt, ob sie mit der Wagner-Gruppe in Verbindung stünden. Allerdings war unbestritten, dass bei den Kämpfen um den Flugplatz 15 Söldner getötet wurden. Der ukrainische Geheimdienst SBU erklärte im Oktober 2017, dass er die Beteiligung der Wagner-Gruppe am Abschuss einer Iljuschin-76 im Juni 2014 auf dem internationalen Flughafen von Luhansk belegen könne. Bei diesem Abschuss waren 40 ukrainische Fallschirmjäger und neun Besatzungsmitglieder ums Leben gekommen.

Die Wagner-Kämpfer waren zumeist ehemalige Angehörige von russischen Elite-Einheiten. „Das Auswahlverfahren war hart", sagte ein hoher ukrainischer Geheimdienstmitarbeiter. Von dreißig Kandidaten wurden vielleicht zwei oder drei ausgewählt. Diejenigen, die es geschafft hatten, bekamen ungefähr 200.000 Rubel im Monat (etwa 5.000 Dollar), also mehr als das Zehnfache dessen, was ein gewöhnlicher Angehöriger der russischen Armee verdiente. Sie wurden auf einem Stützpunkt im südrussischen Molkino ausgebildet, der an eine Einrichtung des russischen Militärgeheimdienstes GRU grenzte.

Blut, Ehre, Heimat, Mut – Motto der Wagner-Söldner

Der Invasionsbeginn 2022

In den ersten Wochen des Ukrainekrieges stammten die meisten Söldner, die in der Ukraine kämpften, von einer privaten Militärfirma namens Redut. Vor ihrem Einsatz in der Ukraine waren diese Söldnertruppen in rasantem Tempo gebildet worden. Um diese Einheiten zu besetzen, rekrutierte Redut ehemalige Soldaten und Offiziere, oder sie warben gleich Wagner-Söldner ab. Die Redut-Gruppen hatten den Auftrag, Präsident Selenskyj zu ermorden und Kiew zu besetzen. Doch der Plan scheiterte, und Redut hatte kaum noch Kämpfer bzw. Söldner (siehe S. 88). Auf einem Stützpunkt in Kubinka, rund 60 Kilometer westlich von Moskau, stellte das russische Verteidigungsministerium die Gruppe erneut zusammen. Diesmal mussten die Kämpfer kurzfristige Verträge für den offiziellen Dienst in den Streitkräften unterzeichnen. Doch diese direkte Unterstellung unter das Verteidigungsministerium sorgte nicht für mehr Effizienz.

Im April 2022 wurde Prigoschin mit konservativen Duma-Abgeordneten in der Region Luhansk gesehen. Kurze Zeit später wies das Verteidigungsministerium die Wagner-Gruppe an, einen Teil ihrer Kerntruppe, die in Afrika, Syrien und Libyen im Einsatz war, in die Ukraine zu verlegen. Es wurde nicht ausgeschlossen, dass die schlechten Kampfleistungen der regulären russischen Truppen dadurch verbessert werden sollten.

Am 21. April erklärte die 24. Mechanisierte Brigade der Ukraine, eine der wichtigsten Einheiten zur Verteidigung des ukrainischen Donbass-Sektors gegen die Einheiten der Luhansker Volksrepublik, bei nächtlichen Zusammenstößen in und um Popasna eine offenbar 25 Mann starke Einheit prorussischer ausländischer Söldner getötet zu haben. Oleksij Danilow, der Leiter des Nationalen Sicherheitsrates der Ukraine, erklärte, dass libysche und syrische Ausweispapiere bei einigen Leichen gefunden worden seien. Offenbar hatte es sich bei den Kämpfern sowohl um ausländische Söldner der Wagner-Gruppe als auch um russische Staatsbürger gehandelt. Danilow versicherte, dass Popasna in der Oblast Luhansk vollständig unter ukrainischer Kontrolle bleibe.

Doch zwei Wochen später, am 7. Mai, wurde die Stadt Berichten zufolge von russischen Söldnertruppen der Wagner-Gruppe eingenommen. Die Stadt, von den ukrainischen Einheiten aufgegeben, blieb verwüstet zurück, und es war anzunehmen, dass Tschetschenen an der letzten Phase der Schlacht beteiligt gewesen seien.

Der Durchbruch der Front in der Oblast Luhansk war ein taktischer Erfolg, der allerdings nur dank der Zusammenarbeit mit anderen Einheiten erzielt werden konnte. Doch er bewies, dass die Söldner geschickt im Kampf in städtischem Gelände waren, insbesondere vor dem Hintergrund der spektakulären Niederlagen der regulären Armee in den angrenzenden Gebieten. Der Kreml würdigte Prigoschin, indem er ihm den hohen Ehrentitel „Held der Russischen Föderation" verlieh, und es wurde eine umfangreiche Medienkampagne zur Förderung der Wagner-Gruppe veranlasst.

Da sich herausstellte, dass die reguläre russische Armee nicht in der Lage war, die ukrainischen Verteidigungslinien im Donbass zu durchbrechen, wurden die Wagner-Söldner im Mai und Juni zum Motor der Offensive: Sie spielten eine Schlüsselrolle nicht nur bei der Einnahme von Popasna, sondern auch beim Vordringen in die Außenbezirke von Bachmut. Im Sommer 2023 beschloss Wladimir Putin, die Wagner-Gruppe in eine Einheit umzuwandeln, die als Teil der regulären russischen Truppen in der Ukraine operieren sollte. Prigoschin erhielt ein hohes Maß an Unabhängigkeit und die Erlaubnis, Zehntausende Häftlinge zu rekrutieren. Trotz der umfassenden logistischen und materiellen Unterstützung durch die reguläre Armee gelang es der Wagner-Gruppe erst spät, Bachmut einzunehmen – ein Pyrrhus-Sieg im Kampf um einen strategisch bereits unwichtigen Ort.

Wessen Idee – eine Privatarmee?

Der russischen Website The Bell war zu entnehmen, dass hochrangige Offiziere des russischen Verteidigungsministeriums die Idee gehabt hätten, eine verdeckte Privatarmee einzusetzen und diese Jewgeni Prigoschin anzuvertrauen. Sie hätten sich im Jahr 2010 von einer Präsentation des in Südafrika ansässigen Sicherheits- und Militärunternehmens Executive Outcomes beeindrucken lassen. Drei voneinander unabhängige Quellen gaben an, dass Prigoschin wegen der absehbaren

Dmitry Utkin (Passfoto)

Risiken Bedenken hatte, aber angesichts seiner bereits bestehenden Beziehungen zum Verteidigungsministerium, die eine gewisse Tarnung boten, das Angebot kaum ablehnen konnte.

Unabhängig davon, ob die Wagner-Gruppe nun eine Erfindung des russischen Militärapparats oder von Jewgeni Prigoschin selbst war – als sie konstituiert war, gab es genügend Verbindungen zwischen dem Oligarchen und den Söldnern: Mindestens drei von Prigoschin kontrollierte Unternehmen dienten als offizielle Arbeitsstelle für Söldner der Wagner-Gruppe. Dmitry Utkin wurde weithin als Frontmann und Auftraggeber der „Private Military Company" (PMC) Wagner dargestellt. Alllerdings gab es zahlreiche Hinweise, die vermuten ließen, dass Utkins Rolle eher die eines Feldkommandeurs war und die Söldner der Wagner-Gruppe in eine Befehlskette unter zentraler Kontrolle des russischen Militärgeheimdienstes GRU eingebunden waren. Sie unterstanden also letztlich dem Kreml selbst.

In einem vom ukrainischen Geheimdienst SBU veröffentlichten Telefonmitschnitt war Utkin zu hören, wie er einem Oleg Iwannikow über den Fortgang der militärischen Aktivitäten in der Ostukraine zur Zeit der Kämpfe um Debalzewe im Februar 2015 berichtete (siehe auch S. 201). Iwannikow wurde von dem niederländischen Recherche-Netzwerk Bellingcat als „hochrangiger GRU-Offizier" identifiziert, der an der Beschaffung mindestens eines Buk-Raketensystems für die Kämpfer im Donbass beteiligt gewesen war. In einem weiteren abgehörten Gespräch aus demselben Zeitraum war Utkin zu hören, wie er sich bei Andrey Troshev, einem Afghanistan-Veteranen und ehemaligen Oberst, beklagte, dass er nicht mehr wisse, wie viele Verluste seine Einheit überhaupt erlitten habe. Zudem wolle er nach Russland zurückberufen werden, weil er befürchtete, von seinen eigenen Soldaten getötet zu werden.

Aus diesen Anrufen ging hervor, dass Utkin sowohl dem GRU-Mitarbeiter Iwannikow als auch der russischen Militärführung unterstellt zu sein schien und dass Oberst Troshev sein Vorgesetzter innerhalb der Wagner-Gruppe war. Oberst Troshev wurde im März 2016 für seine Rolle als Befehlshaber der Wagner-Gruppe, die 2015 und 2016 die Regierungstruppen in Syrien unterstützt hatte, mit dem hohen Ehrentitel „Held der Russischen Föderation" ausgezeichnet.
(https://www.bellingcat.com/news/uk-and-europe/2020/08/14/pmc-structure-exposed/)

Über die Anwesenheit der Wagner-Gruppe in Syrien wurde erstmals Ende Oktober 2015 berichtet, knapp einen Monat nach Beginn der russischen Militärintervention im syrischen Bürgerkrieg. Es wurde berichtet, dass die Gruppe im Auftrag des russischen Verteidigungsministeriums tätig sei. Zwar sind private Militärfirmen in Russland verboten, aber die Wagner-Gruppe hatte genau aus diesem Grund ihren Verwaltungssitz in Amsterdam. Das russische Verteidigungsministerium wies die Berichte des Wall Street Journal über die Operationen der Wagner-Gruppe in Syrien zurück. Jedoch erklärten inoffizielle Quellen innerhalb des russischen Geheimdienstes FSB und des Verteidigungsministeriums gegenüber Russia Beyond The Headlines (RBTH), einem multilingualen Projekt der Nachrichtenagentur RIA Novosti und der Rossijskaja Gaseta, dem Amtsblatt der russischen Regierung, dass die Wagner-Gruppe unter der Aufsicht des GRU stehe.

Das Wagner-Prinzip

Im Laufe des Krieges in der Ukraine verwischte das russische Verteidigungsministerium die Grenze zwischen Söldnern und Militär schrittweise. Die Streitkräfte übernahmen im Wesentlichen das von der Wagner-Gruppe aufgebaute Rekrutierungsnetz, schlossen aber die Gruppe selbst von der ersten Invasion im Februar 2022 weitgehend aus. Wagner sollte schwerpunktmäßig nur im Ausland, vor allem in Afrika, eingesetzt werden. Doch da die russische Armee und andere Söldnergruppen auf dem Schlachtfeld den Erwartungen nicht entsprachen, war Moskau schließlich gezwungen, auf Prigoschins Söldner zurückzugreifen.

Während das russische Verteidigungsministerium die Söldner Prigoschins in der Ukraine einsetzen wollte, befürchtete Prigoschin, dass er unter diesen Umständen die Verträge und seine Verpflichtungen in Syrien und Afrika nicht werde einhalten können. Doch schließlich verstand er sich als Feldherr im Ukraine-Krieg. Dank der Leistungen, die seine Leute in der Ukraine erbrachten, soll sein Ansehen bei Putin enorm gewachsen sein, wie es aus dem Kreml hieß. Es wurde auch behauptet, Prigoschin gehöre jetzt zum inneren Kreis des Präsidenten.

Nach der Einnahme von Sjewjerodonezk und Lyssytschansk Anfang Juli verlangsamte sich der russische Vormarsch im Donbass, und den Ukrainern gelang es, ihre Verteidigungsstellungen zu stabilisieren. Die Invasionsarmee konnte ihre Offensivoperationen nur in begrenztem Umfang fortsetzen. Sie setzte hauptsächlich auf ihre eine enorme Artillerieüberlegenheit. Das Hauptproblem der Russen bestand jedoch darin, dass sie an der Front über zu wenige Soldaten in den Infanterieeinheiten verfügten. Ihre Zahl sank im Frühjahr auf ein kritisches Niveau, die Bataillone hatten oft nur etwa 50 kampffähige Männer.

Doch der Kreml zögerte, eine Mobilisierung anzukündigen, denn die Verantwortlichen waren sich der Ineffizienz der Wehrersatzämter bewusst. Man führte deshalb eine dezentralisierte Rekrutierung von Freiwilligen durch. Infolgedessen wurden die in der Ukraine operierenden Truppen im Laufe des Sommers zu einem Flickenteppich aus mehreren Komponenten. Den Kern bildeten die reguläre Armee, die durch neue Soldaten verstärkt wurde. Doch diese Freiwilligen hatten nur Drei- oder Sechsmonatsverträge unterschrieben. Hinzu kamen zwei Korps Volksmilizen von Donezk und Luhansk. An einigen Frontabschnitten wurden Reservebataillone (BARS) der Rosgwardija, einer paramilitärischen staatlichen Organisation, eingesetzt. Ergänzt wurden diese gemischten Einheiten durch Söldner von Prigoschin.

Zu diesem Zeitpunkt war die Personalkapazität der Wagner-Gruppe begrenzt. Die Gruppe bestand aus nur einigen Tausend Soldaten. Das waren nicht nur erfahrene Söldner, sondern auch neue Rekruten, sodass die Wagner-Gruppe nicht in der Lage war, eine Großoffensive zu starten. Prigoschin, der zunehmend vom Kreml unterstützt wurde, erhielt nun einen Freibrief, um Freiwillige, vor allem Häftlinge, in großer Zahl anzuwerben.

Die Rekrutierung von Wagner-Söldnern

Die Rekrutierung begann Anfang Juli 2022. Sie erregte viel Aufsehen und erreichte im September ihren Höhepunkt. Der Erfolg war nicht zuletzt auf die charismatischen Reden Prigoschins zurückzuführen, der persönlich durch die Straflager reiste. Bis Ende Oktober hatte die Wagner-Gruppe durch die Rekrutierung in den Gefängnissen und Gefangenenlagern mindestens 20.000 Söldner gewonnen, eine Zahl, die im Januar 2023 auf 50.000 anstieg. Den Häftlingen wurde ein Sold zugesichert, der um ein Vielfaches höher lag als das eines Armeesoldaten, zudem volle Amnestie nach einem halben Jahr Dienstzeit. Im Todesfall sollten die Familien fünf Millionen Rubel (50.000 €) Entschädigung erhalten.

Söldner der Wagner-Gruppe auf dem Weg zum Einsatz im Kampfgebiet

Die Wagner-Gruppe war ein hartnäckiger, unerbittlich kämpfender Gegner auf dem Schlachtfeld. Ein ukrainischer Nachrichtenoffizier, dessen Brigade mehrere Angriffe der Wagner-Gruppe abwehrte, beschrieb, wie die Söldner in Situationen, in denen reguläre Armeeeinheiten zurückweichen würden, ihren Angriff fortsetzten: „Ein Teil der Gruppe wird vernichtet, andere werden verwundet, und anstatt sich zurückzuziehen, setzt der Rest den Sturm fort – das ist völlig unvernünftig." Der Grund für dieses Verhalten: „Wenn sie vorwärts gehen, haben sie zumindest die Chance, einen weiteren Tag zu leben", so der Offizier. „Wenn sie den Rückzug antreten oder sich ergeben, sind sie auf jeden Fall tot." Das heißt: Solche Männer wurden exekutiert.

Die erste Gruppe von Wagner-Söldnern wurde im August an die Front geschickt, und im September und Oktober bildeten sie das Rückgrat der russischen Angriffstruppen bei Bachmut. Prigoschin plante, die Wagner-Gruppe zu einer autonomen Kampftruppe zu machen, die in der Lage sein sollte, die gegnerischen Verteidigungsanlagen bei Bachmut zu durchbrechen. Erfahrene Söldner wurden als Kommandeure und Bediener von Spezialausrüstung, z. B. Drohnen, benannt. Um deren

Verluste so gering wie möglich zu halten, wurden in großem Umfang Sträflinge an der Front einge-setzt. Prigoschin erhielt auch Zugang zu Ressourcen der regulären Armee, einschließlich Artillerie und Luftunterstützung, sowie Nachschub an schweren Infanteriewaffen und Drohnen.

Die Zahl der Wagner-Söldner stieg im Laufe des Herbstes 2022 deutlich an, und so konnten die Offensivoperationen im Donbass verstärkt werden. Die Wagner-Gruppe war die einzige russische Einheit, die in der Lage war, eine Offensive durchzuführen. Da ein ständiger Nachschub an ehemali-gen Häftlingen gewährleistet war, spielten die vielen Todesopfer für die Befehlshaber eine geringere Rolle, zumal das Führungspersonal und die Bediener von Spezialwaffen nicht an vorderster Front standen und geschont wurden. Diese Taktik führte allerdings zu mittelmäßigen Ergebnissen und brachte Prigoschin nicht den erwarteten schnellen Durchbruch.

Die Kämpfe der Wagner-Gruppe erreichten im November, Dezember und Januar ihren Höhe-punkt, als es gelang, Soledar einzunehmen und die Stellungen in den südlichen und nördlichen Vororten von Bachmut zu verstärken. Der Druck auf die ukrainischen Truppen war so stark, dass sich die Ukrainer gezwungen sahen, einen großen Teil ihrer besten Einheiten um Bachmut zu kon-zentrieren. Dies ermöglichte es den Russen, den Mobilisierungsprozess abzuschließen und die unterbesetzten Brigaden und Divisionen der regulären Armee aufzufüllen.

Während der Herbst- und Winterkämpfe in und um Bachmut erlitt die Wagner-Gruppe große Verluste. Man schätzt, dass von den etwa 50.000 Sträflingen, die in der zweiten Hälfte des Jahres 2022 angeworben worden waren, Ende Januar 2023 nur noch etwa 10.000 ihren Dienst fortsetzen konnten; die übrigen waren gefallen, verwundet oder desertiert.

Informationen darüber und über die brutale Behandlung der einstigen Häftlinge durch die er-fahrenen Söldner gelangten auch zu den Gefängnissen und Straflagern, und der Zustrom neuer Freiwilliger kam während des Winters praktisch zum Erliegen. Dennoch wurden die ukrainischen Stellungen in und um Bachmut selbst im Februar und März noch unablässig angegriffen; die Söld-ner verdrängten allmählich die Verteidiger und erreichten Mitte April die westlichen Stadtteile.

Es hatte bereits alles darauf hingedeutet, dass die Wagner-Gruppe nicht mehr in der Lage war, in der gewohnten Weise zu kämpfen. Weder lieferten die Haftanstalten und die Straflager weiterhin massenhaft Kämpfer, noch konnten im Rahmen der laufenden Mobilisierung Freiwillige in erfor-derlicher Zahl rekrutiert werden. Die Situation verschärfte sich zunehmend durch Konflikte, in die Prigoschin seit Langem verwickelt war.

Alte Feinde

Zu dieser Zeit begannen Behauptungen von zwei angeblichen Ex-Häftlingen zu kursieren, denen zufolge Prigoschin im Gefängnis erniedrigt und sexuell missbraucht worden sei. Damit sollte offen-sichtlich nicht nur sein Image als harter Kerl, sondern vor allem sein Ansehen bei potenziellen Rekruten in den Arbeitslagern untergraben werden.

Merkwürdigerweise trugen die Gerüchte die Züge einer FSB-Intrige. Doch die eigentliche Be-drohung Prigoschins ging von Verteidigungsminister Sergei Schoigu aus. Mehreren Berichten zufolge

stand dieser der Entscheidung, in die Ukraine einzumarschieren, von vornherein skeptisch gegenüber und hielt den Krieg für
nicht zu gewinnen.

Aber Schoigu wusste, dass er verantwortlich gemacht werden würde, falls der Krieg tatsächlich verloren ging. Deshalb
musste dieser Krieg gewonnen werden, und so überredete er
im September den zögernden Putin zu einer Teilmobilisierung
von Reservisten. Putin fürchtete den Unmut in der Bevölkerung,
aber Schoigu und General Gerassimow, der Chef des Generalstabs, machten deutlich, dass dies notwendig sei, wenn es
irgendeine Hoffnung auf erfolgreiche Offensivoperationen geben solle. Gerassimow dachte mehr an die militärische Situation, Schoigu an die politische. Die Mobilisierung führte zu einer
deutlichen Aufstockung der Truppenstärke um 300.000 Mann.
Die Bedeutung von Wagners Soldaten sank stark, und Prigoschin richtete mehrfach zornige Kommentare an Gerassimow.

*Sergei Schoigu, russischer Ver-
teidigungsminister von November 2012 bis Mai 2024*

In der Zwischenzeit entließ Schoigu General Bulgakow, den Leiter der Militärlogistik, dem er nie vertraut hatte. Bulgakow hatte Prigoschin nicht nur mit Aufträgen versorgt, sondern ihn auch über die
interne Politik des Ministeriums auf dem Laufenden gehalten. Der Grund für die Entlassung könnte
die schlechte Leistung des Logistikdienstes während des Krieges gewesen sein. Prigoschin allerdings interpretierte dies durchaus richtig als eine weitere Front in seiner Fehde mit dem Minister.

Ende des Jahres 2022 überzeugte Schoigu Putin davon, ihm zu erlauben, Wagner ab Februar
2023 die Rekrutierung von Söldnern in Straflagern zu verwehren. Das Ministerium wollte stattdessen selbst damit beginnen, Häftlinge für seine Sturmtruppen zu rekrutieren. Im Januar wurde der
„Prigoschin-Freund" General Surowikin, der erst im Oktober zuvor zum Oberbefehlshaber der russischen Streitkräfte in der Ukraine ernannt worden war, seines Postens enthoben und durch General
Gerassimow ersetzt, den Prigoschin wiederholt mit Schmähungen bedacht hatte.
(Arutunyan, Anna, und Galeotti, Mark, Downfall, S. 161 ff.)

Prigoschins grundsätzliche Kritik

Prigoschin erklärte, er habe etwa 50.000 Häftlinge rekrutiert, um mit Russland in der Ukraine zu
kämpfen, und er wiederholte seine in der Vergangenheit häufig geäußerten Vorwürfe, dass seine
Truppen wegen der unzureichenden Unterstützung und Munitionsversorgung durch die Armee weitaus größere Verluste als nötig erlitten hätten. Etwa 20.000 Soldaten der Wagner-Söldnergruppe
waren nach Angaben Prigoschins in der monatelangen Schlacht um Bachmut gefallen, wofür er
Schoigu und Gerassimow persönlich verantwortlich machte.

Prigoschin wurde auch grundsätzlich: Laut dem britischen Guardian widersprach er Putins Begründung für die Invasion, indem er unterstellte, dass diese auf Lügen basiere. Dies war wohl die
schärfste Kritik eines prominenten, am Krieg beteiligten Russen. „Wozu war der Krieg gut? Der

Krieg war notwendig, damit Schoigu einen Heldenstern erhält. […] Der Oligarchenclan, der Russland regiert, brauchte den Krieg."

Aus Prigoschins Sicht kam erschwerend hinzu, dass russische Streitkräfte Hunderte seiner Wagner-Söldner angegriffen und getötet hätten. Die russische Regierung bestritt, dass es einen solchen irrtümlichen Beschuss der Wagner-Truppen gegeben habe. Dennoch rückte Prigoschin nicht von seinen Anschuldigungen ab.

Die Prigoschin-Revolte

Prigoschin hatte kein offizielles Amt inne und war weder ernannt noch gewählt worden. Das bedeutete, dass er niemandem Rechenschaft ablegen musste, aber auch, dass er über keine rechtlichen Befugnisse verfügte. Die Wagner-Gruppe wurde – auch international – als Prigoschins Privatarmee wahrgenommen, die außerhalb der Grenzen der russischen Gesetzgebung und der Militärhierarchie des Landes operierte. Zunehmend gab Prigoschin seine Zurückhaltung gegenüber der Öffentlichkeit auf und berichtete häufig von der Front; dabei trug er Militärkleidung.

Nach der russischen Proklamation des Sieges in Bachmut Ende Mai 2023 begannen die Wagner-Söldner mit dem Rückzug aus der Stadt und machten Platz für reguläre Truppen. Während dieser Übergangsphase kam es immer wieder zu Konflikten zwischen der Wagner-Gruppe und dem Militär. Prigoschin behauptete, dass das Militär am 3. Juni und am 5. Juni seine abziehenden Truppen angegriffen habe.

Mitte Juni 2023 wies das Verteidigungsministerium Prigoschin an, noch vor dem 1. Juli einen Vertrag mit dem Militär zu unterzeichnen. Durch diesen Schritt sollte die Wagner-Gruppe als untergeordnete Einheit in die reguläre Kommandostruktur der regulären russischen Armee integriert werden, wodurch der Einfluss Prigoschins geschwächt würde. Prigoschin weigerte sich, den Vertrag zu unterzeichnen, wobei er Schoigu Inkompetenz vorwarf. Meduza, eine unabhängige russische Nachrichten-Website, berichtete, dass der Vertrag Prigoschins Einfluss auf die Wagner-Gruppe untergraben und ihre profitablen Operationen in Afrika gefährden könnte.

Noch im Juni 2023 organisierte Prigoschin einen Aufstand, den er als „Marsch der Gerechtigkeit" gegen das russische militärische Establishment bezeichnete. Wiederholt forderte er, dass Schoigu und Gerassimow ihrer Ämter enthoben werden sollten.

Die US-Geheimdienste beobachteten eine Massierung von Wagner-Kräften im russisch-ostukrainischen Grenzgebiet und erhielten Informationen, dass sich die Wagner-Gruppe für eine Revolte rüste. Obwohl die Geheimdienste über das Wo und Wie im Bilde waren, wussten sie über den Zeitpunkt lediglich, dass die Revolte vor dem 21. Juni beginnen solle. Nach Angaben westlicher Insider gegenüber dem Wall Street Journal deckte der russische FSB den Plan erst zwei Tage vor der geplanten Ausführung auf.

In einer auf dem Telegram-Kanal seines Pressedienstes veröffentlichten Nachricht erklärte Prigoschin den Beginn eines bewaffneten Konflikts gegen das Verteidigungsministerium. Er rief die Menschen auf, sich dem Aufstand gegen das Ministerium anzuschließen, und stellte ihn als Reaktion auf den angeblichen Angriff auf seine Männer dar.

Viele Mitglieder der Wagner-Gruppe waren im Vorfeld aber nicht über den geplanten Aufstand informiert worden. Infolgedessen waren sie von Prigoschins Aufruf verunsichert und wussten nicht, welcher Einheit sie sich anschließen sollten.

Prigoschins Plan

Prigoschin wollte Verteidigungsminister Schoigu und Generalstabschef Gerassimow während eines gemeinsamen Besuchs in Südrussland, im Grenzbereich zur Ukraine, gefangen nehmen. Westliche Beamte erklärten, der Plan hätte gute Erfolgschancen gehabt, wenn er nicht entdeckt worden wäre – was Prigoschin dazu veranlasste, einen Alternativplan zu improvisieren. Darüber hinaus deuteten Geheimdiensterkenntnisse darauf hin, dass Prigoschins Plan auf seiner Überzeugung beruhte, dass sich ein Teil der regulären russischen Streitkräfte dem Aufstand anschließen werde. Sie vermuteten, dass Prigoschin einige militärische Stellen über seinen Plan informiert hatte. Der Kommandeur der russischen Nationalgarde, Wiktor Zolotow, ein alter Bekannter aus St. Petersburger Zeiten, behauptete, die russischen Behörden hätten von dem geplanten Aufstand erfahren und gewusst, dass er zwischen dem 22. und 25. Juni ausgeführt werden solle.

Meduza, eine unabhängige russische Nachrichtenagentur mit Sitz in Riga, zitierte Quellen, denen zufolge es möglich war, dass die Sicherheitsdienste „nicht den Mut hatten, dem Präsidenten zu sagen, dass mit Prigoschin etwas nicht stimmt". Nachdem sich Prigoschin dem Befehl zur Eingliederung Wagners in das reguläre Militär nicht habe entziehen können, habe es „eine böse Vorahnung in der Luft gelegen, dass etwas passieren werde". Kremlbeamte „sprachen in Sitzungen darüber und kamen zu dem Schluss, dass (Prigoschin) ein verwegener Opportunist ist, der sich nicht an die Regeln hält. Das Risiko eines bewaffneten Aufstandes hielten sie für gleich null". Folglich hielten sie Prigoschins Ankündigung eines Aufstandes für einen Bluff, um Zugeständnisse zu erlangen, und erkannten den Ernst der Lage erst, als Wagner-Soldaten Rostow am Don einnahmen.
(*https://meduza.io/en/feature/2023/06/24/they-thought-the-risk-was-nil*)

Rostow am Don

Am frühen Morgen des 24. Juni 2023 erreichten die Wagner-Truppen von Luhansk aus die russische Oblast Rostow und drangen rasch in das Stadtzentrum von Rostow vor, wobei sie auf keinen Widerstand stießen. Sie übernahmen die Kontrolle über das Hauptquartier des russischen südlichen Militärbezirks und errichteten in den angrenzenden Straßen einen Gürtel, in dem sie Landminen verlegten und Kontrollpunkte im Stadtzentrum von Rostow einrichteten.

Im Hauptquartier des südlichen Militärbezirks kam es zu Gesprächen zwischen Prigoschin und dem stellvertretenden Verteidigungsminister Junus-bek Jewkurow und dem stellvertretenden Generalstabschef Wladimir Aleksejew. Prigoschin wurde aufgefordert, seine Truppen zurückzuziehen, was dieser ablehnte.

In der Stadt gab es keine Panik – im Gegenteil, man war eher neugierig. Einwohner versammelten sich im Stadtzentrum, um die Wagner-Truppen anzuschauen und mit den Kämpfern zusammenzutreffen. Die Mehrheit in Rostow unterstützte sie nicht nur, sondern empfing sie auch begeistert; nur einige wenige äußerten sich kritisch.

Der Einmarsch der Wagner-Truppen in Rostow am Don. Sie machten gleich deutlich, dass sie in friedlicher Absicht kamen, und wurden überwiegend freundlich empfangen.

Der Marsch auf Moskau

Nachdem Prigoschin erneut den Rücktritt des Ministers und des Generalstabschef gefordert hatte, drohte er, sollten sie nicht freiwillig zurücktreten, werde er in einem „Marsch der Gerechtigkeit", wie er es nannte, nach Moskau vorrücken und sie aus ihren Ämtern entfernen.

In den Morgenstunden des 24. Juni 2023 machte sich der Konvoi der Wagner-Truppen auf den Weg nach Moskau, während Prigoschin seine Truppen von Rostow am Don aus befehligte. Die gepanzerten Kolonnen, bestehend aus einigen Tausend Mann mit Panzern, gepanzerten Fahrzeugen, Flugabwehrwaffen und zivilen Lastwagen, rückten auf der Autobahn M4 in Richtung Moskau vor. Die Kolonne versuchte nicht, die Städte zu besetzen, die an ihrem Weg lagen. Allerdings übernahmen sie wohl die Kontrolle über mehrere Luftwaffenstützpunkte.

Auf die Frage, warum er sich entschlossen habe, ein militärisches Hauptquartier in Rostow am Don zu besetzen und eine Truppenkolonne in Richtung Moskau zu schicken, soll Prigoschin geantwortet haben: „Ich hatte einen Nervenzusammenbruch." Das erscheint plausibel: Die Praxis Prigoschins, neue Söldner aus russischen Gefängnissen und Straflagern zu rekrutieren, war bereits im Januar verboten worden, und der Privatarmee soll die Munition entzogen worden sein, während Prigoschins Kommunikationskanäle zu Putin gekappt worden waren. Den Ausschlag gab dann wohl die Forderung an Prigoschin, den Vertrag zu unterzeichnen, der seine Truppen dem Verteidigungsministerium unterstellte.

Die Geschehnisse rund um die Revolte vollzogen sich Schlag auf Schlag: der Einsatz der Wagner-Truppen, Putins wütende Reaktion, Prigoschins Aufregung, als er kurz davorstand, Moskau einzunehmen, der Deal, den der weißrussische Präsident Lukaschenko vermittelte, sowie Prigoschins Entscheidung, seine Truppen zurückzuziehen. Der letzte Akt war ein Treffen mit Putin am 29. Juni, bei dem sich die Wagner-Kommandeure offenbar entschuldigten und einer Verlegung nach Weißrussland zustimmten.

Am 24. Juni 2023 marschierte Prigoschins Wagner-Gruppe zunächst in Rostow am Don ein und rückte dann in einem Konvoi auf der Autobahn M4 nach Moskau vor (Entfernung etwa 1.000 km).

Im Nachhinein betrachtet schien das Ganze auf falschen Einschätzungen zu beruhen. Einerseits verstand Putin nicht, wie sehr sich Prigoschin radikalisiert hatte, und ließ zu, dass der Konflikt eskalierte. Andererseits überschätzte Prigoschin seine eigene Macht und glaubte, er könne Putin dazu bringen, die militärische Führung Russlands umzubilden und damit die Wagner-Gruppe vor der Bedeutungslosigkeit zu bewahren. *(https://carnegieendowment.org/russia-eurasia/politika/2023/07/beneath-the-surface-prigozhins-mutiny-has-changed-everything-in-russia?)*

Flugzeugabsturz

Am 23. August 2023 stürzte ein Geschäftsreiseflugzeug des Typs Embraer Legacy 600 mit zehn Personen an Bord in der Nähe von Kuschenko in der Oblast Twer ab, etwa 100 Kilometer nördlich seines Abflugortes Moskau. Das Ziel sollte St. Petersburg sein. Unter den Opfern befanden sich außer Jewgeni Prigoschin auch Dmitry Utkin und Waleri Tschekalow, also alle Schlüsselfiguren der Wagner-Gruppe. Die Tracking-Daten verrieten ungewöhnliche Höhenschwankungen, gefolgt von einem Sinkflug kurz vor dem Absturz. Westliche Geheimdienste berichteten, dass wahrscheinlich eine Explosion den Absturz verursacht hatte.

Während offizielle russische Quellen das Ereignis herunterspielten, vermuteten einige Geheimdienste und internationale Politiker, dass es sich um ein politisch motiviertes Attentat handelte. Der Absturz gab Anlass zu Spekulationen, dass das Flugzeug auf Befehl von Putin zerstört worden sei, nachdem Prigoschin genau zwei Monate zuvor die Rebellion der Wagner-Söldner angeführt hatte. Prigoschins unablässige Kritik am russischen Verteidigungsministerium und seine offene Rebellion gegen Putin wurden als ein mögliches Motiv angeführt.

Am 24. August 2024 veröffentlichte Julian G. Waller, Politikwissenschaftler an der George Washington University, im Foreign Affairs Magazine den folgenden Artikel über Prigoschins Revolte.

Putin, der Unnachgiebige

Prigoschins Aufstand war mehr als nur der Höhepunkt eines riskanten Machtkampfs zwischen den militärischen Fraktionen Russlands. Der Wagner-Kommandeur stellte auch eine politische Herausforderung dar. Prigoschin versuchte in den Tagen vor der Revolte, die Unterstützung russischer Politiker zu gewinnen. Eine Partei, die zur „Systemopposition" gehört und vom Regime geduldet wurde, „Gerechtes Russland – Für die Wahrheit", hatte in Betracht gezogen, die Rolle der „wütenden Patrioten" Russlands zu übernehmen, des Teils der Öffentlichkeit, der den Krieg unterstützte, aber Schoigus Verhalten kritisierte und Prigoschin nahestand. Als der Streit um die Wagner-Verträge seinen Höhepunkt erreichte, sollte Prigoschin an einer Diskussionsrunde in der russischen Staatsduma teilnehmen und eine öffentliche Rede halten, in der er die russische Militärführung anprangern und seiner Kampagne für die Entlassung von Schoigu und Gerassimow Nachdruck verleihen sollte.

Eine derartige öffentliche Zurschaustellung von Unzufriedenheit im russischen Parlament hätte gegen die ungeschriebenen Gesetze des autoritären Systems Russlands verstoßen. Wie die Moscow Times von einer Quelle erfuhr, „wollte Prigoschin die ganze Bandbreite der Schwierigkeiten mit der „speziellen Militäroperation", mit dem Verteidigungsministerium, mit der tatsächlichen Zahl unserer Gefallenen usw. ansprechen. Die ganze vermaledeite Sache, in der Tat." Unbestätigten Gerüchten zufolge sollte sogar General Surowikin ihn begleiten. (Surowikin, ein Hardliner, war im Oktober 2022 zum Oberbefehlshaber der russischen Einheiten in der Ukraine ernannt worden.) Die Anwesenheit eines Spitzengenerals hätte das Problem für die zivile Führung Russlands noch deutlicher gemacht.

Doch das Spektakel fand nie statt. Hätte es stattgefunden, hätte der bereits einflussreiche Prigoschin einen Fuß in der Tür der russischen Institutionen gehabt. Stattdessen fand die Diskussionsrunde ohne Prigoschin statt, und wenige Stunden später gab der Wagner-Chef den Befehl zur Revolte und drängte mit Waffengewalt auf die Absetzung der russischen Militärführung. Die russische Regierung reagierte unverzüglich und effektiv auf Prigoschins Provokation. Zunächst handelte der Kreml eine Einigung mit Prigoschin aus, die den Vormarsch seiner Truppen stoppte und die paramilitärischen

Kräfte nach Weißrussland verlegte. Bereits zwei Monate später, im August 2023, wurde Prigoschin ermordet. Sein Tod bei einem Flugzeugabsturz außerhalb von Moskau wurde laut Berichten im Wall Street Journal von Nikolai Patruschew, dem Sekretär des russischen Sicherheitsrates, koordiniert und verantwortet. Patruschew ist als illiberale, weisungsgebende Figur bekannt, die Putin so nahesteht, dass er als sein Stellvertreter fungieren kann.
(https://www.foreignaffairs.com/russia/putin-resilient)

Einige Monate später schien es, als habe es die Revolte nie gegeben. Es gab keine kultische Verehrung Prigoschins, und die russische Regierung sorgte dafür, dass niemand so viel Macht wie der Wagner-Führer ausüben konnte. Die Zuständigkeit für die Ressourcen und Kräfte der Gruppe war auf verschiedene Sicherheitsbehörden verteilt worden, wo die Wagner-Kämpfer von nun an Funktionären unterstanden, die loyaler und weniger ehrgeizig waren als Prigoschin. Die verbleibenden halbstaatlichen bewaffneten Gruppen Russlands waren dem Kreml untergeordnet und besaßen kaum Möglichkeiten, autonom zu agieren.

Quellen: Prigoschin und die Wagner-Gruppe

Bücher

- Arutunyan, Anna, und Galeotti, Mark, Downfall, Prigozhin, Putin and the New Fight for the Future of Russia, London 2024
- Galeotti, Mark, Putin's War, From Chechnya to Ukraine, Oxford 2022

Online-Publikationen

- https://www.newyorker.com/magazine/2023/08/07/inside-the-wagner-uprising
- https://www.eater.com/23309160/who-is-putins-chef-yevgeny-prigozhin-sanctions-concord-catering-wagner-group
- https://www.proekt.media/en/portrait-en/evgeny-prigozhin/
- https://www.bbc.com/news/world-europe-26532154
- https://www.nytimes.com/2022/02/27/world/europe/ukraine-war-russia.
- https://www.bellingcat.com/news/uk-and-europe/2020/08/14/pmc-structure-exposed/
- https://www.kyivpost.com/post/7950
- https://www.osw.waw.pl/en/publikacje/osw-commentary/2023-04-28/popasna-to-bakhmut-wagner-group-russia-ukraine-war#_ftn10
- https://www.nytimes.com/2023/06/24/world/europe/us-intel-prigozhin-warning.html
- https://www.theguardian.com/world/2023/jun/05/wagner-group-release-video-of-captured-russian-commander
- https://www.wsj.com/articles/wagners-prigozhin-planned-to-capture-russian-military-leaders-805345cf
- https://www.theguardian.com/world/2023/jun/23/wagner-chief-accuses-moscow-of-lying-to-public-about-ukraine-yevgeny-prigozhin#:~:text=The%20Wagner%20head%2C%20Yevgeny%20Prigozhin,of%20his%20most%20important%20allies.p
- https://meduza.io/en/feature/2023/06/24/they-thought-the-risk-was-nil
- https://carnegieendowment.org/russia-eurasia/politika/2023/07/beneath-the-surface-prigozhins-mutiny-has-changed-everything-in-russia?lang=en
- https://www.nytimes.com/live/2023/08/24/world/prigozhin-russia-ukraine-news#flight-data-and-video-analysis-point-to-a-catastrophic-midair-event-in-the-russian-plane-crash
- https://www.foreignaffairs.com/russia/putin-resilient

Kapitel 12

Russlands Krieg oder Putins Krieg?

Als am 23. Juni 2023 der Söldnerführer Jewgeni Prigoschin mit seiner Wagner-Gruppe eine Meuterei gegen Putin begann, führte diese Entscheidung zu einigen der außergewöhnlichsten Szenen der jüngeren russischen Geschichte. Die Truppen der Wagner-Gruppe brachten die Provinzhauptstadt Rostow am Don kampflos unter ihre Kontrolle, und die Bevölkerung der Stadt umarmte die Meuterer öffentlich, brachte den Aufständischen Essen und Getränke und bejubelte sie vor laufenden Fernsehkameras. Als Prigoschin persönlich erschien, bereiteten ihm die Rostower einen Heldenempfang.

Was war geschehen? Wollten die Rostower Prigoschin als Verkünder unangenehmer Wahrheiten über die Invasion in der Ukraine unterstützen? Wollten sie dem Frust über die offensichtliche Inkompetenz der Führer der regulären russischen Armee Ausdruck verleihen? Glaubten sie, dass Prigoschin gewinnen werde, und ergriffen für ihn Partei? Nutzten sie die Gelegenheit, um ihre eigene Unzufriedenheit publik zu machen? Oder alles zusammen?

Zwei weitere bemerkenswerte Ereignisse

Darüber hinaus gab es zwei weitere politische Ereignisse in Russland, die bezeichnenderweise keine Unterstützung für Putin und den Ukraine-Krieg bedeuteten.

Das erste Ereignis fand im Januar 2024 statt, als im ganzen Land Menschen anstanden, um ihre Unterschrift zur Unterstützung der Kandidatur von Boris Nadeschdin abzugeben, einem unauffälligen, unbekannten liberalen Politiker. Nadeschdin machte die Beendigung der „speziellen Militäroperation" zum Kern seiner Kampagne und forderte die Freilassung der politischen Gefangenen. Der Kreml weigerte sich, Nadeschdin auf den Wahlzettel für die Präsidentschaftswahlen zu setzen; vermutlich war die Regierung verunsichert von den Bildern der Menschen, die in der eisigen Kälte anstanden, um ihre Unterstützung für eine Alternative zu Putin zu bekunden.

Laut der Nachrichten-Website Meduza prognostizierten Kreml-Statistiker, dass Nadeschdin bis zu zehn Prozent der Stimmen erhalten könnte. Dies hätte im Widerspruch zu Putins Rhetorik eines geeinten Landes gestanden. Eine dem Kreml nahestehende Quelle erklärte gegenüber Meduza, dass ein solches Ergebnis „plötzlich den Eindruck erwecken würde, dass ein beträchtlicher Teil der Bevölkerung das Ende der speziellen Militäroperation wünscht". Wie Meduza bereits berichtet hatte, sollte Putin bei den kommenden Wahlen mehr als 80 Prozent der abgegebenen Stimmen erhalten – mehr als jeder andere Kandidat in der postsowjetischen Geschichte.

Das zweite Ereignis, bei dem eine feindliche Stimmung gegenüber Putin zum Ausdruck kam, war die Beerdigung von Alexei Nawalny. Der Kreml-Kritiker hatte großen Zuspruch in der russischen Gesellschaft erhalten. Mit seiner unverblümten Kritik an der Korruption im Regierungsapparat, seinem Sinn für Humor und seiner bemerkenswerten Furchtlosigkeit war er zu einem Kämpfer für eine bessere Zukunft geworden. Er hatte eine Stiftung für Korruptionsbekämpfung gegründet und dafür

Alexei Nawalny im Februar 2021 bei seinem letzten Prozess in Moskau. Die langjährige Haftstrafe im Gefangenenlager „Polarwolf" in Charp sollte er nur bis zum Februar 2024 überleben.

ein weitgespanntes Netzwerk von Aktionsgruppen aufgebaut. Immer wieder ermunterte er seine Landsleute zu Protesten, und Tausende im ganzen Land folgten der Aufforderung. „Autokratien wie die russische mögen den Gedanken des Fortschritts nicht", erkläre Jekaterina Schulmann, eine in Berlin lebende russische Politikwissenschaftlerin. „Sie sind stark auf die Vergangenheit fokussiert, pflegen einen Geschichtskult und versuchen mit diesen Ideen, die Gegenwart für immer zu erhalten." Nawalny vertrete das Gegenteil, was seine Existenz für den Staat unerträglich mache. „Seine ganze Haltung drehte sich darum, dass das Morgen anders sein kann als das Heute, wenn wir nur alle konsequent handeln", so Schulmann.

Nachdem Nawalny von Kreml-Agenten vergiftet und in der Berliner Charité gesundgepflegt worden war, stellte man ihn – nicht zum ersten Mal – im August 2023 vor Gericht und verurteilte ihn zu weiteren zehn Jahren Straflager. Am 15. oder 16. Februar 2024 verstarb er im Gefangenenlager „Polarwolf" in Charp unter ungeklärten Umständen.

Am 1. März säumte eine Menschenmenge in Moskau die Straße, durch die der Bestattungswagen mit Nawalnys Leichnam fuhr. Tausende strömten zum Borisowskij-Friedhof, wo sie Nawalnys Grab mit zahllosen Blumen bedeckten. Die Menschen skandierten „Russland ohne Putin", „Nein zum Krieg" und sogar „Ukrainer sind gute Menschen" – eine bemerkenswerte Demonstration von

Zivilcourage, wenn man bedenkt, dass die Polizei seit zwei Jahren Bürger verhaftete, die Plakate mit Sternchen anstelle von „Kein Krieg" und auch ganz leere Plakate, ohne jeglichen Text, hochhielten.

Schwierigkeiten bei Umfragen

Was die Russen wirklich denken, ist schwer herauszufinden. Das allerdings ist eine Frage, die dringend beantwortet werden sollte. Wie kann sich der Westen ein genaues Bild von der Meinung der Russen machen, wenn der immer autoritärer auftretende Staat die öffentliche Meinungsbildung manipuliert und Kritik unterdrückt? Den Meinungsumfragen ist nur unter Vorbehalt zu trauen. Haben die Befragten wirklich ihre Meinung gesagt oder lediglich die Meinung geäußert, die politisch genehm ist? Auch wenn es heißt, Umfragen würden anonym erhoben – so recht traut wohl niemand den Umfrageorganisationen.

Bei der Pressekonferenz Putins im Dezember 2023, die im Fernsehen übertragen wurde, sagten die Moderatoren, sie hätten eine „Flut von Fragen" erhalten, wann der Krieg enden werde. Dies deckt sich mit den Erkenntnissen des unabhängigen Levada-Zentrums, eines russischen Meinungsforschungsinstituts, das die Russen vor der Pressekonferenz befragt hatte, was sie von Putin wissen möchten. Nach Angaben eines anderen russischen Meinungsforschungsinstituts, Russian Field, gaben die Befragten ebenfalls das Ende des Krieges als Priorität an, als sie nach ihren Wünschen für das Jahr 2024 gefragt wurden.

Den Umfragen von Russian Field zufolge lehnt eine Mehrheit der Russen eine mögliche zweite Mobilisierungswelle ab. Die Daten sowohl von Russian Field als auch von Levada zeigen, dass Friedensgespräche einer Fortsetzung des Krieges klar vorgezogen wurden. Eine im November 2023 durchgeführte Levada-Umfrage ergab, dass die Unterstützung für den Einmarsch in die Ukraine mit 73 Prozent der Befragten weiterhin hoch war. Doch die Zahl der Befragten, die den Krieg ohne Wenn und Aber unterstützten, war von 53 Prozent im März 2022 (also einen Monat nach Beginn der Invasion) auf 39 Prozent (November 2023) gesunken.

Obwohl Umfragedaten in einem autoritären Staat wie Putins Russland mit Vorsicht zu genießen sind, werden die von Levada und Russian Field ermittelten Trends von einer dem Kreml nahestehenden Quelle bestätigt, nämlich Valery Fedorov. Dieser ist Direktor des kremltreuen Allrussischen Meinungsforschungszentrums (VCIOM) und offizieller Berater des ersten stellvertretenden Vorsitzenden der russischen Präsidialverwaltung. In einem Interview mit der

Valery Fedorov, der Leiter des Allrussischen Meinungsforschungszentrums (VCIOM)

russischen Nachrichtenagentur RBC vom September 2023 räumte Fedorov ein, dass der Anteil der Russen, die Putins Entscheidung, in die Ukraine einzumarschieren, aktiv und enthusiastisch unterstützten, zu jenem Zeitpunkt nicht mehr als 10 bis 15 Prozent der Bevölkerung betrug. „Die Mehrheit der Russen will weder Kiew noch Odessa einnehmen", sagte Fedorov. „Wenn es an ihnen gelegen hätte, die ‚spezielle Militäroperation' zu beginnen, hätten sie es wahrscheinlich nicht getan." *(https://www.atlanticcouncil.org/blogs/ukrainealert/how-strong-is-russian-public-support-for-the-invasion-of-ukraine-2/)*

Interview mit Valery Fedorov

Fedorov erläuterte im Oktober 2023 auf der Internet-Plattform Russia.Post, die von der George Washington University betrieben wird, das Meinungsbild in Russland nach der Ukraine-Invasion.

> *Russia.Post: Wie hat sich die russische Gesellschaft in den anderthalb Jahren seit Beginn der Militäroperation in der Ukraine verändert?*
>
> *Fedorov: Mir gefällt das Modell der sogenannten vier Russlands von Evgenia Stulowa von Minchenko Consulting, die zwischen „kriegsführendem Russland", „Metropol-Russland", „tiefem Russland" und „Emigranten-Russland" unterscheidet. Für einige war die Militäroperation ein lang erwartetes Ereignis, das es ihnen ermöglichte, sich zu mobilisieren. Für andere war es ein Schock, ein Trauma, eine Motivation, das Land zu verlassen oder in die innere Emigration zu gehen. Für wieder andere war es eine Möglichkeit, gutes Geld zu verdienen, manchmal unter Einsatz des eigenen Lebens und der Gesundheit. Aber so unterschiedlich diese Gruppen auch waren, alle, mit Ausnahme derer, die das Land verließen, waren sich in der Unterstützung für Wladimir Putin einig. Sie halten an ihm nicht nur als Symbol, sondern auch als Anker fest.*
>
> *Alle haben verstanden, dass wir im selben Boot sitzen, und wenn wir uns jetzt in verschiedene Richtungen zerstreuen, wird es nur noch schlimmer – man würde nicht alle Knochen aufsammeln können.*
>
> *Russia.Post: Vielleicht haben viele einfach Angst, ihre Meinung zu äußern?*
>
> *Fedorov: Tatsächlich versuchen einige, sich abzuschotten, auf Distanz zu gehen und weniger über sensible Themen mit Fremden zu sprechen. Man kann sie verstehen, da die Gesetze strenger geworden sind – schließlich herrscht Krieg. Aber es ist nicht so, dass es radikale Veränderungen in der Kommunikation mit Befragten gegeben hätte.*
>
> *Russia.Post: Wenn man sieht, wie Menschen versuchen, sich abzuschotten und auf Distanz zu gehen, wie sehr kann man dann Umfragen trauen, die eine hohe Zustimmung für das Vorgehen Russlands in der Ukraine zeigen?*
>
> *Fedorov: In der Regel sprechen sich 16 bis 18 Prozent der Befragten gegen die spezielle Militäroperation (SVO) aus. Diese Menschen sagen, dass sie gegen die SVO sind. Die Meinungsforscher rufen sie ohne Vorwarnung an, und leider glauben nur wenige der*

telefonisch Befragten den Hinweisen, dass die Umfrage anonym ist. Sind diese Menschen, die sagen, dass sie dagegen sind, aufrichtig oder nicht?

Russia.Post: *Vielleicht. Und wie viele von denen, die sagen, dass sie dafür sind, könnten tatsächlich dagegen sein?*

Fedorov: *Das Phänomen der Heuchelei – wenn ein Befragter etwas anderes sagt, als er handelt – wird seit 20 Jahren unter professionellen Soziologen diskutiert. Diese Heuchler sind immer da! Aber ihre Häufigkeit ist nicht konstant, sondern variabel. Man kann nicht sagen, dass es Menschen gibt, die immer lügen. In einer Situation lügen manche Menschen, in einer anderen Situation wiederum nicht.*

Heute herrscht die Meinung vor, dass die spezielle Militäroperation eine harte, aber notwendige Entscheidung des Präsidenten war. Und nach dem 24. Februar 2022 ist die Unterstützung deutlich gestiegen: Sie lag anfangs bei 63 Prozent, jetzt liegt sie bei 74 Prozent. Das ist ein hoher Grad an Unterstützung, und allein das, ohne jegliche Propaganda, hat eine gewisse psychologische Rückwirkung auf die Menschen. Dies ist der Mainstream, der sich im vergangenen Frühjahr (des Jahres 2023) herausgebildet hat und bestehen geblieben ist.

https://russiapost.info/society/defending

Interview mit Lev Gudkov

Lev Gudkov, des unabhängigen Umfrageinstituts Levada-Zentrum, sprach mit Russia.Post über die Angst als Dauerzustand in der russischen Bevölkerung, wie sie sich auf die Wahrnehmung des Ukraine-Krieges auswirkt und was die Stimmung verändern könnte.

Russia.Post: *Im Großteil der Bevölkerung geht eine diffuse Angst um, was wohl jede Möglichkeit einer Veränderung zum Besseren zunichte macht.*

Gudkov: *Russland ist ein Land voller verängstigter Menschen, und das wird vielleicht für immer so bleiben. Angst ist eine Reaktion auf Unsicherheit in Bezug auf Situationen, auf die Unvorhersehbarkeit des Verhaltens anderer oder auf Kräfte, die das Wohlbefinden und den Seelenfrieden stören und die das Leben, die Gesundheit, die Freiheit, den sozialen Status, das Selbstwertgefühl, die Liebe und andere Werte und Segnungen beeinträchtigen können.*

Die Art dieser Angst ist durch die Geschichte Russlands selbst geprägt, zumindest durch die Trägheit des Geistes der Sowjetzeit, ganz zu schweigen von der noch weiter zurückliegenden Vergangenheit. Ein totalitärer Staat kann lange Zeit, in diesem Fall über 70 Jahre, nur existieren, indem er die Bevölkerung zu seiner Geisel macht, zu einer kollektiven Geisel, bei der alle durch wechselseitige Abhängigkeiten gebunden sind.

Ein solcher Staat kann den Bürgern seine Bedingungen diktieren und alle Aspekte des Lebens kontrollieren. Es war und ist für jeden normalen, d. h. „vernünftigen" Menschen klar, was in einer bestimmten Situation akzeptabel ist und mit wem man „wie ein

Mensch" sprechen kann und bei wem es besser ist zu schweigen.

Dieses Verhalten ist kein rationales Kalkül, sondern eine unbewusste, automatische Bewältigungsstrategie. Die eigentliche Quelle der Angst – die Einstellung gegenüber der Regierung, gegenüber Vorgesetzten, gegenüber Ideologie, Propaganda, gegenüber allem, was unter den vagen, aber sehr weit gefassten Begriff „Politik" fällt – ist tabu und darf nicht erwähnt oder reflektiert werden.

Die Angst wird aufgestaut und institutionalisiert; sie wird im Alltag unbewusst reproduziert. Die Intensität bestimmter Arten von Ängsten kann sich im Laufe der Zeit aufgrund einiger sozialer Faktoren ändern – Wirtschaftskrisen, Terroranschläge, die

Lev Gudkov, der Leiter des Meinungsforschungsinstituts Levada-Zentrum

Quarantäne während der Pandemie und andere Umstände. Wir vom Levada-Zentrum beobachten seit 35 Jahren die Dynamik der Angst oder der Ängste.

Russia.Post: Lassen Sie uns das Thema Krieg genauer betrachten. Welche Gefühle ruft er außer Angst noch hervor?

Gudkov: Dieser Krieg ruft widersprüchliche Gefühle hervor, wie die Befragten berichteten. Zwischen 45 und 46 Prozent sprechen von Stolz, Begeisterung und patriotischer Euphorie in Bezug auf die spezielle Operation. Eine etwas größere Anzahl von Antworten deutet auf negative Gefühle hin: Wut, Empörung, Scham, Depression und vor allem Angst und Besorgnis. Insgesamt wurden negative Gefühle von mehr als 70 Prozent der Befragten angegeben.

Die Zahlen überschneiden sich, was bedeutet, dass die Menschen gleichzeitig stolz auf die Aktionen der russischen Truppen sein können und Angst und Sorge empfinden, auch angesichts der Möglichkeit einer Niederlage oder eines katastrophalen Ausgangs, etwa eines Atomkriegs.

In den ersten Monaten der Feindseligkeiten gab es sichtbare Unterstützung für die spezielle Operation, verstärkt durch die Erwartung, dass der Krieg in den nächsten zwei bis drei Wochen enden werde. Als dies nicht geschah, begann sich die Stimmung zu ändern, Irritation und Fassungslosigkeit machten sich breit, und natürlich kam auch Angst auf. Diese verstärkte sich im Herbst 2022, besonders mit Beginn der ukrainischen

*Gegenoffensive, als russische Truppen bis an die Grenzen des Donbass zurückge-
drängt wurden. Und die Ankündigung der Mobilmachung im September 2022 löste eine
Welle der Angst und die Flucht junger Russen aus Russland aus.*

Russia.Post: *Warum nimmt der Anteil der Kriegsgegner ab?*
Gudkov: *Der Krieg hat sich in die Länge gezogen, und aus Sicht der öffentlichen Mei-
nung finden dort keine größeren Ereignisse statt. Die Zensur in Kombination mit der
Blockierung alternativer Informationskanäle und unerwünschter Informationen hat die
Menschen etwas beruhigt.*

*Diejenigen, die fernsehen, im Grunde zwei Drittel der Bevölkerung, sind älter und
weniger gebildet und akzeptieren die Interpretationen, die das Fernsehen ihnen bietet.
Junge Menschen, die sich hauptsächlich über soziale Medien, YouTube oder Telegram
informieren, unterstützen den Krieg in geringerem Maße. Wenn wir uns die Antworten
nach Alter ansehen, sehen wir, dass in der Gruppe der ältesten Menschen, 50–55 Jahre
und älter, 83 Prozent den Krieg unterstützen, während es in der jüngsten Gruppe 73
Prozent sind. Es gibt einen Unterschied, aber der ist nicht fundamental.*

*Gleichzeitig macht sich eine gewisse Kriegsmüdigkeit bemerkbar: 66 Prozent der
Befragten sind der Meinung, dass Russland einen zu hohen Preis für die Operation
zahlt, und 50 Prozent möchten den Krieg beenden und Friedensverhandlungen aufnehmen; etwa 40 Prozent bestehen darauf, den Krieg bis zum bitteren Ende fortzusetzen.
(https://russiapost.info/society/public_sentiment)*

*Putin im März 2022 bei einer Großkundgebung zum 8. Jahrestag der Krim-Annexion, wo er in einer
mehrminütigen Rede den Einmarsch in die Ukraine verteidigte. Ob die (offiziell) 200.000 Menschen
aus eigenem Antrieb und freiwillig erschienen waren, blieb ungewiss.*

Laut Christian Caryl, dem ehemaligen leitenden Moskaukorrespondenten der Nachrichtenmagazine U.S. News & World Report und Newsweek, waren sich gewöhnliche Russen der Gefahr, das Falsche zu sagen, durchaus bewusst, wie er in einem Artikel in Foreign Policy schrieb. Ältere Menschen hätten noch lebhafte Erinnerungen an das Leben unter Stalin und Breschnew, die auf vielfältige Weise der heutigen Generation vermittelt worden waren.

Die im Exil lebende Oppositionelle Ljubow Sobol glaubte nicht, dass die Russen bei Umfragen ihre wahre Meinung sagten: „Meistens erhält man Antworten, die eher regierungsfreundlich sind", erklärte sie. „Diejenigen, die Putins Regime unterstützen, werden ehrlich und offen antworten, während die Oppositionellen Angst haben, die Wahrheit zu sagen. Sie verbergen ihre wahren Gefühle, aus Angst vor Repressalien, Problemen am Arbeitsplatz und anderen Schwierigkeiten."

Mit der Meinung hinter dem Berg halten

Zuverlässige Meinungsumfragen erfordern ein Mindestmaß an Vertrauen, und an Vertrauen mangelt es in allen geschlossenen Gesellschaften, nicht nur in Russland. Die Zuverlässigkeit der Ergebnisse einer Meinungsumfrage hängt davon ab, ob die Befragten negative Konsequenzen befürchten müssen oder nicht und ob sie ihre Gesprächspartner als vertrauenswürdig einschätzen können. Beide Voraussetzungen sind in Russland nicht gegeben.

Meinungsforscher machen sich deshalb Gedanken über das, was sie als soziale Erwünschtheit bezeichnen – das ist der Druck, das zu sagen, wovon man weiß, dass man es sagen soll. In Autokratien ist das Problem noch viel akuter. Nur wenige Russen sind bereit, ihre wahren Ansichten bzw. womöglich abweichende Meinungen jemandem mitzuteilen, den sie nicht kennen.

Auch für Putin selbst ist es wichtig, die Stimmung in der Bevölkerung zu kennen. Er verfügt über eine Gruppe eigener Meinungsforscher, die die nationale Stimmung einschätzen sollen. Aber kann er sich darauf verlassen, dass sie ihm sagen, was er nicht hören will? Möglicherweise wird er sich nie von seinen eigenen Propagandanachrichten befreien können.

Das Allrussische Meinungsforschungszentrum VCIOM unter Valery Fedorov sowie die Public Opinion Foundation (FOM), die beide zu den bekanntesten Meinungsforschungsinstituten des Landes gehören, stehen unter staatlicher Kontrolle. Das Levada-Zentrum unter Lev Gudkov gilt als unabhängig. Es ist allerdings immer wieder Angriffen des Kremls ausgesetzt, indem es als „Sitz ausländischer Agenten" bezeichnet wird.

Die Daten von Levada und anderen unabhängigen Meinungsforschungsinstituten wie Russian Field und der Chronicle Group zeigten, dass große Teile der Bevölkerung den Krieg unterstützten, und zwar laut einer Levada-Umfrage vom März 2024 bis zu 77 Prozent. Levada stellte auch fest, dass 52 Prozent der Befragten Friedensverhandlungen befürworteten, während 40 Prozent für die Fortsetzung der Kriegshandlungen waren. Und 66 Prozent der Befragten stimmten der Aussage zu, dass Russland einen zu hohen Preis für die Invasion zahle.

Die Mehrheit der Bevölkerung wird den Meinungsforschern alles sagen, was sie hören wollen. Experten beschreiben das mit dem Begriff „erlernte Indifferenz". Ein bekannter Satz unter Meinungsforschern lautet: „Sie halten mit ihrer Meinung immer hinter dem Berg."

Christian Caryl war nach wie vor nicht von den Daten der in Russland durchgeführten Umfragen überzeugt, selbst wenn sie von unabhängigen Instituten stammten. Aufgrund seiner Erfahrungen mit der Befragung von Menschen auf der Straße und Gesprächen mit Meinungsforschern war er sich ziemlich sicher, dass die Zahl derer, die sich weigerten zu antworten, weitaus höher war als die Zahl derer, die bereit waren zu antworten, was gegen die Zuverlässigkeit der Ergebnisse sprach. *(https://foreignpolicy.com/2024/04/30/russia-public-opinion-putin-ukraine-war-support/)*

Zuverlässiger schien das Meinungsbild in der Bevölkerung in Bezug auf den Militärdienst zu sein, zumindest nahm Putin es so zur Kenntnis. Denn eine Reihe von Umfragen zeigte, dass zwischen 50 und 60 Prozent der Russen eine zweite Mobilisierungswelle ablehnten. Daraufhin zögerte Putin 2023 mit der Ankündigung einer weiteren Mobilisierung, obwohl die Notwendigkeit offensichtlich war. Umfragen zeigten eindeutig, dass eine Mehrheit der Russen die Forderung der Ehefrauen nach Demobilisierung ihrer bereits mobilisierten Männer unterstützte. Dies war eine besonders schlechte Nachricht für Putin. Sie zeigte, dass er nicht in der Lage war, die Russen dazu zu bewegen, sich in ausreichender Zahl freiwillig zum Kampf zu melden. Es gab keine Schlangen vor den Rekrutierungsstellen der Armee, die auf den zentralen Plätzen der russischen Städte aufgebaut waren. Stattdessen waren laut dem oppositionellen, in Moskau ansässigen Conflict Intelligence Team und anderen unabhängigen Analysten die offiziellen Zahlen der „freiwilligen Rekruten" stark übertrieben. So viele Russen auch bereit waren, den Krieg verbal zu unterstützen – die meisten waren nicht bereit, selbst zu kämpfen.

Ein Hinweis, dass Putin sich Sorgen über die nachlassende Begeisterung für den Krieg gegen die Ukraine machte, könnte in seiner Neujahrsansprache 2024 zum Ausdruck gekommen sein. Ein Jahr zuvor hatte er seine Ansprache an der Seite von Soldaten in Uniform filmen lassen und sich insbesondere auf die Invasion in der Ukraine konzentriert. Im Jahr 2024 entschied er sich jedoch wieder für die traditionelle Kreml-Kulisse und kam nur am Rande auf den Krieg zu sprechen, bevor er zu anderen Themen überging. *(https://www.atlanticcouncil.org/blogs/ukrainealert/how-strong-is-russian-public-support-for-the-invasion-of-ukraine-2/)*

Das National Opinion Research Center (NORC) an der Universität Chicago

Laut dem NORC gab es wenig vertrauenswürdige Daten über die öffentliche Meinung in Russland, über Putin und den Krieg gegen die Ukraine. Um dieses Manko zu beheben, wurde vom NORC im November 2023 unter Nutzung internationaler Verbindungen eine Handy-Umfrage unter erwachsenen Russen durchgeführt, die den hohen methodischen Standards des NORC entsprach. Russische Muttersprachler führten die Interviews mit 1.046 russischen Erwachsenen.

Die Umfrage zeigte eine starke Unterstützung für Putin und die Ukraine-Invasion. Die meisten Russen sahen den Krieg in der Ukraine als Verteidigung gegen die Bedrohung durch die NATO und den Westen und berichteten von geringen persönlichen Auswirkungen des Konflikts. Die Umfrage ergab zudem, dass die meisten Russen seit Beginn des Krieges keine wesentliche Verbesserung ihrer Lebensqualität erwartet und erfahren hätten. Von denjenigen, die eine Verschlechterung der wirtschaftlichen Lage erlebten, führten 65 Prozent die Verschlechterung auf die steigenden Preise zurück. Obwohl sie von internationalen Sanktionen, etwa Reisebeschränkungen, betroffen waren, fühlten sich 76 Prozent der Befragten in ihren Auslandsreisen nicht beeinträchtigt. Was die Politik anbelangte, so genoss Präsident Putin breite Zustimmung, insbesondere im Hinblick auf seine Außenpolitik. Seine innenpolitischen Werte waren etwas schlechter. Auffällig war, dass 66 Prozent der Russen geneigt waren, für die Wiederwahl Putins im März 2024 zu stimmen, wobei sich bei Frauen und Personen über 30 Jahre eine größere Zustimmung zeigte.

Darüber hinaus unterstrich die Umfrage den ausgeprägten Nationalstolz der Russen, von denen 94 Prozent stolz auf ihre Identität seien. Die Umfrage ergab auch, dass 62 Prozent der Befragten den Eindruck hätten, dass Russland weltweit ungerecht behandelt werde.

(https://www.norc.org/research/projects/russian-public-opinion-wartime.html)

Putins Eigenwahrnehmung

Tatiana Stanowaja vom Berliner Carnegie Russia Eurasia Center verwies auf Putins Rede zur Lage der Nation von Ende Februar 2024, in der er von Menschen sprach, die „Briefe und Pakete, warme Kleidung und Tarnnetze an die Front schicken; sie spenden Geld von ihren Ersparnissen". Er müsse den Krieg nicht als etwas betrachten, das er allein begonnen habe – wie es der Fall sei, so Stanowaja –, sondern als ein Unterfangen, das von der Bevölkerung unterstützt und gefordert werde. Stanowaja zitierte die sowjetische Kriegshymne „Heiliger Krieg", die für ihre Anfangszeile bekannt ist: „Erhebe dich, großes Land!" Aber jetzt, so Stanowaja, „hat das Land keine Lust, sich zu erheben".

Die Arbart-Straße in Moskau, eine Fußgängerzone, wie man sie auch in jeder westlichen Stadt findet. Doch etwas ist anders: Laut russischer Meinungsforschungsinstitute sagen die meisten Menschen weder bei Straßen- noch bei Telefonbefragungen ihre wahre Meinung.

Putin seinerseits sah sich nicht als Autokrat, sondern als Verwalter des historischen Schicksals Russlands, der die Tugendhaftigkeit seiner politischen Entscheidungen nie infrage stellen oder anzweifeln musste. Seiner Ansicht nach handele er im Interesse der Nation und habe daher die Unterstützung der Nation; er habe das Recht zu regieren, wie er es für richtig halte, weil er dem Staat diene und ihn schütze. „Das ist natürlich eine sehr angenehme Position für Putin", sagte Abbas Gallyamov, ehemaliger Redenschreiber Putins, der jetzt als Putin-Kritiker in Israel lebt. „Denn in diesem Punkt ist er der Staat."

(https://www.newyorker.com/news/the-weekend-essay/has-putins-invasion-of-ukraine-improved-his-standing-in-russia)

Zustimmung für Putin

Putins Regierung war dazu übergegangen, die Schulgeschichtsbücher umzuschreiben, um Russland als ein Land darzustellen, das sich ständig gegen äußere Feinde verteidige, und um den Krieg in der Ukraine mit dem Sieg der Sowjetunion im Zweiten Weltkrieg in Verbindung zu bringen. Jetzt kämpften russische Truppen für „das Gute und die Wahrheit", genau wie ihre Großväter. In diesem Zusammenhang versuchte Putin, die Angst der Leute vor einem weiteren Mobilisierungsbefehl zu zerstreuen: „Es gibt keine solche Notwendigkeit", sagte er im Sommer 2023. Wenn die Menschen, wie er anmerkte, so bewegt seien, dass sie Tarnnetze für die Truppen an der Front knüpften, werde der Staat sie für ihre Bemühungen und ihren Einsatz loben. Aber wenn sie sich, anstatt die Soldaten aktiv zu unterstützen, eher für Kinderspielgruppen oder Moskauer Restaurants interessierten, so sei das auch in Ordnung.

Das Levada-Zentrum gab an, dass die Zustimmung zu Putin zwischen März und September 2022, also in dem halben Jahr nach Kriegsbeginn, jeden Monat bei über 82 Prozent gelegen habe. Putins Zustimmungsrate sei damit fast 20 Prozentpunkte höher gewesen als vor dem Krieg. Dies erkläre sich durch die Loyalität stiftende Rolle eines Krieges: Es gehe um die Frage, auf wessen Seite man stehe und ob man nun zusammenhalte. Deshalb neige die Bevölkerung nach dem Beginn eines Krieges dazu, sich hinter der Flagge zu versammeln – ein Effekt, den Politikwissenschaftler erstmals in den USA dokumentiert hätten. Und die Unterstützung für den Einmarsch in die Ukraine war, wie schon erwähnt, im November 2023 mit 73 Prozent zwar weiterhin hoch, doch die Zahl der Befragten, die den Krieg ohne Wenn und Aber befürworteten, war von 53 Prozent im März 2022 auf 39 Prozent im November 2023 gesunken.

Der Oppositionelle Wladimir Milow, ein russischer Energieexperte und Regimekritiker, der inzwischen im Westen lebt, vertrat die Ansicht, dass das Bild einer angeblich soliden Unterstützung für den Krieg, das in den Medien oft angeführt werde, nicht ganz stimmig sei. Er argumentierte, dass die Gesamtzahl der in den Umfragen genannten Befürworter die deutlichen Unterschiede zwischen denen, die den Krieg „bedingungslos unterstützen", und denen, die ihn „eher unterstützen als ablehnen", nur verschleierten. Er stellte fest, dass Meinungsumfragen durchweg eine starke Ablehnung einer zweiten Mobilmachungswelle zeigten, was vermutlich der Grund dafür sei, dass Putin sie bisher nicht angeordnet habe.

Milow wies auch darauf hin, dass die Einschaltquoten des staatlichen Fernsehens – seit jeher Putins bevorzugte Methode, um den Russen seine Botschaft zu vermitteln – stark rückläufig seien, ein Zeichen für das schwindende Vertrauen in die offiziellen Medien. Er machte außerdem auf die deutlichen demografischen Unterschiede zwischen den Befragten aufmerksam: Die Unterstützung für den Krieg überwiege bei älteren Menschen und besonders auf dem Land, während sie bei der jüngeren Stadtbevölkerung am schwächsten sei.

Die Frage nach dem Krieg

„Analysten haben gelernt, mit autoritärem Druck umzugehen und ihn zu vermeiden", sagte Elena Koneva, Gründerin des unabhängigen Forschungsinstituts ExtremeScan, die in Moskau bei dem Allrussischen Meinungsforschungszentrum (VCIOM) gearbeitet und sich mit der Agentur Extreme-Scan auf Zypern selbstständig gemacht hatte.

„Wenn wir beispielsweise Menschen nach ihrer Unterstützung für den Krieg fragen, geben wir ihnen die Möglichkeit, die Antwort zu umgehen: ‚Unterstützen Sie den Krieg, unterstützen Sie ihn nicht, fällt Ihnen die Antwort schwer, oder möchten Sie diese Frage nicht beantworten?' Die neue Option – ‚Ich möchte diese Frage nicht beantworten' – ist fast ein Protest." Laut Koneva seien Soziologen der Ansicht, dass Menschen, die den Krieg ablehnten, oft auf diese Weise antworteten. Ein Teilnehmer habe gesagt: „Danke für die Möglichkeit, nicht gegen mich selbst aussagen zu müssen." Auf den ersten Blick zeigten die Umfragen von ExtremeScan in Russland weiterhin eine breite Unterstützung für den Krieg.

Im Sommer 2023 befürwortete die Mehrheit der Befragten den Krieg weiterhin, nur 20 Prozent waren dagegen. Insgesamt stellten Meinungsforscher 2022 einen Rückgang der Unterstützung für den Krieg um 9 Prozent fest. Die Zahl der Befragten, die sagten, Russland solle „die Feindseligkeiten einstellen und die besetzten Gebiete behalten", hatte sich seit dem Sommer 2022 von 11 auf 28 Prozent mehr als verdoppelt.

(https://www.voanews.com/a/russia-s-shifting-public-opinion-on-the-war-in-ukraine-/7255792.html)

Keine Zuverlässigkeit möglich

Wenn Meinungsforscher am Telefon einen Russen nach seiner Unterstützung für den Krieg fragen, ist es schwer vorstellbar, dass jemand seine Ablehnung zum Ausdruck bringen würde, wohl wissend, dass diese Haltung eine fünfzehnjährige Haftstrafe nach sich ziehen kann. Die meisten Menschen weigerten sich deshalb zu antworten, was Soziologen zu der Behauptung veranlasste, dass die Zahl der Russen, die sich bereit erklärten, an Meinungsumfragen teilzunehmen, auf ein unrepräsentatives Niveau gesunken sei.

Laut Boris Kargalitzki, einem russischen Soziologen, der nach der Ukraine-Invasion zu fünf Jahren Straflager verurteilt worden war, lag die Antwortrate bei russischen Umfragen vor dem Krieg bereits bei unter 30 Prozent, und seit Kriegsbeginn schwankte sie zwischen 10 und 25 Prozent. Können soziologische Umfragen bei einer solchen Antwortrate und in einer Atmosphäre, in der das Aussprechen einer ehrlichen Meinung mit einer Haftstrafe geahndet wird, als zuverlässig oder repräsentativ angesehen werden?

Der Sozialwissenschaftler Greg Yudin war nicht dieser Ansicht. Er argumentierte, die niedrige Rücklaufquote bedeute, dass es nicht möglich sei, Umfragen als Maß für die Unterstützung des Krieges oder Putins zu interpretieren. Yudin erklärte, dass Russland unter Putin wie eine „plebiszitäre Demokratie" funktioniere, in der der Präsident auf die Legitimation durch die Bevölkerung angewiesen sei, dabei aber von einer passiven und entpolitisierten Bevölkerung ausgehe.

Wahlen, Referenden und Meinungsumfragen würden also dazu dienen, bereits getroffene Entscheidungen zu bestätigen, anstatt die Meinung der Öffentlichkeit zu ermitteln. In diesem Sinne werde die Frage so gestellt: „Wenn Putin x tut, sind Sie damit einverstanden?" Und nicht: „Sind Sie mit x einverstanden?"

Tausende gingen in Russland auf die Straße, um gegen die Invasion zu protestieren, wobei zwischen dem 24. Februar und dem 6. März 2022 mehr als 13.000 Menschen in 147 Städten festgenommen wurden. Die größten Demonstrationen fanden am Tag der Invasion in Moskau statt, wo sich 2.000 Demonstranten in der Nähe des Puschkinskaja-Platzes versammelten, und in St. Petersburg, wo bis zu 1.000 Menschen demonstrierten. Da aber das Nawalny-Netzwerk größtenteils ins Ausland geflohen war, mit Ausnahme von Nawalny selbst, gab es keine Basis für die Opposition, um die Demonstrationen gegen den Krieg strategisch zu organisieren.

Andrey Lipov, Leiter der russischen Medienaufsichtsbehörde Roskomnadzor, gab im Juni 2022 bekannt, dass die Behörde in den sozialen Medien mehr als 117.000 „Fakes" betreffend den Krieg und die russischen Streitkräfte sowie 1.177 Beiträge zur Unterstützung der Ukraine entfernt habe, wobei mit einer Gesamtzahl von über 202 Millionen Nutzern gerechnet wurde.

Doch viele Russen drückten ihre Meinung mit den Füßen aus: Bis August 2022 verließen bis zu 500.000 Russen das Land, hauptsächlich junge und wirtschaftlich gut gestellte Menschen, und weitere 260.000 folgten nach der Ankündigung der Teilmobilmachung im September.
(Jade McGlynn, Russia's War, S. 20–26)

Festnahmen während einer Demonstration gegen den Ukraine-Krieg, Moskau, 24. Februar 2022

Die Oligarchen

Bei Kriegsbeginn geriet die russische Elite in einen gewissen Schockzustand. Als der Westen Sanktionen und Reiseverbote verhängte, waren die reichen und politisch vernetzten Bürger Russlands davon überzeugt, dass ihr bisheriges Leben vorbei sei. Die Verluste auf dem Schlachtfeld häuften sich schnell, und viele hielten die Invasion für einen katastrophalen Fehler. „Das Russland, das wir so sehr lieben, ist in die Hände von Idioten gefallen", sagte Roman Trotsenko, der ehemalige Chef des größten Schiffbauunternehmens des Landes, zu einem anderen Geschäftsmann während eines Telefongesprächs, das im April 2023 veröffentlicht wurde. „Sie halten an bizarren, veralteten Ideologien aus dem 19. Jahrhundert fest. Das kann nicht gut enden. Es wird in einer Katastrophe enden." In einem anderen an die Öffentlichkeit gelangten Gespräch bezeichnete der Musikproduzent Iosif Prigoschin – nicht verwandt mit Jewgeni Prigoschin – den russischen Präsidenten Putin und seine Regierung als „verdammte Kriminelle". Einige der Oligarchen, die sich zum Zeitpunkt der Invasion im Ausland aufhielten, weigerten sich, nach Russland zurückzukehren, darunter Michail Fridman, Eigentümer des größten privaten Bankkonzerns des Landes.

Im Jahr 2023 sah die Situation jedoch ganz anders aus. Die Eliten begannen, den Krieg zu akzeptieren und sogar zu befürworten. Im Oktober kehrte Fridman von London nach Moskau zurück, da er zu dem Schluss gekommen war, dass das Leben im Westen unter den Sanktionen unerträglich und die Situation in Russland vergleichsweise angenehm war. Es wurden keine neuen Äußerungen von Oligarchen bekannt, die über den Krieg schimpften.

Es ist auch schwer vorstellbar, dass solche Gespräche noch stattfanden. Das liegt daran, dass die russischen Eliten gelernt hatten, den Konflikt zu akzeptieren, ändern konnten sie die Lage ohnehin nicht. Sie kamen zu dem Schluss, dass die Invasion, auch wenn sie sie nicht uneingeschränkt unterstützten, eine unabänderliche Tatsache war. Infolgedessen war die geringe Aussicht darauf, dass sie die Entscheidungen des Kremls in Frage stellen würden, geschwunden. Nun diskutierten die russischen Eliten eine andere Frage: Wie könnte der Krieg enden?

„Es ist schlimm, als Gewinner ein Außenseiter zu sein, aber es ist noch schlimmer, als Verlierer ein Außenseiter zu sein", sagte ein russischer Oligarch, der den Krieg zuvor kritisiert hatte. Er sagte, berichtete der Journalist Mikhail Zygar 2023, dass sich in Russland alles geändert habe: die Einstellung gegenüber Putin, die Ansichten über die Ukraine und die Sichtweise auf den Westen. „Wir müssen diesen Krieg gewinnen", sagte der Oligarch. „Andernfalls werden sie uns nicht leben lassen. Und natürlich würde Russland zusammenbrechen."
(https://www.foreignaffairs.com/ukraine/how-russian-elites-made-peace-war)

Entprivatisierung

Während des Eastern Economic Forum in Wladiwostok im September 2023 wurde Präsident Putin zur „Entprivatisierung" befragt, der staatlichen Übernahme von Vermögenswerten aus privater Hand. Die Frage folgte auf eine Reihe von Gerichtsverfahren, die 2023 gegen hochkarätige russische Unternehmen angestrengt worden und von der russischen Generalstaatsanwaltschaft durchgeführt worden waren. Putin bestritt, dass eine Entprivatisierung stattfinde oder geplant sei. Stattdessen behauptete er, die Generalstaatsanwaltschaft mache lediglich ihre Arbeit. Es gebe keine nennenswerte Entprivatisierungspolitik. Doch Nikolai Petrow von Chatham House, einer privaten Denkfabrik in London, stellte fest, dass tatsächlich eine Entprivatisierung stattfinde. Die gerichtlich angeordneten Beschlagnahmen von Vermögenswerten waren sicher keine Einzelfälle, sondern Teil einer umfassenden Strategie, die sich auf den Öl- und Gassektor, Infrastruktureinrichtungen, den militärisch-industriellen Komplex, die chemische Industrie und die Landwirtschaft konzentrierte. Viele Oligarchen sahen sich als Privateigentümer ihrer Firmen. Putin hingegen betrachtete sie jedoch nur als Inhaber von Vermögenswerten, die ihnen vom Staat übertragen worden waren – und somit auch wieder entzogen werden können. Putins Strategie zielte darauf ab, den Wohlstand zugunsten einer neuen Generation weniger mächtiger Personen umzuverteilen und die Position des Präsidenten nach der Prigoschin-Meuterei zu festigen.

Lukoil, ein Ölkonzern, der 2022 verstaatlicht wurde, um den Oligarchen Alekperow zu entmachten

So wurde 2022 beispielsweise der Präsident von Lukoil, Wagit Alekperow, der das Unternehmen fast 30 Jahre lang geleitet hatte, abgelöst. Er wurde durch Wadim Worobjow ersetzt, einen ehemaligen Mitarbeiter von Sergei Kiriyenko, dem stellvertretenden Stabschef der Präsidialverwaltung. Nach Alekperows Absetzung ging Lukoil-Vizepräsident Leonid Fedun in den Ruhestand. Fedun war nach Alekperow der zweitgrößte Anteilseigner des Unternehmens, wobei beide zusammen einen Gesamtanteil von rund 20 Milliarden US-Dollar besaßen.

Alekperow erhielt anlässlich seines Ausscheidens aus dem Amt den Orden „Für Verdienste um das Vaterland" der 1. Klasse. Am 1. September 2022 – Alekperows Geburtstag – kam der Vorstandsvorsitzende von Lukoil, Ravil Maganow, unter mysteriösen Umständen ums Leben. Er stürzte aus einem Fenster im sechsten Stock der Kreml-Klinik.

Darüber hinaus ordnete Putin die Verstaatlichung der russischen Vermögenswerte des Molkerei-unternehmens Danone sowie der Brauerei Baltika an, die dem dänischen Unternehmen Carlsberg gehört. Die russische Tochterfirma von Danone wurde nun von Jakub Sakrijew geleitet, dem ehe-maligen tschetschenischen Landwirtschaftsminister und Neffen des Präsidenten Ramsan Kadyrow. Der neue Leiter von Baltika ist Putins langjähriger Bekannter, der 70-jährige Taimuras Bolloew, der das Unternehmen bereits von 1991 bis 2004 geleitet hatte. So bildet Putin eine neue, ihm gegen-über loyale Oligarchenschicht, die weniger Einfluss haben soll.

Zahlreiche Gründe, den Krieg zu unterstützen

Für den 22. Februar 2022 lud Putin eine Reihe von Geschäftsleuten – Mitglieder des Russischen Verbands der Industriellen und Unternehmer (RSPP) – in den Kreml ein. Zwei Wochen im Voraus wurden die Eingeladenen über das Treffen informiert, mit Datum und genauer Uhrzeit. Während die Teilnehmer am Tag der Veranstaltung mehrere Stunden auf Putin warten mussten, kam auch der aus seinem Wohnort London anreisende Roman Abramowitsch, der reichste Mann Russlands, zu spät. Das war wohl kein Zufall. Da der Oligarch auch Politikprofi war – er war Gouverneur der Autonomen Region Tschukotka gewesen, die direkt gegenüber den USA (Alaska) liegt –, wusste er, dass jeder, der kurz vor Kriegsbeginn neben Putin in der Öffentlichkeit auftrat, auf den Sank-tionslisten des Westens landen würde. Und so kam es: Innerhalb kurzer Zeit nach dem Treffen wurden Sanktionen der einen oder anderen Art gegen alle 37 Personen verhängt, die die RSPP beim Kreml-Treffen vertreten hatten. Das bedeutete: Sperrung der Auslandskonten und Reise-beschränkungen. Und für Roman Abramowitsch kam es anders als gedacht: Auch er geriet auf die Sanktionsliste (siehe auch S. 266–267).

Abramowitsch war nicht der Einzige, der politischen Scharfsinn beweisen wollte – viele der füh-renden Milliardäre Russlands, die normalerweise keine Treffen mit Putin scheuen, erschienen nicht. Die 37 Personen, die tatsächlich gekommen waren, sahen, obwohl sie medizinische Masken trugen, die die Hälfte ihrer Gesich-ter verdeckten, „selbst vor den weißen Wänden des Katharinen-Saals" ziemlich blass aus und weigerten sich zu essen, berichte-te der Korrespondent der überregionalen Tageszei-tung Kommersant. Diese Zeitung gehört Alischer Usmanow, der seit einiger Zeit in Usbekistan lebt, seiner zweiten Heimat, wo er sich ruhig verhält und sich gemäßigt pazifistisch

Auf Putins Einladung hin erschienen vor Kriegsbeginn 37 Oligar-chen im Kreml. Aber nicht alle Eingeladenen waren gekommen.

äußert. Trotzdem war auch Usmanow von Sanktionen betroffen: So wurde beispielsweise seine 156-m-Yacht Luna (Wert 600 Millionen Dollar) in Hamburg beschlagnahmt. Denn Usmanows Industriebeteiligungen spielen eine wichtige Rolle bei der Versorgung der russischen Armee und der besetzten Gebiete, und seine Zeitung Kommersant ist ein wichtiges Bindeglied im System der militärischen Zensur und Propaganda des Kremls.

Ähnlich verhält es sich mit vielen russischen Top-Geschäftsleuten, sowohl mit denen, die es wagten, Putins Einladung zu folgen, als auch mit denen, die nicht zu dem Treffen erschienen. Fast alle von ihnen bewahrten seit Kriegsbeginn eisernes Schweigen; einige gaben nichtssagende Antikriegserklärungen ab, und nur einer von ihnen, Oleg Tinkov, wagte es, die Politik des Kremls zu kritisieren. Gleichzeitig versorgten die Unternehmen der schweigenden Oligarchen die russische Rüstungsindustrie mit einer Vielzahl von Waren und Dienstleistungen, darunter auch solche, die direkt für die Herstellung von Rüstungsgütern benötigt wurden. Selbst Oligarchen, die Russland verließen, wie Andrey Melnichenko, oder solche, die versuchten, ihr Image aufzupolieren, um die Aufhebung der Sanktionen zu erreichen, wie Michail Fridman vom Finanzkonzern Alfa Group, förderten den Krieg direkt oder indirekt.

(https://www.proekt.media/en/guide-en/russian-war-oligarchs-en/)

Die Kriegsgewinnler

Nahezu die Hälfte der reichsten Russen sind Kriegsgewinnler. Eine Untersuchung, die von dem unabhängigen Web-Portal Proekt veröffentlicht wurde, ergab, dass mindestens 81 der 200 reichsten Menschen Russlands (Forbes-Rangliste von 2021) in die Invasion in der Ukraine verwickelt sind. Die Unternehmen, von denen sie profitieren, liefern Komponenten, Ausrüstung oder Treibstoff entweder an die russischen Streitkräfte oder an Waffen- und Munitionsfabriken.

Insbesondere profitieren Oligarchen, die ihr Vermögen dank persönlicher Beziehungen zu Wladimir Putin angehäuft haben. Dazu gehören Gennady Timchenko (Novatek), die Brüder Arkadi und Boris Rotenberg und Juri Kowaltschuk (Bank Rossia). Zu den Kriegsgewinnlern gehören auch einige der Oligarchen, die schon in den 1990er-Jahren reich geworden waren, bevor Putin an die Macht kam, darunter beispielsweise Alexej Mordaschow (Severstal), Wladimir Potanin (Nornickel) und Wagit Alekperow (Lukoil, siehe S. 264).

Roman Abramowitsch

Abramowitsch, der sich anlässlich des Oligarchen-Treffens im Kreml am 22. Februar 2022 bedeckt gehalten hatte, wurde in Großbritannien, wo er lebte, am

Der Oligarch Roman Abramowitsch

10. März zusammen mit sechs anderen Oligarchen mit Sanktionen belegt. Die Vermögenswerte wurden eingefroren, die Auslandskonten gesperrt; hinzu kam ein Reiseverbot. Abramowitsch wurde vorgeworfen, dass die von ihm kontrollierten Unternehmen Stahl herstellten, der für russische Panzer Verwendung fand. Abramowitsch bestritt allerdings, dass er enge Beziehungen zu Putin und dem Kreml unterhalte.

Insgesamt wurden gegen 80 führende Personen der russischen Wirtschafts- und Finanzwelt Sanktionen verhängt, aber nur 14 dieser 80 wurden in allen Ländern der Ukraine-Unterstützer sanktioniert, und 34 wurden ausschließlich von der Ukraine sanktioniert. Die Gesamtsumme der öffentlichen Aufträge, die die Unternehmen dieser Geschäftsleute während der Jahre des militärischen Konflikts in der Ukraine (ab 2014) mit der russischen Rüstungsindustrie abschlossen, ist enorm und betrug bis 2023 fast drei Milliarden US-Dollar. Das war Grund genug, um für den Krieg zu sein.

Quellen: Russlands Krieg oder Putins Krieg?

Bücher
- Matthews, Owen, Overreach, The Inside Story of Putin's War Against Ukraine, Dublin 2022
- McGlynn, Jade, Russia's War, Cambridge 2023

Online-Publikationen
- https://www.foreignaffairs.com/ukraine/how-russian-elites-made-peace-war
- https://foreignpolicy.com/2024/04/30/russia-public-opinion-putin-ukraine-war-support/
- https://www.atlanticcouncil.org/blogs/ukrainealert/how-strong-is-russian-public-support-for-the-invasion-of-ukraine-2/
- https://www.norc.org/research/library/new-survey-finds-most-russians-see-ukrainian-war-as-defense-against-west.html
- https://carnegieendowment.org/research/2023/11/alternate-reality-how-russian-society-learned-to-stop-worrying-about-the-war?lang=en
- https://www.newyorker.com/news/the-weekend-essay/has-putins-invasion-of-ukraine-improved-his-standing-in-russia
- https://www.voanews.com/a/russia-s-shifting-public-opinion-on-the-war-in-ukraine-/7255792.html
- https://www.chathamhouse.org/2023/10/putin-using-de-privatization-create-new-generation-loyal-oligarchs
- https://www.proekt.media/en/guide-en/russian-war-oligarchs-en/
- https://russiapost.info/society/defending
- https://russiapost.info/society/public_sentiment

Kapitel 13

Die Gegenoffensive im Süden

Einige europäische Staats- und Regierungschefs, wie etwa der ungarische Ministerpräsident Viktor Orban, argumentierten, dass Militärhilfe für die Ukraine den Konflikt anheizen, aber nicht lösen würde. Die Ukrainer würden nicht siegen, so Orban. Russland verfüge über eine asymmetrische Dominanz, die durch keine Zufuhr westlicher Waffen überwunden werden könne. Da sich derartige Ansichten unter den NATO-Mitgliedern immer mehr durchzusetzen schienen, erkannte Präsident Selenskyj, dass der beste Weg, ihnen entgegenzuwirken, darin bestand zu demonstrieren, dass die Ukraine in der Lage sei, die Russen zurückzudrängen und das besetzte Gebiet zurückzuerobern.

„So zynisch es klingen mag", sagte Selenskyj, „jeder möchte auf der Seite des Siegers stehen. Natürlich ist es wahr, dass Amerika die Ukraine aufgrund unserer gemeinsamen Werte unterstützt, aber diese Unterstützung beginnt zu schwinden, wenn sie keine Ergebnisse sehen." Und die Ergebnisse konnten nur eine Form annehmen: einen Gegenschlag.

Gemeinsam mit den engsten NATO-Verbündeten spielten der ukrainische General Saluschnyj und seine Kommandeure eine Reihe von Optionen mit unterschiedlichem Nutzen und Risiko durch. Sie simulierten, wie sich Frontverläufe entwickeln würden und welche Waffen die Ukraine benötigen würde, um die russischen Verteidigungslinien zu durchbrechen. Daten von US-Satelliten zeigten, dass die russischen Stellungen im Nordosten, um die Stadt Charkiw herum, am schwächsten besetzt waren. Doch für General Saluschnyj, der für die Operation verantwortlich war, hatte es Priorität, die Städte Cherson und Melitopol zu befreien, um einen tieferen Vorstoß bis zum Rand der Krim starten zu können.

„Das Problem mit Charkiw ist, dass wir bis an die Grenze vorrücken müssen, und was dann? Wir sind ungeschützt", sagte Oberst Noskov, einer der Kommandeure Saluschnyjs. „Sie können uns von jenseits der Grenze beschießen. Könnten wir zurückschießen? Würden wir einen Einfall nach Russland selbst wagen?" In dieser Hinsicht waren den Ukrainern die Hände gebunden, denn die USA bestanden für die Lieferung moderner Waffen im Gegenzug darauf, dass diese Systeme nicht dazu verwendet würden, russisches Gebiet zu beschießen.

Saluschnyj konzentrierte sich daher weiterhin auf eine Operation im Süden, und er schien dafür auch die Unterstützung der westlichen Verbündeten zu haben.

Die HIMARS-Raketenwerfer

Am 3. April 2022 hatten die russischen Truppen die Oblast Tschernihiw verlassen. Die Einheit des ukrainischen Leutnants Walentin Koval, ausgerüstet mit dem sowjetischen Uragan-Raketenwerfer, im Westen auch als BM-27 bekannt, befanden sich mehr oder weniger im Zwangsurlaub, da sie kaum noch Munition bzw. Raketen hatten und es kaum Möglichkeiten gab, diese zu erhalten. Doch Ende Mai erhielt Koval plötzlich den Befehl, seine Raketenwerfer einer anderen Einheit zu übergeben und sich reisefertig zu machen. Wenige Tage später kamen Koval und seine Soldaten auf einem

Truppenübungsplatz in Deutschland an, um HIMARS, eines der modernsten amerikanischen Waffensysteme, kennenzulernen und per Crashkurs in der Bedienung geschult zu werden. Die sechs Raketen des Raketenwerfers befinden sich in einem Abschussbehälter und werden über GPS gesteuert. Die Fahrerkabine ist gepanzert – kein Vergleich zum Uragan-Raketenwerfer. Koval und seine Männer waren die ersten ukrainischen Soldaten, die an HIMARS ausgebildet wurden.

Am ersten Ausbildungstag fuhren 15 HIMARS-Trucks vor. Die Ukrainer saugten die Lektionen förmlich auf. „In unserer Einheit dauert es normalerweise eine Weile, bis alle morgens wach sind, aber dort warteten alle früher als sonst auf den Bus zum Unterricht", sagte Koval. „Uns wurde klar, dass wir das System brauchten, um zu gewinnen."

Nach drei Wochen waren Koval

Der amerikanische HIMARS-Raketenwerfer (High Mobility Artillery Rocket Systems) im Einsatz

und seine Männer wieder in der Ukraine, erholten sich in Lwiw und warteten auf die nächsten Befehle. Am folgenden Morgen erschien Kovals Kommandeur und fragte: „Seid ihr bereit für den Krieg?" Die ersten vier von US-Präsident Biden versprochenen HIMARS hatten gerade die Grenze zur Ukraine überquert. Kovals Männer waren begeistert – es waren genau die Fahrzeuge, auf denen sie in Deutschland ausgebildet worden waren.

Die ukrainische Aufklärung hatte eine lange Liste mit Zielen zusammengestellt, und Kovals vier HIMARS-Trucks waren fast ständig im Einsatz. Sie fuhren von Zielort zu Zielort, manchmal mehrere Stunden lang. „Da waren so viele Ziele", berichtete Koval, „wir feuerten fast zwei Wochen lang, fast unaufhörlich." Oft bestritt die russische Propaganda die Treffer, aber wenn das Team Zeit hatte, konnte es die Ergebnisse seines Einsatzes auf Telegram sehen. Wichtig waren auch die Messages von Freunden und ehemaligen Kommilitonen von der Militärakademie, die beobachtet hatten, dass die Intensität der russischen Artillerie nachgelassen habe.

Am 18. Juli 2022 hatte General Saluschnyj gute Nachrichten für General Milley, den amerikanischen Chef des Vereinigten Generalstabs, bei ihrem regelmäßigen Telefongespräch. „Wir konnten die Situation stabilisieren, sie ist schwierig, aber unter Kontrolle. Die Lieferung der HIMARS war eine wichtige Unterstützung, die es uns ermöglichte, die Verteidigungslinien zu halten."

Koval blieb nicht der Einzige an der Front, der mit HIMARS ausgerüstet war. Weitere Lieferungen kamen an, darunter auch eine ältere Version, die noch als Kettenfahrzeug konzipiert war, jedoch eine Abschussvorrichtung von zwölf Raketen hatte.

Cherson und die Antoniwka-Brücke

Um von der Krim aus die Großstadt Cherson zu erreichen, musste der Dnjepr überquert werden. Die wichtigste Brücke war die Antoniwka-Brücke (siehe Abb. S. 172). Obwohl die Brücke durch den ersten HIMARS-Beschuss am 19. Juli nicht vollständig für schwere Militärfahrzeuge unpassierbar geworden war, zwangen die Angriffe der folgenden Tage die Russen dazu, diese Verbindung nach Cherson zu sperren. Die HIMARS-Salven zerstörten auch eine Eisenbahnbrücke über den Dnjepr und beschädigten eine Schleusenbrücke des Wasserkraftwerks Kachowka etwa 45 km nordöstlich. Ende Juli war der gesamte russische Brückenkopf am rechten (westlichen) Ufer des Flusses in Cherson im Wesentlichen zu einer Insel geworden. Die russischen Truppen in diesem Gebiet konnten nur noch per Fähre oder Boot versorgt werden.

Es war die Sunday Times, die zuerst darüber berichtete. Sie zitierte am 2. Juli 2022 den ukrainischen Verteidigungsminister, Oleksij Resnikow: „Der Präsident hat dem obersten militärischen Befehlshaber die Order gegeben, Pläne für eine Gegenoffensive zu erarbeiten." Weiter schrieb die Zeitung unter Berufung auf Resnikow: „Die Ukraine zieht eine millionenstarke Streitmacht zusammen, ausgerüstet mit den modernsten westlichen Waffen, um die südlichen Regionen der Ukraine von Russland zu befreien." Kurz zuvor hatte die stellvertretende ukrainische Premierministerin die Bewohner der südlichen besetzten Gebiete aufgefordert, ihre Wohnorte so schnell wie möglich zu verlassen – die Antoniwka-Brücke war zwar gesperrt, aber für PKWs dennoch passierbar.

Auf diese Nachricht hatten viele Menschen in Cherson sechs Monate lang gewartet. Nach der Ankündigung der ukrainischen Gegenoffensive, die zur Rückeroberung der Stadt im Süden angekündigt wurde, brach in Cherson Jubel aus – zumindest bei denjenigen, die seit der Übernahme durch Moskaus Streitkräfte im März unter der russischen Herrschaft gelitten hatten. „Die Menschen hier verfolgen die Ereignisse an der Front genau, sie feuern die Streitkräfte an und warten auf die Befreiung der Stadt", sagte ein Einwohner.

Cherson war die einzige Provinzhauptstadt der Ukraine, die unversehrt von russischen Truppen eingenommen wurde, seit Präsident Putin im Februar die vollständige Invasion des Landes befohlen hatte, und sie blieb einstweilen das einzige von russischen Truppen besetzte Gebiet westlich des Dnjepr. Während der Besatzungszeit entwickelte sich die Stadt zu einem Zentrum des Widerstands und der Partisanentätigkeit. Als die Russen zum ersten Mal eintrafen, wurden sie mit massiven Protesten empfangen. Eine Woche später wurde ein prorussischer Verwalter in der Nähe seines Hauses erschossen. Ein weiteres Attentat hatte sich Ende September ereignet, als ein von der russischen Verwaltung eingesetzter Beamter, der für die Landwirtschaft zuständig war, zusammen mit seiner Freundin getötet wurde.

Reaktion aus Russland

In der streng kontrollierten russischen Informationswelt wurden immer hitzigere Debatten über die Glaubwürdigkeit einer ukrainischen Gegenoffensive geführt. Die vorherrschende Meinung war, dass die Warnungen der Ukraine nur leeres Geschwätz seien. Am 9. August hieß es im Fernsehen, dass die angeblichen ukrainischen Pläne eines Gegenangriffs auf Cherson eine rein psychologische Aktion sei, die darauf abziele zu demoralisieren.

Der Kanal Orientalist auf der russischen Social-Media-Plattform Telegram behauptete, eine ukrainische Gegenoffensive sei noch nicht erkennbar. Er wies darauf hin, dass die Spaltung innerhalb der NATO zwischen einerseits Großbritannien und andererseits den „Kriegstreibern" Polen, Rumänien und den baltischen Staaten sowie den gemäßigten Stimmen, zu denen Griechenland und Ungarn gehörten, die Sache der Ukraine untergraben würden. Außerdem würde beispielsweise die Entwicklung im Nahen Osten Waffenlieferungen erschweren.

In Moscow Calling, einem anderen, einem stark frequentierten Telegram-Kanal, wurde prognostiziert, dass sich das Kräfteverhältnis von Juli bis August zugunsten der Ukraine verschieben werde, da Kiew die ungeschützten Gebiete Charkiw, Cherson und Saporischschja werde angreifen können. Die russische Politik schloss sich dieser alarmierenden Einschätzung jedoch nicht an, was Kiew eine weitere Gelegenheit bot, Fortschritte zu erzielen.
(Samuel Ramani, Putin's War on Ukraine, S. 198 f.)

Die Moskwa

Eine günstige Gelegenheit, die russische Invasion zu schwächen, hatte sich schon am Abend des 13. April 2022 ergeben. Der Lenkwaffenkreuzer Moskwa, das größte Schiff der russischen Schwarzmeerflotte und Flaggschiff beim Angriff gegen die Ukraine, wurde an jenem Mittwochabend mit zwei ukrainischen Seezielflugkörpern vom Typ Neptun beschossen und fing Feuer. Die Besatzung war möglicherweise durch die gleichzeitige Sichtung einer Bayraktar-TB2-Drohne abgelenkt, wobei die Drohne lediglich den Kurs des Schiffes überwacht haben könnte. Als das Schiff getroffen wurde, befand es sich etwa 145 km südlich von Odessa und 55 km östlich der Schlangeninsel.

Nach Moskauer Angaben habe die Munition an Bord während eines Sturmes Feuer gefangen und sei explodiert. Dies habe dann zum Untergang des Schiffes geführt. Die Mannschaft, 510 Mann, sei von anderen russischen Schiffen an Bord genommen worden.

Der Untergang des Kriegsschiffes

Von Anfang an versuchte die russische Regierung, die Geschehnisse um die Moskwa herunterzuspielen. Zunächst behauptete das Verteidigungsministerium, ein Unfall an Bord habe einen Brand verursacht. Dann gab das Ministerium an, der Schaden sei unter Kontrolle und das Schiff werde in den Hafen von Sewastopol geschleppt. Schließlich verkündete das Ministerium am späten Donnerstag, das Schiff sei in „stürmischer See" gesunken. Doch obwohl Kommentatoren im staatlichen Fernsehen versuchten, den Verlust der Moskwa als vorübergehenden Rückschlag darzustellen, war den Russen klar, dass sich etwas Ernstes ereignet hatte.

Der Lenkwaffenkreuzer Moskwa, größtes Schiff der russischen Schwarzmeerflotte

Das Ausmaß des Verlusts war noch nicht abzusehen. Die Ukraine behauptete, die Moskwa mit einem Neptun-Marschflugkörper getroffen zu haben, wie sie zur Küstenverteidigung eingesetzt werden. Nach der Beschädigung des Schiffes wurden in den russischen Medien keine Bilder der Moskwa oder ihrer Besatzung veröffentlicht. Einige westliche Berichte deuten darauf hin, dass nur einige Dutzend der geschätzten 500 Besatzungsmitglieder gerettet wurden, als das Schiff unterging. Russland veröffentlichte keine offiziellen Informationen über die Zahl der toten Marinesoldaten.

(https://www.theguardian.com/world/2022/apr/15/loss-of-moskva-strikes-serious-blow-to-russian-militarys-prestige)

Die Schlangeninsel

Am 30. Juni 2022 erklärte die Ukraine, dass ihre Streitkräfte die russischen Truppen von der Schlangeninsel im Schwarzen Meer vertrieben hätten. Russland bestritt dies und erklärte, es habe seine Truppen als „Geste des guten Willens" abgezogen, um zu zeigen, dass das Land die Bemühungen der Ukraine um die Ausfuhr von Agrarprodukten nicht behindere.

„KABOOM! Keine russischen Truppen mehr auf der Schlangeninsel. Unsere Streitkräfte haben großartige Arbeit geleistet", schrieb Andrij Jermak, Leiter des Präsidialamts und enger Vertrauter von Präsident Selenskyj, auf Twitter (heute: X). Dazu postete er ein Foto, das Rauchfahnen zeigt, die über mehreren Teilen der Schlangeninsel aufsteigen, dieses kleinen, aber strategisch wichtigen Außenpostens der Ukraine, der von Russland in den ersten Tagen seiner Invasion eingenommen worden war (siehe S. 168–169).

„Der wichtigste Aspekt ist, dass dies die Tür für ukrainische Getreideexporte aus Odessa öffnen könnte, was für die ukrainische Wirtschaft und die weltweite Lebensmittelversorgung von entscheidender Bedeutung ist", sagte Rob Lee vom Foreign Policy Research Institute, das in den USA ansässig ist. Die Aufhebung der Blockade der ukrainischen Häfen sei ein vorrangiges Ziel der westlichen Staaten. Mehrere Militärexperten hielten dem allerdings entgegen, dass es nicht ausreichen werde, die Russen von der Schlangeninsel zu vertreiben, um die Blockade der Häfen aufzuheben.

Der Flugplatz Cherson bei Tschornobajiwka

Die Seehafenstadt Cherson liegt zwischen der Krim und Odessa (siehe Karte S. 170). Die Gegenangriffe der Ukraine bei Cherson konzentrierten sich darauf, die russischen Streitkräfte zu isolieren, das russische Militär von dringend benötigten Vorräten abzuschneiden und einen Rückzug zu erzwingen, wie es vor Kiew schon einmal gelungen war. Nicht weit von Cherson entfernt liegt im Norden die Ortschaft Tschornobajiwka, die über die Fernstraße M14 und eine Bahnlinie mit der Stadt Mykolajiw verbunden ist. Über diese Stadt wollten die Russen nach Odessa vorrücken.

Die Kontrolle des Städtchens Tschornobajiwka hätte im Falle eines Angriffs auf Mykolajiw einen strategischen und taktischen Vorteil bedeutet. Dies war hauptsächlich auf den dort gelegenen Flugplatz von Cherson zurückzuführen, den die russischen Streitkräfte nach der Invasion als Depot für Waffen und Munition sowie als Kommandozentrale nutzten, und zwar bereits seit dem 27. Februar 2022. In unregelmäßigen Abständen beschossen ukrainische Einheiten den Flugplatz mit Raketen oder

Der Flugplatz Cherson bei Tschornobajiwka am 7. April mit Luftlandefahrzeugen, Panzern und LKWs

bombardierten ihn mit Flugzeugen. Am 24. März 2022 wurde bestätigt, dass die Russen alle Hubschrauber abgezogen hätten und Generalleutnant Jakow Resanzew, Kommandant der 49. Armee des südlichen Militärbezirks, gefallen sei. Beim 15. ukrainischen Angriff am 14. April wurde das Munitionsdepot des 22. Armeekorps zerstört. Am 2. Mai traf es das Munitionsdepot der 30. Mechanisierten Brigade, und am 15. Mai kam es zu einem längeren Gefecht, bei dem etwa 75 russische Soldaten getötet wurden. Am 1. Juli – es war der 23. Angriff – wurde wieder ein Munitionsdepot getroffen, ebenso am 27. Juli. Am 5. August zerstörte ukrainische Artillerie einen Kommandoposten der 76. Garde-Luftsturmdivision und am 20. August einen Kommandoposten des 247. Garde-Luftsturmregiments durch einen HIMARS-Angriff.

Ebenfalls am 20. August wurde Darja Dugina bei einem mutmaßlichen Mordanschlag in der Nähe von Moskau in ihrem Auto getötet, an dem ein Sprengsatz angebracht worden war. Die Journalistin und Politologin Dugina war die Tochter des nationalistischen Ideologen Alexander Dugin, dem nachgesagt wurde, Einfluss auf Präsident Putin zu haben. Die Identität der Toten sei geklärt, so die Moskauer Ermittlungsbehörden.

Die 29-Jährige galt als glühende Verfechterin des russischen Angriffskrieges gegen die Ukraine. Nach Berichten von Moskauer Medien stand sie auf der Sanktionsliste Großbritanniens wegen der Verbreitung von Propaganda und Falschnachrichten über die von Putin befohlene Invasion. Duginas Behauptung, der Donbass sei bereit, ein eurasisches Reich und die Abkehr vom westlichen Materialismus zu akzeptieren, spiegelte nicht nur ihre eigene Ansicht, sondern auch die ihres Vaters wider. Es ist unklar, ob das Attentat auf die Tochter oder auf beide abzielte, denn in dem Auto sollte ursprünglich auch Duginas Vater mitfahren. Nach einer kurzen Untersuchung hieß es vom russischen Inlandsgeheimdienst FSB, dass das Verbrechen vom ukrainischen Geheimdienst geplant und durchgeführt worden sei.

Die Gegenoffensive bei Cherson

Am 29. August begann die Ukraine eine Gegenoffensive mit dem Ziel, Cherson und das von Russland besetzte Gebiet am rechten Ufer des Dnjepr, einschließlich Tschornobajiwka, zu befreien. Die ukrainischen Streitkräfte kündigten eine Informationssperre bezüglich der Gegenoffensive an. Dennoch wurden in den sozialen Medien, die nicht so leicht einzuhegen sind, in den kommenden Tagen im gesamten Oblast Cherson Explosionen und Rauchsäulen gemeldet, darunter am 30. und 31. August auch in Tschornobajiwka.

Während der monatelangen Besatzung hatten die Russen Schützengräben ausgehoben und umfassende Verteidigungsanlagen errichtet. Das Ackerland in der Umgebung bot einer angreifenden Truppe nur wenig natürlichen Schutz, und ein Labyrinth aus Bewässerungskanälen stellte ein weiteres Hindernis dar. Moskau hatte seine besten Truppen dort eingesetzt.

„Die Minenfelder, die sie dort anlegten – sie wussten selbst praktisch nicht, wie viele sie angelegt hatten. Jeder, der dorthin abkommandiert worden war, veränderte sie und fügte zusätzliche Minenfelder hinzu", sagte Generalmajor Andrij Kowaltschuk, der mit der Leitung der Gegenoffensive im Raum Cherson beauftragt worden war. „Wir hatten nicht die Möglichkeit, schnell vorzurücken."

Szenarien für die Rückeroberung des Südens

Um zu entscheiden, wie die Operation durchgeführt werden soll, reisen die ukrainischen Kommandeure im Juli 2022 zu einer Planungssitzung mit ihren amerikanischen und britischen Kollegen nach Deutschland. Zu diesem Zeitpunkt planen die Ukrainer eine umfassende Gegenoffensive an der gesamten Südfront, einschließlich eines Vorstoßes zur Küste in der Region Saporischschja, der die von Moskau begehrte Landbrücke zwischen dem russischen Festland und der Krim durchtrennen würde.

In einem Raum voller Karten und Tabellen stellen die Ukrainer ihre Pläne vor und informieren die Anwesenden über alle Details: welche Truppenteile sie verwenden wollen, wo die Stützpunkte eingerichtet werden und in welcher Reihenfolge die Einheiten vorrücken sollen. Auch die wahrscheinliche Reaktion der Russen wird berücksichtigt.

Die amerikanischen und britischen Militärexperten führen ihre eigenen Simulationen mit denselben Eingaben durch, aber mit anderer Software und anderen Analysemethoden. Ihre Ergebnisse sprechen nicht für einen Erfolg der Operation. Angesichts der ukrainischen Truppenstärke sowie der verfügbaren Waffen und Munition kommen die Planer zu dem Schluss, dass die Kampfkraft der Ukrainer erschöpft wäre, bevor sie die Ziele der Offensive erreichen würden.

„Sie haben uns um unseren Rat gebeten", sagt ein hochrangiger US-Verteidigungsbeamter, der wie alle anderen anonym bleiben will, da es sich um sensible militärische Planungen handelt. „Unser Rat lautete: Hey, Leute, ihr werdet euch übernehmen. Das wird nicht gut gehen."

Abgesehen von der Gefahr, dass die Ressourcen der Ukrainer vorzeitig erschöpft gewesen wären, hätte eine Offensive um Saporischschja die ukrainischen Streitkräfte möglicherweise in einen Kessel geführt, den die Russen mit entsprechender Verstärkung von zwei Achsen, von der Krim und aus Russland, hätten einkreisen können.
(https://www.washingtonpost.com/world/2022/12/29/ukraine-offensive-kharkiv-kherson-donetsk/)

Das Weiße Haus wiederholte die Analyse der US-Militärfachleute in Gesprächen mit Selenskyjs Präsidialamt. Der Nationale Sicherheitsberater Jake Sullivan habe mit dem Präsidialamtsleiter Andrij Jermak über die Pläne für eine groß angelegte Gegenoffensive im Süden gesprochen, berichteten Personen, die mit den Gesprächen vertraut waren. Die Ukrainer nahmen den Rat an und führten eine begrenztere Kampagne durch, die sich nur auf Cherson konzentrierte, weil die Stadt auf der Westseite des Dnjepr liegt und vom russisch kontrollierten Gebiet im Osten getrennt ist.

General Kowaltschuk plante nun, einen Keil zwischen die Einheiten des besetzten Gebietes jenseits des Westufers des Dnjepr zu treiben und die russischen Streitkräfte so in die Falle zu locken. „Meine Aufgabe bestand nicht nur darin, das Gebiet zu befreien", sagte Kowaltschuk. „Meine Aufgabe bestand von Anfang an darin, die Streitkräfte zu blockieren und zu vernichten. Das heißt, sie nicht entkommen zu lassen." Gelänge dies nicht, sollte das Ziel darin bestehen, die russischen Truppen zur Flucht zu zwingen. Die 25.000 russischen Soldaten in diesem Teil von Cherson, der durch den

Generalmajor Andrij Kowaltschuk, Leiter der Gegenoffensive

Fluss von der Versorgung abgeschnitten war, befanden sich in einer äußerst exponierten Lage. Wenn genügend militärischer Druck ausgeübt würde, hätte Moskau keine andere Wahl, als den Rückzug anzuordnen, sagte Kowaltschuk.

Russland musste seine Truppen über drei Übergänge mit Waffen und Lebensmitteln versorgen: die Antoniwka-Brücke, die Antoniwka-Eisenbahnbrücke und den Nowa-Kachowka-Staudamm im Norden, über den eine Straße führt.

Die beiden Brücken waren mit den von den USA gelieferten HIMARS-Raketenwerfern, die eine Reichweite von rund 80 km hatten, bereits zerstört worden. „Es gab Momente, in denen wir ihre Versorgungswege komplett unterbrechen konnten und sie es trotzdem geschafft haben, Übergänge zu bauen", sagte Kowaltschuk. „Es ist ihnen gelungen, Munition herbeizuschaffen. Es war sehr schwierig."

Kowaltschuk erwog auch, den Stausee zu öffnen, um den Fluss zu fluten. Diese Möglichkeit testeten die Ukrainer aus, indem sie einen Angriff mit einem HIMARS-Raketenwerfer auf eines der Schleusentore des Nowa-Kachowka-Staudamms durchführten und drei Löcher in das Metall schossen, um zu sehen, ob das Wasser des Dnjepr so weit ansteigen würde, dass es die russischen Überquerungen verhinderte, ohne dabei die umliegenden Dörfer zu überfluten. Der Test sei erfolgreich gewesen, erklärte Generalmajor Kowaltschuk, aber dieser Schritt sei nur als letztes Mittel in Betracht gezogen worden.

Der Verlauf der Gegenoffensive

Am 29. August 2022 kündigte Präsident Selenskyj den Beginn einer groß angelegten Gegenoffensive zur Rückeroberung der von Russland besetzten Gebiete im Süden an. Diese Ankündigung wurde sowohl vom ukrainischen Parlament als auch vom Einsatzkommando Süd bestätigt.

Zu Beginn der Cherson-Offensive durchbrachen ukrainische Streitkräfte die erste Verteidigungslinie Russlands. Anfang September führte ein 32-jähriger Kompaniechef der 35. Marinebrigade, der Jurij hieß, seine Einheit unter Beschuss über einen kleinen Fluss und stieß außerhalb des Dorfes Bruskynske, etwa 80 km nordöstlich von Cherson, auf eine zweite Verteidigungslinie. Die Russen, die sich bereits seit Monaten in der Gegend aufhielten, hatten Schützengräben mit Beton ausgekleidet und Panzer in großen Erdlöchern versteckt.

Dort bekamen Jurijs Männer die volle Wucht der russischen Luftwaffe zu spüren. Flugzeuge warfen hochexplosive FAB-Bomben (Fuel-Air-Bomben) über seiner Einheit ab, die anfangs nur über Waffen zur Selbstverteidigung und nicht zur Flugabwehr verfügte. „Das sind Kampfmittel, die nichts zurücklassen", sagte Jurij. „Diese Explosion, diese Druckwelle — wenn sie 200 m entfernt ist, spürt man sie sehr stark. Sie wirft einen um. Als wir direkte FAB-Treffer auf unseren Stellungen hatten, war von den Menschen nichts mehr übrig."

Die ukrainischen Streitkräfte versuchten, nach Süden vorzudringen, um — wie geplant — einen Keil in die russischen Truppen westlich des Dnjepr zu treiben und in Artilleriereichweite des Nowa-Kachowka-Staudamms zu gelangen. Doch die Verluste der Ukrainer wurden schnell höher. Da immer mehr gepanzerte Fahrzeuge zerstört wurden oder ausfielen, mussten die Sanitäter die Verwundeten in Pick-ups transportieren, oft unter Beschuss der Russen. Später benutzen sie ein russisches Auto, das ihnen in die Hände gefallen war.

Im Oktober 2022 konnte die Ukraine die Lage stabilisieren, und Jurij wurde in das nahe gelegene Dorf Davydiv Brid geschickt. Dort kletterte er auf ein rotes Metallgerüst, um das befreite Dorf zu fotografieren. Als ein starker Windstoß aufkam, schrie er begeistert in den Sturm: „Wir hissen feierlich eine blau-gelbe Flagge über Davydiv Brid! Hoch lebe die Ukraine!"

Trotzdem wuchs in Kiew die Ungeduld. Zwar betonte Kowaltschuk immer wieder, dass es nur eine Frage der Zeit sei, bis die Russen sich zurückziehen würden — bald würden die Blätter von den Bäumen fallen, der Fluss würde zufrieren und die Vorräte der russischen Streitkräfte würden zur Neige gehen. Doch das ging Kiew nicht schnell genug. Kowaltschuk hatte seine Aufgabe nicht zufriedenstellend erfüllt, und so wurde er durch Brigadegeneral Oleksandr Tarnawsky ersetzt, der zusammen mit General Syrskyj in Charkiw gekämpft hatte. Die Änderung wurde nicht öffentlich bekannt gegeben — wie es hieß, um Russland keinen propagandistischen Sieg zu verschaffen. Die Amerikaner allerdings wurden informiert.

„Ich glaube, es gab Leute, die angesichts der Bewegung im Süden wahrscheinlich ungeduldig wurden", sagte ein hochrangiger US-Militärbeamter. „Es war ein wirklich guter Anfang, aber dann kam irgendwie nichts mehr." Tarnawsky, der neue Kommandeur, erklärte, er wende einige der Taktiken an, die er und Syrskyj in Charkiw entwickelt hätten, und greife dort an, wo die Russen es am wenigsten erwarten würden.

Er sagte, er habe das Gebiet zwischen Mykolajiw und Cherson — flaches Ackerland mit wenig Baumbestand und zahlreichen mit Beton ausgekleideten Bewässerungskanälen — als Ort für die Hauptoffensive ausgewählt. „Wir gingen davon aus", so Tarnawsky, „dass der Feind nicht damit rechnen werde, dass wir es dort tun würden."

Die Verantwortung für diesen schwierigen Frontabschnitt nordwestlich von Cherson fiel auf Oberst Vadim Sucharewsky, Kommandeur der 59. Motorisierten Infanteriebrigade. Sucharewskys Männer hatten sich durch die russischen Frontlinien gekämpft und Verluste verkraftet; nun trafen sie erneut auf heftigen Widerstand. Ziel der Gegenoffensive war, so dicht an den Dnjepr heranzukommen, dass sie die Flussübergänge nach Cherson mit Artillerie beschießen könnten. Dieses Feuer würde auch Nachschubfahrten der Russen mit Ponton-Lastkähnen nahezu unmöglich machen. Sucharewskys Truppen waren fast am Ziel. „Es war buchstäblich ein Kampf um jeden Meter", berichtete der Kommandeur.

Die Ukrainer entwickelten ungewöhnliche Ideen der Kriegsführung. Sie modifizierten die Batterien in ihren Drohnen so, dass diese viermal weiter fliegen konnten – bis zu 21 km. Sie besorgten sich den nach faulen Eiern stinkenden Geruchsstoff, der dem eigentlich geruchlosen Erdgas zugesetzt wird, und leiteten ihn in die feindlichen Schützengräben. Sie beschafften sich Drohnen von Zigarettenschmugglern und verwandelten sie in automatisch detonierende Sprengsätze. „Unsere Armee ist es gewohnt, mit improvisierten Mitteln zu kämpfen", kommentierte Sucharewsky dies.

Einer seiner Zugführer, der Lokalpolitiker Yevgen Ignatenko, der einen Getreidegroßhandel in Cherson besaß, erklärte, wie seine eigenen Lastkähne am besten zu zerstören wären, die Russland angefordert hatte, um Truppen und Vorräte über den Dnjepr zu transportieren. Da Ignatenko die Gegend gut kannte – Nebenstraßen, Kanäle, Pumpstationen –, wusste er am besten, wie man durch das schwierige Gelände vorankommen konnte. Darüber hinaus erhielt er Informationen über die Aktivitäten der Russen aus einem Netzwerk von Quellen hinter den feindlichen Linien.

In der Nacht des 9. Novembers, so Sucharewsky, näherte sich die Brigade dem Dorf Zelenyi Hai; von dort aus war Cherson in Reichweite der Artillerie. Die Ukrainer beschossen nun den Fluss, berichtete Sucharewsky, doch die Russen hatten bereits am Tag zuvor mit dem Rückzug begonnen. (https://www.washingtonpost.com/world/2022/12/29/ukraine-offensive-kharkiv-kherson-donetsk/)

Wechsel in Moskau

Inzwischen verbreiteten Kommentatoren des russischen Staatsfernsehens wiederholt pessimistische Einschätzungen der russischen Fortschritte auf dem Schlachtfeld. Der Putin nahestehende Fernsehmoderator Wladimir Solowjow (siehe S. 162) drückte seine Frustration darüber aus, dass das russische Militär keinen größeren Erfolg auf dem Schlachtfeld erzielt habe, und warnte: „Der ganze Westen beginnt, uns zu verspotten." Ein anderer Kommentator, Maxim Jussin, erklärte, dass kein Land in der Geschichte jemals ein Gebiet annektiert habe, ohne es anschließend zu kontrollieren, und äußerte Zweifel daran, dass die mobilisierten russischen Streitkräfte in der Lage sein würden, die 710.000 Einwohner von Saporischschja zu unterwerfen bzw. zu kontrollieren.

Diese negative Stimmung schlug in Empörung um, nachdem am 8. Oktober 2022 bei einem Anschlag ein Feuer auf der Krim-Brücke ausgebrochen war; diese Brücke, mit 19 Kilometern die längste Europas, überspannt die Straße von Kertsch und verbindet die Krim mit dem östlich gelegenen russischen Festland (siehe Karte S. 170). Der Anschlag war mittels einer LKW-Bombe verübt worden und führte zum Tod von vier Menschen sowie zu schwerwiegenden Störungen des russischen Nachschubs. Putin bezeichnete den Anschlag als terroristischen Akt und beschuldigte den ukrainischen Geheimdienst, den Anschlag verübt zu haben. In den Medien tauchte die Frage auf, ob dies nicht ein Grund für drastische Gegenmaßnahmen sei. Putin reagierte mit der Ernennung von General Sergei Surowikin, der in Bachmut gekämpft hatte, zum neuen Oberbefehlshaber der russischen Streitkräfte in der Ukraine. Surowikin wurde in militärischen Kreisen Russlands für seine Kampfkraft gelobt und in den russischen Medien als „General Armageddon" bezeichnet.

Am 9. November beschlossen Surowikin und Verteidigungsminister Schoigu, die russischen Truppen vom Westufer des Dnjepr zurückzuziehen, da die Versorgungskapazitäten für Cherson aufgebraucht waren. Russlands Entscheidung, Cherson zu evakuieren, stieß bei den „Falken" auf erheblichen Widerstand und führte zur erneuten Diskussion über die militärischen Misserfolge Russlands.

Das Entfernen der russischen Flagge von einem großen Verwaltungsgebäude in Cherson, vereinzelte Berichte über den Diebstahl von Autos, Krankenwagen und Traktoren sowie das Entwenden von Kulturgütern, etwa der Gebeine von Grigori Potjomkin (auch: Gregor Potemkin) aus seinem Grab in der St.-Katharinen-Kathedrale, hatten bereits auf einen Abzug der Russen hingedeutet. Auch sollen Russen in Zivil verlassene Häuser in Cherson durchsucht haben.

Präsident Wolodymyr Selenskyj sagte am 9. November in seiner abendlichen TV-Ansprache, dass Kiew nach der Ankündigung des russischen Abzugs „sehr vorsichtig" vorgehe. „Der Feind macht uns keine Geschenke und es gibt von ihm keine Geste des guten Willens", sagte er. „Deshalb gehen wir sehr vorsichtig vor, ohne Emotionen, ohne unnötige Risiken, im Interesse der Befreiung unseres gesamten Landes, und damit die Verluste so gering wie möglich sind."

Am 11. November 2022 zogen dann ukrainische Truppen in Cherson ein und wurden von der Bevölkerung frenetisch bejubelt: „Slava Ukraini!" (Es lebe die Ukraine!)

Nachtrag

Präsident Selenskyj hatte am 29. August 2022 den Beginn einer groß angelegten Gegenoffensive an der Südfront angekündigt. Dies wurde am 10. September 2022 vom britischen Guardian so kommentiert: „Die viel beachtete ukrainische Südoffensive war eine Desinformationskampagne, um Russland von der eigentlichen Offensive abzulenken,

General Oleksandr Tarnawsky nach der Befreiung von Cherson

die in der Region Charkiw vorbereitet wurde, wie ukrainische Spezialeinheiten mitteilten." Offenbar bezog sich der Artikel auf Äußerungen von Tara Berezovets, einem ukrainischen, am Londoner King's College ausgebildeten politischen Analysten, der zu jenem Zeitpunkt Sprecher der Spezialeinheiten war. Berezovets hatte die südliche Gegenoffensive als Teil eines Ablenkungsmanövers bezeichnet, denn in Wahrheit habe sich die Ukraine auf eine große Gegenoffensive im Raum Charkiw vorbereitet.

Diese Desinformationskampagne hatte laut einer Analyse des amerikanischen Institute for the Study of War Erfolg, denn Russland begann, Ausrüstung von den östlichen Frontlinien zu den südlichen zu verlegen, um sich dort auf die bevorstehende Gegenoffensive vorzubereiten.

Quellen: Die Gegenoffensive im Süden

Bücher

- Plokhy, Serhii, The Russo-Ukrainian War, London 2023
- Ramani, Samuel, Putin's War on Ukraine, Russia's Campaign for Global Counter-Revolution, London 2023
- Shuster, Simon, The Showman, Inside the Invasion that Shook the World and Made a Leader of Volodymyr Zelensky, New York 2024
- Trofimov, Yaroslav, Our Enemies Will Vanish, New York 2024

Online-Publikationen

- https://www.ft.com/content/38415880-239c-415e-bd24-63706307204e
- https://www.nytimes.com/2022/07/21/world/europe/ukraine-russia-weapons-war.html
- https://web.archive.org/web/20220614131821/https://www.independent.co.uk/news/world/europe/ukraine-fifth-russian-general-killed-b2039617.html
- https://web.archive.org/web/20220415092906/https://www.bbc.com/news/world-europe-61114843
- https://www.theguardian.com/world/2022/apr/15/loss-of-moskva-strikes-serious-blow-to-russian-militarys-prestige
- https://www.spiegel.de/ausland/darja-dugina-tochter-von-russischem-nationalisten-stirbt-bei-bomben-anschlag-a-d0359731-8dd7-427c-b610-e2154b4d6674
- https://www.washingtonpost.com/world/2022/12/29/ukraine-offensive-kharkiv-kherson-donetsk/
- https://www.nbcnews.com/news/world/ukraine-counteroffensive-russian-held-south-kherson-rcna45265
- https://www.bbc.com/news/world-europe-63573387
- https://www.theguardian.com/world/2022/sep/10/ukraines-publicised-southern-offensive-was-disinformation-campaign

Kapitel 14
Die Gegenoffensive im Nordosten

Seit Beginn der russischen Invasion am 24. Februar 2022 war die Region um die Millionenstadt Charkiw Schauplatz erbitterter Kämpfe gewesen. Die Stadt, die im Nordosten der Ukraine etwa 30 km von der russischen Grenze entfernt liegt, war für die Russen ein wichtiges militärisches und politisches Ziel. Im Februar, März und April 2022 war die Stadt schweren Angriffen und Bombardements ausgesetzt, und die russischen Streitkräfte waren nahe daran, sie einzukesseln. Doch Anfang Mai führten die Ukrainer eine Gegenoffensive in der Region durch, die die Russen aus der Artilleriereichweite der Stadt und zurück an die russische Grenze drängte. Mitte Mai war die Schlacht um Charkiw vorbei. Die Ukrainer hatten ihre zweitgrößte Stadt einstweilen gesichert, wobei allerdings weiterhin in unregelmäßigen Abständen Luftangriffe erfolgten. Zudem bleiben Teile der Oblast Charkiw weiterhin in russischer Hand.

Vollständige Eingliederung

In den eroberten Gebieten der Region Charkiw begannen die russischen Besatzungsbehörden mit einer vollständigen Eingliederung in Russland. Zum Gouverneur wurde Vitaliy Ganchew ernannt, ein ehemaliger ukrainischer Polizeioffizier, der sich 2014 in den russisch okkupierten Donbass abgesetzt hatte. Bei einem Treffen am 23. August 2022 mit dem Personal eines Krankenhauses in Schewtschenkowe, Oblast Charkiw, drückte Ganchew seine Überzeugung aus, dass die Zugehörigkeit zu Russland bleiben werde, und forderte die Angestellten auf, einen Vertrag mit dem russischen Gesundheitssystem zu unterzeichnen. „Ihr hofft immer noch, dass die Ukrainer zurückkommen werden. Doch sie werden nie zurückkommen. In einem Monat haben wir auch die Stadt Charkiw erobert", sagte der neu ernannte Gouverneur.

Am 1. September, dem Beginn des russischen Schuljahres, öffneten einige Schulen im besetzten Teil der Region unter russischer Flagge; doch die meisten Lehrer und auch Schüler erschienen nicht. Das Hauptquartier der russischen Besatzungsmacht befand sich in Kupjansk, und dort stapelten sich auch die frisch importierten Schulbücher und weitere Unterrichtsmaterialien. Sechs Schulanfänger wurden vor den russischen Fernsehkameras präsentiert, und die russische Schriftstellerin und glühende Patriotin Anna Dolgareva aus Charkiw hielt eine Ansprache zum Beginn des Schuljahres: „Ihr Kinder werdet diejenigen sein, die das russische Wort weitertragen werden", sagte sie zu den sechs Kindern, die vermutlich nicht begriffen, worum es ging. Sie schloss mit dem Satz, dass der übrige Teil der Region wohl bald befreit sein werde.

An diesem Tag traf der erste einer Reihe von ukrainischen HIMARS-Angriffen das russische Verwaltungszentrum Kupjansk und zerstörte das Gelände, auf dem sich der russische Geheimdienst FSB befand. Die Ukrainer hatten begonnen, das gesamte Gebiet zurückzuerobern.
(Yaroslav Trofimov, Our Enemies Will Vanish, S. 267 f.)

Erstaunliche Verwundbarkeit

Im Sommer 2022 hatten die Russen hohe Verluste zu verzeichnen, zudem wollte Präsident Putin keine weitere Mobilisierung anordnen. Aus diesen Gründen waren die Truppen des Kremls stark dezimiert. Die Verlegung von Einheiten nach Süden sollte die Verteidigungsfähigkeit der eroberten Regionalhauptstadt Cherson verstärken, da von einem ukrainischen Vorstoß die Rede war. Doch diese Truppenverlegung hatte dazu geführt, dass die Region Charkiw nur noch leicht geschützt war. Das war eine erstaunliche Verwundbarkeit, die von ukrainischen Aufklärungsteams und kleinen Drohnen entdeckt und bestätigt wurde. Nach den Worten Präsident Selenskyjs sollte die „Karte des Schlachtfeldes" noch vor dem Winter „neu gezeichnet" werden.

Mögliche Szenarien

Ende August traf sich General Oleksandr Syrskyj, der die Verteidigung von Kiew organisiert hatte (siehe S. 112–113), mit seinen engsten Mitarbeitern und den wichtigsten Brigadekommandeuren im Osten der Ukraine. Im Besprechungsraum lag ein 48 Quadratmeter großes, im 3D-Druckverfahren hergestelltes Geländemodell des von Russland besetzt gehaltenen Teils der gesamten Region Charkiw.

Jeder Kommandeur ging den Weg des geplanten Angriffs seiner Einheit inmitten der nachgebauten Städte, Hügel und Flüsse ab, spielte die Mission durch und besprach Koordination sowie Eventualitäten bis hin zu Worst-Case-Szenarien. Die Offiziere verwendeten Laserpointer, um auf Krisenherde aufmerksam zu machen. „Es war eine mühsame Aufgabe", sagte Syrskyj.

Schon seit der Rückeroberung der Stadt Charkiw im Frühjahr 2022 hatte Syrskyj die Region Charkiw und die strategisch wichtigen Städte Balaklija und Isjum als verwundbare Ziele in Betracht gezogen. Man überlegte, dass man eine Offensive durchführen könnte,

Die ukrainische Gegenoffensive und der russische Rückzug

indem man tief in das von Russland gehaltene Gebiet vordringen würde, und zwar vom Norden der beiden Städte aus, um die russischen Streitkräfte von ihren Reserven jenseits der nahen Grenze zu Russland abzuschneiden und sowohl Balaklija als auch Isjum möglicherweise einzukesseln. Die geografische Lage und die Positionierung der russischen Streitkräfte hatten Syrskyj überzeugt, dass dies mit einem einzigen, schnellen Schlag erreicht werden könnte. Dieser Schlag müsste so schnell sein, dass Russland keine Zeit hätte, sich neu zu formieren.

Als der ukrainische Generalstab im Sommer 2022 den Befehl an die Kommandeure erteilte, mögliche Ablenkungsmanöver zu entwickeln, um die russischen Streitkräfte bei der Verteidigung von Cherson im Süden zu binden, wusste Syrskyj, was er vorschlagen wollte. „Der Feind dachte, weil er so viele Streitkräfte in Isjum stationiert hatte und weitere jenseits der russischen Grenze in der Region Belgorod präsent waren, dass wir verrückt sein müssten, um zu versuchen, genau in der Mitte zuzuschlagen und die beiden Standorte voneinander zu trennen", sagte Syrskyj. „Aber genau das war unser Gedanke."

Zu Beginn des Krieges hatte Russland Isjum in eine Militärhochburg verwandelt und die Stadt als Basis für eine Zangenbewegung ins Auge gefasst, die die ukrainischen Streitkräfte im Osten einkesseln sollte. Auf dem Höhepunkt der Vorbereitungen hatte Russland laut Syrskyj 24 taktische Bataillonsgruppen, etwa 18.000 Soldaten, in Isjum und den umliegenden Städten zusammengezogen sowie Waffen und Munition gelagert.

Aufklärung

Im August stellte Syrskyj – auch dank detaillierter Informationen aus den USA – fest, dass die Zahl der Bataillone in Isjum um mindestens die Hälfte gesunken war, da Russland seine erfahrensten Kämpfer in den Süden nach Cherson verlegt hatte. Syrskyj sagte, in der Geschichte der Kriege sei es schon oft vorgekommen, dass ein Ablenkungsangriff […] der eigentliche Hauptangriff gewesen sei. „So könnte es auch hier kommen, weil der Feind nicht damit rechnen wird, dass wir genau dort angreifen, wo wir den Hauptschlag geplant haben."

Syrskyj hatte berechnet, dass sich die Ukraine die Verluste nicht erlauben konnte, die mit einem Frontalangriff auf Dörfer und Städte einhergehen würden. Deshalb plante er, die Front zu durchbrechen, Ballungszentren zu umzingeln und auf diese Weise den Feind zum Rückzug zu zwingen. Geschwindigkeit war dabei entscheidend. Wenn es den Russen gelänge, Reserven von jenseits der Grenze herbeizuschaffen, würde eine große Anzahl ukrainischer Truppen hinter den feindlichen Linien abgeschnitten werden. „Alles hing vom ersten Tag ab, davon, wie weit wir durchbrechen könnten", sagte Syrskyj. „Je weiter wir vordringen würden, desto weniger könnten sie tun, desto mehr wurden ihre Einheiten abgeschnitten und unter psychischem Druck isoliert."

Mangel an Munition

Im August ging den Ukrainern die sowjetische Munition fast aus, die sie für die Mehrzahl ihrer Artilleriegeschütze benötigten^. Die westlichen Verbündeten beeilten sich, NATO-Standardmunition und -systeme zu liefern, aber das war nicht ausreichend.

In einer riskanten Entscheidung verlegte die Ukraine einige der wertvollsten westlichen Waffensysteme an die Front von Charkiw. Jede angreifende Brigade war mit mindestens acht M777-Haubitzen bewaffnet, so die Befehlshaber. In einigen Fällen trafen die Haubitzen erst in der Nacht vor Beginn des Angriffs in den Lagern ein. Es wurden auch zusätzliche Drohnen eingesetzt, um sicherzustellen, dass die Brigaden die Ziele genau anvisierten.

Der Leiter der Raketentruppen und Artillerieausbildung der ukrainischen Armee befürchtete trotzdem, dass die Streitkräfte mehr als 100.000 Geschosse benötigen könnten. Die Ukrainer hatten nur einige Zehntausend – nicht genug für einen langwierigen Kampf. Es war denkbar, dass sie in fünf Tagen etwa 32.500 Stück verbrauchen müssten. Der US-Geheimdienst half dabei, die Munition durch genaue Zielerfassung zu rationieren. Nach Angaben von US-amerikanischen und ukrainischen Fachleuten hatten die beiden Partner ein Echtzeit-Schema ausgearbeitet: Die Ukrainer gaben die wichtigen Ziele an, nach denen sie suchten, und die Vereinigten Staaten nutzten ihre umfangreiche georäumliche Aufklärung, um mit genauen Standorten zu antworten.

Im Pentagon wurde vermutet, dass die russische Führung die Verwundbarkeit an der Front von Charkiw nicht vollständig erkannt hatte, weil die Befehlshaber die Lage nicht wahrheitsgemäß vermeldeten. Eine andere Hypothese war, dass Russland den Angriff zwar kommen sah, aber nicht genug Männer hatte, um ihn aufzuhalten.

Mitte August war General Syrskyj zuversichtlich, dass der Plan gelingen werde, aber er musste Selenskyj noch davon überzeugen. Er beschrieb die Mission als eine Chance, mit minimalen Ressourcen und Verlusten ein großes Gebiet zu befreien. Und Selenskyj, der sich endlich einen großen Sieg auf dem Schlachtfeld wünschte, genehmigte den Angriff.

(https://www.washingtonpost.com/world/2022/12/29/ukraine-offensive-kharkiv-kherson-donetsk/)

Vorbereitung des Gegenangriffs

Oleg, ein 21-jähriger ukrainischer Kompaniechef, wurde im August 2022 zusammen mit Tausenden anderer Soldaten zu einem Treffpunkt in der Region Charkiw beordert. An seiner letzten Einsatzposition war sein Trupp russischem Artilleriefeuer ausgesetzt gewesen. Doch hier, in einem Gebiet mit Dörfern, Ackerland und Gräben im Nordosten der Ukraine, war die Stille beunruhigend. „Die Stille hat mich am meisten gestört", sagte Oleg. „Sie kam mir seltsam vor. Wie konnte das nur sein?" Noch beunruhigender waren die Befehle seiner Vorgesetzten, mit hoher Geschwindigkeit bis zu 60 km tief in feindliches Gebiet vorzustoßen, in einer kühnen, streng geheimen Gegenoffensive – direkt zwischen dem von Russland besetzten Isjum und der russischen Region Belgorod, die mit Militärstützpunkten übersät war. „Es schien absurd", meinte Oleg.

Der Bereitstellungsraum für die ausgewählten Einheiten – etwa Teile der 25. Luftlandebrigade und der 92. Mechanisierten Brigade – befand sich etwa 15 km nordwestlich von Balaklija, in der Nähe der kleinen Ortschaft Pryshyb. Neben den Spezialkräften warteten hier die Panzer- und auch Artillerie-Einheiten auf den Angriffsbefehl.

Kurz nach 3.30 Uhr begann Olegs Truppe aus etwa 100 Soldaten, die zur 25. Luftlandebrigade gehörten, in kleinen Kolonnen von je drei Schützenpanzern vorzurücken.

Der 6. September 2022

Doch bevor sich die Kolonnen in Bewegung setzen konnten, hatten die ukrainischen Artilleristen mit amerikanischen M270-Mehrfachraketenwerfern, den Vorgängern von HIMARS, stundenlang russische Stellungen beschossen – Kommandoposten, Munitionsdepots, Treibstofflager. Ukrainische Militärangehörige berichteten später, dass die russischen Soldaten oder ihre separatistischen Mitkämpfer jenseits der Front Schwierigkeiten hatten, Befehle zu erhalten oder sich mit den Streitkräften in der Nähe abzustimmen, während die Raketen niederprasselten. Einige russische Einheiten begannen, sich zurückzuziehen.

Im Gegensatz zur Cherson-Gegenoffensive im Süden waren der Angriff auf Balaklija und die weitere Planung geheim gehalten worden. Journalisten hatten keinen Zutritt zu dem Bereitstellungsraum, und es gab auch keine offiziellen Erklärungen.

Erste Berichte

Am späten Nachmittag des 6. Septembers gab es erste Berichte von russischen Bloggern auf Telegram, dass eine für Russland wohl sehr schwierige Situation eingetreten sei. Fotos von Einheimischen, die in den sozialen Medien auftauchten, zeigten einen ukrainischen BTR-Schützenpanzer in Werbiwka, einem Dorf nordöstlich von Balaklija. Das russische Verteidigungsministerium schwieg, nur der in der Oblast Charkiw eingesetzte russische Gouverneur Vitaliy Ganchew verbreitete die Parole, dass Balaklija immer russisch bleiben werde. „Verfallt nicht in Panik und behaltet einen klaren Kopf", waren seine Worte.

Balaklija blieb in russischer Hand, zumindest diese Nacht. Der Grund war, dass die ukrainischen Kommandeure keinen Kleinkrieg um jedes Dorf führen, sondern ihr großes Ziel im Auge behalten wollten. Die Ortschaft war von ukrainischen Truppen eingekesselt worden, während die Mehrheit so schnell wie möglich weiterzog.

Noch am selben Abend stürmten im Städtchen Schewtschenkowe, etwa 30 km nordöstlich von Balaklija gelegen, an die 70 abgekämpfte russische Soldaten in das kleine Krankenhaus, damit ihre Verwundeten versorgt würden. Für die Leiterin des Krankenhauses war dies ein Hinweis darauf, dass etwas Ungewöhnliches passiert war. Etwas später tauchte eine russische Frau auf und fragte nach ihrem Mann, der zu dieser russischen Einheit gehörte. Die Antwort der Kameraden des Mannes: „Er ist gegangen."

7. September 2022

Am folgenden Morgen hatten die russischen Soldaten das Krankenhaus schon früh verlassen. Einige Stunden später sah die Direktorin eine ukrainische Patrouille, die langsam vorbeifuhr. Die Freude war groß, dass „ihre ukrainischen Jungens wieder da waren, mit ihrer Flagge".

Inzwischen hatte der Großteil der ukrainischen Truppen Balaklija umfahren und tauchte schnell überall auf – in Dörfern, Wäldern und sogar auf wichtigen Routen, die die Russen für sicher gehalten hatten. Die 80. Brigade hatte es unter ihrem Kommandeur Igor Skybiuk sogar geschafft, in den Rücken der russischen Truppen bei Isjum vorzustoßen. „Wir waren wie eine Fata Morgana für den

Feind, und er verstand nicht, was eigentlich geschah", erinnerte sich Skybiuk. Die gesamte russische Frontlinie wurde immer brüchiger. Russische Einheiten zogen sich in Panik zurück und ließen oftmals ihre Panzer und Artilleriegeschütze zurück. Reguläre russische Truppen waren häufig die ersten, die flohen; sie ließen die verbündeten Separatisten aus Donezk und Luhansk auf sich allein gestellt zurück.

Putins Reaktion

Putin, am 7. September auf dem Eastern Economic Forum in Wladiwostok auf diese Entwicklung angesprochen, bestritt, dass etwas Ungewöhnliches im Gange sei. „Wir haben nichts verloren und werden auch nichts verlieren", sagte er. „Was die Gewinne betrifft, so kann ich sagen, dass der Hauptgewinn die Stärkung unserer Souveränität ist."

Das russische Militär unterhielt auch weiterhin eine beträchtliche Streitmacht in der Region Charkiw. Mindestens ein Dutzend taktische Bataillonsgruppen waren in der Stadt Isjum, dem Hauptquartier der 1. Panzerarmee, stationiert und mit mehr als ausreichenden Beständen an Munition und schweren Waffen ausgestattet. Doch ein Angriff mit einem ukrainischen HIMARS-Raketenwerfer auf das russische Hauptquartier bereits in den ersten Stunden der Offensive hatte einen großen Teil ihres Kommandos ausgelöscht, sodass die Koordinierung der russischen Streitkräfte in der Region weitestgehend unterbunden war. Das Chaos auf dem Schlachtfeld nahm beträchtlich zu.

8. September 2022

Die ukrainische Regierung bestätigte schließlich die Gegenoffensive im Großraum Charkiw. Zu diesem Zeitpunkt waren die ukrainischen Streitkräfte beinahe 50 km in russisch besetztes Gebiet vorgedrungen und hatten mehr als 20 Ortschaften befreit. In Balaklija hisste der stellvertretende Kommandeur des „Kraken"-Regiments (einer Spezialeinheit der ukrainischen Geheimdienste) gegen 16.00 Uhr die ukrainische Fahne auf einem Dach. Dann stellte er sich auf die eingeholte russische Flagge.

Der russische Gouverneur veröffentlichte noch an diesem Tag ein Statement, während er am Straßenrand stand, neben ihm sein Wagen mit laufendem Motor. Er sagte, dass die Zivilisten Kupjansk verlassen sollten, die Stadt, in der sich die Verwaltung der Besatzungsmacht befand. „Heute sehe ich keine andere Möglichkeit, um unsere Kinder zu retten." Er, der Ukrainer, und andere Kollaborateure waren auf dem Weg nach Russland, da sie Vergeltung fürchteten.

Ukrainische Flagge im befreiten Balaklija

Nach Balaklija bewegte sich die Gegenoffensive in zwei Richtungen. Eine Angriffskolonne stürmte nach Nordosten mit dem Ziel Kupjansk, das nicht nur das Verwaltungszentrum der Russen war, sondern auch ein wichtiger Eisenbahnknotenpunkt. Die andere Kolonne stürmte nach Südosten, mit den Zielen Isjum, dem Tor zum Donbass, und Lyman, das ebenfalls ein wichtiger Eisenbahnknotenpunkt war.

9. September 2022: Isjum

Nach dem ursprünglichen Schlachtplan sollte die Kompanie am siebten Tag eine Stellung auf einem Bergrücken nördlich von Isjum beziehen, etwa 65 km vom Ausgangspunkt der Offensive entfernt. Doch am Tag zuvor wurden die Kompaniechefs zu einer Besprechung einberufen. „Die Hälfte der Einheiten in Isjum, vielleicht sogar die Mehrheit, ist auf der Flucht", sagte der Bataillonskommandeur. „Also marschieren wir einfach ein."

Der junge Kompaniechef Oleg (siehe S. 284) fuhr mit seiner Kompanie voraus. Beim ersten russischen Kontrollpunkt in der Stadt gingen sie in Deckung. Innerhalb weniger Minuten kam eine kastenförmige, beflaggte russische Schiguli-Limousine mit dem aufgemalten Buchstaben „Z", dem Symbol der Invasoren, die Straße entlang, die voller ukrainischer Soldaten war. Wenn die Insassen der Limousine versuchen wollten zu fliehen, so fuhren sie in die falsche Richtung. Ein Soldat schoss mit der Panzerfaust auf das Auto. „Feind eliminiert", erklärte er. In der Ferne konnten die ukrainischen Truppen andere russische Fahrzeuge sehen, die in die richtige Richtung fuhren, aus der Stadt heraus.

Als Olegs Kompanie ohne Verluste in das Zentrum von Isjum einrückte, waren die Truppen verblüfft über das, was sie vor sich sahen: fahrbereite Panzer, feuerbereite Artilleriegeschütze sowie Tanklaster, die bis zum Rand gefüllt waren. Außerdem fanden sie tonnenweise Munition und leichte Waffen. Die russischen Truppen hatten alles, was sie zur Verteidigung gebraucht hätten, stellte Oleg fest, doch es fehlte der Wille zu kämpfen, und anscheinend hatten sie auch nicht genug Männer. Selbst die in der Gegend verbliebenen russischen Eliteeinheiten ergriffen die Flucht, als sie merkten, dass Moskau keine Truppen zur Verstärkung mehr schicken würde.

„Wir hatten zwar damit gerechnet, dass wir allen Situationen und Aufgaben gewachsen sein müssten", sagte General Syrskyj, „aber dass es zu einem solchen kaskadenartigen Zusammenbruch kommen würde, damit habe ich nicht gerechnet."

Rückzug der Russen

Das Verteidigungsministerium in Moskau ordnete die Aufgabe von Isjum an. „Um die erklärten Ziele der speziellen Militäroperation zur Befreiung des Donbass zu erreichen, wurde beschlossen, die russischen Streitkräfte in den Gebieten Balaklija und Isjum neu zu gruppieren, um die Bemühungen in Richtung Donbass zu verstärken", erklärte das Ministerium und behauptete außerdem, dass die russischen Streitkräfte in den drei Tagen zuvor 2.000 ukrainische Soldaten und Söldner getötet hätten. Die Formulierung „neu gruppieren" war natürlich ein Euphemismus für „abziehen" bzw. „den Rückzug antreten".

In einem Kiefernwald am Stadtrand fanden die ukrainischen Truppen Massengräber mit Hunderten von Leichnamen. Bei einigen waren die Hände auf dem Rücken zusammengebunden, also waren sie kaltblütig hingerichtet worden. Butscha war keine Ausnahme.

Nach dem Erfolg seiner Kompanie verbrachten Olegs Soldaten Mitte September eine Woche in Isjum und freuten sich, dass der Krieg bald zu Ende sein werde. Dann machten sie sich auf den Weg nach Südosten und überquerten die Grenze zur Region Donezk, um die Stadt Lyman zurückzuerobern. Doch unterwegs holte sie die Realität wieder ein.

Auf einer Waldlichtung in der Nähe des Dorfes Korovii Yar geriet die Kompanie unter den Beschuss von drei russischen Panzern. Fünf Männer aus Olegs Kompanie fielen. Zwölf weitere wurden verwundet, darunter ein Kommandeur, der seine Soldaten noch vier Stunden lang anführte, nachdem ein Granatsplitter seinen Kiefer zerfetzt hatte. Die Ukrainer nahmen das Dorf Korovii Yar schließlich ein, aber der Vormarsch war langsamer und härter geworden.

Präsident Wolodymyr Selenskyj mit General Syrskyj und seinem Berater Jermak bei Kupjansk

9. September 2022: Kupjansk

Am 9. September erreichten ukrainische Einheiten den Stadtrand von Kupjansk. Der ursprüngliche Plan hatte keinen Sturmangriff auf die Stadt vorgesehen. Doch da die russische Verteidigung zusammengebrochen war, schien der Weg in die Stadt frei. Innerhalb weniger Stunden wurden die ukrainischen Truppen noch verstärkt, denn die Infrastruktur der Eisenbahn funktionierte.

Am folgenden Morgen war die Lage für die russischen Streitkräfte katastrophal. Über Nacht eroberten ukrainische Truppen den Westen von Kupjansk, während sich die russischen Truppen an das Ostufer des Flusses Oskil zurückzogen und die einzige Brücke, die die beiden Ufer verband, sprengten, zumindest teilweise; Fußgänger konnten sie noch nutzen.

Der Zusammenbruch des russischen Militärs war nicht nur auf Kupjansk und Isjum beschränkt. Teile der russischen Truppen flohen sogar aus dem Norden der Region – in ein Gebiet, das bis dahin in keiner Weise von den ukrainischen Truppen bedroht worden war.

Teilmobilmachung im September 2022

Die Niederlage in der Region Charkiw hatte Moskau erschüttert. Putins über Monate anhaltende Weigerung, das politische Risiko einzugehen und eine Mobilmachung anzuordnen, hatte verheerende Folgen gehabt. Aber nun blieb ihm kaum eine andere Wahl. Bis zu 300.000 Soldaten sollten im Zuge einer Teilmobilmachung einberufen werden. Hunderttausende russische Männer flohen daraufhin aus dem Land.

In einer Rede bezeichnete Putin die Mobilmachung als einen notwendigen Schritt, um westliche Länder abzuwehren, die darauf aus seien, Russland zu zerstören. Er deutete auch an, dass er möglicherweise Atomwaffen einsetzen werde. „Das ist kein Bluff", sagte Putin.
(https://www.washingtonpost.com/world/2022/12/29/ukraine-offensive-kharkiv-kherson-donetsk/ Yaroslav Trofimov, Our Enemies Will Vanish, S. 268–271)

Kampf um Lyman

Infolge der überraschenden Gegenoffensive der Ukraine zogen sich die russischen Streitkräfte nach Lyman zurück. Diese Stadt im Oblast Donezk war – wie Kupjansk – wegen ihres Eisenbahnknotenpunktes wichtig für die Versorgung der russischen Truppen. Zudem lag Lymans operative Bedeutung laut dem britischen Verteidigungsministerium „in der Kontrolle über eine Straßenbrücke, die den Fluss Sjwerskij Donez überquerte. Auf der östlichen Seite versuchten die russischen Einheiten, ihre Verteidigung zu organisieren." Am 26. September berichtete die New York Times über eine Pattsituation zwischen Lyman, das sich unter russischer Kontrolle befand, und Bachmut, das seit dem Frühjahr von der Ukraine kontrolliert wurde. Da der nahende Winter beide Armeen aufhalten würde, hätte eine Schlacht um Lyman über den Kriegsschauplatz im Osten entscheiden können.

Warnungen

Rybar, ein russischer Kanal auf Telegram, der von einem ehemaligen Mitarbeiter der Pressestelle des russischen Verteidigungsministeriums gegründet worden war und über enge Kontakte zum FSB verfügte, berichtete, dass die Ukraine in Jampol und Drobyschewe einen „militärischen Vorteil" erlangt habe, der Russlands Verteidigungslinie auf Lyman verenge. Rybar forderte das russische Militär auf, Notfallmaßnahmen zu ergreifen und Reserven nach Lyman zu verlegen. Die Rybar-Autoren warnten, dass, wenn keine Maßnahmen ergriffen würden, „nichts die ukrainischen Streitkräfte davon abhalten wird, tief in russische Gebiete hinein einzudringen" – gemeint waren natürlich „von Russland besetzte Gebiete".

Das russische Verteidigungsministerium spielte die Lage in Lyman trotz dieser bedrohlichen Entwicklungen herunter. Nach Angaben von Denis Puschilin, dem Übergangspräsidenten der sogenannten Volksrepublik Donezk, entsandten die ukrainischen

Streitkräfte lediglich Sabotage- und Aufklärungstrupps, und er blieb bei der Behauptung, dass die Versorgungslinie nach Lyman in russischer Hand sei und lediglich unter ukrainischem Beschuss stehe.

Rybar hingegen wies darauf hin, dass ukrainische Truppen Lyman aus drei Richtungen angriffen und den Russen den Zugang zur wichtigen Straße Swatowe–Lyman abgeschnitten hätten, der Hauptverbindungslinie, über die die russische Gruppierung in Lyman versorgt werde.

((https://www.understandingwar.org/backgrounder/russian-offensive-campaign-assessment-september-29))

Am 1. Oktober hissten ukrainische Truppen die ukrainische Flagge am Ortseingang von Lyman. Es wurde berichtet, dass bis zu 5.000 russische Soldaten in der Stadt eingeschlossen seien. Das russische Verteidigungsministerium bestätigte, dass seine Streitkräfte die Kontrolle über Lyman am Nachmittag verloren hätten. Laut Sergiy Cherevatyi, Sprecher der ukrainischen Oststreitkräfte, seien die russischen Streitkräfte eingekesselt worden. Er erklärte, die Einnahme von Lyman sei wichtig, weil dies „der nächste Schritt zur Befreiung des ukrainischen Donbass" sei. Der britische Guardian sprach von einer blutigen Schlacht. Russische Offiziere hätten Aufforderungen zur Kapitulation abgelehnt, sodass die Truppen unorganisiert geflohen und beschossen worden seien.

Die Stadt war während der russischen Besatzung erheblich beschädigt worden. Einheimische gaben an, dass von den 27.000 Einwohnern, die vor dem Krieg in Lyman gelebt hätten, nur noch wenige Hundert übrig seien. Die russischen Behörden bestätigten den Verlust von Lyman am Nachmittag des 1. Oktober 2022.

Schuldzuweisungen

Russische Hardliner verurteilten die Militärführung offen dafür, dass sie die katastrophale Niederlage von Lyman zugelassen habe. Ramsan Kadyrow, der Chef der tschetschenischen Spezialeinheit Achmat, gab General Alexander Lapin die Schuld für die Niederlage, da dieser zwei Wochen zuvor Warnungen der Achmat ignoriert habe, dass Lyman verwundbar sei, und die dortigen Kämpfer nicht mit zusätzlicher Munition versorgt habe. Kadyrow behauptete, General Waleri Gerassimow, Stabschef der russischen Armee, habe ihm versichert, dass Lapin ein fähiger militärischer Führer sei, und er es für undenkbar halte, dass ein Rückzug aus Lyman im Bereich des Möglichen liege.

Auch Igor Girkin, General im Donbass, gab Gerassimow die Schuld am Lyman-Debakel, da General Lapins Einheiten erst zu spät an die Front geschickt worden seien. Darüber hinaus erklärte er, dass Schoigus Führung „für alle unerträglich wird, die kein großes Interesse an einer Niederlage in diesem Krieg haben".

Lyman und die Annexionszeremonie

Einen Tag vor dem Eingeständnis der Niederlage, am 30. September 2022, hatte im Kreml eine Zeremonie anlässlich der Aufnahme der Donbass-Gebiete in die Russische Föderation stattgefunden, also eine vertragliche Festlegung der Annexion der Volksrepubliken Donezk und Luhansk sowie

Die Repräsentanten der vier annektierten Gebiete im Donbass-Raum

der Regionen Saporisch-schja und Cherson. Oleksij Arestovytsch, enger Mitarbeiter des ukraini-schen Präsidialamtslei-ters Jermak, behauptete, dass Putins Weigerung, an diesem Tag der offi-ziellen Annexion die rus-sischen Soldaten aus Lyman abzuziehen, Russ-land 1.500 Menschen-leben gekostet habe. Andrij Sahorodnjuk, der bis 2020 ukrainischer Ver-teidigungsminister gewe-sen war, meinte, die Niederlage in Lyman habe gezeigt, dass Putins Referendum zur Annexion der größte Fehler war, den er seit Beginn des Krieges begangen habe. Putin könne sein Image als starker Mann nicht aufrechterhalten, wenn er gleichzeitig Territorium aufgeben müsse.

Die Euphorie der Ukraine wurde allerdings durch die Entdeckung eines Massengrabs in Lyman gedämpft. Pavlo Kyrylenko, Gouverneur der Region, erklärte, es sei unklar, wie viele Leichen darin lägen. Die Nachrichtenagentur Ukrinform hingegen zitierte einen hochrangigen Polizei-beamten mit den Worten, das Grab enthalte 180 Leichen.

Der Weg zur offiziellen Annexion

Die erfolgreiche ukrainische Gegenoffensive hatte die Planung der russischen Besatzungsbehör-den erheblich gestört. Russlands langfristiges Ziel war es gewesen, die besetzten ukrainischen Gebiete in föderale russische Bezirke umzuwandeln, die beträchtliche finanzielle Zuwendungen erhalten würden, von denen die Gouverneure natürlich profitieren wollten. Der im Raum Charkiw eingesetzte Gouverneur Vitaliy Ganchew hatte bereits für den 8. Juli ein Referendum vorgeschla-gen, doch Proteste in der Bevölkerung vereitelten diesen Plan. Vom 23. bis 27. September wurden die Abstimmungen in den besetzten Gebieten unter dem Druck der ukrainischen Gegenoffensive abgehalten. Sie waren von eklatanten Unregelmäßigkeiten geprägt und führten zu einem unglaub-würdig hohen Maß an Unterstützung für die Annexion.

Der Politologe Oleksij Koschel, Leiter der NGO „Wählerkomitee der Ukraine", beschrieb das Wahlverfahren in den russisch besetzten Gebieten wie folgt: „Stellen Sie sich vor, vier bewaffnete Männer kommen in Ihre Wohnung und Sie müssen, mit Waffen vor Augen, für den Beitritt zu Russ-land stimmen. Wenn Sie sich weigern oder mit Nein stimmen, tun Sie dies direkt vor ihren Augen, sie können sehen, was Sie auf den Stimmzettel schreiben."

Die offiziellen Ergebnisse für den Beitritt zu Russland waren folgendermaßen: 99,23 % Zustimmung in Donezk, 98,42 % in Luhansk, 93,11 % in Saporischschja und 87,0 % in Cherson.
(Samuel Ramani, Putin's War On Ukraine, S. 246 f.)

Die Grenzen der zu annektierenden Gebiete wurden noch nicht definiert; keiner der Oblaste stand zum Zeitpunkt der Annexionserklärung vollständig unter russischer Kontrolle. So war es auch im Stichmonat September 2024. Selbst wenn man sich auf die Gebiete beschränkte, die unter russischer Kontrolle standen – etwa 90.000 qkm oder 15 Prozent des Territoriums der Ukraine –, wäre die Annexion immer noch die größte in Europa seit dem Zweiten Weltkrieg. Sie entspräche in etwa der Größe Portugals. Doch die EU, die USA und die UNO erklärten übereinstimmend, dass weder die Annexion noch die Referenden eine rechtliche Grundlage oder Wirkung hätten.

Präsidentenbesuch in Isjum

Am 15. September, zwei Wochen vor der Annexionserklärung Putins, besuchte Präsident Selenskyj die befreite Stadt Isjum, die ein wichtiger Stützpunkt für die Logistik der russischen Truppen gewesen war. Kurz zuvor waren in einem Massengrab die Leichname von 436 Menschen entdeckt worden. Die meisten von ihnen waren offenbar eines gewaltsamen Todes gestorben.

Selenskyjs Sicherheitskräfte hatten die gefährlichsten Teile der Präsidentenreise unter absoluter Geheimhaltung organisiert. Explosionen hallten weiterhin in der Ferne wider, als Selenskyj auf dem Hauptplatz von Isjum zu einer Schweigeminute aufrief, um der bei der Gegenoffensive Gefallenen und der Toten in dem Massengrab zu gedenken. Während der Zeremonie und des größten Teils des Besuchs blieb General Syrskyj an Selenskyjs Seite, der die Strategie der Rückeroberung im Nordosten entwickelt hatte. General Saluschnyj, der Oberkommandierende der ukrainischen Streitkräfte, war nicht dabei; er befand sich in seiner Kommandozentrale und koordinierte die Angriffe an der Südfront, die nur langsam voranschritten und mit enormen Verlusten verbunden waren.

Wieder in Kiew begannen Selenskyj und sein Team, ihren Erfolg auf dem Schlachtfeld zu nutzen, um erneut auf Militärhilfe aus dem Westen zu drängen. „Das Tempo ist jetzt sehr wichtig", sagte der Präsident in einer seiner abendlichen Ansprachen. „Das Tempo der Bereitstellung von Hilfe für die Ukraine sollte dem Tempo unserer (militärischen) Bewegung entsprechen."

Dem Verteidigungsminister Oleksij Resnikow fiel es nun deutlich leichter, hochmoderne Waffen aus dem Westen zu beschaffen. Einige Tage nachdem Präsident Selenskyj bei seinem Besuch die Flagge über Isjum gehisst hatte, sagte Resnikow:

Verteidigungsminister Oleksij Resnikow

„Heute demonstrieren wir der Welt die Antwort auf die Hauptfrage: Können die Russen besiegt werden? Nun, sie können. Und ich würde hinzufügen: Sie müssen."
(Simon Shuster, The Showman, S. 286 f.)

Putins Drohungen

„Ich möchte, dass die Behörden in Kiew und ihre wahren Herren im Westen mich hören, damit sie sich daran erinnern", sagte Putin am 30. September 2022 in seiner Rede anlässlich der Annexion. „Die Menschen, die in Luhansk und Donezk, Cherson und Saporischschja leben, werden unsere Bürger. Für immer."

In einem Telefonat mit dem französischen Präsidenten Macron soll Putin noch deutlicher geworden sein und betont haben, dass die Atombombenabwürfe der USA im Zweiten Weltkrieg gezeigt hätten, dass „man nicht die großen Städte angreifen muss, um zu gewinnen". Die britische Daily Mail berichtete dies unter Berufung auf eine anonyme diplomatische Quelle. Weiter hieß es: „Macron war deutlich beunruhigt. Es klang wie ein starker Hinweis, dass Putin eine taktische Atomwaffe im Osten der Ukraine zünden könnte, während er Kiew unberührt ließe. Das schien die Stoßrichtung seiner Bemerkungen zu sein. Die beiden Präsidenten haben zweifellos über das Risiko des Einsatzes von Atomwaffen gesprochen."

Putin hatte bereits früher angedeutet, Atomwaffen einzusetzen, falls die Ziele Russlands in der Ukraine weiterhin vereitelt würden und „die territoriale Integrität unseres Landes bedroht" sei, wie er es in seinen Reden ausdrückte.

US-amerikanische und europäische Regierungsvertreter erklärten, dass sie die Drohungen ernst nähmen. Der Nationale Sicherheitsberater des Weißen Hauses, Jake Sullivan, sagte am 2. Oktober 2022, also kurz nach Putins Rede, dass es „katastrophale Folgen" hätte, wenn Russland Atomwaffen einsetzen würde. Er weigerte sich, diese Folgen auszuführen, sagte aber, dass die Folgen russischen Regierungsvertretern „auf sehr hoher Ebene im privaten Rahmen" dargelegt worden seien. „Sie wissen genau, was auf sie zukommt, wenn sie diesen Weg einschlagen", sagte Sullivan.

Europäische Regierungsbeamte machten deutlich, dass Putins Drohungen ihre Entschlossenheit, die Ukraine zu unterstützen, verstärkt hätten. „Niemand weiß, was Putin tun wird, niemand", sagte ein EU-Beamter, der unter der Bedingung der Anonymität über dieses Thema sprach. „Er sitzt in der Falle, er ist verrückt, und für ihn gibt es keinen Ausweg. Der einzige Ausweg für ihn ist der totale Sieg oder die totale Niederlage, und wir arbeiten an Letzterem. Wir brauchen einen Sieg der Ukraine, und deshalb arbeiten wir daran, Worst-Case-Szenarien zu verhindern, indem wir der Ukraine zum Sieg verhelfen."
(https://www.washingtonpost.com/world/2022/10/01/europe-putin-nuclear-threats/)

Quellen: Die Gegenoffensive im Nordosten

Bücher

- Plokhy, Serhii, The Russo-Ukrainian War, London 2023
- Ramani, Samuel, Putin's War on Ukraine, Russia's Campaign for Global Counter-Revolution, London 2023
- Shuster, Simon, The Showman, Inside the Invasion that Shook the World and Made a Leader of Volodymyr Zelensky, New York 2024
- Trofimov, Yaroslav, Our Enemies Will Vanish, New York 2024

Online-Publikationen

- https://www.nytimes.com/2022/09/10/world/europe/ukraine-offensive-izium-donbas.html
- https://www.washingtonpost.com/world/2022/09/10/ukraine-kharkiv-russia-retreat-izyum/
- https://www.washingtonpost.com/world/2022/12/29/ukraine-offensive-kharkiv-kherson-donetsk/
- https://thehill.com/policy/international/3632905-putin-says-russia-has-not-lost-a-thing-from-war-in-ukraine/
- https://www.bbc.com/news/world-europe-62867560
- https://www.spiegel.de/international/world/no-more-illusions-putin-bets-it-all-in-ukraine-a-a94b78fd-a99b-4196-a0a6-0332057337ea
- https://www.theguardian.com/world/2022/sep/14/people-disappeared-iziums-residents-on-russias-occupation
- https://www.theguardian.com/world/2022/sep/14/russia-ukraine-at-a-glance-what-we-know-on-day-203-of-the-invasion
- https://www.president.gov.ua/en/news/vidpovimo-teroristam-na-kozhnu-yihnyu-pidlist-na-kozhnu-rake-77801
- https://www.abc.net.au/news/2022-09-13/volodymyr-zelenskyy-calls-on-west-to-speed-up-arms-deliveries/101436562
- https://www.nytimes.com/2022/09/26/world/europe/ukraine-donbas-russia-lyman-bakhmut.html
- https://thebell.io/unmasking-russia-s-influential-pro-war-rybar-telegram-channel
- https://www.understandingwar.org/backgrounder/russian-offensive-campaign-assessment-september-29
- https://www.theguardian.com/world/2022/oct/04/recaptured-lyman-left-shattered-russian-occupation-ukraine
- https://www.themoscowtimes.com/2022/10/05/elite-russian-intelligence-unit-suffers-major-losses-in-ukraine-bbc-a78980
- https://www.washingtonpost.com/world/2022/10/01/europe-putin-nuclear-threats/
- https://www.reuters.com/world/ukrainian-authorities-find-mass-grave-liberated-eastern-town-governor-2022-10-07/w

Kapitel 15

Zwei Präsidenten und ihre Siegespläne

Es lässt sich kaum bezweifeln, dass stets einzelne Führungspersönlichkeiten für die Gestaltung des Weltgeschehens von Bedeutung waren. Auch der Krieg in der Ukraine bestätigt dies wieder. Es ist der Krieg, den der russische Präsident Wladimir Putin begann. Er wollte ein Reich, ein Herrschaftsgebiet nach seinen Vorstellungen. Und die Invasion der Ukraine hätte wohl nicht den Verlauf genommen, den sie nahm, wenn Wolodymyr Selenskyj nicht Präsident der Ukraine gewesen wäre, so Margaret Macmillan von der London School of Economics. Obwohl Selenskyj vor Beginn des Krieges kaum als Kriegspräsident vorstellbar gewesen sei, habe der ehemalige Schauspieler den erstaunlichen Widerstand der Ukraine gegen das überlegene russische Militär in hohem Maße bestimmt. Selenskyj erklärte gegenüber US-Geheimdienstmitarbeitern, die ihm angeboten hatten, ihn zu evakuieren, dass er Munition brauche und „keine Mitfahrgelegenheit". Selenskyj war es auch, der in unablässigen eindringlichen Appellen die westlichen Staats- und Regierungschefs, den US-Kongress, das britische Parlament und den Deutschen Bundestag dazu gebracht hat, den Krieg in der Ukraine zu ihrer eigenen Angelegenheit zu machen. Bei seinen Auftritten vor der UN-Vollversammlung nutzte er die Weltbühne, um Russland anzuklagen und vor Putin zu warnen.

In Russland führte Putin den hochgradig zentralisierten Führungsstil Josef Stalins oder der Zaren, die bewunderte, wieder ein. Was der Präsident dachte und was er wollte, wurde zur russischen Politik. Er kontrollierte alle Schaltstellen der Macht und pflegte die wichtigsten Entscheidungen selbst zu treffen. Allerdings zeigte es sich, dass es ein großer Fehler war, die Qualitäten des Mannes nicht zu berücksichtigen, in dessen

Präsident Wolodymyr Selenskyj bei seiner ersten Rede vor der UN-Vollversammlung am 20.9.2023. Links hinter ihm sein engster Mitarbeiter Andrij Jermak, rechts Außenminister Dmytro Kuleba.

Land er einmarschierte. Dieser Mann war eigentlich Komödiant und Schauspieler, der in kürzester Zeit in sein Präsidentenamt hineinwachsen musste. Er wurde eine Persönlichkeit, die sich entschied, nicht zu fliehen oder sich zu ergeben, sondern zu bleiben und zu kämpfen.

Selenskyj, ein ungewöhnlicher Staatspräsident

Als Selenskyj 2018 mit überwältigender Mehrheit gewählt wurde, drehten sich die Schlagzeilen um einen Fernsehkomiker, der – ohne große Leidenschaft – Jura studiert hatte, jedoch keine politische Erfahrung besaß. Er hatte Charme, aber nur wenige klare politische Ansichten, und er wurde von Putin geringgeschätzt, der weiterhin Separatisten in einem zermürbenden Konflikt im Osten der Ukraine unterstützte. Am Vorabend von Putins Invasion war die Zustimmungsrate für Selenskyj unter den Ukrainern gering. Doch die Teamwork- und Kommunikationsfähigkeiten, die er als Komödiant und Schauspieler entwickelt hatte, machten ihn zu dem Kriegsführer, den die Ukraine brauchte. Als Schauspieler wusste er, wie man einen guten Text überzeugend vorträgt und wie man das Publikum in der Ukraine und in der ganzen Welt anzusprechen hatte. Außerdem zeigte sich, dass er sich seiner Aufgabe mutig stellte. Unter großem persönlichen Risiko ging er mit gutem Beispiel voran, weigerte sich, sein Land zu verlassen, und teilte auch dessen Leiden.
(https://www.foreignaffairs.com/articles/ukraine/2022-03-29/leadership-war)

Putins Entscheidungen

Eine groß angelegte Invasion in die Ukraine durchzuführen schien für viele kaum eine rationale Entscheidung zu sein. Doch die Entscheidungen, die Putin zuvor getroffen hatte, zeigten, dass die Invasion der Ukraine aus seiner Sicht logisch war. Ende der 1990er-Jahre, als er Ministerpräsident unter Präsident Boris Jelzin war, ordnete er die Zerstörung der tschetschenischen Hauptstadt Grosny an, denn das Land wollte Unabhängigkeit. 2008 als Präsident, führte er einen Fünf-Tage-Krieg gegen Georgien, um dort eine Unabhängigkeitsbewegung zu zerstören. Während des syrischen Bürgerkriegs, ab 2011, half Putin dem syrischen Präsidenten Baschar al-Assad, die Aufständischen zu bekämpfen, Aleppo zu zerstören und Giftgas gegen das eigene Volk einzusetzen. Darüber hinaus ließ Putin 2014 die Krim besetzen und gründete die beiden Republiken Donezk und Luhansk im Donbass. Der Westen unternahm in all diesen Fällen, weder als einzelne Nationen noch gemeinsam, wenig bis fast nichts dagegen.

Doch Putin wollte mehr. Er wollte ein Russland, das in seiner größten Ausdehnung wiederhergestellt und als Weltmacht behandelt wird, wie es dem Land seiner Meinung nach gebührte.

Krieg gegen die Geschichte

Für viele westliche Ohren klangen Putins historische Behauptungen bizarr. Aber er meinte sie sehr ernst. Sein Argument, dass die Ukraine und Russland schon immer ein und dieselbe Nation gewesen seien und dass die Ukraine von westlichen Kräften kolonisiert worden sei, war keineswegs eine Neuerung in der aktuellen Krise, sondern seit Langem ein bestimmender Teil seiner Weltanschauung. Nach Putins Logik sind alle Spaltungen zwischen Russland und der Ukraine das Werk westlicher Mächte. Von Polen im 16. Jahrhundert über das Habsburgerreich Österreich-Ungarn im

19. Jahrhundert bis hin zum nationalsozialistischen Deutschland im Zweiten Weltkrieg wurde die Ukraine regelmäßig unter Druck gesetzt oder in die Irre geführt. Nach dieser Lesart ist die prowestliche Ausrichtung Kiews seit etwa 2014 nur die jüngste Form der Einmischung von außen, diesmal allerdings durch die Europäische Union und die USA, die darauf abzielen, Russland zu spalten.

Putins Besessenheit von der Vergangenheit der Ukraine lässt sich auf das Trauma des Zusammenbruchs der Sowjetunion zurückführen. Bis 1991 war der größte Teil der heutigen Ukraine nahezu 300 Jahre lang russisch regiert worden, zunächst vom Zaren, dann von den Sowjets. Diese Zeit war länger als die, in der Schottland von England regiert wurde. Und mit einer Bevölkerungszahl, die fast so hoch ist wie die von Spanien, war die Ukraine bei Weitem die bedeutendste Sowjetrepublik neben Russland selbst. Zbigniew Brzeziński, der ehemalige Nationale Sicherheitsberater der USA, schrieb den berühmten Satz: „Ohne die Ukraine hört Russland auf, ein Imperium zu sein." Russland ist zwar auch heute noch ein riesiges multiethnisches Reich, das mehr als ein Dutzend asiatischer Nationalitäten beheimatet, doch mit dem Zusammenbruch der Sowjetunion verlor Moskau seinen gesamten Westen.
(https://www.foreignaffairs.com/articles/ukraine/2022-04-06/putins-war-history-ukraine-russia)

Russlands Sicherheitsarchitektur

Nach den russischen Militäroffensiven gegen Georgien im Jahr 2008 und gegen die Ukraine seit 2014 hieß es allgemein, Russland strebe den Wiederaufbau eines Imperiums auf dem Gebiet der ehemaligen Sowjetunion oder des Russischen Kaiserreiches an. Doch so ganz stimmt das nicht: Statt die traditionelle imperiale Herrschaft wiederherzustellen, strebt Russland im 21. Jahrhundert nach anhaltendem Einfluss und Kontrolle – nicht mehr, aber auch nicht weniger.

Anstelle eines formellen territorialen Imperiums unter seiner Herrschaft strebt Russland nun danach, einen Einflussbereich auf dem Gebiet der ehemaligen Sowjetunion zu etablieren. Innerhalb dieses Einflussbereichs beansprucht Russland einen privilegierten Status, der Moskau ein Mitspracherecht in jedem postsowjetischen Land sichert. Es beansprucht sogar das Recht, bei Bedarf in die inneren Angelegenheiten dieser Staaten einzugreifen. Nach Putins Ansicht sind nur Großmächte wie Russland wirklich souverän. Sollte ein Staat in der Einflusssphäre Russlands eine Entscheidung treffen, die russische Interessen bedroht, wie etwa ein Versuch der Ukraine, der NATO oder der EU beizutreten, ist Moskau bereit, alles zu unternehmen und sogar Kriege zu führen, um diese Entscheidung zu verhindern.

Dieser Anspruch auf exklusiven Einfluss ist ein entscheidendes Element der russischen Sicherheitspolitik. Er schafft eine Pufferzone zwischen Russland und seinem wichtigsten strategischen Gegner: den USA und der NATO. Einst war der Warschauer Pakt, der sich nach dem Ende der Sowjetunion ebenfalls auflöste, als eine solche Pufferzone konzipiert worden.

In diesem Sicherheitsmodell muss gewährleistet sein, dass die Pufferstaaten keine eigenständigen Maßnahmen ergreifen, die die Sicherheit Russlands gefährden könnten. Man muss sich nur an Moskaus gewaltsame Interventionen in Georgien im Jahr 2008 und in der Ukraine seit 2014 erinnern, um zu verstehen, wie weit der Kreml bereit ist zu gehen, um seine Interessen zu verteidigen.

Georgien und die Ukraine sind die besten Beispiele dafür. Das ursprüngliche Ziel der russischen Invasion in die Ukraine war es, in Kiew eine Marionettenregierung zu installieren. Doch das Unternehmen scheiterte, und der Krieg ging weiter.

Im prachtvollen Ambiente des Konstantinpalasts von Strelna, St. Petersburg, nimmt Präsident Putin im September 2024 an einer Videokonferenz des Sicherheitsrates teil, dessen Vorsitzender er ist.

Die Grundlage

Am 21. und 24. Februar 2022 hielt Putin zwei wichtige Reden, in deren Mittelpunkt die Lage in der Ukraine stand. In diesen Reden lieferte der Präsident eine Darstellung der Bedrohung für Russland, die durch den Zusammenbruch der Sowjetunion und danach durch den unabhängigen Status der Ukraine entstanden sei. Er sprach von historischen Missständen und behauptete, dass die Ukraine kein echter Staat sei und keinen Status als souveräne Nation verdiene. Er erklärte: „Die Ukraine hatte eigentlich nie stabile Traditionen einer echten Staatlichkeit. Und deshalb hat sie sich 1991 dafür entschieden, gedankenlos ausländische Modelle nachzuahmen, die weder mit der Geschichte noch mit der ukrainischen Realität etwas zu tun haben." Er führte Beweise für Korruption in der Ukraine und die katastrophalen wirtschaftlichen Umstände an, mit denen die ukrainische Bevölkerung aufgrund der schlechten Regierungsführung konfrontiert sei, und bemerkte: „Ihr Land hat sich nicht einmal in ein politisches oder wirtschaftliches Protektorat verwandelt, sondern wurde auf eine Kolonie mit einem Marionettenregime reduziert."

Diese Beschreibung der Ukraine als „kein echter Staat" war ein zentraler Pfeiler in Putins Rechtfertigung der russischen Aggression. Es war nicht das erste Mal, dass Putin dieses Konstrukt für die

Beziehung zwischen Russland und der Ukraine verwendete. Im Jahr 2008 soll er in einem Gespräch mit dem damaligen US-Präsidenten George W. Bush gesagt haben: „Sie müssen verstehen, George, die Ukraine ist nicht einmal ein Land."

(https://www.newyorker.com/magazine/2014/03/17/putins-pique?_sp=70466f1b-6cb6-40d7-b376-0e489a1b1455.1727343316062)

Dasselbe Thema behandelte Putin in seinem Essay „Über die historische Einheit von Russen und Ukrainern", der im Jahr 2021, sieben Monate vor der Invasion, veröffentlicht wurde.

Ein weiterer Strang in Putins Argumentation war die Vorstellung, dass die Ukraine von Nazis regiert werde und einen Völkermord an russischen Bürgern verübe. „Wir werden versuchen, die Ukraine zu entmilitarisieren und zu entnazifizieren", so Putin. Den Begriff „Nazi" benutzte er, weil er bei der russischen Bevölkerung, aber auch bei vielen Bürgern in der Ukraine starke Emotionen hervorrief. Dieses Thema war ein zentraler Bestandteil von Putins Botschaften.

Strategische Annahmen

Bei der Planung einer Strategie sind Annahmen von Bedeutung, doch die Russen, allen voran Wladimir Putin, täuschten sich in den Annahmen, die zu der Invasion im Jahr 2022 führten. Dass die Ukraine sich schnell ergeben und der Westen nicht eingreifen werde, erwies sich bereits im ersten Kriegsmonat als falsch. Putin ging auf Anraten seines obersten Militärbefehlshabers, General Gerassimow, davon aus, dass seine Bodentruppen dieser Aufgabe mehr als gewachsen seien. Putins kleiner Beraterkreis war davon überzeugt, dass die russische Armee, wenn sie kämpfen müsste, das ukrainische Militär auf dem Schlachtfeld in kurzer Zeit besiegen würde.

Eine Untersuchung des britischen Royal United Services Institute ergab, dass die Russen nur für einen Zehn-Tage-Einsatz geplant hatten; danach sollte die Ukraine annektiert werden. Die dann reduzierten Truppen hätten nur noch die Aufgabe, die Besatzungsverwaltung zu unterstützen. Im Rückblick war es abzusehen, dass das russische Versorgungssystem zusammenbrechen würde, denn es war für einen längeren Zeitraum nicht ausgelegt.
(Mick Ryan, The War for Ukraine, S. 21–24)

Bei einer Veranstaltung im Juni 2022 bestätigte Putin allerdings, dass sein Land in der Ukraine in einen imperialistischen Eroberungskrieg verwickelt sei. Russland war nicht, wie er im Mai 2022 erklärt hatte, dabei, sich gegen die Aggression und Einkreisung durch die NATO zu verteidigen. Er beschrieb, wie es, vergleichbar mit den Eroberungen Peters des Großen, das Schicksal Russlands sei, „zur Stärke zurückzukehren".
(https://www.washingtonpost.com/world/2022/06/13/putin-imperial-russia-empire-ukraine/)

Ukrainischer Widerstand

Der ukrainische Widerstand seit dem ersten Tag der Invasion im Februar 2022 zwang das russische Militär ständig dazu, seine Strategie neu zu bewerten. Putins ursprünglicher Plan war eine blitzschnelle Militäroperation an mehreren Fronten gewesen, um das ukrainische Militär in die Knie zu zwingen. Dies würde die Absetzung der demokratisch gewählten Regierung und die Einsetzung eines Regimes erleichtern, das Putins Anweisungen befolgen würde. Zuerst sollten Kiew, Charkiw und andere wichtige Städte erobert und führende Regierungsmitglieder gefangen genommen werden, um die Ukraine zum Einlenken zu zwingen.

Im September und Oktober 2022 nötigte eine Reihe ukrainischer Angriffe die Russen erneut, ihre Strategie zu überdenken und anzupassen. Die Blitzoffensive in der Region Charkiw, die immer prekärer werdende Lage der russischen Streitkräfte am Westufer des Dnjepr und der erste Angriff auf die Krim-Brücke (Kertsch-Brücke) erforderten eine weitere Änderung der russischen Strategie.

Nuklearwaffen

Mehrfach in diesem Krieg erwähnte der russische Präsident das Thema Atomwaffen. Seine Äußerungen waren allerdings widersprüchlich. Im September 2022 deutete er den Einsatz von Atomwaffen an, indem er feststellte, dass „unser Land auch über verschiedene Arten von Waffen verfügt, und einige davon sind moderner als die Waffen, über die die NATO-Länder verfügen. Im Falle einer Bedrohung der territorialen Integrität unseres Landes und zur Verteidigung Russlands und unseres Volkes werden wir mit Sicherheit alle uns zur Verfügung stehenden Waffensysteme einsetzen. Das meine ich ernst".

Am 27. Oktober 2022 bestritt Putin, die Absicht zu haben, Atomwaffen einzusetzen. Auf der Plenarsitzung eines internationalen Kolloquiums antwortete Putin auf die Frage eines Teilnehmers zu Atomwaffen: „Wir haben keine Notwendigkeit, dies zu tun, es ergibt für uns keinen Sinn, weder politisch noch militärisch." Später machte er eine weitere Kehrtwende, als er in einer Rede im Februar 2023 erneut auf ihren Einsatz einging.

Putins Glaube an einen russischen Sieg

Ein Sieg für Russland bestünde in der Unterwerfung des ukrainischen Staates durch eine Kombination aus Besetzung und politischer Anpassung. Allerdings waren die Kosten des Versuchs, dies zu erreichen, bisher außerordentlich hoch.

Eine von Putins Annahmen vor dem Krieg war gewesen, dass der Westen der Ukraine wahrscheinlich nicht helfen werde. Diese Annahme erwies sich zwar als falsch, aber Putins Siegestheorie schien die Idee zu beinhalten, dass die Unterstützung zwar für kurze Zeit aufrechterhalten würde, die Bevölkerung und die Politiker des Westens aber irgendwann des Krieges überdrüssig sein würden. Zudem würde ein Sieg für Russland der Glaubwürdigkeit des NATO-Bündnisses erheblich schaden, auch was die Unterstützung der Frontstaaten in Osteuropa betrifft. Die Verzögerungen bei der Genehmigung zusätzlicher Militärhilfe für die Ukraine durch den US-Kongress Ende 2023 und das Ausbleiben einer nennenswerten Ausweitung der europäischen Rüstungsindustrie werden Putin in seiner Ansicht nur bestärkt haben. Trotzdem könnte es für Putin noch eine lange Wartezeit werden, bis ein Sieg in greifbarer Nähe ist.

Im Herbst 2024 schien Russland seine Strategie den schwierigen Kämpfen an den Fronten angepasst zu haben, indem es versuchte, der Ukraine einen Abnutzungskrieg aufzuzwingen. Putin war vermutlich der Ansicht, dass die Zeit auf seiner Seite sei, denn in den Monaten zuvor hatte

Moskau sein Waffenarsenal deutlich verbessert, etwa durch die Entwicklung von Bombern, die Drei-Tonnen-Gleitbomben tragen konnten, denen die Ukrainer weitgehend schutzlos ausgeliefert waren.

Die ukrainische Strategie

Kurz vor der russischen Invasion hatte Präsident Selenskyj auf der Münchner Sicherheitskonferenz 2022 gesprochen. Seine Rede zeigte bereits Ansätze des Themas der Verteidigung Europas – ein Thema, das er während des Krieges immer wieder aufgreifen sollte. Er erklärte: „Wir werden unser Land mit oder ohne die Unterstützung von Partnern verteidigen. Dies ist unser Beitrag zur Sicherheit Europas und der Welt, wo die Ukraine seit acht Jahren ein zuverlässiger Schutzschild war."

Fünf Tage später, nachdem russische Truppen sein Land angegriffen hatten, demonstrierte Präsident Selenskyj erneut seine Entschlossenheit, die Ukraine zu verteidigen, und betonte, dass „niemand uns Ukrainer davon überzeugen oder uns zwingen kann, unsere Freiheit, unsere Unabhängigkeit und unsere Souveränität aufzugeben".

Außer der Verteidigung von Freiheit, Unabhängigkeit und Souveränität als politischen Zielen enthielt Selenskyjs Rede vom 24. Februar 2022 noch zwei weitere bedeutende Elemente der ukrainischen Strategie. Erstens war dies ein Aufruf an die Demokratien der Welt, der Ukraine zu helfen. Selenskyj machte deutlich: „Wenn Sie, die europäischen Staats- und Regierungschefs, die Staats- und Regierungschefs der freien Welt, uns heute nicht helfen, dann wird der Krieg morgen an Ihre Tür klopfen." Zweitens war dies sein erster Versuch, die öffentliche Meinung in Russland gegen den

Präsident Wolodymyr Selenskyj besucht seine Soldatinnen und Soldaten.

Krieg in Stellung zu bringen. Die beiden Themen – die Internationalisierung des Krieges und die Maßnahmen zur Beeinflussung der russischen Bevölkerung – sollten die entscheidenden Elemente der ukrainischen Verteidigungsstrategie bleiben.
(Mick Ryan, The War for Ukraine, S. 39 f.)

Das Ziel: Korrosion

Der Begriff Korrosion bedeutet im eigentlichen Sinn „Zersetzung", meist von Materialien wie Metall oder Gestein. Er kann aber auch benutzt werden, um sozialpsychologische Prozesse zu beschreiben, und zwar im Sinne von Zerfall, Verfall, Auflösung, Zerrüttung oder Zermürbung. Ein Beispiel: „Man kann eine Korrosion der ethischen Standards der Gesellschaft beobachten."

Laut dem australischen General a. D. Mick Ryan verfolgte die Ukraine eine Strategie der Korrosion. Sie zielte in diesem Krieg darauf ab, die physische, moralische und intellektuelle Kampfkraft der Russen zu schwächen. Dies wurde sowohl auf dem Schlachtfeld als auch im globalen Informationsumfeld unablässig versucht. Um bei den Russen Zweifel an ihrer Mission zu säen – und natürlich, um die Ukrainer moralisch zu stärken –, erklärte Selenskyj in seinen Reden und den täglichen Videos immer wieder, warum die Ukraine es wert ist, verteidigt zu werden, und warum das Land der ausländischen Hilfe würdig ist.

Seit der russischen Invasion im Februar 2022 war die Ukraine auf westliche Hilfe angewiesen, sei es in Form von Waffen, Aufklärung oder finanzieller Unterstützung. Ein großer Teil der sowjetischen Ausrüstung in der ukrainischen Armee wurde durch westliche Waffen ersetzt, z. B. durch den Panzer Leopard 2, den Schützenpanzer Bradley, die HIMARS-Raketenwerfer oder die Feldhaubitze M777. Diese Waffensysteme waren ausschlaggebend für die ukrainischen Erfolge an der Front. Sie waren von entscheidender Bedeutung für die Bemühungen der Ukraine, die russische Invasion durch Siege auf dem Schlachtfeld, durch die Luft- und Raketenabwehr und andere militärische Aktivitäten zurückzuschlagen.

Die Schlachten von Bachmut und Sjewjerodonezk 2022/23 waren Beispiele für die Korrosionsstrategie der Ukraine. Diese Kämpfe waren für die Ukraine zwar kostspielig, aber es wurden Verteidigungs- und Verzögerungstaktiken angewandt, die die russischen Streitkräfte dezimierten und ihre Moral durch die hohe Zahl an Opfern, die der Vormarsch erforderte, schwächten.
(Mick Ryan, The War for Ukraine, S. 43–49)

Als Folge dieser ukrainischen Strategie meldete das Intelligence Update des britischen Verteidigungsministeriums am 30. März 2024 auf der Plattform X, dass in Russland pro Monat rund 30.000 neue Soldaten rekrutiert worden seien, um die Verluste in der Ukraine auszugleichen. Laut BBC schätzten westliche Geheimdienste die Zahl der Opfer auf russischer Seite auf etwa 500.000, wobei auch Verwundete und Kriegsgefangene mitgezählt wurden. Auf der Grundlage dieser Schätzung waren die Verluste an Menschenleben bereits mehr als zweieinhalb Mal so hoch wie die Gesamtzahl der Soldaten, die Russland bei der Invasion im Februar 2022 eingesetzt hatte. Damals waren etwa 190.000 Soldaten aufgeboten worden.
(https://www.kyivpost.com/post/30339)

Die Konsequenz

Am 16. September unterzeichnete Wladimir Putin ein neues Dekret über die Aufstockung der russischen Streitkräfte auf 2.389.000 Mann, davon sollten 1,5 Millionen Soldaten sein, die von 889.000 zivilen Mitarbeitern unterstützt würden. Dies war bereits die dritte angekündigte Aufstockung seit Beginn des Krieges, die allerdings wohl nicht nur die Kämpfe in der Ukraine betrafen. Russland setzte auf einen langen Abnutzungskrieg, in dem es auf wesentlich mehr personelle Reserven zurückgreifen konnte als die Ukraine. Die allgemeine ukrainische Mobilmachung, die am Anfang des Krieges begonnen hatte, stieß hingegen zunehmend an ihre Grenzen.

Eine Bewertung aus den USA

Obwohl die ukrainischen Streitkräfte Mitte 2024 an einigen Stellen entlang der Front langsam zurückgedrängt wurden, sei die militärische Gesamtstrategie des Landes gut, erklärte der ranghöchste für Europa zuständige NATO-General Christopher Cavoli auf dem Security Forum, das vom 16. bis 19. Juli 2024 in Aspen, Colorado, abgehalten wurde. „Die Ukrainer haben sich in den letzten Monaten darauf konzentriert, das, was sie im Osten haben, zu verteidigen, Russland die freie Nutzung der Krim und der Südukraine zu verweigern, um den Rest der Ukraine anzugreifen, ihren eigenen Zugang zum Schwarzen Meer zu erhalten und weitere Streitkräfte aufzubauen", sagte der

NATO-General Christopher Cavoli

US-General. „Ich denke auch, dass sie eine großartige Strategie haben. Es geht nur darum, sie umzusetzen. Der entscheidende Teil ist die Streitkräfteaufstellung", fügte Cavoli hinzu.

Der ukrainische Präsident Selenskyj erklärte, dass Kiew bereits 14 neue Brigaden aufgestellt habe, die jedoch noch nicht vollständig bewaffnet seien, da die neuen Waffen nur langsam einträfen und die Ausbildung an diesen Waffen Zeit in Anspruch nehme.

„Wir werden eine Situation haben, in der Russland seine Streitkräfte neu ausrichtet, die an den Grenzen der NATO stationiert sind und von weitgehend denselben Leuten wie jetzt geführt werden. Sie sind davon überzeugt, dass wir der Gegner sind; außerdem sind sie sehr verärgert. Wir haben also ein großes Russland-Problem, das sich abzeichnet. Man muss deshalb beides tun – der Ukraine helfen und selbst aufrüsten", fügte der General hinzu.

(https://www.politico.eu/article/ukraine-has-great-war-strategy-but-needs-to-be-able-to-prosecute-it-top-nato-general-says/)

Ein Ausblick

Das Jahr 2024 war das dritte Jahr des Ukraine-Krieges; zudem war ein Jahrzehnt vergangen, seitdem Moskau die Krim annektiert und einen Konflikt in der Ostukraine ausgelöst hatte. In der Ukraine folgte nach der Verzweiflung über den Angriff die Hoffnung auf eine schnelle Wende. Doch 2024 deutete die Lage an der Front auf ein Jahr der Stagnation hin.

In einem Krieg kann man nichts vorhersagen, und die weitere Entwicklung an der ukrainischen Front ist davon abhängig, ob die Ukraine Verteidigungsstellungen einnehmen und halten kann. Doch die wichtigste Voraussetzung ist, dass die entsprechenden Waffen und Munition aus dem Westen geliefert werden. Die bisherigen Waffenlieferungen von den ukrainischen Partnern im Westen waren zwar wichtig, aber unzureichend und kamen viel zu langsam, um für weitere durchgreifende ukrainische Erfolge sorgen zu können.

Russland konnte vorrücken, weil das Leben seiner Soldaten wenig zählte. Das ukrainische Militär schätzte, dass allein die Einnahme von Awdijiwka bei Donezk 47.000 russische Soldaten das Leben gekostet habe, während der russische militärfreundliche Blogger Andrey Morozov schrieb, dass die Armee dort 16.000 Mann verloren habe. Der ukrainische Präsident Selenskyj war der Ansicht, Russland habe für jeden getöteten Ukrainer sieben Männer verloren.

Doch auch Russland erhielt Unterstützung, und zwar vom Iran und Nordkorea. Laut der Nachrichtenagentur Interfax-Ukraine vom 16. Februar 2024 erklärte der ukrainische Generalstaatsanwalt Andrij Kostin, dass Russland Drohnen aus dem Iran und bis zu einer Million Artilleriegranaten aus Nordkorea erhalten habe. Im Jahr 2024 soll Russland mindestens 24 nordkoreanische ballistische Raketen für Angriffe auf die Ukraine eingesetzt haben.

Selenskyj 2024 bei Biden

Der Besuch von Präsident Selenskyj im Weißen Haus am 26. September 2024 diente dazu, den amerikanischen Präsidenten Biden erneut von den Kriegszielen seines Landes zu überzeugen – nämlich Russland in diesem Krieg militärisch zu besiegen. Selenskyjs Siegesplan erforderte weitere militärische und finanzielle Unterstützung, einen erhöhten Sanktionsdruck auf Russland und

Präsident Selenskyj im September 2024 in den USA

eine Sicherheitsvereinbarung für die Nachkriegszeit. Selenskyj war der Überzeugung, dass die Mitgliedschaft der Ukraine in der NATO erforderlich sei, da dies der einzige Schritt sei, der Putin signalisieren würde, dass er nicht gewinnen könne.

Das waren klare Forderungen an die USA und die NATO. Seit Beginn der russischen Invasion im Jahr 2022 hatte Biden die Ukraine gerade so weit unterstützt, dass Putin sein Kriegsziel nicht erreichen konnte, die gesamte Ukraine zu besetzen und zu vereinnahmen. Präsident Biden betonte in seiner Erklärung nach dem Treffen mit Selenskyj zwar erneut, dass „Putin nicht siegen wird", doch diese Formulierung war in gewisser Weise zweideutig, denn sie bedeutete nicht zwangsläufig, dass die Ukraine siegen müsse.

Die Maßnahmen der Biden-Regierung wurden in erster Linie von einer Logik des Risikomanagements bestimmt. Die Furcht vor einer Eskalation verzögerte wichtige Entscheidungen und wirkte sich aus der Perspektive der Ukraine negativ auf den Verlauf des Krieges aus. Russland nutzte das US-Vorgehen geschickt aus, indem es das Szenario eines „nuklearen Armageddon" beschwor. Der Westen solle sich aus diesem Krieg heraushalten und sich bewusst sein, dass eine Atommacht wie Russland in einem konventionellen Krieg nicht besiegt werden könne.

Zwischenruf des Autors

Während meiner Zeit als Fernsehjournalist berichtete ich schwerpunktmäßig über Sicherheitspolitik, also über Bundeswehr, NATO und zu jener Zeit noch Warschauer Pakt. Damals führte ich auch mehrere Interviews mit General Altenburg, dem damaligen Generalinspekteur der Bundeswehr und späteren Vorsitzenden des NATO-Militärausschusses. Im Zusammenhang mit dem NATO-Doppelbeschluss von 1979 erläuterte mir General Altenburg das Prinzip der nuklearen-Abschreckung auf einfache und deutliche Art: „Wer als Erster schießt, stirbt als Zweiter." Daran hat sich bis heute nichts geändert.

Das heißt: Jede Drohung von Putin oder seinen Scharfmachern wie etwa Medwedew oder auch Außenminister Lawrow mit Atomwaffen ist ein Bluff, der Angst erzeugen soll und es auch tut. Wie man den russischen Präsidenten auch einschätzen mag – ein Selbstmörder ist er bestimmt nicht. Diese Drohung ist also nur ein Teil des russischen Informationskrieges, um die öffentliche Meinung im Westen zu beeinflussen.

Die amerikanische Verzögerungstaktik ist auch darauf zurückzuführen, dass die Angst im Weißen Haus vor dem, was eine russische Niederlage auslösen könnte, groß war. Der Bundesstaat Russland, die Russische Föderation, könnte sich auflösen. Die Erinnerung an Jugoslawien nach Titos Tod 1980 war noch lebendig: Der Vielvölkerstaat war durch den wieder machtvoll aufkommenden Nationalismus auseinandergebrochen und hatte eine Reihe von Kriegen auf dem Balkan ausgelöst.

Selenskyjs Appell an Biden hatte zwei Ziele: Erstens, diesen Krieg auf russisches Territorium zu bringen, um dort innenpolitischen Druck zu erzeugen und einen Konflikt innerhalb der Regierung auszulösen. Zweitens, Russlands Mittel zur Kriegsführung zu zerstören: Munitionslager, Flugplätze, Kommando- und Kontrollstandorte. Denn ab 2024 war die Ukraine gezwungen, mit veralteter Luftverteidigung gegen Gleitbomben, ballistische Raketen und Drohnen zu kämpfen.

Warnung des Geheimdienstes

Wenn den Ukrainern die Erlaubnis erteilt würde, die von den USA, Großbritannien und Frankreich gelieferten Langstreckenraketen wie ATACMS oder die britische Storm Shadow oder auch die französische SCALP für Angriffe tief im Inneren Russlands einzusetzen, so warnten US-Geheimdienste Ende 2024 laut New York Times, dann würde Russland vermutlich mit großer Gewalt zurückschlagen. Allerdings stand diese Geheimdienstbewertung unter Vorbehalt, da die Ukrainer nur über eine begrenzte Anzahl von Langstreckenraketen verfügten und unklar war, wie viele weitere die westlichen Verbündeten bereitstellen würden. Die Einschätzung hob hervor, dass die Entscheidung, die bei Präsident Biden lag, ein potenzielles Risiko und ungewisse Vorteile beinhaltete. Eine Entscheidung mit hohem Einsatz.

Präsident Selenskyj hatte sich öffentlich und privat für die Erlaubnis eingesetzt, die Raketen einzusetzen, um den Krieg nach Russland hineinzutragen. Putin wiederum hatte die Vereinigten Staaten und ihre Koalitionspartner wiederholt mit Drohungen konfrontiert, um sie davon abzuhalten, den Ukrainern modernere Waffensysteme mit größerer Reichweite zur Verfügung zu stellen.

Die Kritiker

Kritiker warfen Präsident Biden und seinen Beratern vor, dass sie sich zu leicht von Putins feindseliger Rhetorik hätten einschüchtern lassen, und sie erklärten, dass das zögerliche Vorgehen der Regierung bei der Bewaffnung der Ukrainer diese auf dem Schlachtfeld benachteiligt habe. Befürworter dieses Ansatzes wiederum führten an, dass er immerhin bewirkt hatte, eine gewaltsame russische Reaktion zu verhindern.

Die britische Führung war weniger risikoscheu. Sie sprach sich dafür aus, den Ukrainern den Einsatz der von ihnen gelieferten Langstreckenraketen für Angriffe tief im Inneren Russlands zu gestatten. Die Briten warteten aber auf eine Stellungnahme von Präsident Biden, bevor sie Angriffe formell genehmigten, da die mögliche russische Reaktion Auswirkungen auf die Sicherheit der gesamten Koalition hätte haben können.

Die Rhetorik Putins war in Erwartung einer Entscheidung über Langstreckenangriffe besonders aggressiv geworden, und zumindest einige der wichtigsten Berater von Präsident Biden meinten, dass Putin mit unberechenbarer Gewalt reagieren werde, wenn eine Entscheidung im Sinne von Präsident Selenskyj gefällt würde. Damit wurde die Aufhebung der Beschränkungen für den Einsatz weitreichender Waffensysteme, eine Kernforderung der Regierung Selenskyj, ungewisser.

Verschobene Konferenz

Selenskyjs Plan war im Wesentlichen eine Liste der Fähigkeiten, die erforderlich waren, um das Gleichgewicht auf dem Schlachtfeld zugunsten der Ukraine zu verschieben. Er beschrieb, welche Auswirkungen sie haben könnten und unter welchen Bedingungen sie eingesetzt werden sollten.

„Ich habe den Siegesplan vorgestellt und wir haben vereinbart, dass wir unsere nächsten Schritte bald mit unseren Verbündeten in Deutschland im Ramstein-Format (Ukraine-Kontaktgruppe) besprechen werden. Der Oktober ist die Zeit der Entscheidungen", sagte Selenskyj am 26. September 2024 in seiner abendlichen Videoansprache.

US-Präsident Joe Biden wollte im Oktober nach Deutschland reisen und dort am 12. Oktober auf der Ebene der Staats- und Regierungschefs ein Treffen der Ukraine-Kontaktgruppe (Ramstein-Format) mit Präsident Selenskyj abhalten.

Als Ersatz für die Nichtentscheidung versprach Biden den Ukrainern, Gleitbomben zu liefern, sogenannte AGM-154 Joint Stand-Off Weapons mit einer Reichweite bis zu 130 km. Diese können von den bereits in der Ukraine befindlichen F-16-Kampfflugzeugen eingesetzt werden können.

Doch der Hurrikan Milton, der am 10. Oktober 2024 die Küste Floridas erreichte, durchkreuzte diese Planung. Präsident Bidens Reise nach Deutschland wurde verschoben, und der Präsident war am 13. Oktober im Katastrophengebiet in Florida. Am 18. Oktober weilte er dann in Berlin, und es kam zu einem Gipfel der USA mit Deutschland, Frankreich und Großbritannien. Zum Abschluss des Besuchs des amerikanischen Präsidenten in Berlin sagten Biden und Kanzler Scholz der Ukraine ihre volle Solidarität zu. Doch auf Selenskyjs Siegesplan gingen die beiden nicht ein. Bemerkenswert: Es wurde betont, dass die NATO nicht Kriegspartei werden dürfe.

Wille und Ausdauer

Die ukrainische Strategie basierte bisher auf der Überzeugung, dass der nationale Wille der Ukraine stärker sei als der von Russland. Sie zielte darauf ab, ein entschlossenes Land zu präsentieren, das bereit ist, alles für die Wahrung seiner Souveränität zu tun.

Ein weiteres Element der ukrainischen Siegestheorie ist die Ausdauer. Dies ist der Schlüssel, um Russlands Konzept zu untergraben, den Krieg länger durchhalten zu können als die Ukraine, die EU oder die USA. Dazu gehört nicht nur die Mobilisierung aller nationalen Ressourcen zur Verteidigung der Ukraine und die Akzeptanz, ständig zu kämpfen, sondern auch eine Vielzahl diplomatischer, wirtschaftlicher und informationstechnischer Aktivitäten, um die Unterstützung des Auslands aufrechtzuerhalten und zu erweitern.

(Mick Ryan, The War for Ukraine, S. 56)

Putin und die Zukunft

Putin kann nicht von seinem Amt zurücktreten, weil Opportunisten in seiner Umgebung ihn zum Sündenbock machen würden, sollte der Krieg in der Ukraine scheitern. Seine politische Zukunft und sogar sein Leben sind zur Geisel eines Krieges geworden, den er selbst begonnen hat, den er aber nicht beenden kann. Er muss eine Niederlage auf dem Schlachtfeld um jeden Preis vermeiden. Die gescheiterte Eroberung von Kiew war bereits eine solche Niederlage; er braucht nun einen überzeugenden Sieg.

Im Gegensatz zu den großen Diktatoren des 20. Jahrhunderts wird Putins Regime nicht von einer kohärenten Ideologie gestützt. Er nutzte eine Strömung des russischen Nationalismus aus, die bereits vor seiner Machtübernahme existiert hatte. Aber so etwas wie Putinismus gibt es nicht, nur eine Mischung aus Nationalismus, einer historischen Angst vor ausländischer Bedrohung und Kleptokratie. Putin würde kein bleibendes ideologisches Erbe hinterlassen, keinen Wohlstand und keine Stabilität. All dies wurde durch seine Entscheidung, der Ukraine den Krieg zu erklären, zerstört.

Der Preis für Putins Illusionen wäre nicht nur der Verlust von vielen Hunderttausend Menschenleben, sondern auch eine verlorene Zukunft für Russland. Am bedrohlichsten wäre jedoch, dass die Russische Föderation infolge des Krieges in ähnlicher Weise zerfallen könnte, wie es in Jugoslawien nach Titos Tod der Fall gewesen war.
(Owen Matthews, Overreach, S. 379 f.)

Quellen: Zwei Präsidenten und ihre Siegespläne

Bücher

- Harrel, John S., The Russian Invasion of Ukraine, February–December 2022, Yorkshire 2023
- Matthews, Owen, Overreach, The Inside Story of Putin's War Against Ukraine, Dublin 2022
- Monaghan, Andrew, Russian Grand Strategy in the Era of Global Power Competition, Manchester 2022
- Ryan, Mick, The War for Ukraine, Strategy and Adaption Under Fire, Annapolis 2024

Online-Publikationen

- https://www.foreignaffairs.com/articles/ukraine/2022-03-29/leadership-war
- https://www.csis.org/blogs/post-soviet-post/four-myths-about-russian-grand-strategy
- https://www.newyorker.com/magazine/2014/03/17/putins-pique?_sp=70466f1b-6cb6-40d7-b376-0e489a1b1455.1727343316062
- https://www.rusi.org/explore-our-research/publications/special-resources/preliminary-lessons-conventional-warfighting-russias-invasion-ukraine-february-july-2022
- https://www.rand.org/pubs/research_reports/RR4238.html
- https://www.ndc.nato.int/research/research.php?icode=704
- https://carnegieendowment.org/posts/2021/07/russias-nat—ional-security-strategy-a-manifesto-for-a-new-era?lang=en
- https://www.cna.org/reports/2021/08/Russian-Military-Strategy-Core-Tenets-and-Operational-Concepts.pdf
- https://www.swp-berlin.org/publikation/how-russia-is-recruiting-for-the-long-war
- https://www.politico.eu/article/ukraine-has-great-war-strategy-but-needs-to-be-able-to-prosecute-it-top-nato-general-says/
- https://www.kyivpost.com/post/30339
- https://www.politico.eu/article/ukraine-war-hang-on-in-2024-to-win-in-2025-putin-zelenskky-russia-counteroffensive/
- https://interfax.com.ua/news/general/967640.html?fbclid=IwAR2Ajt9xB03bHi8gnePRiVV5N8L_0oXy-HI3huRTZ7pFZHq0TpxAy_MZ57co
- https://abcnews.go.com/Politics/ukrainian-president-volodymyr-zelenskyy-discusses-victory-plan-present/story?id=113936347

Kapitel 16

Die Strategien der Generäle

Die von der US-Armee herausgegebene Zeitschrift Army University Press veröffentlichte im Jahr 2016 einen Artikel des russischen Generalstabschefs Waleri Gerassimow über die Entwicklung der modernen Kriegsführung. Der Text war bereits 2013 im russischen Military-Industrial Courier unter dem Titel „Der Wert der Wissenschaft liegt in der Voraussicht" erschienen, blieb aber für das Verständnis des Ukraine-Krieges aktuell. Dort heißt es:

„Natürlich wäre es am einfachsten zu sagen, dass die Ereignisse des Arabischen Frühlings kein Krieg sind und wir Militärs daraus keine Lehren ziehen können. Aber vielleicht ist das Gegenteil der Fall – dass genau diese Ereignisse typisch für die Kriegsführung im 21. Jahrhundert sind. In Bezug auf das Ausmaß der Opfer und der Zerstörung sowie die katastrophalen sozialen, wirtschaftlichen und politischen Konsequenzen sind solche neuartigen Konflikte mit den Konsequenzen eines traditionellen Krieges vergleichbar.

Die eigentlichen ‚Kriegsregeln' haben sich geändert. Die Rolle nichtmilitärischer Mittel zur Erreichung politischer und strategischer Ziele hat an Bedeutung gewonnen und in vielen Fällen die Durchschlagskraft von Waffengewalt übertroffen.

Der Schwerpunkt der angewandten Konfliktlösungsmethoden hat sich in Richtung eines breiten Einsatzes politischer, wirtschaftlicher, informativer, humanitärer und anderer nichtmilitärischer Maßnahmen verlagert, die in Abstimmung mit dem Protestpotenzial der Bevölkerung eingesetzt werden. All dies wird durch verdeckte militärische Mittel ergänzt, darunter die Durchführung von Informationsmanipulationen und Aktionen von Spezialeinheiten. Der offene Einsatz von Streitkräften, oft unter dem Deckmantel der Friedenssicherung und Krisenregulierung, wird erst in einem bestimmten Stadium eingesetzt, hauptsächlich um den endgültigen Erfolg im Konflikt zu erzielen."

(https://www.armyupress.army.mil/portals/7/military-review/archives/english/militaryreview_20160228_art008.pdf)

General Gerassimow

Waleri Gerassimow wurde am 6. November 2012 als Nachfolger von General Nikolai Makarow zum Generalstabschef ernannt. Diese Umbesetzung stand im Zusammenhang mit der kurz zuvor erfolgten Entlassung des Verteidigungsministers Anatoli Serdjukow,

Generalstabschef Waleri Gerassimow

der in einen Korruptionsskandal verwickelt war, denn General Makarow hatte sehr enge Verbindungen zu Serdjukow gepflegt.

Neuer Verteidigungsminister wurde der ehemalige Minister für Katastrophenschutz und treue Putin-Verbündete Sergei Schoigu (siehe S. 67). Schoigu war es, der seinem Präsidenten General Gerassimow empfohlen hatte. Er bezeichnete ihn als „einen Militärmann durch und durch". In dem Gespräch zwischen Putin und Schoigu, über das auf der offiziellen Website des Kremls berichtet wurde, sagte Schoigu darüber hinaus, der General verfüge über kolossale Erfahrung, sowohl im Generalstab als auch direkt im Einsatz, und natürlich habe er Kampferfahrung. Gerassimow war auch der breiten Öffentlichkeit in Russland bekannt, denn er hatte die russischen Streitkräfte während des Tschetschenienkonflikts befehligt.

(https://www.bbc.com/news/world-europe-20265166)

Gerassimows Werdegang

General Gerassimow, 1955 in Kasan an der Wolga geboren, begann seine Militärkarriere 1977 bei der Nordgruppe der sowjetischen Armee in Polen. Nachdem er in den Militärbezirken Fernost und Baltikum gedient hatte, wurde er 1999, kurz vor Ausbruch des zweiten Tschetschenienkrieges, Stabschef der 58. Armee im Militärbezirk Nordkaukasus. Im Jahr 2001, auf dem Höhepunkt des Tschetschenienkonflikts, wurde Gerassimow zum Kommandeur der 58. Armee ernannt.

Während seiner Zeit in Tschetschenien war er persönlich an der Verhaftung von Juri Budanov beteiligt, einem Oberst der Armee, der später wegen Mordes an einem tschetschenischen Mädchen verurteilt wurde. Dies veranlasste die Journalistin Anna Politkowskaja, eigentlich eine lautstarke Kritikerin des Tschetschenienkonflikts, dazu, Gerassimow als „einen Mann, der die Ehre eines Offiziers bewahren konnte", zu beschreiben.

Von 2003 bis 2005 war Gerassimow Stabschef des Militärbezirks Fernost. Während seiner Zeit dort wurde er wegen massenhafter Krankheitsausbrüche unter seinen Soldaten gerügt – anscheinend der einzige dunkle Fleck in seiner Karriere. Danach diente er als Kommandeur der Militärbezirke St. Petersburg und Moskau, bevor er stellvertretender Generalstabschef wurde. Im April des Jahres 2012 wurde er von seinen Pflichten entbunden und zum Kommandeur des Zentralen Militärbezirks ernannt. Es wurde spekuliert, dass das angespannte Verhältnis zu General Makarow einer der Gründe für diesen Wechsel war. Doch im November 2012 war er wieder zurück in Amt und Würden – als Generalstabschef und damit Nachfolger Makarows.

(https://www.bbc.com/news/world-europe-20270111)

Die Gerassimow-Doktrin

Gerassimows Vision des Krieges ordnet die Politik und Krieg in ein und dasselbe Spektrum von Aktivitäten ein. Der Ansatz ist der eines Guerillakrieges, der an allen Fronten mit einer Reihe von Akteuren und Methoden geführt wird, zum Beispiel mit Medien, Geschäftsleuten, Hackern, Leaks und Fake News sowie mit zunächst asymmetrischen militärischen Mitteln. Diese Gerassimow-Doktrin erklärt, dass nichtmilitärische Taktiken nicht nur als Hilfsmittel bis zur Anwendung von Gewalt dienen, sondern sogar der bevorzugte Weg zum Sieg seien.

In Gerassimows Essay (siehe S. 309) heißt es weiterhin:

„Die Rolle mobiler, gemischter Truppengruppen, die aufgrund der neuen Möglichkeiten von Befehls-
und Kontrollsystemen in einem einzigen nachrichtendienstlichen Informationsraum agieren, wurde
gestärkt. Militärische Aktionen werden dynamischer, aktiver und effektiver. Taktische und operative
Pausen, die der Feind ausnutzen könnte, verschwinden. Neue Informationstechnologien ermöglichten eine erhebliche Reduzierung der räumlichen, zeitlichen und informativen Lücken zwischen
Streitkräften und Kontrollorganen. Frontale Gefechte großer Streitkräfteverbände auf strategischer
und operativer Ebene gehören allmählich der Vergangenheit an. Ferngesteuerte, kontaktlose Aktionen gegen den Feind werden zum wichtigsten Mittel, um Kampf- und Einsatzziele zu erreichen. [...]

Asymmetrische Aktionen sind weit verbreitet und ermöglichen es, die Vorteile eines Feindes
in einem bewaffneten Konflikt zunichte zu machen. Zu diesen Aktionen gehören der Einsatz von
Spezialeinheiten und interner Opposition, um eine dauerhaft operierende Front durch das gesamte Gebiet des feindlichen Staates zu schaffen, sowie Informationsaktionen, Geräte und Mittel, die
ständig perfektioniert werden. [...]

Wir müssen uns eingestehen, dass wir zwar das Wesen traditioneller Militäraktionen regulärer
Streitkräfte verstehen, aber nur ein oberflächliches Verständnis für die asymmetrischen Formen und
Mittel haben. In diesem Zusammenhang wächst die Bedeutung der Militärwissenschaft, die eine
umfassende Theorie für solche Aktionen entwickeln muss. [...]

Abschließend möchte ich sagen, dass es, egal welche Kräfte der Feind hat, egal wie gut entwickelt seine Streitkräfte und Mittel für bewaffnete Konflikte auch sein mögen, es immer Formen und
Methoden gibt, um sie zu überwinden. Er wird immer Schwachstellen haben, und das bedeutet,
dass es angemessene Mittel gibt, um ihm entgegenzutreten. Wir dürfen nicht die Erfahrungen anderer kopieren und führenden Ländern hinterherlaufen, sondern wir müssen sie übertreffen und selbst
führende Positionen einnehmen.“

*(https://www.armyupress.army.mil/portals/7/military-review/archives/english/militaryreview_
20160228_art008.pdf)*

Funktioniert dieses Konzept?

Es stellt sich die Frage: Ist das Konzept von General Gerassimow wirklich neu, und funktioniert es?
Kritiker sagen, dies sei einfach eine neue Version dessen, was die Russen schon immer getan haben.

Der Begriff „Gerassimow-Doktrin" wurde von Mark Galeotti geprägt. Der britische Historiker und
Experte für russische Sicherheitspolitik hatte ihn in seinem Podcast „In Moscow's Shadows" im
Zusammenhang mit der Annexion der Krim geprägt. Manche westlichen Analysten waren davon
überzeugt, dass die russischen Aktionen die Gerassimow-Doktrin widerspiegelten; dies trug dazu
bei, den Begriff zu verbreiten und zu einem Modewort zu machen.

In einem Artikel der Zeitschrift Foreign Policy vom 5. März 2018 entschuldigte sich Galeotti dafür,
dass er den Begriff in die Welt gesetzt habe: „Was wir im russischen Denken als hybriden Krieg
bezeichnen, sind eigentlich mehrere Dinge. Gerassimow sprach von der Nutzung von Subversion,
um das Schlachtfeld vor der Intervention vorzubereiten – genau die Art von Operationen, die in der
Ukraine eingesetzt wurden. Die Unterbrechung der Befehlskette, das Schüren lokaler Aufstände,

die Störung der Kommunikation – all dies sind klassische Vorgehensweisen, die kaum auf der Krim ihren Anfang genommen haben."

Bereits im Jahr 1924 wurde Estland auf ähnliche Weise angegriffen wie 2014 die Krim: Die angreifende Truppe bestand aus nicht gekennzeichneten sowjetischen Truppen und einheimischen Agenten. Zudem wurde eine Invasion durch reguläre sowjetische Streitkräfte angedroht, die strategisch wichtige Orte, Regierungsgebäude und Kommunikationseinrichtungen einnehmen sollten. In Estland allerdings scheiterte der Versuch, die estnische Regierung zu stürzen.

Die Art und Weise des russischen Vorgehens hat gemäß Galeotti seine Wurzeln in der leninistischen Theorie und den frühen militärischen Erfahrungen der Bolschewiki. Lenin baute auf Clausewitz auf, als er alle militärischen Aktivitäten den politischen Zielen unterordnete und keinen Unterschied zwischen militärischen und zivilen Bereichen machte. Lenin hinterließ jedoch seine eigenen Spuren in der Militärtheorie, indem er die Rolle der Propaganda betonte und lehrte, dass Terrorismus ein legitimes Mittel des Krieges sei.

Der russische Nationale Sicherheitsberater Nikolai Patruschew im Washingtoner Pentagon

Die Ukraine-Invasion

General Gerassimow war an der Planung der russischen Invasion in der Ukraine im Jahr 2022 beteiligt. Den Quellen zufolge wurde die Entscheidung, in die Ukraine einzumarschieren, von Wladimir Putin selbst und einer kleinen Gruppe um ihn herum getroffen; dazu gehörten auch Gerassimow und Putins Nationaler Sicherheitsberater Nikolai Patruschew.

Der britische Politikanalyst und Autor Anatol Lieven schrieb: „Schoigu und Gerassimow haben die Invasion der Ukraine nicht nur mit ungeheurer Inkompetenz, mit Rücksichtslosigkeit und Gleichgültigkeit gegenüber dem Tod und Leid der Zivilbevölkerung geplant und durchgeführt, sondern da sie beide seit 2012 ihre derzeitigen Positionen innehaben, tragen sie auch die direkte persönliche Verantwortung für das logistische Chaos, die mangelnde Koordination und den allgemein beklagenswerten Zustand der russischen Streitkräfte."

(https://responsiblestatecraft.org/2023/06/25/putin-disastrous-but-indispensable-for-the-system-he-created/)

Am 27. April 2022 behauptete die ukrainische Online-Publikation Defense Express, Gerassimow sei in Isjum eingetroffen, um die russische Offensive in der Region persönlich zu befehligen. Nach Angaben der UNIAN (Ukrainische Unabhängige Informationsagentur) sei Gerassimow am 1. Mai 2022 in der Nähe von Isjum verwundet worden. Zwei US-Beamte bestätigten, dass sich Gerassimow in der Region aufgehalten habe. Ein ukrainischer Regierungsbeamter bestritt jedoch, dass die Ukraine Gerassimow gezielt ins Visier genommen habe, und sagte, Gerassimow sei bereits auf dem Weg zurück nach Russland gewesen, als der Kommandoposten angegriffen worden sei.

Wie dem auch sei – am 11. Januar 2023 ernannte der russische Verteidigungsminister Schoigu General Gerassimow zum Oberbefehlshaber der russischen Einheiten in der Ukraine. Seit Oktober 2022 war dies Sergei Surowikin gewesen; Surowikin wurde nun einer von Gerassimows Stellvertretern. Gerassimows erster bemerkenswerter Kampfeinsatz am Kriegsschauplatz Ukraine war die Verlegung der Schwarzmeerflotte am 11. Januar aus dem Hafen von Noworossijsk an der nordöstlichen Schwarzmeerküste an einen unbekannten Ort.

Im Mai 2023 warf Jewgeni Prigoschin, Chef der Wagner-Gruppe, Gerassimow und Schoigu Inkompetenz vor. Prigoschin machte sie für Zehntausende Gefallene der Wagner-Gruppe verantwortlich und sagte: „Schoigu, Gerassimow, wo ist die Munition? Sie kamen als Freiwillige hierher und sterben, damit Sie wie Bonzen in Ihren Luxusbüros sitzen können."

Die vier Fehler Gerassimows

Der australische General a. D. Mick Ryan bezeichnete Oberbefehlshaber Gerassimow ebenfalls als inkompetent und warf ihm folgende Fehler vor:

1. Invasionsplan

Ausgehend von der Annahme, dass die Ukrainer keine wirksame Verteidigung aufbauen könnten, die ukrainische Regierung fliehen und der Westen nicht eingreifen würden, plante man, die Ukraine in maximal zehn Tagen zu einzunehmen.

Doch die Ukrainer und der Westen reagierten ganz anders, als von den Russen vorausgesagt, und die russischen Streitkräfte waren nicht in der Lage, ihre ursprüngliche Strategie umzusetzen; sie wirkten unkoordiniert und chaotisch. Waleri Gerassimow als Chef des Generalstabs und Sergei Schoigu als Verteidigungsminister hatten eine Schlüsselrolle bei der Planung und Genehmigung dieses Plans innegehabt.

2. Die russische Mobilmachung

Gerassimows zweiter Fehler waren die chaotischen ersten Wochen der russischen Mobilmachung, die von Präsident Putin im September 2022 angekündigt wurde. Gerassimow hätte mit einem solchen Schritt rechnen müssen, sobald klar war, dass der Krieg nicht den gewünschten Verlauf nahm. Darüber hinaus sah es so aus, als ob das Militär nach Putins Ankündigung seine Mobilisierungsbemühungen erst in diesem Moment begann.

Die Armee verfügte seit der Sowjetzeit über umfassende Mobilisierungspläne und -verfahren für die schnelle Erweiterung der Landstreitkräfte. Gerassimow, der immerhin aus dieser Ära stammte, schien nicht zu berücksichtigen, dass für derartige Mobilisierungsbemühungen eine entsprechende Infrastruktur, ein Ausbildungskader und hinreichende Reserveausrüstung erforderlich sind.

3. Modernisierung der Armee

Ein Modernisierungsprogramm für die Armee wurde 2012 ins Leben gerufen und sollte das russische Militär professionalisieren, seine Ausrüstung auf den neuesten Stand bringen und seine Einsatzbereitschaft verbessern. Im Rahmen dieses Programms wurde ein Großteil der alten so-

Präsident Wladimir Putin mit den beiden Planern der Ukraine-Invasion, General Waleri Gerassimow (links) und Verteidigungsminister Sergei Schoigu (September 2022)

wjetischen Mobilmachungsorganisation aufgelöst. Dies war kein Zufall, sondern eine Struktur-Entscheidung. Und obwohl die Umgestaltung von vielen im Westen für ihre Innovationskraft gelobt wurde, beseitigte sie in Wirklichkeit die Fähigkeit zur schnellen Mobilisierung der Truppen. Und wie die Ereignisse in der Ukraine zeigten, gelang es mit den Gerassimow-Reformen nicht, die Art von moderner, integrierter und gut geführter militärischer Institution aufzubauen, die für den Erfolg in einem modernen Krieg unerlässlich ist.

4. Fehlgeschlagene Offensiven

Nicht erfolgreicher war Gerassimow, als er im Januar 2023 das Kommando über die russischen Streitkräfte in der Ukraine übernahm und sogleich eine groß angelegte Offensive begann. Von der Region Kreminna im Oblast Luhansk ausgehend wurde eine Reihe von Vorstößen auf fünf Hauptachsen durchgeführt, die sich bis nach Süden durch Bachmut, Awdijiwka, Donezk und Wuhledar erstreckten.

Das russische Militär erzielte mit diesen Offensiven nur sehr begrenzte Erfolge und verlor letztendlich sogar an Boden. Laut US-Geheimdienstquellen fielen seit Dezember 2022 etwa 20.000 russische Soldaten, mehr als 80.000 wurden verwundet. Zudem wurde so viel Ausrüstung zerstört, dass ihre Einheiten mit Panzern aus den 1950er-Jahren ausgestattet werden mussten.

Angesichts dieser dürftigen Erfolgsbilanz könnte man meinen, dass Gerassimows Tage gezählt waren. Die Realität sah jedoch so aus, dass Putin ihn im Amt beließ. Gerassimow war nicht nur ein Meister der Palastpolitik im Kreml, sondern auch loyal gegenüber Putin. Als er im Januar 2023 den vorherigen Kommandeur Sergei Surowikin ersetzte, kommentierte die Russlandexpertin Dara Massicot vom Carnegie Endowment for International Peace dies so: „Sie haben jemanden, der kompetent ist, durch jemanden ersetzt, der inkompetent, aber schon lange dort ist und Loyalität bewiesen hat." Und im April 2023 erklärte der amerikanische Militäranalyst Michael Kofman, dass Gerassimow die Streitkräfte mit schlecht geplanten Offensivoperationen erschöpft habe, deren positiver Ausgang für Russland unerheblich gewesen sei, aber die russischen Streitkräfte verwundbarer gemacht hätten.

Am 25. Juni 2024 erließ der Internationale Strafgerichtshof Haftbefehl gegen Gerassimow wegen mutmaßlicher Kriegsverbrechen bei Raketenangriffen auf die ukrainische Energie-Infrastruktur.

Kommandeure der Invasionstruppen

Die russische Invasion der Ukraine war trotz der Warnungen aus den USA eine Überraschung. Und diese Invasion blieb voller weiterer Überraschungen. Eine davon war, dass zunächst nicht klar war, wer eigentlich die Verantwortung für die Invasionstruppen trug. Verteidigungsminister Sergei Schoigu und Generalstabschef Waleri Gerassimow blieben in Moskau, und in der Ukraine war lange nicht klar, wer das Kommando über die Invasionsarmee innehatte.

Obwohl eine russische Doktrin vorsieht, dass alle Truppen und Streitkräfte, die einem Einsatzführungskommando unterstehen, von einem einzigen Kommandeur zu führen sind, berichteten mehrere Quellen, darunter auch das britische Verteidigungsministerium, dass separate Truppen aus jedem der vier Militärbezirke mit eigenen Führungskräften an der ersten Invasion teilgenommen hätten. Präsident Putin selbst soll wiederholt involviert gewesen sein und manchmal sogar den Einheiten an der Front persönlich Befehle erteilt haben.

Im April 2022 kam es zu ersten Rückschlägen. Die russischen Streitkräfte mussten ihren Versuch, Kiew einzunehmen, aufgeben und sich zurückziehen. Daraufhin wurde ein einheitliches Oberkommando eingerichtet, um den Krieg, der nun wohl länger andauern würde, zu gewinnen. Alle der hier folgenden Oberkommandierenden hatten zuvor eine führende Funktion in Syrien gehabt.

General Alexander Dwornikow

Nachdem Dwornikow 1978 in die sowjetische Armee eingetreten war, stieg er über einen Zeitraum von 30 Jahren in der sowjetischen und dann in der russischen Armee auf. Im Jahr 2015 wurde er während der russischen Militärintervention in Syrien zum Kommandeur der russischen

General Alexander Dwornikow, im Ukraine-Krieg verantwortlich für die Belagerung von Mariupol

Streitkräfte ernannt. Zu jener Zeit in Syrien bestätigte sich sein Ruf als brutaler Führer seiner Militär-einsätze, den er sich bereits in Tschetschenien erworben hatte. Das Bombardement von Aleppo im Februar 2016, das er befohlen hatte, brachte ihm den Titel „Schlächter von Syrien" ein.

In der russischen Armee machte er Karriere bei den Motorisierten Schützeneinheiten, bis hinauf zur 19. Motorisierten Schützen-Division. Im September 2015 wurde er Oberbefehlshaber der russi-schen Streitkräfte im syrischen Bürgerkrieg, im Juli 2016 dann in Russland Oberbefehlshaber des Südlichen Militärbezirks. Der Südliche Militärbezirk grenzt an die Ukraine, und es gab Gerüchte, dass Dwornikow als Nachfolger von Gerassimow infrage komme. Seine Amtszeit im Ukraine-Krieg dauerte nur zwei Monate, vom 8. April 2022 bis zum 25. Juni 2022. In diesem Zeitraum leitete er die Belagerung von Mariupol, bei der mehr als 10.000 Zivilisten umgekommen sein sollen.

Die Gründe für Dwornikows Abberufung sollen sein exzessiver Alkoholkonsum und das mangelnde Vertrauen der russischen Streitkräfte in seine Person gewesen sein.

General Gennady Schidko

Schidko wurde im September 1965 in der Ortschaft Yangiobad in der Usbekischen Sowjetrepublik geboren. 1997 schloss er die Malinowski-Militärakademie der Panzertruppen in Moskau erfolgreich ab. Bis 2001 war er Kommandeur des 92. Motorisierten Schützen-Regiments in Duschanbe, Tad-schikistan. Nach der Generalstabsausbildung 2007 führte er eine Motorisierte Schützen-Division als Kommandeur und wurde Chef des Stabes der 2. Garde-Panzerarmee. Ab 2016 war er Stabschef der russischen Streitkräfte in Syrien. Zurück in Russland folgten weitere Verwendungen als Gene-ralstabsoffizier, und im November 2021 übernahm er die Führung der Hauptmilitärpolitischen Direk-tion der russischen Streitkräfte. Ab 26. Juni 2022 übernahm General Schidko das Kommando über die russischen Invasionstruppen. Einen Monat später hieß es, dass er zum Chef des Militärbezirkes Ost degradiert worden sei.

General Schidko verstarb im August 2023 nach langer Krankheit, vermutlich an Krebs.

General Sergei Surowikin

Wie auch seine Vorgänger war Surowikin Kommandeur der russischen Truppen in Syrien, doch dies verhältnismäßig lange, mehr als ein Jahr bei zwei Aufenthalten, 2017 und 2019.

Surowikin, Jahrgang 1966, wurde 1987 nach seiner Schulausbildung einer Speznaz-Einheit in Novosibirsk zugeteilt, die in Afghanistan aktiv war. 1991 befehligte er als Hauptmann ein Motorisier-tes Schützen-Bataillon. Surowikin war an dem Augustputsch gegen Michail Gorbatschow beteiligt. Unter seinem Kommando überfuhren Schützenpanzer drei Demonstranten, die sich in einem Stra-ßentunnel in Moskau verbarrikadiert hatten. Dafür wurde er zu einer sechsmonatigen Haftstrafe verurteilt. Nach dem Rücktritt von Gorbatschow wurde er entlassen und zum Major befördert.

Im Jahr 1995 begann Surowikin ein Studium an der Frunse-Militärakademie, dem ab 2002 ein Studium an der Militärakademie des Generalstabes folgte. 2013 wurde er Kommandeur des Militär-bezirks Ost und zum Generaloberst befördert. Ab 2017 diente er als Oberbefehlshaber der Luft- und

Weltraumkräfte der Russischen Föderation. 2019 war er erneut in Syrien und befehligte die Luftangriffe auf die Zivilbevölkerung und die Rebellengebiete bei Aleppo, was ihm den Beinamen „General Armageddon" einbrachte.

Im Jahr 2021 wurde Surowikin zum Armeegeneral befördert, und im Februar 2022 befehligte er die Angriffsgruppe Süd. Am 8. Oktober 2022 folgte er General Schidko in der Funktion des Oberbefehlshabers der russischen Truppen in der Ukraine nach. Er befehligte ihren Rückzug vom Westufer des Dnjepr und ließ die sogenannte Surowikin-Linie anlegen; dabei handelte es sich um ein Netz von Verteidigungsstellungen mit Schützengräben, Panzersperren und großen Minenfeldern.

Im Januar 2023 verfügte Verteidigungsminister Schoigu eine kleine Rochade: Generalstabschef Gerassimow übernahm den Oberbefehl über die russischen Truppen, während Surowikin sich mit einem der Stellvertreterposten begnügen musste.

Am 23. und 24. Juni 2023 unternahm Jewgeni Prigoschin mit seiner Wagner-Gruppe eine Palastrevolution und forderte von Präsident Putin die Entlassung Schoigus und Gerassimows. Surowikin, der Prigoschin nahestand, soll von der Revolte gewusst haben. Im August meldete die Presse, dass Surowikin seines Amtes als Oberbefehlshaber der Luft- und Weltraumkräfte enthoben worden sei. Nach unbestätigten Berichten wurde der General im Zusammenhang mit Prigoschins Putsch verhaftet. Nach dessen Tod soll er wieder freigelassen worden sein und sich an unbekanntem Ort aufhalten.

General Sergei Surowikin, von Oktober 2022 bis Januar 2023 Oberkommandierender der russischen Truppen in der Ukraine

Nach Erkenntnissen von Human Rights Watch könnte General Surowikin zu den russischen Führungskräften gehören, die für Menschenrechtsverletzungen in Syrien verantwortlich waren. In den Medien wurde der General als rücksichtsloser Befehlshaber bezeichnet, berüchtigt für Brutalität und Korruption.

General Alexander Chaiko

Chaiko, Jahrgang 1971, wurde in Golyzino, Oblast Moskau, geboren. Bis 1988 besuchte er die Suworow-Militärschule in Moskau, ein Internat, und bis 1992 die Höhere Kommandoschule für Panzertechnik. Nach dem Abschluss diente er im Moskauer Militärbezirk sowie in der Westgruppe der Streitkräfte als Zugführer, Kompaniechef, Stabschef des Bataillons und Bataillonskommandeur. Im

Dezember 2016 wurde er zum Generalleutnant ernannt, im Juni 2021 zum Generaloberst, und war seit dem November 2021 Befehlshaber des Östlichen Militärbezirks.

Bei der russischen Invasion in der Ukraine wurde Chaiko Oberbefehlshaber der Nördlichen Angriffsgruppe, die eigentlich gleich zu Beginn der Invasion Kiew einnehmen sollte, aber an der Aufgabe scheiterte. Chaiko wurde verdächtigt, das Massaker von Butscha und in anderen Orten der Region Kiew organisiert zu haben.

Am 7. August 2022 meldete das britische Verteidigungsministerium, dass General Chaiko wegen Fehlverhaltens seines Postens enthoben worden sei. Im Januar 2023 soll der General laut arabischen bzw. syrischen Quellen wieder in Syrien tätig geworden sein. Was nach dem Sturz Assads im Dezember 2024 und dem Abzug der russischen Truppen aus Syrien aus ihm wurde, blieb zunächst unbekannt.

Human Rights Watch warf Chaiko vor, für Bombenangriffe auf Krankenhäuser, Schulen und Wohnsiedlungen im Gebiet Idlip verantwortlich zu sein. 1.600 Menschen fielen den Angriffen zum Opfer, rund 1,4 Millionen wurden vertrieben.

Gefallene russische Generäle

Während der russischen Invasion in der Ukraine wurde eine Reihe russischer Generäle getötet. Am 31. Januar 2024 erklärten ukrainische Quellen, dass es 17 russische Generäle und ein russischer Admiral gewesen seien. Die russischen Stellen hingegen bestätigten lediglich sieben Todesfälle. Trotzdem ist bereits der Verlust von Generälen selten. Das Ausmaß dieser Verluste ist seit dem zweiten Tschetschenienkrieg, in dem Russland zehn Generäle verlor, beispiellos. Dies wird darauf zurückgeführt, dass hochrangige Befehlshaber an die Front beordert werden, um dort Schwierigkeiten bei Führung und Kontrolle, aber auch andere schwache Leistungen zu beheben. Darüber hinaus ermöglichen es die ungesicherten Kommunikationswege bei den russischen Streitkräften sowie die Erkenntnisse der US-Militärgeheimdienste den Ukrainern, hohe russische Offiziere ins Visier zu nehmen.

(https://en.wikipedia.org/wiki/List_of_Russian_generals_killed_during_the_Russian_invasion_of_ Ukraine)

Fehler im System

Die russische Armee ist streng hierarchisch aufgebaut – ein Erbe der zentralistischen Sowjetdoktrin. Wichtige Entscheidungen werden ganz oben getroffen, selbst für regionale Einsätze sind mehrere Genehmigungsstufen erforderlich, und Eigeninitiative wird oft eher bestraft als belohnt.

Putin, ehemals Oberstleutnant des Geheimdienstes KGB, wurde zur Spitze dieser Pyramide, leitete direkt den Krieg und traf militärische Entscheidungen. Die Kultur, Fehler zu verbergen, führte dann dazu, dass die Informationen, die über die Befehlskette nach oben gemeldet wurden, Erfolge übertrieben und Probleme herunterspielten. Dieser systemische Fehler hinderte das russische Militär daran, sich schnell anzupassen, sobald es unerwartete Rückschläge zu verzeichnen hatte.

(Yaroslav Trofimov, Our Enemies Will Vanish, S. 43)

Die ukrainischen Generäle

Nach der Auflösung der Sowjetunion im Jahr 1991 behielt die ukrainische Armee zwar ihre Ausrüstung aus der Sowjetzeit, doch die Streitkräfte wurden nach 1991 systematisch verkleinert. Die Personalstärke schrumpfte, und die Ausbildungs-, Führungs- und Unterstützungsfunktionen waren nicht mehr zeitgemäß. Bei Beginn des Donbass-Krieges im April 2014 war nur ein geringer Teil der sowjetischen Ausrüstung in der ukrainischen Armee funktionsfähig, und die meisten Waffensysteme waren veraltet. Danach entwickelte die Ukraine ein Sofortprogramm zur Erweiterung und Modernisierung ihrer Streitkräfte. Die Personalstärke der ukrainischen Streitkräfte wurde erhöht, von 129.950 Militärangehörigen aller Waffengruppen im März 2014 auf 204.000 im Mai 2015. Das bedeutete, dass die Landstreitkräfte im Jahr 2016 über 169.000 Soldaten verfügten. Zu jenem Zeitpunkt bestand die ukrainische Armee, also alle Truppenteile zusammengenommen, zu 75 Prozent aus Berufs- und Zeitsoldaten.

Ebenfalls 2014 begann auch eine Modernisierung der Armee mit modernen Waffensystemen. Nach der ukrainischen Verfassung ist der Präsident der Oberbefehlshaber der Streitkräfte, während sie vom Generalstab geführt werden. Die meisten höheren Offiziere hatten noch eine russische Militärausbildung, während die jüngeren schon nach westlichem Standard ausgebildet worden waren.

Der ukrainische General Walerij Saluschnyj

General Walerij Saluschnyj

Trotz des russischen Drucks strebte Präsident Selenskyj weiterhin den Beitritt der Ukraine zur NATO an und lehnte die Verfassungsänderung ab, die Moskau als Voraussetzung für das Minsk-II-Abkommen forderte und die den russischen Stellvertretern im Donbass ein Vetorecht in der Außenpolitik Kiews eingeräumt hätte.

Im Juli 2021 ernannte Selenskyj General Walerij Saluschnyj zum Oberkommandierenden der Streitkräfte. Damit wurde Saluschnyj Nachfolger von Ruslan Chomtschak, der in die Führung des Nationalen Sicherheits- und Verteidigungsrates wechselte. Der 48-jährige Saluschnyj hatte im Donbass-Krieg gedient, und er war der erste hochrangige Befehlshaber in der ukrainischen Armee, der auf keine Vergangenheit im sowjetischen Militär zurückblickte. Er hatte auch keine ehemaligen Klassenkameraden oder soldatische Kameraden, die im Ukraine-Krieg unter russischer Flagge dienten.

Ein ungewöhnlicher Befehlshaber

Walerij Saluschnyj trank gerade ein Bier auf der Geburtstagsfeier seiner Frau, als er nach draußen ging, um einen Anruf auf seinem Handy entgegenzunehmen. So erfuhr er von seiner Ernennung. Die Stellung des Generals lag zu diesem Zeitpunkt weit unter der Position, die Präsident Selenskyj ihm nun anbot. Oberkommandierender der Streitkräfte der Ukraine ist der höchste militärische Rang des Landes. Nur der Präsident steht als Oberbefehlshaber über ihm.

Manchen erschien diese Entscheidung unverständlich. Obwohl sich Saluschnyj den Ruf eines aggressiven und ehrgeizigen Kommandeurs erarbeitet hatte, galt er auch ein bisschen als Spaßvogel – besser bekannt dafür, mit seinen Truppen zu scherzen, als sie zu disziplinieren.

Walerij Saluschnyj wurde 1973 in einer sowjetischen Militärgarnison im Norden der Ukraine geboren. Er sagte, er habe davon geträumt, Komiker zu werden, ähnlich wie Selenskyj. Stattdessen folgte er der Familientradition und trat in den 1990er-Jahren, als sich die Sowjetunion auflöste, in die Militärakademie von Odessa ein. Er machte Karriere zusammen mit einer neuen Generation von Offizieren, die eine Brücke zwischen zwei Epochen schlug: Sie waren in der Ukrainischen Sozialistischen Sowjetrepublik aufgewachsen, wollten aber das Militärsystem der UdSSR überwinden. Entsprechend analysierte Saluschnyj in seiner Masterarbeit die militärische Struktur der USA. Als er sah, dass die ukrainischen Streitkräfte immer noch vom sowjetischen Modell geprägt waren, das auf den starren, hierarchischen Entscheidungsprozessen beruhte, begann er, in seinem Wirkungsbereich Änderungen vorzunehmen, um den Streitkräften der USA und der NATO zu entsprechen.

Das historische Hauptgebäude der Militärakademie von Odessa am Schwarzen Meer

Nach der Annexion der Krim durch Russland im Jahr 2014 hatte sich Saluschnyj vom Zugführer zum Befehlshaber der Streitkräfte in der Ostukraine hochgearbeitet. In dieser Funktion förderte er junge Offiziere und ermutigte sie zu flexiblem Führungsverhalten, indem er Befugnisse an Kommandeure vor Ort delegierte. In einem 2020 vom ukrainischen Verteidigungsministerium veröffentlichten Interview vertrat er seinen Standpunkt: Anders als in der russischen Armee seien Unteroffiziere keine Sündenböcke, sondern echte Stellvertreter, die militärischen Talenten den Weg bereiten sollten. „Es gibt kein Zurück zur Armee von 2013", erklärte er.

Als Wolodymyr Selenskyj 2019 sein Amt antrat, befand sich der Krieg in der Ostukraine bereits im fünften Jahr, und Saluschnyj war Oberbefehlshaber im Kriegsgebiet. Es war seine Aufgabe, den neuen Präsidenten über Befehlsstrukturen und Militäreinsätze zu informieren. Er wusste, dass Selenskyj nicht gedient hatte, und plante nicht, ihn in die taktischen Details der Kriegsführung einzuweihen. „Er muss Militärangelegenheiten genauso wenig verstehen, wie er etwas über Medizin oder Brückenbau wissen muss", sagte Saluschnyj. Zu seiner Überraschung schien Selenskyj ebenfalls dieser Meinung zu sein. Er erlaubte seinen Generälen, das Kommando zu übernehmen, und mischte sich nicht direkt in militärische Angelegenheiten ein. Überhaupt zeigte Selenskyj Entschlossenheit, sich auf der Suche nach neuen Ideen von der älteren Generation militärischer Führungskräfte abzusetzen. Hinzu kam, dass er Führungspersönlichkeiten förderte, mit denen er sich verbunden fühlte, unabhängig von ihrem Rang.

Im Juli 2021, als die Russen Panzer an die ukrainische Grenze verlegten und die Amerikaner davor warnten, dass die Ukraine bald einem Großangriff ausgesetzt sein könnte, beschloss der Präsident, Saluschnyj das Oberkommando über die ukrainische Armee zu übertragen. „Ich habe meine Meinung geäußert, dass er mir als recht professioneller, kluger Mensch erscheint", sagte Andrij Jermak, Leiter des Präsidialamtes. „Der Präsident hat die Entscheidung getroffen und rief ihn an." *(https://time.com/6216213/ukraine-military-valeriy-zaluzhny/)*

Anpassung an den NATO-Standard

Westliche Berater halfen dabei, die ukrainische, einst sowjetische Doktrin an den NATO-Standard anzupassen. Das neue Organisationsprinzip lautet „Auftragstaktik". Die Idee dabei ist: Sobald die Gesamtabsicht des Oberbefehlshabers vermittelt wurde, können die Einheiten ihre Missionen nach eigenem Ermessen ausführen. Eine Armee auf diese Weise zu führen erfordert ein hohes Maß an Vertrauen, das in einer Demokratie selbstverständlich ist. Vermutlich liegt in diesem Prinzip die Erklärung für die Widerstandsfähigkeit der Ukraine.

„Das hat die Ukraine zu Beginn des Krieges gerettet", erklärte Andrij Sahorodnjuk, der unter Präsident Poroschenko das Reformprojekt im Verteidigungsministerium geleitet hatte und 2019 und 2020 Selenskyjs Verteidigungsminister war. „Als die russische Offensive in vielen Einsatzgebieten begann, war es eines der Ziele der Angreifer, die Ukraine durch die schiere Größe des Einsatzes zu überwältigen. Wäre die Verteidigung zentralisiert gewesen, hätte die Ukraine nicht angemessen reagieren können. Das Kommandosystem wäre überlastet gewesen, und die Befehlshaber hätten eine Vielzahl an Entscheidungen treffen müssen, ohne zu wissen, was vor Ort geschieht."

General Saluschnyj, überaus beliebt bei den Ukrainern, stellte oft ein heiteres Gemüt zur Schau.

Saluschnyjs Strategie

Als die Invasion am Morgen des 24. Februars begann, hatte General Saluschnyj konkrete Vorstellungen für die Verteidigung der Ukraine. „Wir konnten nicht zulassen, dass Kiew fällt", sagte er. Ein Ziel bestand darin, die Russen in Richtung Kiew vorrücken zu lassen und ihre Kolonnen an der Front und die Nachschublinien hinter der Front zu zerstören. Am sechsten Tag der Invasion kam General Saluschnyj zu dem Schluss, dass dies funktionierte.

In der nördlichen Ukraine erwies sich General Saluschnyjs Strategie von tausend kleinen Schlägen – d. h. Angriffen auf russische Konvois entlang überlasteter Versorgungslinien – ebenfalls als erfolgreich. Effektiv waren auch Angriffe aus dem Hinterhalt auf schlecht geführte russische Panzereinheiten. Täglich im Internet gepostete Videos zeigten Panzer mit zerstörten Türmen und desorientierte russische Soldaten, die aus brennenden Lastwagen geborgen wurden.

Bei russischen T-72- und T-80-Panzern lagern die Granaten im Turm. Wird ein Panzer von einer Panzerabwehrwaffe getroffen, kann dies eine Explosion auslösen, die in der Regel den Turm zerstört und die Besatzung tötet. Im angelsächsischen Militärjargon wird dies als „Lollipopping" bezeichnet, da der Turm und das daran befestigte Geschützrohr wie ein riesiger verrosteter Lolli aussehen, wenn sie vom Rest des Panzers getrennt sind. In der zweiten Märzwoche lagen Hunderte solcher „Lollis" auf den Feldern der Ukraine, und jeden Tag wurden es mehr.

Am 15. März begannen Elitetruppen der 106. russischen VDV-Luftlandedivision den bisher größten Vorstoß auf das Dorf Moschtschun nordwestlich von Kiew (siehe Landkarte S. 129). An diesem Tag trafen auch General Saluschnyj und General Oleksandr Syrskyj, Kommandeur der Landstreitkräfte, an der Frontlinie von Moschtschun ein. Oberst Wdowychenko, Kommandeur der 72. Brigade, war ehrlich zu den beiden Generälen. Seine Soldaten, die Moschtschun verteidigten, konnten sich gerade noch in den letzten Straßen des Dorfes behaupten. Wdowychenko erinnerte sich, dass er zu Saluschnyj gesagt habe: „Wir werden Moschtschun nicht halten können, wir müssen uns zurückziehen". Der General antwortete: „Wenn wir Moschtschun aufgeben, öffnen wir den Weg nach Kiew." Der Rückzugsbefehl blieb aus.

Während der Kampf in den folgenden zwei Tagen andauerte, öffneten ukrainische Pioniere im Rücken der Russen die Schleusen am „Kiewer Meer", einem Stausee, sodass sich das Wasser in den Irpin ergoss. Der Irpin, normalerweise ein schmales Flüsschen, erstreckte sich nun über eine Breite von mehr als einem Kilometer. Die Ebene verwandelte sich erst in Schlamm, dann in einen flachen See, und die eingeschlossenen russischen Streitkräfte konnten nicht mehr versorgt werden. Nach einem fünftägigen Kampf begannen die Russen damit, sich zurückzuziehen. Allerdings gelang dies vielen nicht mehr.

Der Primat der Politik

Auf dem Kriegsschauplatz in der Ostukraine war die Lage für die Ukrainer noch schwieriger. Die Stadt Bachmut, die mit allen Mitteln verteidigt wurde, war für die ukrainischen Generäle von untergeordneter strategischer Bedeutung, denn die Stadt Chasiv Jar im Westen lag auf einer Anhöhe und konnte viel besser genutzt werden, um eine Verteidigungslinie einzurichten, die einen russischen Durchbruch in den Rest der von der Ukraine kontrollierten Region Donezk verhindern sollte. General Saluschnyj war besorgt, weil so viele Ressourcen für die Stadt eingesetzt wurden und die Gefahr bestand, in dieser Region mit Prigoschins Wagner-Gruppe in kriegerische Auseinandersetzungen zu geraten.„Aus militärischer Sicht hat Bachmut keine strategische Bedeutung", bestätigte auch Oleksandr Syrskyj, Befehlshaber der Landstreitkräfte, „aber es hat eine psychologische Bedeutung."

Diese psychologische Bedeutung hatte ihren Grund. Anders als in den Anfangstagen wurde der Krieg jetzt auf den wöchentlichen Sitzungen des Stawka, des Kriegskabinetts, geführt, wobei Selenskyj selbst die strategischen Entscheidungen traf. Und der Präsident war nicht bereit, Bachmut aufzugeben, denn der Fall dieser Stadt würde den ersten Rückzug der Ukrainer seit Juli 2022 markieren. Dadurch wäre die öffentlich gepflegte Erzählung von den ukrainischen Siegen infrage gestellt und die Unterstützung des Westens für Kiew möglicherweise gefährdet gewesen. Selenskyj beschloss also, die Stadt zum Symbol der ukrainischen Standhaftigkeit zu machen. Medienwirksam besuchte er die gequälte Stadt (siehe Foto S. 159), und die Minister des Kabinetts begannen, Sweatshirts mit der Aufschrift „Festung Bachmut" zu tragen.

General Saluschnyj versetzte die Ukrainer dann einige Monate später in einem seiner seltenen Interviews mit der britischen Zeitschrift The Economist in Alarm. Der Oberbefehlshaber der ukrainischen Streitkräfte sagte, die Russen würden Ressourcen und Männer für eine neue Großoffensive vorbereiten, die er irgendwann zwischen Januar und März 2024 erwarte.
(Yaroslav Trofimov, Our Enemies Will Vanish, S. 342)

Interview mit dem britischen Economist

In diesem Interview teilte Saluschnyj seine erste umfassende Einschätzung mit. Fünf Monate nach Beginn der Gegenoffensive im Sommer 2022 war es der Ukraine gerade einmal gelungen, 17 Kilometer vorzurücken. Russland wiederum kämpfte zehn Monate lang um Bachmut, „um eine Stadt von sechs mal sechs Kilometern einzunehmen". Der General sagte, das Schlachtfeld erinnere ihn an den Stellungskrieg an der Westfront in dem großen Konflikt vor einem Jahrhundert. „Genau wie im Ersten Weltkrieg haben wir ein technologisches Niveau erreicht, das uns in eine Pattsituation bringt", erklärte er. „Es wird höchstwahrscheinlich keinen tiefgreifenden und klaren Durchbruch geben." Der General kam zu dem Schluss, dass es eines massiven Technologiesprungs bedürfe, um die Sackgasse zu durchbrechen.

Der Verlauf der Gegenoffensive habe die Hoffnung des Westens untergraben, dass die Ukraine zeigen könnte, dass der Krieg für die Russen nicht zu gewinnen sei, um den russischen Präsidenten Putin zu Verhandlungen zu zwingen. Als falsch herausgestellt habe sich auch seine, General Saluschnyjs, Annahme, er könne die russischen Truppen aufhalten, indem er sie ausbluten lasse. „Das war mein Fehler. Russland hat mindestens 150.000 Tote zu beklagen. In jedem anderen Land hätten solche Verluste den Krieg beendet." Aber nicht in Russland, wo ein Menschenleben wenig zähle und wo Putins Bezugspunkte der Erste und der Zweite Weltkrieg seien, in denen Russland viele Millionen Menschen verloren habe.

Die Verzögerungen bei den Waffenlieferungen seien zwar frustrierend, aber laut General Saluschnyj nicht die Hauptursache für die missliche Lage der Ukraine. „Man muss verstehen, dass dieser Krieg nicht mit den Waffen der letzten Generation und veralteten Methoden gewonnen werden kann", betonte er. „Sie werden zu Verzögerungen, aber in der Folge unweigerlich zu einer Niederlage führen." Stattdessen sei die Technologie entscheidend. Er betonte die nicht zu unterschätzende Rolle von Drohnen und der elektronischen Kriegsführung, die deren Flug verhindern könne. (https://www.economist.com/europe/2023/11/01/ukraines-commander-in-chief-on-the-breakthrough-he-needs-to-beat-russia)

Saluschnyj wies in dem Interview auch darauf hin, dass die Angriffspläne der ukrainischen Streitkräfte ursprünglich einen schnellen Vormarsch von 30 Kilometern pro Tag vorgesehen hätten, um die russischen Verteidigungslinien zu überwinden. „Wenn man sich auf NATO-Lehrbücher und unsere ersten Berechnungen bezieht, hätten wir nur vier Monate brauchen sollen, um die Krim zu erreichen, uns an Kämpfen zu beteiligen und uns von der Krim wieder zurückzuziehen", wurde der Oberbefehlshaber vom Economist zitiert.

Da in naher Zukunft kein technologischer Durchbruch zu erwarten sei, könne die ukrainische Armee die Offensive nur fortsetzen und die Initiative behalten, um zu verhindern, dass der Krieg zu einem Stellungskrieg werde, so Saluschnyj. „Das größte Risiko eines zermürbenden Grabenkrieges besteht darin, dass er sich über Jahre hinziehen und den ukrainischen Staat an den Rand des Abgrundes bringen kann", sagte er. „Wir müssen nach dieser Lösung suchen, wir müssen dieses Schießpulver finden, es schnell beherrschen und für einen schnellen Sieg einsetzen. Denn früher oder später werden wir feststellen, dass wir einfach nicht genug Leute zum Kämpfen haben."

Schon früher hatten Saluschnyj und ein anderer General während der Cherson-Gegenoffensive Ende 2022 einige strategische Gedanken über den weiteren Verlauf des Krieges veröffentlicht. Demnach würde selbst ein umfassender Sieg des ukrainischen Militärs vor Ort in den folgenden Monaten, einschließlich der Befreiung der Krim, den Krieg nicht beenden, warnten sie. Der Grund sei die Ungleichheit bei der Feuerkraft über große Entfernungen hinweg. Russland sei in der Lage, mit seinen Marschflugkörpern jeden Ort in der Ukraine anzugreifen, während die Ukraine nicht über diese Waffen verfüge.

Ein psychologisches Problem des Konflikts bestehe in der Tatsache, dass der Krieg aus Sicht der meisten Russen weit entfernt sei, schrieben die beiden Verfasser des Artikels. „Aufgrund dieser Entfernung empfinden die russischen Bürger nicht so viel Schmerz über die Verluste, die Misserfolge und vor allem die Kosten dieses Krieges." Um zu gewinnen, so die beiden Generäle weiter, „müsse die Ukraine das Leben der einfachen Russen beeinflussen." Unklar blieb jedoch, wie die einfachen Russen beeinflusst werden könnten: durch Cyber-Methoden oder doch durch die Eröffnung einer Front in Russland?
(Yaroslav Trofimov, Our Enemies Will Vanish, S. 265)

Entlassung Saluschnyjs

Selenskyj widersprach seinem höchsten General in Bezug auf das Interview im Economist öffentlich. Dessen negative Einschätzung der Kriegssituation erschien ihm alles andere als zielführend. Auch in der Frage einer weiteren Mobilisierung von Soldaten waren sich die führenden Verantwortlichen für die ukrainische Kriegsführung nicht einig.

Ende Januar 2024 soll Selenskyj nach übereinstimmenden Medienberichten versucht haben, Saluschnyj zum Rücktritt zu bewegen, doch dieser hatte abgelehnt. Die Times berichtete, dass Selenskyj einen Rückzieher habe machen müssen, auch auf Druck der USA und Großbritanniens sowie eigener hochrangiger Militärs. Am 8. Februar 2024 entschloss sich Selenskyj dann doch, Saluschnyj zu entlassen. Nach der formalen Verabschiedung wurde ein gemeinsames Foto veröffentlicht, und der Präsident bedankte sich bei Saluschnyj für seine Dienste, hob aber auch die Notwendigkeit einer Erneuerung der Streitkräfte hervor. „Die Zeit für eine solche Erneuerung ist jetzt gekommen. Ich habe General Saluschnyj vorgeschlagen, Teil des Teams zu bleiben", schrieb Selenskyj auf der Social-Media-Plattform X. Im Mai 2024 wurde Saluschnyj zum Botschafter der Ukraine in Großbritannien ernannt.

Das Verhältnis Selenskyj – Saluschnyj

Der Journalist Konstantin Skorkin, ein aus Luhansk stammender Experte für die Ukraine und den Donbass, veröffentlichte am 10. Februar 2024 einen Artikel in Carnegie Politika, in dem er das Verhältnis von Selenskyj und Saluschnyj analysiert. Es heißt dort:

„Zu Beginn des Krieges sah die Beziehung zwischen Selenskyj und Saluschnyj aus wie in einem Hollywoodfilm: Der Präsident und der General standen Schulter an Schulter, um ihr Land zu verteidigen. Westliche und ukrainische Medien machten diese Helden unweigerlich zu Kultfiguren. Doch die Realität sah ganz anders aus.

Letztendlich wurde die Beziehung Opfer zweier Ereignisse: der vorschnellen Freude über den Erfolg und eines ungünstigen Zusammenpralls der Ambitionen. Selenskyj hatte seine gesamte Autorität in den internationalen Medien in die Idee eines unmittelbar bevorstehenden Sieges der Ukraine investiert, und zwar als Ergebnis einer erfolgreichen Gegenoffensive. Nach dem Scheitern dieser Gegenoffensive fühlte er sich vom Militär getäuscht. Es wurde deutlich, dass der ukrainische Präsident nicht länger bereit war, einen unabhängigen Oberbefehlshaber oder gar die Autonomie der Armee als Ganzes zu tolerieren. Das Vereinbarung, sich gegenseitig kritisieren zu dürfen, wurde aufgehoben, und die Politik kehrte mit aller Macht nach Kiew zurück.

Jetzt will der ukrainische Staatschef den Abgang von Saluschnyj als Teil eines ‚Neustarts des Systems' darstellen, aber es ist offensichtlich, dass der Hauptgrund für die Absetzung des Oberbefehlshabers die politische Rivalität war. Solange es nur um Meinungsverschiedenheiten in Führungsfragen ging, war eine Zusammenarbeit zwischen den beiden Männern möglich, aber nach der Veröffentlichung von Umfragen, die zeigten, dass Saluschnyj begonnen hatte, Selenskyj zu übertreffen, war das Gespann zum Scheitern verurteilt. Für Selenskyj und sein Team war es inakzeptabel, dass der Oberbefehlshaber die Zustimmung des Volkes gewinnt und politisch punktet, während die zivilen Behörden und der Präsident die ganze Kritik einstecken müssten."
(https://carnegieendowment.org/russia-eurasia/politika/2024/02/what-does-general-zaluzhnys-dismissal-mean-for-ukraine?lang=en)

General Oleksandr Syrskyj

Präsident Selenskyj wollte sein Militär kurz nach der Entlassung von General Saluschnyj neu aufstellen. Zu diesem Zweck ernannte er General Oleksandr Syrskyj zum Oberbefehlshaber (siehe auch S. 112–113), doch viele von Syrskyjs Soldaten reagierten zunächst mit Skepsis. Der 58-jährige Syrskyj, Kommandeur der ukrainischen Landstreitkräfte, hatte den Ruf eines hart durchgreifenden Generals im sowjetischen Stil, der seine Männer in Gefahr brachte, um seine militärischen Ziele zu erreichen – so eine Person, die Syrskyjs Führungsstil kannte. Dies wurde beispielsweise dadurch belegt, dass Syrskyj die neunmonatige Verteidigung von Bachmut leitete, bei der die ukrainischen Truppen hohe Verluste gegen die unerbittlich anrollenden russischen Angriffe erlitten und die Stadt im Osten schließlich aufgeben mussten. Das brachte Syrskyj den Beinamen „Schlächter" ein.
(https://www.politico.eu/article/oleksandr-syrskyi-ukraine-commander-in-chief-butcher-volodymyr-zelenskyy-war-russia/)

Ivan Stupak, Militärbeobachter und ehemaliger Mitarbeiter des ukrainischen Sicherheitsdienstes SBU, sagte dem Kyiv Independent, dass Saluschnyj selbst Syrskyj als Nachfolger empfohlen habe. „Ein weiterer positiver Aspekt ist die Tatsache, dass er (Syrskyj) der Armee wirklich nahesteht […]. Er ist in der Materie aktiv […]. Er kennt fast jeden in der Armee." Es gebe jedoch ukrainische Soldaten und Freiwillige, die mit der Ernennung Syrskyjs nicht einverstanden seien und ihn als „Schlächter" bezeichneten, der „Fleischangriffe" liebe und „eine äußerst brutale Disziplin" habe, so Stupak. (Als „Fleischangriffe" bezeichneten die Ukrainer die Angriffswellen der Russen, die durch schiere Massen an Soldaten den Gegner überrennen sollten.)

General Syrskyj und Präsident Selenskyj im befreiten Isjum bei Charkiw, Herbst 2022

„Ein weiterer Nachteil der Ernennung Syrskyjs ist die Tatsache, dass sich die Politik höchst-wahrscheinlich in militärische Angelegenheiten einmischen wird, und zwar genau durch Syrskyj, aufgrund seiner Loyalität zum Präsidialamt", fügte Stupak hinzu.
(https://kyivindependent.com/syrskyi-appointment/)

Syrskyjs Werdegang

Der Russe Oleksandr Syrskyj kam 1965 im Dörfchen Novinki, etwa 100 km nordöstlich von Moskau gelegen, in einer Soldatenfamilie zur Welt. 1980 wurde sein Vater zu den sowjetischen Streitkräften nach Charkiw in der Ukrainischen SSR versetzt. Nach der Schulausbildung in Charkiw trat Syrskyj in die Moskauer Militärakademie ein, die renommierteste Militärakademie der Sowjetunion.

Nach seinem Abschluss im Jahr 1986 trat Syrskyj dem sowjetischen Artilleriekorps bei. Er diente zunächst in einer Artillerieeinheit, die mit Selbstfahrlafetten (Panzerhaubitzen) ausgerüstet war. Im Jahr 1993, nach der Auflösung der Sowjetunion, wurde Syrskyjs Einheit in Tschuhujiw, Region Char-kiw, unter ukrainisches Kommando gestellt. Im Alter von 28 Jahren wurde er zum Oberstleutnant befördert und stieg zum Bataillonskommandeur auf. 1996 schloss er ein Studium an der Nationalen Verteidigungsakademie der Ukraine ab.

Im Jahr 2013, dem letzten Friedensjahr in der Ukraine, war Syrskyj Generalmajor und stellvertretender Leiter der Hauptkommandozentrale der Streitkräfte. In dieser Funktion war er für die militärische Zusammenarbeit der Ukraine mit der NATO verantwortlich und nahm an Gesprächen teil, um die ukrainische Armee näher an die Standards des Bündnisses heranzuführen. Als Russland 2014 in die Donbass-Region einfiel, wurde Syrskyj zum stellvertretenden Befehlshaber der ukrainischen Verteidigungsoperation ernannt, die als Anti-Terror-Operation (ATO) bezeichnet wurde. Drei Jahre später übernahm er das Kommando.

Im August 2019 wurde Syrskyj zum Oberbefehlshaber der ukrainischen Landstreitkräfte ernannt und behielt diese Stellung auch, als Russland mit seiner großen Invasion der Ukraine begann.

Pläne und Erfolge

Unmittelbar nach seiner Ernennung erläuterte Syrskyj seine Pläne und ging dabei auch auf die Bedenken bezüglich seiner Führungsqualitäten ein. „Leben und Gesundheit der Soldaten sind der wichtigste Wert der ukrainischen Armee", sagte er. „Daher ist es wichtiger denn je, das Gleichgewicht zwischen Kampfeinsätzen, Wiederherstellung von Einheiten und Intensivierung der Ausbildung zu wahren." Saluschnyj hatte in seinem Interview mit dem Economist betont, dass er Syrskyj vertraue. „Wenn er mir sagt, dass er eine weitere Brigade brauche, dann braucht er eine weitere Brigade. Ich halte mich hier ganz sicher nicht für den Klügsten. Ich muss auf diejenigen hören, die vor Ort sind, und das tue ich auch", erklärte Saluschnyj.

„Syrskyj wird zugeschrieben, dass das Militär den ersten russischen Angriff abgewehrt und anschließend 50 Prozent des von den Russen eroberten Territoriums zurückerobert hat", sagte Edward Arnold vom britischen Forschungsinstitut Royal United Services Institute. „Er hat die Fähigkeit bewiesen, Operationen auf nationaler Ebene zu planen, er hatte großen Einfluss auf den Krieg."

Einige der größten Siege der Ukraine gegen die Invasion Russlands wurden unter der Führung Syrskyjs errungen. Er hatte die erfolgreiche Verteidigung Kiews in den ersten Monaten der Invasion geleitet. Im Juli 2022 führte er eine blitzschnelle Gegenoffensive durch, die die russischen Truppen aus der Stadt Charkiw vertrieb und große Landstriche im Osten und Südosten zurückeroberte.

„Selenskyj wollte einen Kriegsplan, aber alles, was er hörte, war: ‚Gebt uns mehr Truppen und Millionen von Artilleriegeschossen'", sagte ein Beamter im Präsidialamt. Das setzte Syrskyj natürlich enorm unter Druck, die Befehlsstrukturen zu ändern und die Dynamik an der Front zu verschieben. Für Selenskyj war es wichtig, einen Oberbefehlshaber zu haben, der mit der politischen Führung des Landes übereinstimmte. Der Beamte im Präsidialamt fügte hinzu: „Wir alle haben nur ein Ziel. Wir müssen den Krieg gewinnen, und dafür müssen wir die aktuellen Probleme der ukrainischen Armee beseitigen: Logistik, Rotation und Versorgung. Aus irgendeinem Grund haben wir viele Truppen, die sehr weit von der Front entfernt sind, und übersetzte Hauptquartiere. Syrskyj wird für strukturelle Veränderungen freie Hand haben, und ihm wird ein Team von sehr erfahrenen Offizieren zur Verfügung stehen. Er wird rund um die Uhr Krieg führen müssen."
(https://www.politico.eu/article/oleksandr-syrskyi-ukraine-commander-in-chief-butcher-volodymyr-zelenskyy-war-russia/)

Syrskyjs Aufgabe als Oberbefehlshaber der ukrainischen Verteidigungskräfte war es, eine um Vielfaches größere russische Armee zu besiegen. Zweieinhalb Jahre nach Beginn des Großangriffs räumt er ein, dass die Russen über deutlich überlegene Ressourcen verfügten. Sie hatten von allem mehr: Panzer, Schützenpanzer und Soldaten. Die ursprünglich rund 150.000 Mann starke Invasionstruppe sei auf 520.000 angewachsen, sagte Syrskyj, und er fügte hinzu, dass die Russen vermutlich schließlich 690.000 Mann ins Feld schicken würden.

Ein Interview mit dem Guardian

In einem Interview mit der britischen Zeitung The Guardian vom Juni 2024 schilderte Syrskyj die Lage auf dem Gefechtsfeld. Die Lage sei sehr schwierig, da Russland aus verschiedenen Richtungen immer wieder angreife, aber es sei durchaus möglich, sie aufzuhalten.

Syrskyj stellte seine Kampftaktiken denen der russischen Befehlshaber gegenüber, die dafür bekannt waren, große Mengen an Soldaten zu opfern, um „100 bis 200 Meter" zu gewinnen. „Es ist für uns sehr wichtig, das Leben unserer Soldaten zu schützen. Wir verteidigen keine Ruinen bis zum Tod", sagte Syrskyj. Er sei nicht bereit, Ziele um jeden Preis zu erreichen oder seine Männer in sinnlose Angriffe zu schicken.

Trotz der Ungewissheit, ob die Ukraine die Invasoren besiegen könne, wies Syrskyj auf verschiedene positive Entwicklungen hin. Die amerikanischen Kampfflugzeuge F-16 stärkten die Luftabwehr der Ukraine. Sie ermöglichten es, effektiv gegen russische Marsch-

F-16-Kampfflugzeuge werden effektiv gegen russische Drohnen und Marschflugkörper eingesetzt. Sie operieren aber nicht im Grenzgebiet, da Russland eine leistungsstarke Flugabwehr besitzt.

flugkörper vorzugehen und Bodenziele präzise zu treffen. Allerdings gebe es Grenzen für das, was die F-16 erreichen könnten, betonte Syrskyj. Sie müssten 40 km oder mehr von der Frontlinie entfernt bleiben, da Moskau sie sonst abschießen könnte. Russland verfüge über eine sehr starke Luftabwehr. Aus diesem Grund setze die Ukraine zunehmend unbemannte Flugsysteme ein, so Syrskyj, etwa Drohnen. Zudem testeten sie robotergestützte Bodensysteme: Landroboter, die Munition liefern oder verwundete Soldaten retten könnten.

Es gebe auch ein neues Kommando für unbemannte Systeme, das erste seiner Art. „Wir kämpfen nicht mit Quantität, sondern mit Qualität", sagte er und fügte hinzu, dass Drohnen inzwischen „eine ebenso große Rolle spielen wie Artillerie". Die Streitkräfte der Ukraine hätten erfolgreich

Langstrecken-Kamikaze-Drohnen eingesetzt, um im russischen Hinterland zuzuschlagen, berichtete er. Bisher hätten sie „etwa 200 kritische Infrastrukturstandorte" ins Visier genommen, z. B. Fabriken, Treibstofflager und Munitionsdepots. Schnellbootähnliche Seedrohnen hätten etwa ein Drittel der russischen Schwarzmeerflotte versenkt. „Es wurde wirklich zu einer Falle für sie und für einige Schiffe zu einem Grab", fügte Syrskyj hinzu.

Russische Kriegsschiffe im Schwarzmeerhafen Sewastopol

Der Kreml, sagte er, sei nach einer Reihe von Angriffen der Ukraine gezwungen gewesen, sich „vollständig aus dem Hafen von Sewastopol auf der Krim zurückzuziehen". Durch Drohnen- und Raketenangriffe seien Radar- und Raketenanlagen zerstört worden. Ein wichtiges Ziel der Ukraine sei zudem die Zerstörung der Straßen- und Eisenbahnbrücke bei Kertsch, der Krim-Brücke, welche die besetzte Halbinsel mit Russland verbindet (siehe Landkarte S. 170). Syrskyj wollte sich nicht dazu äußern, wann dies geschehen könnte. Bei zwei früheren Versuchen waren eine LKW-Bombe und ein Drohnenangriff eingesetzt worden.

Dann erklärte der Oberbefehlshaber gegenüber dem Guardian, Kiew habe einen Plan zur Rückeroberung der Krim, mehr als ein Jahrzehnt nachdem Wladimir Putin sie annektiert hatte. Ob das wirklich machbar sei? „Es ist realistisch. Natürlich ist es ein großes militärisches Geheimnis", sagte Syrskyj. Er fuhr fort: „Wir werden alles tun, was wir können, um die international anerkannten Grenzen von 1991 zu erreichen, als die Ukraine für die Unabhängigkeit von der UdSSR stimmte. Wir müssen gewinnen, um unsere Bürger zu befreien, die in den besetzten Gebieten noch leiden."

Wie viele Soldaten, die im Einsatz sind, sieht Syrskyj seine Familie nur selten. „Sie leiden ohne mich, also ist es vielleicht auch für mich ein Problem", sagte er. „Aber ich weiß, dass wir gewinnen werden. Ich weiß, wie ich es schaffen muss. Und ich bin sicher, dass wir es schaffen werden."

Ein schwerer Weg

Eine der dringendsten Herausforderungen für Syrskyj bestand darin, neue Rekruten zu finden, um die getöteten und verwundeten ukrainischen Soldaten zu ersetzen. Diejenigen, die in Schützengräben kämpften, waren erschöpft. Der patriotische Eifer, der viele im Frühjahr 2022 dazu veranlasst hatte, sich freiwillig zu melden, ließ nach. Deshalb senkte die Regierung das Einberufungsalter von 27 auf 25 Jahre. Zudem trat ein neues Gesetz in Kraft, das Männer dazu verpflichtete, sich bei Rekrutierungszentren registrieren zu lassen. Viele hatten dies bereits getan, andere versteckten sich noch. Syrskyj sagte, ohne Mobilisierung könne er keine neuen Reserven und Brigaden schaffen, die benötigt würden, da Russland seine eigenen Landstreitkräfte vervielfacht habe. „Es ist sehr wichtig für uns, dass alle Bürger der Ukraine ihre verfassungsmäßige Pflicht erfüllen", sagte er. Er forderte die außerhalb ihres Landes lebenden Ukrainer auf, sich ebenfalls zu beteiligen.

Kann die Ukraine gewinnen? Und wenn ja, wie lange dauert es bis zum Sieg? „Ich denke, man muss schon sehr, sehr mutig sein, um zu sagen, wann. Wir tun alles, um es zu schaffen."
(https://www.theguardian.com/world/article/2024/jul/24/i-know-we-will-win-and-how-ukraines-top-general-on-turning-the-tables-against-russia)

Die Realität

In der ersten Oktoberwoche 2024 mussten sich Syrskyjs Truppen aus Wuhledar, einer Frontstadt im Donbass, zurückziehen, um das Militärpersonal und die Ausrüstung zu schützen, wie es in einer Erklärung des ukrainischen Militärs hieß. Zur Verteidigung dieser Stadt hatten die ukrainischen Streitkräfte zwei Jahre lang erbittert gekämpft, doch schließlich gelang es russischen Truppen, den Ort einzunehmen. Dies war zwar für den Verlauf des Krieges nicht entscheidend; doch es unterstrich die sich verschlechternde Lage Kiews, die sich aufgrund einer russischen Sommeroffensive entlang der Ostfront ergeben hatte, bei der Kiew mehrere tausend Quadratkilometer an Territorium hatte abtreten müssen.

Quellen: Die Strategien de Generäle

Bücher

- Galeotti, Mark, Putin's Wars, From Chechnya to Ukraine, Oxford 2022
- Monaghan, Andrew, Russian Grand Strategy, In the Era of Global Power Competition, Manchester 2022
- Trofimov, Yaroslav, Our Enemies Will Vanish, The Russian Invasion and Ukraine's War of Independence, New York 2024

Online-Publikationen

- https://www.csis.org/blogs/post-soviet-post/four-myths-about-russian-grand-strategy
- https://carnegieendowment.org/research/2019/06/the-primakov-not-gerasimov-doctrine-in-action?lang=en
- https://www.bbc.com/news/world-europe-20265166
- https://www.bbc.com/news/world-europe-20270111
- https://www.armyupress.army.mil/portals/7/military-review/archives/english/militaryreview_20160228_art008.pdf
- https://foreignpolicy.com/2018/03/05/im-sorry-for-creating-the-gerasimov-doctrine/

- https://www.abc.net.au/news/2023-05-09/russia-ukraine-gerasimov-putin-four-key-failures/102315862
- https://www.heritage.org/defense/report/understanding-russias-concept-total-war-europe#_ftn10
- https://responsiblestatecraft.org/2023/06/25/putin-disastrous-but-indispensable-for-the-system-he-created/
- https://www.theguardian.com/world/2022/may/16/putin-involved-russia-ukraine-war-western-sources
- https://en.wikipedia.org/wiki/List_of_Russian_generals_killed_during_the_Russian_invasion_of_Ukraine)
- https://time.com/6216213/ukraine-military-valeriy-zaluzhny/
- https://carnegieendowment.org/russia-eurasia/politika/2024/02/what-does-general-zaluzhnys-dismissal-mean-for-ukraine?lang=en
- https://kyivindependent.com/syrskyi-appointment/
- https://www.reuters.com/world/europe/five-facts-about-oleksandr-syrskyi-ukraines-new-army-chief-2024-02-08/
- https://www.theguardian.com/world/article/2024/jul/24/i-know-we-will-win-and-how-ukraines-top-general-on-turning-the-tables-against-russia

Kapitel 17
Der Spionagekrieg und die Rolle der CIA

Der SBU (Sluschba Bespeky Ukrajiny), der Inlandsgeheimdienst bzw. Sicherheitsdienst der Ukraine, ging im September 1991 nach der Unabhängigkeit der Ukraine aus dem sowjetischen KGB hervor. Innerhalb des KGB hatte es eine große Abteilung der Ukrainischen Sowjetrepublik gegeben, und diese Abteilung behielt den Hauptteil ihres Personals aus den 1990er-Jahren bei. So war beispielsweise Igor Smeschko, ehemaliger Chef des russischen Militärgeheimdienstes GRU und Experte für technologische Spionage, von 2003 bis 2005 Chef des SBU.

Der SBU ist in den Bereichen Militär, Politik, Technik, Wirtschaft, Fernmeldewesen, Information und Umwelt tätig. Zu den Aufgaben des SBU gehören externe Sicherheit, nichtmilitärische Aufklärung und Spionageabwehr. Er ist zudem der Sicherheitsdienst des Präsidenten und der Parlamentsabgeordneten. Im Prinzip lässt sich der SBU mit dem amerikanischen FBI vergleichen.

Beginn der Zusammenarbeit mit CIA und MI6

Es begann in der Nacht des 24. Februar 2014. Präsident Wiktor Janukowitsch und seine Geheimdienstchefs hatten sich nach Russland abgesetzt, und eine prowestliche Regierung übernahm die Macht.

Der neue Geheimdienstchef der Regierung, Walentyn Nalywajtschenko, begab sich spätabends ins Hauptquartier des Inlandsgeheimdienstes SBU und fand im Hof einen Stapel schwelender Dokumente vor.

Im Innern waren die Computerfestplatten gelöscht oder mit russischer Schadstoffsoftware infiziert. „Alles ist leer. Kein Licht. Keine Führung. Niemand ist da", erinnerte sich Nalywajtschenko in einem Gespräch mit der New York Times.

Kurz vor Mitternacht rief Nalywajtschenko den CIA-Stationschef und den örtlichen Leiter des britischen MI6 an und bat die beiden ins SBU-Hauptquartier. Er ersuchte um Hilfe beim Wiederaufbau der Agentur von Grund auf und schlug eine dreiseitige Partnerschaft vor. „So hat alles angefangen", erklärte der Geheimdienstchef Nalywajtschenko später.

Walentyn Nalywajtschenko

Vorbehalte der CIA

Die Situation verschärfte sich im März 2014, als der russische Präsident Putin die Krim annektierte und seine Agenten eine separatistische Rebellion im Osten des Landes initiierten, die aber nicht zur Unabhängigkeit führte, sondern zu einem Krieg. Die Ukraine befand sich nun im Kriegszustand, und Nalywajtschenko wandte sich an die CIA, um Luftbilder und andere Informationen zu erhalten.

Angesichts der eskalierenden Gewalt landete kurze Zeit später ein nicht gekennzeichnetes Flugzeug der US-Regierung auf einem Flughafen in Kiew. An Bord war John O. Brennan, der Direktor der CIA. Er teilte Nalywajtschenko mit, dass die CIA daran interessiert sei, eine Beziehung aufzubauen, jedoch nur zu den Bedingungen der US-Agentur, wie US-amerikanische und ukrainische Beamte berichteten. Denn für die USA lautete die Frage: Wie lange blieb die prowestliche Regierung und mit ihr Nalywajtschenko an der Macht?

John O. Brennan wird im März 2013 von Vizepräsident Biden als CIA-Direktor vereidigt.

CIA-Chef Brennan erklärte, die Ukrainer müssten beweisen, dass sie den Amerikanern brauchbare Informationen liefern könnten, um die Unterstützung der CIA zu erhalten. Außerdem müssten sie die russischen Spione aus ihren Reihen entfernen, denn nicht nur die Spionageabwehrabteilung sei voll von ihnen, sondern darüber hinaus der gesamte SBU. Wie berechtigt diese Vorbehalte waren, zeigte sich allein schon daran, dass die Russen unverzüglich von dem eigentlich geheimen Besuch Brennans erfahren hatten.

Brennan kehrte nach Washington zurück, wo die Berater von Präsident Barack Obama zutiefst in Sorge waren, dass Moskau provoziert werden könnte.

Das Weiße Haus erarbeitete Regeln, die die Ukrainer stark verärgerten und einige Mitarbeiter der CIA als wenig zielführend erachteten. Diese Regeln untersagten es den Geheimdiensten, der Ukraine Unterstützung zu leisten, wenn „vernünftigerweise" angenommen werden musste, dass diese hochgefährliche Folgen haben könnte. Die CIA sollte also die ukrainischen Geheimdienste stärken, ohne die Russen zu provozieren – ein Balanceakt. Was diese roten Linien in der Realität bedeuteten, war nie klar definiert worden, was zu permanenten Spannungen in der Zusammenarbeit führte.

Reaktion der Ukraine

In Kiew ernannte Nalywajtschenko seinen langjährigen Adjutanten, General Valeriy Kondratiuk, zum Leiter der Spionageabwehr. Gemeinsam gründeten sie eine paramilitärische Einheit, die hinter den feindlichen Linien eingesetzt werden sollte, um Operationen durchzuführen und Informationen zu sammeln, die die CIA oder der MI6 ihnen nicht zur Verfügung stellen würden. Diese Einheit, die als Fünfte Direktion bekannt ist, sollte mit Offizieren besetzt werden, die erst nach der Unabhängigkeit der Ukraine geboren worden waren. „Sie hatten keine Verbindung zu Russland", sagte General Kondratiuk. „Sie wussten nicht einmal, was die Sowjetunion war."

Im selben Jahr, am 17. Juli 2014, explodierte der Malaysia-Airlines-Flug 17 in der Luft. Das Flugzeug war auf dem Weg von Amsterdam nach Kuala Lumpur, als es abgeschossen wurde und über dem Donbass abstürzte. Fast 300 Passagiere und Besatzungsmitglieder kamen dabei ums Leben. Wenige Stunden nach dem Absturz konnte die Fünfte Direktion Telefonmitschnitte und andere Geheimdienstinformationen vorlegen, welche die von Russland unterstützten Separatisten als Verantwortliche identifizierten. Die CIA war beeindruckt und ging erstmals ein bedeutendes Engagement ein, indem

Die Absturzstelle des Malaysia-Airlines-Flugs 17 über dem Donbass. Die schraffierte Fläche bezeichnet die von den prorussischen Separatisten gehaltene Region im Jahr 2014.

sie Mitgliedern des Fünften Direktorats und zweier weiterer Eliteeinheiten sichere Kommunikationsausrüstung zur Verfügung stellte und Spezialschulungen für die ukrainischen Agenten anbot.

„Die Ukrainer wollten Fisch, doch wir konnten diesen Fisch aus politischen Gründen nicht liefern", sagte ein US-Regierungsbeamter und bezog sich dabei auf Geheimdienstinformationen, die den Ukrainern im Kampf gegen die Russen helfen könnten. „Aber wir waren gern bereit, ihnen das Fischen beizubringen und die Ausrüstung zum Fischen zu liefern."

Führungswechsel

Im Sommer 2015 nahm der ukrainische Präsident Petro Poroschenko eine Umbesetzung in den Geheimdiensten vor. Aufgrund persönlicher Meinungsverschiedenheiten ersetzte er den SBU-Chef Nalywajtschenko durch dessen Stellvertreter Wassyl Hryzak. Die Amerikaner kannten beide und vertrauten ihnen. Dennoch hatten sie – trotz der zuverlässigen Fünften Direktion – Vorbehalte gegen den SBU, der immer noch als Bastion russischer Sympathisanten galt. Valeriy Kondratiuk wiederum wurde Leiter des militärischen Geheimdienstes HUR (auch: GUR), wo er Jahre zuvor seine

Karriere begonnen hatte. Der HUR ist eine Behörde des Verteidigungsministeriums und nicht des Generalstabs der Streitkräfte, wie beispielsweise das russische Pendant GRU. Im Gegensatz zur Inlandsagentur SBU war der militärische Geheimdienst HUR befugt, außerhalb des Landes, auch in Russland, Informationen zu sammeln. Das war für die Amerikaner entscheidend.

Es gelang Valeriy Kondratiuk, eine besondere Beziehung zu dem CIA-Stationsleiter (Chief of Station) aufzubauen, dessen Büro in der US-Botschaft in Kiew angesiedelt war. Diese Beziehung hatte eine Vorgeschichte. Noch während Kondratiuk bei der Inlandsagentur SBU tätig gewesen war, hatte er das Hauptquartier der CIA in Langley, Virginia, besucht und dort den CIA-Beamten kennengelernt, der als CIA-Stationsleiter in Kiew vorgesehen war.

Das Hauptquartier des amerikanischen Auslandsnachrichtendienstes CIA heißt mit vollem Namen „George Bush Center for Intelligence". Es befindet sich in Langley, Virginia, im Großraum Washington.

Nach einem langen Tag voller Besprechungen lud die CIA Kondratiuk zu einem Eishockeyspiel der Washington Capitals ein und stellte ihm eine Luxusloge zur Verfügung, wo er Mitarbeitern der CIA geheime Dokumente über die russische Marine übergab. „Es gibt noch mehr davon", versicherte er. Die Dokumente wurden an Analysten in Langley übermittelt, die zu dem Schluss kamen, dass die Dokumente authentisch seien. Als sich der zukünftige Stationsleiter zu Kondratiuk gesellt hatte, entpuppte er sich als fröhlicher Mensch, und gemeinsam buhten sie Alexander Owetschkin aus, den russischen Starspieler der Washington Capitals.

General Kondratiuk wusste, dass er die CIA brauchte, um seine eigene Behörde zu stärken. Und die CIA ging davon aus, dass der General auch Langley von Nutzen sein könnte. Denn es war schwierig, Spione in Russland zu rekrutieren, da die Einsatzleiter unter strenger Überwachung standen. „Für einen Russen ist es der ultimative Verrat, sich von einem Amerikaner anwerben zu lassen", sagte General Kondratiuk. „Aber wenn ein Russe von einem Ukrainer angeworben wird, ist das wie ein Gespräch unter Freunden bei einem Bier."

Valeriy Kondratiuk. Am Rednerpult, auf dem Bildschirm und auf der Flagge ist der Dreizack zu sehen, das Wappen der Ukraine.

In Kiew besuchte der neue Stationsleiter General Kondratiuk regelmäßig in dessen Büro. Dieses war mit einem Aquarium ausgestattet, in dem Fische in Gelb und Blau, den Nationalfarben der Ukraine, um das Modell eines gesunkenen russischen U-Bootes herumschwammen. Die beiden Männer kamen sich näher, was die Beziehung zwischen den beiden Behörden förderte, und die Ukrainer gaben dem neuen Stationsleiter, dessen Klarname geheim blieb, den Spitznamen Santa Claus.

Im Januar 2016 flog General Kondratiuk zu einem Meeting nach Washington und wurde in dem Herrenhaus Scattergood auf dem CIA-Campus in Langley empfangen. Die CIA-Mitarbeiter erklärten sich bereit, den HUR bei der Modernisierung zu unterstützen und seine Technik aufzurüsten, um die russische Militärkommunikation besser abfangen zu können. Im Gegenzug erklärte sich Kondratiuk bereit, alle Informationen mit den Amerikanern zu teilen. Nun war die Partnerschaft real.

Ab 2015 gab die CIA zig Millionen Dollar aus, um die von der Sowjetunion gegründeten Dienste der Ukraine in schlagkräftige Verbündete gegen Moskau zu verwandeln. Sie lieferte fortschrittliche Überwachungssysteme, Rekruten wurden sowohl in der Ukraine als auch in den USA ausgebildet, und man schuf neue Hauptquartiere für Abteilungen des militärischen Geheimdienstes. Darüber hinaus wurden nun Informationen in einem Umfang ausgetauscht, der vor der Krim-Annexion und dem Separatistenkrieg in der Ostukraine unvorstellbar gewesen wäre. Von großer Bedeutung war dabei die CIA-Station in Kiew, doch US-Geheimdienstmitarbeiter betonten, dass ihre Arbeit ausschließlich darauf ausgerichtet sei, die Fähigkeit der ukrainischen Dienste zu verbessern und Informationen über den Gegner Russland zu sammeln – und nicht, sich an Tötungsaktionen der ukrainischen Sicherheitsdienste zu beteiligen.

(https://www.pravda.com.ua/eng/news/2023/10/23/7425340/)

Ein tödlicher Anschlag

Eine Mutter und ihre 12-jährige Tochter, die in einem vollgepackten Auto saßen, erregten bei den russischen Sicherheitsbeamten kaum Aufmerksamkeit, als sie sich einem Kontrollpunkt an der Grenze zu Russland näherten. Auch das unauffällige Gepäckstück, eine Katzen-Transportbox, wurde kaum eines Blickes gewürdigt. Doch die Transportbox war Teil eines tödlichen Plans. Ukrainische Agenten hatten darin ein verstecktes Fach installiert, in dem sie Komponenten einer Bombe deponiert hatten.

Vier Wochen später detonierte die Bombe in der Nähe von Moskau, und zwar in ei-
nem Mini, der von der Politologin und Journalistin Darja Dugina gefahren wurde, Tochter
des Nationalisten Alexander Dugin (siehe auch S. 274). Dugin hatte immer wieder ge-
fordert, Ukrainer zu „töten, töten, töten". Die Autobombe sollte signalisieren, dass selbst
das Herz Russlands, Moskau, nicht vom Krieg verschont bleiben würde.

Die Operation war vom ukrainischen Inlandsgeheimdienst SBU geplant und durch-
geführt worden, wie Beamte mitteilten, die Details über den Mordanschlag bekannt
gaben. Dieser Anschlag, der im August 2022 stattfand, war Teil eines von der Ukraine
geführten Schattenkrieges. Zu solchen verdeckten Operationen der ukrainischen Ge-
heimdienste gehörten auch die zweimalige Bombardierung der Krim-Brücke (Kertsch-
Brücke), Drohnenangriffe auf das Dach des Kremls sowie die Sprengung von Löchern
in die Rümpfe russischer Marineschiffe im Schwarzen Meer.

Trauerfeier für Darja Dugina. Die russische Journalistin hatte ähnliche rechtsnatio-
nalistische Ansichten vertreten wie ihr einflussreicher Vater, Alexander Dugin.

Kritik und Rechtfertigung

Die verdeckten Kommando-Operationen der ukrainischen Geheimdienste erschwerten die Zusammenarbeit mit der CIA erheblich und lösten in Kiew wie auch in Washington Bedenken aus. Selbst diejenigen, die derartige Missionen in Kriegszeiten für vertretbar hielten, stellten den Nutzen bestimmter Angriffe und Entscheidungen infrage. Sie führten nur dazu, dass Zivilisten wie Darja Dugina oder ihr Vater Alexander Dugin, der nach Angaben von Beamten möglicherweise das eigentliche Ziel gewesen war, ins Visier genommen wurden, anstatt Russen, die unmittelbar mit dem Krieg in Verbindung standen.

„Wir haben zu viele Feinde, die wichtig sind, um sie auszuschalten", sagte ein hochrangiger ukrainischer Sicherheitsbeamter. „Menschen, die Raketen abschießen. Menschen, die in Butscha

Gräueltaten begangen haben. Die Tochter eines kriegshetzerischen Politikers zu töten, ist schon sehr zynisch", meinte er. Andere Beamte äußerten allgemeinere Bedenken hinsichtlich der rücksichtslosen Taktiken der Ukraine. In diesen Krieg mochten sie gerechtfertigt erscheinen, insbesondere gegen ein Land, das weit verbreiteter Kriegsgräueltaten beschuldigt wurde, doch später könnten sie sich als schwer einzudämmen erweisen.

„Wir erleben die Geburt einer Reihe von Geheimdiensten, die dem Mossad der 1970er-Jahre ähneln", sagte ein ehemaliger hochrangiger CIA-Beamter und bezog sich dabei auf den israelischen Geheimdienst, der seit Langem beschuldigt wird, in anderen Ländern Attentate verübt zu haben. „Dass die Ukraine zu solchen Operationen in der Lage ist, birgt Gefahren für Russland", sagte der Beamte, „aber es birgt auch große Risiken für die Ukraine selbst."

Zurückhaltung bei der CIA

„Wir haben unsere internationalen Partner nie in verdeckte Operationen einbezogen, insbesondere nicht hinter den Frontlinien", sagte ein ehemaliger hochrangiger ukrainischer Sicherheitsbeamter. SBU- und HUR-Agenten wurden nicht von CIA-Kollegen begleitet. Die Ukraine vermied den Einsatz von Waffen oder Ausrüstung, die auf US-Quellen zurückgeführt werden konnten, und selbst verdeckte Finanzierungsströme wurden getrennt.

Ein ehemaliger US-Geheimdienstmitarbeiter bestätigte dies: „Wir hatten viele Einschränkungen bei der operativen Zusammenarbeit mit den Ukrainern. Der Schwerpunkt lag eher auf sicherer Kommunikation und Spionagehandwerk und der Erschließung neuer Informationsquellen in Russland als auf der Frage, wie man einen Bürgermeister in die Luft jagt. Ich hatte nie den Eindruck, dass wir zu stark in die Gestaltung ihrer Operationen involviert waren."

Dennoch waren die Grenzen gelegentlich verschwommen. CIA-Beamte in Kiew wurden über manche der ehrgeizigeren Angriffspläne der Ukraine informiert. In einigen Fällen, darunter auch die Bombardierung der Krim-Brücke (siehe S. 345), äußerten die US-Beamten Bedenken.

Geheime Partnerschaft

Im Februar 2024 veröffentlichte die New York Times den Bericht eines Reporters:
„Eingebettet in einen dichten Wald wirkte die zerstörte ukrainische Militärbasis verlassen. Ihre Kommandozentrale war eine ausgebrannte Hülle, das Opfer eines russischen Raketenbeschusses zu Beginn des Krieges. Aber das war nur der oberirdische Anblick. Denn nicht weit entfernt führte ein versteckter Gang hinunter zu einem unterirdischen Bunker, in dem Teams ukrainischer Soldaten russische Spionagesatelliten verfolgten und Gespräche zwischen russischen Kommandeuren abhörten. Auf einem Bildschirm wurde die Route einer ukrainischen Sprengstoffdrohne verfolgt, die sich – als rote Linie – von der Zentralukraine durch die russische Luftabwehr zu einem Ziel in der russischen Stadt Rostow am Don bewegte.

Der unterirdische Bunker war ein geheimes Nervenzentrum des ukrainischen Militärs. Er wurde in den Monaten nach der Invasion Russlands als Ersatz für das zerstörte Kommandozentrum gebaut. Während der Bauphase war nur nachts gearbeitet worden, wenn keine russischen Spionagesatelliten über ihnen kreisten, und die Arbeiter parkten ihre Autos in einiger Entfernung von der Baustelle.

General Dvoretskiy, der zuständige Kommandeur, zeigte mir (dem Reporter) Kommunikationsgeräte inklusive Server, von denen einige von der CIA finanziert worden waren. Er sagte, dass seine Teams diese Basis nutzen würden, um die Kommunikationsnetzwerke des russischen Militärs zu hacken.

Ein Offizier legte mir zwei kürzlich erstellte Karten vor, um zu zeigen, wie die Ukraine die Aktivitäten Russlands auf der ganzen Welt verfolgte. Eine Karte zeigte die Überflugrouten russischer Spionagesatelliten über der Zentralukraine. Auf der zweiten Karte war zu sehen, wie russische Spionagesatelliten über militärische Einrichtungen der USA hinweg flogen; darunter waren auch Atomwaffenanlagen im Osten und im Zentrum der Vereinigten Staaten.“

Die ukrainischen Spione hatten ihre eigenen Richtlinien entwickelt, welche Operationen besprochen und welche geheim gehalten werden sollten. „Es gibt einige Dinge, über die wir vielleicht nicht mit den CIA-Kollegen sprechen würden", sagte ein ukrainischer Sicherheitsbeamter, der an solchen Missionen beteiligt war. Ein Überschreiten dieser Grenzen hätte zu der knappen Antwort der Amerikaner geführt: „Davon wollen wir nichts wissen.“

Valeriy Kondratiuk erklärte im Februar 2024 – er war inzwischen entlassen und General a. D. – , dass es sich bei der Interaktion mit der CIA nicht um eine Einbahnstraße handele. Am Anfang sei es zwar schwierig gewesen, die CIA davon zu überzeugen, dass die Ukraine für sie eine entscheidende Bedeutung habe, aber dann sei alles gut gelaufen.

Valeriy Kondratiuk zur Zusammenarbeit mit der CIA

„Und was das Sammeln von Informationen über Russland angeht, so ging es hier nicht darum, ihnen zu sagen, dass sie Risiken eingehen müssten, sondern ihnen zu zeigen, dass dies neue qualitative Möglichkeiten für ihre nationale Sicherheit eröffnen würde. Was die Stützpunkte angeht, so handelte es sich [...] um unsere eigenen Kapazitäten, die wir aufbauten. Denn bis dahin gab es keine nachrichtendienstlichen Einrichtungen gegen Russland. Aber als einige Gebiete erobert wurden, mussten sie natürlich dringend geschaffen werden. Und wir richteten diese nachrichtendienstlichen Stützpunkte entlang der Grenze zu Russland ein.

Es waren unsere Partner, die sich intensiv um die Ausbildung kümmerten. Wir rekrutierten die besten Offiziere des (militärischen) Geheimdienstes HUR, die dann im Westen ausgebildet wurden; das bezog sich sowohl auf Agentenschulung als auch auf technische Fähigkeiten. Und dann haben diese Leute diese Aufgaben erfolgreich ausgeführt. Zu Beginn der russischen Aggression verfügten der Militärgeheimdienst der Ukraine und das Verteidigungsministerium über Kräfte und Mittel sowohl in Russland als auch auf ihrem eigenen Territorium, quasi eine perfekte Guerillabewegung.“
(https://www.pravda.com.ua/eng/news/2024/02/26/7443850/)

CIA-Operation Goldfish

Die CIA betrieb in zwei europäischen Städten ab 2016 Schulungsprogramme, um ukrainische Geheimdienstmitarbeiter darin auszubilden, wie man falsche Identitäten annimmt und geheimdienstlich relevante Informationen beschafft. Das CIA-Programm hieß Operation Goldfish, abgeleitet von einem Witz über einen russischen Goldfisch, der zwei Esten die Erfüllung zweier Wünsche im Austausch für seine Freiheit anbietet. Die Pointe ist, dass einer der Esten dem Fisch mit einem Stein den Kopf zertrümmert und erklärt, dass man allem, was Russisch spreche, nicht trauen könne.

Die ausgebildeten Offiziere der Operation Goldfish wurden dann in zwölf neue Einsatzbasen entlang der russischen Grenze entsandt. Von jeder Basis aus, so General Kondratiuk, betrieben die ukrainischen Offiziere Agentennetzwerke, die innerhalb Russlands Informationen sammelten. Die Ausrüstung für die Informationsbeschaffung wurde von CIA-Beamten zur Verfügung gestellt. Zudem zogen sie einige der fähigsten Absolventen des Programms heran, um mit ihnen zusammen potenzielle russische Quellen aufzutun und Agenten auf ukrainischem Gebiet als Schläfer auszubilden, die im Falle einer Besetzung Guerilla-Operationen durchführen sollten.

Gescheiterte Kommando-Operation auf der Krim

Gelegentliche Probleme bei der Zusammenarbeit der Geheimdienste kamen vor, so beispielsweise, als General Kondratiuk einen geplanten Einsatz absagen musste, da die Amerikaner ein Veto eingelegt hatten. Der General zog seine Lehre daraus: „In Zukunft werden wir uns bemühen, solche Dinge nicht mehr mit deren Leuten zu besprechen", erklärte er.

Und so handelte er auch im Spätsommer 2016, als ukrainische Spione entdeckten, dass russische Streitkräfte Kampfhubschrauber auf der besetzten Krim stationierten, möglicherweise um einen Angriff vorzubereiten. General Kondratiuk beschloss, ein Team auf die Krim zu schicken, um Sprengstoff auf dem Flugplatz zu platzieren, für den Fall, dass Russland von dort aus einen Angriff starten sollte. Und dieses Mal holte Kondratiuk nicht das Einverständnis der CIA ein. Er wandte sich an Einheit 2245, einen Kommandotrupp, der von einer Eliteeinheit der CIA, dem Ground Department, ausgebildet worden war. Ziel der Ausbildung war es gewesen, Verteidigungstechniken zu vermitteln; doch den CIA-Beamten war durchaus bewusst, dass die Ukrainer dieselben Techniken für offensive Hochrisiko-Operationen einsetzen konnten.

Kyrylo Budanow im Jahr 2020

Führer der Einheit 2245 war Oberstleutnant Kyrylo Budanow, der enge Verbindungen zur CIA hatte. Die Agentur hatte ihn ausgebildet und ihn zudem in das Walter Reed National Military Medical Center in Maryland geschickt, nachdem er bei Kämpfen im Donbass durch einen Schuss in den Arm verwundet worden war. Budanov war für riskante Operationen hinter den feindlichen Linien bekannt.

Bei der geplanten Operation – Ausschaltung russischer Kampfhubschrauber auf der Krim – fuhren Soldaten der Einheit 2245, mit russischen Uniformen bekleidet, in aufblasbaren Schnellbooten über eine schmale Meerenge und landeten nachts auf der Krim. Doch sie wurden bereits von einer russischen Kommandoeinheit erwartet. Die Ukrainer töteten mehrere russische Kämpfer, darunter den Sohn eines Generals, und zogen sich an die Küste zurück. Sie schwammen mehrere Stunden lang durch den Meerbusen von Karkinit, um das von der Ukraine kontrollierte Gebiet zu erreichen. Es war eine Katastrophe. In einer öffentlichen Ansprache beschuldigte Präsident Putin die Ukrainer, einen Terroranschlag geplant zu haben, und versprach, den Tod der russischen Soldaten zu rächen.

Die Regierung in Washington unter Obama war außer sich. Joe Biden, Vizepräsident und ein Verfechter der Unterstützung der Ukraine, rief den ukrainischen Präsidenten Poroschenko an, um sich wütend zu beschweren. „Das verursacht ein gigantisches Problem", erklärte Biden in dem Telefonat, von dem eine durchgestochene Aufzeichnung online veröffentlicht wurde. „Ich sage Ihnen als Freund nur, dass es mir jetzt verdammt viel schwerer fällt, gute Argumente vorzubringen."

Einige von Obamas Beratern wollten das CIA-Programm einstellen, aber CIA-Direktor Brennan überzeugte sie davon, dass dies kontraproduktiv wäre, da man gerade dabei war, Informationen über die Russen zu sammeln, während die CIA die Einmischung Russlands in die amerikanischen Wahlen untersuchte. Brennan telefonierte mit General Kondratiuk, um erneut auf die roten Linien hinzuweisen. Der General war verärgert. „Das ist unser Land", entgegnete er, wie ein Kollege berichtete. „Es ist unser Krieg, und wir müssen kämpfen." Die Reaktion aus Washington kostete General Kondratiuk den Job, doch die Ukraine blieb dabei, keine Einmischung durch die CIA zuzulassen. Ein Schattenkrieg hatte begonnen.

Der Schattenkrieg

Einen Tag nach der Absetzung General Kondratiuks kam es in der von Russland besetzten Stadt Donezk in der Ostukraine zu einer mysteriösen Explosion, die einen Aufzug zum Absturz brachte, in dem sich ein hochrangiger russischer Separatistenkommandeur namens Arsen Pawlow, bekannt unter seinem Kriegsnamen Motorola, befand. Die CIA erfuhr, dass es sich bei den Attentätern um Mitglieder der Fünften Direktion gehandelt hatte, einer Einheit, die von der CIA ausgebildet worden war (siehe S. 335). Wieder tobten einige von Obamas Beratern, aber ihnen waren weitgehend die Hände gebunden, denn es standen die Präsidentschaftswahlen 2016 an, bei denen Donald Trump gegen Hillary Clinton antrat.

Die Attentate gingen weiter. In Makijiwka bei Donezk installierte ein Team ukrainischer Agenten einen schultergestützten Raketenwerfer in einem Gebäude, das sich direkt gegenüber dem Büro des Separatistenkommandeurs Mychailo Tolstych, besser bekannt als Givi, befand. Im Februar 2017 feuerten sie mithilfe eines Funkauslösers eine Rakete ab, sobald Tolstych sein Büro betrat, und töteten ihn, wie US-amerikanische und ukrainische Beamte berichteten.

Im Gegenzug setzten die Russen eine Autobombe ein, um den Leiter der Sondereinheiten des HUR zu ermorden. Der Kommandeur, Oberst Maksym Schapowal, war auf dem Weg zu einem Treffen mit CIA-Beamten in Kiew, als sein Auto explodierte. „Für uns alle", sagte General Kondratiuk bei der Beerdigung, „war es ein schwerer Schlag."

Intensivierung der Zusammenarbeit

Im November 2016, nach der Wahl von Donald Trump, waren die Ukrainer und ihre Partner in der CIA zunächst etwas beunruhigt, denn Trump hegte Misstrauen gegenüber der Ukraine. Hingegen lobte er Putin und wies Behauptungen, Putin habe die Wahl in den USA beeinflusst, energisch zurück. Nichtsdestoweniger berief er Russland-Feinde in Schlüsselpositionen, darunter Mike Pompeo als CIA-Direktor und John Bolton als Nationalen Sicherheitsberater.

Die beiden neuen Amtsinhaber besuchten Kiew, um die Unterstützung der USA für die Partnerschaft mit der Ukraine zu unterstreichen, die nun sogar um weitere Ausbildungsprogramme und den Bau zusätzlicher Spionage-Stützpunkte aufgestockt wurde. Die Basis im Wald wurde um eine neue Kommandozentrale und Kasernen erweitert und wuchs von 80 auf 800 ukrainische Geheimdienstoffiziere an.

Innerhalb der CIA war man nach wie vor überzeugt, dass Russland zugunsten Hillary Clintons in den US-Wahlkampf eingegriffen hatte. Deshalb hatte die Verhinderung einer Einmischung Russlands in zukünftige US-Wahlen oberste Priorität. In einer gemeinsamen Operation brachte ein HUR-Team einen Offizier des russischen Militärgeheimdienstes dazu, Informationen preiszugeben, die es der CIA ermöglichten, die russische Regierung mit einer russischen Hackergruppe namens in Verbindung zu bringen. Diese Gruppe stand in dem Verdacht, in einer Reihe von Ländern Wahlbeeinflussungsversuche zu betreiben.

General Budanov, von Selenskyj 2020 mit der Leitung des HUR betraut, sagte über die Partnerschaft: „Sie wurde nur stärker. Sie wuchs systematisch. Die Zusammenarbeit weitete sich auf zusätzliche Bereiche aus und wurde umfangreicher."

Warnungen und Evakuierung

Im März 2021 begann das russische Militär, Truppen entlang der Grenze zur Ukraine zu konzentrieren. Im Laufe der Monate wurde die Ukraine von immer mehr russischen Truppen umzingelt. Es stellte sich nun die Frage, ob dies nur Drohgebärden Putins seien oder ob er sich auf einen Krieg vorbereite. Ab November 2021 übermittelten die CIA und der britische MI6 ihren ukrainischen Partnern eine einheitliche Botschaft: Russland bereite eine groß angelegte Invasion vor, um die Regierung abzusetzen und in Kiew eine Marionetten-Regierung zu installieren, die den Wünschen des Kremls Folge leisten würde.

Zudem hatten US-amerikanische und britische Geheimdienste Informationen abgefangen, über die die ukrainischen Geheimdienste nicht informiert wurden, wie US-Beamte erklärten. Diese Informationen enthielten die Namen ukrainischer Beamter, die von den Russen verhaftet oder getötet werden sollten. Darüber hinaus erfuhren die Geheimdienste die Namen der Ukrainer, die der Kreml an die Macht bringen wollte.

Präsident Selenskyj und einige seiner Berater schienen von der Gefahr nicht überzeugt zu sein, selbst nachdem CIA-Direktor Burns im Januar 2022 nach Kiew geeilt war, um sie zu informieren. Aber Burns tat nicht nur das: Da in jenen Tagen die US-Staatsbediensteten, etwa die Botschaftsangehörigen, evakuiert wurden, veranlasste er, dass eine kleine Gruppe CIA-Beamter von der Evakuierung ausgenommen und in einen Hotelkomplex in der Westukraine gebracht wurde.

Unterstützung während der Militäraktionen

Nachdem am 24. Februar 2022 die Invasion begonnen hatte, waren diese verbliebenen CIA-Beamten die einzige Präsenz der US-Regierung in der Ukraine. Täglich trafen sie sich im Hotel mit ihren ukrainischen Kontaktpersonen, um Informationen auszutauschen. Das Weiße Haus unter Joe Biden, der Donald Trump inzwischen im Präsidentenamt abgelöst hatte, autorisierte die Spionageagenturen, geheimdienstliche Unterstützung für ukrainische Operationen gegen russische Streitkräfte auf ukrainischem Boden zu leisten.

Die CIA-Briefings enthielten oft schockierende Details: Am 3. März 2022, dem achten Tag des Krieges, gab das CIA-Team einen genauen Überblick über die russischen Pläne für die folgenden zwei Wochen. Die Russen würden noch am selben Tag einen humanitären Korridor aus der belagerten Stadt Mariupol heraus einrichten und dann das Feuer auf die ukrainischen Zivilisten eröffnen, die ihn benutzten. Die Russen planten laut CIA außerdem, die strategisch wichtige Hafenstadt Odessa zu umzingeln. Doch sie wurden durch Unwetter an der Eroberung der Stadt gehindert. Die Angreifer versuchten auch, hochrangige ukrainische Beamte sowie Präsident Selenskyj zu töten. In mindestens einem Fall teilte die CIA ihre Erkenntnisse dem ukrainischen Inlandsgeheimdienst SBU mit, was dazu beitrug, einen Anschlag auf den Präsidenten zu vereiteln. Dies berichtete ein hochrangiger ukrainischer Beamter.

Wenige Wochen später kehrte die CIA nach Kiew zurück, und es trafen zahlreiche zusätzliche Beamte ein. Ein hochrangiger US-Beamter meinte zu der beträchtlichen Präsenz der CIA: „Drücken sie auf den Abzug? Nein. Helfen sie bei der Zielerfassung? Absolut." Einige der CIA-Beamten wurden auf ukrainischen Stützpunkten eingesetzt, um Listen potenzieller russischer Ziele zu überprüfen, die Informationen der Ukrainer mit denen des US-Geheimdienstes zu vergleichen und sicherzustellen, dass sie korrekt waren. So beobachteten beispielsweise im Juli 2022 ukrainische Spione russische Konvois, die eine strategisch wichtige Brücke über den Dnjepr überqueren wollten; daraufhin verglichen britische und amerikanische Geheimdienstmitarbeiter die Informationen des ukrainischen Geheimdienstes mithilfe von Echtzeit-Satellitenbildern. Der MI6 bestätigte die Beobachtungen. Das ukrainische Militär griff die Konvois an und zerstörte sie unter Einsatz von Raketen.

Verdeckte Operationen

Viele der verdeckten Operationen der Ukraine waren auf militärische Ziele gerichtet und hatten klaren Verteidigungscharakter. Doch der Autobombenanschlag, bei dem Darja Dugina getötet wurde, belegte, dass die Ukraine auch Liquidationen als Kriegswaffe einsetzte. In den Monaten nach Kriegsbeginn verübten der SBU und sein militärisches Pendant, der HUR, Dutzende von Attentaten auf russische Besatzungsbeamte, mutmaßliche ukrainische Kollaborateure, Militärangehörige hinter den Fronten und prominente Kriegsunterstützer in Russland. Zu den Getöteten gehörten ein ehemaliger russischer U-Boot-Kommandant, der in einem Park in der südrussischen Stadt Krasnodar joggte, und ein militanter Blogger in einem Café in St. Petersburg.

Die neuen nachrichtendienstlichen Fähigkeiten der Ukraine haben sich seit Beginn des Krieges als wertvoll erwiesen. So erlangte der SBU etwa Informationen über hochrangige russische Ziele, was

Angriffe ermöglichte, bei denen mehrere Kommandeure getötet und der russische Oberbefehlshaber, Waleri Gerassimow, nur knapp verfehlt wurden. Seit die Unterstützung der Amerikaner nach
der russischen Invasion im Februar 2022 begonnen hatte, konzentrierten sich die Missionen der
Sicherheitsdienste zunehmend auf Ziele nicht nur hinter den feindlichen Linien, sondern auch weit
im Innern Russlands.

Für den SBU hatte kein Ziel eine höhere Priorität als die Krim-Brücke, auch Kertsch-Brücke
genannt, die die Straße von Kertsch überspannt und das russische Festland mit der annektierten
Halbinsel Krim verbindet (siehe Landkarte S. 170). Die 19 km lange Brücke bei der Krim-Stadt
Kertsch ist ein wichtiger Militärkorridor und hat für Putin eine so große – auch symbolische – Bedeutung, dass er sie 2018 persönlich einweihte. Der SBU traf die Brücke zweimal, zuerst am 8. Oktober 2022, wobei fünf Menschen ums Leben kamen. Bei dem zweiten Attentat, der Zerstörung eines
Brückenpfeilers, wurde ein Loch in die Fahrspuren Richtung Westen gerissen.

Die Brücke über die Straße von Kertsch, die das russische Festland mit der Halbinsel Krim verbindet

SBU-Chef Maljuk über den ersten Angriff auf die Krim-Brücke

*„Ich und zwei meiner vertrauenswürdigsten Mitarbeiter waren an der Entwicklung und Um-
setzung der Spezialoperation an der Brücke beteiligt", erklärte General Wassyl Maljuk.*

*Maljuks Angaben zufolge hatte der SBU seit dem Frühjahr 2022 den Plan, die
Krim-Brücke zu sprengen, und dabei verschiedene Optionen in Betracht gezogen. Maljuks Leute dachten daran, Sprengstoff in Güterwaggons zu transportieren. Aber die
Russen hatten den Transport nichtmilitärischer Fracht auf dem Eisenbahnteil der Brücke verboten. Schließlich entschieden sie sich für einen mit Ölfässern beladenen Lastwagen, in dem der Sprengstoff versteckt werden sollte.*

*Es blieben jedoch Zweifel an der Durchführbarkeit des Plans. „Es war wichtig, den
getarnten Sprengstoff auf die Brücke zu bringen", erklärte Maljuk. Der Plan mit den*

General Wassyl Maljuk, ab Juli 2022 Chef des Inlandsgeheimdienstes SBU

Fässern garantierte aber nicht die nötige Unauffälligkeit.

Dann kam Maljuk auf den Gedanken, den Sprengstoff in Plastikfolie zu verpacken. Diese Art von Fracht – große, eingewickelte Rollen – sah harmlos aus und würde keinen Verdacht erregen. Der SBU berechnete die Dicke der Folienschicht, die erforderlich sein würde, um die mit einer Hexogenmischung gefüllten Metallzylinder vor den Scannern der Zollbeamten zu verbergen.

Ein ganzer Container wurde mit diesen Rollen beladen. Die Sprengkraft entsprach 21 Tonnen TNT oder 42 russischen hypersonischen Kinschal-Raketen.

Der Transport der Fracht von der Ukraine zum Explosionsort auf der Brücke war sehr schwierig. Maljuk lehnte es ab, Einzelheiten zu nennen, und verwies auf Sicherheitsbedenken. Er betonte jedoch, dass der ukrainische Geheimdienst die Fracht ohne Beteiligung ausländischer Partner an ihren Bestimmungsort gebracht habe. Es seien nur die Fähigkeiten des SBU genutzt worden. Dies unterstreiche das hohe Maß an Professionalität und Kompetenz der Spezialeinheit, so Maljuk.

Der SBU musste einen weiteren wichtigen Punkt berücksichtigen: An den Posten in der Nähe der Krim-Brücke befanden sich elektronische Systeme, deren Aufgabe es war, die GPS-Koordinaten auf Sprengkörpern zu verschlüsseln. Das von Maljuk zusammengestellte Team hatte ein technisch komplexes System geschaffen, das die russischen Sicherheitsmaßnahmen überwinden sollte, um es der Fracht am Morgen des 8. Oktober 2022 zu ermöglichen, ihren Bestimmungsort in der Mitte der Brücke zu erreichen.

„Wir sind durch die sieben Kreise der Hölle gegangen und haben so viele Menschen im Dunkeln gelassen! Die Russen haben 22 Menschen ins Gefängnis gesteckt. Sie alle wurden der Mittäterschaft an einem terroristischen Akt beschuldigt, obwohl sie nur ihren alltäglichen Geschäften nachgegangen waren. Es waren ganz gewöhnliche russische Schmuggler", sagte Maljuk mit einem Lächeln.

Die russische Journalistin Jelena Romanowa, die in Deutschland lebt und für Nowaja Gaseta Europa arbeitet, schrieb über den Schmuggler, Oleg Antipow, einen Spediteur aus St. Petersburg. Er war für den Transport von 21 Tonnen „Polyethylen-Folie" zuständig gewesen.

Nach der Explosion meldete sich Antipow freiwillig beim FSB, erzählte der Behörde alles, was er wusste, und wurde freigelassen. Später wurde er trotzdem inhaftiert und ins Gefängnis gesteckt. Er war ein Beispiel für die gängige Praxis der russischen Sonderdienste, den einfachsten Sündenbock für schwierige Fälle zu finden. „Russische Sicherheitskräfte müssen ihre Effektivität unter Beweis stellen. Deshalb schnappen sie sich den ersten Verdächtigen, dem sie begegnen, und hängen ihm alle Sünden der Welt an", kommentierte Romanowa das Vorgehen der russischen Behörden. *(https://english.nv.ua/nation/sbu-chief-malyuk-on-how-crimean-bridge-was-attacked-twice-50348824.html)*

Präsident Putin sagte in einem Video auf dem Telegram-Kanal des Kremls: „Es besteht kein Zweifel. Dies ist ein Terrorakt, der darauf abzielt, eine äußerst wichtige zivile Infrastruktur zu zerstören. Dies wurde von den ukrainischen Geheimdiensten geplant, durchgeführt und angeordnet."

Russland setzte einen Untersuchungsausschuss zur Aufklärung der Explosion ein, und Putin traf sich mit Alexander Bastrykin, dem Leiter des Untersuchungsausschusses, um sich über die Ergebnisse der Untersuchung informieren zu lassen. Bastrykin erklärte, dass ukrainische Geheimdienste sowie Bürger aus Russland und anderen Ländern an der Organisation der Tat beteiligt gewesen seien. „Wir haben bereits die Route des Lastwagens ermittelt", sagte er. Der Lastwagen habe, bevor er die Brücke erreichte, Bulgarien, Georgien, Armenien, Nord-Ossetien sowie Krasnodar und andere Orte durchfahren.
(https://www.abc.net.au/news/2022-10-10/vladimir-putin-accuses-ukraine-of-crimea-bridge-blast/101517118)

Der zweite Anschlag

Da die Brücke repariert werden konnte, zumindest teilweise, beschlossen die ukrainischen Spezialeinheiten, es mit selbst entwickelten ferngesteuerten Kamikaze-Booten zu versuchen. Diese waren mit Sprengstoff beladen, bestanden aus einem besonderen Material, das für feindliches Radar unsichtbar war, und verfügten über drei Steuerungs- und Selbstzerstörungsmechanismen. Ingenieure und Spezialisten des SBU unterzogen die schwimmenden Drohnen ihrem ersten Kampftest, lenkten sie auf Schiffe der russischen Schwarzmeerflotte und trafen die Raketenfregatte Admiral Makarov in der Bucht von Sewastopol.

Nachdem man festgestellt hatte, dass die See-Drohnen nicht in der Lage waren, große Schiffe zu versenken, wurde die Sprengstoffmenge an Bord auf 850 kg Hexogen erhöht. Zudem verbesserten die Konstrukteure das Steuerungssystem der Drohne.

Juli 2023: See-Drohnen

General Wassyl Maljuk zog den Befehlshaber der ukrainischen Marine, Konteradmiral Oleksiy Neischpapa, bei der Planung des Angriffs auf die Krim-Brücke hinzu. Neischpapa hatte bereits die Entwicklung des Projekts unterstützt. Das gemeinsame Team der Marine und der Spezialeinheiten begann nun mit der Vorbereitung der Marineoperation.

Die Drohnen waren weiter verbessert und sogar mit zwei Shmel-M-Langstrecken-Jet-Flammenwerfern ausgestattet worden. Es gab allerdings noch weitere Details, die der SBU nicht preisgeben wollte. Die modifizierten Drohnen waren nun bereit, komplexe Aufgaben auszuführen.

Mitte Juli ließen der SBU und die Marine schließlich die See-Drohnen auf das offene Meer los und richteten sie auf ihr Ziel aus. „Wir haben zwei Nächte lang nicht geschlafen, wir haben die Drohnen buchstäblich jede Minute beobachtet. Wir alle waren so aufgeregt, dass wir die Bediener ein wenig beruhigen mussten, damit sie die Drohnen nicht zu schnell steuerten", erinnert sich Maljuk.

Schließlich trafen die Drohnen einen Brückenpfeiler. Später veröffentlichte Fotos zeigten, dass dabei eine ganze Fahrspur ins Meer stürzte. „Als die Drohnen explodierten, schrien wir auf, weil die Anspannung enorm gewesen war", berichtete Maljuk. „Um ehrlich zu sein, habe ich gebetet, dass alles gut gehen würde. Und bei der Explosion sind auch wir vor Freude regelrecht explodiert."

Während bei dem ersten Attentat fünf Menschen ums Leben kamen, gab es bei der Pfeilerzerstörung keine Toten oder Verletzten. Die Brücke musste lediglich gesperrt werden.

General Maljuk, Chef des SBU, betonte auch dieses Mal, dass die Operation ausschließlich von den ukrainischen Streitkräften vorbereitet worden sei und keine ausländischen Spezialdienste beteiligt gewesen seien. Maljuks öffentlichkeitswirksame Darstellung der Operation widersprach zwar der typischen Vorgehensweise eines Geheimdienstes, diente aber dem Bedürfnis Kiews, Erfolge zu verbuchen, und spiegelt eine aufkommende Rivalität mit dem HUR wider. Kyrylo Budanov, der Chef des ukrainischen Militärgeheimdienstes, hatte es sich zur Gewohnheit gemacht, die Leistungen seiner Behörde anzupreisen und Moskau zu verspotten.

Die beiden Dienste überschnitten sich zuweilen in ihrer operativen Tätigkeit, obwohl Beamte behaupteten, dass der Inlandsgeheimdienst SBU tendenziell komplexere Missionen mit längeren Vorlaufzeiten verfolgte, während der HUR schneller und kurzfristiger arbeitete.
https://www.nytimes.com/2024/02/25/world/europe/cia-ukraine-intelligence-russia-war.html
https://www.washingtonpost.com/world/2023/10/23/ukraine-cia-shadow-war-russia/)

Nord Stream – der Sabotageakt

Die Washington Post berichtete am 26. Mai 2022, dass Präsident Biden im Sommer 2021 – als die USA bereits eine Aggression Russlands gegen die Ukraine voraussahen – mit Angela Merkel eine Vereinbarung bezüglich der etwas mehr als 1200 km langen Erdgas-Pipelines Nord Stream 1 und 2 zwischen Russland und Deutschland getroffen habe. Wenn Deutschland darauf bestehen würde, Nord Stream 2 fertigzustellen und in Betrieb zu nehmen, würde Deutschland im Gegenzug andere Sanktionen gegen Russland unterstützen. Und sollte Russland in die Ukraine einmarschieren, würden die Unterwasser-Pipelines nach Deutschland nicht weiterbetrieben werden. Als Russland im Februar 2022 tatsächlich in die Ukraine einmarschierte, war Angela Merkel durch Olaf Scholz abgelöst worden; doch Scholz hielt die Zusage ein.

Die Erdgas-Pipelines Nord Stream 1 und Nord Stream 2 bestanden aus je zwei Rohren. Beide Pipelines waren gebaut worden, um Erdgas von Russland durch die Ostsee nach Deutschland zu transportieren, und befinden sich mehrheitlich im Besitz des staatlichen russischen Gasunternehmens Gazprom. In der Nacht zum 26. September 2022 kam es an drei von den vier Strängen zu einer Reihe von Unterwasserexplosionen und daraus resultierenden Gaslecks. Vor den Lecks waren die Pipelines zwar mit Erdgas gefüllt, transportierten es jedoch nicht. Deutschland nahm es als Folge der russischen Invasion der Ukraine nicht ab.

Explosionen wurden zuerst an Nord Stream 2 festgestellt. Ein Druckabfall in einem seiner Rohre wurde gemeldet, und Erdgas begann südöstlich der dänischen Insel Bornholm an die Oberfläche zu treten. Dasselbe passierte 17 Stunden später mit beiden Rohren von Nord Stream 1, was zu drei Lecks nordöstlich von Bornholm führte. Alle drei betroffenen Rohre wurden unbrauchbar. Die Lecks befinden sich in internationalen Gewässern, jedoch innerhalb der Wirtschaftszone Dänemarks und Schwedens. Die Lecks waren einen Tag vor der Eröffnung der Baltic Pipe aufgetreten, einer Erdgasleitung, die norwegisches Erdgas durch Dänemark und die Ostsee nach Polen transportiert.

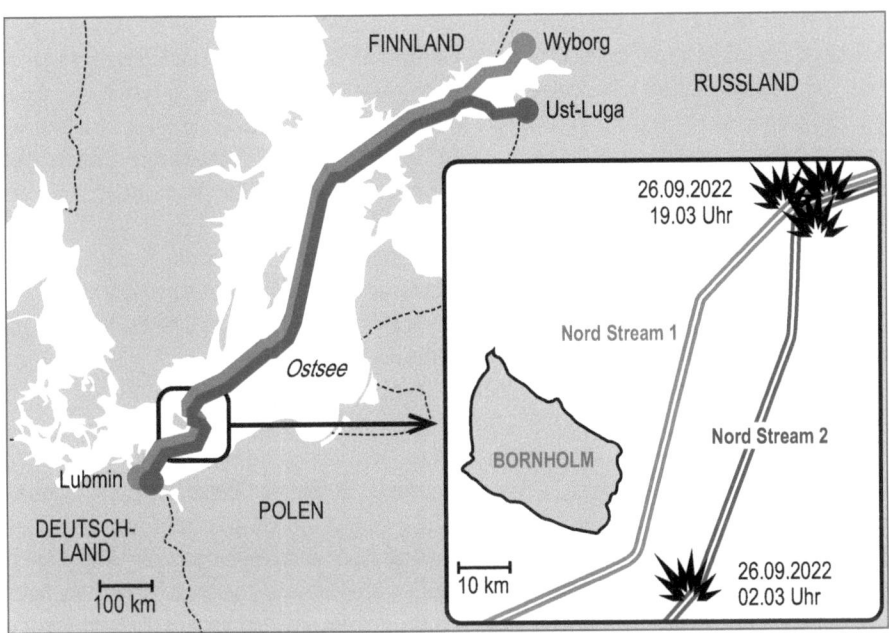

Die Erdgas-Pipeline Nord Stream 1 führt von Wyborg nahe der finnischen Grenze nach Lubmin in Mecklenburg-Vorpommern, Nord Stream 2 von Ust-Luga bei St. Petersburg ebenfalls nach Lubmin.

Im Oktober teilte Russland mit, dass eines der beiden Nord-Stream-2-Rohre funktionsfähig sei und Gas liefern könne. Diese Pipelines waren übrigens nicht die einzigen, die Erdgas von Russland nach Westeuropa lieferten: Es gibt noch 21 weitere.

Russland beantragte beim UN-Sicherheitsrat eine Untersuchung, die jedoch abgelehnt wurde. Schweden, Dänemark und Deutschland leiteten separate Untersuchungen ein und bezeichneten die Explosionen als Sabotage. Schweden und Dänemark schlossen ihre Untersuchungen im Februar 2024 ergebnislos ab, Deutschland hingegen betrieb die Untersuchung weiter.

Zunächst geheim gehalten: Urheber Ukraine

Eine Woche nach den Explosionen kam in Brüssel eine skandinavische Delegation zu einer Informationsbesprechung mit mehreren westlichen Geheimdiensten zusammen. Wie die britische Times berichtete, waren die Mitglieder der Delegation beeindruckt von der Detailgenauigkeit der Informationen, die sie so kurz nach dem Anschlag erhalten hatten.

Ihnen war offenbar mitgeteilt worden, dass der Anschlag nicht von den Amerikanern oder den Polen verübt worden war – beide waren Gegner der Erdgas-Pipeline, allerdings aus unterschiedlichen Gründen –, sondern von einem privaten Unternehmen mit Ursprung in der Ukraine. Man sagte ihnen, dass dies nicht öffentlich gemacht werden würde und dass sie allen Fragen ausweichen sollten, in denen es darum ging, warum die offizielle Untersuchung der Zerstörung der russisch-deutschen Pipeline so langsam voranschreite.

Der Name des mutmaßlichen ukrainischen Urhebers, der nicht der Regierung von Präsident Selenskyj angehörte, kursierte seit Monaten in Geheimdienstkreisen, wurde jedoch nie preisgegeben. NATO-Beamte wollten die Ukraine offenbar vor einem öffentlichen Streit mit Deutschland bewahren, denn es stand die Lieferung wichtiger Rüstungsgüter aus Deutschland bevor, zum Beispiel Leopard-2-Panzer oder das IRIS-T-System für die Luftverteidigung. In der deutschen Öffentlichkeit wäre die Information, dass Ukrainer einen Anschlag auf die Pipeline zu verübt hätten, über die Deutschland Gas bezog, nicht gut angekommen.

Wahrscheinlich kannten die Geheimdienste die Wahrheit schon eher als das Kiewer Präsidialamt oder das Verteidigungsministerium. Diese wurden von dem Bericht völlig überrascht, und sie bestritten ihre Beteiligung vehement. Insbesondere bestritten sie, dass einer ihrer beiden Geheimdienste, SBU und HUR, an dem Sabotageakt beteiligt war.

(https://www.thetimes.com/article/23538776-bd4d-11ed-b386-2854db7a4e6a)

Ein begründeter Verdacht

Vermutlich habe Roman Chervinsky, ein hoch dekorierter 48-jähriger Oberst, der in den Spezialeinheiten der Ukraine gedient habe, eine zentrale Rolle bei dem Anschlag auf die Erdgas-Pipelines Nord Stream gespielt. Das berichteten Beamte der Ukraine und anderer europäischer Länder sowie weitere Personen, die über Details der verdeckten Operation Bescheid wussten. Chervinsky hatte enge Verbindungen zu den Geheimdiensten der Ukraine. Insider erklärten, er habe die Nord-Stream-Operation koordiniert. Er leitete die Logistik für ein sechsköpfiges Team, das ein mit Sprengstoff beladenes Fahrzeug durch Polen fuhr, um in Wiek auf der Insel Rügen, also auf deutschem Boden, unter falscher Identität ein Segelboot zu mieten. Ausgerüstet mit Tiefseetauchgerät brachten die Männer Sprengladungen an den Erdgas-Pipelines Nord Stream 1 und 2 an. Am 26. September 2022 gab es drei Explosionen, die zu massiven Lecks an dreien der vier Rohre führten.

Personen, die mit Chervinskys Rolle bei der Operation vertraut waren, berichteten, Chervinsky habe nicht allein gehandelt und die Operation auch nicht geplant. Der Offizier habe seine Befehle von ukrainischen Beamten erhalten, die General Walerij Saluschnyj, dem Oberbefehlshaber der ukrainischen Armee, unterstellt waren (zu General Saluschnyj siehe S. 319–326). Dies sagten Personen unter Bedingung der Anonymität aus, die mit der Durchführung der Sabotage vertraut waren.

Chervinsky bestritt über seinen Anwalt jegliche Beteiligung an der Sabotage. „Alle Spekulationen über meine Beteiligung an dem Angriff auf Nord Stream werden von der russischen Propaganda ohne jegliche Grundlage verbreitet", hieß es in einer schriftlichen Erklärung Chervinskys, die gegenüber der Washington Post und dem Spiegel abgegeben wurde. Diese beiden Blätter führten eine gemeinsame Untersuchung der Rolle Chervinskys bei dem Anschlag durch.

Seit dem Einmarsch Russlands in die Ukraine im Februar 2022 hatte Chervinsky, der als Kritiker der Regierung Selenskyj galt, in einer Einheit der ukrainischen Spezialkräfte gedient und sich auf Widerstandsaktivitäten in den von Russland besetzten Gebieten konzentriert. Er unterstand Generalmajor Viktor Hanuschchak, der in enger Verbindung zum Oberbefehlshaber Saluschnyj stand. Beide kannten sich aus dem Einsatzführungskommando West in Rivne. Hanuschchak erklärte öffentlich, dass er es ablehne, sich zu dem Artikel in der Washington Post und im Spiegel zu äußern. *(https://www.washingtonpost.com/national-security/2023/11/11/nordstream-bombing-ukraine-chervinsky/)*

Rückblick

Im Juni 2022, drei Monate bevor Saboteure die Nord-Stream-Pipeline sprengten, erfuhr die Biden-Regierung von der CIA, dass das ukrainische Militär einen verdeckten Angriff auf die Erdgasleitungen in der Ostsee plante, bei dem ein Team von Tauchern eingesetzt werden sollte, die dem Oberbefehlshaber der ukrainischen Streitkräfte direkt unterstellt waren.

Einzelheiten des Plans, über den zuvor nicht berichtet worden war, waren von einem europäischen Geheimdienst gesammelt und im Juni 2022 an die CIA weitergegeben worden. Die Informationen lieferten einige der bisher konkretesten Belege für eine Verbindung zwischen der ukrainischen Regierung und dem späteren Angriff in der Ostsee. Der Geheimdienstbericht basierte auf Informationen, die von einer Person in der Ukraine stammten. Die Informationen der Quelle konnten nicht sofort bestätigt werden; dennoch gab die CIA den Bericht im Juni auch an Deutschland und andere europäische Länder weiter, wie mehrere mit der Angelegenheit vertraute Beamte berichteten, die unter der Bedingung der Anonymität sprachen.

US-amerikanische und westliche Beamte bezeichneten den Anschlag als dreisten und gefährlichen Sabotageakt an der europäischen Energie-Infrastruktur. Die äußerst konkreten Details, zu denen die Anzahl der an der Operation beteiligten Agenten und die Angriffsmethoden gehörten, zeigten, dass die westlichen Verbündeten seitdem Grund hatten, Kiew für die Sabotage verantwortlich zu machen. Diese Einschätzung verstärkte sich in den letzten Monaten des Jahres 2023, als deutsche Ermittler Hinweise fanden, die den von den europäische Geheimdiensten identifizierten Plan der Ukraine bestätigten.

(https://www.washingtonpost.com/national-security/2023/06/06/nord-stream-pipeline-explosion-ukraine-russia/)

Quellen: Der Spionagekrieg und die Rolle der CIA

Online-Publikationen

- https://www.pravda.com.ua/eng/news/2023/10/23/7425340/
- https://responsiblestatecraft.org/cia-ukraine-russia/
- https://www.washingtonpost.com/world/2023/10/23/ukraine-cia-shadow-war-russia/
- https://www.nytimes.com/2024/02/25/world/europe/cia-ukraine-intelligence-russia-war.html
- https://english.nv.ua/nation/sbu-chief-malyuk-on-how-crimean-bridge-was-attacked-twice-50348824.html
- https://www.abc.net.au/news/2022-10-10/vladimir-putin-accuses-ukraine-of-crimea-bridge-blast/101517118
- https://www.washingtonpost.com/opinions/2022/05/26/biden-white-house-secret-planning-helped-ukraine-counter-russia/
- https://www.nytimes.com/2024/02/07/world/europe/sweden-nord-stream-pipeline.html
- https://www.thetimes.com/article/23538776-bd4d-11ed-b386-2854db7a4e6a
- https://www.washingtonpost.com/national-security/2023/11/11/nordstream-bombing-ukraine-chervinsky/
- https://www.reuters.com/world/europe/senior-ukrainian-officer-coordinated-nord-stream-attack-washington-post-2023-11-12/
- https://www.pravda.com.ua/eng/news/2023/11/3/7427118/
- https://www.washingtonpost.com/national-security/2023/06/06/nord-stream-pipeline-explosion-ukraine-russia/

Kapitel 18

Die ukrainische Sommeroffensive 2023

Das Treffen im Oval Office am Nachmittag des 21. Dezember 2022 am brennenden Kamin war voller Symbolik. Selenskyj trug ein Sweatshirt in der militärischen Tarnfarbe Oliv mit dem ukrainischen Dreizack auf der Brust sowie Kampfstiefel. Präsident Biden trug eine gestreifte Krawatte in den ukrainischen Nationalfarben Blau und Gelb.

Selenskyj dankte dem amerikanischen Präsidenten mehrfach für die Waffenlieferungen und überreichte ihm eine Medaille, die er aus Bachmut mitgebracht hatte. Den Orden hatte sich der Kommandeur einer von den USA zur Verfügung gestellten HIMARS-Raketenbatterie verdient. „Er sagte, dass so viele seiner Brüder durch dieses System gerettet wurden", erklärte Selenskyj dem amerikanischen Präsidenten, als er ihm das Militärkreuz überreichte. „Es ist mir eine Ehre", antwortete der Präsident.

Am Morgen jenes 21. Dezember 2022, als Selenskyj noch mit einer C-40 der US Air Force, einer Militärversion einer Boeing 737-700, über den Atlantik flog, veröffentlichte das Weiße Haus eine Erklärung, auf die die Ukraine schon lange gewartet hatte: Die Ukraine würde endlich eine Batterie Patriot-Raketen erhalten, eine wirksame Verteidigung gegen russische Marschflugkörper. Denn das Blatt des Krieges hatte sich erneut gewendet, und Russland hatte die Initiative zurückgewonnen. Die Ukraine brauchte so bald als möglich Waffen aus dem Westen – nicht nur Patriots, sondern auch Panzer, Schützenpanzer, Artillerie, Flugzeuge und all die anderen Rüstungsgüter, die der Westen bisher verweigert hatte, weil er befürchtete, Russland zu provozieren.

Selenskyjs Rede vor dem US-Kongress

Abends versammelten sich Mitglieder des US-Kongresses zu einer Sitzung von Senat und Repräsentantenhaus und spendeten stehend Applaus, als der ukrainische Präsident das Podium betrat. Er lächelte während der nicht enden wollenden Ovationen. „Ich glaube, das ist zu viel", sagte Selenskyj.

Doch dann erklärte er dem Auditorium mit großer Offenheit: Die amerikanische Militärunterstützung sei zwar essenziell, aber unzureichend. „Nächstes Jahr wird ein Wendepunkt sein, an dem der Mut der Ukrainer und die Entschlossenheit der Amerikaner die Zukunft unserer gemeinsamen Freiheit garantieren müssen, die Freiheit von Menschen, die für ihre Werte einstehen", sagte er in fließendem Englisch. „Sie können unseren Sieg beschleunigen, das weiß ich. So vieles in der Welt hängt von Ihnen ab. Entscheidungen können Millionen von Menschenleben retten. Lassen Sie uns diese Entscheidungen treffen."

Dann sprach er über Bachmut und verglich die ukrainischen Kämpfe dort mit der Schlacht von Saratoga, dem Wendepunkt im amerikanischen Unabhängigkeitskrieg gegen die Briten. Am Ende der Rede überreichte Selenskyj der Vorsitzenden des Repräsentantenhauses, Nancy Pelosi, eine ukrainische Flagge, die von den Verteidigern Bachmuts signiert worden war, und Pelosi hisste diese Flagge sogleich über dem Podium.

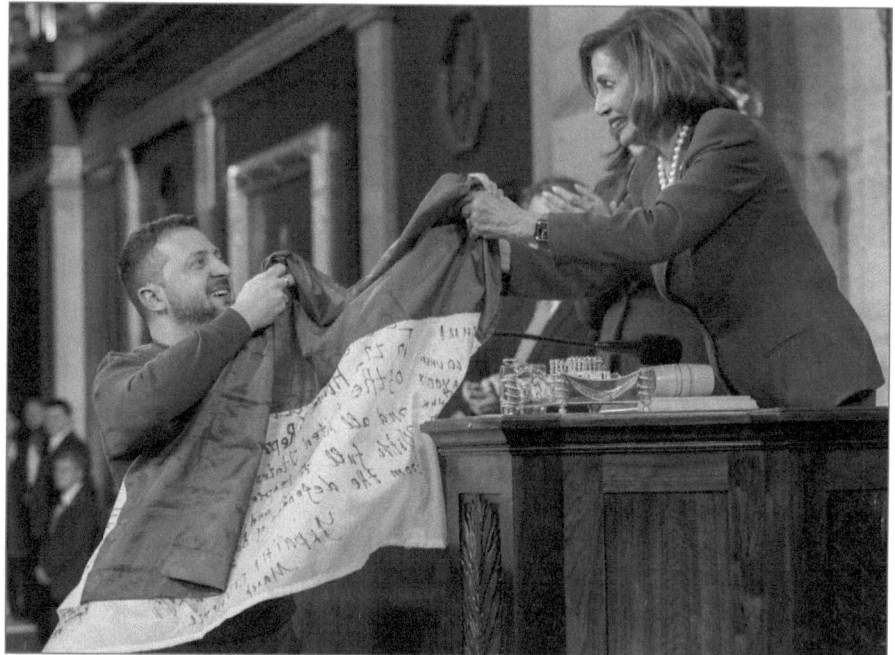

Selenskyj überreicht Nancy Pelosi eine Flagge mit den Signaturen der Verteidiger von Bachmut.

Auf der Rückreise legte Selenskyj Stopps in London, Paris und Brüssel ein, um mit weiteren Partnern zu sprechen. Die amerikanischen Gesetzgeber brachten das Bewilligungsgesetz für die Waffenlieferung noch vor der Weihnachtspause des Kongresses durch. Der Ukraine wurden weitere 44,9 Milliarden US-Dollar an amerikanischer Hilfe zugesagt – genug, um eine erneute, für den Sommer 2023 geplante Offensive zu finanzieren.

Selenskyjs Besuch in Washington und in europäischen Hauptstädten unterstrich, dass der Konflikt auch zum Krieg des Westens geworden war, nachdem man Militärhilfe im Wert von fast hundert Milliarden Dollar geleistet hatte. Ein Erfolg Russlands nach einem solchen Einsatz würde verheerende Folgen für die Glaubwürdigkeit und Abschreckungsfähigkeit des Westens haben.
(Yaroslav Trofimov, Our Enemies Will Vanish, S. 344 ff.)

Westliche Waffen

Moderne Panzer und Schützenpanzer sind für jede Offensive unverzichtbar und gehörten zu den wichtigsten Forderungen der Ukraine in Vorbereitung auf ihre für 2023 geplante Sommeroffensive. Ende April 2022 brachte die deutsche Presse die Meldung, dass die Ukraine um 100 Schützenpanzer vom Typ Marder nachgefragt habe. Der stellvertretende Generalinspekteur der Bundeswehr, Markus Laubenthal, erklärte im ZDF-Morgenmagazin, dass dies nicht möglich sei, weil dadurch die deutsche Einsatzfähigkeit in der NATO gefährdet sein könnte. Auch Bundeskanzler Scholz war von der Idee nicht angetan und erklärte, dass der Ukraine keine schweren Waffen geliefert geben würden. Er hatte einen deutschen Alleingang bei der Lieferung von Panzern aus westlicher Fabrikation immer ausgeschlossen. Die Regierungsfraktionen von SPD, Grünen und FDP hingegen befürworteten die Lieferung von Marder und auch Leopard 2.

Eine knappe Woche später kam man auf einen Ausweg: den Ringtausch. Deutschland würde moderne Schützenpanzer zum Beispiel nach Griechenland liefern, während die Griechen den Ukrainern ihre alten sowjetischen Schützenpanzer schenken würden. Um ihre ablehnende Haltung zu begründen, beriefen sich die Mitglieder der Bundesregierung auf eine Kabinettserklärung aus dem Jahr 1971, wonach Kriegswaffen grundsätzlich nur an Bündnispartner oder sogenannte gleichgestellte Drittstaaten, etwa Neuseeland oder die Schweiz, geliefert werden sollen.

Ein Durchbruch

Am 4. Januar 2023 gab ein Mitarbeiter des französischen Präsidialamts bekannt, dass Präsident Emmanuel Macron dem ukrainischen Präsidenten Selenskyj zugesagt habe, der Ukraine Panzer des Typs AMX-10 RC zu liefern. Bei diesem Panzer handelte es sich um einen leichten Radpanzer, der für Spähaufgaben, aber auch als Panzerjäger eingesetzt werden konnte. Mit seiner 105-Millimeter-Kanone war er vergleichsweise schwer bewaffnet, aber nicht mit dem Kampfpanzer Leopard zu vergleichen. Nach dieser Meldung erhöhten Verteidigungspolitiker der Regierungsfraktionen von SPD, Grünen und FDP den Druck auf Kanzler Scholz und verlangten die Lieferung von Marder-Schützenpanzern und Leopard-Kampfpanzern an die Ukraine.

Dann trat eine für manche überraschende Entwicklung ein. Am Abend des 5. Januar 2023 vermeldeten die Medien, dass Deutschland doch Marder an die Ukraine liefern werde. Dazu hieß es, Bundeskanzler Olaf Scholz und US-Präsident Joe Biden hätten am selben Abend in einem Telefonat vereinbart, dass die Bundesregierung Schützenpanzer und zudem ein Patriot-Luftverteidigungssystem zur Verfügung stellen werde. Die USA wiederum würden mit leichten Bradley-Schützenpanzern und ebenfalls Patriot-Systemen die ukrainische Verteidigung stützen.

Am 25. Januar 2023 erklärte der US-Präsident Biden, dass Amerika 31 Abrams-Panzer an die Ukraine liefern werde. Am selben Tag noch folgte Kanzler Scholz mit der Erklärung, dass Deutschland mit seinen europäischen Partnern als ersten Schritt 14 Leopard-2-A6-Panzer zur Verfügung stellen werde, die aus den Beständen der Bundeswehr stammten. Insgesamt sollte ein Bataillon mit 44 Panzern ausgerüstet werden. Weitere europäische Partner kündigten an, ihrerseits Panzer vom Typ Leopard 2 zu übergeben.

Insgesamt begannen die USA und die NATO-Verbündeten mit der Ausbildung und Ausrüstung von neun neuen ukrainischen Brigaden. Mit mehr als 200 Panzern, fast 900 Kampffahrzeugen und 150 Artilleriegeschützen sollten diese Brigaden die Kernstreitkräfte der für den Sommer 2023 geplanten Offensive bilden. Doch in Kiew war die Freude über diesen Durchbruch verhalten. Diese Zahlen lagen weit unter dem, was die Ukrainer im Mai 2022 gefordert hatten – eine Forderung, die damals als unrealistisch abgelehnt worden war. Wären diese Waffen im August geliefert worden, als das russische Militär unterbesetzt war, hätten sie möglicherweise einen Sieg der Ukraine sicherstellen

In Panzer aus westlicher Produktion wie den Leopard setzte die Ukraine große Hoffnungen. Hier der Kampfpanzer Leopard 2A5 bei einem Manöver der Bundeswehr.

können. Doch nach diesem Sommer mobilisierte Russland Hunderttausende Soldaten und richtete ein System aus Befestigungen und Minenfeldern entlang der gesamten Front ein. Die Kosten für die Ukraine stiegen damit exponentiell, nicht nur in Bezug auf die Ausrüstung, sondern auch auf verlorene Menschenleben.

(Yaroslav Trofimov, Our Enemies Will Vanish, S. 347)

Selenskyj: Die Ukraine muss gewinnen

Seit der Invasion, bei der Tausende ukrainische Zivilisten getötet wurden und viele weitere unter einer Besatzungsmacht leben mussten, ließ der Druck auf Präsident Selenskyj und sein Land nicht nach. Nun, Anfang 2023, warteten die westlichen Partner darauf, dass Kiew die neu gelieferten modernen Waffen, u. a. Kampfpanzer, in einer Gegenoffensive im Frühjahr einsetzen würde.

Selenskyj im Mai 2023 im Interview mit der Washington Post

„Zunächst einmal planen wir keine monatelange Gegenoffensive. Dies ist für uns ein vorrangiges Thema, daher mussten wir unsere Pläne von langer Hand vorbereiten. Und das ist die Wahrheit. Unsere Partner verstehen das auch. Es gibt Probleme in einer Reihe von Bereichen.

Das erste Problem ist natürlich die Munition. Ich sage das als Priorität, nicht weil ich mich beschweren will, sondern weil es eine Ressource ist, ohne die eine Gegenoffensive unmöglich ist. Aber ich möchte klar sagen, dass ohne diese Ressource die Verteidigung des Staates unmöglich ist. Es geht nicht nur um die Gegenoffensive. Es geht darum, eine solche zu führen und die Gebiete, die wir haben, nicht zu verlieren. Obwohl wir stärker sind – ich denke, wir sind motivierter als Russland. Aber dennoch müssen wir alles vorbereiten und mit Waffen und motivierten Menschen ausgestattet sein, um unser eigenes Volk nicht zu verlieren.

Deshalb brauchen wir vor allem Ressourcen für die bereits ausgearbeiteten Pläne. Um ehrlich zu sein, wird dies auch vom Wetter beeinflusst. Das ist eine absolute Tatsache, denn, sagen wir mal so, der Boden muss für unsere Waffen geeignet sein. Wir haben nicht so eine große Auswahl an gepanzerten Fahrzeugen. Ja, diese Wetterbedingungen sind auch für unseren Feind schwierig. Aber in diesem Szenario werden sie in der Defensive sein.

Ich glaube, dass sie mit ihrer Offensive gescheitert sind. Sie sind gescheitert, wahrscheinlich teilweise. Sie versuchen es; wir sehen, dass sie von Zeit zu Zeit Angriffsversuche unternehmen, aber dennoch stecken sie im Schlamm ihrer Entscheidungen fest. Im Schlamm der mangelnden Motivation ihres Militärpersonals. Und natürlich sieht man jetzt, welche Taktik sie gewählt haben. Sie zerstören Orte vollständig. Sie haben also keine militärische Taktik. Sie haben erkannt, dass sie keine motivierten Leute anwerben können, und sie haben die [...] mächtige Taktik des Einsatzes von Wagner [-Kämpfern] begonnen, weil ihr eigenes Militärpersonal unfähig ist. Und sie erschießen [ihre eigenen] Wagner [-Truppen], wenn sie sich zurückziehen. So entscheiden sie sich also für ihre Vorgehensweise. [...]

Und so kamen sie zu der Taktik, die sie zu Beginn des Krieges in einigen kleinen Dörfern angewendet haben. Jetzt ist es ihnen egal, ob es sich um ein kleines oder ein großes Dorf handelt. [Diese Taktik] besteht in der vollständigen Zerstörung von allem: der gesamten Infrastruktur, Gebäuden, Zivilisten usw. Wenn man sich Bachmut aus der Luft ansieht, wenn man über Satellitenfähigkeiten verfügt, um diese Bilder zu betrachten, sieht man, dass absolut alles zerstört ist. [...]

Sobald die Lieferung der mit unseren Partnern vereinbarten Waffen abgeschlossen ist, sind wir bereit für eine Gegenoffensive, natürlich unter Berücksichtigung der Wetteränderungen. Und das Ziel bleibt dasselbe – die Räumung unseres Territoriums.“
(https://www.washingtonpost.com/world/2023/05/13/zelensky-washington-post-interview-transcript/)

Die Wünsche eines ukrainischen Generals

Am 15. Dezember 2022 hatte der ukrainische Oberbefehlshaber General Saluschnyj in einem Interview mit der britischen Zeitung The Observer erklärt, dass er den Feind schlagen könne und dass die Ukraine in der Lage sein werde, die Grenzen vom 23. Februar 2020 wiederherzustellen. Der General sagte: „ Ich weiß, dass ich diesen Feind besiegen kann. Aber ich brauche Ressourcen. Ich brauche 300 Panzer, 600 bis 700 Schützenpanzer und 500 Haubitzen. Dann halte ich es für absolut realistisch, am 23. Februar die Grenze zu erreichen.“

Der Oberbefehlshaber erklärte in dem Interview: „Ich bekomme, was ich bekomme, aber es ist weniger als das, was ich brauche.“ Er fügte hinzu, dass „ich mit dieser Art von Ressourcen keine neuen großen Operationen durchführen kann", obwohl die Streitkräfte der Ukraine derzeit an einer solchen arbeiteten. Saluschnyjs Worten zufolge sei diese Operation „auf dem Weg".

Der ukrainische Verteidigungsminister Oleksij Resnikow erklärte ergänzend, dass diese Zahlen General Saluschnyjs nur für die geplante Offensive gelten würden und nicht für die Rückeroberung der besetzten Gebiete in den Grenzen von 1991. Für diese Befreiung brauche die Ukraine mehr Waffen, und darüber würden sie mit ihren Partnern noch sprechen.

Die Wünsche eines russischen Generals

Generalstabschef Waleri Gerassimow wurde am 11. Januar 2023 von seinem Chef, Verteidigungsminister Sergei Schoigu, zum Befehlshabenden Kommandeur der sogenannten „speziellen Militäroperation" ernannt. Er folgte Sergei Surowikin nach, dem Erfinder der nach ihm benannten russischen Verteidigungslinie in den besetzten ukrainischen Gebieten (Abb. S. 317).

Gerassimow und Schoigu brauchten einen Sieg, um Prigoschins Prahlereien, nur seine Wagner-Gruppe sei in der Lage vorzurücken, ein Ende zu bereiten. Als Hauptziel wählten sie die Bergbaustadt Wuhledar, in der die 115. Marinebrigade im November 2022 stark dezimiert worden war. Wuhledar, südwestlich von Donezk im ukrainisch gehaltenen Teil der Oblast gelegen, bestand aus einem Labyrinth von Hochhäusern, das die Stadt praktisch in eine Festung verwandelte. Sie schützte das ukrainische Gebiet von Süden her. Die Stadt lag außerdem nahe einer wichtigen Eisenbahnlinie, die den Donbass mit der Krim verband.

Am 2. Februar 2023 gab General Rustam Muradow, der Kommandeur des Östlichen Militärbezirks, den Befehl zum Angriff auf Wuhledar. Die Ukrainer beobachteten den Angriff, der mit Panzern und Schützenpanzern über offenes Gelände geführt wurde, mit einem Schwarm kommerzieller Drohnen. Sie hatte eine neue Waffe in ihrem Arsenal: 155-mm-RAAM-Panzerabwehrgranaten, die mit Panzerabwehrkanonen und -haubitzen verschossen werden konnten. Als die russische Kolonne vorrückte, wurde das Führungsfahrzeug getroffen. Die folgenden Panzer und Schützenpanzer fuhren in die Minenfelder vor Wuhledar und explodierten. Die ukrainische Artillerie und Kamikaze-Drohnen beschossen die restlichen Panzer.

Doch die Russen ließen weitere Angriffswellen folgen. Am 8. Februar 2023 lagen Panzer, Schützenpanzer und andere gepanzerte Fahrzeuge einer ganzen Brigade auf den Feldern vor Wuhledar in Trümmern, ebenso wie Dutzende, wenn nicht Hunderte von gefallenen Soldaten. Es war wahrscheinlich der größte Verlust an Ausrüstung für Russland seit der gescheiterten Überquerung des Dnjepr im Mai 2022. „Die Ukrainer haben die Angreifer wie auf einem Schießstand niedergemäht, und unsere Kämpfer waren nicht in der Lage, im Gegenzug Verluste zu verursachen", fasste Igor Girkin, Verteidigungsminister der Volksrepublik Donezk, zusammen. Trotzdem unterzeichnete Präsident Putin am 17. Februar ein Dekret, mit dem Muradow zum Generaloberst befördert wurde.

Auch an anderen Abschnitten der Front lief es für die russische Armee nicht viel besser. Ein Vorstoß zur Einnahme der Stadt Awdijiwka verursachte enorme Verluste auf russischer Seite, mit nur geringen Gewinnen. Offensivversuche in Saporischschja erwiesen sich als vergeblich. Der viel gefürchtete Einfall aus Weißrussland nach Kiew fand ebenfalls nicht statt. Es wurde deutlich, dass Russland eine Chance verpasst hatte, und das zu einem Zeitpunkt, als es über eine zahlenmäßige

Überlegenheit bei den Truppen verfügte, während die Ukraine noch auf die Ausbildung neuer Brigaden und die Lieferung von Waffen aus westlicher Produktion wartete.
(Yaroslav Trofimov, Our Enemies Will Vanish, S. 351 f.)

In Erwartung der ukrainischen Offensive: Die Surowikin-Linie

Die Surowikin-Linie war eine komplexe Befestigungsanlage im Süden und Osten der Ukraine, die
General Sergei Surowikin während seiner Amtszeit als Oberbefehlshaber (Oktober 2022 bis Januar
2023) anlegen ließ. Diese Verteidigungsanlagen, entstanden nach der ukrainischen Gegenoffensive
in Charkiw vom September 2022, waren die umfangreichsten Befestigungen, die seit dem Ende
des Zweiten Weltkriegs in Europa geplant wurden. Zu einem ähnlichen Schluss kam das britische
Verteidigungsministerium. Dort hieß es, dass „Russland einige der umfangreichsten militärischen
Verteidigungsanlagen errichtet hat, die es seit Jahrzehnten auf der Welt gibt".

Die Befestigungslinie war etwa 2.000 Kilometer lang und reichte von der Grenze zu Weißrussland bis zum Dnjepr-Delta, wobei 1.000 Kilometer innerhalb der Ukraine lagen. Die Verteidigungs-
anlage war keine zusammenhängende Linie, sondern in Abschnitte unterteilt, die den ukrainischen
Oblasten Luhansk, Donezk, Saporischschja und Cherson zugeordnet waren. Die Anlagen bestanden aus einem ausgedehnten Netz von Schützengräben, Artilleriestellungen, Antipersonen- und
Antifahrzeugminen, Stacheldraht, aufgeschütteten Wällen und Geländehöckern, um die Bewegung
von Kampf- und Schützenpanzern zu behindern. Diese Befestigungen sollten den Vormarsch der
ukrainischen Truppen verlangsamen und sie in vorbereitete Abschussgebiete lenken.

Abschnitt Luhansk

Das Verteidigungssystem war in einen südlichen und einen nördlichen Teil unterteilt. Das südliche
Gebiet konzentrierte sich auf Sjewjerodonezk, mit Stellungen in den Wäldern von Kremina. Das
nördliche System erstreckte sich bis zur russischen Grenze, mit einer möglichen zweiten Verteidigungslinie hinter den Städten am Fluss Krasna. Russland nutzte Städte für die erste Verteidigungslinie sowie Feldbefestigungen gegen Durchbrüche. Lücken im Norden konnten zwar bei einem
ukrainischen Angriff ins Visier genommen werden, waren aber aufgrund der Nähe zur russischen
Grenze mit Risiken verbunden.

Abschnitt Donezk

Dieser Abschnitt verband alte und neue Befestigungen mit komplexem städtischem Gelände. Vor
2022 errichtete Stellungen waren vorhanden, aber möglicherweise kaum noch nutzbar. Städtische
Gefechte waren aufgrund der Größe der Städte riskant. Befestigungen sollten das Umgehen von
Städten verhindern, wobei russische Reserven aufgrund der Nähe zu Russland in kürzester Zeit
verlegt werden konnten.

Abschnitt Saporischschja

Dieses Gebiet verfügte über drei gestaffelte Verteidigungslinien. Die erste Linie erstreckte sich über
150 km und verfügte über mehrere Artilleriestützpunkte. Die zweite, die Hauptverteidigungslinie,

konnte bei einer Offensive der Ukraine möglicherweise zu einer neuen Front werden. Eine dritte Linie bestand aus Befestigungen um wichtige Städte herum. Auch die Gebiete dazwischen wurden überwacht, z. B. durch Drohnen. Diese umfangreichen Vorkehrungen spiegelten die strategische Bedeutung von Saporischschja wider.

Abschnitt Cherson

Russland verzichtete hier aufgrund des günstigen Geländes auf eine mehrstufige Befestigung und beschränkte sich auf Verteidigungsanlagen entlang des Dnjepr und seines Deltas, die nur durch komplexe amphibische Angriffe überquert werden konnten. Flussüberquerungen hätten aufgrund begrenzter logistischer Möglichkeiten kein tiefes Eindringen in diesen Abschnitt ermöglicht. (*https://www.csis.org/analysis/ukraines-offensive-operations-shifting-offense-defense-balance*)

Die Planung der Offensive

Die Vorbereitungen für die Sommeroffensive 2023 begannen schon früh. Im Sommer 2022 hatte die Ukraine die russische Offensive aufhalten können, erschöpfte dabei aber auch ihre Munitionsreserven. Laut dem Londoner Royal United Services Institute (RUSI) verzeichneten die ukrainischen Streitkräfte im Jahr 2022 etwa 30.000 Tote und Vermisste und verfügten deshalb nicht über genügend Reserven für eine Offensive. Das Land benötigte internationale Hilfe.

Kiew war der Ansicht, dass die Ukraine nicht viel Hilfe zu erwarten hätte, wenn sie ihren Partnern nicht einen Weg zur Beendigung des Krieges aufzeigen würde. Daher mussten die Streitkräfte der Ukraine einen Offensivplan entwickeln, der den internationalen Partnern vorgelegt werden konnte, um die benötigten Ressourcen zu erhalten. Der Generalstab hatte die Richtung für den Angriff

Drachenzähne dienen auf Verteidigungsanlagen als einfache und effektive Panzersperren.

schon früh festgelegt, im Sommer 2022. Am sinnvollsten schien eine Offensive von Saporischschja aus in Richtung Melitopol zu sein, um den russischen Landkorridor zur Krim abzuschneiden. Damit wären die russischen Einheiten isoliert, die sich am rechten Ufer der Region Cherson befanden. Dieser Plan war riskant: Die ukrainischen Truppen könnten von zwei Seiten von den Russen in die Zange genommen werden.

Befreiung von Cherson

Daher musste die Ukraine zunächst Cherson befreien, um das Risiko eines Zangenangriffs auszuschließen. Die Offensive begann am 29. August 2022. Da aber die Ukraine ihren westlichen Partnern erklären musste, was sie beabsichtigte, bedeutete dies, dass die Russen alsbald Bescheid wussten. Zur Verteidigung von Cherson verlegte Russland Reserven. Dies gab der Ukraine die Möglichkeit, an einem anderen Punkt der Front Druck auszuüben. Sie beschlossen, in der Region Charkiw anzugreifen. In diesem Gebiet gab es nicht genügend russische Truppen zur Verteidigung – sie waren in den Kämpfen um den Donbass im Frühjahr und Sommer 2022 vernichtet worden. Deshalb konnte die russische Verteidigung bei Charkiw in kurzer Zeit geschwächt werden.

Die Befreiung von Cherson war am 11. November vollbracht. Nach diesen beiden erfolgreichen Offensiven sahen sich die Streitkräfte der Ukraine allerdings mit mehreren Problemen konfrontiert. Das größte waren die hohen Verluste von – wie bereits erwähnt – etwa 30.000 Mann. Außerdem hatte die Ukraine aber auch einen Großteil ihrer Ausrüstung verloren. Die Soldaten konnten zwar mobilisiert werden, aber ohne Panzer und Schützenpanzer kaum vorrücken.

Anfang 2023 verteidigte ein Teil der Truppen weiterhin Bachmut. Es wurde darüber diskutiert, ob dies sinnvoll sei. Der Generalstab war der Ansicht, dass die Russen, wenn die Ukraine sich aus

Ein Verbund aus Schützengräben, Wällen und Panzersprerren in der Ukraine

der Stadt zurückzöge, nach Chasiv Yar vorrücken und Kramatorsk bedrohen würden. Bei der Verteidigung von Bachmut hatten die ukrainischen Streitkräfte etwa 10.000 Gefallene und Verwundete zu beklagen, alles erfahrene Soldaten. Die russischen Verluste waren zwar viermal so hoch, aber dabei hatte es sich hauptsächlich um schlecht ausgebildete Kämpfer gehandelt.

Der Entwurf der neuen ukrainischen Gegenoffensive war im September 2022 fertig, und ihr Umfang wurde im Februar 2023 festgelegt. Der unerwartete Erfolg in der Region Charkiw hatte die westlichen Partner überzeugt: Wenn man nun Ressourcen zur Verfügung stellte, würde es möglich sein, die politischen Ziele zu erreichen.

Die Ukraine plante, die russische Verteidigung auf einem 30 km langen Abschnitt zu durchbrechen, die etwa 60 km nördlich von Melitopol gelegene Ortschaft Tokmak innerhalb einer Woche zu umzingeln, Melitopol einzunehmen und so den Landkorridor zwischen Russland und der Krim zu durchtrennen; Russland war auf diese Route angewiesen, um die Truppen der Angriffslinie mit Munition zu versorgen. Die ukrainische Führung ging davon aus, dass die hohe Dynamik der Offensive Russland daran hindern würde, schnell Truppen zur Verteidigung zu verlegen, sodass dort nur sechs russische Regimenter den Streitkräften der Ukraine gegenüberstehen würden.

Mangel an Ausrüstung und strategischer Abstimmung

Trotzdem war der Plan sehr optimistisch. Die Führung hoffte, durch einen schnellen Vorstoß die Moral der Russen zu brechen, einen Zusammenbruch der Verteidigung zu erzwingen und durch die Verteidigungslinien durchstoßen zu können, wie es bei der Offensive in Charkiw gelungen war.

Die Abstimmung, welche Ausrüstung die Ukraine erhalten sollte, dauerte lange, fast drei Monate. Die ersten Zusagen hatte die Ukraine im Januar 2023 erhalten, doch erst im März 2023 erhielt sie die ersten Waffen. Zu Beginn der Offensive hatte sie nur einen Teil der versprochenen Hilfe bekommen. Dies reichte nicht aus für eine so ehrgeizige Operation. Der Westen war sich des wahren Ausmaßes der geplanten kriegerischen Auseinandersetzungen nicht bewusst, und die Ukraine hatte die Pläne nicht an die Verfügbarkeit der Ausrüstung angepasst. Dies sollte zu einer großen Diskrepanz zwischen den Erwartungen und dem Ergebnis führen.

Westliche Militärberater, insbesondere aus den USA, empfahlen der Ukraine, die Offensive entlang einer einzigen, im Raum Saporischschja beginnenden Achse zu starten und dort alle verfügbaren Ressourcen einzusetzen, um Melitopol schnell zu erreichen und die Versorgungslinien von Russland zur Krim durch das besetzte Gebiet zu unterbrechen. Doch die Ukraine entschied sich für einen anderen Ansatz. Um das Risiko schwerer Verluste zu minimieren, wollte sie auf drei Achsen gleichzeitig angreifen: auf der Saporischschja-Achse, die über Tokmak nach Melitopol führte, auf der Berdjansk-Achse und auf der Bachmut-Achse.

Eine weitere Komplikation, die Gegenoffensive betreffend, waren die Pentagon-Leaks von 2022 und 2023, bei denen im April US-Geheimdienst-Dokumente mit Informationen über das ukrainische Militär öffentlich wurden, was die Ukraine allerdings nicht veranlasste, ihre Strategie zu ändern. Man ignorierte die Leaks einfach und blieb bei den bisherigen Planungen.

Eigentlich sollte die Gegenoffensive im Frühjahr stattfinden, doch dies geschah nicht. Präsident Selenskyj war für einen frühen Beginn, weil jede Verzögerung Russland die Möglichkeit gab, seine besetzten Gebiete weiter zu konsolidieren. Doch noch im Mai kam er zu der Überzeugung, dass die Gegenoffensive nicht startbereit sei, weil die Ukraine nicht genügend Waffenlieferungen aus dem Westen erhalten habe, und dass die Ausbildung der ukrainischen Soldaten durch den Westen noch nicht abgeschlossen sei. Darüber hinaus wäre das Frühjahr ohnehin ein prekärer Zeitraum für die Gegenoffensive gewesen, denn in diesen Monaten erlebte die Ukraine ihre Bezdorizhzhya – besser bekannt unter der russischen Bezeichnung Rasputiza –, die Schlammsaison, die das Vorankommen von Fahrzeugen, besonders Panzern, sehr erschwert.

Erste Test-Angriffe

In den Monaten vor Beginn der Gegenoffensive führten die ukrainischen Streitkräfte sogenannte Formungsoperationen durch, um die russische Verteidigung zu testen sowie Logistik und Versorgungsketten tief in den russisch besetzten Gebieten zu schwächen. Westlichen Medien zufolge hatten die ukrainischen Streitkräfte schätzungsweise 50.000 bis 60.000 Soldaten für die Gegenoffensive aufgestellt, die in zwölf Brigaden organisiert waren. Drei davon wurden in der Ukraine

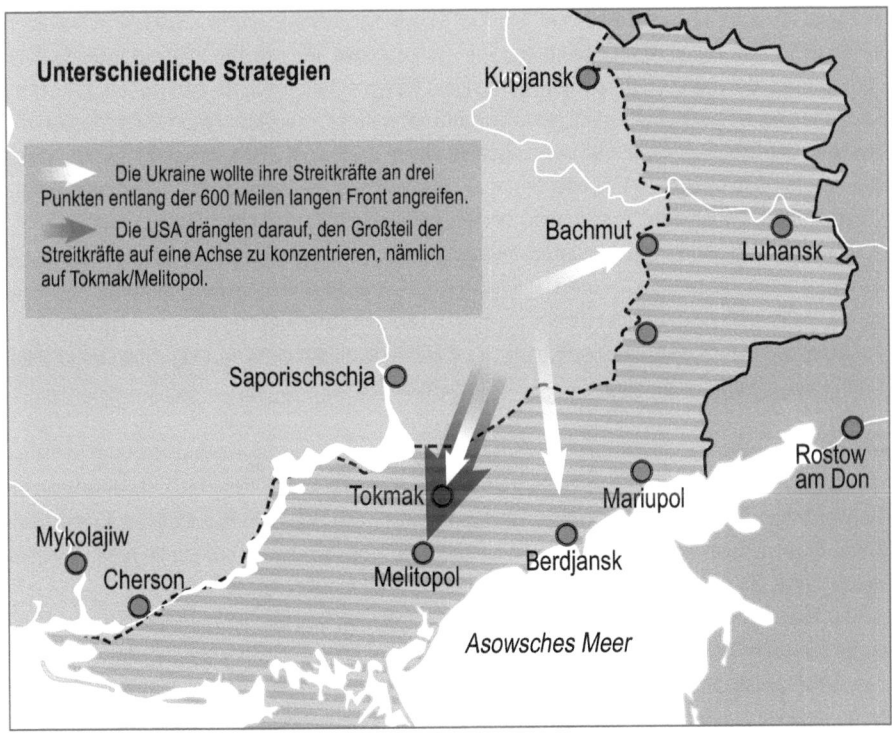

Anfang Juni 2023 begann die Gegenoffensive der Ukraine auf den russisch kontrollierten Donbass

ausgebildet, die anderen neun von den Vereinigten Staaten und den westlichen Staaten. Die russischen Streitkräfte hatten die Verzögerungen genutzt, um insbesondere im Saporischschja-Gebiet die Verteidigungsanlagen zu verstärken. Durch die Pentagon-Leaks war auch ihnen klar geworden, dass der Hauptangriff hier erfolgen würde.

Der Beginn der Offensive

Am 3. Juni 2023 erklärte Selenskyj, dass die Ukraine bereit sei, eine Gegenoffensive zu starten. Am nächsten Tag verhängten ukrainische Beamte eine sogenannte operative Stille, um die militärischen Operationen nicht zu gefährden. Das genaue Datum des Beginns der Gegenoffensive blieb umstritten, da verschiedene offizielle Quellen widersprüchliche Informationen bekannt gaben. Das ukrainische Verteidigungsministerium veröffentlichte ein Video mit der Info-Zeile „Pläne lieben Stille. Es wird keine Ankündigung des Beginns geben" – eine Nachrichtensperre. Das Institute for the Study of War (ISW), eine amerikanische Denkfabrik und Kriegsbeobachter, berichtete, dass die Ukraine ab dem 4. Juni „umfassendere Gegenoffensivoperationen" gestartet habe.

Die Russen hatten vor den Verteidigungsstellungen, also vor den ersten Hindernissen, weitflächig Anti-Personen- und Anti-Panzer-Minen verlegt. Die Räumung von Gassen durch diese russischen Minenfelder wurde zu einer der kostspieligsten Aufgaben der Gegenoffensive, sowohl in Bezug auf Zeit als auch auf Personal und Maschinen. Die Ukraine setzte westliche Minenräumfahrzeuge und Kolonnen von Panzern und Panzerfahrzeugen ein, um das gefährliche Gelände zu durchqueren. Doch diese Räumungen wurden von Überwachungsdrohnen beobachtet, mit denen Russlands neue Spezialdrohneneinheiten ausgerüstet waren. Die weiterentwickelten optischen Fähigkeiten der Drohnen bestanden beispielsweise darin, dass sie durch traditionelle Tarntechniken wie Rauchwände hindurchsehen konnten, wozu menschliche Beobachter nicht in der Lage wären. Diese Drohnen gaben dann Zielinformationen an Artillerie und Kampfhubschrauber weiter.

Während also ukrainische Minenräumfahrzeuge und -panzer an vorderster Front anvisiert und zerstört wurden, blieben die dahinter fahrenden Angriffskolonnen in einer Zone stecken, wo sie für die russische Artillerie erreichbar waren. Sie konnten die zerstörten Fahrzeuge nicht umgehen, ohne weitere Minen auszulösen. Letztendlich wurde die Minenräumung kleineren, langsameren Einheiten überlassen, um die Gefährdung durch Artillerie zu minimieren.

Die ersten Tage

Um die russischen Streitkräfte in Saporischschja zu spalten, sollten ukrainische Marinebrigaden am westlichen Rand der benachbarten Region Donezk nach Süden in Richtung der Küstenstadt Berdjansk vorrücken. Damit blieben die 47. und andere Brigaden, die Teil des ukrainischen 9. Korps waren, übrig, um entlang der Hauptachse in Richtung Melitopol anzugreifen.

Der Plan sah vor, dass das 9. Korps einschließlich der 47. Brigade die erste russische Verteidigungslinie durchbrechen und Robotyne einnehmen sollte. Anschließend sollte sich das 10. Korps, das aus ukrainischen Fallschirmjägern bestand, in einer zweiten Welle dem Kampf anschließen und nach Süden vorstoßen. „Wir dachten, es wird eine einfache zweitägige Aufgabe sein", sagte der Kommandant eines Bradley-Schützenpanzers, der als „Frenchman" bezeichnet wurde.

Bei der Offensive vor Saporischschja wurden auch Bradley-Schützenpanzer aus den USA eingesetzt.

Wenige Tage nach Beginn der Gegenoffensive inspizierte Oleksandr Sak, Kommandeur der 47. Brigade, eine russische Stellung, die seine Truppen eingenommen hatten. Er fand unter anderem Anti-Drohnen-Geschütze, Wärmebildgeräte und kleine Überwachungsdrohnen sowie anderes zurückgelassenes Material vor. „Mir wurde klar, dass der Feind vorbereitet war", sagte er. „Wir haben sie nicht unvorbereitet getroffen; sie wussten, dass wir kommen würden."

Sak fand auch eine Karte, die die Russen zur Markierung ihrer Minenfelder verwendet hatten. Allein für einen Frontabschnitt – etwa sechs Kilometer lang und sechs Kilometer tief – waren mehr als 20.000 Minen verzeichnet. „Ich würde nicht sagen, dass dies unerwartet war, aber wir haben es unterschätzt", sagte Sak. „Wir führten technische und Luftaufklärung durch, aber viele Minen waren getarnt oder vergraben. Zusätzlich zu den vorderen an der Frontlinie gab es Minen, die tiefer in den feindlichen Stellungen lagen. Wir kamen an feindlichen Stellungen vorbei und stießen auf weitere Minen, wo wir dachten, dass es keine mehr gebe." Ein Drohnen-Sergeant der 47. Brigade erklärte, dass sie nur zu Fuß die Minen mit Fernzündung entdeckten, „eine ziemliche Überraschung".

Die Region um die Stadt Saporischschja herum bestand größtenteils aus flachen, offenen Feldern, und die Russen hatten die wenigen Erhebungen ausgewählt, um dort wichtige Verteidigungsanlagen zu errichten. Dort warteten russische Einheiten, die mit Panzerabwehrraketen ausgerüstet waren, auf Konvois von amerikanischen Bradley-Schützenpanzern und deutschen Leopard-Panzern. Ein Minenräumfahrzeug führte jede Kolonne an – und wurde mithilfe von Aufklärungsdrohnen zuerst ins Visier genommen.

„Wir waren ständig Panzerabwehrfeuer ausgesetzt, doch es gelang uns, bis zu zehn russische Panzerabwehr-Lenkwaffensysteme pro Tag zu zerstören", erklärte Sak. Aber dann fügte er hinzu:

„Tag für Tag zogen sie mehr dieser Systeme heran." Einem hochrangigen ukrainischen Verteidigungsbeamten zufolge wurden in den ersten Tagen etwa 60 Prozent der ukrainischen Minenräumausrüstung beschädigt oder zerstört. „Die Strategie unserer Partner, auf einen Durchbruch mit Panzern zu setzen, hat nicht funktioniert", sagte der Beamte. „Wir mussten unsere Taktik ändern."
(https://www.washingtonpost.com/world/2023/12/04/ukraine-counteroffensive-stalled-russia-war-defenses/)

Falsche Hoffnungen

Die Hoffnung, dass die russischen Truppen bei einem Angriff ihre Schützengräben verlassen und fliehen würden, bewahrheitete sich nicht. Auch der Plan, dass die Operation von Leopard-Panzern und Bradley-Kampffahrzeugen getragen werden würde, um bis zum Ende des Sommers einen entscheidenden Erfolg zu erzielen, zerschlug sich. Stattdessen wurde die Durchführung der Kampagne nun in die Hände von Infanteristen gelegt, die im Schutz der Dunkelheit Minenfelder räumten und im Nahkampf die Russen aus ihren Schützengräben vertrieben, bevor die gepanzerten Fahrzeuge vorrücken konnten.

Bericht eines Soldaten der 47. Brigade

„Bradleys und Leoparden sind großartig, bis sie auf eine Mine treffen, sich nicht mehr bewegen können und von russischer Artillerie unter Beschuss genommen werden", sagte ein ‚Boyets' genannter Soldat der 47. Brigade, die eine Führungsrolle bei der Gegenoffensive hatte, nachdem ukrainische mechanisierte Einheiten wiederholt in Minenfeldern entlang der Front bei Robotyne stecken geblieben waren. „Unsere wichtigste Lektion in diesem Sommer ist, dass wir meistens nachts angreifen, nur auf unseren eigenen Beinen. Die gepanzerten Fahrzeuge kommen dann später."
(https://www.thetimes.com/world/russia-ukraine-war/article/ukraine-counteroffensive-i-m-ready-to-die-90-of-the-guys-here-will-die-too-76jvs3kwj?ts=1728623637739)

Bisher gab es keine Anzeichen für eine dramatische Finte oder eine größere Täuschung. In der modernen Kriegsführung, die eine lückenlose Luft- und elektronische Überwachung umfasst, ist es fast unmöglich, den Gegner zu überraschen. Die Ukrainer drängten immer noch auf den drei Hauptvorstoßachsen vor, auf denen sie die Gegenoffensive begonnen hatten (siehe Landkarte S. 363).
(https://www.theguardian.com/world/2023/aug/02/ukraine-counter-offensive-russia-war)

Traumata der Soldaten

„Vor sechs Nächten erhielten wir den Auftrag, die Toten und Verwundeten aus einem Bradley zu holen, der von einer neuartigen russischen Granate getroffen worden war", berichtete ein ‚Taras' genannter Soldat in einem Bericht über Kriegstraumata. „Ich kam so nah wie möglich zu Fuß heran und holte den Kommandanten des Bradleys heraus. Er hatte sein Bein verloren, aber die Flamme hatte die Wunde verschlossen, sodass er nicht stark blutete.

Den Schützen konnten wir nicht herausholen, da er im zerstörten Geschützturm eingeklemmt war. Dem Fahrer war der Kopf weggeschossen worden, und wir dachten, wir könnten seinen Körper herausholen, aber da begann der Beschuss, und wir mussten ihn zurücklassen. Währenddessen lief der Motor des Bradleys immer noch. Szenen wie diese sind jetzt so normal in unserem Leben, dass wir, glaube ich, die Fähigkeit verloren haben, Angst zu empfinden."
(https://www.thetimes.com/world/russia-ukraine-war/article/ukraine-counteroffensive-i-m-ready-to-die-90-of-the-guys-here-will-die-too-76jvs3kwj?ts=1728623637739)

Die dritte Achse der Gegenoffensive, die zu diesem Zeitpunkt offensichtlich Priorität besaß, befand sich in der Region Saporischschja am linken Dnjepr-Ufer, wo die Ukrainer versuchten, bei der Siedlung Orichiw nach Süden durchzubrechen. Nach etwa 15 km erreichten sie das Dorf Robotyne. Auf allen drei Angriffsachsen kämpften sich die Ukrainer noch immer durch die vorderen Verteidigungsanlagen der Russen. Die befestigten Hauptlinien hatten sie noch nicht einmal erreicht.
(https://www.theguardian.com/world/2023/aug/02/ukraine-counter-offensive-russia-war)

Die bittere Realität

„Wenn ich höre, wie Leute zu Hause oder anderswo auf ihrem Sofa sitzen und sagen: ‚Oh, die ukrainische Armee hat jetzt Bradleys und Leoparden, die werden es den Russen zeigen', dann fasse ich mir an den Kopf", sagte Boyets, der erschöpft klang, als er aufstand, um seine Befehle für den nächtlichen Angriff entgegenzunehmen. „Und ich wünschte nur, sie könnten herkommen und die Realität unseres Kampfes sehen."
(https://www.thetimes.com/world/russia-ukraine-war/article/ukraine-counteroffensive-i-m-ready-to-die-90-of-the-guys-here-will-die-too-76jvs3kwj?ts=1728623637739)

Die wohl größte Fehleinschätzung der Möglichkeiten der ukrainischen Armee war die Erwartung, dass ukrainische Truppen, die einige Monate lang in NATO-Staaten ausgebildet und mit NATO-Ausrüstung ausgestattet worden waren, in der Lage wären, auf NATO-Art zu kämpfen. Sie wurden aufgefordert vorzurücken, ohne dass zwei Voraussetzungen gegeben waren, über die eine NATO-Operation selbstverständlich verfügte: Luftüberlegenheit und eine überwältigende Artillerie-Feuerkraft.

Michael Kofman, einer der führenden amerikanischen Militäranalysten und ausgewiesener Kenner der russischen und ukrainischen Armeen, sagte dazu: „Ich denke, es ist nur zu verständlich, skeptisch zu sein, ob man mit so wenig Training geschlossene Einheiten bilden kann, die zum ersten Mal im Kampf gegen eine so gut vorbereitete Verteidigung bestehen können", sagte er.
(https://www.theguardian.com/world/2023/aug/02/ukraine-counter-offensive-russia-war)

Panzer und Kampffahrzeuge, wie Leopard und Bradley, wurden mit Beginn der Gegenoffensive Anfang Juni 2023 erstmals auf dem Schlachtfeld eingesetzt. Einige waren bereits zerstört worden, wie der ukrainische Oberbefehlshaber, General Walerij Saluschnyj, gegenüber der Washington Post einräumte. Er fügte hinzu: „Wir haben die Leopard-Panzer nicht für Paraden eingesetzt oder um

Politiker oder Prominente mit ihnen fotografieren zu lassen. Sie sind für den Kriegseinsatz gekommen. Und ein Leopard auf dem Schlachtfeld ist kein Leopard, sondern ein Ziel", erklärte der General.

General Saluschnyj: Kritik an der NATO

Damit die Gegenoffensive der Ukraine schneller voranschreiten könne, sagte General Saluschnyj, Oberbefehlshaber der ukrainischen Streitkräfte, dass er mehr brauche, von jeder Waffe. Und er sagte es jedem, der ihm zuhörte, auch seinem amerikanischen Amtskollegen, General Mark A. Milley, dass er diese Ressourcen jetzt brauche. [...]

Der General drückte seine Frustration darüber aus, dass seine größten westlichen Unterstützer niemals eine Offensive ohne Luftüberlegenheit starten würden, die Ukraine aber immer noch keine modernen Kampfflugzeuge erhalten habe, obwohl von ihr erwartet werde, dass sie schnell Gebiete von den russischen Besatzern zurückerobere. [...]

„Es ärgert mich", sagte Saluschnyj, „wenn ich hören muss, dass die lang erwartete Gegenoffensive der Ukraine im Osten und Süden des Landes später als vorausgesehen begonnen habe, eine Meinung, die von westlichen Regierungsbeamten und Militärexperten öffentlich geäußert worden ist". Wohl auch von Präsident Selenskyj, obwohl sich der General nicht auf seinen Präsidenten bezog.

(https://www.washingtonpost.com/world/2023/06/30/valery-zaluzhny-ukraine-general-interview/)

In den 16 Monaten zuvor hatte General Saluschnyj vor der gewaltigen Herausforderung gestanden, das ukrainische Militär gegen eine größere und besser bewaffnete russische Streitmacht zu führen, die trotz erfolgreicher Gegenoffensiven im Herbst 2022 noch etwa ein Fünftel seines Landes besetzt hielt. Es gelang ihm im Rahmen der Möglichkeiten, aus seinen Soldaten eine moderne, flexible Truppe zu formen, die in NATO-Taktiken geschult war. Zudem schaffte er die übermäßig zentralisierte Kommandostruktur sowjetischen Stils ab, die noch zu Beginn seiner Laufbahn bestanden hatte.

Die NATO-Doktrin

Die Fragen, die ihn täglich beschäftigen: Wann werden die westlichen Partner der Ukraine die Waffen bereitstellen, die benötigt werden, insbesondere mehr Munition und die F-16-Kampfflugzeuge? Und wie kann von ihm erwartet werden, dass er seine Aufgabe ohne sie bewältigt? [...]

Saluschnyj wies auch auf die Doktrin der NATO-Streitkräfte hin, die der russischen ähnele und die Luftüberlegenheit vor dem Start von bodengestützten, tiefgreifenden Operationen fordere. „Und nach welcher Doktrin sollte die Ukraine vorgehen, wenn sie zu Offensivoperationen übergeht?", fragte der General. „Nach der der NATO? Der Russischen Föderation? Oder interessiert das nicht? Sie haben ihre eigene Doktrin. Sie haben Panzer, sie haben Kanonen, sie können es machen. Was ist denn das?"

(https://www.washingtonpost.com/world/2023/06/30/valery-zaluzhny-ukraine-general-interview/)

Etwa fünf Monate nach Beginn der Gegenoffensive von 2023 hatten die ukrainischen Streitkräfte 370 qkm Territorium zurückerobert – weniger als die Hälfte der Fläche, die Russland zu Beginn des Jahres erobert hatte. Allerdings hatten sie eine Reihe erfolgreicher Angriffe auf die von Russland annektierte Halbinsel Krim und gegen die russische Schwarzmeerflotte durchgeführt.

Die Gegenoffensive erreichte ihren Höhepunkt und auch ihr Ende, da die Ukraine keine angriffsfähige Infanterie mehr hatte und keine weiteren Artilleriegeschosse aus dem Westen erhielt. Das ursprüngliche Ziel, das Nordufer des Asowschen Meers zu erreichen, um die russischen Streitkräfte in der Südukraine zu spalten und ihnen den Landweg vom östlichen russischen Festland zur Halbinsel Krim abzuschneiden, blieb unerreicht.

Oleksij Danilow, 2023 noch Sekretär des Nationalen Sicherheits- und Verteidigungsrats der Ukraine, betonte: „Das bedeutet nicht, dass der Sieg nicht auf unserer Seite sein wird. Es gab Hoffnungen, aber sie haben sich nicht erfüllt. Und die Tatsache, dass wir unser Land zwei Jahre lang verteidigt haben, ist bereits ein großer Sieg." Danilow räumte aber auch ein, dass man zu optimistisch gewesen sei.

Das ursprüngliche Konzept

Das Royal United Services Institute for Defence and Security Studies (RUSI) in London untersuchte die auch nach ukrainischer Ansicht fehlgeschlagene Sommeroffensive des Jahres 2023.

Das ursprüngliche Einsatzkonzept für die ukrainische Offensive war solide gewesen. Es hatte zwölf Panzer- und mechanisierte Brigaden erfordert, um in der Region Saporischschja auf einer Frontbreite von 30 km einen Durchbruch nach Süden zu erzielen. Dann sollte die Kleinstadt Tokmak innerhalb von sieben Tagen isoliert werden, um in Richtung Melitopol am Asowschen Meer vorrücken zu können. Das

Oleksij Danilow, Sekretär des Nationalen Sicherheits- und Verteidigungsrats

schnelle Tempo sollte Russland daran hindern, einen großen Teil seiner Streitkräfte rechtzeitig zum Einsatz zu bringen, sodass die angreifenden Ukrainer nur sechs Regimenter überwinden müssten.

Die Fehler

Dieses ursprüngliche Einsatzkonzept wurde aber nicht umgesetzt. Dies war auf Einsatzfehler zurückzuführen, die sowohl von der Ukraine als auch von ihren westlichen Partnern begangen wurden. Vor der Offensive versäumten die Partner der Ukraine zwei entscheidende Maßnahmen. Erstens: Während Russland ab Mai 2022 den Übergang zur Kriegswirtschaft vollzog und ab Herbst mit der Mobilisierung von Truppen begann,

Das NATO-Hauptquartier in Brüssel. Zu dem Bündnis gehören 32 Mitgliedsstaaten.

unternahmen die internationalen Partner der Ukraine keine nennenswerten Schritte, um ihre Rüstungsindustrie entsprechend hochzufahren. Infolgedessen übergaben viele westliche Länder der Ukraine zwar einen erheblichen Teil ihrer nationalen Bestände, doch diese reichten nicht aus, um ein Mindestmaß an absolut notwendiger Ausrüstung bereitzustellen, die für die Umsetzung des Einsatzkonzepts erforderlich war.

Und zweitens: Der Zeitpunkt der Lieferungen aus dem Westen wurde nicht eingehalten; die Ausrüstung traf nicht rechtzeitig in der Ukraine ein. Die internationalen Partner der Ukraine brauchten vier Monate, um zu handeln, sodass nur ein Teil der zugesagten Ausrüstung zu Beginn der Offensive zur Verfügung stand. So hatten die ukrainischen Brigaden nicht genug Zeit, um mit dem eingetroffenen Gerät zu trainieren. Deshalb waren die Brigaden zu Beginn der Offensive nur unzureichend ausgebildet, was einen erheblichen Teil der taktischen Fehler erklärt, die während der Durchführung der Operation gemacht wurden.

(https://www.rusi.org/explore-our-research/publications/special-resources/preliminary-lessons-ukraines-offensive-operations-2022-23)

Im NATO-Hauptquartier in Brüssel

Am 15. Juni 2023 befanden sich der US-Verteidigungsminister Lloyd J. Austin und hochrangige US-Kommandeure in einem Konferenzraum des NATO-Hauptquartiers in Brüssel. Mit am Tisch saßen der ukrainische Verteidigungsminister Oleksij Resnikow und einige seiner Mitarbeiter aus Kiew. Die Stimmung war frostig.

Austin fragte Resnikow in seiner bedächtigen Art nach den Entscheidungen der Ukraine in den ersten Tagen der lang erwarteten Gegenoffensive, die knapp zwei Wochen zuvor begonnen hatte. Er fragte ihn, warum die Streitkräfte keine vom Westen gelieferte Minenräumausrüstung einsetzten, um einen größeren Angriff der mechanisierten Einheiten zu ermöglichen oder mittels Rauch ihr Vorrücken zu verschleiern. Trotz der dichten Verteidigungslinien Russlands, so Austin, seien die Truppen des Kremls nicht unbesiegbar.

Resnikow, ein ehemaliger Anwalt, erklärte, dass die militärischen Befehlshaber der Ukraine vor Ort diese Entscheidungen träfen. Er wies jedoch darauf hin, dass die gepanzerten Fahrzeuge der Ukraine ohne Luftunterstützung bei jedem Vorstoß von russischen Hubschraubern, Drohnen und Artillerie zerstört würden. Ohne eine solche Luftunterstützung, so Resnikow, bestehe die einzige Möglichkeit darin, die russischen Linien mit Artillerie zu beschießen, aus den anvisierten Fahrzeugen auszusteigen und zu Fuß weiterzumarschieren. „Wir konnten wegen der Dichte der Landminen und der Artillerieüberfälle nicht manövrieren", sagte Resnikow, wie ein anwesender Beamter berichtete.

Das Treffen in Brüssel, das weniger als zwei Wochen nach Beginn der Kampagne stattfand, zeigte bereits zu diesem Zeitpunkt, dass die Gegenoffensive, die mit Optimismus begonnen worden war, nicht die erwartete Wirkung erzielen würde. Das führte zu Spannungen zwischen Washington und Kiew und warf grundsätzliche Fragen über die Fähigkeit der Ukraine auf, entscheidende Teile des Territoriums zurückzuerobern.

(https://www.washingtonpost.com/world/2023/12/04/ukraine-counteroffensive-us-planning-russia-war/)

Das Durchspielen unterschiedlicher Szenarien

In den ersten Monaten des Jahres 2023 hatten Militärangehörige aus den USA, Großbritannien und der Ukraine auf einem Stützpunkt der US-Armee in Wiesbaden eine Reihe von Kriegsszenarien besprochen. Ukrainische Offiziere waren in dieses neue Kommando eingebunden, das für die Unterstützung der Ukraine zuständig war.

Die Abfolge von acht Simulationen bildete das Rückgrat für die von den USA unterstützten Bemühungen, einen detaillierten und realisierbaren Schlachtplan zu erstellen und festzulegen, was die westlichen Nationen bereitstellen müssten, um der Ukraine die Mittel zum Erfolg zu geben. „Wir haben alle Verbündeten und Partner zusammengebracht und sie wirklich hart bearbeitet, um zusätzliche Fahrzeuge zu erhalten", erklärte ein Beamter des US-Verteidigungsministeriums. Hochrangige Offiziere, darunter auch General Mark A. Milley, der Vorsitzende der Vereinigten Stabschefs der USA, und Generaloberst Oleksandr Syrskyj, Befehlshaber der ukrainischen Bodentruppen, nahmen an mehreren der simulierten Schlachtenverläufe teil und wurden anschließend über die Auswertungen informiert.

Ukrainische Offizielle hofften, dass die Offensive an den Erfolg vom Herbst 2022 anknüpfen könnte, als ihre Armee Teile der Region Charkiw im Nordosten und die Stadt Cherson im Süden in einer Kampagne zurückeroberten, die selbst die optimistischsten Unterstützer der Ukraine überraschte. Auch diesmal würde der Schwerpunkt auf mehr als einem Ort liegen.

Hingegen waren westliche Militärstrategen der Meinung, dass die Simulationen ihre Einschätzung bestätigt hätten, dass für die Ukraine am besten wäre, ihre Streitkräfte auf ein einziges strategisches Ziel zu konzentrieren. Sie schlugen einen Angriff mit gebündelten Kräften vor, um einen Durchbruch bis zum Asowschen Meer zu schaffen. Nur so gebe es eine Chance, die Landverbindung vom russischen Festland zur Krim, eine wichtige Versorgungslinie, zu unterbrechen.

Die durchgespielten Szenarien gaben den Vereinigten Staaten an mehreren Stellen die Möglichkeit, den Ukrainern zu sagen: „Wir wissen, dass Ihr das wirklich wollt, aber es wird nicht funktionieren", so ein beteiligter US-Beamter. Ein anderer formulierte es so: „Es ist für uns einfach, den Ukrainern bei einer Schlachtensimulation zu sagen: ‚Okay, Ihr müsst Euch nur auf einen Ort konzentrieren und wirklich alles geben.' Diese Entscheidungen", so der hochrangige Beamte, „werden auf dem Schlachtfeld viel schwieriger". Auch dieser Experte wusste: Letztendlich würden Selenskyj, Saluschnyj und andere ukrainische Führungspersönlichkeiten die Entscheidung treffen.

Ein hochrangiger ukrainischer Offizier wies im Nachhinein auf ein besonderes Problem hin. Simulationen „funktionieren nicht", sagte er, was zum Teil auf die neuen Technologien zurückzuführen sei, die das Schlachtfeld veränderten. Die ukrainischen Soldaten führten einen Krieg, wie ihn die NATO-Streitkräfte noch nie erlebt hätten: einen großen konventionellen Konflikt mit Schützengräben im Stil des Ersten Weltkriegs, bedroht von allgegenwärtigen Drohnen und anderen hochmodernen Waffen, aber ohne die Luftüberlegenheit, über die das US-Militär in jedem von ihm geführten modernen Konflikt verfügt hätte. „All diese Planspiele kann man einfach nehmen und wegwerfen, wissen Sie?", sagte der hochrangige Ukrainer über die Kriegsszenarien.

Nachtrag

Lange bevor Ende Januar 2024 bekannt wurde, dass Wolodymyr Selenskyj beschlossen hatte, seinen bei der Bevölkerung beliebten Oberbefehlshaber Walerij Saluschnyj zu ersetzen, war die ukrainische Gegenoffensive von 2023 längst von gegenseitigen Schuldzuweisungen geprägt. Es ging hin und her: Selenskyj schien zu glauben, dass sein Oberbefehlshaber zu pessimistisch sei; Saluschnyj, dass sein Präsident sich weigere, den bedrohlichen Tatsachen ins Auge zu sehen.

Und es gab auch Streit zwischen der Ukraine und ihren Verbündeten. In einer Untersuchung der Washington Post Anfang Dezember 2023 beschwerten sich US-Beamte darüber, dass ukrainische Generäle ihren Ratschlägen nicht folgten: Sie würden versuchen, an zu vielen Orten anzugreifen; sie seien zu vorsichtig; und sie warteten zu lange, um die Operation zu starten.

Die Ukrainer wiederum gaben den Amerikanern die Schuld. Sie hätten zu wenige Waffen geliefert und das auch noch zu spät; sie hätten auf ihrer Taktik bestanden, obwohl klar war, dass diese für das Gelände und den Gegner ungeeignet war; und sie hätten all dies bequem von Washington und Wiesbaden aus entschieden, anstatt die Schützengräben, Baumreihen und offenen Felder zu berücksichtigen, wo die Schlacht stattfand und ukrainische Soldaten ihr Leben ließen.

Hatte Selenskyj recht, dass die Ukraine angesichts der schwankenden Unterstützung des Westens tapfer bleiben und den militärischen Schwung aufrechterhalten müsse, koste es, was es wolle? Oder hatte Saluschnyj recht, dass ein Strategiewechsel und mehr Truppen erforderlich seien, wie unpopulär diese Maßnahmen auch sein mochten?

Auch der Streit mit den USA war von erheblicher Bedeutung. War das Scheitern der Gegenoffensive auf die Strategie zurückzuführen, wie die Amerikaner argumentierten, oder auf die unzureichende Ausrüstung, wie die Ukrainer entgegneten?

Es gab eine dritte Möglichkeit, das Scheitern zu erklären: das russische Militär. Es war besser, als man ihm nach seiner katastrophalen Leistung im ersten Kriegsjahr zugetraut hatte. Es war weder demoralisiert noch inkompetent oder schlecht ausgerüstet. Russische Soldaten und ihre Offiziere kämpften bis zum Tod. Sie hatten eine effektive Verteidigung aufgebaut und gehalten und verfügten trotz aller Verluste immer noch über Kampfhubschrauber, Drohnen und Minen. „Man kam aufgrund des ersten Kriegsmonats zu wirklich überzeugenden Schlussfolgerungen", sagte der Marine-Offizier Rob Lee, Analyst am amerikanischen Foreign Policy Research Institute. „Und ich denke, viele dieser Schlussfolgerungen waren falsch."

Quellen: Die ukrainische Sommeroffensive 2023

Bücher

* Reiter, Dan, und Stamm, Allan C., Democracies At War, Princeton 2002
* Ryan, Mick, The War for Ukraine, Strategy and Adaption under Fire, Annapolis 2024
* Trofimov, Yaroslav, Our Enemies Will Vanish, The Russian Invasion and Ukraine's War of Independence, New York 2024

Online-Publikationen

* https://static.rusi.org/lessons-learned-ukraine-offensive-2022-23.pdf
* https://www.reuters.com/graphics/UKRAINE-CRISIS/MAPS/klvygwawavg/#four-factors-that-stalled-ukraines-counteroffensive
* https://www.merkur.de/politik/ukraine-krieg-marder-kiew-bundeswehr-vize-erklaerung-ablehnung-waffenlieferung-ringtausch-91489498.html
* https://www.handelsblatt.com/politik/deutschland/ukraine-krieg-deutschland-liefert-marder-panzer-

an-die-ukraine-woher-und-wann-sie-kommen/28906500.html
- https://www.economist.com/zaluzhny-transcript?fbclid=IwAR0CS0B0YCkvbgEPWUhIkyWHX9rl-MuvwKONG3KB-gYkZnIh_vWNyONY9TVg
- https://en.interfax.com.ua/news/general/879537.html
- https://en.wikipedia.org/wiki/Fortifications_of_the_Russian_invasion_of_Ukraine
- https://www.csis.org/analysis/ukraines-offensive-operations-shifting-offense-defense-balance
- https://www.washingtonpost.com/world/2023/12/04/ukraine-counteroffensive-stalled-russia-war-defenses/
- https://www.thetimes.com/world/russia-ukraine-war/article/ukraine-counteroffensive-i-m-ready-to-die-90-of-the-guys-here-will-die-too-76jvs3kwj?ts=1728623637739
- https://www.theguardian.com/world/2023/aug/02/ukraine-counter-offensive-russia-war
- https://www.washingtonpost.com/world/2023/06/30/valery-zaluzhny-ukraine-general-interview/
- https://www.bbc.com/news/world-europe-67686286
- https://www.washingtonpost.com/world/2023/12/04/ukraine-counteroffensive-us-planning-russia-war/
- https://www.newyorker.com/news/essay/can-ukraine-still-win

Kapitel 19
Krieg gegen die Zivilbevölkerung

Die russische Invasion in der Ukraine verschärfte die bereits äußerst schwierige demografische Situation der Ukraine zusätzlich. Im Laufe der drei Jahrzehnte seit der Unabhängigkeit hatte die Ukraine durch abnehmende Geburtenraten und eine hohe Arbeits-Emigration einen immer stärkeren Bevölkerungsrückgang erlebt. Während das Land nach der Erlangung der Unabhängigkeit eine Bevölkerung von 51,5 Millionen Menschen hatte, wurde die Bevölkerungszahl im Jahr 2019 auf nur noch 37 Millionen geschätzt. Ab 2014 führte der Krieg in der Ostukraine zu einer großen Zahl von Opfern unter Soldaten und Zivilisten. Dann löste die russische Invasion 2022 eine gewaltige Flüchtlingswelle aus: Nach Angaben des UNHCR verließen bis März 2023 mehr als 8,2 Millionen Menschen die Ukraine, von denen nicht bekannt ist, wie viele wieder in ihr Land zurückkehren werden. Diese Flüchtlinge ließen sich hauptsächlich in den EU-Mitgliedstaaten nieder. Eurostat-Daten zufolge genossen im März 2023 rund vier Millionen ukrainische Bürger in der EU Schutz, darunter 1,24 Millionen in Deutschland, 994.000 in Polen und knapp 390.000 in der Tschechischen Republik.

20. März 2022, einen Monat nach der russischen Invasion: Ukrainische Flüchtlinge am Hauptbahnhof von Krakau.

Unter den Ländern außerhalb der EU ist Kanada das vorrangige Ziel der Flüchtlinge, da das Land bereits eine große ukrainische Gemeinde hat. Bis April 2024 reisten knapp 300.000 Ukrainer ein.

Am 1. Oktober 2022, also nach der erfolgreichen ukrainischen Gegenoffensive im Nordosten des Landes, gaben russische Quellen an, dass sich ihre Truppen aus Lyman in Richtung Osten zurückgezogen hätten. Ukrainische Quellen bestätigten dies später. Einige Truppen waren zurückgelassen und von den vorrückenden Ukrainern aufgerieben worden. Das britische Verteidigungsministerium schätzte, dass die russischen Streitkräfte während ihres hastigen Rückzugs, mit dem sie einer Einkesselung zuvorkommen wollten, schwere Verluste erlitten hätten. Das russische Verteidigungsministerium bezeichnete den Rückzug der Lyman-Truppen als eine Umgruppierung in vorteilhaftere Richtungen und stellte den Rückzug als heldenhaften Kampf dar, bei dem über 200 ukrainische Soldaten ums Leben gekommen waren. Russische Hardliner verurteilten die Militärführung öffentlich dafür, dass sie eine verheerende Niederlage in Lyman zugelassen habe. Russische Fernsehkommentatoren verbreiteten pessimistische Kommentare über die Fortschritte an der Front. Die Stimmung verschlechterte sich weiter, als die Ukrainer am 8. Oktober einen Bombenanschlag auf die Krim-Brücke verübten. Am selben Tag ernannte Putin General Surowikin zum Oberbefehlshaber der russischen Truppen in der Ukraine.

Im Jahr 2022: Angriffe auf die ukrainische Infrastruktur

Nach seiner Ernennung leitete Surowikin eine taktische Wende ein: Bereits am 10. Oktober 2022 begann Russland mit landesweiten Raketenangriffen. Die Angriffe auf Kiew waren die ersten ihrer Art seit Juni jenes Jahres und waren Teil der konzertierten Strategie, die elektrische Infrastruktur der Ukraine ins Visier zu nehmen. Diese Angriffe wurden von russischen Hardlinern gefeiert. Trotz der Verurteilung des Westens und der Ankunft neuer Luftverteidigungssysteme in der Ukraine gingen Russlands Drohnen- und Raketenangriffe auf die Infrastruktur weiter. Am 1. November 2022 räumte Präsident Selenskyj ein, dass bereits 40 Prozent der ukrainischen Strominfrastruktur beschädigt waren, und Kiew hatte vorsorglich Evakuierungspläne für den Fall eines längeren Ausfalls der Wasser- und Stromversorgung entwickelt.

Ukrainisches Umspannwerk. Die Stromversorgung in der Ukraine war ein Ziel russischer Angriffe.

Da Russland in der Ukraine keine bedeutenden Landgewinne zu verzeichnen hatte, betrachtete es nun die Zerstörung kritischer Infrastruktur als Maßstab für seinen Erfolg. Am 15. November feuerte das russische Militär 100 Raketen auf kritische Infrastrukturen der Ukraine ab, was die umfangreichste eintägige Beschießung seit der Invasion darstellte, und griff zwei Tage später ukrainische Gasförderanlagen an. Am 12. Dezember teilte Selenskyj Biden mit, dass die russischen Angriffe etwa 50 Prozent der ukrainischen Energieversorgungsinfrastruktur zerstört hätten. In Großstädten wie Kiew, Odessa und Lwiw, die im Sommer und Frühherbst noch weitgehend vom Konflikt verschont geblieben waren, gehörten nun Stromausfälle und Wasserknappheit zum Alltag. Darunter hatte die Moral der ukrainischen Zivilbevölkerung massiv zu leiden.

Russische Beamte und Kommentatoren in den staatlichen Medien hatten sowohl militärische als auch politische Gründe für diese Angriffe auf die Infrastruktur angeführt. Am 1. Dezember 2022 brachte Außenminister Lawrow die russischen Infrastrukturangriffe mit Putins ursprünglichem Ziel der Entmilitarisierung der Ukraine in Verbindung und erklärte: „Die Infrastruktur, die jetzt angegriffen wird, ist für das Kampfpotenzial der ukrainischen Streitkräfte und der nationalistischen Bataillone von entscheidender Bedeutung." Das russische Verteidigungsministerium bestand darauf, dass die Angriffe mit präzisen Langstreckenwaffen durchgeführt werden und auf die Zerstörung von Energieanlagen abzielen müsse, die den militärisch-industriellen Komplex der Ukraine versorgten.

Russische militärische Logik

Obwohl Russlands militärische Führung nachdrücklich darauf bestand, dass die Angriffe auf die zivile Infrastruktur auf einer soliden militärischen Logik beruhten, erwiesen sie sich als weitgehend ineffektiv und eher dazu geeignet, unzufriedene Hardliner in Moskau zu beruhigen. Die Erwartungen, dass die Infrastrukturangriffe soziale Unruhen in der Ukraine schüren würden, waren unrealistisch. Eine Umfrage des Razumkov-Zentrums vom Dezember 2022 ergab, dass 60 Prozent der Ukrainer Verhandlungen mit Russland ablehnten.

Auch die politischen Ziele der Angriffe auf die zivile Infrastruktur wurden nicht erreicht. Dmitri Peskow, Putins Pressesprecher, behauptete während einer Pressekonferenz am 17. November 2022, dass die Strom- und Heizungsengpässe in der Ukraine durch das Versäumnis des Landes, mit Russland zu verhandeln, ausgelöst worden seien.

Anstatt sich zu Verhandlungen drängen zu lassen, war Selenskyj stärker denn je entschlossen, Russland zu einem Paria-Staat, einem Geächteten, zu machen. Am 23. November 2022 forderte er den UN-Sicherheitsrat auf, Maßnahmen gegen die russischen Infrastrukturangriffe zu ergreifen, und erklärte: „Wir dürfen nicht Geiseln eines internationalen Terroristen sein."

Die Lage 2024

Die geschilderte Situation bezog sich auf das erste Kriegsjahr. Im Herbst 2024 wurde die Lage in der Ukraine immer besorgniserregender, denn von März 2024 an hatten neun Wellen massiver russischer Angriffe auf die unkrainische Energieinfrastruktur zu erheblichen Stromausfällen geführt, und im Winter würde der Strombedarf deutlich steigen. Am 19. September 2024 äußerte sich der Leiter der Internationalen Energieagentur (IEA), Fatih Birol, besorgt. „Das Energiesystem der Ukraine hat die letzten beiden Winter überstanden [...], aber dieser Winter wird bei weitem die bisher härteste Prüfung sein", sagte Birol in Brüssel während einer Pressekonferenz, auf der ein Bericht der Agentur über die Energiesicherheit des vom Krieg zerrütteten Landes vorgestellt wurde.

Die IEA forderte die Partner Kiews auf, die Lieferung von Ausrüstung und Ersatzteilen zu beschleunigen. Darüber hinaus betonte die Agentur, wie wichtig es für das Energiesystem sei, auf die Dezentralisierung der Stromversorgung hinzuarbeiten, indem Dieselgeneratoren, kleine gasbetriebene Blockheizkraftwerke und Photovoltaik-Kraftwerke in Betrieb genommen würden.

Einst Energieexporteur, musste die Ukraine inzwischen Energie von der Europäischen Union kaufen, doch dies reichte nicht aus, um das Defizit auszugleichen. Das bedeutete, dass an den meisten Tagen der Strom landesweit rationiert werden musste, um wichtige Infrastruktur wie Krankenhäuser und militärische Einrichtungen zu schützen. „Wir müssen dringend unseren Luftraum schließen, sonst steht die Ukraine in diesem Winter vor einer schweren Krise", sagte Maxim Timchenko, Vorstandsvorsitzender von DTEK, einem der größten privaten Energieunternehmen der Ukraine. „Ich bitte unsere Verbündeten inständig, uns bei der Verteidigung unseres Energiesystems und dem rechtzeitigen Wiederaufbau zu helfen." Präsident Selenskyj forderte die Verbündeten der Ukraine wiederholt auf, mehr Luftverteidigungssysteme zu entsenden. Insbesondere bat er um weitere sieben Systeme vom Typ Patriot aus den USA.

Die Präsidentin der Europäischen Kommission, Ursula von der Leyen, traf am 20. September 2024 in Kiew mit Selenskyj zusammen und stellte einen Hilfsplan der Europäischen Union in Höhe von 160 Millionen Euro vor, der teilweise für die Reparatur von beschädigten Energieanlagen verwendet werden sollte, die in Friedenszeiten 15 Prozent des benötigten Stroms lieferten.

Angriffe auf besiedelte Gebiete

Während der russischen Invasion in der Ukraine griff das russische Militär gezielt zivile Ziele und dicht besiedelte Gebiete an. Die United Nations Human Rights Monitoring Mission in der Ukraine erklärte, dass das russische Militär die Zivilbevölkerung unnötigem und unverhältnismäßigem Schaden ausgesetzt habe, indem es Streubomben abgeworfen sowie Wohngebiete mit schwerer Artillerie, etwa Mehrfachraketen, beschossen habe. Bis 2024 wurden bei solchen Angriffen nach UN-Dokumenten zwischen 11.000 und 40.000 Zivilisten getötet.

Bereits am 22. April 2022 hatte die UNO berichtet, dass von den 2.343 zivilen Opfern, die sie hatte dokumentieren können, 92,3 Prozent von den russischen Streitkräften zu verantworten seien. Darüber hinaus berichtete am 5. Juli 2022 Michelle Bachelet, die UN-Hochkommissarin für Menschenrechte (UNHCHR), dass die meisten von ihrer Organisation dokumentierten zivilen Opfer in besiedelten Gebieten unbestreitbar durch russische Sprengwaffen mit weitreichender Wirkung verursacht worden seien. In der von Michelle Bachelet vorgelegten Einschätzung hieß es, dass bis zum 30. Juni 2023 mehr als 90 Prozent aller zivilen Todesfälle durch solche Angriffe verursacht worden seien. Von diesen Zivilisten seien mehr als 84 Prozent in Gebieten getötet worden, die von der Ukraine gehalten wurden.

(https://news.un.org/en/story/2022/04/1116692)

Keine Region in der Ukraine blieb von russischen Angriffen verschont. Einer ukrainischen Schätzung zufolge trafen nur drei Prozent aller russischen Raketen, Drohnen und Bomben militärische Ziele, 97 Prozent hingegen zivile Ziele. Bis Juni 2023, also nach 15 Monaten Krieg, waren 1,5 Millionen Häuser beschädigt oder zerstört worden, gab das Entwicklungsprogramm der Vereinten Nationen (UNDP) an. Zum Vergleich: Während des Zweiten Weltkriegs wurden in der Ukraine etwa zwei Millionen Häuser beschädigt oder zerstört – in über sechs Jahren.
(https://press.un.org/en/2024/sc15657.doc.htm)

Bombardierung von Tschernihiw

Am 3. März 2022, kurz nach 12.00 Uhr, wurden zwischen sechs und acht Bomben von russischen Flugzeugen über einer Wohnsiedlung in Tschernihiw abgeworfen. Zwei Schulen, Nr. 18 und Nr. 21, sowie acht Privathäuser an der Kreuzung der Straßen Viacheslava Chornovila und Kruhova wurden zerstört, sieben weitere Häuser schwer beschädigt. Die Rettungsdienste verzeichneten 47 durch die Bombardierung Getötete und 18 Verletzte. Da Amnesty International kein militärisches Ziel in der Nähe identifizieren konnte, erklärte die Organisation, dass der Angriff vermutlich als Kriegsverbrechen einzuordnen sei. Auch Human Rights Watch fand keinen Beleg für ein militärisches Ziel in der Nähe.

Am 19. August 2023 gegen 11.30 Uhr griff die russische Armee mit 9M727 Iskander-Marschflugkörpern das Taras-Schewtschenko-Theater im Stadtzentrum an. Der Zünder der Rakete war auf

Ein schwer beschädigtes Haus in Tschernihiw, nahe der Grenze zu Weißrussland

eine Luftdetonation eingestellt, sodass vor allem Menschen, die sich außerhalb des Theaters befanden, getötet oder verletzt wurden. An diesem Samstagmittag wollten die Besucher keine Theaterveranstaltung besuchen, sondern eine im Gebäude stattfindende Militärausstellung. Deshalb waren auch zahlreiche Kinder vor Ort. Erste Berichte deuteten auf 42 Verletzte und fünf Tote hin, darunter vermutlich elf Kinder. Die Zahlen stiegen auf 90 Verletzte und sechs Tote, nachdem ein Kind im Krankenhaus seinen Verletzungen erlegen war, dann auf sieben Tote, nachdem man eine weitere Frauenleiche gefunden hatte.

Raketenangriff auf den Bahnhof von Tschaplyne

Am 24. August 2022, dem Unabhängigkeitstag der Ukraine, griffen russische Streitkräfte den Ort Tschaplyne in Südosten der Ukraine an und beschädigten den Bahnhof, ein umliegendes Gebäude und ein Wohnviertel. Mehrere Waggons eines Personenzugs wurden in Brand gesetzt und zerstört. Ukrainische Quellen berichteten von mehreren Raketenangriffen. Mindestens 25 Menschen, darunter zwei Kinder, starben, etwa 30 wurden verletzt. Das russische Verteidigungsministerium behauptete, es habe einen Militärzug mit Iskander-Raketen angegriffen, die von gepanzerten Fahrzeugen aus abgeschossen worden seien. Bei dem Angriff seien 200 ukrainische Soldaten getötet worden. Einem Reporter der Associated Press zufolge, der vor Ort recherchierte, gab es jedoch keine Anzeichen dafür, dass sich unter den Opfern ukrainische Soldaten befanden.

Raketenangriffe auf Charkiw

In den ersten Kriegsjahren beschoss die russische Armee in regelmäßigen Abständen Charkiw im Nordosten der Ukraine, die mit etwa einer Million Einwohnern die zweitgrößte Stadt des Landes (siehe auch Abb. S. 219 und 220). Zahlreiche Zivilisten fielen den Angriffen zum Opfer.

- Am 28. Februar 2022 wurden bei einer Reihe von russischen Raketenangriffen während der Schlacht von Charkiw neun Zivilisten getötet und 37 weitere verletzt. Die russische Armee setzte bei dem Angriff Streumunition in dicht besiedelten Gebieten ein. Aufgrund der Natur dieser Waffen, die nicht zielgerichtet eingesetzt werden und bei denen ein Teil der Munition nicht sofort explodiert, sondern die Bevölkerung auch später noch gefährdet, bezeichnete Human Rights Watch (HRW) diese Angriffe als mögliche Kriegsverbrechen. Streubomben waren im Jahr 2010 im sogenannten Oslo-Übereinkommen völkerrechtlich geächtet worden, doch Russland war diesem Vertrag nicht beigetreten. Im März und auch im April wurde Charkiw erneut mit Streumunition geschossen.
- Am 17. und 18. August 2022 erfolgte ein Raketenangriff auf Wohnhäuser im Zentrum von Charkiw. Bei diesem Angriff kamen 25 Menschen ums Leben, darunter ein elfjähriger Junge (siehe auch Abb. gegenüber).
- Am 30. Dezember 2023 griffen russische Streitkräfte Charkiw mit Raketen an. Dabei wurden mindestens 28 Menschen, darunter ein ausländischer Journalist, verletzt und zivile Infrastruktureinrichtungen beschädigt.
- Am 2. Januar 2024 wurden Angriffe auf Charkiw mit nordkoreanischen Raketen durchgeführt. Meldungen über Tote oder Schäden gab es nicht. Wie es hieß, seien diese Raketen ungenau.

Am 17. August 2022 traf eine Iskander-Rakete ein Heim für Gehörlose in der Akhiiezeriv-Straße in Charkiw. Bei dem Angriff starben 19 Menschen und 22 wurden verletzt, darunter ein elfjähriger Junge.

- Am 25. Mai wurden bei einem russischen Angriff auf ein Wohngebiet 18 Menschen getötet und 65 verletzt.
- Am 30. August 2024 trafen russische Raketen ein Wohnhaus und einen Spielplatz in der Stadt und töteten sieben Menschen, darunter ein 14-jähriges Mädchen. 77 Personen wurden verletzt.

Raketenangriff auf Tschassiw Jar

Am 9. Juli 2022 um 21.17 Uhr trafen russische Raketen zwei Wohngebäude in Tschassiw Jar nahe Bachmut. Der Einschlag brachte Teile eines fünfstöckigen Wohngebäudes zum Einsturz. Zwei Treppenhäuser brachen vollständig ein. Mindestens 48 Menschen kamen ums Leben. Den Rettungskräften gelang es bis zum 12. Juli, neun Verschüttete aus den Trümmern zu bergen.

Das russische Verteidigungsministerium behauptete, man habe den Bereitstellungsort einer ukrainischen Territorialverteidigungseinheit zerstört. Der Angriff erfolgte durch einen russischen Mehrfachraketenwerfer vom Typ Uragan.

Die Raketenangriffe auf Dnipro

Die Großstadt Dnipro, mit etwa einer Million Einwohnern die viertgrößte Stadt der Ukraine, erlebte seit Beginn des Krieges zahlreiche Raketenangriffe, den ersten bereits zweieinhalb Wochen nach Beginn des Krieges, im März 2022.

- Am 11. März 2022 trafen drei Raketen Dnipro. Die Geschosse schlugen in der Nähe eines Wohnhauses und eines Kindergartens ein. Eine Person wurde getötet. Am 28. Juni feuerten russische Streitkräfte gegen 17.30 Uhr sechs Kalibr-Marschflugkörper vom Schwarzen Meer aus auf Dnipro ab. Eine davon traf eine Autowerkstatt und tötete einen Mann und eine Frau. Sieben weitere Personen, darunter ein sechsjähriger Junge, wurden verletzt. Später fand man Fragmente des Kalibr-Marschflugkörpers.
- Am Morgen des 29. September 2022 schlugen Raketen in Wohngebiete von Dnipro ein, wobei drei Menschen getötet wurden. Auch der zentrale Busbahnhof wurde getroffen.
- Am 10. Oktober 2022 wurde die Stadt bei weiteren russischen Raketenangriffen getroffen; es handelte sich um mindestens fünf Raketen. Bei dem Angriff, der morgens während der Hauptverkehrszeit stattfand, wurden drei Zivilisten getötet.
- Am 18. Oktober 2022 trafen Raketen die Energieinfrastruktur von Dnipro. In einem beschädigten Kraftwerk brach ein Großbrand aus. Ein Mann wurde verletzt. Mehr als drei Dutzend Wohngebäude wurden bei demselben Angriff zerstört, außerdem Schulen und Kindergärten.
- Am 25. Oktober 2022 trafen mehrere Fragmente einer russischen Rakete eine Tankstelle in

Die Angriffe der russischen Armee galten nicht nur militärischen Zielen, sondern auch Siedlungen der Zivilbevölkerung. Die Karte zeigt einige betroffene Großstädte und strategisch wichtige Dörfer.

Dnipro und setzten diese in Brand. Zwei Menschen wurden getötet, darunter eine schwangere Frau, und vier weitere verletzt.

- Am 26. November 2022, gegen Mittag, wurden bei einem russischen Raketenangriff auf Dnipro 13 Menschen verletzt und sieben Einfamilienhäuser teilweise zerstört. Am folgenden Tag berichtete Gouverneur Valentyn Reznichenko, dass ein Mann tot unter den Trümmern aufgefunden worden sei.
- Am 29. November 2022 traf in der Nacht ein weiterer Raketenangriff der russischen Armee ein Bürogebäude und zerstörte es.
- Am 14. Januar 2023 gegen 15.30 Uhr traf eine russische Rakete vom Typ Kh-22 ein neunstöckiges Wohngebäude im rechtsufrigen Teil der Stadt und zerstörte das Treppenhaus eines Wohnhauses und 236 Wohnungen. Am 19. Januar wurde die offizielle Opferzahl dieses Angriffs veröffentlicht: 46 Tote, 80 Verletzte und elf Vermisste. Unter den Verletzten befanden sich 14 Kinder. 39 Bewohner konnten aus dem Haus gerettet werden. Die Zerstörung machte etwa 400 Menschen obdachlos. In der Stadt wurde eine dreitägige Trauer angeordnet.

Raketenangriffe auf Kramatorsk

Es gab zwei Raketenangriffe auf Kramatorsk: am 8. April 2022 und am 27. Juni 2023. Für den Angriff auf den Bahnhof von Kramatorsk am 8. April 2022 siehe S. 164 bis 166; bei dem Angriff am 27. Juni 2023 war eine Pizzeria das Ziel. Das Restaurant war bei Einheimischen, Soldaten, ausländischen Journalisten und den Mitarbeitern von Hilfsorganisationen sehr beliebt. Zum Zeitpunkt des Raketeneinschlags befanden sich etwa 80 Personen – Gäste und Personal – in dem Gebäude. 13 Menschen wurden getötet, darunter vier Kinder, und weitere 61 Personen verletzt. Eine weitere Rakete traf einen Vorort von Kramatorsk, dabei wurden fünf Personen getötet.

Raketenangriff auf Krementschuk

Am 27. Juni 2022 feuerte die russische Luftwaffe zwei Raketen auf Krementschuk, eine Großstadt am Dnjepr, und traf das Amstor-Einkaufszentrum. Bei diesem Angriff kamen 20 Besucher ums Leben, und mindestens 56 wurden verletzt. Die beiden Raketen schlugen an einem Ende des Einkaufszentrums ein, und es brach ein Feuer aus, das auf den gesamten 10.000 Quadratmeter großen Gebäudekomplex übergriff. Zwanzig Löschzüge mit einer Gesamtbesatzung von 115 Feuerwehrleuten waren im Einsatz.

Nach Angaben der ukrainischen Streitkräfte waren die beiden Raketen von einem Tupolew-Bomber Tu-22M3 über der Kursk-Region abgefeuert worden; gestartet war das Flugzeug auf dem Luftwaffenstützpunkt Schaykowka in der Region Kaluga.

Am Tag nachdem der Angriff stattgefunden hatte, gaben die russischen Behörden und die staatlich kontrollierten Medien eine Reihe einander widersprechender Erklärungen ab. Dazu zählte einerseits die Behauptung, dass die ukrainische Armee das Einkaufszentrum selbst bombardiert habe. Andererseits ließ das russische Verteidigungsministerium verlauten, dass das Gebäude als Lager für Munition westlicher Waffen gedient habe und nicht mehr als Einkaufszentrum. Diese Behauptung wurde anschließend von mehreren Organisationen widerlegt.

Raketenangriffe auf Krywyj Rih

Russische Raketen trafen mehrmals Wohngebäude in der Innenstadt von Krywyj Rih, einer Großstadt im Süden der Ukraine und Präsident Selenskyjs Heimatstadt.

- Am 14. September 2022 gegen 17.00 Uhr feuerte die russische Armee mindestens sieben
Iskander- und Kinjal-Raketen auf die Stadt ab. Sechs davon schlugen im Bereich des Ka-
ratschuniwka-Stausees ein. Nach dem Raketenangriff stieg der Wasserstand des Flusses
Inhulez, eines Nebenflusses des Dnjepr, um einen bis zwei Meter an, wodurch 112 Häuser
überflutet wurden. In mehreren Stadtteilen von Krywyj Rih kam es zu Unterbrechungen der
Wasserversorgung. Auch etwa 5.000 Einwohner der Siedlung Sofiiwka und 7.000 Einwohner
des Dorfes Losuwatka waren zeitweise ohne Trinkwasser.
- Am 13. Juni 2023 schlugen Marschflugkörper in ein Wohnhaus und mehrere Lagerhäuser ein
und töteten 13 Menschen.
- Am 31. Juli 2023 traf eine Rakete wiederum ein Wohnhaus und tötete mindestens sechs Zivilisten, darunter ein zehnjähriges Mädchen und die Mutter.
- Am 28. August 2024 teilten die örtlichen Behörden mit, dass Krywyj Rih von einer Rakete
getroffen wurde, die zivile Infrastruktur beschädigte. Bei dem Angriff sollen acht Menschen ver-
letzt worden sein. Zum Zeitpunkt des Angriffs beging Krywyj Rih gerade einen offiziellen Trau-
ertag für einen Angriff am Vortag, bei dem vier Zivilisten in einem Hotel getötet worden waren.
- Am 15. September 2024 um Mitternacht kündigte der Leiter der Militärbezirksverwaltung von
Krywyj Rih, Oleksandr Wilkul, die Teil-Evakuierung von zwei Vororten von Krywyj Rih an, da der
Pegel des Inhulez auf einen Höchststand angestiegen war. Die Rettungsdienste mussten zwei
Dammöffnungen durchführen, um den Wasserstand des Inhulez zu senken.

Raketenangriff auf Slowjansk

Am 14. April 2023, dem Karfreitag der orthodoxen Kirche, wurden gegen 18.00 Uhr bei einem Raketenangriff auf eine Wohnanlage fünf Wohnblocks getroffen. Elf Bewohner, darunter ein Kind, kamen
ums Leben, weitere 21 wurden verletzt. Die Druckwelle zerstörte Geschäfte und Büros im Erdge-
schoss. „Der Staat des Bösen zeigt wieder einmal sein wahres Gesicht", kommentierte Präsident
Selenskyj den Angriff.

Raketen- und Drohnenangriffe auf Odessa

Die ersten Luftangriffe auf Odessa, die Hafenstadt am Schwarzen Meer, erfolgten am frühen Morgen des 24. Februar 2022, dem ersten Tag der Invasion, und richteten sich gegen Lagerhäuser in
der Stadt. Beschossen wurden auch die Radar- und Luftverteidigungssysteme auf der Militärbasis
von Lypezke, einem 200 km nördlich von Odessa gelegenen Dorf. Dabei fielen, soweit bekannt,
mindestens 22 Soldaten, sechs wurden verwundet. Am 2. März begann die Evakuierung von Zivilisten per Eisenbahn aus Odessa; am 8. März fuhren weitere Evakuierungszüge.

- Am 23. April 2022 traf ein Raketenangriff eine militärische Einrichtung und zwei Wohngebäude,
wobei nach Angaben der Ukraine acht Zivilisten getötet und 18 bis 20 verletzt wurden.
- Am 22. und 23. Juli trafen russische Raketen erneut Odessa, darunter auch das historische

Stadtzentrum. Nach Angaben der örtlichen Behörden wurden 25 Baudenkmäler beschädigt.

- Am 29. Dezember 2023 wurden bei einem russischen Raketen- und Drohnenangriff in Odessa 19 mehrstöckige Wohngebäude und zwei Privathäuser sowie ein Gymnasium beschädigt. In der Stadt starben vier Menschen, 26 wurden verletzt.
- Am 15. März 2024 starben bei einem Raketenangriff auf Odessa 21 Menschen, mindestens 73 wurden verletzt. Die Opfer waren Militär- und Polizeibeamte sowie mehrere Zivilisten.

Streubombenangriff auf Wuhledar

Am 24. Februar 2022 um 10.30 Uhr wurde das Städtchen Wuhledar im Donbass mit einer Totschka- Rakete angegriffen. Das Geschoss schlug neben einem Krankenhaus ein, tötete vier Zivilisten und verletzte zehn weitere. Amnesty International bezeichnete diesen Angriff als „unwiderlegbaren Beweis für Verstöße gegen das humanitäre Völkerrecht und die internationalen Menschenrechtsnormen", da es sich um einen Angriff mit Streubomben gehandelt habe.

Streubomben waren seit dem Oslo-Übereinkommen von 2010 völkerrechtlich geächtet. Auch Human Rights Watch (HRW) stellte fest, dass bei dem Angriff auf das Krankenhaus von Wuhledar Streumunition eingesetzt worden war. Die Munition enthält fünfzig einzelne Submunitionen, die jeweils 316 Bomblets enthalten. Diese Bomblets zerstören nicht nur ziellos und wahllos („streuen"), sondern detonieren auch nicht alle, sodass ein Teil als unerkannte Gefahr auf dem Boden verbleibt. HRW stützte seine Analyse auf Kontakte mit dem Krankenhaus und den Gemeindeverwaltungen sowie auf zahlreiche fotografische Beweise. Die Organisation forderte die russischen Streitkräfte auf, „rechtswidrige Angriffe mit Waffen, die wahllos töten und verstümmeln", einzustellen.

Der Pressesprecher der Russischen Föderation, Dmitri Peskow, bestritt jegliche Beteiligung Russlands und erklärte, dass diese Art von Munition von der ukrainischen Armee eingesetzt werde. Zum Hintergrund: Weder Russland noch die Ukraine waren dem Oslo-Übereinkommen zur weltweiten Ächtung von Streumunition beigetreten.

Streubombenangriff auf Lyman

Am 8. Juli 2023 um 9.55 Uhr griffen die russischen Streitkräfte Wohnhäuser im Stadtzentrum von Lyman mit Streumunition an, abgeschossen von einem Raketenwerfer des Typs Smerch. Lyman liegt etwa 15 km westlich der russisch besetzten Donbass-Gebiete. Ziel des Angriffs war zudem eine Straßenkreuzung, an der Leute Gemüse aus ihren Gärten verkauften. Insgesamt wurden neun Zivilisten getötet und 13 verletzt. Human Rights Watch bezeichnete auch diesen Einsatz von Streumunition als mögliches Kriegsverbrechen.

Kreml-Pressesprecher Dmitri Peskow

Mariupol: Beschuss eines humanitären Korridors

Während des Beschusses von Mariupol, der Hafenstadt am Asowschen Meer, versuchte man mehrmals, einen humanitären Evakuierungskorridor für die Zivilisten der Stadt einzurichten. Am 5. März 2022 wurde eine fünfstündige Waffenruhe vereinbart, doch der Beschuss der Evakuierungsroute hörte nicht auf. Am folgenden Tag gab das Internationale Komitee vom Roten Kreuz (IKRK) bekannt, dass ein zweiter Versuch, einen Evakuierungskorridor einzurichten, gescheitert war.

Mariupol: Bomben auf das Krankenhaus

Am 9. März 2022 bombardierte die russische Armee den Krankenhauskomplex Nr. 3 , der sowohl als Kinderkrankenhaus als auch als Entbindungsstation diente, während einer vereinbarten Waffenruhe mehrmals, wobei mindestens vier Menschen getötet und mindestens 17 verletzt wurden, was auch zu mindestens einer Totgeburt führte. Die ukrainischen Behörden bezeichneten die Schäden am Krankenhaus als „kolossal". Aufnahmen nach den Angriffen zeigten, dass „ein Großteil der Vorderseite des Gebäudes weggerissen" war und zerfetzte Autos draußen brannten. Die Krankenstationen waren „in Trümmer gelegt, Wände eingestürzt, Schutt bedeckte medizinische Geräte, Fenster waren zerborsten, überall lag zerbrochenes Glas". Am 10. März gaben die örtlichen Behörden bekannt, dass bei dem Angriff ein Mädchen und zwei weitere Personen getötet worden waren, darunter eine hochschwangere Frau.

Die zerstörte Front des Kinderkrankenhauses von Mariupol

Mariupol: Angriff auf das Theater

Am 16. März beschuldigte die Ukraine die russischen Streitkräfte, zivile Gebiete in Mariupol beschossen zu haben. Die Artillerie traf unter anderem eine Schwimmhalle und einen Fahrzeugkonvoi. Anschließend wurde das Theater von Mariupol, mit vollem Namen Akademisches Dramatheater des Oblast Donezk, aus der Luft bombardiert. Sein Keller diente als Luftschutzbunker, in dem sich zum Zeitpunkt des Bombardements eine große Anzahl von Zivilisten befand. Luftaufnahmen des Theaters vom 14. März zeigen auf Russisch das Wort „дети" (Kinder) auf dem Platz vor dem Theater. Diese Botschaft war ein Versuch, das Gebäude als zivilen Luftschutzbunker zu kennzeichnen, in dem sich Kinder befanden (siehe Abb. S. 180). Dennoch wurde es bombardiert. Der Keller überstand die Zerstörung, doch viele Menschen wurden unter den Trümmern verschüttet. Die Schätzungen der zivilen Todesopfer variieren und reichten von mindestens einem Dutzend (Amnesty International) bis zu 600 (Associated Press). Mindestens elf wurden von einer russischen Quelle bestätigt.

Abstreiten der Schuld

In den russischen Medien wurde vielfach berichtet, dass das russische Verteidigungsministerium die Verantwortung für die Bombardierung ablehnte und stattdessen die Asow-Brigade (siehe S. 177 bis 178 und S. 186 bis 189) der Planung und Durchführung des Bombenanschlags auf das Theater beschuldigte. Die Elite-Einheit Asow-Brigade hatte der russischen Propaganda immer als Beleg für die rechtsnationalistischen Tendenzen in der Ukraine gedient. Russland behauptete, dass keine russischen Streitkräfte Luftangriffe innerhalb der Stadt Mariupol durchgeführt hätten, und beschuldigte die Asow-Brigade, Geiseln unter der Zivilbevölkerung genommen und die oberen Stockwerke des Theaters selbst in die Luft gesprengt zu haben.

Zahlreiche Angriffe auf Saporischschja

Die Großstadt Saporischschja am Dnjepr war während der russischen Offensive in der Südukraine wiederholt das Ziel von Artillerie- und Bombenangriffen. Nach dem 27. Februar 2022 wurden 30 bis 40 Prozent der Infrastruktur zerstört; dennoch wurde die Stadt nie besetzt.

- Am 16. März 2022 wurde der Bahnhof der Stadt mit Raketen beschossen. Schienen und Stromleitungen waren besonders betroffen. In den Eisenbahnen, die Zivilisten aus Saporischschja evakuieren sollten, barsten die Fensterscheiben der Waggons durch die Druckwellen.
- Am 21. April schlugen zwei russische Marschflugkörper in Saporischschja ein, der erste um 12.45 Uhr bei der Preobrazhens'koho-Brücke, die von der Stadt zur Dnjepr-Insel Chortyzja führt. Die zweite Rakete traf um 13.30 Uhr die historisch und kulturell bedeutende Insel Chortyzja selbst und beschädigte ein Gebäude eines Sanatoriums.
- In der Nacht des 19. September wurden Industrie- und Wohngebiete von Saporischschja von acht russischen Raketen getroffen. Am Morgen folgte ein weiterer Raketenangriff, der das Stadtzentrum in der Nähe des Dnjepr traf.
- Am 21. September trafen nachts zwei russische Raketen die Stadt, gefolgt von fünf weiteren Raketenangriffen während des Tages. Das Zentrum wurde zwei weitere Male angegriffen, wobei Infrastrukturen und Wohnhäuser beschädigt wurden. Zwei der Geschosse landeten auf einem Feld am Stadtrand.
- Am 6. Oktober 2022 wurden sieben russische Raketen auf das Stadtzentrum von Saporischschja abgefeuert. Die Geschosse zerstörten mehrere Wohngebäude und lösten Brände aus, bei denen 17 Zivilisten getötet und zwölf weitere verletzt wurden.
- Am 9. Oktober 2022 wurden zwölf taktische Raketen auf die zivile Infrastruktur in Saporischschja abgefeuert. Die meisten Raketen trafen vor allem Hochhäuser und zerstörten ein neunstöckiges Gebäude teilweise. Auch vier Schulen wurden beschädigt.
- In den Nächten vom 17. bis 19. Oktober kam es zu einer Reihe von Angriffen, bei denen mindestens sieben S-300-Raketen und mehrere Kamikaze-Drohnen zivile und industrielle Infrastruktur trafen. Es wurden keine Todesfälle oder Verletzungen gemeldet.
- Zwei Tage später, am 21. Oktober, wurden gegen 8.30 Uhr weitere sechs russische S-300-Raketen auf die Stadt abgefeuert, wodurch weitere Wohngebäude sowie eine Schule beschädigt wurden. Bei dem Angriff gab es fünf verletzte Zivilisten.

- Im folgenden Jahr, am 22. März 2023, wurde Saporischschja wieder von russischen Truppen beschossen. Zwei Häuser wurden zerstört, eine Person fiel dem Angriff zum Opfer.
- Am 18. Oktober 2023 wurde durch einen russischen Raketenangriff ein Wohngebäude in Saporischschja teilweise zerstört. Fünf Menschen wurden getötet und fünf weitere verletzt.

Angriffe auf die Bevölkerung

Militärexperten waren der Überzeugung, dass es sich bei Tötung und Verstümmelung von Zivilisten durch die russische Armee weder um Unfälle noch um Kollateralschäden handelte. Russland nahm gezielt die Bevölkerung ins Visier, um ihr Vertrauen in ihre Führung zu untergraben und die internationalen Forderungen nach einer Lösung des Konflikts zu verstärken.

„Ich bin immer wieder überrascht, wenn Leute sagen, dass es sich um einen Unfall gehandelt haben muss", sagte General Richard Barrons, ein ehemaliger Befehlshaber der britischen Armee. „Manchmal ist man nicht bereit, das alles zu glauben, aber das ist naiv, niemand sollte davon überrascht sein, Russland geht völlig rücksichtslos vor, es ist absolut klar, dass dies Teil einer Kriegsführung ist, die direkt und präzise auf die Zivilbevölkerung abzielt."
(https://www.thetimes.com/world/russia-ukraine-war/article/putin-is-targeting-civilians-to-undermine-their-resolve-k8wmkxc08)

Russische Filtrationslager für Ukrainer

Russische Streitkräfte richteten während der Invasion in der Ukraine sogenannte Filtrationslager ein, in denen ukrainische Bürger in den von Russland besetzten Gebieten registriert und verhört wurden. Mitunter nahm man sie gefangen und brachte eine unbekannte Zahl von ihnen nach Russland. In den Filtrationslagern wurden die Insassen einem System von Sicherheitskontrollen und der Überprüfung der persönlichen Daten unterzogen. Zudem wurde bekannt, dass die Insassen auch Folter, Tötungen, Vergewaltigungen, Hunger und weitere Menschenrechtsverletzungen erlebten.

Die Zahl der erzwungenen Umsiedlungen, also der nach Russland verbrachten ukrainischen Bürger, kann nicht unabhängig überprüft werden. Nach Angaben der ukrainischen Regierung wurden etwa 1,6 Millionen Ukrainer nach Russland zwangsumgesiedelt, darunter 250.000 Kinder. Die russische Regierung bestritt, Ukrainer gewaltsam nach Russland zu bringen, und bezeichnete die Umsiedelung als „Evakuierung". Nach einem durchgestochenen russischen Besatzungsplan sollte die sogenannte Filtration die Grundlage zur Vorbeugung und Unterdrückung von Widerstand bilden, um eine Befriedung zu erreichen. Darüber hinaus planten die russischen Besatzungsbehörden, nach der Besetzung des gesamten Landes große Teile der ukrainischen Bevölkerung dem Filtrationsprozess zu unterziehen, also eine Art Gesinnungstest für alle.

Das US-Außenministerium zu den Filtrationslagern

Aufgrund von Schätzungen aus verschiedenen Quellen, darunter auch von der russischen Regierung, haben die russischen Behörden zwischen 900.000 und 1,6 Millionen ukrainische Bürger, darunter 260.000 Kinder, verhört, inhaftiert und gewaltsam aus ihren Häusern nach Russland deportiert – oft in abgelegene Regionen im Fernen Osten.

Moskaus Vorgehen scheint vorsätzlich zu sein und lässt sofort historische Vergleiche mit russischen „Filtrations"-Operationen in Tschetschenien und anderen Gebieten aufkommen. Präsident Putins „Filtrations"-Operationen zielen darauf ab, Familien zu trennen, ukrainische Pässe zu beschlagnahmen und russische Pässe auszustellen, um offenbar die demografische Zusammensetzung in Teilen der Ukraine zu verändern.

Berichten zufolge trennen russische Behörden auch absichtlich ukrainische Kinder von ihren Eltern und entführen andere aus Waisenhäusern, um sie in Russland zur Adoption freizugeben. Augenzeugen und Überlebende von „Filtrations"-Operationen, Inhaftierungen und Zwangsdeportationen berichten von häufigen Drohungen, Schikanen und Folter durch russische Sicherheitskräfte. Während dieses Prozesses erfassen und speichern die russischen Behörden Berichten zufolge auch biometrische und persönliche Daten, unterziehen Zivilisten invasiven Durchsuchungen und Verhören und zwingen ukrainische Staatsbürger, Vereinbarungen über ihren Verbleib in Russland zu unterzeichnen, wodurch sie daran gehindert werden, frei in ihre Heimat zurückzukehren.
(https://www.state.gov/russias-filtration-operations-forced-disappearances-and-mass-deportations-of-ukrainian-citizens/)

Die Lager in der besetzten Ukraine

Seit April 2022 wurden etwa 20 Lager in Gebieten der Ukraine errichtet, die von der russischen Armee besetzt worden waren. Bis 2024 durchliefen mehrere Millionen Ukrainer diese Lager, in denen der Grad ihrer Loyalität gegenüber Russland festgestellt werden sollte.

Dies geht aus einer Studie hervor, die von Experten der Yale University, der Smithsonian Institution und PlanetScape Ai im Auftrag im Rahmen des Projekts Conflict Observatory erstellt wurde, eines Projekts, das vom US-Außenministerium ins Leben gerufen worden war. Die Ende August 2024 veröffentlichte Studie basiert auf öffentlich zugänglichen Quellen, Satellitenbildern und der Kartierungssoftware Esri. Die US-Experten beschrieben und dokumentierten präzise Fakten. Das System umfasst 21 Stellen, die ukrainische, in besetzten Gebieten ansässige Bürger passieren müssen, um von einer Stadt in ein anderes von der russischen Regierung kontrolliertes Gebiet oder nach Russland zu gelangen. Diese Stellen lassen sich in vier Kategorien einteilen: Meldestellen, kurzfristige Haftanstalten, Verhörzentren und langfristige Haftanstalten.

Die Autoren der Studie identifizierten neben der massiven Sammlung personenbezogener Daten vier weitere Arten von Menschenrechtsverletzungen: grausame, unmenschliche und erniedrigende Haftbedingungen und Folter; Zwangsüberführungen nach Russland; Trennung von Minderjährigen und ihren Eltern und, falls diese tot waren, Trennung von den Familien; und Zwangsarbeit.

Berichte von Augenzeugen

Internierte berichteten, dass FSB-Beamte sie stundenlang verhörten, Fingerabdrücke nahmen und Daten von ihren Handys herunterluden. Eine Frau, die von Mariupol, das sich seit Mai 2022 in russischer Hand befand, nach Russland gebracht wurde, musste in einem Video auftreten, in dem sie sagte, dass Mitglieder der ukrainischen Asow-Brigade für die Sprengung des Theaters in Mariupol verantwortlich gewesen seien, bei der am 16. März Berichten zufolge mindestens 300 Menschen getötet worden waren. Das Video mit der Aussage der Frau wurde von RIA Novosti, der staatlichen russischen Nachrichtenagentur, veröffentlicht.

Die Geheimdienstabteilung des ukrainischen Verteidigungsministeriums gab bekannt, dass seit Beginn der Invasion 40.000 Bürger nach Russland verschleppt worden seien. Vadym Boichenko, der im Exil lebende Bürgermeister von Mariupol, sagte in einer Telegram-Nachricht, dass Ukrainer in den besetzten Gebieten in Busse gezwungen und in die Lager gebracht worden seien, wo man ihnen die Pässe abgenommen habe. Dies wurde von Dmitri Peskow, dem Sprecher von Präsident Putin, bestritten. Er behauptete, dass viele Ukrainer aus freien Stücken nach Russland gekommen seien und dass russische Soldaten „sie unterstützen würden".

Eines dieser Filtrationslager befand sich in Bezimenne, einem ukrainischen Dorf 35 km östlich von Mariupol (siehe auch S. 181). Satellitenbilder, die von Maxar Technologies bereitgestellt und veröffentlicht wurden, zeigten eine Ansammlung von Zelten entlang der Autobahn E58, die von Mariupol über Bezimenne zur nahe gelegenen russischen Grenze führt. Häftlinge, die in den Verdacht gerieten, mit den ukrainischen Streitkräften oder dem ukrainischen Staat in Verbingung zu

Das Filtrationslager von Bezimenne bei Mariupol, ein Zeltlager nahe der russischen Grenze

Lawrenti Beria (1899–1953), Chef der Geheimpolizei Stalins

stehen, sowie proukrainische bzw. antirussische Ansichten vertraten, erlitten verschiedene Misshandlungen, willkürliche Inhaftierung, Folter und Verschleppung. Frauen und Mädchen waren der Gefahr des sexuellen Missbrauchs ausgesetzt.

All dies wurde von Russland bestritten. Das russische Regierungsblatt Rossijskaja Gaseta behauptete: Es seien 5.000 Menschen im Lager Bezimenne abgefertigt worden, die gründlichen Sicherheitskontrollen unterzogen worden seien, um zu verhindern, dass „ukrainische Nationalisten als Flüchtlinge getarnt nach Russland eindringen, um einer Bestrafung zu entgehen".

Eine lange Tradition

Bei Filtrationslagern handelt es sich keineswegs um eine neue Erfindung: In Russland war der Begriff „Filtrationspunkt" oder „Filtrationslager" während des Zweiten Weltkriegs in Gebrauch gekommen. Damals begannen die sowjetischen Behörden und besonders die Geheimpolizei unter ihrem Chef Lawrenti Beria, der ab 1938 für Stalins „Säuberungen" zuständig war, in den von den Deutschen zurückeroberten Gebieten nach „feindlichen Elementen" zu suchen.

Ein Bericht aus dem Jahr 2015

Im Jahr 2014 marschierten schätzungsweise 12.000 russische Soldaten im Donbass ein, um die selbsternannten Volksrepubliken Donezk und Luhansk zu unterstützen. Im darauffolgenden Winter beauftragte das ukrainische Parlament 15 internationale und ukrainische Menschenrechtsorganisationen mit der Erstellung eines Berichts über die Orte illegaler Inhaftierung in den besetzten Teilen des Donbass. Der 2015 veröffentlichte Bericht benannte 79 Einrichtungen, die von russischen Streitkräften und mit Russland verbündeten bewaffneten Gruppen verwaltet wurden. Auf der Grundlage umfangreicher Zeugenaussagen stellten die Autoren „eine weit verbreitete Praxis der Folter und grausamen Behandlung illegal inhaftierter Zivilisten und Militärangehöriger" fest.

Die Überlebenden berichteten detailliert von Schlägen, Schlafentzug, Zwangsarbeit, Zwangstraining, Scheinhinrichtungen, grundlosem Schießen auf Extremitäten sowie Drohungen, den Familien der Gefangenen Schaden zuzufügen. Ein Zeuge berichtete den Ermittlern über Foltermethoden: „Sie berührten meinen Kopf und meine Genitalien mit einem Metallstab, der unter Strom stand. Sie schlugen mich mit einem Ladestock. Sie hängten mich an der Decke auf und gossen kaltes Wasser bei eisigen Temperaturen über mich."

Die Ermittler stellten fest, dass die Härte der Bestrafung, die die Lagerwachen verhängten, von einer Reihe von Variablen abhing, darunter dem militärischen Hintergrund und vor allem den „politischen Ansichten" eines Häftlings.

Am 21. März 2022, etwa einen Monat nach dem Einmarsch in die Ukraine, veröffentlichte die russische Botschaft in Washington, D.C., eine Erklärung: „Wir haben die in den US-Medien verbreiteten Behauptungen der ukrainischen Behörden über die angebliche Einrichtung von Filtrationslagern durch unser Militär zur Kenntnis genommen." In der Erklärung hieß es weiter, die Berichte über willkürliche Inhaftierungen und Verschleppungen aus Mariupol seien frei erfunden. Die Filtrationslager seien lediglich Kontrollpunkte für Zivilisten, die die Zone der aktiven Feindseligkeiten verlassen wollten. Und schließlich wurde behauptet, dass die Russen diese Leute unterstützen und sie mit Lebensmitteln und Medikamenten versorgen würden.

In Bezimenne wurde jeder Häftling von vier Seiten fotografiert, seine Fingerabdrücke wurden genommen, und er wurde einer Leibesvisitation unterzogen. Jeder, der ein Mobiltelefon besaß, musste es abgeben und die PIN angeben. Die Lagerbeamten prüften auf den Mobiltelefonen Fotos, Textnachrichten und Browserverläufe. Sie schlossen die Geräte an Computer an und gaben die Seriennummern ein.

In einem Zelt wurden sie von Mitarbeitern des russischen Inlandsgeheimdienstes FSB, dem wichtigsten Nachfolger des KGB, verhört. Was sie von der Regierung in Kiew hielten? Von den örtlichen Behörden in Mariupol? Dienten Familienmitglieder im ukrainischen Militär? In den Freiwilligenbataillonen? Hatte sie Bekannte in Russland?

Gelegentlich kam es vor, dass ein Vernehmungsbeamter aus Frustration oder Langeweile vom Fragebogen abwich. Und manchmal war selbst eine offenbar ehrliche Antwort nicht gut genug.

Danach gab ein Mitarbeiter des Camps den Überprüften ein blaues Ausweispapier mit dem Stempel „F.P. Bezimenne". „F.P." stand für „Filtration Point". Manche konnten danach das Lager verlassen, andere hingegen nicht.

(https://www.newyorker.com/magazine/2022/10/10/inside-russias-filtration-camps-in-eastern-ukraine)

Quellen: Krieg gegen die Zivilbevölkerung

Bücher
• Ramani, Samuel, Putin's War on Ukraine, Russia's Campaign for Global Counter-Revolution, London 2023

Online-Publikationen
• https://www.osw.waw.pl/en/publikacje/osw-commentary/2023-07-11/ukraine-face-a-demographic-catastrophe
• https://interfax.com/newsroom/top-stories/85987/
• https://www.interfax.ru/russia/872938
• https://www.ukrinform.net/rubric-society/3643258-most-ukrainians-think-peace-talks-with-russia-impossible-poll.html

- https://www.lemonde.fr/en/international/article/2024/09/21/ukraine-worries-about-the-prospect-of-massive-power-cuts-in-the-winter_6726794_4.html
- https://www.bbc.com/news/articles/czvvj4j4p8ro
- https://news.un.org/en/story/2022/04/1116692
- https://press.un.org/en/2024/sc15657.doc.htm
- https://www.hrw.org/news/2022/03/10/ukraine-russian-air-dropped-bombs-hit-residential-area
- https://www.reuters.com/world/europe/russia-says-it-struck-railway-station-ukraines-chaplyne-2022-08-25/
- https://kyivindependent.com/update-death-toll-in-russian-missile-strike-on-odesa-rises-to-21-at-least-73-injured/
- https://www.bbc.com/news/world-europe-61778433
- https://en.interfax.com.ua/news/general/861849.html
- https://www.washingtonpost.com/world/2023/01/19/dnipro-victims-building-missile-strike/
- https://www.rferl.org/a/ukraine-rocket-attack-donetsk/31936750.html
- https://www.bbc.com/news/world-europe-66083275
- https://www.theguardian.com/world/2022/jun/28/kremenchuk-attack-latest-to-get-russian-media-blackout-treatment
- https://www.reuters.com/world/europe/russian-missile-strike-hits-kryvyi-rih-ukraine-interior-ministry-2023-07-31/
- https://www.nytimes.com/2023/04/15/world/europe/ukraine-russia-war-sloviansk.html
- https://www.nytimes.com/2023/11/06/world/europe/ukraine-russia-odesa-museum.html
- https://kyivindependent.com/update-death-toll-in-russian-missile-strike-on-odesa-rises-to-21-at-least-73-injured/
- https://abcnews.go.com/International/live-updates/russia-ukraine/15-dead-including-1-child-after-russia-attacks-slovyansk-98589211?id=97380473
- https://www.icrc.org/en/document/ukraine-safe-passage-civilians-mariupol-halted-second-day-icrc-calls-parties-agree-specific
- https://www.aljazeera.com/news/2022/3/9/ukraine-accuses-russia-of-bombing-childrens-hospital-in-mariupol
- https://www.theguardian.com/world/2022/mar/16/mariupol-ukraine-russia-seized-hospital
- https://www.bbc.com/news/world-europe-60776929
- https://archive.ph/20220628114621/https://www.ft.com/content/71914e5d-2304-4afe-8198-6c03ca0c1556
- https://www.thetimes.com/world/russia-ukraine-war/article/putin-is-targeting-civilians-to-undermine-their-resolve-k8wmkxc08
- https://www.nytimes.com/live/2022/07/08/world/russia-ukraine-war-news#the-us-identified-18-russian-filtration-camps-for-ukrainians-a-diplomat-says
- https://www.bbc.com/news/world-europe-61683513
- https://www.bbc.com/news/world-europe-60894142
- https://www.state.gov/russias-filtration-operations-forced-disappearances-and-mass-deportations-of-ukrainian-citizens/
- https://www.lemonde.fr/en/international/article/2022/09/06/in-occupied-ukraine-an-archipelago-of-russian-filtration-camps_5996022_4.html
- https://www.newyorker.com/magazine/2022/10/10/inside-russias-filtration-camps-in-eastern-ukraine

Kapitel 20

Die Blockade der Republikaner

Die USA waren der größte Unterstützer der Ukraine im russischen Angriffskrieg, gemessen an den Unterstützungsleistungen im Zeitraum zwischen dem 24. Januar 2022 und dem 31. August 2024. Die USA leisteten rund 100 Milliarden Euro an Unterstützung, davon etwa 65,6 Milliarden Euro in Form militärischer Unterstützung, 31,6 Milliarden Euro in Form finanzieller Unterstützung und rund 2,9 Milliarden Euro in Form humanitärer Hilfe. Die Unterstützung Deutschlands folgte mit etwa 23 Milliarden Euro, dabei waren die Anteile Deutschlands an den EU-Hilfen noch nicht berücksichtigt. Bei einer Berücksichtigung der EU-Anteile summierten sich die deutschen Unterstützungen an die Ukraine auf rund 41 Milliarden Euro. Die Gesamtleistung der EU belief sich bis Mitte des Jahres 2024 auf etwa 79,8 Milliarden Euro. Ohne diese Hilfen wäre das Land vermutlich bereits ein russischer Vasall geworden.

6. Dezember 2023: Die Situation im US-Senat

An diesem Tag stimmten die Republikaner im Senat gegen ein Gesetzpaket, in dem die Unterstützung der Ukraine und Israels mit einem strengeren Grenzregime an der Südgrenze der USA kombiniert war. Den Republikanern gingen die im Gesetz enthaltenen Grenzbeschränkungen nicht weit genug, sie waren für durchgreifendere Maßnahmen. Damit gefährdeten sie aber auch Präsident Bidens Bestreben, die Unterstützung der Ukraine weiterhin finanziell zu sichern.

Das Scheitern des Gesetzpakets machte deutlich, dass die Unterstützung in den USA für die weitere Finanzierung der Kriegsbemühungen der Ukraine in einer gefährlichen Phase schwand, in der die Gegenoffensive Kiews im Sommer 2023 ihre Ziele nicht erreicht hatte und die russischen Streitkräfte in der Offensive waren. Während das Gesetz am Streit über die Einwanderungspolitik scheiterte, spiegelt der Widerstand, auf den es stieß, doch die sinkende Bereitschaft der Republikaner wider, die Ukraine zu unterstützen. Zudem zeigten Umfragen, dass die amerikanische Bevölkerung das Interesse an einer weiteren finanziellen Unterstützung verlor.

Das Gesetzpaket erreichte im Senat nicht die erforderliche Mehrheit von 60 Stimmen (von insgesamt 100). Das Gesetz hätte der Ukraine rund 50 Milliarden Dollar für wirtschaftliche und humanitäre Hilfe sowie weitere 14 Milliarden Dollar für die Bewaffnung verschafft. Die Republikaner stimmten mit Nein, trotz einer Reihe von Appellen der Demokraten in letzter Minute und eines Appells von Präsident Biden, der erklärte, er sei bereit, bedeutende Zugeständnisse in Bezug auf die Südgrenze zu machen. Er tadelte die republikanischen Senatoren dafür, die Ukraine in der Stunde der Not im Stich zu lassen.

Mit ihrem Nein wollten die Republikaner ihre Forderungen nach einer strengeren Einwanderungspolitik und damit einer Kontrolle der Südgrenze und einer Eindämmung des Drogenschmuggels durchsetzen. Außerdem forderten sie eine strengere Rechenschaftspflicht im Hinblick auf das ins Ausland fließende Geld.

Der demokratische Senator Chuck Schumer, seit Januar 2021 Mehrheitsführer im Senat, hatte zuvor erklärt, er werde versuchen, die Pattsituation mit einem Änderungsantrag aufzubrechen (siehe auch S. 402). Republikaner und Demokraten hatten im Kongress monatelang über die Finanzierung der von Biden geforderten Milliardenhilfen für die Ukraine und Israel gestritten, wie auch für die internationale humanitäre Hilfe und für die US-Interessen im Indopazifik.

(https://www.nytimes.com/2023/12/06/us/politics/senate-ukraine-aid-bill.html)

Chuck Schumer, Führer der Demokraten im US-Senat, der Vertretung der Bundesstaaten

Zu erwartende Konsequenzen

Ebenfalls am Tag der Abstimmung, dem 6. Dezember, trafen sich die Staats- und Regierungschefs der G7-Staaten zu einer Videokonferenz. Auch der ukrainische Staatschef Selenskyj nahm daran teil und erklärte: Moskau warte nur darauf, dass die USA und Europa Schwäche zeigten. „Russland hofft nur auf eines, dass die Solidarität der freien Welt im nächsten Jahr zusammenbricht."

Das Scheitern der Gesetzgebung im US-Senat bedeutete, dass die Ukraine höchstwahrscheinlich nicht in der Lage sein würde, die zusätzliche amerikanische Hilfe vor Jahresende 2023 und möglicherweise darüber hinaus zu erhalten. Vertreter des Weißen Hauses und der Ukraine schlugen Alarm und teilten den Parlamentariern mit, dass Kiew ohne weitere Waffen bis zum Jahresende keine Ressourcen mehr zur Verteidigung gegen die vorrückende russische Armee haben werde.

In einem Interview am 6. Dezember sagte der Nationale Sicherheitsberater Jake Sullivan, dass die „Fähigkeit der Ukraine, voranzukommen und sich zu verteidigen, erheblich eingeschränkt sein wird", wenn der Kongress, also beide Häuser des Parlaments, nicht bald zusätzliche Mittel bewillige. Der russische Präsident Putin habe „seine Auffassung, dass Russland die Ukraine besiegen wird, wenn die Militärhilfe der Vereinigten Staaten eingestellt wird, ziemlich offen und lautstark zum Ausdruck gebracht", fügte Sullivan hinzu.

Beamte des Verteidigungsministeriums im Pentagon zogen die Behauptungen des Weißen Hauses, dass Kiew bald kein amerikanisches Geld mehr zur Verfügung stehen werde, in Zweifel. Sie sagten, dass die Regierung durchaus in der Lage sein werde, die Ukraine auch im Winter militärisch zu unterstützen, wenn sie die 4,8 Milliarden US-Dollar, die sie für die Lieferung von Waffen aus US-Beständen noch zur Verfügung habe, sinnvoll einteile.

Der Leiter des ukrainischen Präsidialamtes, Andrij Jermak, warnte, dass bei weiter ausbleibender US-Finanzierung eine Niederlage der Ukraine im Krieg gegen Russland drohe. „Natürlich wird eine Fortsetzung der Anstrengungen zur Befreiung der ukrainischen Gebiete unmöglich und schafft ein großes Risiko, diesen Krieg zu verlieren", sagte Jermak, der sich ebenfalls am

6. Dezember in Washington mit dem Nationalen Sicherheitsberater Jake Sullivan traf. Die Botschafterin der Ukraine in den USA, Oksana Markarova, bestand jedoch darauf, dass es immer noch Grund für verhaltenen Optimismus gebe, räumte aber ein: „Wir sind noch nicht da, wo wir gerne wären." Unterdessen kündigten die USA weitere Waffen und Ausrüstung im Wert von 175 Millionen US-Dollar für die Ukraine an.

Die Pläne der Europäischen Union, Wirtschaftshilfen in Höhe von 50 Milliarden Euro zu bewilligen und förmliche Gespräche über einen möglichen EU-Beitritt der Ukraine aufzunehmen, blieben ebenfalls fraglich, da der ungarische Staatschef Viktor Orban mit einem Veto drohte.

Die Lage an der Front: 6. Dezember 2023

Laut dem Institute for the Study of War (ISW) gab es in der Nacht vom 5. auf den 6. Dezember russische Drohnenangriffe in der Ukraine. Ukrainische Militärbeamte meldeten, dass russische Streitkräfte 50 Drohnen der Typen Shahed 131 und 136 sowohl vom Oblast Kursk als auch vom Kap Tschauda auf der Krim gestartet habe. Die ukrainische Luftabwehr habe 41 dieser Shaheds abgeschossen. Ukrainische Beamte berichteten darüber hinaus, dass die ukrainische Luftabwehr in den Oblasten Odessa, Mykolajiw, Cherson, Chmelnyzkyj, Kirowograd und Schytomyr russische Drohnen außer Gefecht gesetzt habe.

Oblast Luhansk

Die russischen Streitkräfte setzten am 6. Dezember ihre Offensivoperationen entlang der Linie Kupjansk-Swatowe-Kreminna fort, es wurden jedoch keine Vorstöße bestätigt. Der ukrainische Generalstab berichtete, dass ukrainische Streitkräfte mindestens acht russische Angriffe, die auf Kupjansk gerichtet waren, abgewehrt hätten.

Russische Quellen behaupteten, ukrainische Streitkräfte hätten am 6. Dezember erfolglose Gegenangriffe entlang der Linie Kupjansk-Swatowe-Kreminna durchgeführt. Das russische Verteidigungsministerium gab an, dass russische Streitkräfte ukrainische Angriffe in Richtung Kupjansk in der Nähe von Synkiwka abgewehrt hätten.

Oblast Donezk

Die russischen Streitkräfte setzten am 6. Dezember ihre Bodenangriffe in der Nähe von Bachmut fort, konnten jedoch keine bestätigten Fortschritte erzielen. Der ukrainische Generalstab berichtete, dass die ukrainischen Streitkräfte mindestens zehn russische Angriffe abgewehrt hätten. Ebenfalls am 6. Dezember führten russische Truppen Offensivoperationen in der Nähe von Awdijiwka durch und rückten dabei nachweislich vor. Geolokalisiertes Filmmaterial zeigte, dass russische Truppen am selben Tag südöstlich von Awdijiwka geringfügig vorgerückt waren.

Ukrainische Streitkräfte führten am 6. Dezember einen Gegenangriff in der Nähe von Awdijiwka durch und konnten einen bestätigten Vormarsch verzeichnen. Ein russischer Militärblogger behauptete am selben Tag, dass ukrainische Streitkräfte trotz rus-

sischer Angriffe ihre Stellungen im Zentrum von Stepowe gehalten hätten. In den weiteren umkämpften Frontabschnitten in Saporischschja gab es keine Veränderungen. (https://www.understandingwar.org/backgrounder/russian-offensive-campaign-assessment-december-6-2023)

Der Einfluss von Donald Trump

Am 10. Dezember 2023 wurde ein 118-Milliarden-Dollar-Gesetzentwurf von einer parteiübergreifenden Gruppe Senatoren vorgestellt. Der Plan sah 20 Milliarden Dollar zur Bekämpfung der illegalen Einwanderung an der Grenze zu Mexiko vor. Im Gegenzug sollten 60 Milliarden Dollar an Hilfsgeldern für die Ukraine freigegeben werden, die seit Wochen durch den Widerstand der Republikaner im Kongress blockiert waren. Donald Trump forderte die republikanischen Senatoren auf, den Gesetzentwurf abzulehnen.

Trump hatte bereits versucht, die Verhandlungen zur Grenzsicherheit zu untergraben, da er entschlossen war, Präsident Biden vor den Präsidentschaftswahlen im November 2024 keinen politischen Erfolg zu bescheren. Er machte die Einwanderungskrise zum zentralen Thema seines Wahlkampfs 2024 und kritisierte Biden heftig wegen seines Umgangs mit der Rekordzahl von Migranten ohne Papiere, die die Grenze überquerten. In einem Posting auf seiner Internet-Plattform Truth Social bezeichnete der erneute Präsidentschaftskandidat den Gesetzentwurf als „schrecklich" und sagte, er sei ein „Todeswunsch für die Republikanische Partei". Er fügte hinzu: „Seid nicht DUMM!!! Wir brauchen ein separates Grenz- und Einwanderungsgesetz. Es sollte in keiner Weise in Form oder Gestalt an die Auslandshilfe gebunden sein! Die Demokraten haben die Einwanderung und die Grenze kaputt gemacht. Sie sollten es in Ordnung bringen."

Die Trump-Anhänger im Repräsentantenhaus waren entschlossen, das Gesetz zu verhindern, falls es den Senat passieren sollte. Der Republikaner Mike Johnson, der Sprecher des Repräsentantenhauses, der während der Ausarbeitung des Gesetzentwurfs in regelmäßigem Kontakt mit Donald Trump stand, erklärte, das Gesetz sei „noch schlimmer als erwartet". Er twitterte: „Wenn dieser Gesetzentwurf das Repräsentantenhaus erreicht, wird er schon bei seiner Ankunft tot sein."

Donald Trump übte auch während der Präsidentschaft Joe Bidens Einfluss auf die republikanischen Abgeordneten aus.

Der Widerstand Trumps und seiner Anhänger irritierte diejenigen republikanischen Senatoren, die den Gesetzentwurf unterstützten. Doch Hardliner unter den Republikanern sprachen sich gegen jede weitere Unterstützung der USA für die Ukraine aus und schlugen einen alternativen Gesetzentwurf vor, der Militärhilfe nur für Israel, aber nicht für Kiew vorsah. Das Weiße Haus verurteilte den Widerstand als ein „zynisches politisches Manöver" und erklärte, dass Biden sein Veto gegen den republikanischen Gesetzentwurf einlegen würde, falls dieser im Kongress verabschiedet würde.

Die Lage an der Front: 18. Dezember 2023

Die ukrainische Gegenoffensive 2023 hatte gegen die tief gestaffelten russischen Stellungen nur geringe Fortschritte erzielt, und in den Wochen vor dem 18. Dezember hatte der Oberkommandierende der ukrainischen Streitkräfte, General Walerij Saluschnyj, hatte den Krieg als zunehmend statisch und zermürbend beschrieben. Er zog Vergleiche mit den Stellungskriegen des Ersten Weltkriegs und sagte, dass ein technologisches Niveau erreicht worden sei, das „uns in eine Pattsituation bringt". Dem widersprach Präsident Selenskyj und bestritt, dass es zurzeit eine Pattsituation gebe.

Am 18. Dezember 2023 erklärte Saluschnyj dann, dass die Situation an der Front des Krieges gegen die russischen Streitkräfte keine Pattsituation sei. Er lehnte es jedoch ab, sich dazu zu äußern, ob die Ukraine im Winter weitere Gegenoffensiven plane. „Dies ist ein Krieg, ich kann nicht sagen, was ich plane, was wir tun sollen. Sonst wird es eine Show, kein Krieg", wurde er zitiert.

Ein hoher Militärbefehlshaber teilte der Nachrichtenagentur Reuters mit, dass die ukrainischen Truppen an der Front viel zu wenig Artilleriegeschosse hätten und einige Operationen aufgrund fehlender ausländischer Hilfe hätten gestoppt werden müssen. (https://www.reuters.com/world/europe/ukraines-army-chief-says-situation-front-line-is-not-stalemate-2023-12-18/)

15. Dezember 2023: Frust bei den Abgeordneten

Chuck Schumer, der demokratische Mehrheitsführer im Senat, hatte beschlossen, die Weihnachtspause zu verschieben und die Senatoren in der Woche vor Weihnachten in der Stadt zu halten, um Druck auf die frustrierten Verhandlungsführer auszuüben, damit sie die Frage der Finanzierung der Grenzsicherheit sowie der zusätzlichen Mittel für die nationale Sicherheit klären könnten. Doch die Republikaner im Repräsentantenhaus waren so zerstritten, dass einige Abgeordnete befürchteten, sie würden sich in letzter Minute selbst sabotieren. Mike Johnson, Sprecher der Republikaner, und Chuck Schumer würden sich über ein halbes Dutzend weiterer wichtiger Themen duellieren, darunter natürlich auch die Hilfe für die Ukraine und Israel.

Der Kongress hatte in diesem Jahr bereits zweimal Abstimmungen verschoben. „Wenn man es bis September nicht schafft, dann schafft man es auch nicht bis Mitte November und auch nicht bis Dezember. Warum zum Teufel sollte man dann glauben, dass man es im Januar schafft?", fragte Senator Jon Tester. „Hier herrschte nie die Dringlichkeit, etwas zu erledigen."

Da es jedoch keine Anzeichen dafür gab, dass die Republikaner im Repräsentantenhaus bereit waren, das wochenlange selbstverschuldete Drama hinter sich zu lassen, bereiteten sich die Gesetzgeber auf einen Winter voller Sorgen vor.
(https://www.politico.com/news/2023/11/27/congress-shutdown-fight-january-00128148)

Die Lage an der Front: 25. Dezember 2023

Die wahrscheinliche Einnahme von Marinka im Oblast Donezk durch Russland stellte einen begrenzten taktischen Vorteil für Russland dar und bedeutete keinen operativ signifikanten Fortschritt, es sei denn, die russischen Streitkräfte hätten ihre Fähigkeit zu einer schnellen mechanisierten Vorwärtsbewegung dramatisch verbessert, wofür es jedoch keine Anzeichen gab. Der russische Verteidigungsminister Sergei Shoigu traf sich am 25. Dezember mit dem russischen Präsidenten Wladimir Putin und behauptete, dass die russischen Streitkräfte Marinka, unmittelbar westlich der Stadt Donezk, ganz eingenommen hätten. Der ukrainische Oberbefehlshaber General Walerij Saluschnyj erklärte am 26. Dezember, dass Marinka durch Kampfhandlungen effektiv zerstört worden sei, räumte aber ein, dass sich die ukrainischen Streitkräfte teilweise aus Marinka zurückgezogen hätten, und gab an, dass die ukrainischen Streitkräfte dennoch weiterhin in den nördlichen Außenbezirken von Marinka operierten und außerhalb der Siedlung eine Verteidigungslinie errichtet hätten.

Eine kleine und völlig zerstörte Siedlung bot den russischen Streitkräften keinen geeigneten Stützpunkt, von dem aus sie weitere Offensivoperationen starten konnten. Marinka liegt weniger als einen Kilometer vom Frontverlauf aus der Zeit vor der Invasion entfernt, und die ukrainischen Streitkräfte hatten viele der umliegenden Siedlungen seit Langem befestigt, die die russische Armee ebenfalls nur schwer einnehmen konnte. Die russischen Streitkräfte waren seit dem 24. Februar 2022 etwa drei Kilometer bis nach Marinka vorgedrungen, und es gab keine Anzeichen dafür, dass sie bei ihrem Vormarsch auf die nächsten Siedlungen, die als taktische Ziele Russlands identifiziert worden waren, schneller vorankommen würden – insbesondere angesichts der hohen Verluste, die die russischen Streitkräfte bei der Eroberung dieser kleinen Siedlung direkt an der Grenze des seit 2014 von Russland kontrollierten Gebiets erlitten hatten.
(https://www.understandingwar.org/backgrounder/russian-offensive-campaign-assessment-december-26-2023)

17. Januar 2024: Mahnwache für Israel

Der republikanische Sprecher des Repräsentantenhauses, Mike Johnson, veranstaltete eine Mahnwache im Kapitol, um den 100. Tag der Geiselnahme von Israelis zu begehen, nachdem die Hamas in Israel ein Massaker mit über 1100 Toten angerichtet hatte. Johnson hielt eine bewegende Rede. „Wir müssen solidarisch mit dem jüdischen Volk zusammenstehen", sagte er. „Und das werden wir, von den Synagogen in Brooklyn bis zu den Dorfkirchen in meiner Heimat in Nordwest-Louisiana, vom Senat bis zum Repräsentantenhaus – wir unterstützen

Israel in der Überzeugung, dass wir die Dunkelheit mit Licht überwinden können." An diesem Tag war es aber auch 100 Tage her, dass Präsident Joe Biden 100 Milliarden US-Dollar an Soforthilfe für die Verteidigung Israels und der Ukraine sowie zusätzliche Mittel für die Grenzsicherung beantragt hatte. Während dieser 100 Tage hatte sich der Kongress geweigert, Bidens Antrag zu entsprechen. Das Haupthindernis war das Repräsentantenhaus und von den Abgeordneten vor allem die MAGA-Fraktion (Make America Great Again) der Trump-Anhänger. Die MAGA-Fraktion sorgte auch dafür, dass Mike Johnson, ein glühender Trump-Anhänger, zum Sprecher des Repräsentantenhauses gewählt wurde.

Johnson stellte sich als Freund Israels dar. Er setzte Anhörungen an, damit die Abgeordneten des Repräsentantenhauses Hochschulpräsidenten über ihr Versagen bei der Verhinderung antisemitischer Belästigungen auf dem Campus befragen konnten. David Frum schrieb in The Atlantic allerdings kritisch: „Doch wenn es darum geht, Verbündeten in einem bewaffneten Krieg und nicht in einem Kulturkrieg beizustehen, sind Johnson und seine Gruppe plötzlich nirgends zu finden." *(https://www.theatlantic.com/ideas/archive/2024/01/republicans-betrayal-israel-ukraine-aid/677254/)*

19. Januar 2024: Die Chancen für weitere Ukraine-Hilfe schwinden

Die Chancen, dass in diesem Monat im von den Republikanern geführten Repräsentantenhaus ein Abkommen über die Einwanderungspolitik und die Ukraine-Hilfe verabschiedet werden würde, standen an diesem Tag bei nahezu Null. Von Anfang an hatten die Republikaner im Repräsentantenhaus die Absicht, die Hilfe zu verhindern, indem sie sie mit der Einwanderungsreform verknüpften.

Mike Johnson bei einer Rede vor der Republican Jewish Coalition, einer politischen Gruppe, die die Republikaner im Kongress kräftig unterstützt.

Das Schicksal des Gesetzpaketes lag in den Händen von Mike Johnson, Sprecher des Repräsentantenhauses, der dem rechten Flügel und dem ehemaligen Präsidenten Donald Trump verpflichtet war. Es wurde immer deutlicher, dass Johnson weder einen konkreten Plan noch einen politischen Anreiz hatte, bei beiden Themen Kompromisse einzugehen. Das Ergebnis war ein legislatives Chaos, das es immer wahrscheinlicher machte, dass der Kongress weder in naher Zukunft noch jemals Mittel für die Ukraine bewilligen würde. Die Unterstützung der USA für die Ukraine könnte versiegen – ein Albtraumszenario für die Ukraine und die US-Strategie in Europa.

Der Mehrheitsführer im Senat, Chuck Schumer (siehe Abb. S. 395), sagte Reportern nach einer zweistündigen Sitzung im Weißen Haus, er sei „optimistischer als je zuvor", dass die Verhandlungsführer des Senats kurz vor einer Einigung stünden. Doch ein solcher Optimismus ignorierte die Dynamik innerhalb der republikanischen Fraktion

Das Repräsentantenhaus der Vereinigten Staaten, eine der beiden Kammern des Kongresses

des Repräsentantenhauses, wo Trumps Anhänger bereits daran arbeiteten, das Gesetzpaket zu Fall zu bringen, bevor es konkrete Formen annehmen konnte.

Zwei Tage später ging Mike Johnson in einem geleakten Telefongespräch mit Mitgliedern der Republikanischen Partei noch weiter und sagte, er werde keinen Deal im Senat akzeptieren und glaube nicht, dass das Grenzproblem gelöst werden könne, bevor ein Republikaner Präsident sei. *(https://www.washingtonpost.com/opinions/2024/01/19/ukraine-aid-cut-likely-johnson-house-republicans/)*

Die Lage an der Front: 30. Januar 2024

Die erwartete russische Winter-Frühlingsoffensive 2024 war im Grenzgebiet zwischen den Oblasten Charkiw und Luhansk im Gange. Am 30. Januar erklärte der Leiter des ukrainischen militärischen Hauptnachrichtendienstes GUR, Generalleutnant Kyrylo Budanov, dass die russische Offensive in der Ukraine derzeit andauere und dass die russischen Streitkräfte verstärkt darauf abzielten, den Fluss Scherebez im Grenzgebiet der Oblaste Charkiw und Luhansk sowie die Verwaltungsgrenzen der Oblaste Donezk und Luhansk zu erreichen. Allerdings prognostizierte Budanov, dass die russischen Streitkräfte diese Ziele nicht erreichen und bis zum Frühjahrsbeginn wahrscheinlich „völlig erschöpft" sein würden.

Budanovs Aussagen stimmten mit der Beobachtung des US-amerikanischen Institute for the Study of War (ISW) überein, dass die russischen Streitkräfte seit Anfang Januar 2024 ihre Offensivoperationen entlang dieser Achse intensiviert hatten. Die russischen Streitkräfte erzielten dabei südöstlich von Kupjansk entlang der strategisch wichtigen Nationalstraße H26 in der Nähe von Krochmalne taktische Gewinne. Ende

Januar sah es so aus, als ob sie nordwestlich und westlich von Krochmalne in Richtung des Flusses Oskil verstärkt angreifen würden. Wahrscheinlich könnten russische Streitkräfte zusätzliche taktische Gewinne im Gebiet von Kupjansk erzielen. Das ISW hatte beobachtet, dass Teile der 1. Panzerarmee der Westlichen Militärregion und der 6. Armee […] im Gebiet Kupjansk aktiv waren. Sie wären in der Lage, infanteriegeführte Frontalangriffe durchzuführen, doch seit ihrer Entsendung auf diese Achse vor über einem Jahr hatten sie nicht die Fähigkeit zu groß angelegten mechanisierten Manövern gezeigt. (https://www.understandingwar.org/backgrounder/russian-offensive-campaign-assessment-january-30-2024)

8. Februar 2024: Kein Durchbruch im Senat

Die Ukraine-Hilfe hatte seit dem Vortag den Senat nicht passieren können, nachdem die Republikaner das Gesetzpaket abgelehnt hatten, über das monatelang mit den Demokraten verhandelt worden war. Mit dem Gesetz sollte eine Eindämmung der Rekordzahl illegaler Grenzübertritte erreicht werden – aber es war auch mit der Ukraine-Hilfe verknüpft. Nun schlug der Mehrheitsführer Chuck Schumer eine parteiübergreifende Probeabstimmung über ein 95-Milliarden-Dollar-Paket für die Ukraine, Israel und andere Verbündete der USA vor. Es handelte sich um ein modifiziertes Paket, aus dem der Grenzsicherungsteil herausgelöst worden war.

Für den republikanischen Fraktionsführer im Senat, Mitch McConnell, hatte die Zustimmung zu diesem Gesetz zur Finanzierung des Krieges oberste Priorität, doch die republikanische Fraktion im Senat war zutiefst gespalten. Das war das jüngste Anzeichen dafür, dass der langjährige Fraktionsführer die Kontrolle über seine Fraktion im Senat immer mehr verlor. Es zeigte auch, dass der traditionelle Grundsatz der Republikaner, sich stark im Ausland zu engagieren, der America-First-Politik von Donald Trump gewichen war.

Auf dem Spiel stehe die Zukunft der Verteidigung der Ukraine gegen Russland, so Chuck Schumer. Daraufhin schloss er die Sitzung und sagte, er werde den republikanischen Senatoren bis zum folgenden Tag Zeit geben, um sich zu besprechen, bevor die entscheidende Probeabstimmung stattfinden sollte. Doch auch diese brachte keinen Durchbruch.

13. Februar 2024: Keine Abstimmung im Repräsentantenhaus

Der demokratische Präsident Joe Biden und eine parteiübergreifende Gruppe von Abgeordneten im Senat, darunter Mitch McConnell, der ranghöchste Republikaner im Senat, forderten am Dienstag das Repräsentantenhaus auf, in dem die Republikaner die Mehrheit hatten, einem 95,34 Milliarden Dollar schweren Militärhilfe-Paket für die Ukraine und andere Verbündete zuzustimmen.

Die Maßnahme wurde am Dienstag kurz vor Tagesanbruch mit 70 zu 29 Stimmen im Senat verabschiedet, nachdem eine Gruppe von Republikanern, die eine harte Linie vertraten, die ganze Nacht versucht hatte, sie zu blockieren. Im Repräsentantenhaus wiederum, in dem die Republikaner mit 219 zu 212 Stimmen eine knappe Mehrheit hatten, war es unklar, ob der republikanische Sprecher Mike Johnson das Militärhilfe-Paket überhaupt zur Abstimmung stellen würde. Mike Johnson, ein Anhänger Donald Trumps, sagte Reportern, er habe nicht die Absicht, eine Abstimmung über den Gesetzentwurf zuzulassen.

Im Weißen Haus erklärte Präsident Biden, dass es eine grundlegende Verantwortung sei, den Verbündeten der USA zu helfen und insbesondere der Ukraine beizustehen, die seit zwei Jahren darum kämpfe, eine russische Invasion abzuwehren. „Die Geschichte schaut zu", sagte der Präsident und wiederholte diesen Satz in seinen Fernsehansprachen fünfmal. „Die Unterstützung dieses Gesetzes ist ein Zeichen des Widerstands gegen Putin. Eine Ablehnung spielt Putin in die Hände", fügte der Präsident abschließend hinzu.

Die Lage an der Front: 17. Februar 2024

Der russische Verteidigungsminister Sergei Schoigu behauptete, dass die russischen Streitkräfte die „volle Kontrolle" über Awdijiwka im Oblast Donezk übernommen hätten, nachdem sich die ukrainischen Streitkräfte aus Awdijiwka zurückgezogen hätten. Schoigu berichtete Präsident Putin am Abend des 17. Februars, dass Teile der Zentralgruppe der Streitkräfte die Eroberung von Awdijiwka abgeschlossen hätten. Es seien Gebiete erobert worden, von denen Schoigu behauptete, dass die russischen Streitkräfte die ukrainischen Truppen in die Enge getrieben hätten. Putin würdigte die Militäreinheiten für die Eroberung von Awdijiwka unter der Führung des Kommandeurs der russischen Zentralgruppe der Streitkräfte, Generaloberst Andrej Mordwitschow.

Geolokalisiertes Filmmaterial, das am 17. Februar veröffentlicht wurde, zeigte, dass russische Streitkräfte an der Eisenbahnlinie im östlichen Teil der Kokerei von Awdijiwka und im Industriegebiet nahe dem Steinbruch im Nordosten in den Norden von Awdijiwka vorrückten. Weiteres geolokalisiertes Filmmaterial zeigte, dass russische Streitkräfte von Süden her in das Zentrum von Awdijiwka vordrangen und die Gebäude der Stadtverwaltung und des Kulturpalastes einnahmen.

Ukrainische Beamte gaben an, dass die ukrainischen Streitkräfte den russischen Streitkräften bei der Verteidigung und dem Rückzug aus Awdijiwka schwere Verluste zugefügt hätten. Der Pressedienst der ukrainischen Streitkräfte berichtete, dass die ukrainischen Streitkräfte zwischen dem 1. Januar und dem 15. Februar den angreifenden russischen Truppen Verluste von 20.018 Mann, 199 Panzern und 481 gepanzerten Kampffahrzeugen zugefügt hätten, wobei die meisten dieser Verluste in der Nähe von Awdijiwka verursacht worden seien.

(https://www.understandingwar.org/backgrounder/russian-offensive-campaign-assessment-february-17-2024)

12. März 2024: HIMARS-Munition für 300 Millionen Dollar bereitgestellt

Die Regierung von Präsident Biden teilte mit, dass die Vereinigten Staaten neue Militärhilfe für die Ukraine im Wert von 300 Millionen Dollar schicken würden. Es war der erste derartige Schritt seit mehreren Monaten, da zusätzliche Gelder für Kiew von republikanischen Kongressabgeordneten weiterhin blockiert wurden.

Das Weiße Haus hatte angesichts der Lage auf dem ukrainischen Schlachtfeld und des Widerstands gegen die Finanzierung durch republikanische Politiker nach Wegen gesucht, um mehr Militärhilfe zur Verfügung zu stellen. Der Nationale Sicherheitsberater der USA, Jake Sullivan, sagte, die Finanzierung stamme aus unerwarteten Kosteneinsparungen bei Pentagon-Verträgen und werde für Artilleriegeschosse und Munition für die HIMARS-Raketenwerfer verwendet. „Diese Munition wird für die Waffen der Ukraine eine gewisse Zeit ausreichen, aber nicht für lange", sagte Sullivan gegenüber Reportern.

22. März 2024: US-Haushalt – ohne Ukraine-Hilfe

Nachdem der Streit um die Finanzierung des Haushalts der US-Regierung beigelegt worden war – es hatte ein sogenannter Shutdown, eine Haushaltssperre, gedroht –, wurde erwartet, dass sich das Repräsentantenhaus bald dem lange blockierten nationalen Sicherheitspaket zuwenden werde, das Militärhilfe für die Ukraine sowie für Israel und andere Verbündete der USA vorsah.

Trotz der immer verzweifelteren Bitten aus Kiew hatte sich Mike Johnson, der republikanische Sprecher des Repräsentantenhauses, geweigert, über das Gesetz über die Kriegshilfe abstimmen zu lassen. Der Gesetzentwurf war bereits im Senat verabschiedet worden, und auch im Repräsentantenhaus war die Unterstützung für die Ukraine Konsens unter vielen Abgeordneten, doch eine Gruppe innerhalb der republikanischen Fraktion lehnte die Entsendung zusätzlicher Hilfsgelder an das Land ab. Donald Trump, inzwischen offiziell Präsidentschaftskandidat der Republikaner, hatte Johnson unter Druck gesetzt, den Gesetzesentwurf nicht zur Abstimmung zu stellen.

Nun, Ende März, waren sechs Monate vergangen, seit US-Präsident Biden erstmals um die Gewährung zusätzlicher Hilfe gebeten hatte, um die Streitkräfte der Ukraine neu auszurüsten und das Land auf die bevorstehenden russischen Offensiven vorzubereiten. Da der Kongress nach

Das Kapitol in Washington D.C., Sitz beider parlamentarischer Kammern des US-Kongresses

Verabschiedung des Haushalts eine Pause einlegen wollte, hätte bis dahin ein Ende des partei-
politischen Stillstands in Sicht sein können. Doch der Weg, wie ein entsprechender Gesetzentwurf
auf Präsident Bidens Schreibtisch zur Unterschrift gelangen würde, blieb unklar.

Die Lage an der Front: 30. März 2024

*Am 30. März führten russische Truppen eine Reihe von Raketen- und Drohnenangriffen
gegen Ziele in der Ukraine durch. Ukrainische Militärs berichteten, dass ihre Streitkräfte
in der Nacht vom 30. März zwölf Shahed-136/131-Drohnen vom Kap Tschauda auf der
Krim aus gestartet und vier S-300/400-Flugabwehrraketen auf die Oblast Donezk abgeschossen hätten.*

*Ukrainische Streitkräfte schossen neun Shahed-Drohnen über den Oblasten Cher-
son, Odessa, Dnipropetrowsk und Poltawa ab. Das ukrainische Eastern Air Command
berichtete, dass die ukrainische Luftverteidigung zusätzlich einen Kh-59-Marschflug-
körper über der Oblast Dnipropetrowsk abgeschossen habe. Ukrainische Beamte gaben an, dass russische Shahed-Drohnen eine Infrastruktureinrichtung im Oblast Poltawa beschädigt hätten und dass zwei russische S-300-Raketen Wohngebäude und
Stromleitungen in Selydowe, Oblast Donezk, getroffen hätten. Das südliche Einsatzkommando der Ukraine berichtete, dass russische Streitkräfte im Verlauf des 30. März
auch die Oblaste Cherson und Mykolajiw mit einer unbekannten Anzahl ballistischer
Raketen, darunter wahrscheinlich Iskander-M-Raketen, sowie mit anderen nicht näher
bezeichneten Lenkwaffen beschossen hätten. Berichten zufolge hätten ukrainische Streitkräfte eine der nicht näher bezeichneten russischen Raketen abgefangen, die auf die
Oblast Mykolajiw abgefeuert worden seien.*

*Die Ukraine bemühte sich weiterhin, die Belastung des ukrainischen Stromnetzes
aufgrund von Schäden durch russische Drohnen- und Raketenangriffe auf die Energie-
infrastruktur zu bewältigen. Das ukrainische Energieministerium hatte am 29. März bekannt gegeben, dass stundenweise Stromabschaltungen in den Oblasten Charkiw,
Dnipropetrowsk, Donezk, Kirowograd, Poltawa, Sumy und Saporischschja notwendig
geworden seien. Am 30. März erklärte der ukrainische Ministerpräsident Denys Schmyhal,
dass die Ukraine nach dem Ende der Heizperiode besser in der Lage sein werde, die
Energieversorgung angesichts der russischen Angriffe aufrecht zu erhalten.*
*(https://www.understandingwar.org/backgrounder/russian-offensive-campaign-assess-
ment-march-30-2024)*

5. April 2024: Die Drohungen Marjorie Greenes

Die internen Machtkämpfe unter den Republikanern, die die Mehrheit im US-Repräsentantenhaus
stellten, und die im Raum stehende Drohung, Mike Johnson aus seiner Führungsrolle zu verdrängen, setzten den Sprecher nach wie vor unter Druck, die Abstimmung über das seit Langem angestrebte Gesetz über finanzielle und militärische Hilfen für die Ukraine, Israel und andere wichtige
Verbündete noch weiter zu verzögern.

Die republikanische Abgeordnete Marjorie Greene aus Georgia, eine überzeugte Verbündete des republikanischen Präsidentschaftskandidaten Donald Trump, sprach sich vehement gegen eine weitere Ukraine-Hilfe aus. In einer Reihe von Medieninterviews und Social-Media-Beiträgen erhöhte sie die rhetorische Schärfe und drohte damit, eine Abstimmung zu erzwingen, um auf diese Weise Mike Johnsons Position als Sprecher zu gefährden.

Die Republikanerin Marjorie Greene, Trump-Unterstützerin

Die Lage an der Front: 5. April 2024

Das kürzlich intensivierte Tempo der russischen Offensivoperationen in der Ukraine würde wahrscheinlich zu höheren Verlusten an Personal und Material führen, aber das russische Verteidigungsministerium schien diese Verluste erfolgreich abzufedern. Russische Streitkräfte hatten in der Woche zuvor mehrere mechanisierte Angriffe etwa auf Zug-, Kompanie- und Bataillonsebene westlich von Bachmut durchgeführt, und zwar sowohl in der Nähe von Tschassiw Jar als auch westlich von Kreminna in der Nähe von Terny, zudem westlich von Awdijiwka in der Nähe von Berdychi, Semeniwka und Tonenke. Seit Beginn der Kampagne zur Eroberung von Awdijiwka im Oktober 2023 hatten sie hauptsächlich auf infanteriegeführte sogenannte „Fleischangriffe" auf dem gesamten Kriegsschauplatz gesetzt. Bei früheren Angriffen der russischen Infanterie war im Wesentlichen auf gepanzerte Fahrzeuge verzichtet worden, was zu höheren Verlusten an Menschenleben geführt hatte. Russland schien seine laufende Mobilisierung erfolgreich genutzt zu haben, um die gestiegenen Verluste an Menschenleben auszugleichen.

Der beobachtete neue Trend, dass die russischen Streitkräfte bei taktischen Angriffen mehr Fahrzeuge einsetzten als zuvor, deutete darauf hin, dass das russische Militär möglicherweise die Verluste an gepanzerten Fahrzeugen und Panzern hinnahm. Die Intensivierung der mechanisierten Angriffe in der Ostukraine zeigte, dass das russische Kommando offenbar davon ausging, dass Russland in der Lage sei, die Verluste bei intensivierten mechanisierten Angriffen auszugleichen, während es sich auf eine für den Sommer 2024 prognostizierte Offensive vorbereitete.

(https://www.understandingwar.org/backgrounder/russian-offensive-campaign-assessment-april-5-2024)

19. April 2024: Verabschiedung des Hilfspakets

Das US-Repräsentantenhaus brachte an diesem Tag ein 95 Milliarden Dollar umfassendes Hilfspaket für die Ukraine, Israel und Taiwan sowie für humanitäre Maßnahmen auf den Weg. Einer Koalition von Abgeordneten war es gelungen, eine Verfahrenshürde zu nehmen, um zeitnah eine Schlussabstimmung ansetzen zu können. In einer beide Parteien übergreifenden Abstimmung schlossen sich 210 Demokraten und 101 Republikaner zusammen, um die Ukraine zu unterstützen, wobei 112 Republikaner – die Mehrheit der republikanischen Abgeordneten – dagegen stimmten. Am Morgen jenes Tages hatte Außenminister Antony Blinken noch gewarnt, dass bei einer weiteren Verzögerung der US-Hilfe für die Ukraine die Gefahr bestehe, dass sie zu spät komme, um den zermürbenden Widerstand gegen die Invasion Russlands zu unterstützen.

Das Hilfspaket war eine der parteiübergreifenden Maßnahmen, die verabschiedet werden mussten, um der Ukraine zu helfen, und die Mike Johnson durch den Kongress brachte. Johnson hatte einige Tage zuvor Unterstützung von Donald Trump erhalten, als sie gemeinsam eine Veranstaltung in der Residenz Trumps in Florida abhielten. Zudem veröffentlichte Trump in den sozialen Medien einen Beitrag, in dem er sich nicht aktiv gegen Hilfen für die Ukraine aussprach. Trumps Sinneswandel schien auf ein Gespräch mit dem polnischen Präsidenten Andrzej Duda zurückzugehen, von dem er sich in New York bei einem Abendessen über Polens Haltung zum Ukraine-Krieg informieren ließ. Duda war sehr besorgt und befürchtete, dass Russland ganz Osteuropa bedrohe.

Die Monate danach

Da die Republikaner im Kongress die Verabschiedung eines neuen Hilfspakets blockiert hatten, wurde die Ausrüstung der ukrainischen Truppen knapp; es fehlte an allem, von Flugabwehrraketen bis zu Artilleriegeschossen. Ukrainische Kommandeure schätzten, dass die russischen Streitkräfte inzwischen über das Zehnfache an Artilleriegeschossen verfügten. Da die ukrainische Luftabwehr geschwächt war, mussten die Städte – vor allem Charkiw – die heftigsten Angriffe seit Beginn des Krieges erdulden. Raketenangriffe legten die Stromnetze im ganzen Land lahm. Ende April hatte der US-Kongress schließlich ein Rüstungspaket im Wert von 61 Milliarden Dollar genehmigt, doch der Krieg hatte sich bereits gewendet, und schwere Waffensysteme und Rüstungsgüter konnten ohnehin nicht über Nacht auf dem Schlachtfeld eintreffen. Im Juni 2024 kündigte die Regierung in Kiew landesweite Stromabschaltungen an.
(https://www.newyorker.com/magazine/2024/06/03/ukraine-faces-a-crucial-moment-in-the-war)

Quellen: Die Blockade der Republikaner

Online-Publikationen

- https://www.nytimes.com/2023/12/06/us/politics/senate-ukraine-aid-bill.html
- https://www.bbc.com/news/world-europe-67636302
- https://www.understandingwar.org/backgrounder/russian-offensive-campaign-assessment-december-6-2023
- https://www.thetimes.com/world/us-world/article/donald-trump-republicans-ukraine-aid-bill-us-senate-policy-83qp7b279
- https://www.reuters.com/world/europe/ukraines-army-chief-says-situation-front-line-is-not-stalemate-2023-12-18/
- https://www.politico.com/news/2023/11/27/congress-shutdown-fight-january-00128148
- https://www.understandingwar.org/backgrounder/russian-offensive-campaign-assessment-december-26-2023
- https://www.theatlantic.com/ideas/archive/2024/01/republicans-betrayal-israel-ukraine-aid/677254/
- https://www.washingtonpost.com/opinions/2024/01/19/ukraine-aid-cut-likely-johnson-house-republicans/
- https://apnews.com/article/congress-ukraine-aid-border-security-386dcc54b29a5491f8bd87b727a284f8
- https://www.reuters.com/world/us/us-senate-heads-toward-final-passage-ukraine-aid-bill-2024-02-13/
- https://www.understandingwar.org/backgrounder/russian-offensive-campaign-assessment-april-5-2024
- https://www.theguardian.com/us-news/2024/mar/25/ukraine-aid-house-republicans-mike-johnson
- https://www.reuters.com/world/us/us-house-republican-infighting-threatens-further-delay-ukraine-aid-package-2024-04-05/
- https://www.theguardian.com/us-news/2024/apr/20/us-house-approves-61bn-aid-ukraine
- https://www.newyorker.com/magazine/2024/06/03/ukraine-faces-a-crucial-moment-in-the-war

Kapitel 21

Kursk: Ein riskantes Unterfangen

Am 12. August 2000 sank das russische Atom-U-Boot Kursk in den nördlich von Skandinavien im Arktischen Ozean gelegenen Gewässern der Barentssee, wobei alle 118 Besatzungsmitglieder ums Leben kamen. Die Katastrophe ereignete sich im ersten Amtsjahr von Präsident Putin, und der neue russische Staatschef sah sich einer Flut von Kritik an seinem Umgang mit dem Vorfall ausgesetzt. Die von Norwegen angebotene Hilfe bei der Rettung der Besatzung lehnte er aus Sicherheitsgründen zunächst ab, erst am fünften Tag erhielten die Norweger die Erlaubnis. Doch da war es zu spät, denn der Sauerstoffvorrat an Bord war vermutlich schon aufgebraucht.

Als der amerikanische Fernsehmoderator Larry King Putin fragte, was mit dem U-Boot passiert sei, antwortete Putin zynisch: „Es ist gesunken." Auch hatte er seinen Urlaub in seiner Ferienvilla in Sotschi nicht abgebrochen, als er die Nachricht über das Unglück erhielt. Erst bei der Trauerfeier, die am 23. August in Murmansk stattfand, stellte er sich den trauernden und wütenden Angehörigen.

Putin überstand diese Krise, aber der Einfall der ukrainischen Armee in die westrussische Region Kursk, die dem unglückseligen Atom-U-Boot seinen Namen gegeben hatte, wurde von Kiew als symbolischer Schlag gegen Putins lange Herrschaft dargestellt.

Am 6. August 2024 drangen ukrainische Truppen in die Oblast Kursk ein, und am Jahrestag des Unterganges, dem 12. August 2024, sah die Lage in der Region folgendermaßen aus: Der Oberbefehlshaber der ukrainischen Armee, General Syrskyj, erklärte, dass seine Streitkräfte ein russisches Gebiet von 1.000 Quadratkilometern kontrollierten. Die russischen Behörden bestätigten, dass die Ukrainer die Kontrolle über mindestens 28 Siedlungen erlangt hätten; ukrainische Quellen

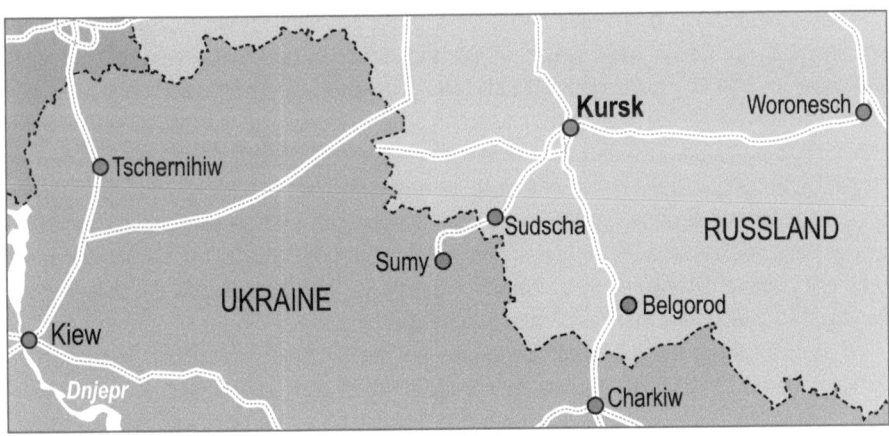

Die ukrainischen Truppen rückten von Sumy aus in die Region Kursk vor.

hingegen behaupteten, dass die Ukrainer die Kontrolle über 44 Siedlungen hätten und möglicherweise über weitere zehn. Die Bezirkshauptstadt Sudscha, eine nur einige Kilometer von der ukrainisch-russischen Grenze entfernt liegende Kleinstadt mit etwa 5.000 Einwohnern, war nach kurzer Zeit ebenfalls unter der Kontrolle des ukrainischen Militärs.

Putin behauptete an diesem Tag, dass die Ukraine „wahllos Zivilisten, zivile Infrastruktur und Kernkraftwerke angreift", und deutete an, dass Russland keine Verhandlungen mit einem Angreifer führe, der solche Handlungen begehe.

Die Entscheidung des Kremls, ein Video zusammen mit einem Protokoll von Putins Treffen mit russischen Beamten zu veröffentlichen, war eine klare Botschaft an andere Regierungsbeamte, sich jeglicher Kommentare zu den Entscheidungen und Operationen des Kremls, des Militärs und der Sicherheitskräfte zur Abwehr der ukrainischen Streitkräfte aus der Region Kursk zu enthalten. Bis zu diesem Tag waren noch keine weiteren russischen Truppen in die Region geschickt worden, um die Ukrainer zurückzudrängen.

Der überraschende Einmarsch

Zwei Tage vor dem Angriff auf die Region Kursk war eine Kompanie der ukrainischen 82. Luftsturmbrigade in Sechsergruppen nach Russland eingesickert und hielt sich in einem Wald versteckt, wie Pavlo Roslach, der Kommandeur der Brigade, in einem Interview am 13. Oktober 2024 erklärte. Ukrainische Spezialeinheiten hatten der Truppe dabei geholfen, die Grenze zu überqueren.

Bei Beginn der Operation griff die Kompanie eine befestigte russische Stellung in der Nähe der Grenze an und ebnete damit den Weg für den Vormarsch der ukrainischen Fahrzeuge. Auch habe man das Kommunikationssystem der russischen Streitkräfte gestört. „Es gab auch Risiken. Hätten die Russen diese Kompanie im Wald entdeckt, wäre der Überraschungseffekt zunichte gewesen", sagte der Kommandeur. Pioniere hätten Gassen in die Minenfelder geräumt, welche die Russen zur Grenzsicherung angelegt hatten. Durch diese Gassen konnten zwei weitere Bataillone vordringen.

Das russische Verteidigungsministerium reagierte mit der Entsendung von Truppen und Luftfahrtverbänden in das Gebiet. Nach Angaben Russlands seien an dem Einfall etwa 300 Soldaten, 11 Panzer und über 20 gepanzerte Fahrzeuge beteiligt gewesen. Die Kolonne sei vom ukrainischen Sumy aus nach Norden in Richtung des russischen Sudscha marschiert, das etwa 50 km von Sumy entfernt liegt. Am 6. und 7. August 2024 zeigte geolokalisiertes Bildmaterial, dass die ukrainischen Panzerfahrzeuge etwa zehn Kilometer weit auf russischem Gebiet vorgerückt waren. Der Umfang und die Lage der ukrainischen Vorstöße im Oblast Kursk zeigten, dass die ukrainischen Streitkräfte mindestens zwei russische Verteidigungslinien und eine Stellung durchbrochen hatten. Eine russische Insiderquelle behauptete, die ukrainischen Streitkräfte hätten seit Beginn der Operation am 6. August 45 Quadratkilometer des Oblasts Kursk eingenommen.

In einer Erklärung der russischen Streitkräfte auf der Social-Media-Plattform Telegram vom 6. August gegen 18:20 Uhr wurde zunächst behauptet, die Ukrainer seien über die Grenze zurückgedrängt worden. Durch Artillerie, Luftangriffe und Drohnen hätten sie erhebliche Verluste erlitten. Später jedoch hieß es nur noch, die Kämpfe würden weitergehen.

Putin traf sich mit wichtigen Mitgliedern des Sicherheitsapparats, um über den Vorfall in Kursk zu sprechen, darunter der Generalstabschef Waleri Gerassimow, der FSB-Direktor Alexander Bortnikow, der Sekretär des Sicherheitsrates Sergei Schoigu sowie Andrei Beloussov, der kurz zuvor Schoigu, den langjährigen Verteidigungsminister, im Amt abgelöst hatte. Gerassimow erklärte Putin, dass ungefähr 1000 ukrainische Soldaten an diesem Angriff beteiligt seien, ihr Vormarsch sei allerdings gestoppt worden.

Erfolgreicher Vorstoß

Nach einer Woche waren durch diese Offensive Hunderte Quadratkilometer russischen Territoriums eingenommen, was den Kriegsanstrengungen der Ukraine spürbar neuen Schwung verlieh. Der für die Grenzregion Kursk zuständige russische Gouverneur sprach von 28 Siedlungen unter ukrainischer Kontrolle. Fast 200.000 Russen seien aus ihren Häusern geflohen.

Weiße Dreiecke kennzeichnen alle Panzer, gepanzerten Mannschaftstransporter und Versorgungsfahrzeuge, die von der Region Sumy in Richtung der nahen russischen Grenze fahren.

Bericht über die Vorbereitung des Einmarsches

„Tomash", so sein Kriegsname, ist gerade von seinem Einsatz jenseits der Grenze in die Ukraine zurückgekehrt, zusammen mit seinem Kameraden „Accord", der lässig sagt, es sei „cool" gewesen. Ihre Drohneneinheit hatte zwei Tage lang den Weg für den grenzüberschreitenden Einsatz geebnet. „Wir hatten den Befehl, hierher zu kommen, aber wir wussten nicht, was das bedeutete", erklärt Tomash, während er an einer Tankstelle eine Kaffeepause einlegt. „Wir haben die Kommunikations- und Überwachungsmittel des Feindes im Voraus unterbunden, um den Weg freizumachen."

Ukrainische Truppen, die an dem Vorstoß auf russisches Gebiet beteiligt waren, melden, dass sie problemlos einmarschieren konnten. Über Telegram berichtet ein Soldat, der sich noch in Russland befindet, der BBC, dass monatelange Planungen nötig gewesen waren, um Moskau dazu zu zwingen, Truppen aus anderen Teilen der Frontlinie in der Ukraine abzuziehen. „Der Überraschungseffekt hat funktioniert", sagt er. „Wir sind problemlos und mit wenig Widerstand eingedrungen. Am 6. August sind die ersten Gruppen nachts in mehrere Richtungen aufgebrochen." In kürzester Zeit erreichten sie die westlichen Außenbezirke der Stadt Sudscha", fügt er hinzu.

„Die russischen Zivilisten, denen wir begegneten, leisten keinen Widerstand", erklärt ein anderer Soldat. „Wir tun ihnen nichts, und sie begegnen uns entweder empört, ablehnend oder gleichgültig. Sie täuschen uns auch über die Positionen der russischen Truppen", sagt er noch.

(https://www.bbc.com/news/articles/cze5pkg5jwlo)

Was wusste Moskau?

Die Ukraine hatte stets eine russische Offensive im Norden befürchtet, wie die neuen Verteidigungsanlagen am Stadtrand von Sumy zeigten. Andererseits hatte Russlands Militär laut Dokumenten, die dem britischen Guardian vorliegen, im Jahr 2024 mit einem Einfall ukrainischer Truppen im Südwesten Russlands gerechnet. Das belegen russische Militärdokumente, die auf den 4. Januar 2024 datiert sind. Es wurde die „Möglichkeit eines Durchbruches an der Staatsgrenze" diskutiert, berichtete der Guardian. Bereits mehrfach hatten antirussische Milizen, die die Ukraine unterstützten, die Grenze durchbrochen, unter anderem in Belgorod, der Nachbarregion von Kursk.

Ein russisches Dokument vom 19. Februar 2024 hatte offenbar „einen schnellen Vorstoß aus der Region Sumy auf russisches Gebiet bis zu einer Tiefe von 80 Kilometern" vorhergesagt. Eine weitere Warnung von Mitte Juni deutete darauf hin, dass die ukrainische Armee Sudscha einnehmen und die russischen Versorgungslinien abschneiden wollte. Zu diesem Vorstoß sollte auch die Einnahme einer strategisch wichtigen Brücke über den Fluss Seim gehören.

Der Guardian gab an, eine Auswahl von Dokumenten des russischen Innenministeriums, des Föderalen Sicherheitsdienstes (FSB) und von Militäreinheiten überprüft und fotografiert zu haben, die in verlassenen Gebäuden in der Region Kursk gefunden worden seien. Obwohl die Echtheit der Dokumente nicht unabhängig überprüft werden konnte, hieß es in dem Bericht, dass sie anscheinend in der typischen russischen Militärsprache abgefasst worden seien, einschließlich der „trockenen, gewundenen Amtssprache" in gedruckten Befehlen und handschriftlichen Protokollen, die Ereignisse und Bedenken dokumentierten.

Als die Ukraine am 6. August angriff, gaben viele russische Soldaten ihre Stellungen auf, und innerhalb einer Woche hatte die Ukraine die volle Kontrolle über Sudscha übernommen. „Sie rannten davon, ohne ihre Dokumente mitzunehmen oder zu vernichten", sagte ein Mitglied des Spezialeinsatzteams, das die Akten sichergestellt hatte.

Die russischen Befehlshaber reagierten bemerkenswert zögerlich auf den Angriff. Erst am vierten Tag des Einfalls zeigte Moskau Anzeichen dafür, dass es den Ernst der Lage begriff. Man begann mit Notfallmaßnahmen und Evakuierungen und leitete einige Truppen nach Kursk um. Den Zivilisten wurden insgesamt nur wenige Hilfsmaßnahmen versprochen.

Ohne diese schleppende Reaktion wäre das Ergebnis für die Ukraine möglicherweise weit negativer gewesen. Laut der US-Nachrichtenagentur Bloomberg und unter Berufung auf eine dem Kreml nahestehende Quelle erhielt der russische Generalstabschef Waleri Gerassimow bereits zwei Wochen vor dem Einmarsch Geheimdienstwarnungen über eine ukrainische Truppenkonzentration entlang der Westgrenze der Region Kursk. Gerassimow, so Bloomberg, habe die Berichte abgetan und Präsident Putin nicht über einen möglichen Grenzübertritt ukrainischer Truppen informiert. Diese Zurückhaltung, negative Nachrichten zu melden, ist ein bekanntes und tief verwurzeltes Merkmal der Organisationsstruktur Russlands.

Die Gründe für den Einmarsch

Der Oberbefehlshaber der Ukraine, General Oleksandr Syrskyj, sagte am 5. September 2024 in einem Interview mit CNN, dass er die Operation Kursk für einen Erfolg halte. „Sie hat die Gefahr einer feindlichen Offensive verringert. Wir haben sie daran gehindert, zu handeln. Wir haben die Kämpfe auf das Gebiet des Feindes verlagert, damit (der Feind) das spüren kann, was wir jeden Tag spüren."

In seiner detaillierten Erklärung der Gründe für den Einmarsch legte Syrskyj die Hauptziele der Operation dar: Russland davon abzuhalten, Kursk als Ausgangspunkt für eine neue Offensive zu nutzen, Moskaus Streitkräfte von anderen Gebieten abzulenken, eine Sicherheitszone zu schaffen, den grenzüberschreitenden Beschuss ziviler Objekte zu verhindern, Gefangene zu nehmen und die Moral der ukrainischen Truppen und der Nation insgesamt zu stärken.

Der General, der im Februar 2024 das Oberkommando über die Armee übernommen hatte, erklärte, Moskau habe Zehntausende Soldaten nach Kursk verlegt, darunter einige seiner besten Luftlandetruppen. Syrskyj räumte ein, dass die Ukraine in der Gegend um Pokrowsk bei Donezk zwar unter immensem Druck stand, doch es sei seinen Truppen gelungen, den russischen Vormarsch dort aufzuhalten. „In den letzten sechs Tagen ist der Feind keinen einzigen Meter in Richtung Pokrowsk vorgerückt. Mit anderen Worten: Unsere Strategie funktioniert", sagte er. „Wir haben ihnen die Möglichkeit genommen, zu manövrieren und Verstärkung aus anderen Gebieten heranzuziehen [...], und diese Schwächung war auch woanders zu spüren. Wir stellen fest, dass der Artilleriebeschuss und die Intensität der Offensive nachgelassen haben", erklärte er.

Die monatelangen Verzögerungen bei der Lieferung von US-Militärhilfe führten zu einem kritischen Munitionsmangel. Gleichzeitig hatte die Ukraine Schwierigkeiten, ihre Truppen wieder aufzubauen, die nach zwei Jahren des Kampfes gegen die Offensive Russlands erschöpft und dezimiert waren.

Syrskyj gab zu verstehen, dass die Rekrutierung von Soldaten von größter Wichtigkeit sei. Die ukrainische Regierung habe deshalb ein – umstrittenes – Mobilisierungsgesetz verabschiedet, das alle Männer zwischen 18 und 60 Jahren dazu verpflichtet, sich zu melden und die Registrierungsdokumente jederzeit bei sich zu tragen – ein Versuch, den Rekrutierungsprozess transparenter und fairer zu gestalten.

Sieben Monate später trafen die neuen Rekruten an der Front ein. Mehrere Kommandeure erklärten jedoch, dass nicht alle neuen Soldaten kampfbereit seien und ihre Standorte regelmäßig verließen. Syrskyj gab zu, dass seine Truppen mit weniger Training als gewünscht ins Gefecht zögen.

„Natürlich möchte jeder, dass das Ausbildungsniveau so hoch wie möglich ist, also bilden wir hochqualifiziertes, professionelles Militärpersonal aus", sagte der Oberkommandierende. „Gleichzeitig erfordert die Dynamik an der Front, dass wir Rekruten so schnell wie möglich in den Dienst stellen", fügte er hinzu und erklärte, dass neue Rekruten eine einmonatige Grundausbildung erhalten würden, gefolgt von einem halben bis ganzen Monat Spezialausbildung. „Ich bin seit 2014 in diesem Krieg", sagte er und bezog sich dabei auf den Einmarsch Russlands zehn Jahre zuvor. „Mit anderen Worten: Die Front ist mein Leben. Wir verstehen einander, und ich kenne alle Probleme, mit denen unsere Soldaten, Militärangehörigen und Offiziere konfrontiert sind", fügte er hinzu. (https://edition.cnn.com/2024/09/05/europe/ukraine-army-chief-kursk-incursion-exclusive-intl/index.html)

Der ukrainische Vormarsch

Montag, der 12. August 2024: Nun war der Krieg auch auf russischem Boden angelangt. Innerhalb von fünf Tagen hatten die ukrainischen Streitkräfte die Kontrolle über 1.000 Quadratkilometer der Region Kursk errungen, so der Oberbefehlshaber General Oleksandr Syrskyj in einem auf Telegram veröffentlichten Video.

Alexej Smirnow, der Gouverneur von Kursk, berichtete Putin, dass die ukrainischen Streitkräfte über eine 45 Kilometer lange Front mehr als 14 Kilometer tief in die Region eingedrungen seien

und 28 russische Siedlungen kontrollieren würden. Mindestens zwölf Zivilisten seien getötet und 121 weitere verwundet worden, darunter zehn Kinder. Man habe etwa 120.000 Menschen evakuiert, viele hätten die von den Kämpfen betroffenen Gebiete auch auf eigene Faust verlassen, sagte Smirnow.

Der ukrainische Präsident Selenskyj sagte in einem auf Telegram veröffentlichten Video: „Russland hat anderen den Krieg gebracht. Jetzt kommt er zu ihnen nach Hause."

Der Gouverneur der Region Kursk berichtet Präsident Putin über die Lage nach dem Einmarsch ukrainischer Truppen.

Die russischen Streitkräfte reagierten immer noch zögerlich. Allerdings wurden Verstärkungen in das Gebiet geschickt, und mit Luftunterstützung und Artillerie konnten mehrere Angriffe ukrainischer Einheiten in der Nähe von Martynowka, Borki und Korenewo abgewehrt werden, so das Verteidigungsministerium in Moskau.

Mittwoch, der 14. August: Die Grenzregion um Belgorod erklärte ebenfalls den Notstand, und Wjatscheslaw Gladkow, der Gouverneur von Belgorod, beschrieb die Situation aufgrund des intensiven Beschusses und der Drohnenangriffe als „äußerst schwierig und angespannt".

Selenskyj sagte in seiner Abendansprache: „Heute sind wir in der Region Kursk gut vorangekommen. Wir erreichen unser strategisches Ziel." Über Nacht führte die Ukraine ihren größten Langstrecken-Drohnenangriff des Krieges durch. Sie zielte auf vier russische Militärflugplätze sowie auf Stützpunkte, die von Kampfflugzeugen für Gleitbombenangriffe auf die Ukraine genutzt wurden. Russland behauptete, 117 Drohnen und vier Raketen seien abgefangen worden.

Satellitenbilder zeigten, dass die russische Armee neue Befestigungen baute, während ukrainische Soldaten in der Siedlung Vnezapnoye in der Region Kursk gesichtet wurden, was darauf hindeutete, dass sich das von der Ukraine eroberte Gebiet nach Westen ausgedehnt hatte.

Freitag, der 16. August: US-Beamte erklärten, Russland habe „mehrere Tausend" Soldaten aus den besetzten Teilen der Ukraine abgezogen, um das eigene Territorium in der Region Kursk zu verteidigen. Das war vermutlich ein Zeichen für das Gelingen von Kiews Plan, die Russen zu veranlassen, Truppen aus der Donbass-Region abzuziehen. Tatsächlich sei die Zahl der durchgeführten Bombenangriffe auf Grenzsiedlungen in der nordöstlichen ukrainischen Region Charkiw zurückgegangen, wie der örtliche Gouverneur mitteilte. Trotzdem griffen die Streitkräfte Moskaus weiterhin im Donbass an und versuchten, die ukrainische Stadt Pokrowsk im östlichen Donezk-Gebiet einzunehmen.

Die ukrainischen Streitkräfte rückten laut General Syrskyj mit einer Geschwindigkeit von gut einem Kilometer pro Tag vor. Die Invasionstruppe, die schätzungsweise aus bis zu 10.000 Soldaten bestand, hisste die blau-gelbe ukrainische Flagge über Dutzenden von Kleinstädten und Dörfern, und an die 200.000 Russen flohen aus ihren Häusern.

Dienstag, der 20. August: Zwei Wochen nach dem Überraschungsangriff der Ukraine gab es kaum Anzeichen für einen Rückzug der Ukrainer, und Selenskyj war fest entschlossen, mehr als 1.250 Quadratkilometer Russlands als „Pufferzone" zu halten. Dennoch verlangsamte sich der Vormarsch in Kursk. Nun legten die Generäle in Kiew mehr Wert auf die Verteidigung der errungenen Gebiete.

Mykola Oleschtschuk, oberster Befehlshaber der ukrainischen Luftwaffe, feierte die Zerstörung von drei wichtigen Brücken über den Fluss Seim im Raum Kursk. Die Zerstörung der Brücken bedeutete, dass die russischen Truppen, die auf der Südseite des Flusses eingeschlossen waren, Gefahr liefen, eingekesselt zu werden.

Selenskyj kündigte an, dass er den „Austauschfonds" der Ukraine für russische Kriegsgefangene aufstocken wollte, um sie gegen ukrainische Kriegsgefangene auszutauschen.

Die Lage Mitte Oktober 2024

Zahlreiche Siedlungen befanden sich Mitte Oktober unter ukrainischer Kontrolle. Es ist das erste Mal seit dem Zweiten Weltkrieg, dass ausländische Truppen russisches Territorium besetzen. Der ukrainische Vormarsch war zwar ins Stocken geraten, und im Oktober hatte keine der beiden Seiten größere Geländegewinne zu verzeichnen. Analysten waren zu diesem Zeitpunkt der Ansicht, dass Kiew im weiteren Verlauf versuchen werde, den anfänglichen Schwung als Moralschub für seine eigenen Truppen und als Druckmittel gegenüber Moskau zu nutzen. Präsident Putin wiederum war bemüht, den Einfall der ukrainischen Truppen herunterzuspielen und die Ressourcen, die Russland zur Bekämpfung des Einfalls aufwenden musste, zu begrenzen.

Das Gebiet um Sudscha, das Zentrum der ukrainischen Eroberungen, ist ein Kontroll- und Knotenpunkt von Erdgasleitungen.

Etwa 10.000 Soldaten

„Die russischen Vorstöße finden hauptsächlich an den Flanken unseres Standorts statt", erklärte Dmytro, Kommandeur eines ukrainischen Bataillons in Kursk, der den Kriegsnamen Kholod (Kälte) verwendete. „Sie versuchen immer wieder vorzurücken, aber die Gewinne sind gering. Irgendwo gelingt es ihnen, eine Straße im Dorf einzunehmen. Aber es geht in beide Richtungen, wir greifen ebenfalls an und drängen sie zurück."

Die ukrainischen Truppen hatten ihren Hauptstützpunkt in der Nähe der Stadt Sudscha, und sie versuchten, einen weiteren Stützpunkt in der Nähe des Dorfes Veseloe einzurichten, etwa 50 km nordwestlich von Sudscha. Die Ukraine hatte nicht bekannt gegeben, wie viele Truppen sie in die Region entsandt hatte. Es hieß aber, dass es rund 10.000 Soldaten mit der entsprechenden Ausrüstung gewesen seien.

Russland hingegen setzte eine relativ große Anzahl von Soldaten, schätzungsweise 40.000, zur Verteidigung und zum Gegenangriff in Kursk ein. Doch der Analyst Mark Galeotti vom Royal United Services Institute (RUSI), einer britischen Denkfabrik, beschrieb die Truppen als „zusammengewürfelt, wo immer sie zu finden waren", wobei Russland zu Beginn des Einfalls sogar Wehrpflichtige und Reservisten einsetzte. „Das ist so, als würde man auf der Suche nach Kleingeld in den Sofakissen herumwühlen", erklärte Galeotti. Später entsandte Moskau erfahrenere Truppen, aber nicht so viele, wie die russische Zivilbevölkerung von Kursk vielleicht gewünscht hätte. Während die Kämpfe

416

in der Region weitergingen, wurden nach Angaben der russischen Behörden mehr als 100.000 Zivilisten vertrieben. Viele weitere jedoch blieben im ukrainisch besetzten Gebiet.

„Mit der Zeit hat sich die Lage in Kursk bis zu einem gewissen Grad beruhigt", sagte Mark Galeotti. „Wir sollten nicht davon ausgehen, dass die Russen sie einfach so akzeptieren. Ich denke, Putin hat es geschafft, die Entscheidung hinauszuschieben, aber ich glaube nicht, dass er das Thema Kursk vollständig vergessen hat."

Der frühere Kommandeur der US-Truppen in Europa, Ben Hodges, erklärte, dass die Ukrainer Russland bloßgestellt hätten, als sie im August die Grenze überquerten. Den Entlastungsangriff in der Region Kursk hielt der General für „einen genialen Schachzug des ukrainischen Generalstabs". Sie habe „das weit verbreitete Narrativ geändert [...], nach dem Russland angeblich unbesiegbar ist und die Ukraine keine Chance hat zu gewinnen".

Anti-Terror-Mission

Obwohl der Einfall der Ukraine auf russisches Territorium sowohl für die Regierung als auch für die russische Bevölkerung zunächst ein Schock war, „hat der Kreml dies heruntergespielt", so John Lough vom Russia and Eurasia Program von Chatham House, einer britischen Denkfabrik. „Die Strategie besteht darin, die Bevölkerung von dem Ereignis abzulenken, das zweifellos eine große Blamage ist, und den Eindruck zu erwecken, dass es sich nicht um etwas Ernstes handelt."

Dem entsprach, dass der Kreml entgegen der ukrainischen Erwartung keine Eliteeinheiten aus dem Donbass abzog, um sie in die Region Kursk zu verlegen. Die russischen Einheiten in Kursk waren ein zusammengewürfelter Haufen, da Putin von seinem Ziel, den Donbass zu erobern, nicht abwich.

Putins Regierung bezeichnete den Einmarsch als „Überfall" und verharmloste den russischen Gegenangriff als „Anti-Terror-Mission". Ein russischer Militärblogger brachte die Normalisierung mit deutlichen Worten zum Ausdruck: „Der größte Teil Russlands hat sich bereits an die Kämpfe in der Nähe von Kursk gewöhnt. Diejenigen, die nichts mit der Region Kursk zu tun haben, interessieren sich kaum für das, was dort passiert."

Die Frontlinien verschoben sich nur geringfügig, aber die Kämpfe waren Berichten zufolge heftig, wobei die russischen Streitkräfte zahlreiche Drohnen, Artillerie und Jagdbomber einsetzten, so der ukrainische Kommandeur. „Sie zögern nicht, eine Bombe auf einen Waldrand abzuwerfen, wenn sie annehmen, dass wir dort Truppen haben", sagte der ukrainische Bataillonskommandeur mit dem Kriegsnamen Kholod. Er behauptete, Russland habe nun umfangreiche Truppen und Kampfbataillone dorthin geschickt, wo seine Einheit in der Region Kursk kämpfe, und erklärte, der russische Gegenangriff sei durch Drohnen- und Mineneinsatz der Ukraine abgewehrt worden.
(https://edition.cnn.com/2024/10/12/europe/ukraine-kursk-russia-incursion-putin-intl/index.html? iid=cnn_buildContentRecirc_end_recirc)

Der erste russische Gegenangriff war von den Ukrainern erwartet worden und konnte abgewehrt werden. An strategischen Positionen hatten die Ukrainer Befestigungsanlagen errichtet, sodass die schlecht ausgebildeten russischen Einheiten abgewehrt werden konnten. Das russische Verteidigungsministerium berichtete, zehn Ortschaften seien befreit worden. Von ukrainischer Seite wurde die Zahl nicht bestätigt, dort hieß es, es sei nur eine Ortschaft gewesen.

Die Ukrainer verfolgten stets die Taktik, die Russen kommen zu lassen, deren Verluste zu erhöhen und sich dann auf die nächste Verteidigungsstellung zurückzuziehen. Das Ergebnis war nicht so wie erhofft: Mitte November 2024 gab die ukrainische Militärführung bekannt, dass etwa 40 Prozent der in der Region Kursk eroberten russischen Gebiete wieder geräumt wurden. Von ursprünglich knapp 1.400 Quadratkilometern sind demnach noch 800 Quadratkilometer unter ukrainischer Kontrolle. Vor allem die Region Sudscha, das Zentrum des ukrainischen Angriffs, soll so lange gehalten werden, wie es militärisch sinnvoll ist.

Der australische General a. D. Mick Ryan, Analyst militärischer Krisen, stellte in der Wochenzeitung Kyiv Post am 11. August 2024 den ukrainischen Vorstoß auf die Region Kursk dar.

Die Schlacht um Kursk 2024

Es scheint, als hätten die Ukrainer Russland und Beobachter im Westen erneut mit ihrer jüngsten Operation überrascht. Wir konnten beobachten, wie die Ukraine einen grenzüberschreitenden Angriff auf die russische Region Kursk gestartet hat. Zunächst wurde dies als ein weiterer Überfall auf Russland angesehen, ähnlich wie bei den vorherigen ukrainischen Operationen im Mai 2023 und März 2024, aber es hat sich gezeigt, dass es sich hierbei um etwas Anderes handelt, insbesondere aufgrund des Einsatzes von konventionellen ukrainischen Bodentruppen.

Erstens handelt es sich um eine Operation mit mehreren Brigaden. Bislang wurden mindestens zwei ukrainische Brigaden identifiziert: die 22. Mechanisierte Brigade und die 82. Luftlandebrigade. Beide sind hochqualifizierte Formationen. Anders als bei der Gegenoffensive im Süden im Jahr 2023, bei der frische Brigaden eingesetzt wurden, haben die Ukrainer für diesen Angriff offenbar erfahrene Formationen bereitgestellt.

Dies scheint sich bereits auszuzahlen, wenn man die Tiefe des bisherigen ukrainischen Vormarsches betrachtet. Aber wenn wir von zwei Brigaden wissen, könnte es sogar noch mehr geben, die an der Operation teilnehmen und bereit sind, die Führung beim Vormarsch nach Russland zu übernehmen. Dies hängt jedoch von den Zielen der Operation ab sowie davon, wie lange die Ukraine glaubt, ihren Angriff aufrechterhalten zu können, bevor die russische Verteidigung in der Lage ist, effektiv zu reagieren.

Zweitens haben die Ukrainer mit einer hochmobilen mechanisierten Streitmacht angegriffen. Dies unterscheidet sich von den russischen Angriffen mit abgesessenen Truppen, die in den letzten Monaten in Charkiw stattfanden. Ein hohes Maß an Mobilität ist unerlässlich, um Lücken in der feindlichen Verteidigung zu schaffen oder zu erkennen und schnell auszunutzen. Geschwindigkeit und Überraschung sind von entscheidender

Bedeutung. Mechanisierte Operationen stellen jedoch eine größere logistische Herausforderung dar als Aktionen mit abgesessenen Truppen, denn gepanzerte Fahrzeuge lassen sich in einem offenen Krieg möglicherweise schwerer verbergen. Und nach einigen Tagen ununterbrochener Einsätze müssen sie auch gewartet werden. Dies verstärkt die Notwendigkeit einer zweiten Frontlinie, um den Vormarsch zu übernehmen.

Drittens scheinen die Ukrainer erhebliche Luftverteidigungskapazitäten eingesetzt zu haben. Mindestens ein russisches Kampfflugzeug und zwei Hubschrauber sollen von den Ukrainern abgeschossen worden sein. Bisher gibt es nur wenige Erkenntnisse darüber, ob Russland Gleitbomben oder sogar eine große Anzahl von Drohnen einsetzen kann, um den ukrainischen Angriff abzuwehren. Dies deutet darauf hin, dass die Ukrainer über eine effektivere Luftverteidigung verfügen als bei ihren Gegenoffensiven im Jahr 2023. Es ist wahrscheinlich auch ein weiteres Ergebnis des Überraschungseffekts, den die Ukrainer im russischen Kommando- und Kontrollnetzwerk ausgelöst haben.

Viertens sind die Ukrainer weit auf russisches Gebiet vorgedrungen. Auf der Karte (S. 416) ist die geschätzte Eindringtiefe der ukrainischen Streitkräfte in Russland dargestellt. Vormarschachsen wie auch Hauptstützpunkte sind weitgehend unbekannt. Von Guyevo im Süden der Region bis nach Malaya Loknya im Norden, was noch in dem besetzten ukrainischen Gebiet liegt, sind es rund 36 Kilometer.

Die Lage ist jedoch nach wie vor sehr unklar, und die ukrainischen Streitkräfte könnten viel tiefer nach Russland eingedrungen sein als auf der Karte dargestellt. Die Situation wird noch eine Weile dynamisch bleiben. Dennoch stellt dies wahrscheinlich den größten Vorstoß einer der beiden Seiten seit Ende 2022 dar. Zum Vergleich: Der russische Vormarsch auf Charkiw 2024 erreichte eine Tiefe von etwa acht Kilometern.

Fünftens hat die Ukraine einen Überraschungseffekt erzielt. Dies ist ein wichtiges Thema, das angesichts der Besessenheit einiger, diesen Krieg als „transparentes Schlachtfeld" bezeichnen, zur Kenntnis genommen werden muss. Das zeigt wieder einmal, dass das moderne Schlachtfeld alles andere als transparent ist und dass Täuschungsmanöver, gute Aufklärung und Überraschung entscheidende Elemente des modernen Krieges sind. Noch wichtiger ist, dass der grenzüberschreitende Angriff der Ukraine zeigt, dass Überraschung noch immer gelingen kann und dass auch Offensivoperationen möglich sind, obwohl im vergangenen Jahr die Verteidigung vorherrschte.

Die ukrainischen Ziele

Auf der taktischen Ebene wird es darum gehen, Boden gutzumachen und russische Boden- und Luftstreitkräfte zu zerstören. Das ist die zentrale Rolle der Bodentruppen im Krieg. Aber das sind taktische Aufgaben – interessant sind die operativen und strategischen Ziele bei der Eroberung von Boden und Zerstörung des Feindes.

Es gibt einige mögliche operative Ziele für diesen Angriff der Ukraine. Erstens könnte die Ukraine versuchen, russische Streitkräfte von ihren Angriffen auf Nju-Jork und ihren Vorstößen auf Toretsk und Pokrowsk abzulenken. Dies wäre möglich, aber angesichts des russischen Personalvorteils ist dieses Ergebnis eher unwahrscheinlich.

Ein weiteres operatives Ziel, das eher erreicht werden kann, besteht darin, die Russen dazu zu zwingen, ihre Truppenverteilung an anderen Frontabschnitten zu überdenken. Die Russen werden reagieren müssen, denn selbst sie verfügen nicht über einen unerschöpflichen Vorrat an Ressourcen. Um auf den ukrainischen Angriff in Kursk zu reagieren, müssen sie die Verteidigung an anderer Stelle einstellen. Die ukrainischen Überwachungssysteme werden derartige russische Bewegungen beobachten und möglicherweise bereit sein, die sich daraus ergebenden Möglichkeiten zu nutzen.

Die strategischen Ziele dieses Angriffs können in der jetzigen Situation nur geschätzt werden. Erstens könnte der Angriff ein Versuch sein, den russischen Schwung in seinen Offensiven, die seit 2024 andauern, zu bremsen oder zu stoppen. Ukrainische Planer werden wissen, dass selbst Russland nicht ewig in der Offensive bleiben kann. Sie könnten versuchen, den grenzüberschreitenden Angriff zu nutzen, um die Russen zu zwingen, ihre Truppenverteilung in der Ukraine neu zu bewerten. Dies könnte dazu führen, dass die russischen Offensivoperationen verlangsamt oder gestoppt werden. Ein weiteres strategisches Ziel könnte darin bestehen, die Berichterstattung über den Krieg zu einem positiveren Bild für die Ukraine zu verändern und der russischen Fehlinformation über ihren „unvermeidlichen Sieg" in der Ukraine entgegenzuwirken. (https://www.kyivpost.com/analysis/37222)

Am 2. September 2024 veröffentlichten Michael Kofman, ein führender US-amerikanischer Militäranalyst, und Rob Lee vom US-amerikanischen Foreign Policy Research Institute einen Artikel in der Fachzeitschrift Foreign Affairs zum Einmarsch der Ukraine in die Region Kursk.

Das ukrainische Glücksspiel

Die Offensive in Kursk gleicht das derzeitige materielle Ungleichgewicht im Krieg nicht aus. Vorerst behält Russland seinen Vorteil in Bezug auf menschliche Ressourcen, Ausrüstung und Munition. Dieser Vorteil erwies sich zwar nicht als entscheidend oder führte zu operativ bedeutenden Durchbrüchen, aber die russischen Streitkräfte gewannen seit Oktober 2023 stetig fast 2.000 Quadratkilometer an Territorium und sind auch in den Wochen nach dem Einmarsch der Ukraine in Kursk weiter vorgerückt. In letzter Zeit hat sich das Tempo dieses Vormarsches beschleunigt, und die Lage der Ukraine sieht an manchen Frontabschnitten zunehmend prekär aus.

Die angreifende Truppe in Kursk bestand aus Teilen vieler Brigaden, Sturmbataillonen und Spezialeinheiten. Wenn diese ukrainischen Truppen nicht zurückgezogen werden, können sie keine Lücken schließen, nicht als Reserven dienen oder russische Vorstöße in der Ukraine abwehren. Mit anderen Worten: Die Offensive schwächt die

*Russische Jugendliche, Angehörige von Hilfsorganisationen, packen in Kursk an-
gelieferte Lebensmittel zur Versorgung der Bevölkerung aus.*

ohnehin schon gefährdete Front der Ukraine. Nach der russischen Offensive in Charkiw
im Mai ist das ukrainische Militär überlastet, und die Verteidigungslinien bei Donezk sind
zusammengebrochen. Zudem haben die russischen Streitkräfte die ukrainischen Linien
entlang mehrerer Achsen zurückgedrängt, die von Wuhledar nach Pokrowsk, von Torezk
nach Tschassiw Jar und in der Nähe von Kupjansk verlaufen.

Das heißt nicht, dass die Offensive Kursk schlecht durchdacht war. Die Operation
wurde gut ausgeführt und erreichte schnell mehrere begrenzte, aber wichtige Ziele.
Wenn dadurch bedeutende russische Streitkräfte von anderen Fronten abgezogen werden würden, wäre der Erfolg das Risiko mehr als wert. Bisher gibt es jedoch kaum Anzeichen dafür, dass dies der Fall ist.

Der Zeitpunkt und die Organisation der Offensive deuten darauf hin, dass die ukrainische Führung zu dem Schluss kam, handeln zu müssen. Ein möglicher Grund dafür
sind die bevorstehenden US-Wahlen, die Kiew zu einem Zeitpunkt in eine Verhandlungsposition mit Moskau zu zwingen drohen, da es sich in einer Position der Schwäche
befindet. Theoretisch kann die Ukraine durch die Eroberung russischen Territoriums ihre
Verhandlungsmacht erheblich verbessern. Die ukrainische Führung könnte daher zu
dem Schluss kommen, dass sie nun besser für die politische Realität gerüstet ist, mit
der sie im Januar 2025 konfrontiert sein wird.
(https://www.foreignaffairs.com/ukraine/ukraines-gamble)

Die Nordkoreaner

Als ukrainische Truppen im August 2024 die Grenze zur russischen Region Kursk überschritten, hofften die ukrainischen Befehlshaber, dass ihr Überraschungsangriff Moskau dazu zwingen würde, Truppen aus der Ostukraine abzuziehen, um das eigene Territorium Russlands zu verteidigen. Kiew hatte nicht damit gerechnet, dass seine Truppen am Ende gegen Nordkoreaner kämpfen würden.

Weder Moskau noch Pjöngjang bestätigten offiziell, dass nordkoreanische Truppen an der Seite der Russen kämpfen würden. Doch der südkoreanische Geheimdienst informierte im Oktober 2024 über ihre Anwesenheit. Zu diesem Zeitpunkt waren etwa 1.500 nordkoreanische Spezialeinheiten in Wladiwostok eingetroffen, der Hafenstadt am Pazifik, die nur 200 Kilometer von der nordkoreanischen Grenze entfernt liegt. Die Truppen befänden sich dort zu Trainingszwecken, hieß es.

Nordkoreaner bei einer Militärparade in Pjöngjang, bevor sie nach Russland abkommandiert wurden.

Diesen Einheiten schlossen sich später etwa 10.000 weitere nordkoreanische Soldaten an, von denen ein Teil ebenfalls zu Spezialeinheiten gehörte. Laut Präsident Selenskyj wurden nordkoreanische Soldaten erstmals Anfang Dezember 2024 in der Region Kursk an der Seite russischer Streitkräfte im Kampf gesichtet. Bis Mitte Januar sollen mehr als 40 Prozent der Nordkoreaner getötet, verwundet, vermisst oder gefangen genommen worden sein. Bis zu 1.000 nordkoreanische Soldaten sollen gefallen sein. Es gab Berichte, dass nordkoreanische Truppen aufgrund dieser Verluste nun von der Front abgezogen wurden, möglicherweise zur weiteren Ausbildung.

Für Putin lagen die Vorteile auf der Hand. Sein Feldzug in der Ukraine hatte den dringend benötigten Zustrom ausgebildeter Soldaten erhalten, um die Rückeroberung des von ukrainischen Streitkräften besetzten russischen Territoriums in der Region Kursk zu unterstützen. Obwohl die Zahl der nordkoreanischen Truppen relativ gering war, sollte ihr Einsatz es Russland ermöglichen, die Ukrainer zurückzudrängen, ohne einen Teil der russischen Streitkräfte von ihren Offensivoperationen in der Ostukraine abzuziehen. Die Erwartungen waren hoch, dass die Rückkehr von Donald Trump ins Weiße Haus das Ende des Krieges oder zumindest einen temporären Waffenstillstand bedeuten könnte. Dies gab Putin einen Anreiz, so viel ukrainisches Territorium wie möglich zu besetzen, da die besetzten Gebiete wahrscheinlich die Grundlage für territoriale Regelungen bilden würden.

Die Vermutung, dass Russland nicht in der Lage sein könnte, ohne die Unterstützung ausländischer Truppen seine Position in der Ukraine zu halten und auch sein eigenes Territorium zu verteidigen, war sehr aufschlussreich.

Hohe nordkoreanische Verluste

Für Kim Jong-un bedeutete der Einsatz seiner Soldaten an der Seite Russlands, dass seine Truppen wertvolle Kampferfahrung in einem Krieg sammeln können. Seit dem Ende des Koreakrieges 1950 bis 1953 legte Pjöngjang großen Wert auf die Aufrechterhaltung eines großen und schwer bewaffneten stehenden Heeres.

Nordkoreanische Soldaten wurden nach ihrer Ausbildung hauptsächlich für Patrouillen in der entmilitarisierten Zone an der Grenze zu Südkorea eingesetzt. Die Teilnahme am Krieg Russlands gegen die Ukraine verschaffte dem nordkoreanischen Militär die ersten Kampferfahrungen seit über 70 Jahren. Beobachtungen ukrainischer Soldaten deuteten darauf hin, dass die Nordkoreaner mutige und entschlossene Kämpfer waren, die aber keine Erfahrung in moderner Kriegsführung hatten. Die Ukrainer erklärten, dass sich die Nordkoreaner auf Strategien verließen, die typisch für den Zweiten Weltkrieg waren, zum Beispiel in großen Gruppen zu Fuß vorzurücken. Auf diese Weise boten sie allerdings leichte Ziele für Artillerie- und Drohnenangriffe. Auch waren sie offenbar verwirrt von dem Auftauchen von Drohnen auf dem Schlachtfeld und hatten keine Ahnung, dass diese Objekte tödliche Angriffe ausführen können.

Diese Unerfahrenheit sowie Russlands Taktik, die Nordkoreaner dazu zu benutzen, das Feuer auf sich zu ziehen und den Russen den Weg für den Vormarsch freizumachen, galt als Grund für die hohen Verluste an nordkoreanischen Soldaten so kurz nach ihrem Einsatz. Angesichts dieser Verluste hätte man erwarten können, dass Kim Jong-un die rasche Rückkehr seiner Soldaten anstrebte, anstatt sich darauf vorzubereiten, weitere Soldaten zum Kampf nach Russland zu schicken. Doch hohe Verluste auf dem Schlachtfeld schienen ein Preis zu sein, den Nordkoreas Präsident bereit war zu zahlen, damit seine Streitkräfte Kampferfahrung sammeln könnten, die ihnen in einem zukünftigen Krieg von Nutzen sein würden.

Die Pokrowsk-Offensive

Die Bergbau- und Industriestadt Pokrowsk nordwestlich von Donezk war ein Versorgungszentrum von strategischer Bedeutung. Dort kreuzten sich mehrere Autobahnen, von denen eine zu wichtigen Städten im Raum Donezk führte, etwa Tschassiw Jar und Kostjantyniwka. Pokrowsk verfügte auch über eine regional bedeutende Bahnstation. Wenn Pokrowsk von Russland erobert würde, wäre dies nicht nur der bevölkerungsreichste Ort, der seit Bachmut im Jahr 2023 in russische Hände fallen würde; wegen seiner strategischen Lage würde dies auch Vorstöße in Richtung Dnipro und Saporischschja ermöglichen. Dies könnte bedeuten, dass die gesamte Frontlinie zusammenbrechen würde, wenn die Stadt von Russland eingenommen würde. Die BBC ging sogar davon aus, dass der Fall der Stadt den Verlust fast der gesamten Region Donezk bedeuten würde.

Der überraschende Vorstoß Kiews in der Region Kursk änderte Russlands Pläne und strategische Prioritäten bis Mitte Oktober 2024 nicht wesentlich. Moskau konzentrierte sich nach wie vor in erster Linie auf die Einnahme von Pokrowsk und das Vorrücken in der Ostukraine. Unterdessen wurde Pokrosk von russischer Artillerie beschossen. Die Stadt lag nur 20 Kilometer von der Verwaltungsgrenze der Region Donezk entfernt – der Linie, die der Kreml seit 2014 zu erreichen versuchte.

Präsident Selenskyj war der festen Überzeugung, dass die Operation Kursk die Kämpfe um Pokrowsk verlangsamt habe, aber Militärexperten und ukrainische Frontsoldaten waren anderer Meinung. Sie erklärten, dass sich der russische Vormarsch sogar beschleunigt habe. „Das Tempo des Vormarsches der russischen Streitkräfte hat unsere Befürchtungen übertroffen, und als sie sich der Stadt näherten, wurde der Vormarsch nicht nur nicht langsamer, sondern beschleunigte sich sogar", schrieb das Conflict Intelligence Team, eine Ermittlungsorganisation in Kiew. „Die Offensive in der Region Kursk hat keineswegs dazu geführt, dass russische Streitkräfte aus Donezk abgezogen wurden, sondern hat vielmehr den Mangel an ukrainischem Personal verschärft."

Die Probleme der Ukraine, die russischen Vorstöße in Richtung Pokrowsk aufzuhalten, wurden von ukrainischen Kommandeuren und Soldaten teilweise auf den Einsatz von neuen ukrainischen Wehrpflichtigen zurückgeführt. Diese Soldaten waren Berichten zufolge kaum oder gar nicht ausgebildet und oft nicht in der Lage, ein Ziel effektiv zu beschießen. Sie zogen sich überhastet aus ihren Stellungen zurück, und es kam vor, dass sie aus Gebieten flohen, in denen Schlachtfeldoperationen geplant waren, weil sie den Plänen nicht trauten.

Wenn die Ukraine Pokrowsk verlieren würde, wäre es viel schwieriger, Truppen, Munition und Proviant in andere Teile der überlasteten Frontlinie im Osten der Ukraine zu transportieren. Für Kiew würde der Verlust von Pokrowsk möglicherweise auch bedeuten, dass der Krieg näher an die Zentralukraine und ihr besser geschütztes tiefes Hinterland heranrückt.

Verschleiß, Abnutzung und Korrosion

Mit den Begriffen Verschleiß, Abnutzung und Korrosion beschrieb der australische Militäranalyst und General a.D. Mick Ryan die ukrainische Militärstrategie (siehe S. 302). Es handelte sich um einen Ansatz, der alte und neue Ideen kombinierte, um den Krieg für Russland in physischer, wirtschaftlicher, informationstechnischer und moralischer Hinsicht kostspieliger zu machen als für die Ukraine. Diese Idee, die einen Krieg für den Feind teurer in Bezug auf Leben und Ressourcen macht, wird in Clausewitz' Buch „Vom Kriege" beschrieben. Der preußische General und Militärtheoretiker stellt dar, wie eine militärische Streitmacht „Operationen Vorrang einräumen sollte, die die Verluste des Feindes erhöhen". Dies sollte jedoch durch etwas ergänzt werden, das Clausewitz als noch wirksamer beschreibt: „Die wichtigste Methode, gemessen an der Häufigkeit ihrer Anwendung, ist die Zermürbung des Feindes."

Ein zerstörter russischer T-72-Panzer auf einer Autobahn in der Nähe von Kiew

Das beste Beispiel für diese Methode war die Schlacht um Kiew, in der die Ukrainer den russischen Vormarsch auf Kiew zum Stillstand bringen konnten. Die Washington Post schrieb am 24. August 2022: „Was in den darauffolgenden 36 Tagen in und um Kiew geschah, sollte sich als der größte außenpolitische Fehltritt in der 22-jährigen Amtszeit des russischen Präsidenten Putin herausstellen. Zur Überraschung der Welt endete die Offensive gegen die ukrainische Hauptstadt mit einem demütigenden Rückzug, der tiefgreifende systemische Probleme im russischen Militär ans Licht brachte, für dessen Wiederaufbau er Milliarden ausgegeben hatte."

Die Ukrainer konnten zusätzlich zu den russischen Kampfeinheiten an der Front viele der logistischen und kampfunterstützenden Einrichtungen zerstören. Dadurch wurden die Möglichkeiten der Russen, für Nachschub zu sorgen, zunichte gemacht. Die Fronttruppen erhielten kaum Munition, Treibstoff und andere wichtige Vorräte. Dies hatte zur Folge, dass die Nordachse des russischen Vormarsches von innen ausgehöhlt wurde. Nach mehreren Wochen des Kampfes zwang die Ukraine die russischen Truppen zum Rückzug nach Weißrussland.
(Mick Ryan, The War for Ukraine, S. 42 f.)

Die russischen Verluste als Indikator

Die Kämpfe zwischen Russland und der Ukraine gingen auch im dritten Jahr unvermindert weiter. Dabei meldete das ukrainische Militär immer wieder enorme Verluste für die russische Armee. Offiziell wurden diese Angaben von Russland nicht bestätigt, denn in beiden Ländern galten die Verlustzahlen als militärisches Geheimnis. Die genaue Zahl der Toten und Verwundeten in dem Konflikt zu ermitteln, war und ist schwierig, da Russland und die Ukraine sich weigerten, offizielle Schätzungen herauszugeben, oder manchmal Zahlen veröffentlichten, denen allgemein misstraut wurde.

Putin sah sich mit Blick auf den anhaltenden Krieg zunehmend unter Druck. So war der September 2024 für Russland der bisher verlustreichste Monat überhaupt im Ukraine-Krieg. Wie der britische Militärgeheimdienst in seiner Monatsbilanz vom September 2024 mitteilte, waren pro Tag 1271 russische Soldaten getötet oder schwer verwundet worden.

Von den ersten Tagen des Krieges an veröffentlichte der Generalstab der ukrainischen Streitkräfte tägliche Berichte über die Lage an der Front und die Verluste des Feindes. Nach dessen Angaben beliefen sich die russischen Verluste bis zum 1. Oktober 2024 auf 654.430 Soldaten. Dabei sollte auch berücksichtigt werden, dass die Invasionstruppen nur etwa 190.000 Mann stark waren und die Verluste bis Oktober 2024 mehr als dreimal so hoch. Diese Zahlen ließen sich kaum verifizieren; doch die Größenordnung entsprach Angaben aus anderen Quellen.

Die Zahl der Ukrainer und Russen, die in dem Krieg bis Anfang 2025 getötet oder verwundet wurden, erreichte vermutlich eine Million – eine erschreckende Zahl für zwei Länder, die schon in Friedenszeiten mit einer schrumpfenden Bevölkerung zu kämpfen hatten. Doch für die Ukraine, die weniger als ein Viertel der Einwohner des riesigen Nachbarlandes hatte, war die Zahl wesentlich bedrohlicher. Eine vertrauliche Schätzung der Ukraine ging von 80.000 Toten und 400.000 Verwundeten unter den ukrainischen Truppen bis Ende 2024 aus, wie Personen berichteten, die mit der Angelegenheit vertraut waren. Die Schätzungen der westlichen Geheimdienste zu den russischen Opfern variierten, wobei einige die Zahl der Toten auf fast 200.000 und die der Verwundeten auf etwa 400.000 bezifferten.

Akzeptable Verluste?

Als das russische Militär im Herbst 2023 die Offensive auf die ostukrainische Stadt Awdijiwka begann, bemerkten die ukrainischen Truppen eine Änderung in der Taktik der russischen Streitkräfte. Zuvor war eine ihrer Kolonnen nach der anderen durch Artilleriefeuer vernichtet worden; nun teilten die russischen Streitkräfte ihre Infanterieformationen in kleinere Einheiten auf, um weniger Soldaten durch Beschuss verlieren, und gleichzeitig nahm die Zahl ihrer Luftangriffe zu, um die Verteidigung der Stadt zu schwächen.

Dies war eine von mehreren Anpassungen, die die Russen vornahmen, um nach einem katastrophal verlaufenen ersten Jahr mehr Erfolg zu haben. Diese Änderungen konnten jedoch eine Tatsache nicht verschleiern: Das russische Militär war schon immer bereit gewesen, große Verluste an Truppen und Ausrüstung hinzunehmen, selbst wenn es nur geringe Gewinne einbrachte. Ein hochrangiger westlicher Beamter sagte dazu, dass russische Streitkräfte eine andere Schmerzgrenze haben und eine ganz eigene Sichtweise auf das, was bei Streitkräften anderer Länder als akzeptables Maß an militärischen Verlusten angesehen wird.

Einige Beispiele

Seit Beginn des Ukraine-Krieges war Russland bereit, besonders hohe Kosten auf sich zu nehmen, um im Donbass voranzukommen. Teile dieser traditionell russischsprachigen Region wurden seit 2014 von russischen Separatisten kontrolliert, und der Kreml behauptete, er verteidige die russischsprachigen Bürger, die Teil Russlands sein wollten.

Bachmut Der Artilleriebeschuss von Bachmut, dem Zentrum der Salzindustrie, begann im Mai 2022; die ersten russischen Offensiven auf die Stadt erfolgten im Juli. Der Hauptangriff selbst fand ab Anfang August statt, als russische Streitkräfte aus Richtung Poposna vorrückten. Die Angriffe auf die Stadt, geführt von der Wagner-Gruppe, nahmen im November zu, und im Mai 2023 eroberten die Söldner von Prigoschin die zerschossene Stadt. Die Schlacht galt als sogenannter „Fleischwolf", das heißt, mit maximalem Verlust an Soldaten – wohl für beide Seiten, doch allein die russischen Verluste sollen zwischen 32.000 und 43.000 Toten und etwa 95.000 Verletzten betragen haben.

Awdijiwka Um das Dorf Awdijiwka tobte eine weitere der verlustreichen Schlachten im russisch-ukrainischen Krieg. Die Schätzungen der russischen Opferzahlen, die unter Militärexperten, pro-russischen Bloggern und ukrainischen Beamten kursierten, deuteten darauf hin, dass Moskau bei der Einnahme von Awdijiwka mehr Soldaten verloren hatte als in den zehn Jahren des Kampfes in Afghanistan in den 1980er-Jahren.

Die Opferzahlen waren jedoch schwer zu überprüfen: Sie wurden von der Seite, die die Opfer verursachte, aufgebläht und von der Seite, die sie erlitt, heruntergespielt, sodass die tatsächlichen Kosten an Menschenleben unbekannt blieben. Die offizielle Zahl der sowjetischen Gefallenen in Afghanistan – etwa 15.000 – wurde von Fachleuten als deutlich zu niedrig angesehen. Ein Militärblogger schrieb, dass die Russen bei Awdijiwka ungefähr 17.000 Soldaten verloren hätten, eine Zahl, die sich nicht bestätigen ließ.

Wuhledar Russlands langer Angriff auf die Kleinstadt Wuhledar passte in das Muster der „Fleischwolf"-Taktik, die die Militärführung an allen Fronten anwendete. Laut BBC und dem oppositionellen russischen Medienprojekt Mediazona war die aus der „Fleischwolf"-Taktik resultierende Opferzahl im zweiten Jahr des Krieges um fast 25 Prozent höher als im ersten.

Es gab keine Schätzung der russischen Gefallenen im Kampf um Wuhledar, aber die Zahl dürfte in die Tausende gehen. Die Ukraine behauptete im März 2023, dass die gesamte 155. Marine-infanterie-Brigade Russlands – bestehend aus 5.000 Soldaten – vernichtet worden sei. Die Ukraine zog am 2. Oktober 2024 ihre Truppen aus Wuhledar ab. Dies war ein Sieg für Russland nach einem mehr als einjährigen Kampf. Das ukrainische Militär gab bekannt, dass den Truppen befohlen wurde, sich aus dem Gebiet zurückzuziehen, um eine mögliche Einkesselung zu vermeiden.

Torezk Während russische Truppen die Bergbaustadt Torezk durch ihre Artillerie verwüsteten, berichteten ukrainische Beamte von massiven russischen Verlusten in der Stadt. Der Angriff begann am 22. August 2024, und am 11. Oktober war die zerschossene Ortschaft unter russischer Kontrolle. Wie es hieß, seien pro Woche 635 russische Soldaten gefallen und 855 verletzt worden, also in den drei Wochen des Kampfes um Torezk knapp 5.000 Soldaten.

Tschassiw Jar Am 4. April griffen russische Streitkräfte Tschassiw Jar an, eine westlich von Bachmut gelegene kleine ukrainische Industriestadt in der Oblast Donezk. Drei Monate später eroberten sie das verwundbarste Viertel der Stadt – das Kanalviertel.

Doch die Einnahme dieses kleinen Teils von Tschassiw Jar kostete Tausende russische Soldaten das Leben. Berichten zufolge verlor das russische Militär seit Beginn der Tschassiw-Jar-Kampagne etwa 90.000 Soldaten. Und auch wenn nicht alle von ihnen direkt in und um Tschassiw Jar starben, so war es doch ein beträchtlicher Teil von ihnen.

Ungewisse Zukunft

Das Vorgehen des Kremls, in diesem Krieg mehr Artillerie einzusetzen, mehr Soldaten zu mobilisieren und sich auf eine viel größere und fähigere Luftwaffe zu stützen, machte es möglich, die Verteidigungslinien der Ukraine in Awdijiwka zu durchbrechen. Die hohen Kosten an Toten und Verwundeten, so sagen einige Analysten, waren nur das Nebenprodukt einer Strategie, die ihr Ziel weitgehend erreicht hat, obwohl die militärische Hilfe des Westens und die Munitionsvorräte der Ukraine allmählich zur Neige gingen.

Der russische Militärexperte Ruslan Puchow, der der Rüstungsindustrie nahesteht, schrieb, dass der Angriff auf Awdijiwka Teil einer umfassenderen russischen Strategie sei, die ukrainischen Streitkräfte entlang der über 1000 Kilometer langen Frontlinie mit Vorstößen und Sondierungen unter Druck zu setzen, um den Feind „durch tausend Schnitte" zu zermürben. „Eine solche Strategie ist jedoch für die russischen Streitkräfte mit hohen Verlusten verbunden, was zu einer Erschöpfung ihrer Kräfte führen könnte", schrieb Puchow in einem russischen Magazin.

Die ukrainische Armee verfolgte dasselbe Ziel: die Zermürbung der gegnerischen Streitkräfte. Dieses Ziel setzte sie entlang der Grenze des Donbass geschickt um, wie die oben aufgeführten Beispiele zeigen. Sie zogen sich immer zurück, bevor die Verluste zu hoch wurden. Doch die Frage, die sich dabei stellte, war, wie lange beide Kriegsparteien ihre Strategien durchhalten könnten.

Quellen: Kursk: Ein riskantes Unterfangen

Bücher

- Harrel, John S., The Russian Invasion of Ukraine, February–December 2022, Destroying the Myth of Russion Invincibility, Yorkshire 2023
- Ryan, Mick, The War for Ukraine, Strategy and Adaption Under Fire, Annapolis 2024

Online-Publikationen

- https://www.thetimes.com/world/russia-ukraine-war/article/putin-kursk-incursion-russia-ukraine-5ztt2njdx?region=global
- https://www.understandingwar.org/backgrounder/russian-offensive-campaign-assessment-august-12-2024

- https://kyivindependent.com/80-brigade-kursk/
- https://www.understandingwar.org/backgrounder/russian-offensive-campaign-assessment-august-7-2024
- https://www.themoscowtimes.com/2024/08/06/moscow-rushes-troops-to-kursk-region-as-3-killed-in-ukrainian-attacks-a85947
- https://www.bbc.com/news/articles/cze5pkg5jwlo
- https://www.theguardian.com/world/2024/sep/20/revealed-russia-anticipated-kursk-incursion-months-in-advance-seized-papers-show
- https://www.wilsoncenter.org/blog-post/ukraines-gains-kursk-show-how-official-loyalty-overrides-truth-russia
- https://edition.cnn.com/2024/09/05/europe/ukraine-army-chief-kursk-incursion-exclusive-intl/index.html
- https://www.kyivpost.com/analysis/37222
- https://www.foreignaffairs.com/ukraine/ukraines-gamble
- https://www.zeit.de/politik/ausland/2024-11/russland-oberhaus-beistandspakt-nordkorea
- https://kyivindependent.com/russias-kursk-oblast-counteroffensive-halted-kyiv-claims/
- https://theconversation.com/north-korea-kim-jong-un-is-sending-a-second-wave-of-soldiers-to-ukraine-heres-why-248339
- https://www.thetimes.com/world/russia-ukraine-war/article/ukraine-russia-war-dispatch-pokrovsk-jvhwxdl8j
- https://www.euronews.com/my-europe/2024/09/19/battle-for-pokrovsk-why-is-russia-so-focused-on-the-eastern-ukrainian-town
- https://www.bbc.com/news/articles/c80rjxl7le1o
- https://www.fr.de/politik/verluste-russland-ukraine-krieg-opfer-militaer-zahlen-daten-aktuell-zr-93354
- https://war.ukraine.ua/faq/what-are-the-russian-death-toll-and-other-losses-in-ukraine/
- https://www.wsj.com/world/one-million-are-now-dead-or-injured-in-the-russia-ukraine-war-b09d04e5
- https://www.newsweek.com/russia-avdiivka-losses-casualties-ukraine-soviet-union-afghanistan-war-1871177
- https://www.themoscowtimes.com/2024/10/03/what-went-wrong-for-ukraine-at-vuhledar-a86565
- https://www.forbes.com/sites/davidaxe/2024/07/04/it-took-russia-three-months-and-thousands-of-lives-to-capture-one-isolated-ukrainian-neighborhood/

Kapitel 22

Eine ungewisse Entwicklung (Stand Ende Februar 2025)

Noch im Oktober 2024 hatte Präsident Selenskyj in den USA Elemente seines sogenannten Siegesplans erörtert, von dem inzwischen niemand mehr spricht. Die Entwicklung verlief ganz anders, als angenommen worden war.

Nach der Teilnahme an der UN-Generalversammlung hatte sich Selenskyj mit wichtigen amerikanischen Gesprächspartnern getroffen, darunter auch dem ehemaligen US-Präsidenten und aktuellen Präsidentschaftskandidaten Donald Trump. Dieser pries sein „sehr gutes Verhältnis" zu Präsident Putin. Selenskyj, der neben ihm stand, bemühte sich zu betonen, dass der russische Staatschef „so viele Menschen getötet" habe und derzeit ukrainisches Territorium besetzt halte.

Dennoch postete Selenskyj nach diesem Treffen in den sozialen Medien: „Wir sind uns einig, dass der Krieg in der Ukraine gestoppt werden muss. Putin kann nicht gewinnen. Die Ukrainer müssen gewinnen." Trump seinerseits postete nichts über den Wunsch nach einem Sieg der Ukrainer und warnte, dass der „Krieg niemals enden und in den DRITTEN WELTKRIEG übergehen" werde, falls er die Wahl gegen Vizepräsidentin Kamala Harris verlieren sollte.

Donald Trump gewann die Wahl und wurde am 20. Januar 2025 vereidigt. Bereits im Wahlkampf hatte er angekündigt, dass er den Krieg innerhalb von 24 Stunden beenden wolle. Seit Ende

Die Vereidigung von Präsident Donald Trump, rechts die ehemaligen Präsidenten Clinton und Bush

November 2024 hatte er einen Beauftragten zur Durchführung dieser Mission, den pensionierten Generalleutnant Keith Kellogg, auf dessen Loyalität er sich verlassen konnte. Details des Plans zur Beendigung des Krieges wurden nicht bekannt, es sollte aber, wie es hieß, ein Frieden aus der Position der Stärke angestrebt werden.

Die Lage an der Front

Auf beiden Seiten des Atlantiks machte sich Anfang 2025 Erschöpfung breit, und selbst einige der eifrigsten Unterstützer der Ukraine vermuteten, dass die Zeit für den Westen, Kiews Kampf zu unterstützen, ablaufen könne. Die Gründe waren zum einen in der US-Innenpolitik und in der Person des neuen Präsidenten Trump zu suchen, zum anderen in der Situation vor Ort in der Ukraine. Das Land war nach drei Jahren Krieg am Ende seiner Kräfte – unterlegen angesichts einer russischen Kriegsmaschinerie, die sich von den westlichen Sanktionen offenbar kaum beeindrucken ließ. Der Angriff der Ukraine auf die russische Region Kursk im Sommer 2024 brachte dem Land zwar einen willkommenen Moralschub, aber wenig greifbare Vorteile.

An der Ostfront mussten sich die ukrainischen Streitkräfte immer wieder zurückziehen und verloren stetig an Territorium. Die Kämpfe waren weiterhin zermürbend. Sie forderten zwar einen hohen Blutzoll unter den russischen Soldaten, aber das schien der Preis zu sein, den der Kreml für die Erreichung seines Kriegsziels zu zahlen bereit war. Die Frage, die sich stellte, lautete: Wie lange konnte Putin das durchhalten? Es wurde immer schwieriger und auch teurer, neue Soldaten anzuwerben, und auch bei der Ausrüstung gab es bereits sichtbare Mängel.

Bei den Ukrainern sah es nicht besser aus: Fahnenflucht und Desertation waren die aktuellen Probleme. Ein Auslöser für dieses Verhalten war vermutlich, dass man in Ermangelung wehrtüchtiger Leute unausgebildete Soldaten an die Front schickte. Ein neuer und bei den Soldaten beliebter General sollte nun eine Wende erreichen: Der bisherige Befehlshaber der ukrainischen Bodentruppen, Generalmajor Mychailo Drapaty, sollte zusätzlich einen großen Teil der Ostfront übernehmen.

Der Oberbefehlshaber der ukrainischen Streitkräfte, Oleksandr Syrskyj, bezeichnete die überraschende Offensive im Sommer auf das russische Gebiet Kursk als erzwungenen Präventivschlag. „Ich musste gleichzeitig den Angriff auf Charkiw stören, den Druck an der gesamten Front mindern und die Eröffnung einer weiteren Front in Sumy verhindern", so General Syrskyj in der französischen Tageszeitung Le Monde. Er habe den Angriff an der Stelle geführt, wo die russische Armee die geringsten Kräfte gebündelt hatte. Dadurch sei es gelungen, das Angriffspotenzial der russischen Streitkräfte nicht nur entlang der Nordgrenze der Ukraine zu schwächen; vielmehr sei die Intensität der russischen Angriffe insgesamt gesunken, mit Ausnahme der Offensiven bei Pokrowsk und Kurachowe im Raum Donezk.

Politisch gesehen hoffte die Ukraine, dass sie dadurch ein Druckmittel in der Hand hätte, falls sie gezwungen wäre, mit Russland zu verhandeln. Das bedeutete, dass die Ukraine das eroberte russische Territorium über einen längeren Zeitraum halten müsste, was ihr ja auch gelang, trotz der nordkoreanischen Verstärkung auf russischer Seite, die aber wieder abgezogen wurde, so der südkoreanische Geheimdienst.

Donald Trump und das Kriegsende

Der ehemalige Befehlshaber der US-Streitkräfte in Europa, General Ben Hodges, war „in gewisser Weise optimistisch" und hoffte, dass Präsident Trump nicht derjenige sein werde, „der die Ukraine verliert". Er würde aber nicht alles, was der Präsident während des Wahlkampfes gesagt habe, auf die Goldwaage legen, sagte Hodges.

Mit der Behauptung während des Wahlkampfes, er würde den Krieg in der Ukraine innerhalb von 24 Stunden beenden, zielte der Republikaner offensichtlich darauf ab, die Konfliktparteien unter Druck zu setzen, um Verhandlungen und einen schnellen Waffenstillstand zu erzwingen. Das löste in der Ukraine die Besorgnis aus, dass er die Unterstützung kürzen könnte. Doch nach seinem Wahlsieg äußerte sich Trump zurückhaltender und erklärte mit Blick auf ein mögliches Ende des Krieges, er hoffe, sechs Monate Zeit zu haben.

Ben Hodges sagte weiter, Trump habe häufig über Verhandlungen gesprochen, und sein designierter Ukraine-Beauftragter, Ex-General Keith Kellogg, habe das Ziel gesetzt, in 100 Tagen den Krieg zu beenden. Kellogg habe aber auch gesagt, man könne Russland nicht vertrauen. „Das ist ein guter Ansatzpunkt für jegliche Verhandlungen mit den Russen", sagte Hodges.

Das Telefonat

Gern weist Präsident Trump auf sein gutes Verhältnis zu Wladimir Putin hin. Darauf ist er besonders stolz. Der russische Staatschef respektiere ihn, sagte der US-Präsident regelmäßig und wollte das als Ausweis seiner eigenen Stärke verstanden wissen.

Am 12. Februar 2025 war es so weit: Der amerikanische Präsident verkündete, dass er mit Präsident Putin telefoniert habe. Es war der erste offizielle Kontakt zwischen den beiden Staaten seit der Invasion der Ukraine im Februar 2022. Trumps Vorgänger Joe Biden hatte nach dem russischen Einmarsch die Beziehungen eingefroren. Präsident Trump fand nur warme Worte für den russischen Staatschef, der Russland seit 25 Jahren regierte, wiederholt in Nachbarländer einmarschiert war und seine Gegner entweder getötet, inhaftiert oder ins Exil geschickt hatte. Er erklärte, dass die beiden Männer einander besuchen würden, und „vereinbarten, sehr eng zusammenzuarbeiten".

Trump, der später an jenem Tag auch mit dem Präsident Selenskyj sprach, sagte, er und Putin würden sich wahrscheinlich „in nicht allzu ferner Zukunft" ohne Selenskyj in Saudi-Arabien treffen. Das Gespräch, das laut Kreml fast 90 Minuten dauerte, deutete auf eine sich vertiefende Allianz zwischen Trump und Putin hin, was Selenskyj beunruhigen musste. Bei der ersten Skizzierung seiner Vision für ein Friedensabkommen konzentrierte sich Trump stark auf die für Russland wichtigen Bedingungen. Er schien eine NATO-Mitgliedschaft der Ukraine auszuschließen, während er den Großteil der Last für die Verteidigung der Ukraine offenbar auf Europa verlagern wollte.

Neue Gegensätze

Am 12. Februar, kurz vor dem Telefonat Trumps mit Putin, hatte der neue Verteidigungsminister, Pete Hegseth, in Brüssel erklärt, dass die Ukraine ihr Ziel aufgeben müsse, alle verlorenen Gebiete zurückzuerhalten. Hingegen sagte Präsident Selenskyj, der sich zunächst in den sozialen Medien bei Präsident Trump für die Bemühungen um einen Friedensplan bedankt hatte, am 13. Februar,

US-Verteidigungsminister Pete Hegseth

dass er kein Abkommen akzeptieren werde, das ohne seine Beteiligung ausgehandelt worden sei. Es sei „wichtig, dass nicht alles nach Putins Plan verläuft", sagte er. „Es kann keine Gespräche über die Ukraine ohne die Ukraine geben".

Doch die klare Botschaft von Verteidigungsminister Hegseth lautete, dass die Rückeroberung verlorener Gebiete durch die Ukraine „ein unrealistisches Ziel" sei und die NATO-Mitgliedschaft der Ukraine so weit in der Zukunft liege, dass sie genauso gut nie eintreten könnte. Das schreckte diejenigen Europäer auf, die diesen Plan unterstützten. Aber es war nicht nur die unverblümte Sprache, die irritierte und verärgerte – es war auch die Tatsache, dass Präsident Trump und Minister Hegseth dem russischen Präsidenten Putin offenbar genau das zubilligen wollten, was dieser schon immer gefordert hatte.

Der deutsche Verteidigungsminister Boris Pistorius kritisierte bei einem Treffen in Brüssel, dass Trump Putin bereits öffentlich Zugeständnisse gemacht habe, bevor die Verhandlungen überhaupt begonnen hätten. „Es wäre wohl besser gewesen, am Verhandlungstisch über eine mögliche NATO-Mitgliedschaft der Ukraine zu sprechen."

Die Gegensätze wirkten unüberbrückbar: Während die Ukraine darum kämpfte, eigenständig und souverän zu bleiben, verlangte Russland einen Vasallenstaat. In Kiew war die Furcht groß, dass Präsident Trump den Krieg zulasten der Ukraine beenden wollte. „Ich denke, dass er den Erfolg sehr braucht", sagte Präsident Selenskyj. Zudem betonte er, erst dann zu einem Treffen mit Präsident Putin bereit zu sein, wenn die Ukraine mit den USA und den europäischen Staaten eine gemeinsame Position für ein Abkommen zur Beendigung des Krieges ausgearbeitet hätten. Die große Sorge in Kiew bestand darin, ohne wirksame Sicherheitsgarantien dazustehen.

Dringlichkeitssitzung in Paris

Unterdessen versuchte der neue US-Außenminister Marco Rubio, die Befürchtungen der Ukrainer wie auch der Europäer zu zerstreuen. Man habe „noch einen langen Weg" bis zu einem möglichen Friedensabkommen vor sich, sagt er dem Sender CBS. Präsident Trump sei „der einzige Führer der Welt, der diesen Prozess möglicherweise einleiten könnte". Das werde angesichts der sehr unterschiedlichen Interessen nicht einfach, doch wenn die echten Verhandlungen beginnen sollten, müssten auch die Ukraine und die anderen europäischen Länder einbezogen werden, so Rubio. Noch aber sei man nicht so weit.

In Paris, wo sich die Staats- und Regierungschefs der wichtigsten europäischen Staaten am 17. Februar zu einer Dringlichkeitssitzung trafen, um über ihre Rolle bei einem möglichen Waffenstillstand in der Ukraine zu sprechen, erklärte Ursula von der Leyen, Präsidentin der Europäischen

Kommission, dass sich die Sicherheit Europas an einem Wendepunkt befinde. Nach dem Schock, den die USA mit ihrem Schritt ausgelöst hatten, Kiew und seine europäischen Unterstützer von den Friedensverhandlungen auszuschließen, bestehe dringender Handlungsbedarf.

Angesichts der Tatsache, dass Washington entschieden hatte, bilaterale Gespräche mit Moskau über die Beendigung des Krieges aufzunehmen, bekräftigte der britische Premier Starmer am 16. Februar, dass Großbritannien bereit sei, Soldaten für eine Friedenstruppe in der Ukraine zu stationieren. Schweden als neues NATO-Mitglied folgte einen Tag danach, als Premierminister Ulf Kristersson sagte, es bestehe „absolut die Möglichkeit", dass das Land zu den Friedenstruppen in der Ukraine beitragen werde, obwohl die Verhandlungen fortgeschritten sein müssten, bevor dies geschehen könne. Deutschland wiederum erklärte, es sei noch zu früh, um über die Entsendung von Truppen zu sprechen, und Polen bekräftigte, dass es nicht plane, sich an einer Friedenstruppe in der Ukraine zu beteiligen, sondern stattdessen finanzielle und militärische Hilfe leisten wolle.

Der Ukraine-Beauftragte des US-Präsidenten, Keith Kellogg, sagte am 15. Februar, dass Europa bei Friedensgesprächen keinen Platz am Verhandlungstisch haben werde. Washington habe jedoch in den europäischen Hauptstädten angefragt, was sie als Beitrag zu Sicherheitsgarantien für Kiew in Betracht ziehen würden. Aus Frankreich hieß es dann, dass die Pariser Gespräche „die Sicherheitsgarantien, die von den Europäern und den Amerikanern gemeinsam oder getrennt gegeben werden können, behandeln würden, wobei Friedenstruppen nur ein Element innerhalb der Sicherheitsgarantien wären".

(https://www.theguardian.com/world/2025/feb/17/europe-at-turning-point-as-leaders-meet-in-paris-to-discuss-ukraine-crisis)

Vor allem aber wurde bei dem Pariser Treffen deutlich, dass die Europäer nicht ohne die Rückendeckung der USA handeln wollen. Europa sei bereit, zur Sicherheit der Ukraine nach einem Friedensschluss einen Beitrag zu leisten, sagte ein EU-Diplomat nach dem Treffen. Wie dieser aussehe, bleibe allerdings jedem Land selbst überlassen und sei abhängig vom Umfang der amerikanischen Unterstützung.

Das heißt zum einen: Ohne die Hilfe der US-Armee in bestimmten Bereichen, etwa beim Transport oder der Aufklärung, wäre ein rein europäischer Einsatz schon militärtechnisch kaum denkbar. Zum anderen aber wollten die Europäer unbedingt die USA an ihrer Seite wissen, da nach allen praktischen Kriterien nur auf diese Weise das Abschreckungspotenzial gegenüber Russland gewährleistet bleiben würde. Das war verständlich: Die russische Regierung lehnte eine europäische Truppe in der Ukraine kategorisch ab und würde diese, sofern sie ihre Meinung nicht ändern würde, wohl als einen Feind betrachten.

Planung eines Rohstoff-Deals

Bereits am 11. Februar 2025, während Präsident Trump noch seine Präsidialverfügungen unterzeichnete, war sein Vizepräsident, J.D. Vance, in Paris eingetroffen und hatte vor einer Gruppe von Führungskräften, die über die Zukunft der künstlichen Intelligenz diskutierten, erklärt, dass die USA die Branche der IT-Technologie dominieren, die fortschrittlichsten Chips herstellen, die Software schreiben und die Regeln festlegen werde. Die europäischen Länder könnten sich entweder anschließen oder das Feld räumen.

Das Hauptziel Präsident Trumps bestand darin, die Abhängigkeit von China zu verringern, das den Markt für wichtige Rohstoffe, insbesondere Seltene Erden, dominierte. Die Exporte Chinas stiegen 2024 um sechs Prozent. Seltene Erden sind eine Gruppe von 17 Metallen, die für die Herstellung einer Vielzahl von Hochtechnologie-Produkten von entscheidender Bedeutung sind, von Magneten, die zur Umwandlung von Energie in Bewegung in Elektrofahrzeugen verwendet werden, bis hin zu Mobiltelefonen, Raketensystemen, Lasern, Computer-Bauteilen und Batterien. Sie gelten nicht aufgrund von Knappheit auf der Erde als selten, sondern weil es schwierig ist, sie zu lokalisieren, zu gewinnen und zu raffinieren.

Scott Bessent, US-Finanzminister

Der im Januar 2025 ernannte US-Finanzminister Scott Bessent begab sich nach Kiew, um über amerikanische Abbaurechte an den noch nicht erschlossenen Seltenen Erden der Ukraine zu verhandeln. Präsident Selenskyj soll während des Besuchs des US-Finanzministers Scott Bessent bedrängt worden sein, ein Papier zu unterzeichnen, das Washington den Zugriff auf 50 Prozent der ukrainischen Rohstoffe garantiert. Selenskyj lehnte ab. Angesichts von ukrainischen Rohstoffvorkommen im Wert von zwölf Billionen Euro wäre das ein Deal, der die amerikanische Hilfe für die Ukraine um ein Vielfaches überkompensieren würde. „Wir sind das erste Land, das gezwungen werden soll, Reparationen an Verbündete zu zahlen", reagierte ein ukrainischer Kommentator auf der Plattform X verbittert. Präsident Selenskyj erklärte auf der Münchner Sicherheitskonferenz (14. bis 16. Februar), dass er den Vertrag nicht unterschieben habe, er werde noch juristisch geprüft.

Die von den USA geforderten Zahlungen überstiegen den Wert der kritischen Mineralien bei weitem. Es ging auch um die gemeinsame Förderung von Öl und Gas, also die gesamte Rohstoffbasis der Ukraine. Die Vertragsbedingungen liefen auf eine wirtschaftliche Kolonisierung der Ukraine hinaus. Sie implizierten eine Last, die kaum zu schultern wäre, weshalb die Forderung in Kiew Bestürzung auslöste.

Selenskyjs Vorschlag

Es war Präsident Selenskyj selbst, der die Abgabe von Abbaurechten an Unterstützer als Teil seines Siegesplans selbst ins Spiel gebracht hatte. Schon im September 2024 hatte er bei seinem Besuch im Trump Tower vorgeschlagen, den USA eine Beteiligung an den Seltenen Erden und kritischen Mineralien der Ukraine zu gewähren, in der Hoffnung, so den Weg für weitere Waffenlieferungen

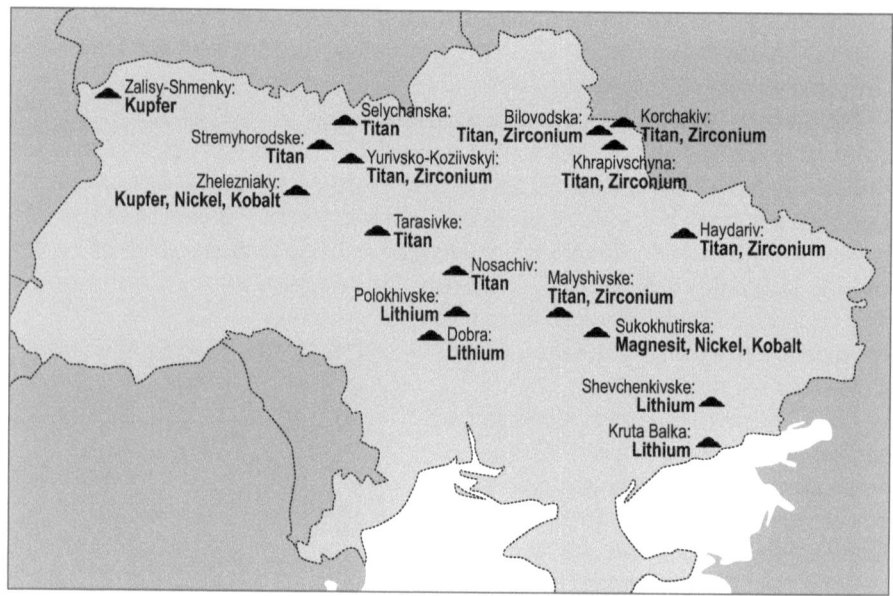

Die wichtigsten Lagerstätten von Seltenen Erden auf dem Gebiet der Ukraine

zu ebnen. Er rechnete damit, dass Putin von weiteren Angriffe Abstand nehmen würde, wenn sich US-Unternehmen in der Ukraine niederlassen und vor Ort tätig werden würden.

Einige Mineralienvorkommen befanden sich in der Nähe der Frontlinie in der Ostukraine oder in den von Russland besetzten Gebieten. Selenskyj betonte die Gefahren, die entstehen würden, wenn strategische Reserven an Titan, Wolfram, Uran, Graphit und Seltene Erden in russische Hände fielen. „Wenn wir über ein Abkommen sprechen, dann lasst uns ein Abkommen schließen, wir sind dafür", sagte Selenskyj. Er hatte wahrscheinlich nicht damit gerechnet, mit Bedingungen konfrontiert zu werden, die man normalerweise Aggressorstaaten stellt, die in einem Krieg besiegt wurden. Trumps Forderungen würden einen höheren Anteil am ukrainischen BIP ausmachen als die Reparationen, die Deutschland im Versailler Vertrag auferlegt, allerdings später reduziert wurden. Nicht nur das: Diese US-Bedingungen wären härter als die finanziellen Sanktionen, die Deutschland und Japan nach ihrer Niederlage im Zweiten Weltkrieg auferlegt wurden.

Donald Trump sagte gegenüber Fox News, dass die Ukraine „im Wesentlichen zugestimmt" habe, 500 Milliarden Dollar zu übergeben. „Sie haben enorm wertvolles Land in Bezug auf Seltene Erden, in Bezug auf Öl und Gas und in Bezug auf andere Dinge", sagte er. Er warnte, dass die Ukraine Putin „auf einem Silbertablett serviert" würde, wenn sie die Bedingungen ablehne. „Sie können einen Deal machen. Sie können keinen Deal machen. Sie könnten eines Tages russisch sein, oder sie könnten eines Tages nicht russisch sein. Aber ich will dieses Geld zurück", sagte Trump. *(https://www.telegraph.co.uk/business/2025/02/17/revealed-trump-confidential-plan-ukraine-stranglehold/)*

„Es hat keinen Sinn, einen Scheinfrieden zu schließen"

Nach einem Treffen mit dem türkischen Präsidenten Recep Erdoğan am 17. Februar 2025 erklärte Selenskyj in Ankara, die Ukraine werde Ergebnisse der Gespräche über die Beendigung des Krieges, die hinter dem Rücken der Ukraine geführt würden, nicht akzeptieren.

„Es kommt mir vor, als würden die USA jetzt über das Ultimatum diskutieren, das Putin zu Beginn des umfassenden Krieges gestellt hat", sagte Selenskyj gegenüber Reportern. Er fügte hinzu: „Wieder einmal werden Entscheidungen über die Ukraine ohne die Ukraine getroffen. Ich frage mich, warum sie glauben, dass die Ukraine jetzt all diese Ultimaten akzeptieren werde, wenn wir sie im schwierigsten Moment abgelehnt haben?" Selenskyj sagte auch, er werde sich mit diplomatischen Mitteln um die Rückgabe der besetzten Städte und Dörfer im Osten und Süden bemühen, und betonte: „Sie werden ukrainisch sein. Es kann keinen Kompromiss geben."

In der Ukraine herrschte die Befürchtung, dass Russland sich nicht an ein Waffenstillstandsabkommen halten werde, wenn es nicht durch Sicherheitsgarantien – von den USA und anderen westlichen Mächten – untermauert sei. Der Präsidentenberater Mykhailo Podolyak sagte: „Es hat keinen Sinn, einen Scheinfrieden zu schließen", der zu einer Fortsetzung des Krieges führen würde. Die Ukrainer erinnerten sich an zwei Abkommen, die mit Russland im weißrussischen Minsk unterzeichnet worden waren (Minsk I und II), nachdem Putin 2014 die Krim annektiert und eine verdeckte Invasion der Ostukraine begonnen hatte. Russland brach beide Waffenstillstände mehrfach.

Es wurde befürchtet, dass ein rasch geschlossenes Abkommen zwischen Washington und Moskau auf Minsk III hinauslaufen würde – ein weiteres Abkommen, das Russland brechen würde. Selenskyj hatte am 15. Februar 2025 bei seiner Rede auf der Münchner Sicherheitskonferenz darauf hingewiesen, dass Russland offenbar bereit sei, die Invasion auszuweiten und einen Krieg gegen die NATO zu führen.
(https://www.theguardian.com/world/2025/feb/18/ukraine-officials-say-us-is-appeasing-russia-with-talks-in-riyadh)

Die russischen Forderungen

Russland wollte weitreichende Forderungen in Gesprächen mit Trump durchsetzen, während die USA den Krieg um jeden Preis beenden wollen. Putin strebte zudem geopolitische Vorteile an und verlangte Zugeständnisse von der NATO. Die USA verhandelten im Alleingang, ohne Europa und die Ukraine. Das entsprach Putins Wunsch, denn aus seiner Sicht waren Kiew und die EU nur noch Objekte der Weltpolitik, in der Moskau, Washington und Peking die Hauptrolle spielen.

Wenn demnächst die USA und Russland am Verhandlungstisch sitzen würden, dann wäre bereits klar, welche Forderungen auf dem Tisch liegen würden. Für die USA stand nach den Worten Präsident Trumps das Ziel im Vordergrund, den „horrible, bloody war – schrecklichen, blutigen Krieg" zu beenden. Putin dagegen wollte auch die Gelegenheit nutzen, um geopolitische und wirtschaftliche Ziele zu erreichen, wie der britische Telegraph berichtete. Er hatte keine Eile: Sein System war längst auf den Krieg ausgerichtet – politisch, wirtschaftlich und gesellschaftlich.

Russland verlangte, dass die Ukraine ihre Truppen aus den vier annektierten Regionen abzieht und auf eine Mitgliedschaft in der NATO verzichtet. Putin forderte zudem eine Verringerung der militärischen Kapazitäten der Ukraine. Dies könnte auch Einschränkungen bei Langstreckenraketen und schweren Waffen sowie eine Reduzierung der westlichen militärischen Unterstützung umfassen. Eine Aufnahme der Ukraine in die NATO sei laut dem Telegraph für Russland inakzeptabel; darüber werde nicht verhandelt.

Neben militärischen Forderungen zielte Putin auch auf wirtschaftliche Erleichterungen ab. Dazu gehörte die Aufhebung der Wirtschaftssanktionen, die den Rubel abgewertet und die Inflation erhöht hatten. Ein weiteres Ziel war die Wiedereröffnung der Nord-Stream-Pipelines, um Gasverkäufe nach Europa wieder aufnehmen zu können und damit die russische Wirtschaft zu stabilisieren. Der Telegraph ging zudem davon aus, dass auch das eingefrorene russische Zentralbankvermögen im Ausland im Wert von über 300 Milliarden Dollar freigegeben werden sollte.
(https://www.telegraph.co.uk/world-news/2025/02/18/what-russia-wants-out-of-talks-with-america/)

Während sich die Außenminister Rubio und Lawrow am 18. Februar im saudi-arabischen Riad zu Vorgesprächen trafen, berichtete die Nachrichtenagentur Reuters, dass Selenskyj seinen geplanten Besuch in Saudi-Arabien verschoben habe, um den Gesprächen zwischen den USA und Russland keine „Legitimität" zu verleihen. Es sei absurd, dass Moskau über Frieden spreche, während es Ukrainer töte, sagte der Präsidentenberater Mykhailo Podolyak. Die jüngste Salve von 176 Drohnen, die am 17. Februar auf die Ukraine abgefeuert worden seien, zementiere die eigentliche „Verhandlungsposition" Russlands, postete er auf den sozialen Medien.

Für den Kreml waren die amerikanisch-russischen Vorgespräche in Riad am 18. Februar auch ohne konkrete Ergebnisse ein Erfolg. Wladimir Putin bekam etwas, was er seit Jahren wollte: direkte

Die Außenminister Marco Rubio (USA, links) und Sergej Lawrow (Russland, rechts) im saudi-arabischen Riad bei den Vorgesprächen über einen Friedensplan für die Ukraine (18.2.2025)

Gespräche mit den Vereinigten Staaten über die Köpfe von Europäern und Ukrainern hinweg. Aus seiner Sicht war der Krieg gegen die Ukraine in Wirklichkeit ein Konflikt Russlands mit den Vereinigten Staaten, in dem die Europäer Washingtons Vasallen und die Ukrainer das Kanonenfutter waren. Darin konnte er sich nun durch Präsident Trumps Bereitschaft bestätigt sehen, ohne europäische und ukrainische Beteiligung mit Russland zu reden.

Es war daher bedeutungslos, wenn Putins Sprecher nun wieder einmal Moskaus alten Standpunkt wiederholt: die Ukraine dürfe der EU gern beitreten, nur eben der NATO nicht. Das war nichts weiter als eine Nebelkerze. Denn Moskau beharrte neben der „Entmilitarisierung" der Ukraine auch weiterhin auf deren „Entnazifizierung", also der Einsetzung einer moskaufreundlichen Regierung.

Trumps Angriffe auf Selenskyj

Donald Trump bezeichnete am 19. Februar auf seiner Internetplattform Truth Social Präsident Selenskyj als „Diktator ohne Wahlen", der sein Land bald verlieren werde. Mit dieser Bezeichnung bezog er sich darauf, dass es seit Selenskyjs Wahl zum Präsidenten 2019 keine Wahlen mehr gegeben hatte. Eigentlich hätten 2024 Wahlen stattfinden sollen, doch seit 2022 steht die Ukraine unter Kriegsrecht, und in dieser Situation verbietet die Verfassung Wahlen. Eine faire Wahl, die internationalen Standards entsprechen würde, wäre ohnehin nahezu unmöglich gewesen, da mindestens ein Fünftel des Landes von Russland besetzt war, Millionen Ukrainer ins Ausland geflohen oder umgesiedelt waren und Zehntausende in der Armee kämpften.

Der verbale Angriff Trumps war sofort das Top-Thema in den russischen Medien. Darüber hinaus bewirkte er eine seltene Einigkeit bei einigen der schärfsten innenpolitischen Kritiker Selenskyjs. An demselben Tag traf Keith Kellogg, Trumps neuer Gesandter für die Ukraine und Russland, in Kiew ein, und Selenskyj bezeichnete das Gespräch mit Kellogg trotz allem als „gut" und „detailliert".

Doch Trumps weitere Behauptung, Selenskyjs Umfragewerte lägen bei vier Prozent Zustimmung, wies dieser zurück und bezeichnete sie als Desinformation, die „aus Russland kommt". Selenskyjs Popularität war von den enorm hohen Werten zu Beginn des Krieges mit dem Fortschreiten des Konflikts tatsächlich gesunken. Nach einer Umfrage, die am 19. Februar vom Kiev International Institute of Sociology, einem renommierten ukrainischen Meinungsforschungsinstitut, veröffentlicht wurde, sprachen 57 Prozent der Ukrainer Präsident Selenskyj ihr Vertrauen aus, was immerhin einem Anstieg von fünf Prozentpunkten gegenüber einer Umfrage im Dezember entsprach.

Nach dem Treffen der Außenminister Rubio und Lawrow in Saudi-Arabien behauptete Präsident Trump, dass die Ukraine den Krieg begonnen habe – eine Aussage, die eine heftige Gegenreaktion Selenskyjs hervorrief. „Ich würde mir mehr Wahrheit im Trump-Team wünschen", sagte er. Er bestellte Reporter in sein Präsidentenbüro in Kiew und erklärte, dass der US-Präsident in einem „Netz von Desinformation" lebe.

Dieser erstaunliche Seitenwechsel der US-Regierung war für Putin ein wunderbares Geschenk. Vorbei schien die vom Kreml verbreitete Rhetorik, wonach die USA das ganze Übel der Welt seien, verantwortlich für alles und auch für den Krieg in der Ukraine. Präsident Trump, so drückte es Putin aus, bekomme nun eben objektive Informationen und habe allein deshalb seine Haltung gegenüber Russland geändert.

Trump reagierte auf Selenskyjs Vorwurf, er sei einem „Netz von Desinformation" erlegen, mit einem erneuten Angriff auf Präsident Selenskyj. „Stellen Sie sich vor, ein bescheiden erfolgreicher Komiker, Wolodymyr Selenskyj, hat die Vereinigten Staaten von Amerika dazu gebracht, 350 Milliarden Dollar für einen Krieg auszugeben, der nicht zu gewinnen ist, der nie hätte begonnen werden dürfen, aber ein Krieg, den er ohne die USA und ‚TRUMP' niemals wird beenden können", schrieb er.

Die Zahl von 350 Milliarden war ganz offensichtlich falsch. Die deutsche Forschungsinstitution Kiel Institut für Weltwirtschaft teilte mit, dass die USA 119 Milliarden US-Dollar für die Unterstützung der Ukraine bereitgestellt hätten. Und Trumps Aussage, dass die Ukraine den Krieg begonnen habe, war eine Wiederholung von Putins Behauptung, dass Russland keine andere Wahl gehabt habe, als die Ukraine im Rahmen präventiver Selbstverteidigung anzugreifen.

Bereits die zweite Annäherung

Die Kehrtwende, die Trump in seinem Verhältnis zu Putin vollzog, musste auch vor dem Hintergrund der Konflikte früherer Jahre gesehen werden. Trumps erste Amtszeit war von dem Vorwurf überschattet, dass sich Moskau im Jahr 2016 in die Präsidentenwahl der USA eingemischt habe. Die CIA und das FBI waren zu dem Ergebnis gekommen, dass Russland in die Wahl eingegriffen habe, und Trump hatte diese Erkenntnisse wiederholt in Zweifel gezogen. Die Einmischung war beispielsweise in Form einer von Bots gesteuerten Einflusskampagne erfolgt, um die Öffentlichkeit zu polarisieren und den Wahlprozess zu stören. Auch das Hacken von Netzwerken der Demokratischen Partei soll zu den Mitteln gehört haben, die die US-Regierung aufgedeckt hatte.

Doch Putin bestritt jegliche Einmischung, und Trump nahm ihn beim Wort. Auf der Weltbühne erschienen die beiden 2018 in Helsinki auf einer gemeinsamen Pressekonferenz. Dort erklärte Trump, Putin habe eine überzeugende Gegenargumentation geliefert. Die Untersuchung der russischen Einmischung sei eine Hexenjagd gewesen, sagte Trump und widersprach damit seinem eigenen Justizministerium.

Hoffnung

Am 20. Februar beendete der amerikanische Sondergesandte Kellogg seine Gespräche mit der ukrainischen Führung. Die geplante Pressekonferenz wurde nach dem letzten Gespräch zwischen Kellogg und Selenskyj auf amerikanischen Wunsch hin abgesagt. Der ukrainische Präsident erklärte dann jedoch via X, dass sein Treffen mit Kellogg die Hoffnung wiederhergestellt habe. Er forderte aber auch: „Wir brauchen starke Vereinbarungen mit den USA – Vereinbarungen, die wirklich funktionieren." Im Hinblick

Der US- Sondergesandte Keith Kellogg

auf einen von den USA übermittelten überarbeiteten Vertragsentwurf sagte er: „Ich habe mein Team angewiesen, schnell und vernünftig zu arbeiten." Kellogg antwortete auf den X-Post von Selenskyj und schrieb, das sei ein langer und intensiver Tag mit der obersten Führung der Ukraine gewesen. Er lobte Selenskyj und bezeichnete ihn als „mutigen Führer einer Nation im Krieg".

Ein Ausblick

Ein erstes Treffen zwischen Amerikanern und Russen fand am 18. Februar 2025 in Riad in Saudi-Arabien statt (siehe S. 438). US-Außenminister Marco Rubio und sein russischer Amtskollege Sergej Lawrow lobten das offene Gespräch. Kein Wunder, denn es ging nur um die Verbesserung der gegenseitigen Beziehungen. Über den Krieg in der Ukraine wurde nicht gesprochen; der wurde an den verschiedenen Fronten fortgesetzt, auch die Bombardierung ziviler Objekte und Einrichtungen.

Trotz all der hektischen Diplomatie wurde wenig über Trumps Friedensplan für die Ukraine oder die Bereitschaft Russlands, auf einige Forderungen zu verzichten, bekannt, und das Treffen der Delegationen lieferte kaum neue Anhaltspunkte. Beide Seiten gaben nach Abschluss der Gespräche sorgfältig formulierte Erklärungen ab. Rubio sagte, das Treffen sei der erste Schritt auf einem langen und schwierigen Weg, und fügte hinzu: „Ein Ende des Ukraine-Konflikts muss für alle Beteiligten akzeptabel sein, einschließlich der Ukraine, Europas und Russlands."

Wie lange die Verhandlungen dauern und wie sie enden würden, war offen. Es gab Spekulationen, die einen Abschluss der Verhandlungen für den 9. Mai voraussagten: Das wären etwa die 100 Tage, von denen General Kellogg gesprochen hatte. Doch viele Beobachter, wie etwa der Militäranalyst Michael Kofman vom Carnegie Endowment for International Peace waren eher skeptisch; die Differenzen seien groß und ein tragfähiger Plan nicht erkennbar.

Der Militärhistoriker Sönke Neitzel von der Universität Potsdam meinte, dass Putin die Trümpfe in der Hand habe: „Er muss aus meiner Sicht einfach nur abwarten. Schließlich redeten alle bereits von Friedenstruppen. Es ist aber längst nicht ausgemacht, dass Verhandlungen erfolgreich sein werden." Neitzel erwartete nicht, dass Trump die Ukraine weiterhin unterstützen werde; er erwarte viel eher eine Situation wie in Afghanistan, aus der sich Trump dann frustriert und desinteressiert zurückziehen werde.

Der australische General a. D. Mick Ryan analysierte und bewertete kontinuierlich die Entwicklungen im russisch-ukrainischen Krieg. Hier folgt sein Kommentar vom 21. Februar 2025, veröffentlicht auf der Plattform Foreign Affairs.

Warum niemand in der Ukraine gewinnt

Nur sehr wenige haben vorhergesagt, dass ein langer, hochintensiver Krieg im 21. Jahrhundert in Europa möglich sein würde. Doch drei blutige Jahre lang hat die Invasion der Ukraine durch Russland genau das gebracht. Hunderttausende Russen und Ukrainer sind bei den Kämpfen ums Leben gekommen. Viele weitere wurden verletzt. Ganze Städte wurden in Schutt und Asche gelegt oder durch Schützengräben zerschnitten, was an den Ersten Weltkrieg erinnert.

Der Krieg in der Ukraine ist nun offenbar zum Stillstand gekommen. Russland erobert weiterhin kleine Gebiete entlang der Ostfront, allerdings nur unter unerträglich hohen Verlusten. In Bezug auf Langstrecken haben die Angriffskapazitäten beider Länder Gleichstand erreicht. Beide sind zu vollständig mobilisierten Kriegsnationen geworden, was es Russland ermöglicht, sich von seinen anfänglichen Misserfolgen zu erholen, und dem kleinen Land Ukraine, trotz schwerer Verluste weiterzukämpfen. In naher Zukunft werden die Frontlinien daher wahrscheinlich eher stagnieren. Es wird keine größeren Durchbrüche geben.

US-Präsident Donald Trump hat jedoch versprochen, den Krieg zu beenden, indem er sich an Moskau wendet und Verhandlungen zwischen amerikanischen und russischen Regierungsvertretern einleitet. Theoretisch könnten diese Gespräche das Jahr 2025 zu einem entscheidenden Jahr für den Konflikt machen. Es gibt jedoch keinen Grund zu der Annahme, dass die Interventionen des neuen Chefs in Washington eine Wende bringen werden, insbesondere angesichts der Tatsache, dass Kiew aus den Gesprächen ausgeschlossen wurde. Die Trump-Regierung hat bereits festgestellt, dass die Komplexität dieses Konflikts rasche Lösungen unmöglich macht. Trump hat sich der Forderung von Präsident Putin angeschlossen, die Ukraine aus der NATO herauszuhalten und Russland eine Einflusssphäre zuzugestehen. Putin hat jedoch nichts im Gegenzug gegeben und hält an seinen Maximalforderungen nach Entwaffnung und Unterwerfung der Ukraine fest. Das Ergebnis könnte sein, dass Washington sich (von den Verhandlungen) zurückzieht und die Unterstützung für Kiew wieder aufnimmt.

Doch unabhängig vom Ausgang der Verhandlungen hat der Krieg in der Ukraine bereits den Charakter von Konflikten auf der ganzen Welt verändert. Er hat bewiesen, dass Drohnen, KI und andere Arten fortschrittlicher Technologie heute wichtige Faktoren für den Erfolg am Boden und in der Luft sind. Er hat gezeigt, dass kriegführende Länder das Tempo ihrer Schlachtfeld- und Strategieanpassung beschleunigen. Und er hat die Spannungen zwischen Soldaten und Zivilisten in High-Tech-Konflikten sowie die Schwächen der [...] Interaktion der beiden aufgezeigt. Dabei hat der Krieg die Defizite der westlichen Streitkräfte offengelegt.

Es gibt nur wenige Gewissheiten darüber, wie sich die Invasion entwickeln wird, insbesondere angesichts von Trumps Wunsch, eine Lösung zu erzwingen. Aber Putin wird mit ziemlicher Sicherheit weiterhin versuchen, so viel von der Ukraine wie möglich zu erobern oder zu zerstören, bevor es zu einem Friedensvertrag kommt. Mit der Verstärkung der russischen Truppen in Weißrussland bereitet er sich eindeutig darauf vor, auch andere europäische Länder zu bedrohen. Die Ukraine erwägt unterdessen, ob sie ohne amerikanische Hilfe weiterkämpfen kann. Der ukrainische Präsident Wolodymyr Selenskyj bezeichnete diese Chancen kürzlich als „gering". Doch wenn das Putin-Trump-Abkommen für die Regierung und die Bevölkerung der Ukraine untragbar ist, wird das Land sie ergreifen müssen.

(https://www.foreignaffairs.com/russia/why-no-one-winning-ukraine-ryan)

Mit Beginn des Jahres 2025 ist der Kampf Präsident Selenskyjs um die Selbstbestimmung der Ukraine vermutlich in seine letzte Phase eingetreten. Hier spricht er bei einem Treffen mit der US-Delegation auf der Münchner Sicherheitskonferenz.

In einem Artikel in Foreign Affairs vom 23. Februar 2025 wies Stephen Kotkin von der Princeton University und dem Hoover-Institut der Stanford University darauf hin, dass der zentrale Streitpunkt zwischen Russland und dem Westen seit Jahrzehnten Moskaus Wunsch nach westlicher Anerkennung einer russischen Einflusssphäre im ehemaligen sowjetischen Raum sei.

Doch in den vergangenen drei Jahren des Ukraine-Krieges hatte der Westen Russlands Forderung gründlich konterkariert, und zwar mit der Verhängung von Sanktionen, der Stärkung der NATO, der Lieferung von Hilfsgütern an Kiew und der Weigerung, die Gebietsansprüche Moskaus anzuerkennen – bei dem gleichzeitigen Versuch, die Eskalation zu begrenzen.

Während die Trump-Regierung Verhandlungen mit Putin führte, um den Krieg zu beenden, sahen viele die Einheit des Westens allerdings bröckeln. Stephen Kotkin warnte schon im Jahr 2016, dass eine umfassendere Einigung mit Moskau die Akzeptanz der russischen Dominanz über seine postsowjetischen Nachbarn erfordern werde und dass dies, so argumentierte er, „ein Zugeständnis bleibt, das der Westen niemals machen sollte".

Der 28. Februar 2025

Seit Langem hatte Präsident Selenskyj versucht, seine Beziehung zu Präsident Trump nicht zu gefährden, den Führer seines wichtigsten Verbündeten, der wiederholt Wladimir Putin öffentlich gelobt hatte. Nur als Trump die Behauptung aufstellte, die Ukraine habe den Krieg begonnen, konnte er sich nicht zurückhalten zu antworten, dass der amerikanische Präsident in einer russischen Desinformationsblase lebe.

Es war Selenskyj jedoch gelungen, den Vertrag über die ukrainischen Ressourcen, insbesondere die Seltenen Erden, so abzuändern, dass die Ukraine ihn akzeptieren konnte. Andrij Jermak, der Leiter des Präsidialamts von Selenskyj und dessen engster Vertrauter, hatte sich nach amerikanischen Angaben für eine Unterzeichnung des Abkommens durch das Weiße Haus eingesetzt, wohl gegen den Willen der amerikanischen Unterhändler in Kiew.

Freitag, der 28. Februar 2025, war als Termin für die Unterzeichnung festgelegt worden, danach sollte eine Pressekonferenz stattfinden. Doch die Vorbereitung für dieses Treffen war etwas ungewöhnlich. Die Presseagenturen AP und Reuters hatten keinen Zutritt zum Pressetreffen im Oval Office, stattdessen ein Reporter der staatlichen russischen Agentur TASS, der das folgende Ereignis wohl live miterleben konnte, so Rachel Maddow, Moderatorin des amerikanischen Nachrichtensenders MSNBC.

Als Präsident Selenskyj um 11.20 Uhr am Westflügel aus dem Auto gestiegen war und von Präsident Trump am Eingang empfangen wurde, sagte Trump etwas spöttisch über Selenskyjs Kleidung: „You're all dressed up today" (Sie haben sich heute aber schick gemacht). Wie immer seit der russischen Invasion trug Selenskyj ein schwarzes Sweatshirt mit aufgesticktem ukrainischem Dreizack, schwarze Hosen und Stiefel, während alle anderen Teilnehmer der Runde, auch Jermak, Anzug und Krawatte trugen.

Während der Befragung durch Pressevertreter fragte Brian Glenn, Partner der Republikanerin Marjorie Greene (siehe S. 406) und Korrespondent des rechtsgerichteten TV-Senders Real America's Voice, Selenskyj, warum er bei seinem Besuch im höchsten Amt des Landes keinen Anzug trage. „Viele Amerikaner haben Probleme damit, dass Sie das Amt nicht respektieren." Selenskyj antwortete, er werde, „wenn der Krieg vorbei ist, wieder einen Anzug tragen".

Bei dem Treffen zeigte Selenskyj Trump Fotos von ukrainischen Kriegsgefangenen, die, wie er sagte, in Russland misshandelt worden seien, und wies darauf hin, dass es bei dem Krieg um mehr gehe als um den potenziellen Profit aus natürlichen Ressourcen. Die Fotos waren für die Pressevertreter nicht sichtbar, allerdings ist bekannt, dass ukrainische Kriegsgefangene aus russischen Gefängnissen als abgemagerte Gestalten mit blauen Flecken zurückgekehrt waren.

Nach einem 40-minütigen Gespräch in konzilianter Atmosphäre begann eine Auseinandersetzung, als Vize-Präsident Vance zu Selenskyj sagte, der russische Angriffskrieg gegen die Ukraine müsse mit Diplomatie beendet werden.

Selenskyj: „Von welcher Art Diplomatie sprechen Sie, J.D.? Was meinen Sie damit?"
Vance: „Ich spreche von der Art Diplomatie, die die Zerstörung Ihres Landes beenden wird. Herr Präsident, bei allem Respekt, ich finde es respektlos, dass Sie ins Oval Office kommen, um dies vor den amerikanischen Medien auszutragen. Im Moment zwingen Sie Wehrpflichtige an die Front, weil Sie Personalprobleme haben. Sie sollten dem Präsidenten dafür danken, dass er versucht, diesen Konflikt zu beenden."
Selenskyj: „Waren Sie schon einmal in der Ukraine und können Sie beurteilen, welche Probleme wir haben?"
Vance: „Ich war schon mal da –"
Selenskyj: „Einmal reicht."
Vance: „Ich habe mir die Geschichten tatsächlich angesehen und weiß, dass Sie die Leute auf eine Propagandatour mitnehmen, Herr Präsident. Sind Sie nicht auch der Meinung, dass Sie Probleme hatten, Leute in Ihr Militär zu holen?"
Selenskyj: „Wir haben Probleme –"

Vance: „Und glauben Sie, dass es respektvoll ist, ins Oval Office der Vereinigten Staaten von Amerika zu kommen und die Regierung anzugreifen, die versucht, die Zerstörung Ihres Landes zu verhindern?"

Selenskyj: „Viele Fragen. Fangen wir von vorne an."

Vance: „Klar."

Selenskyj: „Zunächst einmal hat während des Krieges jeder Probleme, auch Sie. Aber Sie haben einen schönen Ozean und spüren es jetzt nicht. Aber Sie werden es in Zukunft spüren. Gott segne Sie –"

Trump: „Das wissen Sie nicht. Das wissen Sie nicht. Sagen Sie uns nicht, was wir spüren werden. Wir versuchen, ein Problem zu lösen. Sagen Sie uns nicht, was wir spüren werden."

Selenskyj: „Das sage ich Ihnen nicht. Ich beantworte diese Fragen."

Trump: „Weil Sie nicht in der Position sind, das zu diktieren."

Vance: „Genau das tun Sie gerade."

Trump: Sie sind nicht in der Position, uns vorzuschreiben, was wir spüren werden. Wir werden uns sehr gut fühlen."

Selenskyj: „Sie werden sich beeinflusst fühlen."

Trump: „Sie sind im Moment nicht in einer sehr guten Position. Sie haben sich selbst in eine sehr schlechte Position gebracht –"

Selenskyj: „Von Beginn des Krieges an –"

Trump: „Sie sind nicht in einer guten Position. Sie haben im Moment nicht die richtigen Karten. Mit uns haben Sie die richtigen Karten."

Selenskyj: „Ich spiele kein Kartenspiel. Ich meine es sehr ernst, Herr Präsident. Ich meine es sehr ernst."

Trump: „Sie spielen mit Karten. Sie spielen mit dem Leben von Millionen von Menschen. Sie spielen mit dem Dritten Weltkrieg."

Die Präsidenten Selenskyj und Trump sowie der US-Vize-Präsident Vance im Streitgespräch

Selenskyj: „Wovon reden Sie?"

Trump: „Sie spielen mit dem Dritten Weltkrieg. Und was Sie tun, ist sehr respektlos gegenüber dem Land, diesem Land, das Sie weit mehr unterstützt hat, als viele Leute es für richtig hielten."

Vance: „Haben Sie sich einmal bedankt?"

Selenskyj: „Sehr oft. Auch heute."

Vance: „Nicht in dieser gesamten Sitzung. Sie sind nach Pennsylvania gefahren und haben im Oktober für die Opposition Wahlkampf gemacht."

Selenskyj: „Nein."

Vance: „Richten Sie ein paar Worte der Anerkennung an die Vereinigten Staaten von Amerika und den Präsidenten, der versucht, Ihr Land zu retten."

Selenskyj: „Bitte. Sie denken, dass Sie, wenn Sie sehr laut über den Krieg sprechen –"

Trump: „Er spricht nicht laut. Er spricht nicht laut. Ihr Land steckt in großen Schwierigkeiten."

Selenskyj: „Darf ich antworten –"

Trump: „Nein, nein. Sie haben schon viel geredet. Ihr Land steckt in großen Schwierigkeiten."

Selenskyj: „Ich weiß. Ich weiß."

Trump: „Sie werden nicht gewinnen. Sie werden das nicht gewinnen. Sie haben eine verdammt gute Chance, dank uns heil aus der Sache herauszukommen."

Selenskyj: „Herr Präsident, wir sind in unserem Land und bleiben stark. Seit Beginn des Krieges sind wir auf uns allein gestellt. Und wir sind dankbar. Ich habe mich bedankt."

Trump: „Sie sind nicht allein gewesen. Wenn Sie nicht über unsere militärische Ausrüstung verfügt hätten, wäre dieser Krieg in zwei Wochen vorbei gewesen."

Selenskyj: „In drei Tagen. Ich habe es von Putin gehört. In drei Tagen."

Trump: „Vielleicht sogar noch schneller. Es wird sehr schwierig sein, auf diese Weise Geschäfte zu machen, das sage ich Ihnen."

Vance: „Sagen Sie einfach Danke."

Selenskyj: „Ich habe mich schon oft beim amerikanischen Volk bedankt."

Vance: „Akzeptieren Sie, dass es Meinungsverschiedenheiten gibt, und lassen Sie uns diese Meinungsverschiedenheiten in Verhandlungen klären, anstatt zu versuchen, sie in den amerikanischen Medien auszutragen, wenn Sie im Unrecht sind. Wir wissen, dass Sie im Unrecht sind."

Trump: „Aber sehen Sie, ich denke, es ist gut für das amerikanische Volk zu sehen, was vor sich geht. Ich denke, das ist sehr wichtig. Deshalb habe ich das so lange durchgezogen. Sie müssen dankbar sein."

Selenskyj: „Ich bin dankbar."

Trump: „Sie haben die Karten nicht in der Hand. Sie sind dort begraben. Menschen sterben. Ihnen gehen die Soldaten aus. Es wäre eine verdammt gute Sache, und dann sagen Sie uns: Ich will keinen Waffenstillstand. Ich will keinen Waffenstillstand, ich will gehen, und ich will das. Hören Sie, wenn Sie jetzt einen Waffenstillstand erreichen können, dann sagen Sie mir, dass Sie ihn annehmen, damit die Kugeln aufhören zu fliegen und Ihre Männer nicht mehr getötet werden."

Selenskyj: „Natürlich wollen wir den Krieg beenden. Aber ich habe Ihnen gesagt, mit Garantien."

Trump: „Wollen Sie damit sagen, dass Sie gar keinen Waffenstillstand wollen? Ich aber will einen

Waffenstillstand. Denn einen Waffenstillstand bekommen Sie schneller als eine Einigung."

Selenskyj: *„Fragen Sie unsere Leute nach ihrer Meinung zu einem Waffenstillstand."*

Trump: *„Das war nicht mit mir. Das war mit einer Person namens Biden, der kein kluger Mensch ist."*

Selenskyj: *„Das ist Ihr Präsident, es war Ihr Präsident."*

Trump: *„Entschuldigung. Das war mit Obama, der Ihnen Decken gegeben hat, und ich habe Ihnen Javelins gegeben. Ich habe Ihnen die Javelins gegeben, damit Sie all diese Panzer ausschalten können. Obama hat Ihnen Decken gegeben. Tatsächlich lautet die Aussage, dass Obama Decken und Trump Javelins gegeben hat. Sie müssen dankbarer sein, denn ich sage Ihnen, Sie haben keine Trümpfe. Mit uns haben Sie die Trümpfe, aber ohne uns haben Sie keine Trümpfe."*

Vance, *der die Frage einer Reporterin wiederholt: „Sie fragt, was passiert, wenn Russland den Waffenstillstand bricht."*

Trump: *„Was, wenn überhaupt? Was ist, wenn die Bombe jetzt auf Ihren Kopf fällt? Okay, was ist, wenn sie ihn gebrochen haben? Ich weiß es nicht, sie haben ihn mit Biden gebrochen, weil Biden, sie haben ihn nicht respektiert. Sie haben Obama nicht respektiert. Sie respektieren mich. Ich sage Ihnen, Putin hat mit mir eine Menge durchgemacht. Er hat eine falsche Hexenjagd durchgemacht –. Ich kann nur Folgendes sagen. Er hat vielleicht Vereinbarungen mit Obama und Bush gebrochen, und er hat sie vielleicht mit Biden gebrochen. Vielleicht hat er das. Vielleicht hat er das. Ich weiß nicht, was passiert ist, aber er hat sie nicht mit mir gebrochen. Er will eine Vereinbarung treffen. Ich weiß nicht, ob man eine Vereinbarung treffen kann.*

Das Problem ist, dass ich Sie (er wendet sich an Selenskyj) zu einem harten Kerl gemacht habe, und ich glaube nicht, dass Sie ohne die Vereinigten Staaten ein harter Kerl wären. Und Ihr Volk ist sehr mutig. Aber Sie werden entweder ein Abkommen schließen oder wir ziehen uns zurück. Und wenn wir uns zurückziehen, werden Sie es ausfechten. Ich glaube nicht, dass es schön werden wird, aber Sie werden es ausfechten. Aber Sie haben nicht die Karten. Aber sobald wir diesen Deal unterzeichnen, sind Sie in einer viel besseren Position, aber Sie verhalten sich überhaupt nicht dankbar. Und das ist keine schöne Sache. Ich bin ehrlich. Das ist keine schöne Sache.

In Ordnung, ich denke, wir haben genug gesehen. Was meinen Sie? Das ist echt tolles Fernsehen, das Sie hier geliefert bekommen, das kann ich schon sagen."

(https://apnews.com/article/trump-zelenskyy-vance-transcript-oval-office-80685f5727628c64065da 81525f8f0cf) Leicht gekürzt; Übersetzung des Autors

Einschätzung des Autors

Dieser letzte Satz von Trump macht deutlich, dass die amerikanische Regierungsspitze, also er und sein Vize, die ganze Veranstaltung bewusst vor der Presse inszenierten, um zu zeigen, dass der ukrainische Präsident undankbar sei und keinen Frieden wolle.

Es wurde lange debattiert, um der amerikanischen Bevölkerung zu zeigen, dass die Ukraine bzw. Präsident Selenskyj keine weitere Unterstützung verdienten, denn Trump hatte schon längst Putins Argumente übernommen, und versuchte nun, dieses den Amerikanern als Deal zu verkaufen.

Kurz nach 13.40 Uhr verließ Selenskyj das Weiße Haus, nachdem die geplante Presseerklärung abgesagt worden war. Er verließ den Westflügel schweigend und stieg in seinen gepanzerten SUV.

Präsident Trump schrieb kurz darauf in den sozialen Medien: „Ich bin zu dem Schluss gekommen, dass Präsident Selenskyj nicht bereit für Frieden ist, wenn Amerika involviert ist, denn er glaubt, dass unsere Beteiligung ihm einen großen Vorteil in den Verhandlungen verschafft. Ich will keinen Vorteil, ich will FRIEDEN." Und: „Er hat die Vereinigten Staaten von Amerika in ihrem geschätzten Oval Office nicht respektiert. Er kann zurückkommen, wenn er bereit ist für Frieden."

Quellen: Eine ungewisse Entwicklung

Online-Publikationen

- https://www.nytimes.com/2024/10/05/world/europe/ukraine-donbas-strategy-russia-war.html
- https://www.washingtonpost.com/world/2024/10/16/zelensky-victory-plan-ukraine-nato-russia/
- https://www.washingtonpost.com/politics/2025/02/12/trump-putin-talks-ukraine-war/
- https://www.nytimes.com/2025/02/13/world/europe/trump-europe-tariffs-ukraine-nato.html
- https://thehill.com/homenews/5145519-vance-wall-street-journal-trump-russia-putin-ukraine/
- https://www.faz.net/aktuell/politik/ukraine/fuer-trumps-ruhm-an-putin-ausgeliefert-was-die-ukrainer-fuerchten-110302624.html
- https://www.theguardian.com/world/2025/feb/17/europe-at-turning-point-as-leaders-meet-in-paris-to-discuss-ukraine-crisis
- https://www.telegraph.co.uk/business/2025/02/17/revealed-trump-confidential-plan-ukraine-strangle-hold/
- https://www.theguardian.com/world/2025/feb/18/ukraine-officials-say-us-is-appeasing-russia-with-talks-in-riyadh
- https://www.telegraph.co.uk/world-news/2025/02/18/what-russia-wants-out-of-talks-with-america/
- https://www.washingtonpost.com/world/2025/02/19/ukraine-russia-trump-elections-zelensky/
- https://www.nytimes.com/2025/02/19/world/europe/ukraine-zelensky-trump-russia-war.html
- https://www.washingtonpost.com/world/2025/02/20/ukraine-russia-trump-kellogg-europe/
- https://www.foreignaffairs.com/russia/why-no-one-winning-ukraine-ryan
- https://www.foreignaffairs.com/russia/ukraine-will-not-surrender-russia
- https://www.nytimes.com/2025/02/28/world/europe/zelensky-trump-ukraine.html#

- https: //youtu.be/iSW8ezOmYHs?si=tINgrQKEnyE_Ixe
- https://eu.usatoday.com/story/news/politics/2025/02/28/zelenskyy-trump-suit-oval-office-ukraine/
  80867971007/
- https://www.thetimes.com/us/news-today/article/donald-trump-zelensky-meeting-row-white-house-
  ukraine-mfmcrkq3x
- https://apnews.com/article/trump-zelenskyy-vance-transcript-oval-office-80685f5727628c64065
  da81525f8f0cf
- https://www.deutschlandfunk.de/sie-verhalten-sich-ueberhaupt-nicht-dankbar-100.html
- https://www.washingtonpost.com/politics/2025/02/28/trump-ukraine-russia-zelensky/
- https://www.n-tv.de/politik/Darum-drueckte-Vance-den-Trigger-article25598945.html

Nachtrag

Wie denken die Ukrainer

Während aus Anlass des Ukraine-Krieges die geopolitischen Weichen neu gestellt werden, ist wenig die Rede davon, was die Ukrainer selbst wollen. Dieser Frage sind Janina Dill und Marnie Howlett von der Universität Oxford sowie Carl Müller-Crepon von der London School of Economics and Political Science nachgegangen. Ihr Artikel wurde am 26. Februar 2025 auf der Plattform Foreign Affairs veröffentlicht.

Seit seiner Rückkehr ins Amt Ende Januar hat US-Präsident Donald Trump deutlich gemacht, dass er den Krieg in der Ukraine so schnell wie möglich beenden will, unabhängig davon, was das für die Ukrainer bedeutet. Trump brach mit der jahrelangen Isolierung des russischen Präsidenten Wladimir Putin durch den Westen und telefonierte 90 Minuten lang mit dem russischen Staatschef, ohne die Ukraine oder die europäischen Verbündeten vorher zu informieren. Mitte Februar führte Trumps Außenminister Marco Rubio dann in Riad, Saudi-Arabien, Vorgespräche mit seinem russischen Amtskollegen, ohne Vertreter aus Kiew hinzuzuziehen.

Auch hat Trump den ukrainischen Präsidenten Wolodymyr Selenskyj inzwischen als Diktator bezeichnet und die Ukraine aus unerklärlichen Gründen für den Beginn des Krieges verantwortlich gemacht, der jedoch mit der Eroberung der Krim und Teilen des Donbass durch Russland im Jahr 2014 begann und sich im Februar 2022 durch die umfassende Invasion der Ukraine durch Russland erheblich ausweitete. „Ich hatte sehr gute Gespräche mit Putin, aber nicht so gute Gespräche mit der Ukraine", sagte Trump am 21. Februar. Die Botschaft ist klar. Washington ist dabei, den Krieg zu seinen und Russlands Bedingungen zu beenden, unabhängig davon, was die Ukrainer denken.

Doch die Trump-Regierung kann der Ukraine nicht einfach befehlen, die Waffen niederzulegen. Wenn Trump Selenskyj zu einem Abkommen zwingt, das den ukrainischen Vorstellungen zuwiderläuft, besteht die Gefahr, dass es kurz nach der Unterzeichnung wieder aufgekündigt wird, sofern es unterschrieben werden sollte. Die Ansichten der ukrainischen Bevölkerung sind für die moralische wie auch rechtliche Legitimität eines ausgehandelten Abkommens von entscheidender Bedeutung. Schließlich sind es die Ukrainer, die für die Verteidigung ihres Landes kämpfen und auf dem Schlachtfeld sterben.

Die entscheidende Frage ist also, ob die Ukrainer bereit sind, Zugeständnisse zu machen, um den Krieg zu beenden. Im ersten Jahr nach der Invasion Russlands war die Antwort eindeutig Nein. Im Juli 2022 wurde eine Umfrage unter 1.160 Ukrainern durchgeführt, um herauszufinden, ob sie Russland gegenüber Zugeständnisse machen würden, wenn dadurch ukrainische Leben gerettet und das Risiko eines Atomangriffs verringert werden könnten. Es wurde festgestellt, dass sie dies nicht tun würden. Auf die Frage, ob sie die Autonomie der Ukraine gegenüber Russland einschränken oder Territorium an Russland abtreten würden, um die Kosten des Krieges zu senken, lehnten sie diese Optionen mit überwältigender Mehrheit ab und zogen den Widerstand um jeden Preis vor.

Umfrageergebnisse

Im Dezember 2024 und Januar 2025 wurde die frühere Umfrage wiederholt. Die neuen Ergebnisse zeigen, dass die Ukrainer es nach wie vor ablehnen, Russland die Kontrolle über die ukrainische Regierung zu überlassen. Allerdings sind die Ukrainer etwas eher bereit, andere Zugeständnisse in Betracht zu ziehen. Einige scheinen beispielsweise willens zu sein, die Krim im Austausch für eine Minimierung der zivilen und militärischen Opfer in russischen Händen zu belassen. Andere würden in Betracht ziehen, auf die NATO-Mitgliedschaft zu verzichten. Einige sind sogar bereit, Teile des Donbass abzutreten. Diese Ergebnisse deuten darauf hin, dass die Ukrainer eher als im Juli 2022 bereit sind, Zugeständnisse zu akzeptieren, um die Kosten des Krieges zu begrenzen.

Dennoch ist es unwahrscheinlich, dass Trumps derzeitige Annäherung an Moskau zu einem für die Ukrainer akzeptablen Abkommen führt. Der US-Präsident hat sich die russischen Darstellungen des Krieges zu eigen gemacht und die russischen Forderungen vorschnell unterstützt, bevor überhaupt Verhandlungen stattgefunden haben, was darauf hindeutet, dass ein Abkommen mit den USA einseitig zugunsten des Kremls ausfallen würde; so hat er beispielsweise eine Rückkehr zu den Grenzen der Ukraine vor 2014 und eine NATO-Mitgliedschaft der Ukraine bereits ausgeschlossen. Die Vereinigten Staaten stellten sich am 24. Februar, dem dritten Jahrestag der großangelegten Invasion der Ukraine, bei den Vereinten Nationen zweimal auf die Seite Russlands: Zunächst lehnten sie eine Resolution ab, die Russlands Aggression gegen die Ukraine verurteilt, und dann formulierten sie eine Resolution des UN-Sicherheitsrats, die ein Ende des Krieges fordert, ohne die russische Aggression anzuerkennen, und stimmten für diese.

Diese Tafel mit Gefallenen veranschaulicht den hohen Preis, den die Ukrainer für den Krieg zahlen.

Eine neue Umfrage zeigt nun, dass die Ukrainer nicht so kriegsmüde sind, dass sie sich einfach den Forderungen einer herrischen Großmacht beugen würden. Sie ziehen es immer noch vor, sich der russischen Kontrolle über ihr Land um jeden Preis zu widersetzen, und die meisten lehnen territoriale Zugeständnisse nach wie vor ab. Wenn sie zu einem Abkommen gezwungen werden, das nicht verhindert, dass die Ukrainer „eines Tages Russen sein könnten", wie Trump am 11. Februar 2025 erklärte, könnten sie einen Weg finden, den Kampf fortzusetzen – vielleicht mit verstärkter europäischer Unterstützung –, selbst wenn Washington die Militärhilfe für Kiew einstellt. Trump würde somit sein Versprechen an die Amerikaner, den „schrecklichen, sehr blutigen Krieg" zu beenden, nicht einhalten können. Stattdessen wird er die Vereinigten Staaten schwach aussehen lassen, während er die russische Aggression belohnt und darüber hinaus weitere Menschenleben in der Ukraine gefährdet.

Ob die Selbstverteidigung der Ukraine zum jetzigen Zeitpunkt (Anfang 2025) eine vernünftige Chance auf Erfolg hat, bleibt ungewiss. Es gibt auch keine klare Antwort auf die Frage, was übermäßige Kosten wären, wenn man den anhaltenden Verlust von Menschenleben in der Ukraine gegen das Ziel der Bewahrung der Autonomie von russischer Kontrolle abwägt. Da es in erster Linie die Ukrainer sind, die diese Kosten tragen, müssen ihre Präferenzen im Vordergrund stehen. Die neue Umfrage zeigt, dass sie sich weigern werden, sich zu einigen, wenn das fragliche Abkommen der russischen Kontrolle über ihr Land Tür und Tor öffnet.

Unterschiedliche Szenarien

In den Umfragen von 2022 und 2024–25 wurden die Ukrainer nicht gefragt, ob sie Gespräche im Allgemeinen unterstützen [...]. Stattdessen wurden sie in die Lage ihrer Regierung versetzt und gebeten, konkrete Kompromisse in Betracht zu ziehen. Den Befragten wurden verschiedene Strategien zur Auswahl gestellt, die sie in den folgenden drei Monaten verfolgen könnten.

Jede dieser Strategien hätte einen bestimmten Verlauf des Krieges mit unterschiedlichen territorialen, politischen und nuklearen Konsequenzen sowie zusätzlichen zivilen und militärischen Opfern zur Folge. Einige Strategien beinhalteten die Fortsetzung der Kämpfe, um das gesamte Territorium der Ukraine zurückzuerobern, einschließlich der Krim und der Oblaste Donezk und Luhansk, andere forderten, alles außer der Krim zurückzuerobern, und wieder andere implizierten den Verlust sowohl der Krim als auch von Donezk und Luhansk. In einigen Szenarien würde die Ukraine ihre volle politische Autonomie behalten, in anderen würde sie zu einem neutralen Staat zwischen der NATO und Russland werden, in wieder anderen würde sie in ihren inneren und internationalen Angelegenheiten von Russland kontrolliert werden.

Einige Strategien würden in den folgenden drei Monaten zu halb so vielen zivilen und militärischen Todesopfern wie in den ersten drei Monaten nach der russischen Invasion 2022 (6.000) führen, andere zu derselben Zahl (12.000) und wieder andere zu doppelt so vielen (24.000). Einige Strategien würden das Risiko eines russischen Atomschlags in der Ukraine auf null reduzieren, andere auf fünf Prozent und wieder andere auf zehn Prozent. Die Befragten mussten sich dann zwischen den vorgestellten Strategien entscheiden. Entscheidend war, dass die Umfrage nur Optionen mit einem gewissen Maß an Plausibilität anbot. Die Befragten mussten also schwierige Entscheidungen treffen, indem sie die Kosten und den Nutzen einer Fortsetzung des Krieges gegen Russland abwägten, genau wie ihre Regierung es tun würde.

In der Umfrage vom Juli 2022 waren die Ergebnisse eindeutig. Die Befragten bevorzugten fast einstimmig Vorgehensweisen, die die politische Autonomie der Ukraine bewahrten und es ihr ermöglichten, ihre Grenzen von 1991 wiederherzustellen, selbst wenn Zugeständnisse in Bezug auf eines dieser Ziele die Zahl der zivilen Todesopfer, der militärischen Todesopfer und der nuklearen Risiken erheblich reduziert hätten. Mit anderen Worten: Die Ukrainer lehnten Kompromisse ab. Wie Selenskyj im März 2022 sagte: „Wir werden weiter für unser Land kämpfen, koste es, was es wolle."

Anfang 2025, am Ende des dritten Jahres der Kämpfe, scheinen die Ukrainer etwas offener für Kompromisse zu sein, um den Krieg zu beenden. So sind einige Befragte nicht mehr dagegen, auf eine Mitgliedschaft der Ukraine in der NATO und der EU zu verzichten. Im Jahr 2022 waren beispielsweise 48 Prozent der Befragten eher nicht bereit, eine ausgehandelte Neutralität einer vollständigen politischen Autonomie vorzuziehen, selbst wenn die Akzeptanz der Neutralität die Kosten in Form von Menschenleben und das Risiko einer nuklearen Eskalation durch Russland erheblich senken oder beenden würde. Im Gegensatz dazu waren die Befragten in der neuen Umfrage nur 36 Prozent eher nicht bereit, eine ausgehandelte Neutralität zu wählen, wenn ihnen die gleichen Kostenunterschiede angeboten wurden.

Die Ukrainer scheinen auch etwas offener dafür zu sein, die Krim sowie Luhansk und Donezk aufzugeben, um die Kosten des Krieges zu senken. Im Jahr 2022 entschieden sich die Befragten bei der Präsentation von Strategien mit unterschiedlichen Kosten in 67 Prozent der Fälle dafür, weiter für die vollständige territoriale Integrität zu kämpfen. Nur in 33 Prozent der Fälle waren sie bereit, die Krim, Donezk und Luhansk abzutreten – hauptsächlich, um politische Zugeständnisse an Russland zu vermeiden, aber manchmal auch, um die Zahl der Todesopfer und das Risiko eines nuklearen Angriffs durch Russland zu verringern. Jetzt (2024–25) äußern sie in 63 Prozent der Fälle die Präferenz, für die volle territoriale Integrität zu kämpfen; in 37 Prozent der Fälle entscheiden sie sich dafür, die Krim sowie Donezk und Luhansk aufzugeben.

Wichtig ist, dass viele Befragte territoriale Zugeständnisse machen wollen, um die politische Autonomie der Ukraine nicht zu gefährden. Sobald die Frage der politischen Autonomie vom Tisch ist und der einzige Vorteil der Gebietsabtretung in der Verringerung der Kriegskosten besteht, sind die Ukrainer eher bereit, weiter zu kämpfen: 70 Prozent sagen in diesem Szenario, dass sie die Wahrung der vollständigen territorialen Integrität bevorzugen, während nur 30 Prozent sich dafür entscheiden, die Kriegskosten zu begrenzen.

Die Ukrainer zeigten 2022 eine starke Bereitschaft, für die Halbinsel Krim zu kämpfen, unabhängig von den Kosten. Strategien, die die territoriale Integrität der Ukraine zu unterschiedlichen Kosten bewahrten, wurden in 66 Prozent der Fälle gewählt, während Strategien, die die ukrainische Regierung dazu veranlassten, die Krim im Austausch für geringere Kosten oder die Wahrung der Autonomie abzutreten, nur in 34 Prozent der Fälle gewählt wurden.

Jetzt (2024–25) entscheiden sich die Ukrainer in 59 Prozent der Fälle für Strategien, die die volle territoriale Integrität wahren, und sind in 41 Prozent der Fälle bereit, die Krim aufzugeben, um die Kosten des Krieges zu senken oder Russland daran zu hindern, die politische Kontrolle über die Ukraine zu übernehmen. Dies deutet zwar auf eine größere Offenheit für territoriale Zugeständnisse hin, doch die Auswirkungen einer Aufgabe der Krim sind immer noch mehr als doppelt so hoch wie die Auswirkungen einer Erhöhung des Risikos eines Atomangriffs. Wenn sie die Wahl zwischen Strategien ohne Risiko eines Atomschlags und solchen mit einer Wahrscheinlichkeit von zehn Prozent haben, entscheiden sie sich nur in etwas mehr als der Hälfte der Fälle, nämlich zu 54 Prozent, für die risikofreie Option und fast so häufig für risikoreichere Optionen.

Insgesamt waren die meisten Ukrainer, die in der Studie von 2024–25 befragt wur-

Bei Befragungen 2024–25 waren 43 Prozent der Ukrainer dafür, hohe Opferzahlen in Kauf zu nehmen, wenn das Land dafür seine politische und territoriale Integrität bewahren würde.

den, immer noch bemerkenswert bereit, hohe Kosten für die weitere Verteidigung ihres Staates zu tragen. Als ihnen beispielsweise Strategien vorgestellt wurden, die die Zahl der ukrainischen Militäropfer in den nächsten drei Monaten von 6.000 auf 24.000 vervierfachen würden, entschieden sich die Befragten in 43 Prozent der Fälle für diese kostspieligen Optionen – was darauf hindeutet, dass der Anstieg der Opferzahlen im Gegensatz zu politischen oder territorialen Zugeständnissen relativ geringe Auswirkungen auf ihre Entscheidungen hatte.

Am wichtigsten ist, dass die Ukrainer weiterhin kategorisch gegen jede Strategie sind, die zu einer russischen Kontrolle über ihre Regierung führt. Als die Teilnehmer die Wahl hatten zwischen einem Ergebnis, das zu einer russischen Dominanz führt, und einem, das zu einer vollständigen politischen Autonomie führt, entschieden sich 77 Prozent für die vollständige Autonomie, selbst wenn dies mit sehr hohen Kosten verbunden wäre. Daran hat sich seit 2022 wenig geändert, als sich 81 Prozent der Befragten für die vollständige Autonomie entschieden. In den Fällen, in denen die Befragten die russische Kontrolle akzeptierten, taten sie dies im Allgemeinen, um eine Strategie zu wählen, die die vollständige territoriale Integrität der Ukraine in ihren Grenzen von vor 2014 wiederherstellt. Hohe Opferzahlen unter der Zivilbevölkerung, militärische Opfer und nukleare Risiken hatten wenig Einfluss auf ihre Entscheidungen.

Jeder Vertrag, der die Ukraine dazu zwingt, Russland souveränes ukrainisches Territorium zu überlassen, und zwar als Ergebnis von russischem oder US-amerikanischem Zwang oder beidem, wäre nicht rechtskräftig. Das Wiener Übereinkommen über das Recht der Verträge, das auch von den Vereinigten Staaten unterzeichnet wurde, betrachtet alle Verträge, die gegen das Aggressionsverbot verstoßen, als null und nichtig. Darüber hinaus sind alle Staaten verpflichtet, Gebietsansprüche, die auf illegaler Gewaltanwendung beruhen, nicht anzuerkennen. Selbst wenn die Ukraine einem solchen Abkommen zustimmen würde, verstieße dies ganz offensichtlich gegen das Völkerrecht. Dennoch könnten Staaten eher bereit sein, die rechtlichen Probleme einer solchen Einigung zu ignorieren – ob dies nun eine gute Idee ist oder nicht –, wenn sie den Präferenzen des betroffenen Volkes, in diesem Fall der Ukrainer, entspricht.

Ukrainer für Selenskyj

Doch bisher hat Trump Selenskyj bestenfalls als zweitrangigen Akteur behandelt. Damit hat er seine Friedensbemühungen auf einen schwierigen Kurs gebracht. Ohne den Beitrag von Selenskyj wird ein Abkommen mit größerer Wahrscheinlichkeit die roten Linien der Ukraine überschreiten, was dazu führen wird, dass die Ukrainer es ablehnen und sich dafür entscheiden werden, weiterzukämpfen, was auch immer Washington sagt.

Sollte Trump Selenskyj dazu zwingen, seinen und Russlands Bedingungen zuzustimmen, werden die Ukrainer ihrem Präsidenten wahrscheinlich das beträchtliche Vertrauen entziehen, das sie ihm noch entgegenbringen. Laut einer Umfrage des Kiewer Internationalen Instituts für Soziologie vom Februar 2025 unterstützen 63 Prozent der Ukrainer Selenskyj.

Selbst wenn Moskau Kiew kontrollieren würde […], würde dies den Krieg möglicherweise nicht beenden. In einem auf die Umfrage von 2024–25 folgenden Test wurde die Zahl der prognostizierten militärischen Todesopfer drastisch auf 160.000 und das Risiko einer nuklearen Eskalation durch Russland auf 45 Prozent erhöht. Doch selbst dann war die Ablehnung der Ukrainer gegenüber einer russischen Kontrolle und größeren politischen oder territorialen Zugeständnissen keineswegs schwächer als bei den bereits oben beschriebenen Optionen. Die Stärke und Beständigkeit ihrer Präferenz, weiter zu kämpfen, deutet darauf hin, dass ein erzwungener Frieden zu russischen Bedingungen durchaus zu Widerstand in der ukrainischen Bevölkerung und einem langen, zermürbenden Aufstand gegen die Fremdherrschaft Russlands führen könnte – wie die Erfahrungen anderer eroberter oder besetzter Länder zeigten, beispielsweise der irische Widerstand gegen die britische Herrschaft oder der algerische Widerstand gegen die französische Herrschaft.

Die Ukrainer haben bereits klargestellt, dass sie eine russische Kontrolle kategorisch und einheitlich ablehnen – drei Jahre eines brutalen Krieges, der viele ihrer Städte zerstört, Zehntausende ihrer Bürger getötet und Millionen weitere vertrieben hat, sind wohl Beweis dafür. Deshalb sollten besonders die USA genau hinhören. Das bedeutet, dass ein Abkommen, aufgrund dessen die Ukrainer „eines Tages vielleicht russisch sein werden", den Krieg nicht beenden wird.
(https://www.foreignaffairs.com/russia/ukraine-will-not-surrender-russia)

Register

A

1. Panzerbrigade (Ukraine) 122
2S7 Pion (russischer Panzer) 113
7. Garde-Luftsturmdivision (Russland) 8
22. Mechanisierte Brigade (Ukraine) 418
24. Mechanisierte Brigade (Ukraine) 237
47. Brigade (Ukraine) 364, 365, 366
72. Brigade (Ukraine) 113, 127, 128, 130, 323
82. Luftlandebrigade (Ukraine) 418
155. Marineinfanterie-Brigade (Russland) 427
173. Luftlandebrigade (USA) 80
Abramowitsch, Roman 265, 266, 267
Abrams *siehe* Panzer
Aerorozvidka 119
Agenten
    im KGB in Dresden 33–35
    in ukrainischen Behörden 91, 93, 96, 101–102
Akhmat 88, 290
Aleksejew, Wladimir 244
Amnesty International 31, 379, 385, 386
AMX-10 RC *siehe* Panzer
Ankara, Selenskyj in 437
Antalya-Diplomatie-Forum 139
Anti-Terror-Mission (russische Verteidigung von Kursk) 417
Anti-Terror-Operation (ukrai-nische Verteidigung des

Donbass 2014) 197, 328
Antipow, Oleg 346
Antirussische Milizen 412
Antoniwka-Brücke 170, 171–172, 174, 176, 276
    russische Kontrolle 172
Antonov-Flughafen 149, 150
    Kampf um 114–117;
    siehe auch Hostomel
Arachamija, Dawyd 138
Arestowitsch, Oleksiy 121
Armjansk 8, 171
Artemiwsk 201, 223;
    siehe auch Bachmut
Asarow, Mykola 192
Asow-Brigade (-Bataillon) 177, 178, 186, 189, 387, 389
Asow-Stahl, Mariupol 177, 182, 184–188, 189
    Lage 185
Asowsches Meer 170, 177, 178, 182, 185, 210, 217, 369, 372, 386
Atommacht Russland 37, 74, 305
Atommacht Ukraine 47, 48
Atomwaffen, möglicher Einsatz von 289, 293, 300, 305
Austin, Lloyd J. 69, 144–145
Awdijiwka 304, 314, 358, 396, 403, 406, 426–428
Azovstal *siehe* Asow-Stahl

B

Bachmut
    Prigoschin in 230
    russische Verluste 427
    Salzminen 225
    Wagner-Offensive 222–223, 224–225, 227

Baker, James A. 42–46
    „not one inch" 45
Balaklija 283, 284, 285. 286–287
Belarus *siehe* Weißrussland
Beloussov, Andrei 411
Berdjansk 362, 364
Bereitstellungsräume, rus-sische (2021) 11, 69
Beresowski, Boris 28–29, 30
Beria, Lawrenti 391
Berliner Mauer 26, 42, 44, 122
Beseda, Sergej 93, 95, 105
Beslan 29, 37
Bessent, Scott 435
Bezdorizhzhya *siehe* Rasputiza
Bezimenne 181, 390–392
Biden, Joe (Biden-Regierung) 68–69, 70–75, 77–78, 80–81, 83, 85–87, 108–109, 112, 158, 228, 269, 304–307
Bilohoriwka 212, 213, 215
Blinken, Antony 16, 82, 407
    Gespräch mit Selenskyj 75–76, 83
    mit Austin in Kiew 144–145
    mit Lawrow in Genf 84
Boevo, Bereitstellungsraum bei (2021) 11, 69
Boichenko, Vadym 180, 181, 390
Bortnikow, Alexander 411
Bradley *siehe* Panzer
Brzeziński, Zbigniew 297
BTR-Schützenpanzer *siehe* Panzer
Budanov, Juri 310
Budanow, Kyrylo 341
Budapester Memorandum 44, 48–49, 54, 139

457

Buk *siehe* Raketenwerfer

Bunker
Charkiwer U-Bahn-Schacht 221
im Werk Asow-Stahl 186–188
Regierungsbunker Präsident Selenskyjs 102–103, 114, 120–121, 122, 159
Spionagebasis der Ukraine 339–340

Burns, William J. 72, 75, 82, 97, 114, 206, 343

Bush, George H. W.
„A World Transformed" 46

Butscha
Gräueltaten 137, 143, 145, 149, 159, 160–161
Massenbegräbnis 151
Selenskyj in 158–159

C

Caryl, Chistian 257, 258

Cavoli, Christopher 303

Chaiko, Alexander 317–318

Charkiw (Region) 281, 285, 361, 419, 401, 405
russische Niederlage 286–289

Charkiw (Stadt)
als Teil von Noworossija 58, 63, 64, 66
Angriffe auf Wohngebiete 380–381
Befreiung (September 2022) 210, 214, 281–282, 328
Bürger im U-Bahn-Schacht 221
Kampf um 141, 173, 191, 218–222

pororussische Aktivisten in 194–195
russische Grenzüberschreitung bei 11, 87, 110
russische Verwaltung 286

Cherson (Region)
Annexion 135
Antoniwka-Brücke 171–173

Cherson (Stadt)
als Teil von Noworossija 58, 63
Befreiung 107
Eroberung und Besetzung 106–107, 175, 270
Flugplatz 173, 176, 273–274
Gegenoffensive bei 274–278
Kampf um 170–174
Korruption in 101, 174, 175

Chervinsky, Roman 350–351

Chibrin, Nikita 163–164

„Chicken-Kiev"-Rede 46–47

China 35, 54, 162, 207, 435

Chodorkowski, Michail 31–32, 233;
siehe auch Yukos

Chomtschak, Ruslan 319

Chortyzja 387

CIA
Direktor John O. Brennan 334
Direktor William J. Burns 72, 75, 82, 97, 114, 206, 343
Hauptquartier in Langley 336, 337
Informationen über Nord-Stream-Sabotage 351
Operation Goldfish 341
Station in Kiew 336
Zusammenarbeit mit den ukrainischen Geheimdiensten

97, 101, 114, 333–335, 337, 338–340, 344

Conflict Intelligence Team 258

Coronavirus-Pandemie 73, 75, 146

D

Danilow, Oleksij 89, 120–121, 237, 369

Debalzewe 201–202, 238

Demokraten (im US-Kongress) 56, 394, 395, 397, 402, 407

Denikin, Anton 19

Denkfabrik
Chatham House 264, 417
Institute for the Study of War (ISW) 215, 217, 219, 228, 364, 396, 401
Royal United Services Institute (RUSI) 146, 165, 299, 328, 360, 369, 416

Dnipro (Stadt) 382–383

Dnipropetrowsk (Oblast, Region) 177, 405

Dnjepr 13, 59, 70, 115–116, 123, 128, 175, 278–279, 300, 317, 344, 359–360
in Kiew 94, 109;
siehe auch Antoniwka-Brücke; Cherson; Krementschuk; Nowa-Krachowka-Staudamm; Saporischschja

Donbass 14, 191–209, 210–229, 291
Kohleregion 64

Donezk (Stadt und Region) 58, 63, 164, 176, 189, 195, 199, 200, 210, 217, 342, 421, 431

Donezk (Volksrepublik, DVR) 10, 11, 12, 64, 134, 164, 177,

195, 197, 198–201, 226, 237, 289–290, 358, 391
Drachenzähne (Panzersperren) 360
Drapaty, Mychailo 431
Dreieinige russische Nation 19
Drohnen
-Angriffe 338, 384–385, 396, 405, 415, 423
Anti-Drohnen-Geschütze 365
Aufklärungs- 112, 156, 282, 365
Bayraktar- 149, 176, 271
Kamizaze- 330, 387
See- 347–348
Überwachungs- 115, 364, 365
Duda, Andrzej 407
Dugin, Alexander 274, 338
Dugina, Darja 274, 338, 344
Duma 43, 103
Föderationsrat 11, 31
Staatsduma 11, 247
Dwornikow, Alexander 218, 315–316

E

„Einheit" (russische Partei) 29
Einheit 2245 (ukrainischer Kommandotrupp) 341–342
Eltchaninoff, Michel
„Inside the Mind of Vladimir Putin" 38–40
Energieversorgung, ukrainische 93, 96, 98–99, 315, 372, 376–378, 405
„Entnazifizierung" der Ukraine 12, 134, 137, 138
Entprivatisierung (Russland) 263–264
Erdoğan, Recep 141, 437

EU-Beitrittsperspektive der Ukraine 50, 137, 141–142, 205, 297, 396
Eurasische Wirtschaftsunion 10
Euromaidan (2013/14) 10, 18, 27, 177, 191, 192, 193

F

F-16-Kampfflugzeuge 307, 329, 368
Fancy Bear (Hackergruppe) 343
Fedorov, Valery 252, 257
Interview mit Russia.Post 253–254
Fedoruk, Anatolij 150, 158–162
Filatjew, Pawel
„ZOV. Der verbotene Bericht" 8–9, 173
Filtrationslager 181, 388–391, 392
„Fleischangriffe" 326, 406
„Fleischwolf" 224, 427;
siehe auch „Fleischangriffe"
FSB 100–103, 105–107
5. Dienst 91–93
9. Direktion 91
Aussage von Antipow 346–347
Bericht des Guardian 412
Emblem 91
in Kupjansk 281
Lager Bezimenne 292
Putin beim 24, 28
Fünfte Direktion (Ukraine) 335
Attentate 342

G

Galeotti, Mark 146, 311–312, 416–417

Ganchew, Vitaliy 281, 285, 291
Gerassimow, Waleri 242, 243, 244, 247, 290, 299, 309–315, 317, 345, 358, 411, 413
Doktrin 310–311
moderne Kriegsführung 309
Gessen, Masha
„The Man Without a Face: The Unlikely Rise of Vladimir Putin" 25–33
Girkin, Igor siehe Strelkow, Igor
Givi siehe Tolstych, Mychailo
Gladkow, Wjatscheslaw 415
Glasjew, Sergej 10, 66, 192
Glasnost 27
Gleitbomben 301, 305, 307, 415, 419
Gorbatschow, Michail 20, 33, 42, 44–47, 316
Putschversuch gegen 27
Grad siehe Raketenwerfer
Greene, Marjorie 405–406
Ground Department (Elite-einheit der CIA) 341
„Grüne Männchen" 235
Gudkow, Lev 254, 257
Interview mit Russia.Post 254–256
GUR siehe HUR
GUS (Gemeinschaft Unabhän-giger Staaten) 66
Gusinsky, Vladimir 30

H

Halavin, Andrij 150;
siehe auch Pater Andrij
Hanuschchak, Viktor 351
Haubitzen 212, 214, 327, 357
203-mm-Haubitzen 113
M777-Haubitzen 214, 215, 284

Panzerhaubitzen 130, 327, 358

Selbstfahrlafetten 327

Hegseth, Pete 432, 433

Heisbourg, François 78

HIMARS *siehe* Raketenwerfer

Honchar, Jaroslaw 119

Hostomel 13, 82, 97, 114, 115, 116, 117, 119, 120, 123, 127–129, 131, 132, 149, 150; *siehe auch* Antonov-Flughafen

Human Rights Watch 152–153, 317, 318, 379, 380, 385

HUR 335–337, 339, 340, 342, 343, 344, 348, 350

I

Iljin, Iwan 19, 40, 61

Institute for the Study of War (ISW) *siehe* Denkfabrik

Irpin (Fluss) 129, 149, 323

Brückensprengung 128

Pontons über den 128, 132

Irpin (Ort) 129, 132, 149

Gräueltaten 137, 143, 145

Isjum 211, 217, 219, 282–289, 312

Selenskyj in 292, 327

Istanbul-Kommuniqué 134, 135, 141, 143–144

Iwannikow, Oleg 238

J

Jablunska-Straße, Butscha 153–154, 156–158, 160

Janukowitsch, Wiktor 18, 50, 58, 88, 175, 191, 193

Flucht nach Russland 58, 121, 146, 333

Straftaten 191

Unterstützer 95, 97, 99–100, 103, 120, 174, 200

Weigerung, das EU-Abkommen zu unterzeichnen 10, 54, 56, 57, 142, 192

Javelin-Panzerabwehrraketen 21, 111, 112, 120, 129, 447

Jelzin, Boris 20, 28–29, 35, 36, 43, 47, 48, 50, 66, 296

„die Familie" 28

Rücktritt 49

Jermak, Andrij 16, 22, 76, 79, 86–87, 110, 122, 272, 275, 295, 321, 395, 451

Jewkurow, Junus-bek 244

Johnson, Boris 17, 109, 144

Johnson, Mike 397, 398, 399–401, 402, 404, 405–407

Juschenkow, Sergej 30

Juschtschenko, Wiktor 50, 192

K

Kadyrow, Ramsan 22, 88, 89, 161, 265, 290

Kadyrowzy 89, 161; *siehe auch* Akhmat

Kahl, Bruno 17, 18, 98

Kalter Krieg 36, 43, 44, 48, 49, 51, 53, 54, 139

Kamikaze-Boote 347

Kamikaze-Drohnen 330, 358, 387

Kasparow, Garri 31

Katharina die Große 59, 60

Kellogg, Keith 431, 432, 434, 439, 440, 441

Kertsch (Stadt) 330, 345

Kertsch, Straße von 178, 278, 345

Kertsch-Brücke *siehe* Krim-Brücke

KGB 75, 92, 96, 101, 104, 106, 175, 333, 392

Putin und 24, 26, 28, 49, 318

Putin in Dresden 33–37

Khreschatyk 21, 79, 168, 193

Kiel Institut für Weltwirtschaft 440

Kiev International Institute of Sociology 439

Kiew

Euromaidan (2013/2014) 57–58

Khreschatyk 21, 79, 168, 193

Obolon 94–95

Orange Revolution (2004) 50

Präsident Bush in (1991) 46–47

Selenskyjs Bleiben in 82–83, 102–103

Verteidigungsringe um 113, 123

Kiewer Rus 62

Kim Jong-un 423

Klitschko, Vitali 15, 88, 113

Kljujew, Andrij 100, 175

Kofman, Michael 207, 315, 367, 420, 441

Kommersant, Zeitschrift 67, 265–266

Kommunismus 28, 38, 40, 50, 192

Kondratiuk, Valeriy 334–337, 340–342

Kongress (US-Parlament) 80, 295, 300, 353–354, 395, 397, 398, 400–401, 404–404, 407

Korrosion (milit.) 302, 424

Korruption
  Russland 28, 31, 310, 317
  Ukraine 56, 96, 100–101,
    174, 205, 207, 250, 298
Krim 14, 47, 59, 66, 67, 70, 71,
  82, 101, 110, 170–172, 177,
  275, 303
  Annexion (2014) 193–194
  Einsatz der Wagner-Gruppe
    235
  Krimkrieg 60, 208
  Krim-Tataren 59
  Nord-Krim-Kanal 171
  ukrainische Anschläge
    345–348
Krim-Brücke 300, 338, 339,
  345, 376
Kuleba, Dmytro 53, 76, 78, 79,
  81, 86, 135, 138, 139, 159,
  295
Kupjansk 218, 281, 286–287,
  288–289, 396, 402
Kursk (Region)
  Nordkoreaner in 422–423
  ukrainischer Angriff 409–421
Kursk (Atom-U-Boot) 32, 409

L

Langley, Virginia, CIA-Haupt-
  quartier 336–337
Langstreckenraketen
  ATACMS 306
  SCALP 306
  Storm Shadow 306
Lapin, Alexander 290
Lawrow, Sergej 135, 139, 161,
  217, 305, 377
  mit Blinken in Genf 84
  mit Rubio in Saudi-Arabien
    438–439, 441

Lee, Rob 273, 373, 420
Lenin-Statue in Kiew, Sturz
  der 193
Leopard siehe Panzer
Levada-Zentrum 252, 254–256,
  257, 260
Litwinenko, Alexander 30, 33
Luftlandetruppen (Russland) 8,
  13, 97, 116, 227, 228, 413
Luhansk (Stadt und Region) 14,
  40, 58, 63, 64, 66, 110, 113,
  141, 191, 199, 236, 286, 292,
  314, 396, 401
  an der Surowikin-Linie 359
Luhansk (Volksrepublik, LVR)
  58, 64, 88, 134, 138, 197,
  200–201, 237–239, 296, 391,
  401, 437
Lukaschenko, Alexander
  137–138
Lukaschiwka 127
Lukoil 264, 266
Lwiw 161, 189, 205, 269, 377
Lyman 211, 287–291
  strategische Bedeutung 289
Lypezke 384
Lyssytschansk 211, 213, 217,
  218, 239

M

Macron, Emmanuel 73, 78, 85,
  90, 181, 293
  Treffen mit Putin (2022)
    98–99
Maidan-Proteste siehe Orange
  Revolution
Malaysia-Airlines-Flug 17,
  Absturz 335
Maljuk, Wassyl 345–346,
  347–348

Marchenko, Dmytro 171, 176
Marder siehe Panzer
Mariupol 106, 189, 210, 223
  Angriff und Besetzung
    177–184, 315, 316, 344, 387,
    392
  Angriff auf das Krankenhaus
    386
  Kampf um Asow-Stahl
    184–189
  strategische Bedeutung 177
  Zerstörung des Theaters
    180, 386, 389–390
Markarova, Oksana 396
Markov, Ihor 174
Massengräber
  in Butscha 163
  in Isjum 288
  in Lyman 281
McConnell, Mitch 402
Mediazona 427
Medinski, Wladimir 138, 142
Meduza 197, 243, 244, 250
Medwedew, Dmitri 31, 54, 67,
  305
Medwedtschuk, Wiktor 102,
  104, 105
Melitopol 20, 106, 268, 362,
  369
Merkel, Angela 52–53, 68, 73,
  78, 203, 204, 348
Michalkow, Nikita 40
Milley, Mark A. 69, 70, 124,
  228, 269, 368, 371
Milow, Wladimir 260–261
Minsk I (2014) 10, 55, 200–201,
  437
Minsk II (2015) 10, 55, 200–
  201, 202, 203, 204–205,
  319, 437

Misinzew, Mikhail 180
Mobilisierung, Mobilmachung
  Russland 66, 97, 239, 241,
  242, 252, 258, 260, 282, 313,
  314, 370, 406
  Ukraine 307, 325, 331, 413
Monastyrskyj, Denis 15, 108
Moran Security Group 234
Moraviecki, Mateus 17
Mordwitschow, Andrej 403
Moschtschun, Schlacht um 17,
  131, 132, 322–323
Moskwa (Lenkwaffenkreuzer)
  168–169, 177, 271–272
Motorola *siehe* Pawlow, Arsen
Münchner Sicherheitskonferenz
  (2007) 51
  (2022) 301, 435, 437, 443
Muradow, Rustam 358
Myers, Steven Lee
  „The New Tsar: The Rise
  and Reign of Vladimir Putin"
  35–37
Mykolajiw 58, 63, 175–176,
  273, 277, 405

N

Nadeschdin, Boris 250
Nalywajtschenko, Walentyn
  333–335
NATO
  Cavoli, Christopher 303
  -Doktrin 368
  Hauptquartier, Brüssel
  370–371
  -Mitgliedschaft der Ukraine
  12, 58, 78, 86, 134, 140,
  141, 142, 192, 297, 305, 319,
  432–433, 437, 442, 451, 453
  -Osterweiterung 19, 36–37,

42, 43, 45, 50, 52, 68, 70, 75,
  80, 85
  -Rat 77
  -Standard 115, 305, 283,
  321, 328
Stoltenberg, Jens 17
Nawalny, Alexei 33, 192,
  250–252
  Netzwerk 251, 262
  Tod in Charp 251
„Nazis" (Neonazis, Nazismus)
  in der Ukraine 12, 70, 120,
  134, 143, 152, 162, 175, 299
Nikolyuk, Viktor
Nordkoreaner, in der russi-
  schen Armee 422–423
Nord Stream, Sabotageakt
  348–351
Nowa-Kachowka-Staudamm
  115, 170–171, 173, 276
Noworossija (Neurussland) 11,
  58–59, 61, 63–64, 66

O

Obama, Barack 54, 194, 203,
  334, 342, 447
Odessa 20, 58, 63, 66, 169,
  171, 173, 175–178, 195, 196,
  273, 344, 377, 384–385
  Militärakademie 320
Oleg von Nowgorod 109
Oleniwka, Gefängnis von 189
Oleschky-Sande 170
Oleschtschuk, Mykola 415
Oligarchen
  russische 30, 31, 233, 238,
  243, 263–267
  ukrainische 104, 198, 200
Orange Revolution (2004) 18,
  50–51, 73, 90, 192

Orban, Viktor 268, 396
Orlov, Serhiy 179
Oslo-Übereinkommen 380, 385

P

Palamar, Swjatoslaw 186–187
Panrussische Nation 19
Panzer
  Abrams (USA) 355
  AMX-10 RC (Frankreich) 355
  Bradley (USA) 355, 364–367
  BTR (Ukraine) 285
  Leopard (Deutschland) 302,
  350, 355, 356, 365–368
  Marder 354, 355
  T-72 (Russland) 322, 234,
  425
Pater Andrij 150, 151
Patruschew, Nikolai 11, 75,
  248, 312
Pawlow, Arsen 342
Pelosi, Nancy 353, 354
Pence, Mike 448
Pentagon 80, 124, 284, 312,
  362, 395
  -Leaks 362, 364
  -Verträge 404
Peskow, Dmitr 135, 139, 204,
  377, 385, 390
Pjöngjang 422–423
Podolyak, Mykhailo 88,
  138–140, 437–438
Pokrowsk-Offensive 413, 415,
  420, 423–424, 431
„Polarwolf" (Lager) 251
Politkowskaja, Anna 30, 33, 310
Polyanskij, Dmitri 162
Ponton-Brücken
  über den Dnjepr 278
  über den Irpin 128, 132

über den Prypjat 117
über den Sjewerskij Donez
211–215
Poroschenko, Petro 58, 192,
201, 202, 205, 321, 335, 342
Potjomkin, Grigori (auch: Potem-
kin, Gregor) 59, 279
Prigoschin, Jewgeni 88, 222–
223, 224–225, 228, 230–232,
234, 237–242, 248, 358, 427
Revolte 243–246
Tod bei Flugzeugabsturz 33,
246–247;
siehe auch Wagner-Gruppe
Prokopenko, Denys 189
Prypjat 117, 138
Putin, Wladimir
beim FSB 24, 28
beim KGB in Dresden 33–35
Deutschkenntnisse 33, 34
Eltern 39
Geschichtsbild 296–297
Jelzin-Nachfolge 28–29, 49
Pressekonferenz (Dezember
2023) 252
Treffen mit Donald Trump in
Helsinki (2018) 440
Treffen mit Emmanuel
Macron (2022) 98–99
TV-Ansprache (24.2.2022) 86
„Über die historische Einheit
von Russen und Ukrainern"
(2021) 19, 58–59, 206, 299
U-Boot-Katastrophe Kursk
32, 35, 409

R

Raketenwerfer 124, 125
Buk 199, 238
Grad 117, 129, 130, 201

HIMARS 176, 218, 268–270,
276, 281, 285, 286, 302, 353,
403–404
Smerch 385
Uragan (BM-27) 268, 269, 381
Rasputiza 363
Redut 88, 236
Referendum
zur Eingliederung von Krim
und Sewastopol 194
zur Eingliederung der vier
Donbass-Regionen 291
zur Unabhängigkeit der
Ukraine 46, 47
Republikaner (im US-Kongress)
394–396, 397–407
Resnikow, Oleksij 15, 110, 111,
121, 138, 159, 211, 270, 292,
358, 371
RIA Novosti 163, 239, 390
Rice, Condoleezza 37, 45, 46
„No Higher Honor" 37
Rjasan 29
Robotyne 364, 366, 367
Romanowa, Jelena 346–347
Rosgwardija 239
Rossijskaja Gaseta 239, 391
Rostow am Don 10, 11, 59, 191,
199, 244–246, 250, 339
Royal United Services Insti-
tute (RUSI) *siehe* Denkfabrik
Rubio, Marco 433, 438, 439,
441, 450
Rus *siehe* Kiewer Rus
Russian Field 252, 257
Russische Föderation (Bundes-
staat Russland) 20, 122, 162,
174, 194, 290, 305, 308
Ryan, Mick 302, 313, 418, 424,
441

S

S-300-Raketen (Russland)
387, 405
Sahorodnjuk, Andrij 291, 321
Sak, Oleksandr 365
Saluschnyj, Walerij 130, 206,
218, 268–269, 292, 319–323,
324, 328, 350–351, 357,
372–373
Entlassung 325
Interview mit dem Economist
324
Konflikt mit Selenskyj
325–326
Kritik an der NATO 368
Saporischschja 40, 66, 135,
170, 175, 226, 271, 275, 278,
291–293, 358, 387–388,
405, 424
an der Surowikin-Linie
359–360
SBU 100–101, 102, 106, 161,
174, 175, 196, 333
Attentate auf die Krim-Brücke
345–348, 350
russische Agenten im 101,
334, 335
Tötung Darja Duginas
337–338
und die CIA 336–340, 344
Schapowal, Maksym 342
Schidko, Gennady 218, 316,
317
Schlangeninsel 272–273, 177,
178
Briefmarke 168–169
Funkgespräch 168
Schmidt, Helmut
„Menschen und Mächte"
207–208

Schmyhal, Denys 88, 122, 405

Schoigu, Sergei 11, 67, 242, 247, 310, 312, 313–315, 317, 358, 403, 411

Verhältnis zu Prigoschin 230–231, 241, 243, 244

Schulmann, Jekaterina 251

Schwarzes Meer 59, 67–68, 168, 170, 175, 177, 338, 382

strategische Bedeutung 178, 303

Schwarzmeerflotte 67, 168, 177, 178, 271, 272, 313, 330, 347, 369

Aufteilung (ab 1992) 48

Seim 412, 415

Selenska, Olena 21, 22, 189

Selenskyj, Wolodymyr

an der Front 288, 226, 292

Attentate auf 22, 89

bei Präsident Biden (September 2024) 304

Besuch in Butscha 159

Eklat im Weißen Haus 444–448

Evakuierungsangebote 120, 296

Konflikt mit Saluschnyi 325–326

Korruptionsbekämpfung 100–101, 102

Rede vor UN-Vollversammlung 295

Wahl zum Präsidenten 206

Seltene Erden 435, 436, 451

Separatisten (Ostukraine) 10–11, 20, 44, 58, 77, 86, 105, 113, 138, 164, 177, 196–198, 201–202, 204, 218, 286, 335, 426

Sewastopol 47, 48, 177, 271, 330, 347

Sjewjerodonezk 211, 213, 302

an der Surowikin-Linie 359

Einnahme von 217–218

Sjwerskij Donez, Schlacht am 211–215, 289

Slavonic Corps 234, 235

Slowjansk 196–198, 201, 210, 384

Smerch siehe Raketenwerfer

Sobtschak, Anatoli 24, 27, 28, 233

Solowjow, Wladimir 162, 216, 278

Solschenizyn, Alexander

„Rebuilding Russia: Reflections and Tentative Proposals" 19–20

Sotschi

Putins Ferienvilla in 75, 409

Olympische Winterspiele (2014) 194

Sowjetunion 19, 36, 37, 40, 46, 50, 93, 101, 143, 192, 207, 208, 260, 335, 337

Armee 37, 45, 47, 206, 319, 329, 327

Zusammenbruch 20, 27, 42, 44, 46, 47, 51, 56, 66, 146, 174, 297–298, 321

Speznaz 70, 92, 98, 233, 234, 316

Spionagesatelliten, russische 339–340

Spione siehe Agenten

Stanowaja, Tatiana 259

Stawka 323

Stefanschuk, Ruslan 21

Stinger-Flugabwehrraketen 21, 112, 120, 126

Stoltenberg, Jens 17

Strelkow, Igor 196–197

Streubomben 278, 380, 385

Stupak, Ivan 326–327

Sucharewsky, Vadim 278

Sudscha 410, 412, 416, 418

Sullivan, Jake 16, 68, 73, 78, 81, 86, 175, 293, 395–396, 404

Surkow, Wladislaw 61, 197

Surowikin, Sergei 224, 242, 247, 279, 313, 315, 316–317, 376

Surowikin-Linie 359–360

Swjatohirsk, Kloster 211–212

Syrskyj, Oleksandr 282–283, 284, 287, 288, 292, 323, 326–329, 371, 409, 443–414, 415, 431

Interview mit dem Guardian 329–331

Verteidigung von Kiew 112–113

T

Tarnawsky, Oleksandr 277, 279

Telegram (russische Social-Media-Plattform) 66, 140, 164, 243, 256, 269, 271, 285, 289, 347, 390, 410, 412, 414

Thomas-Greenfield, Linda 16

Tokmak 362, 369

Tolstych, Mychailo 342

Torezk 421, 427

Totschka-U-Raketen 164, 165

Troshev, Andrey 238

Trump, Donald 397, 406, 423, 430, 432–433, 442, 435–436, 437, 439–443

Eklat im Weißen Haus 444–448
erste Amtszeit 56, 62, 70, 342, 343
Truth Social (Internet-Plattform) 397, 439
Vertrag von Doha 448–449
Truss, Liz 81
Tsarjow, Oleh 174
Tschassiw Jar 381, 406, 421, 423, 427–428
Tschernihiw 13, 70, 141, 268
Bombardierung 379–380
Kampf um 123–127
Tschernobyl 48, 117, 119, 127–128
Sperrzone 13, 70, 117, 131
Tschernow, Mstyslaw 182–184
Tschetschenen 29, 37, 237;
siehe auch Kadyrow, Ramsan; Kadyrowzy
Tschetschenienkriege 29, 223, 310, 318
Tschornobajiwka, Flugplatz von Cherson 176, 273–274
Tu-22M3 (Tupolew) 383

U

Ukrainska Pravda 168, 219
Ukrinform 291
UN, UNO siehe Vereinte Nationen
Uragan siehe Raketenwerfer
Usmanow, Alischer 265, 266
Usolzew, Wladimir
„Mein Kollege Putin: Als KGB-Agent in Dresden 1985–1990" 33–35
Utkin, Dmitry 233–234, 238
Tod bei Flugzeugabsturz 246

V

Vance, J.D. 434–435
Eklat im Weißen Haus 444–448
Vdovichenko, Oleksandr 130
Vereinte Nationen 16, 162, 188, 379, 451
Selenskyjs Rede vor der Vollversammlung 295
Sicherheitsrat 87, 139, 141, 143, 159, 160, 162, 184, 349, 377, 451
Volksrepubliken Donezk und Luhansk, Annexionszeremonie 290
Von der Leyen, Ursula 165–166, 378, 433

W

Waffenlieferungen 324, 363, 439
Nato-Staaten 112, 304
USA 111–112, 353
Wagner-Gruppe
Einnahme von Bachmut 230
Emblem 236
in Rostow am Don 244–245
Marsch auf Moskau 243–246
Offensive in Bachmut 222–223, 224–225, 227
siehe auch Prigoschin, Jewgeni; Troshev, Andrey; Utkin, Dmitry
Weißrussland 11, 13, 47, 66, 67, 70, 88, 108, 425, 442
Friedensverhandlungen (März 2022) 134, 135, 138–139;
Truppenbewegungen 110, 115, 116, 127, 131, 148–149;
siehe auch Lukaschenko, Alexander; Minsk I; Minsk II
Whewell, Tim 199–200
Wiedervereinigung, deutsche 44–46
Wildes Feld 59, 60
Wilkul, Oleksandr 384
Wuhledar 314, 331, 358, 421, 427
Streubombenangriff 385

Y

Yukos 31, 32

Z

Zatulin, Konstantin 103
Zwei-plus-Vier-Vertrag 44
Zygar, Mikhail 146, 263

Bildnachweise

Alle Fotos Wikimedia Commons außer:
S. 118, 151, 176, 180, 273, 390 MAXAR Technology; S. 230 TELEGRAM/@CONCORDGROUP_
OFFICIAL; S. 231 ULPRAVDA.ru; S. 238 https://www.fontanka.ru/2017/08/18/103/

S. 25 President of the Russian Federation; S. 34 Public Domain; S. 39 President of the Russian Federation; S. 42 Sue Ream; S. 45-1 Leo Medvedev; S. 45-2 Public Domain; S. 49 President of the Russian Federation; S. 51 Kai Moerk; S. 55 Anton Holoborodko; S. 57 Mstyslav Chernov; S. 59 Public Domain; S. 67 Ministry of Defense; S. 72 President of the Russian Federation; S. 75 Public Domain; S. 76 President.gov.ua; S. 79 Haidamac; S. 83 Wadco2; S. 84 Public Domain; S. 87 Public Domain; S. 89 A. Savin, Wikipedia; S. 92 government.ru; S. 94 4art2art; S. 98 CC BY-SA 4.0; S. 102 Public Domain; S. 104 duma.gov.ru; S. 106 Mil.ru; S. 109 Moahim; S. 111 Public Domain; S. 112 President Of Ukraine; S. 116 Oleksii Samsonov; S. 118 MAXAR Technology; S. 125 Mil.ru; S. 128 Yan Boechat/VOA; S. 130 Nationalgarde der Ukraine; S. 132 Nationalgarde der Ukraine; S. 137 Kremlin.ru; S. 138 Vadym Sarakhan; S. 142 Kremlin.ru; S. 145 President Of Ukraine; S. 148 CC0 1.0 Universal Public Domain Dedication; S. 149 Zohra Bensemra; S. 151 MAXAR Technology; S. 152 Kisnaak; S. 154 Ukrinform TV; S. 159 President Of Ukraine; S. 160 National Police of Ukraine; S. 162 President of the Russian Federation; S. 165 armyinform.com.ua; S. 169 Roysma; S. 172 Yevhenii Ihnatiev; S. 176 MAXAR Technology; S. 180 MAXAR Technology; S. 181 Wanderer 777; S. 186 Chad Nagle; S. 191 Kremlin.ru; S. 193 Aimaina Chikari; S. 195 Andrew Butko; S. 196 Dom kobb; S. 198 Konstantin Brizhnichenko; S. 203 Official White House Photo by Pete Souza; S. 206 Mykola Lazarenko/The Presidential Administration of Ukraine; S. 208 Hans Schafgans 1977; S. 212 Ryzhkov Sergey; S. 215 Arsen Fedosenko; S. 216 Mos.ru; S. 219 State Emergency Service of Ukraine; S. 220 State Emergency Service of Ukraine; S. 224 State Border Guard Service of Ukraine; S. 226 President Of Ukraine; S. 228 National Police of Ukraine; S. 232 Government of the Russian Federation; S. 235 Anton Holoborodko; S. 240 Information Agency BelTA; S. 242 Ministry of Defence; S. 245 Fargoh; S. 251 Evgeny Feldman; S. 252 A. Savin, Wikipedia; S. 255 Iwan Abaturov; S. 256 President of the Russian Federation; S. 259 Alina Vozna; S. 262 Okeanium; S. 264 Artyom Svetlov; S. 265 Kremlin.ru; S. 266 Amir Hosseini; S. 269 Dean Johnson; S. 272 Ministry of Defence; S. 273 MAXAR Technology; S. 276 President Of Ukraine; S. 279 President Of Ukraine; S. 286 Mil.gov.ua ; S. 288 President Of Ukraine; S. 291 Kremlin.ru; S. 292 U.S. Secretary of Defense; S. 295 UK Government; S. 298 Kremlin.ru; S. 301 President Of Ukraine; S. 303 Patrik Orcutt U.S. Army; S. 304 The White House; S. 309 Vadim Savitsky; S. 314 President of the Russian Federation; S. 315 Ministry of Defence; S. 317 Vitaliy Pikov; S. 319 ArmyInform; S. 320 Haidamac; S. 322 President Of Ukraine; S. 327 President Of Ukraine; S. 329 Tana R.H. Stevenson; S. 330 Artem Topchiy; S. 333 Vadim Chrupina; S. 334 David Lienemann; S. 336 Carol M. Highsmith; S. 337 President of Ukraine; S. 338 LDPR, YouTube (Screenshot); S. 341 President of Ukraine; S. 345 Rosavtodor; S. 346 Ssu.gov.ua; S. 354 Public Domain; S. 356 Bundeswehr-Fotos; S. 361 ArmyInform; S. 362 ArmyInform; S. 365 ArmyInform; S. 369 President of Ukraine;